李宗侗（一八九五—一九七四）

字文伯，河北省高陽縣人。自幼聰明過人。十七歲時到法國留學，畢業於法國巴黎大學。一九二四年返國，受聘於國立北京大學，兼法文系主任，曾出任故宮博物院秘書長等職。一九四八年，受聘為國立臺灣大學歷史系教授。後歷兼國史館史料審查委員、編譯館編審委員、臺灣省文獻委員會顧問、中華文化復興運動推行委員會委員等職。對中國古代史頗有研究，在學術上時有獨特見解。

夏德儀（一九〇一—一九九八）

號卓如，為臺灣大學歷史系文史淵博精深知名教授。一九〇一年出生於江蘇，北大歷史系畢業，一九四六年來臺任教，先後開授中國通史、中國近代史、中國外交史等課程。教學之餘並擔任中學歷史教科書編委，以及參與臺灣文獻叢刊的史料編纂工作。一九九四年完成《百吉老人自訂年譜》一書。退休後定居美國，一九九八年去世於美國。

國立編譯館中華叢書編審委員會 主編

資治通鑑今註

第六冊

晉紀

李宗侗 夏德儀等 校註

臺灣商務印書館

目次【第六冊】

卷九十九　晉紀二十一

司馬光編集
桑秀雲　註

起重光大淵獻，盡閼逢攝提格，凡四年。（起辛亥至甲寅，即西元三五一年至三五四年）

孝宗穆皇帝中之上

永和七年（西元三五一年）

㈠春，正月丁酉（初一日），日有食之。

㈡苻健左長史賈玄碩等，請依劉備稱漢中王故事㊀，表㊁健為都督關中諸軍事、大將軍、大單于、秦王。健怒曰：「吾豈堪為秦王邪！且晉使未返，我之官爵，非汝曹所知也。」既而密使梁安諷玄碩等上尊號，健辭讓再三，然後許之。丙辰（二十日），健即天王大單于位，國號大秦，大赦，改元皇始。追尊父洪為武惠皇帝，廟號太祖。立妻強氏為天王后。子萇為太子，靚為平原公，生為淮南公，覿為長樂公，方為高陽公，碩為北平公，騰為淮陽公，柳為晉公，桐為汝南公，廋為魏公，武為燕公，幼為趙公。

以苻雄為都督中外諸軍事丞相，領車騎大將軍，雍州牧，東海公。苻菁為衞大將軍，平昌公，宿衞二宮。雷弱兒為太尉。毛貴為司空。略陽姜伯周為尚書令。梁楞為左僕射，王墮為右僕射，魚遵為太子太師，強平為太傅，段純為太保，呂婆樓為散騎常侍。伯周健之舅，平王后之弟。婆樓本略陽氐酋也。

㈢段龕請以青州內附，二月戊寅（十三日），以龕為鎮北將軍，封齊公。

㈣魏主閔攻圍襄國㊂百餘日，趙主祗危急，乃去皇帝之號，稱趙王。遣太尉張舉乞師於燕，許送傳國璽；中軍將軍張春乞師於姚弋仲，弋仲遣其子襄帥騎二萬八千救趙，誡之曰：「冉閔棄仁背義，屠滅石氏㊃，我受人㊄厚遇，當為復讎。老病不能自行，汝才十倍於閔，若不梟擒以來，不必復見我也。」弋仲亦遣使告於燕，燕主儁遣禦難將軍悅綰，將兵三萬往會之。

冉閔聞儁欲救趙，遣大司馬從事中郎廣寧、常煒，使於燕。儁使封裕詰之曰：「冉閔石氏養息，負恩作逆，何敢輒稱大號。」

煒曰：「湯放桀，武王伐紂，以興商周之業；曹孟德養於宦官，莫知所出，卒立魏氏之基㈥。苟非天命，安能成功，推此而言，何必致問？」裕曰：「人言冉閔初立，鑄金為己像，以卜成敗，而像不成，信乎？」煒曰：「不聞。」裕曰：「南來者皆云如是，何故隱之？」煒曰：「姦偽之人，欲矯天命以惑人者，乃假符瑞㈦託蓍龜㈧以自重。魏主握符璽，據中州，受命何疑？而更反真為偽，取決於金像乎？」裕曰：「傳國璽果安在？」煒曰：「在鄴。」裕曰：「張舉言在襄國。」煒曰：「殺胡之日，在鄴者殆無孑遺㈨。時有迸漏⑩者，皆潛（潛）伏溝瀆中耳，彼安知璽之所在乎？彼求救者為妄誕之辭，無所不可，況一璽乎！」雋猶以張舉之言為信，乃積柴其旁，使裕以其私誘之曰：「君更熟（孰）思，無為徒取灰滅。」煒正色曰：「石氏貪暴，親帥大兵，攻燕國都，雖不克而返⑪，然志在必取，故運資糧聚器械於東北者，非以相資，乃欲相滅也。魏主誅翦石氏，雖不為燕臣子之心，聞仇讎之滅，義當如何？而更為彼責我，不亦異乎？吾聞死者骨肉下于土，精魂升於天。蒙君之惠，速益薪縱火，使僕得上訴於帝，足矣。」左右請殺之，雋曰：「彼不憚殺身以徇其主（王），忠臣也。且冉閔有罪，使臣何預焉！」使出就館，夜使其鄉人趙瞻往勞之，且曰：「君何不以實言，王怒，欲處君於遼碣㊂之表，奈何？」煒曰：「吾結髮㊂以來，尚不欺布衣，況人主乎！曲意苟合，性所不能，直情盡言，雖沈東海，不敢避也。」遂臥向壁，不復與瞻言。瞻具以白雋，雋乃囚煒於龍城。

㈣趙幷州刺史張平遣使降秦，秦王以平為大將軍，冀州牧。

㈤燕王雋還薊。

㈥三月，姚襄及趙汝陰王琨，各引兵救襄國。冉閔遣車騎將軍胡睦，拒襄於長蘆㊃；將軍孫威拒琨於黃丘㊄，皆敗還，士卒略盡。閔欲自出擊之，衞將軍王泰諫曰：「今襄國未下，外救雲集，若我出戰，必覆㊅背受敵，此危道也，不若固壘以挫其銳，徐觀其釁㊆而擊之。且陛下親臨行陳，如失萬全，則大事去矣！」閔將止，道士濮饒進曰：「陛下圍襄國，經年無尺寸之功，今賊至，又避不擊，將何以使將士乎？且太白入昴(一八)，當殺胡王，百戰百克，不可失也。」閔攘袂大言曰：「吾戰決矣，敢沮眾者斬。」乃悉眾出與襄琨戰，悅綰適以燕兵至，去魏兵數里，疏布騎卒，曳柴揚塵，魏人望之恟懼。襄琨綰三面擊之，趙王祇自後衝之，魏兵大敗。閔與十餘騎走還鄴，降胡栗特康等埶（執）大單于胤及左僕射劉琦以降趙，趙王祇殺之。胡睦及司空石璞，尚書令徐機，中書監盧諶等，並將士死者凡十餘萬人。閔潛還，人無知者，鄴中震恐，訛言閔已沒。射聲校尉張艾，請閔親郊(一九)，以安眾心，閔從之，訛言乃息。閔支解瀼饒父子，贈韋謏大司徒。

姚襄還灄頭，姚弋仲怒其不擒閔，杖之一百。

初閔之為趙相也，悉散倉庫以樹私恩，與羌胡相攻，無月不戰。趙所徙青雍幽荊四州之民(二〇)，及氐羌胡蠻數百萬口，以趙法（瀼）禁不行，各還本土。道路交錯，互相殺掠，其能達者什有二三。中原大亂，因(二一)以饑疫，人相食，無復耕者。

趙王祇使其將劉顯帥眾七萬攻鄴，軍於明光宮，去鄴二十三里。

魏主閔恐，召王泰欲與之謀，泰恚前言之不從，辭以瘡甚。閔親臨問之，泰固稱疾篤，閔怒還宮，謂左右曰：「巴奴(二二)，乃公(二三)豈假汝為命邪？要將先滅羣胡，却斬王泰。」乃悉眾出戰，大破顯軍，追奔至陽平(二四)，斬首三萬餘級。顯懼，密使請降，求殺祇以自効。閔乃引歸。有告王泰欲叛入秦者，閔殺之，夷其三族。

(七)秦王健分遣使者，問民疾苦，搜羅雋異，寬重斂之稅，弛離宮之禁，罷無用之器，去侈靡之服，凡趙之苛政，不便於民者，皆除之。

(八)杜洪、張琚遣使召梁州刺史司馬勳。夏，四月，勳帥步騎三萬赴之。秦王健禦之於五丈原(二五)，勳屢戰皆敗，退歸南鄭(二六)。健以中書令賈玄碩始者不上尊號，銜之，使人告玄碩與司馬勳通，並其諸子皆殺之。

(九)渤海人逢約，因趙亂，擁眾數千家附於魏，魏以約為渤海太守。故太守劉準，隗之兄子也，土豪封放奕之從弟也，別聚眾自守。閔以準為幽州刺史，與約中分渤海。燕王雋使封奕討約，使昌黎太守高開討準、放。開，瞻㉗之子也。奕引兵直抵約壘，遣人謂約曰：「相與鄉里隔絕日久㉘，會遇甚難。時事利害，人皆（各）有心，非所論也。願單出一相見，以寫佇結㉙之情。」約素信重奕，即出見奕於門外，各屏㉚騎卒，單馬交語，奕與論敘平生畢，因說之曰：「與君累世同鄉，情相愛重，誠欲君享祚無窮，今既獲展奉，不可不盡所懷。冉閔乘石氏之亂，奄㉛有成資，是宜天下服其彊矣，而禍亂方始，固知天命不可力爭也。燕王奕世載德㉜，奉義討亂，所征無敵，今已都薊，南臨趙魏，遠近之民，襁負歸之㉝。民厭荼毒，咸思有道，冉閔之亡，匪朝伊夕，成敗之形，昭然易見。且燕王肇（肈）開王業，虛心賢雋，君能翻然改圖，則功參絳灌㉞，慶流苗裔。孰與為亡國將，守孤城以待必至之禍哉！」約聞之，悵然不言，奕給使㉟張安有勇力，奕豫戒之，俟約氣下，安突前持其馬鞚㊱，因挾之而馳至營，奕與坐謂曰：「君計不能自決，故相為決之，非欲取君以邀功，乃欲全君以安民也。」高開至渤海，準、放迎降。雋以放為渤海太守，準為左（右）司馬，約參軍事。以約誘於人而遇獲，更其名曰鈞。

㈩劉顯弒趙王祇及其丞相樂安王炳，太宰趙庶等十餘人，傳首於鄴。驃騎將軍石寧奔柏人㊲。魏主閔焚祇首於通衢，拜顯上大將軍、大單于、冀州牧。

(十一)五月，趙兗州刺史劉啟，自鄄城㊳來奔。

(十二)秋，七月，劉顯復引兵攻鄴，魏主閔擊敗之，顯還稱帝於襄國。

(十三)八月，魏徐州刺史周成，兗州刺史魏統，荊州刺史樂弘，豫州牧張遇，以廩丘㊴許昌㊵等諸城來降。平南將軍高崇，征虜將軍呂護，執洛州刺史鄭系，以其地㊶來降。

燕王儁遣慕容恪攻中山，慕容評攻王午于魯口。魏中山太守上谷侯龕閉城拒守，恪南徇常山，軍於九門㊷，魏趙郡太守遼西李邽舉郡降，恪厚撫之。將邽還圍中山，侯龕乃降恪。入中山，遷其將帥土豪數十家詣薊，餘皆安堵。軍令嚴明，秋豪不犯。慕容評至南安，王午遣其將鄭生拒戰，評擊斬之，悅綰還自襄國，儁乃知張舉之妄而殺之。常煒有四男二女在中山，儁釋煒之囚，使諸子就見之。煒上疏謝恩，雋手令答曰：「卿本不為生計，孤以州里相存耳。今大亂之中，諸子盡至，豈非天所念邪！天且念卿，況於孤乎？」賜妾一人，穀三百斛，使居凡城。以北平太守孫興為中山太守，興善於綏撫，中山遂安。

(十四)庫傉官㊸偉帥部眾自上黨降燕。

(十五)姚弋仲遣使來請降。冬，十月，以弋仲為使持節，六夷大都督，督江北諸軍事㊹，車騎大將軍，開府儀同三司，大單于，高陵郡公。又以其子襄為持節，平北將軍，都督幷州諸軍事，幷州刺史，平鄉縣公。

(十六)逢釣亡歸渤海，招集舊眾以叛燕。樂陵太守賈堅【考異】燕書賈堅傳：烈祖問堅年，對以受新命始及三載。烈祖悅其言，拜樂陵太守。按堅以去年九月獲於燕，至明年始三年，若未為樂陵太守，豈能安集諸縣，故知堅先已為樂陵太守，非因問年而授。，使人告諭鄉人，示以成敗，釣部眾稍散，遂來奔。

(十七)吐谷渾葉延卒，子碎奚㊺立。

(十八)初，桓溫聞石氏亂，上疏請出師經略中原，事久不報。溫知朝廷杖殷浩以抗己，甚忿之；然素知浩之為人，亦不之憚也。以國無他釁，遂得相持。彌年雖有君臣之跡，羈縻而已。八州（四六）士眾資調（四七），殆不為國家用，屢求北伐，詔書不聽。十二月辛未（十一日），溫拜表輒行，帥眾四五萬，順流而下，軍於武昌，朝廷大懼。殷浩欲去位以避溫，又欲以騶虞幡（四八）駐溫軍，吏部尚書王彪之言於會稽王昱曰：「此屬皆自為計，非能保社稷，為殿下計也。若殷浩去職，人情離駭，天子獨坐，當此之際，必有任其責者，非殿下而誰乎？」又謂浩曰：「彼若抗表問罪，卿為之首，事任如此，猜釁已成，欲作匹夫，豈有全地邪！且當靜以待之，令相王與手書，示以款誠，為陳成敗，彼必旋師。若不從，則遣中詔；又不從，乃當以正義相裁。奈何無故忿忿（四九），先自猖獗乎！」浩曰：「決大事正自難，頃日來欲使人悶，聞卿此謀，意始得了。」彪之，彬之子也。

撫軍司馬高崧，言於昱曰：「王宜致書，諭以禍福，自當返旆（五〇）如其不爾，便六軍整駕，逆順於茲判矣。」乃於坐為昱草書曰：「寇難宜平，時會宜接。此實為國遠圖，經略大筭（五一），能弘斯會非足下而誰。但以比㉜興師動眾，要當以資實為本，運轉之艱，古人所難，不可易之。於始而不熟慮，頃所以深用為疑，惟在此耳！然異常之舉，眾之所駭，遊聲噂嗒㉝，想足下亦少聞之。苟患失之，無所不至，或能望風振擾，一時崩散，如此則望實並喪，社稷之事去矣。皆由吾闇弱，德信不著，不能鎮靜羣庶，保固維城㉞，所以內愧於心，外慙良友。吾與足下雖職有內外，安社稷，保國家，其致一也。天下安危，繫之明德，當先思寧國而後圖其外，使王基克隆，大義弘著。所望於足下，區區誠懷，豈可復顧嫌而不盡哉。」溫即上疏，惶恐致謝，回軍還鎮。

(十九)朝廷將行郊祀，會稽王昱問於王彪之曰：「郊祀應有赦否？」彪之曰：「自中興以來，郊祀往往有赦，愚意常謂非宜。凶愚之人，以為郊必有赦，將生心於徼幸矣。」昱從之。

(廿)燕王儁如龍城。

(廿一)丁零翟鼠帥所部降燕，封為歸義王。

【今註】㈠劉備稱漢中王故事：劉備，字玄德，本漢中山王勝之後。東漢末，平黃巾賊有功，除安喜尉。旋依公孫瓚領豫徐二州牧，後歸曹操。受獻帝密詔誅操，事洩出奔，至夏口。與孫權連結，敗操於赤壁，遂乘機據有荊州；進而引兵入蜀，盡有益州之地，自立為漢中王。事見卷六十八漢獻帝建安二十四年。㊁表：章奏之屬。此謂上奏章於晉，請晉以苻健為都督關中諸軍事、大將軍、大單于、秦王。㊂襄國：故城今河北省邢臺縣。㊃冉閔……屠滅石氏：閔字永曾，後趙石虎養為孫，官游擊將軍。後趙末，弒主石鑒自立，國號魏。事見上卷永和五年、六年。㊄人：指石虎也。㊅曹孟德……卒立魏氏之基：曹操，字孟德，小字阿瞞。本姓夏侯，幼為宦官曹騰養子，因冒曹姓。舉孝廉為郎，尋起兵擊黃巾，討董卓，迎獻帝於許昌，復滅袁術，破袁紹，自為丞相，拜大將軍，封魏公；旋又加九錫，進魏王。及子丕篡漢，追尊為武帝。曹操事見卷六十八漢靈帝中平元年。㊆符瑞：王者之嘉瑞也。㊇蓍龜：蓍所以筮，龜所以卜，皆神物也。以明狐疑之事。㊈孑遺：獨存也。㊉迸漏：散走、遺留者。⑪石氏……攻燕國都，雖不克而返：事見卷九十六咸康四年、六年。⑫遼碣：胡三省：「遼海及碣石為遼碣。杜佑曰：『盧龍漢肥如縣，有碣石山，碣然而立在海旁。』秦築長城所起自碣石，在今高麗舊界，非此碣石也。趙瞻所謂遼碣，蓋即杜佑所言者也。」⑬結髮：猶言束髮，謂初冠時也。《文選．蘇武詩》注：「結髮始成人也，謂男年二十女年十五時，取笄冠為義也。」⑭長蘆：今河北省滄縣治。⑮黃丘：魏收《地形志》：鉅鹿郡鄡縣有黃丘鄡。鄡縣《後漢書．地理志》作鄡，今河北省束鹿縣。⑯覆：腹也。⑰釁：隙也。⑱昴：昴宿：二十八宿之一，白虎七宿之第四宿，有星七。《史記．天官書》：「昴曰髦頭，胡星也。」⑲親郊：親出而郊祀。⑳趙所徙青雍幽荊四州之民：胡三省：「石虎破曹嶷，徙青州之民；破劉胤、石生再徙雍州之民；破段匹磾及為燕所敗，徙幽州之民；石勒南掠江漢，徙荊州之民。」㉑因：繼也。㉒巴奴：王泰係巴蠻，故呼以巴奴。㉓乃公：冉閔自稱之詞。㉔陽平：故城今山東省莘縣治。㉕五丈原：鎮名，在陝西省郿縣西南，與歧山縣接界。㉖南鄭：故城今陝西省南鄭縣東。㉗高瞻：見卷九十一元帝太興二年。㉘相與鄉里隔絕日久：封奕本渤海人，晉懷帝永嘉五年：「封釋疾病，屬其孫奕於廆。」事見卷八十七永嘉五年。㉙佇結：胡三省：「久立而待之曰佇，企望之情鬱積而不散曰結。」㉚屏：退也。㉛奄：覆也，大有餘也。㉜奕世載德：奕：承也。奕世猶言累世。㉝襁負歸之：扶老攜幼來歸。㉞絳灌：謂漢絳侯周勃及灌嬰也。㉟給使：胡三省：「給使在左右給使令者也。」㊱馬鞚：馬勒也。㊲柏人：故城今河北省堯山縣西。㊳鄄城：故城今山東省濮縣東二十里。㊴廩丘：故城今山東省范縣東南。㊵許昌：故城今河南省許昌縣西南。㊶其地：鄭系有三河之地。㊷九門：故城今河北省藁城縣西北。㊸庫傉官：胡三省：「庫傉官，漁陽烏桓大人庫傉之餘種，按溫公與劉道原書以為庫當作庫，詳見前例。」㊹督江北諸軍事：胡三省以江北當作河北。㊺碎奚：晉書作辟奚。㊻八州：卷九十七永和元年八月庚辰，「以徐州刺史桓溫為安西將軍，持節都督荊、司、雍、益、梁、寧六州諸軍事。」卷九十八永和五年四月，「桓溫遣督護滕畯，帥交廣之兵，擊林邑王文於盧容。」此時恐已督交廣二州。㊼資調：資，財貨之總稱。調，戶稅也。㊽騶虞幡：騶虞，仁獸也；幡以此名，取仁愛不殺之意。㊾忿忿：不安也。㊿旆：旆俗字，大旗也。(51)筭：計謀也。(52)比：

近也。㊂嚀嗜：聚語雜沓也。㊃維城：《詩》：「宗子維城」。維，是也。

八年（西元三五二年）

㈠春，正月辛卯（初一日），日有食之。

㈡秦丞相雄等請秦王健正尊號，依漢晉之舊，不必效石氏之初㈠，健從之。即皇帝位，大赦，諸公皆進爵為王。且言單于所以統壹百蠻，非天子所宜領，以授太子萇。

㈢司馬勳既還漢中，杜洪張琚屯宜秋㈡。洪自以右族㈢輕琚，琚遂殺洪自立為秦王，改元建昌。

㈣劉顯攻常山，魏主閔留大將軍蔣幹，使輔太子智，守鄴。自將八千騎救之，顯大司馬清河王寧以棗彊㈣降魏。閔擊顯，敗之，追奔至襄國。顯大將軍曹伏駒開門納閔，閔殺顯及其公卿已下百餘人【考異】閔殺顯，晉帝紀在正月，十六國春秋鈔在二月，燕書在三月己酉，未知孰是，今從帝紀。，焚襄國宮室，遷其民於鄴。趙汝陰王琨以其妻妾來奔，斬於建康市，石氏遂絕。

㈤尚書左丞孔嚴言於殷浩曰：「比來眾情良可寒心，不知使君㈤

當何以鎮之？愚謂宜明受任之方：韓彭專征伐，蕭曹守管籥，內外之任，各有攸司。深思廉藺屈身之義㈥，平教交歡之謀㈦，令穆然無間，然後可以保大定功㈧也。觀近日降附之徒，皆人面獸心，貪而無親，恐難以義感也。」浩不從。嚴，愉之從子也。

浩上疏請北出許洛，詔許之。以安西將軍謝尚，北中郎將荀羨為督統，進屯壽春㈨。謝尚不能撫尉（慰）張遇，遇怒，據許昌叛㈩。使其將上官恩據洛陽，樂弘攻督護戴施於倉垣，浩軍不能進。三月，命荀羨鎮淮陰㈡，尋加監青州諸軍事，又領兗州刺史，鎮下邳㈢。

⑹乙巳（十六日），燕王儁還薊，稍徙軍中文武兵民家屬於薊。

⑺姚弋仲有子四十二人，及病，謂諸子曰：「石氏待吾厚，吾本欲為之盡力；今石氏已滅，中原無主。我死汝亟自歸於晉，當埶（執）臣節，無為不義也。」弋仲卒，子襄祕不發喪，帥戶六萬南攻陽平㈢、元城㈣、發干㈤，破之，屯於碻磝津㈥。以太原王亮為長史；天水尹赤為司馬；太原薛瓚，略陽權翼為參軍。襄與秦兵戰，敗亡三萬餘戶。南至滎陽始發喪，又與秦將高昌、李歷戰

於麻田⑰，馬中流矢而斃。弟萇以馬授襄，襄曰：「汝何以自免？」萇曰：「但令兄濟，豎子必不敢害萇。」會救至，俱免。尹赤奔秦，秦以赤為并州刺史，鎮蒲阪⑱。襄遂帥眾歸晉，送其五弟為質。詔襄屯譙城⑲，襄單騎度淮見謝尚於壽春，尚聞其名，命去仗衛，幅巾⑳待之，歡若平生。襄博學，善談論，江東人士皆重之。

（八）魏主閔既克襄國，因遊食常山中山諸郡。趙立義將軍段勤聚胡羯萬餘人，保據繹幕㉑，自稱趙帝。夏，四月甲子（初五日），燕王儁遣慕容恪等擊魏；慕容霸等擊勤。魏主閔將與燕戰。大將軍董閏，車騎將軍張溫諫曰：「鮮卑乘勝鋒銳，且彼眾我寡，宜（請）且避之，俟其驕惰，然後益兵以擊之。」閔怒曰：「吾欲以此眾平幽州，斬慕容儁。今遇恪而避之，人謂我何？」司徒劉茂、特進郎闓相謂曰：「吾君此行，必不還矣！吾等何為坐待戮辱？」皆自殺。閔軍于安喜㉒，慕容恪引兵從之，閔趣常山，恪追之。丙子（十七日），及於魏昌㉓之廉臺㉔。閔與燕兵交戰，燕兵皆不勝。閔素有勇名，所將兵精銳，燕人憚之。慕容恪巡陳，謂

（論）將士曰：「冉閔勇而無謀，一夫敵耳！其士卒飢疲，甲兵雖精，其實難用，不足破也。」閔以所將多步卒，而燕皆騎兵，引兵將趨林中，恪參軍高開曰：「吾騎兵利平地，若閔得入林，不可復制；宜亟遣輕騎邀㊂之，既合而陽走，誘致平地，然後可擊也。」恪從之。魏兵還就平地，恪分軍為三部，謂諸將曰：「閔性輕銳，又自以眾少，必致死於我，我厚集中軍之陳以待之，俟其合戰，卿等從旁擊之，無不克矣！」乃擇鮮卑善射者五千人，以鐵鎖連其馬，為方陳而前。閔所乘駿馬曰朱龍，日行千里，閔左操兩（雙）刃矛，右執鉤戟以擊燕兵，斬首三百餘級。望見大幢㊅，知其為中軍，直衝之，燕兩軍從旁夾擊，大破之。圍閔數重，閔潰圍東走二十餘里，朱龍忽斃，為燕兵所執。燕人殺魏僕射劉羣，執董閔張溫及閔，皆送於薊。閔子操奔魯口，高開被創而卒。慕容恪進屯常山，儁命恪鎮中山。己卯（二十日），冉閔至薊，儁大赦，立閔而責之曰：「汝奴僕下才，何得妄稱帝？」閔曰：「天下大亂，爾曹夷狄禽獸之類猶稱帝，況我中土英雄何得不（何為不得）稱帝邪？」雋怒，鞭之三百，送於龍城。慕容霸軍至繹幕，段勤與弟思聰舉城降。甲申（二十五日），雋遣慕容評及中尉侯龕，帥精騎萬人攻鄴。癸巳（此日為五月初五日），至鄴，魏蔣幹及太子智閉城拒守，城外皆降於燕。劉寧及弟崇，帥騎三千奔晉陽。

㈨秦以張遇為征東大將軍，豫州牧。

㈩五月，秦主健攻張琚於宜秋，斬之。

(十一)鄴中大饑，人相食，故趙時宮人被食略盡。蔣幹使（遣）侍中繆嵩，詹事劉倚（猗），奉表請降，且求救於謝尚。庚寅（初二日），燕王雋遣廣威將軍慕容軍，殿中將軍慕輿根，右司馬皇甫真等，帥步騎二萬助慕容評攻鄴。

(十二)辛卯（初三日），燕人斬冉閔於龍城，會大旱蝗，燕王雋謂閔為祟㉗，遣使祀之，諡曰悼武天王。

(十三)初，謝尚使戴施據枋頭，施聞蔣幹求救，乃自倉垣徙屯棘津，止幹使者，求傳國璽。劉猗使繆嵩還鄴白幹，幹疑尚不能救，沈吟未決。六月，施帥壯士百餘人入鄴，助守三臺，紿之曰：「今燕寇在外，道路不通，璽未敢送也，卿且出以付我，我當馳白天子。天子聞璽在吾所，信卿至誠，必多發兵糧以相救餉。」幹以為然，出璽付之，施宣言使督護何融迎糧，陰令懷璽送於枋頭。甲子（初六日），蔣幹帥銳卒五千及晉兵出戰，慕容評大破之，斬首四千級，幹脫走入城。

㈣甲申（二十六日），秦主健還長安。

㈤謝尚姚襄共攻張遇於許昌，秦主健遣丞相東海王雄，衛大將軍平昌王菁，略地關東，帥步騎二萬救之。丁亥（二十九日），戰于潁水之誡橋㈧，尚等大敗，死者萬五千人，尚奔還淮南。襄棄輜重，送尚於芍陂㈨，尚悉以後事付襄。殷浩聞尚敗退，屯壽春。秋七月，秦丞相雄徙張遇，及陳、潁、許、洛之民五萬餘戶於關中。以右衞將軍楊羣為豫州刺史，鎮許昌。謝尚降號建威將軍。

㈥趙故西中郎將王擢遣使請降，拜擢秦州刺史。

㈦丁酉（初十日），以武陵王晞為太宰。

㈧丙辰（二十九日），燕王雋如中山。

日）、燕王儁遣慕容恪、封奕、陽騖攻之，午閉城自守，送冉操詣燕軍，燕人掠其禾稼而還。

㈩王午聞魏敗時，鄧恒已死，午自稱安國王。八月戊辰（十一

㈩庚午（十三日），魏長水校尉馬願等，開鄴城納燕兵；戴施、蔣幹懸縋而下，犇於倉垣。慕容評送魏后董氏、太子智、太尉申鍾、司空條枚等，及乘輿服御於薊。尚書令王簡、左僕射張乾、右僕射郎肅皆自殺。燕王儁詐云：「董氏得傳國璽，獻之，賜號奉璽君；賜冉智爵海賓侯；以申鍾為大將軍、右長史；命慕容評鎮鄴。」

㈩桓溫使司馬勳助周撫討蕭敬文於涪城，斬之。

㈩謝尚自枋頭迎傳國璽至建康，百僚畢賀。

㈩秦以雷弱兒為大司馬，毛貴為太尉，張遇為司空。

㈩殷浩之北伐也，中軍將軍王羲之以書止之，不聽。既而無功，復謀再舉，羲之遺浩書曰：「今以區區江左，天下寒心，固已久矣。力爭武功，非所當作。自頃處內外之任者，未有深謀遠慮，

而疲竭根本，各從所志，竟無一功可論，遂令天下將有土崩之勢，任其事者，豈得辭四海之責哉！今軍破於外，資竭於內，保淮之志，非所復及，莫若還保長江，督將各復舊鎮，自長江以外，羈縻而已。引咎責躬，更為善治，省其賦役，與民更始〔二〇〕，庶可以救倒懸之急也。使君起於布衣，任天下之重，當董統〔二一〕之任，而敗喪至此，恐闔朝羣賢未有與人分其謗者。若猶以前事為未工，故復求之分外，宇宙雖廣，自容何所，此愚智所不解也。」又與會稽王昱牋曰：「為人臣者，誰不願尊其主，比隆前世，況遇難得之運哉！顧力有所不及，豈可不權輕重而處之也。今雖有可喜之會，內求諸己，而所憂乃重於所喜。功未可期，遺黎殲盡，勞役無時，徵求日重，以區區吳越，經緯天下十分之九，不亡何待？而不度德量力，不弊不已，此封內〔二二〕所痛心歎悼，而莫敢吐誠者也。往者不可諫，來者猶可追，願殿下更垂三思，先為不可勝之基，須根立勢舉，謀之未晚。若不行，恐麋鹿之游，將不止林藪而已〔二三〕。願殿下暫廢虛遠之懷，以救倒懸之急，可謂以亡為存，轉禍為福也。」不從。

九月，浩屯泗口，遣河南太守戴施據石門、滎陽太守劉遯據（戍）倉垣。浩以軍興，罷遣太學生徒，學校由此遂廢㈢㈣。冬，十月，謝尚遣冠軍將軍王俠攻許昌，克之。秦豫州刺史楊羣退屯弘農。徵尚為給事中，戍石頭㈢㈤。

㈢㈥丁卯（十一日），燕王儁還薊。

㈢㈥故趙將擁兵據州郡者，各遣使降燕。燕王儁以王擢為益州刺史，夔逸為秦州刺史，張平為幷州刺史，李歷為兗州刺史，高昌為安西將軍，劉寧為車騎將軍。

㈢㈦慕容恪屯安平㈢㈥，積糧治攻具，將討王午。丙戌（此日應為閏十月初一），中山蘇林起兵於無極，自稱天子，恪自魯口還討林。閏月戊子（初三日），燕王儁遣廣威將軍慕輿根，助恪攻林，斬之。王午為其將秦興所殺，呂護殺興，復自稱安國王。

燕羣僚共上尊號於燕王儁，儁許之。十一月丁卯（十二日），始置百官，以國相封奕為太尉，左長史陽騖為尚書令，右司馬皇甫真為尚書，左僕射典書令張悕為右僕射，其餘文武拜授有差。戊辰（十三日），雋即皇帝位，大赦，自謂獲傳國璽，改元元璽。追尊武宣王為高祖武宣皇帝，文明王為太祖文明皇帝。時晉使適至燕，雋謂曰：「汝還白汝天子，我承人乏，為中國所推，已為帝矣。」改司州㉗為中州，建留臺於龍都，以玄菟太守乙逸為尚書，專委留務。

㉘秦丞相雄攻王擢於隴西，擢奔涼州，雄還屯隴東，張重華以擢為征虜將軍秦州刺史，特寵待之。

【今註】㊀石氏之初：石虎兄弟皆先稱天王，後即皇帝位。㊁宜秋：胡三省：「水經注：鄭渠自中山西瓠口東流逕宜秋城北，又東逕中山南，又東逕池陽縣故城北。」池陽故城今陝西省涇陽縣西北。今河南省桐柏縣西有宜秋聚。㊂右族：右，上也。右族猶言高族。㊃棗彊：故城今河北省棗彊縣東南。㊄使君：州郡長官得稱使君。㊅廉藺屈身之義：事見卷四周赧王三十六年。㊆平教交歡之謀：事見卷十三漢高后七年。㊇保大定功：《左傳》楚莊王所謂武有七德，保大定功為其二。七德：夫武、禁暴、戢兵、保大、定功、安民、和眾、豐財者也。㊈壽春：故城今安徽省壽縣治。㊉許昌：故城今河南省許昌縣西南。⑪淮陰：故城今江蘇省淮陰縣南。⑫下邳：故城今江蘇省邳縣治。⑬陽平：晉郡名。⑭元城：故城今河北省大名縣治。⑮發干：故城今山東省堂邑縣西南。⑯碻磝津：劉昭曰：「……碻磝城即漢東郡茌平縣故城，其西南即河津。」茌平縣後改屬濟北郡，故城今山東省茌平縣西。⑰麻田：胡三省：「滎洛之間地名，有豆田、麻田，各因人所種蓺而名之。」⑱蒲阪：故城今山西省永濟縣東南。⑲譙：故城今安徽省亳縣治。⑳幅巾：以縑全幅束頭，謂之幅巾。㉑繹幕：故城今山東省平原縣西北。㉒安喜：喜與熹通，故城今河北省定縣東三十里。㉓魏昌：本苦陘，漢章帝改為漢昌，魏文帝改為魏昌。故城今河北省無極縣東北。㉔廉臺：胡三省：「魏收地形志：中山毋極縣有廉臺，蓋晉省無極縣，廉臺遂在魏昌界。」㉕邀：遮留。㉖幢：旌旗之屬。㉗祟：神禍。㉘誠橋：據晉紀誠橋在許昌。㉙芍陂：水名，在安徽省壽縣南。㉚更始：革新。㉛董統：董，正也。董統，正統。㉜封內：國內。㉝麋鹿之游，將不止林藪而已：藪，無水之澤也。麋鹿之游不限於林藪之中，此喻民生凋弊，人口稀少。㉞學校由此遂廢：晉於元帝建武元年立太學。㉟石頭：故城在今南京市西石頭山後。㊱安平：故城今河北省安平縣治。㊲司州：趙置司州於鄴。

九年（西元三五三年）

㈠春，正月乙卯朔，大赦。

㈡二月庚子（十七日），燕王儁立其妃可足渾氏為皇后，世子曄為皇太子，皆自龍城遷於薊宮。

㈢張重華遣將軍張弘宋修會王擢，帥步騎萬五千伐秦，秦丞相雄衞將軍菁拒之，大敗涼兵於龍黎㊀，斬首萬二千級，虜張弘宋修，王擢棄秦州，犇姑臧㊁。秦主健以領軍將軍苻願為秦州刺史，鎮上邽。

㈣三月，交州刺史阮敷討林邑，破五十餘壘。

㈤趙故衞尉常山李犢，聚眾數千人叛燕。

㈥西域胡劉康，詐稱劉曜子，聚眾於平陽，自稱晉王。夏，四月，秦左衞將軍苻飛討擒之。

㈦以安西將軍謝尚為尚書僕射。

㈧五月，張重華復使王擢帥眾二萬伐上邽，秦州郡縣多應之，苻願戰敗，奔長安。重華因上疏請伐秦，詔進重華涼州牧。

㈨燕主雋遣衞將軍恪討李犢，犢降；遂東擊呂護於魯口。

㈩六月，秦苻飛攻氐王楊初於仇池㊂，為初所敗。丞相雄平昌王菁帥步騎四萬屯於隴東。秦主健納張遇繼母韓氏為昭儀，數於眾中謂遇曰：「卿，吾假子也。」遇恥之，因雄等精兵在外，陰結關中豪傑，欲滅苻氏，以其地來降。秋，七月，遇與黃門劉晃謀夜襲健，晃約開門以待之。會健使晃出外，晃固辭，不得已而行。遇不知，引兵至門，門不開，事覺伏誅。於是孔持起池陽㈣，劉珍夏侯顯起鄠㈤，喬秉㈥起雍㈦，胡陽赤起司竹㈧，呼延毒起灞城㈨。衆數萬人，各遣使來請兵。

㈩秦以左僕射魚遵為司空。

㈪九月，秦丞相雄帥衆二萬還長安，遣平昌王菁略定上洛㈩，置荊州於豐陽川，以步兵校尉金城郭敬為刺史。雄與清河王灋苻飛分討孔持等。

㈫姚襄屯歷陽㈡，以燕秦方彊，未有北伐之志。乃夾淮廣，興屯田，訓厲將士。殷浩在壽春，惡其彊盛，囚襄諸弟，屢遣刺客刺之，刺客皆以情告襄。安北將軍魏統卒，弟憬代領部曲。浩潛遣憬帥衆五千襲之，襄斬憬，並其衆，浩愈惡之。使龍驤將軍劉啟守譙，遷襄于梁國蠡臺㉒，表授梁國內史，魏憬子弟數往來壽春，襄益疑懼，遣參軍權翼使於浩；浩曰：「身與姚平北共為王臣，休戚同之；平北每舉動自專，甚失輔車㉓之禮，豈所望也！」翼曰：「平北英姿絕世，擁兵數萬而遠歸晉室者，以朝廷有道，宰輔明哲故也。今將軍輕信讒慝之言，與平北有隙，愚謂猜嫌之端在此不在彼也。」浩曰：「平北姿性豪邁，生殺自由；又縱小人掠奪吾馬。王臣之體，固若是乎？」翼曰：「平北歸命聖朝，豈肯妄殺無辜？姦宄之人，亦王灋所不容也，殺之何害？」浩曰：「然則掠馬何也？」翼曰：「將軍謂平北雄武難制，終將討之，故取馬欲以自衞耳！」浩笑曰：「何至是也。」

初，浩陰遣人誘秦梁安雷弱兒，使殺秦主健，許以關右之任。弱兒等偽許之，且請兵應接。浩聞張遇作亂，健兄子輔國將軍黃眉自洛陽西奔，以為安等事已成。冬十月，浩自壽春帥眾七萬北伐，欲進據洛陽，修復園陵。吏部尚書王彪之上會稽王昱牋，以為弱兒等容有詐偽，浩未應，輕進，不從。浩以姚襄為前驅；襄引兵北行，度浩將至，詐令部眾夜遁，陰伏甲以邀之。浩聞而追襄至山桑㊃，襄縱兵擊之，浩大敗，棄輜重走保譙城。襄俘斬萬餘，悉收其資仗，使兄益守山桑，襄復如淮南。會稽王昱謂王彪之曰：「君言無不中，張陳無以過也。」

㊃西平敬烈公張重華有疾，子曜靈纔十歲，立為世子，赦其境內。重華庶兄長寧㊄侯祚，有勇力，吏幹而傾巧，善事內外，與重華嬖臣趙長尉緝等結異姓兄弟，都尉常據請出之，重華曰：「吾方以祚為周公，使輔幼子，君是何言也！」謝艾以枹罕之功㊅，有寵於重華。左右疾之，譖艾，出為酒泉太守。艾上疏言權倖用事，公室將危，乞聽臣入侍；且言長寧侯祚及趙長等將為亂，宜盡逐之。十一月己未（初十日），重華疾甚，手令徵艾為衞將軍，監中外諸軍事，輔政，祚長等匿而不宣。丁卯（十八日），重華卒，世子曜靈立，稱大司馬、涼州刺史、西平公。趙長等矯重華遺令，以長寧侯祚為都督中外諸軍事、撫軍大將軍，輔政。

(十五)殷浩使部將劉啟、王彬之攻姚益於山桑；姚襄自淮南擊之，啟、彬之皆敗死，襄進據芍陂。

(十六)趙末，樂陵朱禿、平原杜能、清河丁嬈、陽平孫元，各擁兵分據城邑，至是皆請降於燕。燕主雋以禿為青州刺史，能為平原太守，嬈為立節將軍，元為兗州刺史，各留撫其營。

(十七)秦丞相雄克池陽，斬孔持。十二月，清河王灋、苻飛克鄠，斬劉珍、夏侯顯。

(十八)姚襄濟淮，屯盱眙(二七)，招掠留民，眾至七萬。分置守宰，勸課農桑。遣使詣建康，罪狀殷浩，並自陳謝。詔以謝尚都督江西淮南諸軍事、豫州刺史、鎮歷陽。

(十九)涼右長史趙長等建議，以為時難未夷，宜立長君。曜靈沖幼，請立長寧侯祚。張祚先得幸於重華之母馬氏，馬氏許之，乃廢張曜靈為涼寧侯，立祚為大都督、大將軍、涼州牧、涼公。祚既得志，恣為淫虐，殺重華妃裴氏及謝艾。

(廿)燕衛將軍恪、撫軍將軍軍、左將軍彪等，屢薦給事黃門侍郎霸，有命世之才，宜總（摠）大任。是歲，燕主雋以霸為使持節、安東將軍、北冀州刺史，鎮常山。

【今註】㊀龍黎：胡三省：「新唐書地理志：『隴州吳山縣有龍盤府龍盤城。』吳山，後魏之南由縣地，疑龍黎即龍盤也。」㊁姑臧：故城今甘肅省武威縣治。㊂仇池：山名，在甘肅省成縣西。㊃池陽：故城今陝西省涇陽縣西北。㊄鄠：故城今陝西省鄠縣北二里。㊅喬秉：《晉載記》作喬景。避唐諱也。㊆雍：故城今陝西省鳳翔縣南。㊇司竹：故城今陝西省盩厔縣東南三十里。㊈灞城：漢灞陵也。故城今陝西省長安縣東。㊉上洛：故城今陝西省商縣治。⑪歷陽：故城今安徽省和縣。⑫蠡臺：胡三省：「司馬彪郡國志：睢陽縣有盧門亭，城內有高臺，甚秀廣。巍然介立，超焉獨上，謂之蠡臺。杜預曰：盧門，宋城南門也。」⑬輔車：《左傳》僖公五年：「諺所謂輔車相依」，注：「輔，頰輔；車，牙車。」輔車即酺車也，指輔佐之臣也。⑭山桑：故城今安徽省蒙城縣北。⑮長寧：故城在甘肅省西寧縣北。⑯枹罕之功：事見卷九十七永和三年。⑰盱眙：故治在安徽省盱眙縣東北。

十年（西元三五四年）

㈠春，正月，張祚自稱涼王，改建興㊀四十二年為和平元年，立妻辛氏為王后，子太和為太子。封弟天錫為長寧侯，子庭堅為建康侯，曜靈弟玄靚為涼武侯。置百官，郊社（祀）天地，用天子禮樂。尚書馬岌切諫，坐免官。郎中丁琪復諫曰：「我自武公㈡以來，世守臣節，抱忠履謙，五十餘年㈢。故能以一州之眾，抗舉世之虜，師徒歲起，民不告疲。殿下勳德未高於先公，而亟謀革命，臣未見其可也。彼士民所以用命，四遠所以歸嚮者，以吾能奉晉室故也，今而自尊，則中外離心，安能以一隅之地，拒天下之彊敵乎！」祚大怒，斬之於闕下。

㈡故魏降將周成反，自宛襲洛陽。辛酉（十三日），河南太守戴施奔鮪渚㈣。

㈢秦丞相雄克司竹，胡陽赤奔霸城，依呼延毒。

㈣中軍將軍揚州刺史殷浩連年北伐，師徒屢敗，糧械都盡。征西將軍桓溫因朝野之怨，上疏數浩之罪，請廢之。朝廷不得已，免浩為庶人，徙東陽之信安㈤。自此內外大權，一歸於溫矣。浩少與溫齊名，而心競不相下，溫常輕之。浩既廢黜，雖愁怨不形辭色，常書空作咄咄怪事字。久之，溫謂掾郗超曰：「浩有德有言，嚮⑥為令僕，足以儀刑⑦百揆⑧，朝廷用違其才耳！」將以浩為尚書令，以書告之，浩欣然許焉。將答書，慮有謬誤，開閉者十數，竟達空函。溫大怒，由是遂絕，卒於徙所。以前會稽內史王述為揚州刺史。

㈤二月乙丑（應為一月十七日），桓溫統步騎四萬發江陵⑨，水軍自襄陽⑩入均口⑪，至南鄉⑫；步兵自淅（浙）川⑬趣武關⑭，命司馬勳出子午道以伐秦。

㈥燕衛將軍悋圍魯口，三月，拔之。呂護奔野王，遣弟奉表謝罪於燕，燕以護為河內太守。

㈦姚襄遣使降燕。

㈧燕王儁以慕容評為鎮南將軍，都督秦、雍、益、梁、江、揚、荊、徐、兗、豫十州諸軍事，權鎮洛水。以慕容彊為前鋒都督，督荊、徐二州、緣淮諸軍事，進據河南。

㈨桓溫別將攻上洛⑮，獲秦荊州刺史郭敬；進擊青泥⑯，破之。

司馬勳掠秦西鄙，涼秦州刺史王擢，攻陳倉以應溫。秦王（主）健遣太子萇、丞相雄、淮南王生、平昌王菁、北平王碩，帥眾五萬，軍于嶢柳㈦以拒溫。夏，四月己亥（二十二日），溫與秦兵戰于藍田，秦淮南王生單騎突陣，出入以十數，殺傷晉將士甚眾。溫督眾力戰，秦兵大敗；將軍桓沖又敗秦丞相雄于白鹿原㈧。沖，溫之弟也。溫轉戰而前，壬寅（二十五日），進至灞上，秦太子萇等退屯城南，秦主健與老弱六千固守長安小城，悉發精兵三萬，遣大司馬雷弱兒等與萇合兵以拒溫。三輔郡縣皆來降，溫撫諭居民，使安堵復業。民爭持牛酒迎勞，男女夾路觀之，耆老有垂泣者曰：「不圖今日復覩官軍。」

㈩秦丞相雄帥騎七千，襲司馬勳於子午谷，破之，勳退屯女媧堡。

(十一)戊申（應為六月初二日），燕主儁封撫軍將軍軍為襄陽王；左將軍彭為武昌王；以衞將軍恪為大司馬、侍中、大都督、錄尚書事，封太原王；鎮南將軍評為司徒、驃騎將軍、封上庸王。封安東將軍霸為吳王；左賢王友為范陽王；散騎常侍厲為下邳王；散騎常侍宜為廬江王；寧北將軍度為樂浪王。又封弟桓為宜都王；逮為臨賀王；徽為河間王；龍為歷陽王；納為北海王；秀為蘭陵王；嶽為安豐王；德為梁公；默為始安公；僂為南康公。子咸為樂安王；亮為敦海王；溫為帶方王；涉為漁陽王；暐為中山王。以尚書令陽鶩為司空，仍守尚書令；命冀州刺史吳王霸徙治信都。初燕王皝奇霸之才，故名之曰霸，將以為世子，羣臣諫而止。然寵遇猶踰於世子，由是儁惡之。以其嘗墜馬折齒，更名曰䛗，尋以其應讖文，更名曰垂。遷侍中、錄留臺事，徙鎮龍城。垂大得東北之和，儁愈惡之，復召還。

(十二)五月，江西流民郭敞等千餘人，執陳留內史劉仕降于姚襄㈠九，建康震駭，以吏部尚書周閔為中軍將軍，屯中堂；豫州刺史謝尚自歷陽還衛京師，固江備守。

(十三)王擢拔陳倉，殺秦扶風內史毛難。

(十四)北海王猛，少好學，倜儻有大志，不屑細務，人皆輕之。猛悠然自得，隱居華陰㈡〇。聞桓溫入關，披褐㈡一詣之，捫蝨而談當世之務，旁若無人。溫異之，問曰：「吾奉天子之命，將銳兵十萬，為百姓除殘賊，而三秦豪傑，未有至者，何也？」猛曰：「公不遠數千里深入敵境；今長安咫尺，而不度灞水，百姓未知公心，所以不至。」溫嘿然無以應㊂，徐曰：「江東無卿比也。」乃署猛軍謀祭酒。溫與秦丞相雄等戰于白鹿原，溫兵不利，死者萬餘人。初溫指秦麥以為糧，既而秦人悉芟麥清野以待之，溫軍乏食。六月丁丑（初一日），徙關中三千餘戶而歸，以王猛為高官督護㊂，欲與俱還，猛辭不就。呼延毒帥眾一萬從溫還。秦太子萇等隨溫擊之，比至潼關，溫軍屢敗，失亡以萬數。

溫之屯灞上也，順陽太守薛珍勸溫徑進逼長安，溫弗從。珍以偏師獨濟，頗有所獲，及溫退乃還。顯言於眾，自矜其勇，而咎溫之持重，溫殺之。

(十五)秦丞相雄擊司馬勳、王擢於陳倉，勳奔漢中，擢奔略陽。

(十六)秦以光祿大夫趙俱為洛陽（州）刺史，鎮宜陽。

(十七)秦東海敬武王雄攻喬秉於雍，丙申（二十日）卒，秦主健哭之嘔血曰：「天不欲吾平四海邪？何奪吾元才(二四)之速也。」贈魏王，葬禮依晉安平獻王故事。雄以佐命元勳，位兼將相，權侔人主，而謙恭汎愛，遵奉濃度，故健重之。常曰：「元才吾之周公也。」子堅襲爵，堅性至孝，幼有志度，博學多能，交結英豪。呂婆樓彊汪及略陽梁平老，皆與之善。

(十八)燕樂陵太守慕容鉤，翰之子也。與青州刺史朱禿共治厭次(二五)。鉤自恃宗室，每陵侮禿，禿不勝忿。秋七月，襲鉤殺之，南奔段龕。

(十九)秦太子萇攻喬秉於雍(二六)，八月，斬之，關中悉平。秦主健賞拒桓溫之功，以雷弱兒為丞相，毛貴為太傅，魚遵為太尉，淮南王生為中軍大將軍，平昌王菁為司空。健勤於政事，數延公卿，咨講治道，承趙人苛虐奢侈之後，易以寬簡節儉，崇禮儒士，由是秦人悅之。

(廿)燕大調兵眾，因發詔之日，號曰丙戌(十一日)舉。

(廿一)九月，桓溫還自伐秦，帝遣侍中黃門勞溫於襄陽。

(廿二)或告燕黃門侍郎宋斌等，謀奉冉智為主而反，皆伏誅。斌，燭之子也。

(廿三)秦太子萇之拒桓溫也，為流矢所中。冬，十月卒，謚曰獻哀。

(廿四)燕王雋如龍城。

(廿五)桓溫之入關也，王擢遣使告涼王祚，言溫善用兵，其志難測。祚懼，且畏擢之叛己，遣人刺之。事泄，祚益懼，大發兵，聲言東伐，實欲西保敦煌，會溫還而止。既而遣秦州刺史牛霸等帥兵三千擊擢，破之。十一月，擢帥眾降秦，秦以擢為尚書，以上將軍啖鐵為秦州刺史。

(廿六)秦王健叔父武都王安自晉還，為姚襄所虜，以為洛州刺史。十二月，安亡歸秦，健以安為大司馬、驃騎大將軍、并州刺史、鎮蒲阪。

(廿七)是歲，秦大饑，米一升直布一匹。

【今註】㈠建興：晉愍帝年號，愍帝在位僅四年。河西張氏沿用建興年號四十二年者，心存晉室故也。㈡武公：張軌謚曰武公。㈢五十餘年：自張軌於惠帝永寧元年鎮涼州起，至此五十四年。㈣鮪渚：胡三省：「水經注：河水過河南鞏縣，北有山臨河，謂之釜原丘，其下有穴，謂之鞏穴。言潛通浦北，達於河。直亢有渚，謂之鮪渚。」鞏，故城今河南省鞏縣西南三十里。㊄信安：故城今浙江省衢縣境。㊅嚮：昔也。㊆儀刑：法式也。㊇百揆：冢宰也。㊈江陵：故城今湖北省江陵縣治。㊉襄陽：故城今湖北省襄陽縣治。⑪均口：胡三省：「水經注：順陽郡筑陽縣有涉都城，沔水逕東北均水於縣，入沔謂之均口。」筑陽縣故城今湖北省穀城縣東。⑫南鄉：故城在淅川南，淅川見下注。⑬淅川：漢之析縣，後魏置淅川縣。故城今河南省內鄉縣西北一百二十里內鄉保。⑭武關：文穎曰：「武關去析縣百七十里。」⑮上洛：故城今陝西省商縣治。⑯青泥：胡三省：「青泥城在藍田縣南。」藍田故城今陝西省藍田縣西三十里。⑰嶢柳：胡三省：「土地記曰：藍田縣南有嶢關地，名嶢柳道，通荊州。晉地道記曰：關當上洛縣西北。」⑱白鹿原：在藍田縣西。⑲執陳留內史劉仕降于姚襄：晉南渡後，陳留郡寄治譙郡長垣縣界。⑳華陰：故城今陝西省華陰縣東南。㉑褐：粗布也。㉒溫嘿然無以應：胡三省曰：「猛蓋指出溫之心事，以為溫之伐秦，但欲以功名鎮服江東，非真有心於伐罪弔民，恢復境土。不然，何以不渡灞水，徑攻長安？此溫所以無以應也。」㉓高官督護：職為督護，而加以高官。㉔元才：雄之字。㉕厭次：故城今山東省惠民縣東。㉖雍：故城今陝西省鳳翔縣南。

卷一百　晉紀二十二

司馬光編集
曲守約註

起旃蒙單閼，盡屠維協洽，凡五年。（乙卯至己未，西元三五五年至三五九年）

孝宗穆皇帝中之下

永和十一年（西元三五五年）

㈠春，正月，故仇池公楊毅弟宋奴㊀使其姑子梁式王刺殺楊初㊁，自立為仇池公。桓溫表國為鎮北將軍、秦州刺史。

㈡二月，秦大蝗，百草無遺，牛馬相噉毛㊂。

㈢夏，四月，燕主儁自和龍㊃還薊㊄。先是㊅幽冀之人，以儁為東遷㊆，互相驚擾㊇，所在屯結㊈，羣臣請討之。儁曰：「羣小㊉以朕東巡⑪，故相惑為亂耳⑫。今朕既至，尋⑬當自定，不足討也⑭。」

㈣蘭陵太守孫黑、濟北太守高柱、建興太守高瓫⑮、及秦河內太守王會、黎陽太守韓高，皆以郡降燕。

㈤秦淮南王生，幼無一目，性麤暴⑯，其祖父洪嘗戲之曰：「吾聞瞎兒一淚(一七)信乎?」生怒,引佩刀自刺出血,曰:「此亦一淚也(一八)。」洪大驚,鞭之。生曰:「性耐刀槊,不堪鞭棰(一九)。」洪謂其父健曰:「此兒狂悖(二〇),宜早除之(二一),不然,必破人家(二二)。」健將殺之,健弟雄止之,曰:「兒長,自應改,何可遽爾(二三)。」及長,力舉千鈞(二四),手格(二五)猛獸,走及奔馬(二六),擊刺(二七)騎射,冠絕一時(二八)。獻哀太子(二九)卒,彊后欲立少子晉王柳,秦主健以讖文(三〇)有三羊五眼(三一),乃立生為太子。以司空平昌王菁為太尉,尚書令王墮為司空,司隸校尉梁楞(三二)為尚書令。

(六)姚襄所部多勸襄北還,襄從之。五月,襄攻冠軍將軍高季於外黃(三三),會季卒,襄進據許昌。

(七)六月,丙子,秦主健寢疾(三四),庚辰,平昌公菁勒兵(三五)入東宮,將殺太子生而自立;時生侍疾西宮,菁以為健已卒,攻東掖門(三六),健聞變,登端門(三七)陳兵自衛,眾見健,惶懼,皆捨仗(三八)逃散,健執菁數而殺之(三九),餘無所問(四〇)。壬午,以大司馬、武都王安都督中外諸軍事。甲申,健引太師魚遵,丞相雷弱兒,太傅毛貴,司空王墮，尚書令梁楞，左僕射梁安，右僕射段純，吏部尚書辛牢等，受遺詔㊶輔政。健謂太子生曰：「六夷酋帥，及大臣執權者，若不從汝命，宜漸除之。」

臣光曰：「顧命大臣㊷，所以輔導嗣子，為之羽翼㊸也；為之羽翼，而教使翦之，能無斃乎㊹？知其不忠，則勿任㊺而已矣，任以大柄，又從而猜㊻之，鮮有不召亂者㊼也。」

㈧乙酉，健卒，謚曰景明皇帝，廟號高祖。丙戌，太子生即位，大赦，改元壽光。羣臣奏曰：「未踰年而改元，非禮也㊽。」生怒，窮推議主㊾，得右僕射段純，殺之。

㈨秋，七月，以吏部尚書周閔為左僕射。或告會稽王昱曰㊿：「武陵王(51)第中，大脩器仗，將謀非常(52)。」昱以告太常王彪之(53)，彪之曰：「武陵王之志，盡於馳騁畋獵而已耳，深願靜之(54)，以安異同之論(55)，勿復以為言。」昱善之。

㈩秦主生尊母彊氏曰皇太后，立妃梁氏為皇后。梁氏，安之女也，以其嬖臣(56)，太子門大夫、南安趙韶為右僕射，太子舍人趙誨為中護軍，著作郎董榮為尚書。

(十一)涼王祚淫虐無道(五七)，上下怨憤(五八)，祚惡河州刺史張瓘之彊(五九)，遣張掖(六〇)太守索孚代瓘守枹罕(六一)，使瓘討叛胡，又遣其將易揣、張玲帥步騎萬三千以襲瓘，張掖人王鸞知術數(六二)，言於祚曰：「此軍出，必不還。」涼國將危，并陳祚三不道。祚大怒，以鸞為訞言(六三)，斬以徇(六四)。鸞臨刑，曰：「我死，軍敗於外，王死於內，必矣。」祚族滅之(六五)。瓘聞之，斬孚，起兵擊祚，傳檄(六六)州郡，廢祚以侯還第，復立涼寧侯曜靈(六七)。易揣、張玲軍始濟河，瓘擊破之，揣等單騎奔還，瓘軍躡之，姑臧(六八)振恐。驍騎將軍、敦煌、宋混兄脩，與祚有隙，懼禍，八月，混與弟澄西走，合眾萬餘人以應瓘，還向姑臧。祚遣楊秋胡將曜靈於東苑，拉其脅而殺之，埋於沙阬，謚曰哀公。

(十二)秦主生封衛大將軍黃眉為廣平王，前將軍飛為新興王，皆素所善也；徵大司馬、武都王安領太尉(六九)，以晉王柳為征東大將軍、并州牧(七〇)，鎮蒲阪(七一)；魏王廋為鎮東大將軍、豫州牧，鎮陝城。中書監胡文，中書令王魚，言於生曰：「比有星孛於大角，熒惑入東井，大角帝坐，東井秦分(七二)，於占，不出三年，國有大喪(七三)，大臣戮死，願陛下修德以禳之(七四)。」生曰：「皇后與朕，對臨天下(七五)，可以應大喪(七六)矣。毛太傅、梁車騎、梁僕射，受遺輔政(七七)，可以應大臣矣。」九月，生殺梁后，及毛貴、梁楞、梁安，貴，后之舅也。右僕射趙韶、中護軍趙誨，皆洛州刺史俱之從弟也，有寵於生，乃以俱為尚書令，俱固辭以疾，謂韶、誨曰：「汝等不復顧祖宗(七八)，欲為滅門之事。毛梁何罪而誅之(七九)，吾何功而代之，汝等可自為，吾其死矣(八〇)。」遂以憂卒。

(十三)涼宋混軍于武始大澤，為曜靈發哀，閏月，混軍至姑臧，涼王祚收張瓘弟琚、及子嵩，將殺之；琚、嵩聞之，募市人數百，揚言：「張祚無道，我兄大軍已至城東，敢舉手者(八一)，誅三族。」遂開西門，納混兵。領軍將軍趙長等懼罪，入閣(八二)，呼張重華母馬氏出殿，立涼武侯玄靚(八三)為主。易揣等引兵入殿，收長等殺之。祚案劍殿上，大呼，叱左右力戰，祚素失眾心(八四)，莫肯為之鬭者，遂為兵人所殺；混等梟其首，宣示中外，暴尸(八五)道左，城內咸稱萬歲，以庶人禮葬之，並殺其二子。混琚上玄靚為大將軍、涼州牧、西平公，赦境內(八六)，復稱建興四十三年。時玄靚始七歲，張瓘至姑臧，推玄靚為涼王，自為使持節(八七)、都督中外諸軍事、尚書令、涼州牧、張掖郡公，以宋混為尚書僕射。隴西人李儼據郡不受瓘命，用江東年號(八八)，眾多歸之；瓘遣其將牛霸討之，未至，西平人衞綝(八九)亦據郡叛，霸兵潰，奔還。瓘遣弟琚擊綝敗之，酒泉太守馬基起兵以應綝(九〇)，瓘遣司馬張姚、王國擊斬之。

(十四)冬，十月，以豫州刺史謝尚督幷、冀、幽三州，鎮壽春。

(十五)鎮北將軍段龕與燕主儁書，抗中表之儀(九一)，非其稱帝，儁怒，十一月以太原王恪為大都督，撫軍將軍陽騖副之，以擊龕。

(十六)秦以辛牢守尚書令(九二)，趙韶為左僕射，尚書董榮為右僕射，中護軍趙誨為司隸校尉。

(十七)十二月，高句麗王釗遣使詣燕，納質修貢(九三)，以請其母，燕主儁許之，遣殿中將軍刁龕(九四)送釗母周氏歸其國，以釗為征東大將軍、營州刺史，封樂浪公，王如故[九五]。

(十八)上黨[九六]人馮鴦逐燕太守段剛，據安民城[九七]，自稱太守，遣使來降。

(十九)秦丞相雷弱兒性剛直，以趙韶、董榮亂政，每公言於朝[九八]，見之常切齒[九九]，韶榮譖[一〇〇]之於秦王生，生殺弱兒，及其九子、二十七孫，於是諸羌皆有離心[一〇一]。生雖諒陰[一〇二]，遊飲自若[一〇三]，彎弓[一〇四]露刃，以見朝臣，錘鉗鋸鑿，可以害人之具，備置左右，即位未幾[一〇五]，后妃公卿已下，至於僕隸[一〇六]，凡殺五百餘人，截脛拉脅，鋸項刳胎者，比比有之[一〇七]。

(廿)燕主儁以段龕方彊，謂太原王恪[一〇八]曰：「若龕遣軍拒河[一〇九]，不得渡者，可直[一一〇]取呂護而還。」恪分遣輕軍，先至河上，具舟楫，以觀龕志趣[一一一]。龕弟羆驍勇有智謀，言於龕曰：「慕容恪善用兵，加之眾盛，若聽其濟河，進至城下，恐雖乞降，不可得也。請兄固守，羆帥精銳，拒之於河，幸而戰捷，兄帥大眾[一一二]繼之，必有大功；若其不捷，不若早降，猶不失為千戶侯也。」龕不從，羆固請不已，龕怒殺之。

【今註】㈠故仇池公楊毅弟宋奴：按晉人喜以奴為名。《晉書．石苞傳》：「崇字季倫，生於青土，故小名齊奴。」又〈列女周顗母李氏傳〉（按先標晉書，後再引晉書時，俱不複書晉書二字。特標其例於此。）：「惟阿奴碌碌，當在阿母目下耳。阿奴謨小字也。」知以奴為名，乃為六朝風尚。又此名率係幼時所命，以示親昵。《晉書．孫盛傳》：「爰客大笑曰：『諸孫大盛，有兒如此也！』放又曰：『未若諸庾翼翼。』既而語人曰：『我故得重呼奴父也。』」又〈周顗傳〉：「弟嵩嘗因酒，瞋目謂顗曰：『君才不及弟，何乃横得重名！』以所燃蠟燭投之。顗神色無忤，徐曰：『阿奴火攻，固出下策耳。』」文中所言，皆含親昵之意。更知奴字，多為幼年所命之小名，及年長時有另起他名者，亦有沿用而不改者，此宋奴殆屬幼年之名，而長大後仍沿用不改之類。㈡姑子梁式王刺殺楊初：按《晉書．穆帝紀》十一年文，作：「仇池公楊初為其部將梁式所害。」式下無王字。㈢秦大蝗，百草無遺，牛馬相噉毛：胡三省曰：「無草可食，故相噉毛。」按《晉書．苻健載記》有：「蝗蟲大起，自華澤至隴山，食百草無遺，牛馬相噉毛。」之文，知此乃錄自〈苻健傳〉。而百草上之食字不可少，當從添入。㈣和龍：今熱河省朝陽縣治。㈤薊：在今河北省三河縣東。音計。㈥先是：按是猶此，先是，即先此，乃時間連接詞，用以追述事跡之起源與經過，漢代以後常使用之。《漢書．兩龔傳》：「先是常又為勝道高陵有子殺母者，勝白之，尚書問誰受。」乃其例證。與先是一切特徵全相同，而古代所常用者，則為初字。《左傳》隱公元年：「初鄭武公娶于申，曰武姜。」疏：「杜以為，『凡例本其事者，皆言初也。』賈逵云：『凡言初者，隔其年，後有禍福，將終之，乃言初也。』」《晉語》九：「以免難之賞賞尹鐸。初伯樂與尹鐸有怨，以其賞如伯樂氏。」皆先秦通行證據之一斑。先是二字，又有改作前是者。《唐順宗實錄》二：「鄭珣瑜顧左右取馬徑歸，遂不起。前是，左僕射賈耽以疾歸第未起。」蓋先與前之意，實相彷彿。又有省作始者，《漢書・鮑宣傳》：「著詩賦數十篇，始隃麋郭欽，哀帝時為丞相司直。」此殆本於初字而另選採者，較之先是，則為簡矣。凡此，皆先是一辭，變化之軌跡也。㈦以雋為東遷：和龍直薊之東，故云東遷。㈧驚擾：驚惶擾亂。㈨屯結：屯集結聚。㈩羣小：許多小民。⑪巡：巡守。⑫相惑為亂：謂相惶惑而為叛亂。⑬尋：謂不久。此亦為晉代之習用語。《晉書・顧眾傳》：「交州人立眾兄壽為刺史，尋為州人所害。」又〈桓彝附石虔傳〉：「尋而苻堅又寇淮南……尋進冠軍將軍。」皆其盛行之證，尋又有作尋而者，除上〈石虔傳〉文外，又有〈王廙附彪之傳〉：「尋而弱兒果詐，姚襄反叛，浩大敗。」蓋而本助詞，與俄之作為俄而，完全相似，特於尋下加一而字，以助長文之音節，而其含意則固相同也。⑭不足討也：猶今語不值得討伐。⑮瓫：音盆。⑯麤：通作粗。⑰吾聞瞎兒一淚：以苻生幼無一目，故呼為瞎兒，既無一目，則所落之淚，豈非僅一行乎？⑱此亦一淚也：言以佩刀自刺，而指淌血之處，曰：「此亦一道淚水也。」蓋以極狀其性情之兇狠。⑲性耐刀槊，不堪鞭棰：矛長丈八謂之槊，棰，杖。意謂不懼死，而不堪鞭棰之苦，然豈其真不堪乎！特反言之，以明鞭棰之不能奈彼何也。⑳狂悖：狂妄違理。㉑宜早除之：宜及早把他消除。㉒必破人家：謂殺人破家，與今語之家破人亡頗相類。㉓遽爾：遽，急速；爾，語助詞，無意。㉔鈞：三十斤。㉕格：擊。㉖走及奔馬：疾走能追及奔馬。㉗擊刺：擊劍刺矛。㉘冠絕一時：冠蓋一時，而為世所罕有。㉙獻哀太子：秦太子萇，謚曰獻哀。㉚讖文：讖者讖緯，乃言將來之驗，音ㄔㄣˋ。㉛三羊五眼：按三羊應有六眼，此言五眼，乃眇其一，正苻生之應，故因立之。㉜楞：音ㄌㄥˊ。㉝外黃：在今河南省杞縣東。㉞寢疾：臥病。㉟勒兵：部署士卒，而率領之。㊱東掖門：宮城門名，以距鑾殿甚近，宛在肘腋之間，故名。晉代各以其方位名之，故有東掖門，及西掖門焉。㊲端門：宮城門名，端正也，言其門方向端正，位於正南也。六朝凡宮城南面之中門，率名曰端門。後代之午門，亦為午時方向正南之意，當係由端字演化而成。㊳捨仗：捨棄兵仗。㊴數而殺之：列舉其罪，責而殺之。㊵餘無所問：其餘者皆不加問訊。㊶遺詔：先王死時所遺留之詔書。㊷顧命大臣：受顧託命令之大臣。㊸羽翼：謂猶鳥之兩翼，以佐飛舉。㊹能無斃乎：豈能不死斃乎？㊺任：任用。㊻猜：猜忌。㊼鮮有不召亂者：少有不召致變亂。㊽未踰年而改元，非禮也：胡三省曰：「古禮君薨，世子即位，既踰年，而後稱元年。」㊾窮推議主：盡力推究發此議論之人。㊿會稽王昱：即日後登阼之簡文帝。(51)武陵王：武陵王晞，《晉書》有傳。(52)將謀非常：謂將謀為非常之事，意謂為變亂也。(53)王彪之：《晉書．王廙傳》後有附傳。(54)深願靜之：甚願止而勿言。(55)以安異同之論：此處之異同，乃專著重異字，而同字乃係連類而及，以附書者。晉代以語意相反之二字，併成一辭，而意則僅取其一字之例甚多，此不過其一端耳，全句意為以息止持相異者之言。(五六)嬖臣：嬖幸之臣。(五七)淫虐無道：荒淫暴虐，無人君之道。(五八)上下怨憤：謂臣民皆怨恨憤怒。(五九)彊：古強字。(六〇)張掖：今甘肅省張掖，山丹諸縣地。(六一)枹罕：今甘肅省臨夏縣治。枹音浮。(六二)術數：卜筮占候等，以陰陽五行，生尅制化之理，推測人事之吉凶者，皆屬之。(六三)訞言：同妖言。(六四)斬以徇：斬而陳其尸以示眾。(六五)族滅之：滅其宗族。(六六)傳檄：檄為罪責曉慰，及官文書之通稱。傳謂傳佈之。(六七)復立涼寧侯曜靈：按曜靈，《晉書・張軌傳》後有附傳。(六八)姑臧：今甘肅省武威縣治。(六九)領太尉：兼管太尉職事。(七〇)牧：牧伯，高太守一級。(七一)蒲阪：按即蒲坂，為虞舜所都，故城在今山西省永濟縣東南。(七二)比有星孛於大角，熒惑入東井，大角帝坐，東井秦分：比，近也。孛彗星也，胡三省曰：「天文志：『大角在攝提間，大角者天王坐也。東井八星，東井輿鬼，秦雍州分。』」(七三)大喪：重大之喪亡。(七四)修德以禳之：修行恩德，以禳除之。(七五)對臨天下：相對共同臨理天下。(七六)應大喪：按《晉書・苻生載記》作：「塞大喪之變。」塞與應意相同，是應大喪，約等今語之當大喪。(七七)受遺輔政：受遺詔輔佐為政。(七八)汝等不復顧祖宗：按以復字為語助辭，不含意蘊，六朝甚常見之。《晉書・劉惔傳》：「惔曰：『極進，然故第三流耳』。溫曰：『第一復誰？』惔曰：『故在我輩。』」〈郗鑒傳〉：「吾蒙先帝厚顧，荷託付之重，正復捐軀九泉，不足以報。」〈王廙附彪之傳〉：「彪之曰：『聞彼病日增，亦當不復支久，自可更小遲迴。』」又〈周顗傳〉：「敦每見顗，輒面熱，雖復冬月，扇面手不得休。」皆復不為義之證。全句意為汝輩不顧念祖先之宗祧。(七九)毛梁何罪而誅之：毛梁二人有何罪而被誅。

(八〇)吾其死矣：吾將死矣。(八一)敢舉手者：敢動手抗拒者。(八二)閣：樓。(八三)靚：音淨。(八四)素失眾心：平常已失士眾之心。(八五)暴尸：暴露尸骸。(八六)境內：四境之內，亦即國內。(八七)使持節：按《晉書・職官志》：「前漢遣使，始有持節。及晉受禪，使持節為上，持節次之，假節為下。使持節得殺二千石以下，持節殺無官位人，若軍事，得與使持節同，假節，唯軍事得殺犯軍令者。」(八八)用江東年號：用永和年號。(八九)綝：音林。(九〇)起兵以應綝：起兵以響應衞綝。(九一)抗中表之儀：胡三省曰：「雋，段氏出也，故龕與之抗中表之儀。」(九二)守尚書令：權攝尚書令，與真除有別。(九三)納質修貢：交納人質，修奉貢品。(九四)龕：音堪。(九五)王如故：胡三省曰：「使為高句麗王如故。」(九六)上黨：故城在今長治縣東南。(九七)安民城：胡三省曰：「魏收地形志，燕上黨太守治安民城。安民城在襄垣縣，蓋永嘉中劉琨遣張倚所築，以安上黨之民，因以為名。」(九八)公言於朝：公開宣言於朝。(九九)切齒：切，相磨切，示極怒恨之意。(一〇〇)譖：愬而加誣。音ㄗㄣˋ。(一〇一)離心：離貳之心。(一〇二)諒陰：天子居喪之廬，此言居喪。(一〇三)自若：自如，謂仍如平時。(一〇四)彎弓：張弓，係欲射之狀。(一〇五)未幾：無幾何時，猶今言不久。(一〇六)僕隸：隸亦僕之類。(一〇七)比比有之：常常有之。(一〇八)太原王恪：即慕容恪。(一〇九)拒河：阻河為拒。(一一〇)直：只也，按六朝時如此用法，頗為流行。《文選・任昉為蕭揚州薦士表》：「豈直鼴鼠有必對之辯，竹書無落簡之謬。」同書〈任昉奉彈曹景宗〉：「則單于之首，久懸北闕，豈直受降可築，涉安啟土而已哉！」同書〈丘遲與陳伯之書〉：「尋君去就之際，非有他故，直以不能內審諸己，外受流言。」《晉書・杜預傳》：「直是計不出己，功不在身，各恥其前言，故守之也。」又

〈庾亮附翼傳〉：「如往年偷石頭倉米一百萬斛，皆是豪將輩，而直打殺倉督監以塞責。」皆六朝時直意為只之例。⑪志趣：志意之趨向。⑫大眾：古代所言之師旅，皆含眾意，六朝遂因而改稱為大眾或眾，咸指士卒而言。

十二年（西元三五六年）

㈠春，正月，燕太原王、恪，引兵濟河，未至廣固㈠百餘里，段龕帥眾三萬逆戰㈡。丙申，恪大破龕於淄水㈢，執其弟欽，斬右長史袁範等；齊王友、辟閭蔚㈣被創，恪聞其賢，遣人求之，蔚已死，士卒降者數千人。龕脫走，還城固守，恪進軍圍之。

㈡秦司空王墮性剛峻㈤，右僕射董榮，侍中強國，皆以佞幸㈥進，墮疾之如讎㈦，每朝，見榮，未嘗與之言。或謂墮曰：「董君貴幸㈧無比，公宜小降意㈨接之。」墮曰：「董龍是何雞狗㈩，而令國士與之言乎！」會有天變⑪，榮與強國言於秦主生曰：「今天譴甚重，宜以貴臣應之。」生曰：「貴臣惟有大司馬⑫及司空耳。」榮曰：「大司馬國之懿親，不可殺也。」乃殺王墮，將刑，榮謂之曰：「今日復敢比董龍於雞狗乎！」墮瞋目⑬叱之。洛州刺史杜郁，墮之甥也，左僕射趙韶惡之，譖於生以為貳於晉⑭而殺之。壬戌，生宴羣臣於太極殿，以尚書令辛牢為酒監，酒酣，生怒曰：「何不彊人酒，而猶有坐者⑮！」引弓射牢，殺之，羣臣懼，莫敢不醉，偃仆失冠⑯，生乃悅。

㈢匈奴大人劉務桓卒，弟閼⑰頭立，將貳於代⑱。二月，代王什翼犍⑲引兵西巡，臨河，閼頭懼，請降。燕太原王恪招撫段龕諸城⑳。己丑，龕所署㉑徐州刺史、陽都公、王騰舉眾降㉒，恪命騰以故職還屯陽都。

㈣秦征東大將軍晉王柳，遣參軍閻負、梁殊，使於涼，以書說涼王玄靚，負、殊至姑臧，張瓘見之，曰：「我晉臣也，臣無境外之交㉓，二君何以來辱㉔？」負殊曰：「晉王與君鄰藩㉕，雖山河阻絕，風通道會㉖，故來修好，君何怪焉㉗？」瓘曰：「吾盡忠事晉，於今六世矣㉘，若與苻征東通使，是上違先君之志，下隳㉙士民之節㉚，其可乎！」負殊曰：「晉室衰微，墜失天命，固已久矣，是以涼之二王，北面二趙㉑，唯知機也。今大秦威德方盛，涼王若欲自帝㉒河右，則非秦之敵；欲以小事大，則曷若捨晉事秦，長保福祿乎！」璀曰：「中州好食言㉓，嚮者㉔，石氏使車適返，而戎騎已至㉕，吾不敢信也。」

負殊曰：「自古帝王居中州者，政化各殊㉖，趙為姦詐，秦敦信義㉗，豈得一槊㉘待之乎？張先、楊初，皆阻兵不服，先帝討而擒之㉙，赦其罪戾㉚，寵以爵秩㉛，固非石氏之比也㉜。」璀曰：「必如君言，秦之威德無敵，何不先取江南，則天下盡為秦有，征東何辱命焉㉝？」負殊曰：「江南文身之俗㉞，道污先叛，化隆後服㉟，主上以為江南必須兵服㊱，河右可以義懷㊲，故遣行人㊳，先申大好；若君不達天命㊴，則江南得延數年之命㊵，而河右恐非君之土也。」璀曰：「我跨據三州㊶，帶甲十萬，西苞葱嶺，東距大河，伐人有餘，況於自守㊷，何畏於秦！」

負殊曰：「貴州㊸山河之固，孰若殽函㊹？民物之饒，孰若秦雍？杜洪、張琚，因趙氏成資㊺，兵彊財富，有囊括㊻關中，席卷㊼四海之志，先帝戎旗西指，冰消雲散(五八)，旬月(五九)之間，不覺易主(六〇)。主上若以貴州不服，赫然奮怒(六一)，控弦百萬，鼓行而西，未知貴州將何以待之(六二)？」璀笑曰：「玆事當決之於王，非身所了(六三)。」負殊曰：「涼王雖英睿夙成(六四)，然年在幼沖(六五)，君居伊霍(六六)之任，國家安危，繫君一舉耳。」璀懼，乃以玄靚之命，遣使稱藩(六七)於秦，秦因玄靚所稱官爵而授之(六八)。

(五)將軍劉度攻秦青州刺史王朗於盧氏，燕將軍慕輿長卿入軹關(六九)，攻秦幽州刺史彊哲於裴氏堡，秦主生遣前將軍、新興王飛拒度，建節將軍鄧羌拒長卿，飛未至，而度退，羌與長卿戰，大破之，獲長卿及甲首(七〇)二千餘級。

(六)桓溫請移都洛陽，修復園陵(七一)，章十餘上，不許，拜溫征討大都督、督司冀二州諸軍事，以討姚襄。

(七)三月，秦主生發三輔民治渭橋，金紫光祿大夫程肱諫，以為妨農，生殺之。

(八)夏，四月，長安大風，發屋拔木(七二)，秦宮中驚擾，或稱賊至，宮門晝閉，五日乃止。秦主生推告賊者，刳出其心。左光祿大夫強平諫曰：「天降災異，陛下當愛民事神，緩刑崇德(七三)以應之，乃可弭(七四)也。」生怒，鑿其頂而殺之。衛將軍、廣平王黃眉，前將軍、新興王飛，建節將軍鄧羌，以平太后之弟，叩頭固諫，生弗聽，出黃眉為左馮翊，飛為右扶風，羌行(七五)咸陽太守，猶惜其驍勇，故皆弗殺。五月，太后彊氏以憂恨卒，謚曰明德。

姚襄自許昌攻周成於洛陽。

(九)六月，秦主生下詔曰：「朕受皇天之命，君臨萬邦，嗣統(七六)以來，有何不善，而謗讟之音(七七)，扇滿(七八)天下。殺不過千，而謂之殘虐，行者比肩(七九)，未足為希(八〇)。方當峻刑極罰(八一)，復如朕何(八二)。」自去春以來，潼關之西，至於長安，虎狼為暴，晝則繼道(八三)，夜則發屋(八四)，不食六畜，專務食人，凡(八五)殺七百餘人，民廢耕桑，相聚邑居(八六)，而為害不息。秋，七月，秦羣臣奏請禳災，生曰：「野獸飢則食人，飽當自止，何禳之有？且天豈不愛民哉，正以犯罪者多，故助朕殺之耳！」丙子，燕獻懷太子曄卒。

(十)姚襄攻洛陽，踰月不克，長史王亮諫曰：「明公英名蓋世(八七)，兵彊民附，今頓兵(八八)堅城之下，力屈威挫，或為它寇所乘，此危亡之道也。」襄不從

(十一)桓溫自江陵北伐，遣督護高武據魯陽，輔國將軍戴施屯河上，自帥大兵繼進，與寮屬登平乘樓(八九)，望中原歎曰：「遂(九〇)使神州陸沉(九一)，百年丘墟(九二)，王夷甫諸人，不得不任其責(九三)。」記室(九四)陳郡袁宏(九五)曰：「運(九六)有興廢，豈必諸人之過！」溫作色(九七)曰：「昔劉景升(九八)有千斤大牛，噉芻豆，十倍於常牛，負重致遠，曾不若一羸牸(九九)，魏武入荊州，殺以享軍。」

(十二)八月，己亥，溫(一〇〇)至伊水(一〇一)，姚襄撤圍拒之(一〇二)，匿(一〇三)精銳於水北林中，遣使謂溫曰：「承親帥王師以來，襄今奉身(一〇四)歸命(一〇五)，願敕三軍小却(一〇六)，當拜伏道左(一〇七)。」溫曰：「我自開復(一〇八)中原，展敬(一〇九)山陵(一一〇)，無豫(一一一)君事，欲來者便前相見，在近，無煩使人(一一二)。」襄拒水而戰，溫結陳而前，親被甲督戰(一一三)，襄眾大敗，死者數千人，襄帥麾下(一一四)數千騎，奔於洛陽北山。其夜，民棄妻子，隨襄者五千餘

人。襄勇而愛人，雖戰屢敗，民知襄所在，輒扶老攜幼，奔馳而赴之。溫軍中傳言㉕，襄病創㉖已死，許洛士女㉗為溫所得者，無不北望而泣。襄西走，溫追之，不及。弘農楊亮自襄所㉘來奔，溫問襄之為人，亮曰：「襄神明器宇㉙，孫策之儔㉚，而雄武過之。」周成帥眾出降，溫屯故太極殿前，既而㉛徙屯金墉城。己丑，謁諸陵，有毀壞者，修復之，各置陵令㉜。表鎮西將軍謝尚都督司州諸軍事，鎮洛陽，以尚未至，留潁川太守毛穆之，督護陳午，河南太守戴施，以二千人戍洛陽，衞山陵，徙降民三千餘家於江漢之間，執周成以歸。

姚襄奔平陽，秦并州刺史尹赤復以眾降襄，襄遂據襄陵㉝，秦大將軍張平擊之，襄為平所敗，乃與平約㉞為兄弟，各罷兵。

(十三)段龕遣其屬段薀來求救，詔徐州刺史荀羨將兵隨薀救之，羨至琅邪，憚燕兵之彊，不敢進，王騰寇鄄城㉟，羨進攻陽都，會霖雨㊱，城壞，獲騰斬之。

(十四)冬，十月，癸巳朔，日有食之。秦主生夜食棗多，旦而有疾，召太醫令程延，使診之。延曰：「陛下無他疾，食棗多耳。」生怒曰：「汝非聖人，安知吾食棗。」遂斬之㉗。

㉕燕大司馬恪圍段龕於廣固，諸將請急攻之，恪曰：「用兵之勢，有宜緩者，有宜急者，不可不察。若彼我勢敵，外有彊援，恐有腹背之患，則攻之不可不急。若我彊彼弱，無援於外，力足制㉘之者，當羈縻㉙守之，以待其斃。兵法：『十圍五攻』正謂此也。龕兵尚眾，未有離心，濟南之戰，非不銳也，但龕用之無術，以取敗耳。今憑阻堅城㉚，上下戮力㉛，我盡銳攻之，計數日可拔，然殺吾士卒必多矣。自有事中原，兵不暫㉜息，吾每念之，夜而忘寐，奈何輕用其死㉝乎，要在取之㉞，不必求功之速也。」諸將皆曰：「非所及也。」軍中聞之，人人感悅，於是為高牆深塹㉟以守之，齊人爭運糧以饋㊱燕軍，龕嬰城㊲自守，樵采㊳路絕，城中人相食，龕悉眾㊴出戰，恪破之於圍裏㊵，先分騎屯諸門，龕身自衝盪㊶，僅而得入，餘兵皆沒，於是城中氣沮㊷，莫有固志㊸。十一月丙子，龕面縛㊹出降，並執朱禿送薊，恪撫安新民㊺，悉

定[46]齊地，徙鮮卑胡羯三千餘戶於薊。燕主儁具朱禿五刑，以段龕為伏順將軍。恪留慕容塵鎮廣固，以尚書左丞鞠殷為東萊太守，章武太守鮮于亮為齊郡太守，乃還，殷，彭之子也，彭時為燕大長秋[47]，以書戒殷曰：「王彌、曹嶷，必有子孫，汝善招撫，勿尋舊怨，以長亂源[48]。」殷推求[49]，得彌從子立、嶷孫巖於山中，請與相見，深結意分[50]。彭復遺使遺以車馬衣服，郡民由是大和[51]。荀羨聞龕已敗退，還下邳，留將軍諸葛攸、高平太守劉莊，將三千人守琅邪，參軍譙國、戴逯[52]等將二千人守泰山。燕將慕容蘭屯汴城[53]，羨擊斬之。

（十六）詔遣兼司空、散騎常侍車灌等持節如洛陽，修五陵[54]。

（十七）十二月，庚戌，帝及羣臣皆服緦臨[55]於太極殿三日。

（十八）司州都督謝尚以疾不行，以丹楊尹王胡之代之，胡之，廙之子也[56]。

（十九）是歲，仇池公楊國從父俊殺國自立，以俊為仇池公，國子安奔秦。

【今註】㊀廣固：故城在今山東益都。㊁逆戰：迎戰。㊂淄水：《水經注》：「濁水逕廣固城西東流至廣饒，入巨淀，又北合于淄水。」㊃齊王友辟閭蔚：胡三省曰：「段龕自稱齊王，故置王友之官。」辟閭覆姓，蔚名。㊄剛峻：剛勁嚴峻。㊅佞幸：以佞媚得幸。㊆疾之如讎：恨惡之如同讎人。㊇貴幸：貴重寵幸。㊈小降意：稍降屈己之心意。㊉董龍是何雞狗：按何，何等也。《墨子・公輸篇》：「子墨子曰：『此為何若人？』王曰：『必為竊疾矣。』」高誘注：「言名此為何等人也。」《呂氏春秋・審己》：「吾所以亡者，果何故哉？」高誘注：「竟為何等故亡哉。」《淮南子・說山》：「魄問於魂曰：『道何以為體』？」注：「故魄問魂道以何等形體也。」《論衡・感虛》：「擊壤者曰：『吾日出而作，日入而息，鑿井而飲，耕田而食，堯何等力！』」《世說新語言語南郡龐士元聞司馬德操在潁川下，注引《司馬徽別傳》曰：「琮左右見其醜陋，罵曰：『死庸，將軍諸郎欲求見司馬君，汝何等用奴，而自稱是邪』！」同書〈雅量〉：「令有酒色，因遙問傖父：『欲食餅不？姓何等？可共語。』褚因舉手答曰：『河南褚季野』。」皆何為何等意之證，既若此，則此句可以今語釋為董龍是什麼樣雞狗。⑪天變：天降之災異。⑫大司馬：胡三省曰：「大司馬謂武都王安，生叔父也。」⑬瞋目：怒目，音ㄔㄣ。⑭貳於晉：攜貳而親於晉。⑮何不彊人酒，而猶有坐者：謂何不強迫令人飲酒，而尚有不醉而端坐者。⑯偃仆失冠：偃仰臥；仆前覆；冠落於地：皆狀酒醉之態。⑰闕：音ㄧㄢ。⑱貳於代：攜貳於代。核上之貳於晉，與此貳於代之釋例不同者，以貳固係攜貳，而其所攜貳者，究為何國，則端視上下文之事實而定。杜預注《左傳》即採此法，可取而比觀之。⑲犍：音建。⑳招撫段龕諸城：胡三省曰：「恪圍廣固未下，故先招撫其統內諸城。」㉑署：任命。㉒舉眾降：率領眾人投降。㉓臣無境外之交：《國語・魯語》：「衞侯聞其臧文仲之為也，使納賂焉。辭曰：『外臣之言不越境，不敢及君』。」韋注：「言臣不外交也。」按古代諸侯之疆界曰境，是境外即國外也。㉔二君何以來辱：猶辱二君來何為，辱為表謙遜之辭。㉕鄰藩：毗鄰之藩國。㉖風通道會：會猶交接，謂風聲相通，道路相接。㉗君何怪焉：焉為疑問語辭，文句與君何怪哉相類。㉘於今六世：胡三省曰：「軌，寔、茂，駿，重華、曜靈、祚，為七世，今言六世，斥祚不以為世數。」㉙隳：音ㄏㄨㄟ，墮也。㉚節：節行。㉛北面二趙：張茂稱藩於前趙，張駿稱藩於後趙。㉜自帝：自行稱帝。㉝中州好食言：中州猶中原，指河南一帶而言，食言謂言不實踐。㉞嚮者：昔者。㉟石氏使車適返，而戎騎已至：胡三省曰：「永和三年，張重華嗣位，遣使奉章於石虎，虎繼遣王擢來寇。」適猶剛。㊱政化各殊：政治教化，各不相同。㊲秦敦信義：秦重信義。㊳一槩：胡三省曰：「槩所以平斗斛，一槩待之，言無所高下也。」㊴張先楊初，先帝討而擒之：胡三省曰：「擒張先見卷九十八六年，未嘗擒楊初也，負殊姑為是言耳。」㊵罪戾：戾亦罪。㊶爵秩：爵號秩位。㊷固非石氏之比：實非石氏之可比擬。㊸征東何辱命焉：何辱征東大將軍遣使賜辭命乎！㊹江南文身之俗：胡三省曰：「古者荊蠻之俗，斷髮文身，以避蛟龍之害。」㊺道污先叛，化隆後服：胡三省曰：「鄭玄曰：『污，猶殺也。』易曰：『高宗伐鬼方，三年克之。』世之說者，以為荊楚輕悍，道污先叛，化隆後服，故負殊亦以此斥言江南。」核此二句之涵義，乃謂天子無道時，荊楚先叛，君王政化隆盛，則遲於諸國而來賓服。㊻必須兵服：必待發師旅以平服之。㊼可以義懷：可以信義懷徠之。㊽行人：使人。《周禮・秋官》有大行人，小行人，掌朝覲聘問之事。㊾不達天命：不通天命。㊿得延數年之命：得延長數年之壽命。(51)我跨據三州：胡三省曰：「三州謂涼、河、沙，張茂及張駿所分置者也。」(52)伐人有餘，況於自守：伐人尚有餘力，況於自守乎？意謂力量更綽綽有餘。(53)貴州：按貴為晉代之流行尊稱，《晉書・江統傳》：「東海王越與統書曰：『貴州人士，有堪應此者不？』」〈張軌附駿傳〉：「劉曜謂之曰：『貴州必欲追蹤竇融，款誠和好，卿能保之乎？』」〈周訪附光傳〉：「光見王敦，敦曰：『貴郡未有將，誰可用者？』」此尊地域冠以貴字之例，〈張軌附駿傳〉：「李雄謂淳曰：『貴主英名蓋世，土險兵盛，何不稱帝，自娛一方？』」又〈張軌附重華傳〉：「歸對曰，『故聖上以貴公忠賢，是以爵以上公。……若今便以貴公為王者。』」此尊官人而冒以貴字之例。由之，可知貴字一稱，應用之廣徧矣。(54)孰若殽函：孰，何；殽，殽關；在河南西部，函，函谷關；在陝西東境。(55)成資：已有之資基。(56)囊括：以囊掩括之，無復遺餘。(57)席卷：以席卷有之，與囊括之意酷相似。(58)冰消雲散：如冰之消，如雲之散。(59)旬月：十日以至一月。(60)不覺易主：於不知不覺之間，已易換主人，極言其滅亡之易也。(61)赫然奮怒：赫然，怒貌；奮怒，發怒。(62)何以待之：以何對待，猶今語之怎樣應付。(63)非身所了：《爾雅・釋詁》疏：「身自謂也。」猶我也。了，胡三省曰：「了，決也。」按雖可據上文「茲事當決之於王」之互文義例，而釋作決，然核其實，洵宜釋作辦理，此為六朝新興之詞。爰略舉數例以明之，

《晉書．和嶠傳》：「見太子不令，因侍坐曰：『皇太子有淳古之風，而季世多偽，恐不了陛下家事。』」〈傳玄附咸傳〉：「駿弟濟素與咸善，與咸書曰：『天下大器，非可稍了，而相觀每事欲了，生子癡了官事，官事未易了也。了事正作癡，復為快耳。』」又〈愍懷太子傳〉：「令小婢承福以紙筆及書草，使太子書之，文曰：『陛下宜自了，不自了吾當入了之，中宮又宜速自了，不了吾當手了之。』」諸了字皆含辦理或處理之意。〔六四〕英睿夙成：睿，聖智。音銳。謂英智天成。〔六五〕冲：幼小。〔六六〕伊霍：伊尹霍光，皆輔弼幼主者。〔六七〕稱藩：稱藩屬。〔六八〕按自負殊至姑臧，張瓘見之曰：……至秦因玄靚所稱官爵而授之一段，雖本自《晉書苻生載記》，而多所刪改。蓋六朝尚駢體，文取華腴；而《通鑑》則重散行，力求簡鍊。職此，故《通鑑》於錄晉人議論書表時，多行刪改。而其刪改根據之準繩，實如上述，此可為讀《通鑑》人士奉告者也。〔六九〕軹關：在河南省濟源縣西北，音只。〔七〇〕甲首：甲士之首級。〔七一〕園陵：天子之陵寢塋兆。〔七二〕發屋拔木：胡三省曰：「風捲屋瓦掀簷桷，為發屋。」拔木謂樹木拔倒，古代率言木，而不言樹，此與今用詞之不同者。〔七三〕緩刑崇德：猶謂後刑重德。〔七四〕弭：止。〔七五〕行：官位之兼攝。〔七六〕嗣統：繼嗣大統。〔七七〕謗讟之音：讟，誹；謂謗誹之聲。〔七八〕扇滿：扇動遍滿。〔七九〕比肩：肩與肩相並，謂人之多也。〔八〇〕希：少。〔八一〕極罰：猶嚴罰。〔八二〕復如朕何：猶今語之能把我怎樣。〔八三〕晝則繼道：言虎狼相繼於路。〔八四〕夜則發屋：謂虎狼夜則毀壞屋牆，以入室內。〔八五〕凡：約計之辭。〔八六〕相聚邑居：不敢散處田廬，而聚居於邑落之中。〔八七〕蓋世：蓋於一世。〔八八〕頓兵：停頓兵卒。〔八九〕平乘樓：胡三省曰：「大船之樓。」〔九〇〕遂：竟。〔九一〕陸沉：言大陸之沉，非由水患，而係人造。(九二)丘墟：謂空虛，按此辭《漢書．公孫弘傳》作丘虛，而晉代則盡作丘墟。《文選．桓溫薦譙元彥表》：「運無常通，時有屯蹇。神州丘墟，三方圮裂。」《晉書．孫楚附綽傳》，上疏曰：「河洛丘墟，函夏蕭條。」又〈桓溫傳〉：「詔曰：『但河洛丘墟，所營者廣。』」皆其例證。(九三)王夷甫諸人，不得不任其責：王夷甫乃王衍之字，《晉書》有傳，胡三省曰：「以王衍等尚清談，而不恤王事，以致夷狄亂華也。」(九四)記室：掌書記，猶今之秘書。(九五)袁宏：《晉書．文苑傳》有傳。傳稱其：「有逸才，文章絕美。」(九六)運：時運。(九七)作色：變色，以示怒意。(九八)劉景升：劉表字。(九九)羸牸：羸，瘦弱，音累。牸，牝牛。音字。(一〇〇)溫作色曰所言之言：胡三省曰：「溫意以牛況宏，徒能糜俸祿，而無經世之用。」(一〇一)伊水：在洛陽城南。(一〇二)姚襄撤圍拒之：姚襄撤攻周成於洛陽之圍，而移以拒溫。(一〇三)匿：藏。(一〇四)奉身：猶束身。(一〇五)歸命：歸從受天命之人。(一〇六)小却：稍退。(一〇七)拜伏道左：拜於道之左方，而不居於道之右方，乃表示謙卑之意，晉人於路中拜時，多跪於左旁。《晉書．石苞附崇傳》：「廣成君每出，崇降車路左，望塵而拜，其卑佞如此。」〈江統傳〉：「及太子廢，徙許昌，賈后諷有司不聽宮臣追送。統與宮臣冒禁至伊水，拜辭道左，悲泣流漣，」皆其證。(一〇八)開復：開闢光復。(一〇九)展敬：陳展敬禮。(一一〇)山陵：帝王墳墓之稱。《廣雅》釋丘疏證：「秦名天子冢曰山，漢曰陵。」核云山者，以陵之巨大，宛似山岳也。(一一一)豫：干犯。(一一二)無煩使人：不要麻煩派遣使者前來。(一一三)督戰：監督作戰。(一一四)麾下：麾乃旌旗之屬，所以指撝者。麾下，猶謂部下。(一一五)傳言：相傳之言，謂非甚真確可靠。(一一六)病創：受傷。(一一七)士女：男女，按此詞乃晉代所流行者。

《晉書・王導傳》：「俄而洛京傾覆，中州士女，避亂江左者，十六七。」是其證。⑱裏所：裏處。⑲神明器宇：謂精神、智慧、胸襟、度量。⑳儔：匹，音抽。㉑既而：已而，蓋前事已畢，而接為後事，為時間連接詞，猶今語之接著。㉒各置陵令：胡三省曰：「漢起陵邑，邑各置令，後遂因之，諸陵各置陵令，屬太常。」㉓裏陵：今縣名，屬山西省，地臨汾水左岸。㉔約：要交。㉕鄄城：故城在今山東省濮縣東，音絹。㉖會霖雨：適逢天降霖雨。㉗秦主夜食棗多……安知吾食棗，遂斬之：按斬太醫令之故，〈苻生載記〉所錄，與此有異，文云：「嘗使太醫令程延合安胎藥，問：『人參好惡，並藥分多少。』延曰：『雖小小不具，自可堪用。』生以為譏其目，鑿延出目，然後斬之。」兩兩相核，似較上說為近事實，當以錄此說為宜。㉘制：制服。㉙羈縻：繫聯之意，馬絡頭曰羈，牛靷曰縻。㉚今憑阻堅城：今憑恃堅城。阻堅城之原意，為以堅城為險阻，故此釋作恃。㉛戮力：合力。㉜蹔：同暫。㉝輕用其死：隨便用其死力。㉞要在取之：最重要乃在取之。㉟塹：水溝。㊱饋：進食，音ㄎㄨㄟˋ。㊲嬰城：以城繞其外，而堅守之。㊳樵采：打柴採薪。㊴悉眾：盡發士卒。㊵圍裏：胡三省曰：「時外築長圍，故戰於圍裏。」㊶躬身自衙盪：按身自，猶親自也，此為晉代之常用語。《晉書・五行志》上：「司馬道子於府園內列肆，使姬人酤鬻，身自貿易。」而此辭亦有改作躬自者。《晉書・傅玄附咸傳》，咸上言曰：「在昔帝王，躬自菲薄，以利天下，未有下也。」〈劉喬傳〉：「又與越書曰：『且君子躬自厚而薄責於人。』」又有改作躬親者。《晉書・食貨志》：「杜預疏：『長吏二千石，躬親勸功。』」〈顧和傳〉：「帝從之皆躬親行禮。」又有變作身親者。〈閻纘傳〉：「又陳曰：『身親飲食醫藥，冀足救危。』」〈袁瓌傳〉：「上疏曰：『昔魏武帝身親介冑，務在武功。』」亦有另作親自者。〈華譚傳〉：「譚著辨道，上牋進之，帝親自覽焉。」而核其實，所言之身自、躬自、躬親、身親、親自，實皆與躬字之意義，完全相同。此可於下例比勘知之。〈晉書・食貨志〉：「遂躬帥百姓興功，一冬皆成。」又〈郗鑒傳〉：「博覽經籍，躬耕隴畝。」凡此皆身自一辭演化之概況也。衝盪，謂衝撞激盪。㊷沮：喪。㊸莫有固志：無有固守之意。㊹面縛：手反縛於背後。㊺新民：新降之民。㊻悉定：盡定。㊼大長秋：《晉書・職官志》：「大長秋，皇后卿也。」㊽亂源：禍亂之源。㊾推求：廣為尋求。㊿意分：猶言情誼。(51)大和：甚為融洽。(52)逯：音遁。(53)汴城：胡三省曰：「汴城即浚儀城，余謂汴當作卞，魯國卞縣城也。」(54)五陵：胡三省曰：「宣帝陵在河陰首陽山，景帝陵曰峻平，文帝陵曰崇陽，武帝陵曰峻陽，惠帝陵曰太陽。」(55)服緦臨：緦，十五升布，抽去其半，臨，臨哭。(56)胡之，廙之子也：王廙《晉書》有傳，音異。

升平元年（西元三五七年）

㈠春，正月，壬戌朔，帝加元服㈠，太后詔歸政㈡，大赦，改元，太后徙居崇德宮。

㈡燕主雋徵幽州刺史乙逸為左光祿大夫，逸夫婦共載鹿車㊂，子璋從數十騎，服飾甚麗，奉迎於道，逸大怒，閉車不與言㊃，到城㊄，深責之。璋猶不悛㊅，逸常憂其敗，而璋更被擢任，歷中書令，御史中丞。逸乃歎曰：「吾少自脩立㊆，克己守道㊇，僅能免罪，璋不治節儉，專為奢縱㊈，而更居清顯㊉，此豈惟璋之忝幸⑪，實時世之陵夷⑫也。」

㈢二月，癸丑，燕主雋立其子中山王暐為太子，大赦，改元光壽。太白入東井，秦有司⑬奏：「太白罰星⑭，東井秦分，必有暴兵⑮起京師。」秦主生曰：「太白入井，自為渴耳，何所怪乎⑯！」

㈣姚襄將圖關中，夏四月，自北屈進屯杏城。遣輔國將軍姚蘭略地⑰敷城，曜武將軍姚益生，左將軍王欽盧，各將兵招納⑱諸羌胡，蘭，襄之從兄，益生，襄之兄也。

㈤胡及秦民，歸之者五萬餘戶，秦將苻飛龍擊蘭，擒之，襄引兵進據黃落，秦主生遣衛大將軍、廣平王黃眉，平北將軍苻道，龍驤將軍、東海王堅⑲，建節將軍鄧羌，將步騎萬五千以禦之，襄堅壁⑳不戰，羌謂黃眉曰：「襄為桓溫、張平所敗，銳氣喪矣。然其為人彊很㉑，若鼓譟揚旗，直壓其壘㉒，彼必忿恚㉓而出，可一戰擒也。」

五月，羌帥騎三千，壓其壘門而陳㉔，襄怒，悉眾出戰，羌陽不勝㉕而走，襄追之，至於三原㉖，羌迴騎擊之，黃眉等以大眾繼至，襄兵大敗，襄所乘駿馬曰黧眉騧㉗，馬倒，秦兵擒而斬之，弟萇帥其眾降。襄載其父弋仲之柩㉘在軍中，秦主生以王禮㉙葬弋仲於孤磐㉚，亦以公禮葬襄。黃眉等還長安，生不之賞，數眾辱黃眉㉛，黃眉怒，謀弒生，發覺，伏誅㉜，事連王公親戚，死者甚眾。

(六)戊寅，燕主儁遣撫軍將軍垂，中軍將軍虔，護軍將軍平熙，帥步騎八萬，攻敕勒㉝於塞北，大破之，俘斬十餘萬，獲馬十三萬匹，牛羊億萬頭。

(七)匈奴單于賀賴頭，帥部落㉞三萬五千口降燕，燕人處之代郡平舒城。

(八)秦主生夢大魚食蒲㉟，又長安謠曰：「東海大魚化為龍，男皆為王女為公。」生乃誅太師、錄尚書事、廣寧公魚遵，並其七子十孫。金紫光祿大夫牛夷懼禍，求為荊州[三六]，生不許，以為中軍將軍，引見調[三七]之曰：「牛性遲重，善持轅軛[三八]，雖無驥足，動負百石[三九]。」夷曰：「雖服[四〇]大車，未經峻壁[四一]，願試重載，乃知勳績。」生笑曰：「何其快也！公嫌所載輕乎，朕將以魚公爵位處公[四二]。」夷懼，歸而自殺。生飲酒無晝夜，或連月不出，奏事不省[四三]，往往寢落[四四]，或醉中決事[四五]，左右因以為姦。賞罰無準[四六]，或至申酉，乃出視朝[四七]，乘醉，多所殺戮，自以眇目[四八]，諱言殘缺，偏、隻、少、無、不具[四九]之類，誤犯而死者，不可勝數。好生剝牛羊驢馬，燖[五〇]雞豚鵝鴨，縱之殿前，數十為羣；或剝人面皮，使之歌舞，臨觀以為樂。

嘗問左右曰：「自吾臨天下[五一]，汝外間何所聞[五二]？」或對曰：「聖明宰世[五三]，賞罰明當[五四]，天下唯歌太平。」怒曰：「汝媚我也。」引而斬之[五五]。它日又問，或對曰：「陛下刑罰微過[五六]。」又怒曰：「汝謗我也。」亦斬之。勳舊親戚，誅之殆盡[五七]，羣臣得保一日，如度十年(五八)。

(九)東海王堅素有時譽(五九)，與故姚襄參軍、薛讚、權翼善，讚翼密說堅曰：「主上猜忍(六〇)暴虐，中外離心(六一)，方今宜主秦祀(六二)者，非殿下(六三)而誰(六四)？願早為計，勿使他姓得之。」堅以問尚書呂婆樓，婆樓曰：「僕，刀鐶上人耳(六五)不足以辦大事，僕里舍(六六)有王猛，其人謀略不世出(六七)，殿下宜請而咨(六八)之。」堅因(六九)婆樓以招猛，一見如舊友(七〇)，語及時事，堅大悅，自謂如劉玄德之遇諸葛孔明也(七一)。

六月，太史令康權言於秦主生曰：「昨夜，三月並出，孛星入太微，連東井，自去月(七二)上旬，沈陰(七三)不雨，以至於今，將有下人謀上之禍。」生怒，以為妖言，撲殺之(七四)。

特進領御史中丞梁平老等謂堅曰：「主上失德，上下嗷嗷(七五)，人懷異志，燕晉二方(七六)，伺隙而動(七七)，恐禍發之日，家國俱亡，此殿下之事也，宜早圖之。」堅心然之，畏生趫勇(七八)，未敢發。生夜對侍婢言曰：「阿灋兄弟(七九)，亦不可信，明當除之。」婢以告堅及堅兄清河王灋，灋與梁平老及特進光祿大夫彊汪，帥壯士數百，潛入雲龍門〔八〇〕，堅與呂婆樓帥麾下三百人，鼓譟繼進，宿衛將士，皆舍仗歸堅，生猶醉寐，堅兵至，生驚問左右曰：「此輩何人？」左右曰：「賊也。」生曰：「何不拜之〔八一〕？」堅兵皆笑。生又大言：「何不速拜，不拜者斬之。」堅兵引生置別室，廢為越王，尋殺之，謚曰厲王〔八二〕。

㈩堅以位讓瀍，瀍曰：「汝嫡嗣〔八三〕，且賢，宜立。」堅曰：「兄年長，宜立。」堅母苟氏，泣謂羣臣曰：「社稷事重，小兒自知不能，他日〔八四〕有悔，失在諸君。」羣臣皆頓首請立堅，堅乃去皇帝之號，稱大秦天王〔八五〕，即位於太極殿，誅生倖臣中書監董榮，左僕射趙韶等二十餘人，大赦，改元永興，追尊父雄為文桓皇帝，母苟氏為皇太后，妃苟氏為皇后，世子宏為皇太子。以清河王瀍為都督中外諸軍事、丞相、錄尚書事、東海公，諸王皆降爵為公，以從祖右光祿大夫、永安公侯為太尉，晉公柳為車騎大將軍、尚書令，封弟融為陽平公〔八六〕，雙為河南公，子丕為長樂公，暉為平原公，熙為廣平公，叡為鉅鹿公。以漢陽李威為左僕射，梁平老為右僕射，彊汪為領軍將軍，呂婆樓為司隸校尉，王猛為中書侍郎。融好文學，明辨過人，耳聞則誦(八七)，過目不忘，力敵百夫，善騎射擊刺，少有令譽(八八)，堅愛重之，常與共議國事，融經綜內外(八九)，刑政修明，薦才揚滯(九〇)，補益弘多(九一)。丕亦有文武才幹，治民斷獄，皆亞於融(九二)。威，苟太后之姑子也，素與魏王雄友善，生屢欲殺堅，賴威營救(九三)得免，威得幸於苟太后，堅事之如父，威知王猛之賢，常勸堅以國事任之；堅謂猛曰：「李公知君，猶鮑叔牙之知管仲也。」猛以兄事之(九四)。

(十一)燕主儁殺段龕，阬其徒三千餘人。

(十二)秋，七月，秦大將軍、冀州牧張平，遣使請降，拜幷州刺史。八月丁未，立皇后何氏，后故散騎侍郎、廬江何準之女也(九五)，禮如咸康(九六)而不賀。

(十三)秦王堅以權翼為給事黃門侍郎，薛讚為中書侍郎，與王猛並掌機密(九七)。九月，追復太師魚遵等官，以禮改葬，子孫存者，皆隨才擢敘(九八)。

(十四)張平據新興、鴈門、西河、太原、上黨、上郡之地，壁壘三百餘(九九)，夷夏十餘萬戶，拜置征鎮(一〇〇)，欲與燕秦為敵國。冬，十月，平寇略秦境，秦王堅以晉公柳都督幷冀州諸軍事，加幷州牧，鎮蒲阪，以禦之。

(十五)十一月，癸酉，燕主雋自薊徙都鄴(一〇一)。

(十六)秦太后苟氏遊宣明臺，見東海公灋之第門(一〇二)，車馬輻湊(一〇三)，恐終不利於秦王堅，乃與李威謀賜灋死；堅與灋訣(一〇四)於東堂，慟哭歐(一〇五)血，謚曰獻哀公，封其子陽為東海公，敷為清河公。

(十七)十二月，乙巳，燕主雋入鄴宮，大赦，復作銅雀臺(一〇六)。

(十八)以太常王彪之為左僕射。

(十九)秦王堅行至尚書(一〇七)，以文案不治(一〇八)，免左丞程卓官，以王猛代之。堅舉異材，修廢職(一〇九)，課農桑(一一〇)，恤困窮，禮百神，立學校，旌節義(一一一)，繼絕世(一一二)，秦民大悅。

【今註】(一)元服：冠也。《儀禮．士冠禮》：「令月吉日，始加元服。」注：「元，首也。」《漢書．昭帝紀》：「元鳳四年春正月丁亥，帝加元服。」注：「元，首也，冠者，首之所著，故曰元服。」㈡太后詔歸政：太后下詔歸政於帝。㈢逸夫婦共載鹿車：乙逸夫婦二人共乘鹿車，《廣雅・釋器》：「道軌謂之鹿車。」按即方言之轆轤車，說見錢繹《方言箋疏》。㈣閉車不與言：關閉車門，不與相見而語。㈤到城：到薊城。㈥悛：改，音銓。㈦吾少自脩立：吾自年少時，即脩身立節。㈧克己守道：克服私慾，遵守聖道。㈨奢縱：奢侈縱恣。㈩清顯：清貴顯要之職，指上之中書令、御史中丞而言。⑪忝幸：辱幸。⑫陵夷：頹替。⑬有司：官吏之異稱。⑭太白罰星：《說苑・善說》：「魏文侯與大夫飲酒，使公乘不仁為觴政曰：『飲不釂者浮以大白。』文侯飲而不盡釂，公乘不仁舉白浮君。」此後代謂大白為罰星之所自。⑮暴兵：猝起之兵。⑯秦主生曰：「太白入井，自為渴耳，何所怪乎。」：按凡至井皆為飲水，秦主因言，此太白入井，亦乃因渴之故，蓋為幽默而拒諫之語。⑰略地：占據疆域。⑱招納：招引接納。⑲東海王堅：即後之秦主苻堅。⑳堅壁：堅守營壘。㉑彊很：很猶狠，謂剛強狠戾。㉒壘：營寨。㉓恚：恨怒。㉔壓其壘門而陳：緊在其營前列陣，陳古陣字。㉕陽不勝：陽猶佯，謂假作不勝，《通鑑》於具此等意時，皆書作陽。㉖三原：今縣名，屬陝西省。㉗黧眉騧：黑而黃色曰黧，音黎。黃馬黑喙曰騧，音瓜。㉘柩：尸在棺曰柩。㉙以王禮：以王者之禮。㉚孤磐：在天水冀縣界。㉛數眾辱黃眉：屢次於大庭廣眾之間，對黃眉施以污辱。㉜伏誅：服誅戮之刑。㉝敕勒：胡三省曰：「新唐書曰：『敕勒，其先匈奴也。元魏時號高車部，其後訛為鐵勒，唐之鐵勒十五種是也。』」㉞部落：按落，猶定居也，與中國之戶頗相當，部落謂部屬之人戶也。㉟夢大魚食蒲：胡三省曰：「苻氏本蒲家也，故以夢魚食蒲為異。」(36)荊州：胡三省曰：「秦荊州治豐陽川。」(37)調：調戲。(38)轅軛：轅、輈；轅前曰軛，加之牛項，軛音厄。(39)動負百石：引車時能引百石。(40)服：駕。(41)峻壁：猶峻坂。(42)以魚公爵位處公：使公居魚公之職位。(43)奏事不省：臣下所奏章表，不加省覽。(44)往往寢落：胡三省曰：「落當作格，音閣，留止不下曰格。」按落字不煩改易，依其本義，亦自可通。落乃丟失之謂，即常常寢置丟失，《晉書・阮籍傳》：「乃求為步兵校尉，遺落世事。」中之落字，略與此同。(45)決事：決斷國事。(46)準：準繩。(47)或至申酉，乃出視朝：按〈苻生載記〉作：「或至暮，方出臨朝。」暮正指申酉而言，知《通鑑》作者常用原意而改撰新辭。(48)眇目：瞎一目。(49)不具：不全。(50)燖：湯瀹去其毛，音尋。(51)臨天下：君臨天下。(52)汝外間何所聞：汝在外間，有何所聞。(53)宰世：治世。(54)明當：不糊塗，無錯誤。(55)引而斬之：使人引出而斬之。(56)微過：稍稍過度。(57)勳舊親戚，誅之殆盡：《晉書・苻生載記》作：「宗室勳舊，親戚忠良，殺害略盡。」按此四者，乃貴族之主要成分，勳，有勳業；舊，故舊及世臣；親，宗親；戚，姻戚。又《通鑑》升平二年文則作宗親勳舊，字雖略異，而所言則同。誅之殆盡，謂誅戮殆盡。(58)羣臣得保一日，如度十年：羣臣得保全生命一日，猶如度十年之久，極喻其精神恐懼之痛苦也。(59)時譽：為時人所稱美。(60)猜忍：猜忌殘忍。(61)中外離心：朝中朝外，皆有攜貳之意。(62)主秦祀：主掌秦之祭祀，亦即主管秦之社稷。(63)殿下：六朝時對世子及君王之尊稱。(64)非殿下而誰：非殿下而復為誰，極言其只有其一人也。(65)僕刀鐶上人耳：胡三省曰：「魏晉之間，率以刀鐶築殺人，言將為生所殺也。或曰：『刀以鋒刃為用，鐶以上無所用之，婆樓以自喻。』」(六六)里舍：鄉里之鄰舍。(六七)不世出：非每代所皆有，古以三十年為一世，極言其稀罕也。(六八)咨：詢問。(六九)因：藉。(七〇)如舊友：如多年老友。(七一)自謂如劉玄德之遇諸葛孔明也：見卷六十五漢獻帝建安十二年。(七二)去月：今謂上月。(七三)沈陰：沈霾陰暗。(七四)撲殺之：擊殺之。(七五)上下嗷嗷：嗷嗷，眾口愁聲。謂羣臣人民，俱愁苦呻吟。(七六)燕晉二方：猶燕晉二國。(七七)伺隙而動：窺伺釁隙，而欲興師。(七八)趫勇：趫捷勇敢。(七九)阿灤兄弟：灤古法字，阿字乃聲辭，而不含義，《日知錄》：「隸釋：『漢穀阬碑陰云，其間四十人，皆字其名而繫以阿字，如劉興阿興，潘京阿京之類。』」按兩晉以後，此風尤盛，甚至於稱其父母時，亦可加阿。《晉書・張憑傳》：「祖鎮謂其父曰，『我不如汝有佳兒。』憑曰，『阿翁豈宜以子戲父邪！』」〈烈女周顗母李氏傳〉：「唯阿奴碌碌，當在阿母目下耳。」夫於其父母猶可稱阿，則於他人，自從可知矣。灤乃苻堅兄清河王之名。(八〇)雲龍門：胡三省曰：「魏明帝起洛陽宮，宮城正南門曰雲龍門，苻氏據長安，亦以宮城正南門為雲龍門。」(八一)生曰何不拜之：按以下文生又大言：「何不速拜，不拜者斬之。」乃係言來人何不向已跪拜，而字面則係向來人跪拜，微嫌糢棱。(八二)謚曰厲王：《通鑑》所載苻生在位二年之事，除少有不同者外，俱錄自《晉書・苻生載記》，惟多有節略，此其大較也。(八三)汝嫡嗣：胡三省曰：「堅母苟氏，雄之元妃，故謂堅為嫡嗣。」(八四)他日：異時，按此辭有指以往者，但此則謂將來之某一日。(八五)天王：按春秋稱周天子曰天王，此係祖襲春秋而言者。(八六)封弟融為陽平公：按苻融《晉書》有傳，附於〈苻堅載記〉之後。(八七)耳聞則誦：耳聞則能背誦。(八八)令譽：美譽。(八九)經綜內外：經略綜理朝廷內外之政。(九〇)揚滯：顯揚淹滯不得意之士。(九一)弘多：猶甚多。(九二)皆亞於融：皆為融之流亞。(九三)營救：經營救護。(九四)以兄事之：以兄之禮事之。(九五)廬江何準之女也：按何準《晉書・外戚傳》有傳。(九六)禮如咸康：成帝咸康二年立杜后。(九七)並掌機密：按機密，乃機要樞密二辭，併合而成。《晉書・習鑿齒傳》：「所在任職，每處機要，蒞事有績。」〈羊曼傳〉：「元帝以為鎮東參軍，轉丞相主簿，委以樞密。」因之亦有併作機密者。〈潘尼傳〉：「著安身論居高位，饗重祿，執權衡，握機密。」此機密一辭鑄撰之經過也。(九八)擢敍：拔擢錄敍。(九九)壁壘三百餘：胡三省曰：「壁壘蓋時遭亂離，豪望自相保聚所築者。石氏用張平為幷州，故得有其地，有其民。」(一〇〇)拜置征鎮：《晉書・職官志》：「驃騎、車騎、衞將軍、伏波、撫軍、都護、鎮軍、中軍、四征、四鎮。」所謂征鎮，乃括以上諸官而言。(一〇一)鄴：故城在今河南省臨漳縣西。(一〇二)第門：府第之門。(一〇三)輻湊：《漢書・叔孫通傳》：「四方輻輳。」注：「輳，聚也，言如車輻之聚於轂也；字或作湊。」(一〇四)訣：別。(一〇五)歐：同嘔，吐血。(一〇六)銅雀臺：胡三省曰：「魏武建國，於鄴作銅雀臺，石氏增修之，兵亂圮毀，慕容都鄴，復作使如舊。」(一〇七)行至尚書：行至尚書之寺署。(一〇八)文案：謂文書，諸曹文書留為案據，故曰文案。(一〇九)修廢職：修舉廢頓之職事。(一一〇)課農桑：勸勤於農桑，而復考核以獎懲之。(一一一)旌節義：旌表有節義之人。(一一二)繼絕世：凡子孫之絕者，為嗣立之。

二年（西元三五八年）

㈠春，正月，司徒昱㊀稽首歸政，帝不許。

初馮鴦既以上黨來降，又附於張平，又自歸於燕，既而，復叛燕。二月，燕司徒、上庸王評討之，不克。

㈡秦王堅自將㊁討張平，以鄧羌為前鋒督護，帥騎五千，軍於汾上㊂。平使養子蚝禦之。蚝多力趫捷，能曳牛却走㊃，城無高下，皆可超越㊄，與羌相持旬餘，莫能相勝。三月，堅至銅壁㊅，平盡眾出戰，蚝單馬大呼，出入秦陳者四五，堅募人生致之㊆，鷹揚將軍呂光㊇刺蚝中之，鄧羌擒蚝以獻，平眾大潰㊈，平懼請降。堅拜平右將軍，以蚝為虎賁㊉中郎將，蚝本姓弓，上黨人也，堅寵待甚厚，常置左右，秦人稱鄧羌、張蚝皆萬人敵⑪。光，婆樓之子也，堅徙張平部民⑫三千餘戶於長安。

㈢甲戌，燕主儁遣領軍將軍慕輿根將兵，助司徒評攻馮鴦，根欲急攻之，評曰：「鴦壁堅，不如緩之。」根曰：「不然，公至城下，經月⑬未嘗交鋒⑭，賊謂國家力止於此，遂相固結，冀幸萬一⑮。今根兵初至，形勢方振⑯，賊眾恐懼，皆有離心，計慮⑰未定，從而攻之，無不克者。」遂急攻之，鴦與其黨，果相猜忌〔一八〕，鴦奔野王〔一九〕依呂護，其眾盡降。

〔四〕夏，四月，秦王堅如雍，祠五畤〔二〇〕。六月，如河東，祠后土〔二一〕。

〔五〕秋，八月，豫州刺史謝奕卒，奕安之兄也。司徒昱以建武將軍桓雲代之，雲，溫之弟也，訪於僕射王彪之〔二二〕，彪之曰：「雲非不才，然溫居上流，已割天下之半〔二三〕，其弟復處西藩〔二四〕，兵權萃〔二五〕於一門〔二六〕，非深根固蔕之宜〔二七〕。人才非可豫量〔二八〕，但當令不與殿下作異者耳〔二九〕。」昱頷之〔三〇〕，曰：「君言是也。」壬申，以吳興太守謝萬為西中郎將，監司、豫、冀、幷四州諸軍事〔三一〕，豫州刺史，王羲之〔三二〕與桓溫牋〔三三〕曰：「謝萬才流經通〔三四〕，使之處廊廟〔三五〕，固是後來之秀，今以之俯順荒餘，近是違才易務矣〔三六〕〔三七〕。」又遺萬書曰：「以君邁往不屑之韻〔三八〕，而俯同羣碎〔三九〕，誠難為意也〔四〇〕。然所謂通識〔四一〕，正當隨事行藏耳〔四二〕。願君每與士卒之下者〔四三〕同甘苦，則盡善矣。」萬不能用〔四四〕，徐兗二州刺史荀羨有疾，以御史中丞郗曇〔四五〕為軍司〔四六〕。【考異】帝紀：「謝萬為豫州。」下云：「郗曇為北中郎將、督五州軍事，徐兗二州刺史。」按曇傳云：「荀羨有疾，以曇為軍司，頃之，羨徵還，除曇北中郎將，都督刺史。」

帝紀：「十二月，北中郎將荀羨及慕容雋戰於山茌，王師敗績。」燕書十二月：「荀羨寇泰山，殺太守賈堅。」載記：「荀羨殺賈堅。」下云：「敗羨，復陷山茌。」故知八月曇末為徐兗二州，恐始為軍司耳。

曇，鑒之子也。

㈥九月，庚辰，秦王堅還長安，以太尉侯守尚書令㊼。於是秦大旱，堅減膳徹樂㊽，命后妃以下，悉去羅紈㊾，開山澤之利，公私共之㊿，息兵養民，旱不為災。王猛日親幸用事(51)，宗親勳舊多疾之，特進(52)、姑臧(53)侯樊世，本氐豪(54)，佐秦主健定關中，謂猛曰：「吾輩耕之，君食之邪(55)！」猛曰：「非徒(56)使君耕之，又將使君炊之。」世大怒曰：「要(57)當懸汝頭於長安城門，不然，吾不處世(58)。」猛以白(59)堅，堅曰：「必殺此老氐(60)，然後百寮可肅(61)。」會(62)世入言事，與猛爭論於堅前，世欲起擊猛，堅怒斬之，於是羣臣見猛皆屏息(63)。

㈦趙之亡也，其將張平、李歷、高昌，皆遣使降燕，已而降晉，又降秦(64)，各受爵位，欲中立以固。燕主雋使司徒評討張平於并州，司空陽鶩討高昌於東燕，樂安王臧討李歷於濮陽。鶩攻昌別將(65)於黎陽，不拔，歷奔滎陽，其眾皆降，并州壁壘百餘降於燕，儁以右僕射悅綰(六六)為并州刺史以撫之。平所署征西將軍諸葛驤等帥壁壘百三十八降於燕，儁皆復其官爵(六七)。平帥眾三千奔平陽，復請降於燕。

(八)冬，十月，泰山太守諸葛攸攻燕東郡，入武陽(六八)，燕主儁遣大司馬恪統陽騖，及樂安王臧之兵以擊之，攸敗走，還泰山，恪遂渡河，略地河南，分置守宰(六九)。燕主儁欲經營秦晉，十二月，令州郡校實(七〇)見丁(七一)，戶留一丁，餘悉發為兵，欲使步卒滿一百五十萬，期(七二)來春大集洛陽。武邑劉貴上書，極陳(七三)百姓彫弊(七四)，發兵非灋(七五)，必致土崩之變。儁善之，乃更令三五發兵(七六)，寬其期日，以來冬集鄴。時燕調發繁數(七七)，官司各遣使者，道路旁午(七八)，郡縣苦之；太尉領中書監封奕，請：「自今非軍期嚴急，不得遣使，自餘賦發，皆責成州郡(七九)，其羣司所遣彈督(八〇)在外者，一切攝還(八一)。」儁從之。

(九)燕泰山太守賈堅屯山茌，荀羨引兵擊之，堅所將纔七百餘人，羨兵十倍於堅，堅將出戰，諸將皆曰：「眾少，不如固守。」堅曰：「固守亦不能免(八二)，不如戰也。」遂出戰，身先士卒(八三)，殺羨兵千餘人，復還入城，羨進攻之，堅歎曰：「吾自結髮(八四)，志立功名，而每值窮阨(八五)，豈非命乎(八六)！與其屈辱而生，不若守節而死(八七)。」乃謂將士(八八)曰：「今危困，計無所設(八九)，卿等可去，吾將止死(九〇)。」將士皆泣曰：「府君(九一)不出，眾亦俱死耳。」乃扶堅上馬，堅曰：「我如欲逃，必不相遣(九二)，今當為卿曹決鬭(九三)，若勢不能支，卿等可趣去，勿復顧我(九四)也。」乃開門直出，羨兵四集(九五)，堅立馬橋上，左右射之(九六)，皆應弦而倒，羨兵眾多從塹下斫橋，堅人馬俱陷(九七)，生擒之，遂拔山茌。羨謂堅曰：「君父祖世為晉臣，奈何背本(九八)不降？」堅曰：「晉自棄中華，非吾叛也。民既無主，彊則託命(九九)既已事人，安可改節？吾束脩自立(一〇〇)，涉趙歷燕，未嘗易志，君何忽忽相謂降乎(一〇一)！」羨復責之，堅怒曰：「豎子(一〇二)兒女御乃公(一〇三)(一〇四)！」羨怒，執置雨中，數日，堅憤惋(一〇五)而卒。燕青州刺史慕容塵遣司馬悅明救泰山，羨兵大敗，燕復取山茌，燕主儁以賈堅子活為任城太守。荀羨疾篤(一〇六)，徵還，以郗曇為北中郎將、都督徐、兗、青、冀、幽五州諸軍事，徐兗二州刺史，鎮下邳(二七)。

㈩燕吳王垂娶段末柸女(二八)，生子令寶，段氏才高性烈(二九)，自以貴姓(三〇)，不尊事可足渾后，可足渾氏御之，燕主儁素不快(三一)於垂，中常侍涅(三二)皓，因希旨(三三)，告段氏及吳國典書令(三四)、遼東高弼為巫蠱(三五)，欲以連污(三六)垂，儁收段氏及高弼下大長秋，廷尉考驗(三七)，段氏及弼志氣確然(三八)，終無撓辭(三九)，掠治日急，垂愍(四〇)之，私使人(四一)謂段氏曰：「人生會當一死(四二)，何堪楚毒(四三)如此，不若引服(四四)。」段氏歎曰：「吾豈愛死(四五)者耶！若自誣以惡逆(四六)，上辱祖宗，下累於王(四七)，固不為也。」辯答益明(四八)，故垂得免禍，而段氏竟(四九)死於獄中。出垂為平州刺史，鎮遼東，垂以段氏女弟(五〇)為繼室，可足渾氏黠(五一)之，以其妹長安君(五二)妻垂，垂不悅，由是益惡之。

(十一)匈奴劉閼頭部落多叛，懼而東走，乘冰度河(五三)，半度而冰解，後眾悉歸劉悉勿祈，閼頭奔代。悉勿祈，務桓之子也。

【今註】㈠司徒昱：按即後登阼之簡文帝。㈡自將：親將。㈢軍於汾上：陳軍於汾水之上。㈣能曳牛卻走：能以手拖牛，令其倒走，喻力之大。㈤城無高下，皆可超越：無，無論；高下，著重高字，下字乃連類而及，不為義。全句謂無論城有多高，皆可踰越。㈥銅壁：胡三省曰：「河汾之間有銅川，其民遇亂，築壘壁以自守，因曰銅壁。」㈦生致之：生擒而獻致之。㈧呂光：《晉書載記》中有其載記。㈨潰：散，亂，音ㄎㄨㄟˋ。㈩賁：音奔。⑪萬人敵：即一人可敵萬人，極言其勇武也，與萬夫不當之勇，意頗相似。⑫部民：部屬之民。⑬經月：經過一月。⑭交鋒：兵刃相交。⑮冀幸萬一：希冀僥倖於萬分之一的成功。⑯形勢方振：形勢方正振奮。⑰計慮：計劃謀慮。⑱果相猜忌：果然互相猜疑忌畏。⑲野王：今河南省沁陽縣治。⑳祠五時：《漢書．地理志》：「雍有五時」，補注：「渭水注：『雍有五時，以上祠祀五帝。』封禪書索隱云：『密時並上時、下時、畦時為四，並高祖尊黑帝為五。』」㉑如河東，祠后土：胡三省曰：「用漢禮也。」㉒訪於僕射王彪之：按彪之《晉書．王廙傳》後有附傳。㉓已割天下之半：已割有天下之半。㉔西藩：胡三省曰：「東晉豫州鎮江西，建康在江東，故以豫州為西藩。」㉕萃：聚集。㉖一門：猶一家。㉗非深根固蒂之宜：謂於國家基業之穩固，殊屬非宜。㉘豫量：不能豫為測度其善惡。㉙但當令不與殿下作異者耳：只當任命不與殿下相反對者。㉚頷之：點首以示贊同。㉛以吳興太守謝萬為西中郎將，監司、豫、冀、幷四州諸軍事：按謝萬《晉書．謝安傳》後有附傳。胡三省曰：「司、豫、冀、幷所統，皆僑郡也。」㉜王羲之：《晉書》有傳。㉝牋：書札。㉞謝萬才流經通：胡三省曰：「言其才具可以經世，於時人流輩中為通達也。」按胡注頗嫌牽強。核流，猶行也，通，達也，謂其才行可以經世達變。㉟廊廟：朝廷，與廟堂意相類。㊱今以之俯順荒餘，近是違才易務矣：胡三省曰：

「言邊郡兵民皆兵荒之餘，彫瘵未蘇，而獷悍難調，當俯就而柔順之；今萬非其才而用之，則為違才。務，事也，以萬之才可以處廊廟，而使之處邊鄙，則為易事。」㊲壬申，以吳興太守謝萬……至近是違才易務矣：按此段乃錄自〈謝安附萬傳〉，而文字則多所削改，爰錄之以示例一斑。文云王羲之與桓溫箋曰：「謝萬才流經通，處廊廟參諷議，故是後來一器；而今屈其邁往之氣，以俯順荒餘，近是違才易務矣。」㊳邁往不屑之韻：豪邁奮發，而不屑俗事之風韻。㊴而俯同羣碎：而屈躬與屑碎雜事相親。㊵誡難為意也：謂誡不可想像，亦即不可能也。㊶通識：智識通達之人。㊷正當隨事行藏耳：正應依隨事理，而或行或不行耳。㊸士卒之下者：士卒中之最低賤者。㊹遺萬書曰……至萬不能用：按此書不載〈謝萬傳〉，乃《通鑑》別據《王右軍集》而添附者。《通鑑》於述晉代事蹟，常有溢出於《晉書》之外，尤以書疏、議論、應對處為更甚。此等處皆係《通鑑》旁稽他書而編撰者。故僅以材料言，《通鑑》與《晉書》，實可互相補苴，而相輔相成，況《通鑑》又有與《晉書》其他不同之特點乎！故此兩書，實宜並而存之，合而觀之，而未可有軒輊輕重於其間也。爰因此段材料之增省，而概論兩書之取材情形如上。讀者當可有約略之認識矣。㊺郗曇：按《晉書・郗鑒傳》後有附傳。郗音希，曇音覃。㊻軍司：按軍司之職，不載於《晉書・職官志》，然其職乃係司一征鎮之全軍軍事，位責甚為重要，《晉書》諸列傳常載書之。〈王舒傳〉：「轉後將軍宣城公褚裒諮議參軍，遷軍司，固辭不受。……舒移告屬縣，以吳王師虞駿為軍司。」〈袁瓌傳〉：「敦平為鎮南將軍卞敦軍司，尋自解還。」大抵此職之權位，與王公郡國之長史頗相埒，而此則專主軍事，長史則偏重政務，此二者之區別歟！又此職與司馬約略相同。(47)以太尉侯守尚書令：胡三省曰：「永安公苻侯。」(48)徹樂：徹去樂器。(49)羅紈：綾羅綢絹。(50)公私共之：官民共享有之。(51)用事：管理政事。(52)特進：《晉書・職官志》：「二漢及魏晉，以加官從本官車服，無吏卒。……後定令特進品秩第二，位次諸公，在開府驃騎上。」(53)姑臧：今甘肅省武威縣。(54)氐豪：氐之豪帥。(55)吾輩耕之君食之邪：意謂吾輩辛勤耕耘，而汝安坐而享之。(56)徒：但，止。(57)要：約，此處可解為誓。(58)吾不處世：處，居，謂吾不居於世上。以明其意志之堅決。(59)白：告。(60)老氐：含罵詈意，猶今語之老東西，氐乃種族之名，為五胡之一。(61)百寮可肅：寮同僚，謂然後百僚可以肅畏。(62)會：適逢。(63)屏息：胡三省曰：「屏氣，不敢息也，氣一出入為息。」(64)張平、李歷、高昌，皆遣使降燕，已而降晉，又降秦：胡三省曰：「李歷、高昌，初降晉，張平降秦，永和七年也。八年，歷、昌降秦，是年又與張平俱降燕。苻生死後，張平又降晉，各受爵位。」(65)別將：部屬之另一將領。(66)綰：音ㄨㄢ。(67)復其官爵：恢復其原有之官爵。(68)武陽：今山東省朝城縣西。(69)分置守宰：守，郡守；宰，縣宰。分置，謂分別設置。(70)校實：檢校其實數。(71)見丁：見讀現，丁，壯丁。(72)期：指定期限。(73)極陳：盡力陳說。(74)彫弊：彫殘疲弊。(75)發兵非灋：胡三省曰：「灋未有戶留一丁，而悉發為兵者。」(76)三五發兵：每戶三丁或五丁，始發一人為兵。(77)調發繁數：調，戶稅，下文賦發之賦，是其證；發，徵發，繁數，繁多頻仍。(78)旁午：《漢書・霍光傳》：「使者旁午。」師古曰：「一縱一橫為旁午，猶言交橫也。」今謂事物紛錯。(79)責成州郡：令州郡理成其事。(80)彈督：

彈劾督催。(81)一切攝還：一切，一概；攝還，收還或追還。(82)固守亦不能免：固守亦不能免於陷敗。(83)身先士卒：親自處於士卒之前。(84)結髮：猶言束髮，謂初冠時。(85)每值窮阨：常常遭遇困窮險阨。(86)豈非命乎：豈非天命如此乎。(87)與其屈辱而生，不若守節而死：與其不若，乃偶伴之連接辭，必須二者同時兼用，以示選擇，其著重點，率在後者。此二句意，為欲採取守節而死之途。(88)將士：將指將軍，士指佐吏或上等兵卒。(89)計無所設：設，立或出。(90)吾將止死：吾將止留此而死。(91)府君：漢時太守之稱，《後漢書·華陀傳》：「府君胃中有蟲。」按郡守所居曰府，府者尊高之稱，故稱之曰府君。(92)必不相遺：按相為語助辭，無義。(93)為卿曹決鬬：為卿輩決一死戰。(94)勿復顧我：復，尚。按復含尚意，六朝頗為流行。《文選·李陵答蘇武書》：「兵盡矢窮，人無尺鐵，猶復徒首奮呼，爭為先登。……子尚如此，陵復何望哉。……陵誠能安，而主豈復能眷眷乎！」《晉書·庾亮傳》：「俄而亮至，徐曰：『諸君小住，老子於此處，興復不淺。』」〈華譚傳〉：「譚曰：『若仲舒抑於孝武，賈誼失於漢文，蓋復是其輕者耳。』」〈苻堅載記〉下：「堅作色曰：『汝復如此，天下之事，吾當誰與言之。』」又〈庾峻附敳傳〉：「從子亮見賦問曰：『若有意也，非賦所盡，若無意也，復何所賦？』」以上所引，皆復含尚意之證。(95)四集：由四方來集。(96)左右射之：向左右各方而射。古書文例，言左右則亦包括前後在內，特以若備言之，則殊嫌冗長，故率以左右二字以括之，此讀古書所宜知者。(97)俱陷：俱陷落於水中。(98)背本：背違根本，指晉朝言。(99)彊則託命：苟有彊者，則依以寄命。(100)吾東脩自立：胡三省曰：「謂從師就學，便有志於自立。」

朱子曰：『脩，脯也，十脡為束。』古者從師，必以束脩為禮。」㉑君何忽忽相謂降乎：忽忽，急遽；君何急遽以投降相勸說乎！㉒豎子：按此為古代流行之詈人語。《國策・燕策》：「荊軻怒叱太子曰：『今日往而不反者，豎子也。』」《史記・刺客荊軻傳》：「何太子之遣往而不反者，豎子也。」同書〈項羽本紀〉：「亞父受玉斗，置之地，拔劍撞而破之，曰：『唉！豎子不足與謀。』」《晉書・苻洪載記》：「洪將死謂健曰：『今見困豎子。』」核豎子之義，乃指其身份卑賤，識見淺陋而言。故實為一較刻毒之詈人語。㉓乃公：自稱之嫚詞。《史記・留侯世家》：「豎儒幾敗而公事。」索隱：「而公，高祖自謂也，漢書作乃公。」乃公猶今俗語之你老子。㉔兒女御乃公：猶視你老子如小兒女之無知無識。㉕憤惋：憤恨惋歎。㉖疾篤：病重。㉗下邳：故城在今江蘇省邳縣東。㉘燕吳王垂娶段末柸女：按《晉書・段匹磾傳》，匹磾東郡鮮卑人，與末杯為從弟，內敍末杯之事頗多，柸皆作杯。㉙性烈：賦性剛烈。㉚自以貴姓：〈段匹磾傳〉：「種類勁健，世為大人。」是為貴姓之證。㉛不快：不滿意。㉜涅：ㄋㄧㄝˋ。㉝希旨：承望旨意。㉞吳國典書令：時慕容垂封吳王，典書令乃王國之官，《晉書・職官志》：「大國置典書、典祠、典術、學官令各一人。……中朝制典書令在常侍下，侍郎上；及渡江，則侍郎次常侍，而典書令居三軍下。」此雖係晉制，而燕摹擬華典，諒亦必同之。㉟巫蠱：巫以呪詛之術，為蠱以害人也。《本草綱目・蟲蠱》下云：「造蠱者，以百蟲置皿中，俾相啖食，取其存者為蠱。」㊱連污：牽連詬污。㊲下大長秋廷尉考驗：大長秋乃皇后宮官，已見上，廷尉司獄訟之官，謂下之於獄，而令大長秋及廷尉共同施以考訊。㊳志氣確然：意志氣概，堅定不移。㉙撓辭：撓曲之辭，謂誣服也。㉚愍：哀憐。㉛私使人：暗中使人。㉜會當一死：合當一死。㉝楚毒：榎楚之慘毒。㉞引服：自引而誣服。㉟愛死：惜死。㊱自誣以惡逆：自誣服為惡為逆。㊲王：指慕容垂言。㊳益明：愈為明確。㊴竟：終。㊵女弟：猶妹。㊶黜：貶斥，音ㄔㄨˋ。㊷以其妹長安君：長安君乃其妹之封號。㊸乘氷度河：履冰而度。

三年（西元三五九年）

㈠春，二月，燕主儁立子泓為濟北王，沖為中山王。

燕人殺段勤，勤弟思來奔①。

㈡燕主儁宴羣臣於蒲池，語及周太子晉②，潸然③流涕曰：「才子難得，自景先④之亡，吾鬢髮中白⑤，卿等謂景先何如？」司徒、左長史李績對曰：「獻懷太子⑥之在東宮，臣為中庶子⑦，太子志業⑧，敢不知之⑨！太子大德有八：至孝，一也；聰敏，二也；沈毅，三也；疾諛喜直，四也；好學，五也；多藝，六也；謙恭，七也；好施，八也⑩。」儁曰：「卿譽之雖過⑪，然此兒在⑫，吾死無憂矣。景茂何如⑬？」時太子暐侍側，績曰：「皇太子天資岐嶷〔一四〕，雖八德已聞，而二闕未補〔一五〕，好遊畋而樂絲竹，此其所以損也〔一六〕。」雋顧謂暐曰：「伯陽〔一七〕之言，藥石之惠也〔一八〕，汝宜誡之。」暐甚不平〔一九〕。雋夢趙王虎齧其臂，乃發虎墓，求尸不獲，購以百金〔二〇〕，鄴女子李菟〔二一〕知而告之，得尸於東明觀〔二二〕下，僵而不腐，雋蹋〔二三〕而罵之曰：「死胡，何敢怖生天子〔二四〕！」數其殘暴之罪而鞭之，投於漳水，尸倚橋柱不流〔二五〕，及秦滅燕，王猛為之誅李菟，收而葬之〔二六〕。

秦平羌護軍高離據略陽〔二七〕叛，永安威公侯討之〔二八〕，未克而卒。夏四月，驍騎將軍鄧羌、秦州刺史啖鐵討平之。

㈢匈奴劉悉勿祈卒，弟衞辰殺其子而代之。

㈣五月，秦王堅如河東。六月，大赦，改元甘露。

㈤涼州牧張瓘猜忌苛虐〔二九〕，專以愛憎為賞罰〔三〇〕，郎中殷郇〔三一〕諫之，瓘曰：「虎生三日，自能食肉〔三二〕，不須人教〔三三〕也。」由是人情不附〔三四〕。輔國將軍宋混性忠鯁〔三五〕，瓘憚之，欲殺混及弟澄，因廢涼王玄靚而代之；徵兵數萬集姑臧，混知之，與澄帥壯士楊和等四十餘騎奄入南城[36]，宣告諸營曰：「張瓘謀逆，被[37]太后令誅之。」俄而[38]，眾至二千，瓘帥眾出戰，混擊破之，瓘麾下玄臚刺混不能穿甲[39]，混擒之，瓘眾悉降，瓘與弟琚皆自殺，混夷[40]其宗族。玄靚以混為使持節、都督中外諸軍事、驃騎大將軍、酒泉郡侯，代瓘輔政。混乃請玄靚去涼王之號，復稱涼州牧。混謂玄臚曰：「卿刺我，幸而不傷，今我輔政，卿其懼乎[41]？」臚曰：「臚受瓘恩，唯恨刺節下[42]不深耳，竊無所懼。」混義之，任為心膂[43]。

(六)高昌不能拒燕，秋七月，自白馬[44]奔滎陽。

(七)秦王堅自河東還，以驍騎將軍鄧羌為御史中丞，八月，以咸陽內史王猛為侍中、中書令領京兆尹。特進、光祿大夫彊德，太后之弟也，酗酒[45]豪橫[46]，掠人財貨子女[47]，為百姓患，猛下車[48]收德[49]，奏未及報[50]，已陳尸於市，堅馳使赦之，不及。與鄧羌同志疾惡糾案，無所顧忌[51]，數旬之間，權豪貴戚[52]，殺戮刑免[53]者二十餘人，朝廷震栗[54]，姦猾[55]屏氣，路不拾遺。堅歎曰：「吾始今知[56]天下之有灋也。」

(八)泰山太守諸葛攸將水陸(五七)二萬擊燕，入自石門(五八)，屯於河渚(五九)，燕上庸王評，長樂太守傅顏，帥步騎五萬，與攸戰於東阿(六〇)，攸兵大敗。

(九)冬，十月，詔謝萬軍下蔡，郗曇軍高平以擊燕，萬矜豪傲物(六一)，但以嘯詠(六二)自高，未嘗撫眾，兄安深憂之，謂萬曰：「汝為元帥，宜數接對諸將，以悅其心，豈有傲誕如此，而能濟事也？」萬乃召集諸將，一無所言，直以如意指四坐(六三)云：「諸將皆勁卒(六四)。」諸將益恨之。安慮萬不免(六五)，乃自隊帥(六六)以下，無不親造(六七)，厚相親託(六八)，既而萬帥眾入渦潁(六九)，以援洛陽，郗曇以病，退屯彭城，萬以為燕兵大盛，故曇退，即引兵還，眾遂驚潰，萬狼狽單歸(七〇)，軍士欲因其敗而圖之，以安故而止。既至，詔廢萬為庶人(七一)，降曇號(七二)建武將軍。於是許昌、潁川、譙沛諸城，相次皆沒於燕(七三)。

(十)秦王堅以王猛為吏部尚書，尋遷太子詹事(七四)。十一月，為左僕射，餘官如故。

(十一)十二月，封武陵王晞子璲(七五)為梁王。大旱。

(十二)辛酉，燕主儁寢疾，謂大司馬、太原王恪曰：「吾病必不濟(七六)，今二方(七七)未平，景茂沖幼，國家多難，吾欲效宋宣公(七八)以社稷屬汝，何如？」恪曰：「太子雖幼，勝殘(七九)致治之主也，臣實何人，敢干正統(八〇)？」儁怒曰：「兄弟之間，豈虛飾邪(八一)！」恪曰：「陛下若以臣能荷(八二)天下之任者，豈不能輔少主乎！」儁喜曰：「汝能為周公，吾復何憂！李績清方忠亮(八三)，汝善遇之。」召吳王垂還鄴。

(十三)秦王堅以王猛為輔國將軍、司隸校尉，居中宿衛(八四)，僕射、詹事、侍中、中書令、領選，如故。猛上疏辭讓，因薦散騎常侍、陽平公融，光祿、散騎、西河任羣，處士京兆朱肜自代(八五)，堅不許，而以融為侍中、中書監、左僕射，任羣為光祿大夫，領太子家令(八六)，朱肜為尚書侍郎、領太子庶子(八七)，猛時年三十六，歲中五遷(八八)，權傾內外，人有毀(八九)之者，堅輒罪之，於是羣臣莫敢復言。以左僕射李威，領護軍、右僕射梁平老，為使持節、都督北垂(九〇)諸軍事、鎮北大將軍，戍朔方(九一)之西，丞相司馬賈雍為雲中(九二)護軍，戍雲中之南。

（十四）燕所徵郡國兵，悉集鄴城。

【今註】㈠燕人殺段勤，勤弟思來奔：段勤降燕，見上卷永和八年。來奔謂來奔於晉。按《通鑑》述五胡十六國事，力屏史書所奉行之正統觀念，於諸國皆直稱其國名，而不冒以偽字，與《晉書》之稱五胡諸國及叛逆為偽者，大相逕庭。然雖不以晉為正統，而無意間，亦常以晉為主，此處即其顯例。㈡周太子晉：胡三省曰：「周靈王之太子曰晉，慧而早卒。國語諫壅穀洛者，即晉也。」㈢潸然：涕流貌，音刪。㈣景先：燕太子曄字景先。㈤中白：中、半；謂鬢髮一半變白。㈥獻懷太子：曄諡曰獻懷。㈦中庶子：《晉書・職官志》：「中庶子職如侍中。」㈧志業：志向行為。㈨敢不知之：《晉書・慕容儁載記》作：「臣實不敢不知。」文較呆拙。全句意為豈敢不知之。㈩太子大德有八：至孝，一也；聰敏，二也；沈毅，三也；疾諛喜直，四也；好學，五也；多藝，六也；謙恭，七也；好施，八也：按全文除疾諛喜直為四字外，餘均凝為二字，然凝為二字，有數項實不足將原意盡概括之，爰錄原文，以明其情。〈慕容儁載記〉：「續曰：『至孝自天，性與道合，此其一也；聰敏慧悟，機思若流，此其二也；沈毅好斷，理詣無幽，此其三也；疾諛亮物，雅悅直言，此其四也；好學愛賢，不恥下問，此其五也；英姿邁古，藝業超時，此其六也；虛襟恭讓，尊師重道，此其七也；輕財好施，勤恤民隱，此其八也。』」試觀其三之「沈毅好斷，理詣無幽，」實非沈毅二字，可以盡之；其六之「英姿邁古，藝業超時，」洵非多藝二字，可以括之；其七之「虛襟恭讓，尊師重道，」委非謙恭二字，可以概之；至其八之「輕財好施，勤恤民隱，」亦絕非好施二字，可以包之。夫欲求文字之簡鍊，而遺棄許多要意，與削足適屨，有何異乎！且《通鑑》為此凝縮，亦曾遭遇困難，而不克暢遂其目標，如其四之疾諛喜直，乃係四字，而非如他句之盡為二字，即其受到困窘之明證。由知，固求其駢儷，而二句皆為四字，固不免於費辭；而力求其凝鍊，致常有遺珠，亦未足為得也。從此各有所偏之二例觀之，知行文當以意義為本，凡表達時，意義需要若干文字，即須使用若干文字，而過份渲飾，與過份簡鍊，實俱非使辭達之良則也。⑪雖過：雖過份。⑫然此兒在：〈慕容儁載記〉兒下多一若字，文較明豁。⑬景茂：燕太子曄字。⑭岐嶷：《詩經・大雅・生民》朱熹傳：「峻茂之狀。」⑮雖八德已聞，而二闕未補：按〈慕容儁載記〉作：「皇太子天資岐嶷，聖敬日躋，而八德闕然，二闕未補」，核闕為靜意，亦猶無聞。夫既有二闕，則焉能有八德，知作者乃誤闕為聞，而遂大加改易，以成上文之錯誤焉。⑯此其所以損也：〈慕容儁載記〉作：「所以為損耳。」語較了當，損猶闕也。⑰伯陽：李績字。⑱藥石之惠：藥石可以醫人之疾，言諫可以補人之闕，故謂其言之於人之惠，猶藥石然。⑲不平：猶忿恨。⑳購以百金：懸賞百金。㉑菟：音徒。㉒蹋：踐，音榻。㉓東明觀：《水經注》：「洹水東北流，逕鄴城南，又更分為二水，北逕東明觀下。」㉔死胡，何敢怖生天子：死胡為罵詈語，猶〈苻堅載記〉之堅呼樊世為老氐然。下句意為怎敢教活天子害怕。㉕投於漳水，尸倚橋柱不流：《水經注》：「漳水逕紫陌西，趙建武十一年造紫陌浮橋，慕容儁投石虎尸處也。」㉖及秦滅燕，王猛為之誅李菟，收而葬之：按編年之體，於每年中將該年內所發生之事，依月日次第，加以載錄，然常有該事之結局，非出現於此年內，而其事所需之文字又少，不須獨書者，則多破例。直附書於此事之末，雖屬破例，然為濟編年體例之窮，實亦不得已也。此文即其例證。（本說係聞自李玄伯先生）㉗略陽：故城在今甘肅省秦安縣東北。㉘永安威公侯討之：按威乃永安公之謚，《通鑑》於言一人將死時，率於其封號中加其死後之謚，以示其行誼至此而止。此為讀《通鑑》所不可不知者。㉙苛虐：苛刻，暴虐。㉚愛憎為賞罰：愛喜，憎惡。以上二者為賞罰之準繩。㉛郇：音ㄒㄩㄣˊ。㉜自能食肉：就能食肉。㉝不須人教：不用等待有人教導。㉞不附：不歸附。㉟忠鯁：忠烈，鯁直。㊱奄入南城：奄，奄忽；謂突入南城。胡三省曰：「王隱晉書：『涼州城有龍形，故曰臥龍城。南北七里，東西三里，本匈奴所築，後張氏世居之，又增築四城箱，各千步，並舊城為五。』又據張駿傳：『駿於姑臧城南築作五殿，四面各依方色，四時遞居之。』則南城張氏所居也。」㊲被：猶受。㊳俄而：不久，而為語助詞，無義。㊴穿甲：穿透鎧甲。㊵夷：誅滅。㊶卿其懼乎：其猶將，卿將畏懼乎。㊷節下：按節下為稱謂詞，乃由使持節而刪去使持，又復加下字以構成者。使持節為晉代之高爵，已見上註。㊸心膂：膂，脊骨，音旅。心膂，猶心腹，謂親信之人。㊹白馬：故城在今河南省滑縣東。㊺酗酒：因酒為凶。㊻豪橫：豪強橫暴。㊼掠人財貨子女：掠奪人民之財寶貨物，及其兒女。㊽下車：謂官吏到任。㊾收德：收錄彊德。㊿奏未及報：上章表於君王曰奏，報為報聞，即章表已上，而未及君王批示。(51)糾案無所顧忌：糾舉案問，毫不顧慮畏忌。(52)權豪貴戚：權勢、豪強、貴族、親戚。(53)殺戮刑免：戮亦殺，刑，科刑；免，免職。(五四)震栗：震懼，栗通慄，戰慄。(五五)姦猾：姦惡狡猾。猾，音滑。(五六)吾始今知：猶吾從今方知。(五七)將水陸：將水卒及陸卒。(五八)石門：在山東省平陰縣北。《水經・濟水注》謂：「以石為之，濟水之門也。」(五九)河渚：渚，水中可居者，音煮。此謂黃河之畔。(六〇)東阿：故城在今山東省陽穀縣東北之阿城鎮。(六一)矜豪傲物：矜持豪貴，傲慢士人，物即人也。(六二)嘯詠：嘯高歌。《世說・賞譽》注引《江左名士傳》：「鯤通簡有識，鄰家有女，嘗往挑之，女方織，以梭投折其兩齒，傲然長嘯，曰：『猶不廢我嘯歌。』」《晉書・阮籍傳》：「博覽羣籍，尤好莊老，嗜酒能嘯，善彈琴。……至半嶺聞有聲若鸞鳳之音，響乎巖谷，乃登之嘯也。」文之若鸞鳳之音，響乎巖谷，最足以說明嘯之狀態。詠，吟詠；《郗鑒傳》：「博覽經籍，躬耕隴畝，吟詠不倦，以儒雅著名。」《謝安傳》：「安本能為洛下書生詠，有鼻疾，故其音濁。名流愛其詠而弗能及，或手掩鼻以斅之。」又《文苑・袁宏傳》：「謝尚時鎮牛渚，秋夜乘月，率爾與左右微服泛江，會宏在舫中諷詠，聲既清會，辭又藻拔，遂駐聽久之。」後二文將詠之情況，可謂刻劃盡致，嘯詠雖有區別，然亦有合而言之者。《阮籍附孚傳》：「正應端拱嘯詠，以樂當年耳。」《謝安附萬傳》：「矜豪傲物，嘗以嘯詠自高。」《世說・言語》：「周僕射雍容好儀形，詣王公，既坐，傲然嘯詠。王公曰：『卿欲希嵇阮邪。』」而嘯詠二字，亦即本文之所祖也。(六三)直以如意指四坐云：按如意乃晉代名士所常執者，《王敦傳》：「每酒後輒詠魏武帝樂府歌曰：『烈士暮年，壯心不已。』以如意打唾壺為節，壺邊盡缺。」《謝安附萬傳》：「萬乃召集諸將，都無所說，直以如意提四座云，『諸將皆勁卒。』

諸將益恨之。」〈石苞附崇傳〉：「武帝每助愷，嘗以珊瑚樹賜之，高三尺許，枝葉扶疏，世所罕比。愷以示崇，崇便以鐵如意擊之，應手而碎。」藉知如意之質料，有為玉者，亦有以鐵為之者，而後者實非今人所能想像也。(六四)諸將皆勁卒：胡三省曰：「凡奮身行伍者，以兵與卒為諱，既為將矣，而稱之為卒，所以益恨也。」(六五)不免：不免於難。(六六)隊帥：一隊之首領。(六七)親造：親往造訪。(六八)厚相親託：重相交歡拜託。(六九)渦潁：胡三省曰：「渦水至山桑，入淮，潁水至下蔡，入淮。謝尚之兵自下蔡而入渦潁之間。」渦音戈。(七〇)萬矜豪傲物……至萬狼狽單歸：按此一大段，乃錄自《晉書・謝安附萬傳》，文字幾全相同。(七一)庶人：平民。(七二)號：爵號。(七三)相次皆沒於燕：相繼皆淪陷於燕。(七四)太子詹事：《晉書・職官志》：「咸寧元年以給事黃門侍郎楊珧為詹事，掌宮事。二傅不復領官屬。」(七五)璲：音津。(七六)吾病必不濟：謂吾病必無起色。(七七)二方：指晉秦。(七八)效宋宣公：胡三省曰：「宋宣公舍其子與夷，而立其弟穆公。」(七九)勝殘：《論語・子路》：「善人為邦百年，亦可以勝殘去殺矣。」朱注：「勝殘，化殘暴之人使不為惡也。」(八〇)干正統：干，犯；正統，指君位應父傳於子。(八一)虛飾：猶今語之空說好聽的話。(八二)荷：負。(八三)清方忠亮：清廉、方正、忠貞、亮信。(八四)居中宿衛：居於禁中，以事宿衛。(八五)自代：代替自己。(八六)領太子家令：《晉書・職官志》：「太子太傅……以本位重，故或行或領。」是領乃兼理之意。又同志：「家令主刑獄、穀貨、飲食，職比司農少府。」(八七)太子庶子：《晉書・職官志》：「庶子職比散騎常侍、中書監令。」(八八)歲中五遷：胡三省曰：「猛自尚書左丞遷咸陽內史，又遷侍中中書令，領京兆尹，又遷吏部尚書，尋遷太子詹事，為左僕射，及今，凡五遷。」(八九)毀：毀謗。(九〇)北垂：垂同陲，邊也，謂北邊。(九一)朔方：郡名，漢武置，有今綏遠省境內黃河以南鄂爾多斯全部地。(九二)雲中：雲中郡，秦置，漢析其東北部置定襄郡，西南部仍為雲中郡，治雲中縣，即今綏遠省托克托縣。

卷一百一 晉紀二十三

起上章涒灘，盡著雍執徐，凡九年。（庚申至午辰，西元三六〇年至三六八年）

司馬光編集
曲守約 註

孝宗穆皇帝下

升平四年（西元三六〇年）

㈠春，正月，癸巳，燕主儁大閱㊀於鄴，欲使大司馬恪、司空陽鶩將之㊁入寇，會㊂疾篤，乃召恪、鶩、及司徒評、領軍將軍慕輿根等，受遺詔輔政，甲午卒㊃。戊子，太子暐即皇帝位㊄，年十一，大赦，改元建熙。

㈡秦王堅分司隸置雍州㊅，以河南公雙為都督雍、河、涼三州諸軍事㊆、征西大將軍、雍州刺史，改封趙公，鎮安定；封弟忠為河南公。

仇池公楊俊卒，子世立㊇。

㈢二月，燕人尊可足渾后為皇太后，以太原王恪為太宰㊈，專錄(一〇)朝政，上庸王評為太傅，陽騖為太保，慕輿根為太師，參輔(一一)朝政。根性木強(一二)，自恃先朝勳舊(一三)，心不服恪，舉動倨傲(一四)；時太后可足渾氏頗預外事(一五)，根欲為亂，乃言於恪曰：「今主上幼沖，母后干政，殿下宜防意外之變，思有以自全，且定天下者，殿下之功也，兄亡弟及，古今成灋(一六)，俟畢山陵(一七)，宜廢主上為王，殿下自踐尊位，以為大燕無窮之福(一八)。」恪曰：「公醉邪，何言之悖也(一九)！吾與公受先帝遺詔，云何而遽有此議(二〇)。」根愧謝(二一)而退。恪以告吳王垂，垂勸恪誅之。恪曰：「今新遭大喪，二鄰(二二)觀釁(二三)，而宰府(二四)自相誅夷(二五)，恐乖(二六)遠近之望，且可忍之(二七)。」祕書監皇甫真言於恪曰：「根本庸豎(二八)，過蒙(二九)先帝厚恩，引參顧命，而小人無識(三〇)，自國哀(三一)已來，驕狠(三二)日甚，將成禍亂，明公(三三)今日居周公之地(三四)，當為社稷深謀(三五)，早為之所(三六)。」恪不聽。根又言於可足渾氏及燕主暐曰：「太宰、太傅，將謀不軌(三七)，臣請帥禁兵(三八)以誅之。」可足渾氏將從之，暐曰：「二公國之親賢(三九)，先帝選之，託以孤嫠(四〇)，必不肯爾(四一)，安知非太師欲為亂也？」乃止。

根又思戀東土〔四二〕，言於可足渾氏及暐曰：「今天下蕭條，外寇非一，國大憂深〔四三〕，不如還東。」恪聞之，乃與太傅評謀，密奏根罪狀〔四四〕，使右衛將軍傅顏就內省〔四五〕誅根，並其妻子黨與〔四六〕，大赦。是時新遭大喪，誅夷狼籍〔四七〕，內外恟〔四八〕懼，太宰恪舉止〔四九〕如常，人不見其有憂色，每出入一人步從〔五〇〕，或說以宜自嚴備〔五一〕。恪曰：「人情方懼，當安重〔五二〕以鎮之〔五三〕，柰何復自驚擾，眾將何仰〔五四〕？」由是人心稍定。恪雖綜大任〔五五〕，而朝廷之禮，兢兢〔五六〕嚴謹，每事必與司徒評議之，未嘗專決〔五七〕，虛心〔五八〕待士，諮詢〔五九〕善道，量才授任〔六〇〕，人不踰位〔六一〕，官屬朝臣，或有過失，不顯其狀〔六二〕，隨宜他敍，不令失倫〔六三〕，唯以此為貶，時人以為大愧〔六四〕，莫敢犯者；或有小過，自相責曰：「爾復欲望宰公〔六五〕遷官邪〔六六〕！」

㈣朝廷初聞燕主雋卒〔六七〕，皆以為中原可圖，桓溫曰：「慕容恪尚在，憂方大耳。」

㈤三月己卯，葬燕主雋於龍陵〔六八〕，諡曰景昭皇帝，廟號烈祖。所徵郡國兵，以燕朝多難，互相驚動，往往擅自散歸〔六九〕，自鄴以南，道路斷塞，太宰恪以吳王垂為使持節、征南將軍、都督河南諸軍事、兗州牧、荊州刺史，鎮梁國之蠡[七〇]臺；孫希為并州刺史，傅顏為護軍將軍，帥騎二萬，觀兵[七一]河南[七二]臨淮[七三]而還，境內乃安。希、泳之弟也[七四]。

㈥匈奴劉衞辰遣使降秦，請田內地[七五]，春來秋返，秦王堅許之。夏，四月，雲中護軍賈雍，遣司馬徐贇[七六]帥騎襲之，大獲而還。堅怒曰：「朕方以恩信懷戎狄[七七]，而汝貪小利以敗之，何也？」黜雍以白衣領職[七八]，遣使還其所獲，慰撫之，衞辰於是入居塞內，貢獻相尋[七九]。

㈦夏，六月，代王什翼犍妃慕容氏卒。秋，七月，劉衞辰如代會葬[八〇]，因求婚，什翼犍以女妻之。

㈧八月，辛丑朔，日有食之，既[八一]。

㈨謝安少有重名，前後徵辟[八二]皆不就[八三]，寓居會稽[八四]，以山水文籍自娛[八五]，雖為布衣[八六]，時人皆以公輔[八七]期之，士大夫至相謂曰：「安石不出，當如蒼生何[八八]！」安每遊東山，常以妓女[八九]自隨，司徒昱聞之曰：「安石既與人同樂，必不得不與人同憂。召之必至。」安妻，劉惔之妹也(九〇)，見家門貴盛(九一)，而安獨靜退，謂曰：「丈夫不如此也。」安掩鼻(九二)曰：「恐不免耳(九三)。」及弟萬廢黜，安始有仕進之志，時已年四十餘，征西大將軍桓溫請為司馬，安乃赴召，溫大喜，深禮重之(九四)。

(十)冬，十月，烏桓獨孤部，鮮卑沒弈干，各帥眾數萬降秦，秦王堅處之塞南。陽平公融諫曰：「戎狄人面獸心(九五)，不知仁義，其稽顙(九六)內附，實貪地利，非懷德(九七)也。不敢犯邊，實憚兵威(九八)，非感恩也。今處之塞內，與民雜居，彼窺郡縣虛實(九九)，必為邊患；不如徙之塞外，以防未然(一〇〇)。」堅從之。

(十一)十一月，封桓溫為南郡公，溫弟沖為豐城縣公(一〇一)，子濟為臨賀縣公。

(十二)燕太宰恪欲以李績為右僕射，燕主暐不許，恪屢以為請，暐曰：「萬機之事，皆委之叔父伯陽一人(一〇二)，暐請獨裁(一〇三)。」出為章武太守，以憂卒。

【今註】㈠大閱：大舉閱兵。㈡將之：率領之。㈢會：適逢。㈣甲午卒：按《晉書・穆帝紀》升平四年正月文作：「景戌，慕容儁死，子暐嗣偽位。」當以穆紀為正，說詳下。又景乃唐人避丙字之諱而改者。㈤戊子太子暐即皇帝位：暐字景茂，儁第三子。胡三省曰：「按長曆，是年正月甲戌朔，今儁以甲午卒，則戊子在甲午前，即位恐是戊戌。」按胡說誤，《晉書・穆紀》載儁卒於正月景戌，而丙戌後之三日，正係戊子，蓋甲午誤而戊子不誤，不得以誤者，而推斷其不誤者。㈥秦王堅分司隸置雍州：《晉書・地理志》雍州條：「及漢武帝置十三州，其地以西偏為涼州，其餘竝屬司隸，不統於州。……魏文帝即位，仍以三輔屬司隸，晉初於長安置雍州。……苻健僭據關中，於是乃於雍州置司隸校尉，苻堅時分司隸為雍州。」此雍州分併之沿革。又司隸一稱，知最早起於漢武帝時，乃係隸屬於朝廷之意，清代名河北省為直隸省，即依此意而撰者也。㈦以河南公雙為都督雍河涼三州諸軍事：按為為動詞，則下必須有一官爵，以為賓語，都督乃官爵之稱，督下當更添一督字。又胡三省曰：「河涼二州，非秦土也，雙所督實土，惟安定五郡耳。」㈧仇池公楊俊卒，子世立：按〈穆帝紀〉升平四年正月文，列仇池公楊俊卒，子世嗣，於景戌慕容儁死之前。原《晉書》所以如此排列者，諒為楊俊之卒日，係在慕容儁之前。撰者固可因《晉書》未列確定日期，而行顛倒，然在未能獲得真實卒日證據之前，實不應隨意移置其次第也。㈨以太原王恪為太宰：按恪《晉書・慕容暐載記》後有附傳。㈩錄：總。⑪參輔：參預輔弼。⑫木強：質直剛強。⑬勳舊：有功勳之老臣。⑭倨傲：驕倨傲慢。⑮外事：此指朝廷之事言。⑯兄亡弟及，古今成灋：兄死弟繼即君位。胡三省曰：

「此殷法，非周法也。」⑰侯畢山陵：山陵為皇帝墳之異稱，意為侯皇帝葬畢。⑱以為大燕無窮之福：意乃為以為大燕謀無窮之福。按兩晉間，喜於稱國號時，冠以大字，爰略舉數例，以示風尚之一斑。《通鑑》卷一〇二：「尚書左丞申紹上疏，『大燕戶口數兼二寇。』」《晉書・王濬傳》：「孫皓送降文於濬曰：『大晉龍興，德覆四海。』」〈庾純傳〉：「詔曰：『大晉依聖人典禮，制臣子出處之宜。』」〈秦秀傳〉：「上言曰：『自大晉啟祚，輔國之號，率以舊恩。』」〈束皙傳〉作玄居釋文曰：「今大晉熙隆，六合寧靜。」〈陸雲傳〉：「移書太常府：『大晉建皇，崇配天地。』」又〈苻堅載記〉：「因命王猛為書諭天賜曰：『語大秦之德，則非二趙之匹。』」上所引文，皆出於晉人所撰，知呼國冠大，乃為晉代之實際風習，且非特晉人為然，即五胡之燕秦，亦莫不皆然，藉之，更足見其流行之普盛矣。⑲公醉邪，何言之悖也：謂公醉乎，否則，何言之荒謬如此。⑳云何而遽有此議：云，如也，按此辭在晉代甚為流行。《世說・識鑒》王大將軍既亡條：「含語應曰：『大將軍平素與江州云何，而汝欲歸之。』」同書〈品藻〉：「明帝問周侯：『論者以卿比郗鑒，云何？』」同書〈品藻〉：「人問殷淵源：『當世王公，以卿比裴叔道，云何？』殷曰：『故當以識通暗處。』」同篇：「衞君長是蕭祖周婦兄，謝公問孫僧奴：『君家道衞君長云何？』」同書〈假譎〉：「溫公喪婦，……云：『佳壻難得，但如嶠比云何？』姑云：『何敢希汝比。』」按此云何，亦有用如何以達之者，《世說・品藻》：「撫軍問殷浩：『卿定何如裴逸民？』」同篇：「撫軍問孫興公：『劉真長何如？』」皆以何如代云何之證。尤有進者，即兩書於相同文字而一作云何，而另一則作如何者，

《世說・仇隟》：「王東亭與孝伯語，後漸異，孝伯謂東亭曰：『卿便不可復測。』答曰：『王陵廷爭，陳平從默，但問克終云何耳！』」注引《晉書・安帝紀》：「珣曰：『王陵廷爭，陳平從默，但問克終如何也！』」此豈非云何即如何之力證乎！原云含如意，古已有之，《列子・力命》：「仲父之病疾矣，不可諱云至於大病，則寡人惡乎屬國而可？」為云含如或若之證。遽，劉淇《助字辨略》：「遂也。」全句意為如何而竟有此議。㉑愧謝：慚愧謝過。㉒二鄰：謂晉秦。㉓覷釁：窺伺釁隙。㉔宰府：太宰及三公。㉕誅夷：誅殺夷滅。㉖乖：違。㉗且可忍之：可姑且忍之。㉘庸豎：平凡小人。㉙過蒙：過度蒙受。㉚無識：無有知識。㉛國哀：指國喪言。㉜驕狠：驕傲狠戾。㉝明公：明為最風行之恭維詞，明君、明上、明使君、明府君，皆是，此恭維詞可謂時不問古今，地不問中外，皆盛用之。㉞居周公之地：謂居周公之位。㉟深謀：猶遠謀。㊱早為之所：早為之地。㊲不軌：不循法度。㊳禁兵：宿衛禁省之兵。㊴親賢：親貴賢良。㊵孤嫠：無父曰孤，無夫曰嫠，指可足渾氏言。㊶爾：如此。㊷東土：胡三省曰：「龍城在鄴城東北，故曰東土。」㊸國大憂深：國土廣大，憂患深巨。㊹罪狀：所犯罪惡之狀況。㊺內省：指尚書省而言。㊻黨與：同黨及相與之人。㊼狼籍：按狼籍與狼藉同為縱橫交錯不整之貌，此謂誅夷之人，骸骨縱橫於街衢也。㊽恟：擾恐。㊾舉止：猶動靜。㊿每出入一人步從：按晉代貴宦出入，多侍衛擁簇，由諸傳所言之君主賜班劍四十人，或二十人，可洞知之。(51)嚴備：嚴密戒備。(52)安重：安詳穩重。(53)鎮之：鎮撫之。(54)何仰：何所仰賴。(55)綜大任：綜理大任。(56)兢兢：戒慎。《詩經・小雅・小旻》：「戰戰兢兢。」(五七)專決：專擅決斷。(五八)虛心：謙虛。(五九)諮詢：問求。(六〇)量才授任：量度才幹，而授之官職。(六一)人不踰位：按即《國語》管仲所云之：「定民之居，成民之事。」韋昭釋云：「謂使四民各居其職所也。」(六二)不顯其狀：謂隱其罪狀，而不令人知之。(六三)隨宜他敘，不令失倫：隨其才德之宜，而遷敘他職，不令失其身分。(六四)愧：恥。(六五)宰公：按恪為太宰，故尊稱之曰宰公，猶唐代尊宰相為相公，其稱謂構造之式，固相同也。(六六)爾復欲望宰公遷官邪：遷官乃指責罰，全句意為汝尚欲令宰公責懲耶！(六七)朝廷初聞燕主雋卒：按宜云晉廷，方示對各國皆一律平等，而今僅言朝廷，雖不欲宗晉，而實未脫宗晉之形跡也。(六八)龍陵：胡三省曰：「陵在龍城，因以為名。」(六九)往往擅自散歸：常常不奉命令，而自行離散歸去。(七〇)蠡：音黎。(七一)觀兵：耀其兵威，以示人眾。(七二)河南：黃河之南。(七三)臨淮：抵至淮水。(七四)希，泳之弟也：胡三省曰：「孫泳拒趙，見九十六卷成帝咸康四年。」(七五)請田內地：請至塞內田稼。(七六)贇：音ㄩㄣ。(七七)以恩信懷戎狄：以恩信之行，懷來戎狄。(七八)以白衣領職：白衣，平民：以平民身分，領理職務。(七九)貢獻相尋：貢獻相繼。(八〇)如代會葬：至代，會合諸國使者及公卿大臣，以參加葬禮。(八一)既：盡。(八二)徵辟：徵聘辟召。(八三)不就：不赴。(八四)寓居：寄居。(八五)以山水文籍自娛：《謝安傳》：「寓居會稽，與王羲之及高陽許詢、桑門支遁游處，出則漁弋山水，入則言詠屬文，無處世意。」(八六)布衣：平民。(八七)公輔：公卿宰輔。(八八)蒼生：按蒼生乃謂百姓，此辭實起於兩晉。爰舉例以明之。《世說・排調》：「高靈因倚如醉，戲曰：『諸人每相與言，安石不肯出，將如蒼生何！今亦蒼生將如卿何！』」《晉書・孫楚附綽傳》：「上疏曰：

『自喪亂已來，六十餘年，蒼生殄滅，百不遺一。』」〈王衍傳〉：「然誤天下蒼生者，未必非此人也。」〈殷浩傳〉：「王濛謝尚相謂曰：『深源不起，當如蒼生何。』」〈又張軌附祚傳〉：「丁琪諫曰：『蒼生所以鵠企西望，四海所以注心大涼。』」核蒼生一辭之含意，筆者認其與黔首、黎民（雖黎民有釋為眾人者，然實應據黎之本義，而釋作黑）相類，俱指首上之黑頭髮而言。生之意為人，蒼生，即黑頭髮之人。亦有人謂蒼生為上蒼所生之生靈，亦頗有意致，可備一說。㊇妓女：按此妓女，乃指女樂而言，蓋以歌舞娛悅人者，與後世之歌妓、藝妓相似，而與世俗所言賣淫之妓女有殊。核以女樂侑觴，古已有之，特晉代為尤盛。茲舉數例，以明其內況。〈王敦傳〉：「時王愷、石崇，以豪侈相尚。愷常置酒，敦與導俱在坐，有女伎吹笛，小失聲韻，愷便歐殺之，一坐改容，敦神色自若。他日又造愷，愷使美人行酒，以客飲不盡，輒殺之；酒至敦導所，敦故不肯持，美人悲懼失色，而敦慠然不視，導素不能飲，恐行酒者得罪，遂勉強盡觴。」〈石苞附崇傳〉：「財產豐積，室宇宏麗，後房百數，皆曳紈繡珥金翠，絲竹盡當時之選，庖膳窮水陸之珍。」〈何攀傳〉：「攀雖居顯職，家甚貧素，無妾媵伎樂，惟以周窮濟乏為事。」〈曹志傳〉：「晝則游獵，夜誦詩書，以聲色自娛，當時見者，未審其量也。」〈殷仲文傳〉：「輿馬器服，窮極綺麗，後房妓妾數十，絲竹不絕音。」〈桓溫傳〉：「及是征還，於北方得一巧作老婢，訪之，乃琨妓女也。」〈桓玄傳〉：「及小會於西堂，設妓樂殿，上施絳綾帳，縷黃金為顏。」〈王猛傳〉：「軍還，賜以美妾五人，上女妓十二人，中妓三十八人。」〈五行志〉中：「海西公時，庾晞讌會，輒令倡伎作新安人歌舞離別之辭，其聲悲切，時人怪之，後亦果敗。」《世說・言語》：「王子敬語王孝伯曰：『羊叔子自復佳耳，然亦何與人事，故不如銅雀臺上妓。』」注魏武遺令曰：「以吾妾與妓人，皆著銅雀臺上，月朝十五日，輒使向帳作伎。」由上文中，知妓女、女伎、美人、妓妾、倡伎、妓人、妓名雖不同，而其能事歌舞，以悅貴人，則實相同，故視為一名之異稱，亦無不可。又由其人數之記載，可知晉代豪貴畜養伎樂數目之驚人矣。(九〇)安妻，劉惔之妹也：按劉惔《晉書》有傳。(九一)見家門貴盛：胡三省曰：「劉惔以清談貴顯，而謝尚、謝奕、謝萬，皆為方伯，盛於一時。」(九二)安掩鼻曰：按謝安所以掩鼻者，以其夙有鼻疾，每鼻疾發作時，輒按掩以抑之。《世說・雅量》桓公伏甲設饌條，注引〈宋明帝文章志〉：「安能作洛下書生詠，而少有鼻疾，語音濁，後名淬斅其詠，苦能及，（《晉書・謝安傳》作：「名流愛其詠而弗能及。」）手掩鼻而吟焉。」又同書〈容止〉：「謝車騎道謝公遊肆復，無乃高唱，但恭坐捻鼻顧睞，便自有寢處山澤間儀。」此其有鼻疾之證。(九三)恐不免耳：謂恐不免於仕耳。(九四)謝安少有重名……溫大喜，深禮重之：按此段乃錄自〈謝安傳〉，文字幾全相同。(九五)戎狄人面獸心：戎狄徒具人之面貌，而所懷者，乃係禽獸心腸。(九六)稽顙：稽，留止；顙，額，拜時以額觸地，稍稽留後而方仰起。(九七)懷德：感念恩德。(九八)憚兵威：憚，畏；言畏兵之威勢。(九九)窺郡縣虛實：窺察郡縣虛實情形。(一〇〇)未然：猶未可必。(一〇一)溫弟沖為豐城縣公：按沖，〈桓彝傳〉後有附傳。(一〇二)皆委之叔父伯陽一人：委，任。伯陽，李績字。(一〇三)暐請獨裁：請，謙辭；言暐將自行裁決。

五年（西元三六一年）

㈠春，正月，戊戌，大赦。

劉衞辰掠秦邊民五十餘口為奴婢，以獻於秦，秦王堅責之，使歸所掠。衞辰由是叛秦，專附㊀於代。

㈡東安簡伯郗曇卒。二月，以東陽太守范汪，都督徐、兖、冀、青、幽五州諸軍事，兼徐兖二州刺史。

㈢平陽人舉郡降燕㊁，燕以建威將軍段剛為太守，遣督護韓苞將兵，共守平陽。

方士㊂丁進有寵於燕主暐，欲求媚㊃於太宰恪，說恪令殺太傅評，恪大怒，奏收㊄斬之。

㈣高昌卒㊅。燕河內太守呂護，並其眾㊆遣使來降，拜護冀州刺史，護欲引晉兵以襲鄴。三月，燕太宰恪將兵五萬，冠軍將軍皇甫真將兵萬人，共討之。燕兵至野王㊇，護嬰城自守㊈，護軍將軍傅顏請急攻之，以省大費⑩。恪曰：「老賊㊁經變㊂多矣，觀其守備，未易猝攻⑬，而多殺士卒。頃攻黎陽，多殺精銳⑭，卒不能拔⑮，自取困辱⑯。護內無蓄積⑰，外無救援，我深溝高壘⑱，坐而守之，休兵養士，離間其黨，於我不勞，而賊勢日蹙⑲，不過十旬，取之必矣。何為多殺士卒，以求旦夕之功⑳乎！」乃築長圍守之。

㈤夏，四月，桓溫以其弟黃門郎豁都督沔中七郡㉑諸軍事，兼新野義城二郡太守，將兵取許昌，破燕將慕容塵。

㈥涼驃騎大將軍宋混疾甚，張玄靚㉒及其祖母馬氏往省㉓之曰：「將軍萬一㉔不幸，寡婦孤兒，將何所託；欲以林宗繼將軍㉕，可乎㉖？」混曰：「臣子林宗幼弱，不堪大任，殿下㉗儻未棄臣門㉘，臣弟澄政事愈於臣㉙，但恐其儒緩㉚，機事不稱耳㉛。殿下策勵㉜而使之，可也。」混戒澄及諸子曰：「吾家受國大恩，當以死報，無恃勢位㉝以驕人。」又見朝臣，皆戒之以忠貞，及卒，行路㉞為之揮涕㉟。玄靚以澄為領軍將軍，輔政㊱。

㈦五月，丁巳，帝崩，無嗣。皇太后令曰：「琅邪王丕，中興正統㊲，義望情地㊳，莫與為比，其以王奉大統。」於是百官備灋駕，迎於琅邪第，庚申，即皇帝位，大赦，壬戌，改封東海王弈為琅邪王。秋，七月，戊午，葬穆帝于永平陵，廟號孝宗(39)。

(八)燕人圍野王數月，呂護遣其將張興出戰，傅顏擊斬之，城中日蹙(40)。皇甫真戒部將曰：「護勢窮奔突(41)，必擇虛隙而投之(42)，吾所部士卒多羸(43)，器甲(44)不精，宜深為之備。」乃多課(45)櫓楯(46)，親察行夜(47)者，護食盡，果夜悉精銳(48)，趨真所部，突圍不得出，太宰恪引兵擊之，護眾死傷殆盡(49)，棄妻子奔滎陽。恪存撫降民(50)，給其稟食(51)，徙士人將帥於鄴，自餘各隨所樂(52)。以護參軍廣平梁琛為中書著作郎(53)。

(九)九月，戊申，立妃王氏為皇后，后濛之女也(54)，穆帝何皇后稱穆皇后，居永安宮。

(十)涼右司馬張邕惡宋澄專政，起兵攻澄，殺之，併滅其族。張玄靚以邕(55)為中護軍，叔父天錫為中領軍，同輔政。

(十一)張平襲燕平陽，殺段剛韓苞，又攻鴈門，殺太守單(56)男。既而為秦所攻，平復謝罪於燕，以求救，燕人以平反覆(57)，弗救也，平遂為秦所滅。

(十二)乙亥，秦大赦。

(十三)徐兗二州刺史范汪素為桓溫所惡，溫將北伐，命汪帥眾出梁國。冬，十月，坐失期[58]，免為庶人，遂廢卒於家[59][60]。子寧好儒學[61]，性質直，常謂王弼何晏之罪，深於桀紂。或以為貶之太過。寧曰：「王何蔑棄典文，幽沈仁義[62]，游辭浮說[63]，波蕩後生[64]，使搢紳[65]之徒，翻然[66]改轍[67]，以至禮壞樂崩[68]，中原傾覆，遺風餘俗[69]，至今為患。桀紂縱暴一時[70]，適[71]足以喪身覆國[72]，為後世戒[73]，豈能迴[74]百姓之視聽哉？故吾以為一世之禍輕，歷代[75]之患重，自喪[76]之惡小，迷眾[77]之罪大也[78]。」

(十四)呂護復叛犇燕，燕人赦之，以為廣州刺史[79]。

(十五)涼張邕驕矜淫縱[80]樹黨專權，多所刑殺，國人患之。張天錫所親敦煌劉肅謂天錫曰：「國家事欲未靜[81]。」天錫曰：「何謂也？」肅曰：「今護軍出入有似長寧[82]。」天錫驚曰：「我固疑之，未敢出口[83]，計將安出？」肅曰：「正當速除之耳。」天錫曰：「安得其人？」肅曰：「肅即其人也。」肅時年未二十，天錫曰：「汝年少，更求其助。」肅曰：「趙白駒與肅，二人足矣。」十一月，天錫與邕俱入朝，肅與白駒從天錫，肅斫之不中，白駒繼之，又不克(八四)，二人與天錫俱入宮中，邕得逸走，帥甲士三百餘人攻宮門，天錫登屋大呼曰：「張邕凶逆無道，既滅宋氏，又欲傾覆我家，汝將士世為涼臣，何忍以兵相向(八五)邪！今所取者，止張邕耳，它無所問。」於是邕兵悉散走，邕自刎死，盡滅其族黨(八六)。玄靚以天錫為使持節、冠軍大將軍、都督中外諸軍事，輔政。十二月，始改建興四十九年，奉升平年號。詔以玄靚為大都督、督隴右諸軍事、涼州刺史、護羌校尉、西平公。

(六)燕大赦。

(七)秦王堅命牧伯守宰(八七)，各舉孝悌廉直，文學政事，察其所舉，得人者賞之，非其人者罪之(八八)，由是人莫敢妄舉，而請託(八九)不行；士皆自勵，雖宗室外戚，無才能者，皆棄(九〇)不用。當是之時(九一)，內外之官，率皆稱職(九二)。田疇修闢(九三)，倉庫充實，盜賊屏息(九四)。

(十八)是歲，歸義侯李勢卒。

【今註】㈠附：附屬。㈡平陽人舉郡降燕：胡三省曰：「平陽時屬張平。」言平部下以平陽全郡投降於燕。㈢方士：方術之士。㈣媚：愛幸。㈤收：收錄。㈥高昌奔：胡三省曰：「三年，高昌奔滎陽。」㈦並其眾：合併其士眾。㈧野王：今河南省沁陽縣治。㈨嬰城自守：憑依四圍之城，以為守拒。㈩大費：巨大之費用。⑪老賊：詈人語。⑫經變：經歷變故。⑬猝攻：急猝攻犯。⑭多殺精銳：精銳多被殺傷。⑮卒不能拔：終不能攻拔其城。⑯困辱：困窘恥辱。⑰內無蓄積：指無糧草言。⑱高壘：高壁。⑲蹙：迫，縮。⑳旦夕之功：急速之功。㉑沔中七郡：胡三省曰：「沔中七郡：魏興、新城、上庸、襄陽、義成、竟陵、江夏也。」㉒靚：音ㄐㄧㄥˋ。㉓省：視疾。㉔萬一：假設辭，意謂萬分之一，言其可能性極鮮少也。按此語為晉代所興起及習用者。《晉書・卞壼傳》：「壼笑曰，『以逆順論之，理無不濟；若萬一不然，豈須馬哉。』」又〈簡文三子傳〉：「法順又言於元顯曰：『牢之反覆，萬一有變，則禍敗立至。』」皆用法相同之例。㉕繼將軍：繼將軍之任。㉖可乎：猶今語好嗎。㉗殿下：晉代稱太子及王公，多云殿下。㉘臣門：謂臣門之人。㉙臣弟澄政事愈於臣：謂臣弟澄之政事能力，較臣為勝。㉚儒緩：胡三省曰：「凡儒者多務為舒緩，而不能應機，以趨事赴功。」㉛機事不稱耳：應機立斷之能，不相符稱。㉜策勵：猶督勵。㉝勢位：勢力地位。㉞行路：行路之人，指不相識者。㉟揮涕：猶抆淚，掩涕。㊱涼驃騎大將軍宋混疾甚……玄覩以澄為領軍將軍，輔政：按此段不載於《晉書·張軌傳》，乃《通鑑》所新撰者。㊲琅琊王丕中興正統：胡三省曰：「元帝、明帝、成帝，皆正統相傳；琅琊王丕，成帝長子也，故曰中興正統。」㊳義望情地：名義、德望、人情、地位。㊴皇太后令曰……葬穆帝於永平陵，廟號孝宗：按此段乃錄自〈哀帝紀〉，文字幾全相同。㊵城中日蹙：城中勢力日蹙。㊶犇突：犇同奔，突謂突圍。㊷必擇虛隙而投之：必擇長圍虛隙之處，而投赴之。㊸羸：瘦弱。㊹器甲：器械鎧甲。㊺課：徵斂。㊻櫓楯：櫓大盾，二者皆指盾言。㊼行夜：巡夜。㊽悉精銳：盡率其精銳。㊾殆盡：幾盡。㊿存撫降民：存問安撫投降之百姓。(51)稟食：稟，藏米之所，稟食謂所藏之糧。(52)各隨所樂：猶各隨所願。(53)中書著作郎：胡三省曰：「晉武帝以秘書幷中書省，故曰中書著作郎。」(54)立妃王氏為皇后，后濛之女也：按王濛《晉書·外戚傳》有傳。(55)邕：音雍。(56)單：音善。(57)反覆：謂如手掌之反覆無常。(58)坐失期：謂坐失期之罪。(59)廢卒於家：被黜廢而死於家中。(60)按范汪《晉書》有傳。(61)子甯好儒學：按〈范甯傳〉附於其父傳後。(62)甯曰王何蔑棄典文，幽沈仁義：按《晉書》甯傳，幽沈仁義作不遵禮度。又蔑，賤視，蔑棄典文，謂鄙棄典制文章。(63)游辭浮說：游移之辭，浮泛之說，即不切實之說。(64)波蕩後生：波動激蕩晚生人士。(65)搢紳：古之仕者，插笏於紳，是曰搢紳，後因謂仕宦曰搢紳。(66)翻然：變動貌。(67)改轍：改易車轍，此言改易行跡。(68)樂崩：猶樂壞。(69)遺風餘俗：遺餘謂遺留餘存。(70)桀紂縱暴一時：縱，恣肆；暴，暴虐。謂桀紂一時為恣肆暴虐。(71)適：恰。(72)覆國：覆敗國家。(73)戒：鑑戒。(74)迴：轉移。(75)歷代：多歷年代。(76)自喪：自己喪亡。(七七)迷眾：迷亂大眾視聽。(七八)甯曰：「王何蔑棄典文……迷眾之罪大也。」：按此一段，乃錄自〈范甯傳〉所著論之文。(七九)以為廣州刺史：胡三省曰：「燕無廣州，以刺史之名授護耳。」(八〇)驕矜淫縱：驕傲、矜持、淫亂、恣肆。(八一)國家事欲未靜：國家事思欲動蕩不靜。(八二)今護軍出入有似長寧：〈張軌附玄靚傳〉：「以邕為中護軍。」是護軍乃指邕而言。胡三省曰：「長寧侯，張祚也。」謂今張邕出入行跡，有似張祚之專橫。(八三)出口：說出。(八四)又不克：謂又不中。(八五)何忍以兵相向：〈張軌附玄靚傳〉作：「豈可以干戈見向。」是兵指干戈而言。(八六)涼張邕驕矜淫縱……邕自刎死，盡滅其族黨：按此段乃錄自〈張軌附玄靚傳〉，字句大致相同。(八七)牧伯守宰：州牧、方伯、郡守、縣宰。(八八)非其人者罪之：謂舉不得其人者，罰之。(八九)請託：請求拜託。(九〇)棄：廢棄。(九一)當是之時：當此之時。(九二)稱職：才位相符。(九三)田疇修闢：疇，耕治之田，全句謂田畝修整開闢。(九四)屏息：屏除滅跡。

哀皇帝

隆和元年（西元三六二年）

(一)春，正月，壬子，大赦改元。甲寅，減田租畝收二升(一)。

(二)燕豫州刺史孫興請攻洛陽曰：「晉將陳祐，弊卒(二)千餘，介守㊂孤城，不足取也。」燕人從其言，遣寧南將軍呂護屯河陰。

㈢二月，辛未，以吳國內史庾希為北中郎將、徐兗二州刺史，鎮下邳，龍驤將軍袁真為西中郎將、監護豫、司、并、冀四州諸軍事、豫州刺史，鎮汝南，並假節。希，冰之子也㊃。丙子，拜帝母周貴人為皇太妃，儀服擬於太后㊄。

㈣燕呂護攻洛陽，三月，乙酉，河南太守戴施犇宛㊅，陳祐告急。五月，丁巳，桓溫遣庾希及竟陵太守鄧遐，帥舟師㊆三千人，助祐守洛陽。遐，嶽之子也。

㈤溫上疏請遷都洛陽，自永嘉之亂，播流江表㊇者，一切北徙㊈，以實河南㊉。朝廷畏溫，不敢為異⑪，而北土⑫蕭條⑬，人情疑懼⑭，雖並知⑮不可，莫敢先諫。

散騎常侍領著作郎孫綽上疏曰：「昔中宗龍飛⑯，非惟信順⑰，協於天人⑱，實賴萬里長江，畫而守之⑲耳。今自喪亂已來，六十餘年，河洛丘墟⑳，函夏㉑蕭條，士民播流江表，已經㉒數世，存者老子長孫㉓，亡者丘隴㉔成行，雖北風之思感其素心㉕，目前之哀，實為交切(二六)。若遷都旋軫(二七)之日，中興五陵(二八)，即復緬成遐域(二九)。泰山之安，既難以理保(三〇)，烝烝之思(三一)，豈不纏(三二)於聖(三三)心哉？溫今此舉，誠欲大覽始終(三四)，為國遠圖(三五)，而百姓震駭(三六)，同懷危懼，豈不以反舊之樂賒(三七)，趨死之憂促哉(三八)！何者？植根江外(三九)數十年矣，一朝頓欲(四〇)拔之，驅蹙(四一)於窮荒之地(四二)，提挈(四三)萬里，踰險浮深(四四)，離墳墓，棄生業(四五)，田宅不可復售(四六)，舟車無從而得，捨安樂之國，適習亂之鄉(四七)，將頓仆(四八)道塗，飄溺(四九)江川，僅有達者(五〇)。此仁者所宜哀矜(五一)，國家所宜深慮(五二)也。臣之愚計，以為且(五三)宜遣將帥有威名資實(五四)者，先鎮洛陽，掃平梁許(五五)，清壹(五六)河南，運漕之路既通，開墾之積已豐，豺狼遠竄(五七)，中夏(五八)小康(五九)，然後可徐議遷徙(六〇)耳。柰何捨百勝之長理(六一)，舉天下而一擲哉(六二)！」綽，楚之孫也(六三)，少慕高尚(六四)，嘗著遂初賦(六五)以見志。溫見綽表，不悅，曰：「致意興公(六六)何不尋君遂初賦(六七)，而知人家國事邪(六八)(六九)？」

㈥時朝廷憂懼，將遣侍中止溫，揚州刺史王述曰：「溫欲以虛聲威朝廷耳(七〇)，非事實也。但從之，自無所至(七一)。」乃詔溫曰：

「在昔喪亂，忽涉五紀(七二)，戎狄肆暴(七三)，繼襲凶迹(七四)，眷言西顧(七五)，慨歎盈懷(七六)。知欲躬帥(七七)三軍，蕩滌氛穢(七八)，廓清中畿(七九)，光復舊京，非夫外身徇國(八〇)，孰能(八一)若此！諸所處分(八二)，委之高筭(八三)，但河洛丘墟，所營者廣(八四)，經始之勤(八五)，致勞懷也(八六)。」事果不行。溫又議移洛陽鍾虡(八七)，述曰：「永嘉不競(八八)，暫都江左，方當蕩平區宇(八九)，旋軫(九〇)舊京，若其不爾(九一)，宜改遷園陵，不應先事鍾虡(九二)。」溫乃止(九三)。朝廷以交廣遼遠，改授溫都督幷、司、冀三州，溫表辭不受(九四)。

(七)秦王堅親臨太學，考第諸生經義(九五)，與博士講論，自是每月一至焉。

(八)六月，甲戌，燕征東參軍劉拔刺殺征東將軍、冀州刺史、范陽王友於信都(九六)。

(九)秋，七月，呂護退守小平津(九七)，中流矢(九八)而卒。燕將段崇收軍北渡，屯于野王，鄧遐進屯新城(九九)。八月，西中郎將袁真進屯汝南(一〇〇)，運米五萬斛，以饋(一〇一)洛陽。

(十)冬，十一月，代王什翼犍納女㉒於燕，燕人亦以女妻之。

(十一)十二月，戊午朔，日有食之。庾希自下邳退屯山陽㉓，袁真自汝南退屯壽陽㉔。

【今註】㊀減田租畝收二升：胡三省曰：「成帝咸和五年，始度百姓田，畝取十分之一，率畝稅米三升，今減之，畝收二升。」㊁弊卒：疲弊之士卒。㊂介守：獨守。㊃庾希，氷之子也：按希《晉書・庾亮傳》後有附傳。㊄儀服擬於太后：儀仗器服，比視太后。㊅三月乙酉，河南太守戴施奔宛：胡三省曰：「永和十二年，桓溫留戴施戍洛陽。」至是奔宛。又〈哀帝紀〉隆和元年文，三月乙酉作四月乙酉，以上文之丁丑梁州地震推之，三月當作四月。㊆舟師：猶水軍。㊇播流江表：播遷流亡，江表謂江外，實指長江之南而言。㊈北徙：徙歸北方。㊉以實河南：以充實河南之民戶。⑪為異：持異議。⑫北土：北方，此指河南中原地區。⑬蕭條：寂寥。⑭疑懼：畏疑恐懼。⑮並知：皆知。⑯中宗龍飛：中宗，元帝廟號。龍飛猶為帝也，以龍喻天子，為晉代所最喜用。⑰信順：《易・大傳》曰：「天之所助者，順也；人之所助者，信也。」⑱協於天人：合於天意人心。⑲畫而守之：分劃而防守之。⑳河洛丘墟：河洛謂河南城（一名王城），及洛陽城。丘墟，謂空虛。㉑函夏：《漢書・揚雄傳》服虔注：「函夏，函諸夏也。」亦即全中國也。㉒已經：已歷。㉓存者老子長孫：按〈孫楚附綽傳〉，作存者長子老孫，文雖稍異，而其意則皆謂存者子大孫老。㉔丘隴：

墳墓。㉕雖北風之思感其素心：謂懷念北土之思緒，雖常存其心中。㉖目前之哀，實為交切：謂眼前哀樂之事，關係更為迫切。㉗旋軫：回轅。㉘中興五陵：胡三省曰：「指元帝建平陵，明帝武平陵，成帝興平陵，康帝崇平陵，穆帝永平陵，皆在江南。」㉙即復緬成遐域：復語助，無意。緬，遠。謂就成為遠域。㉚泰山之安，既難以理保：胡三省曰：「言以理觀之，遷都於洛，難以保泰山之安也。」㉛烝烝之思：烝烝孝也。按烝烝本厚貌，孝亦曰烝烝者，蓋德厚之極也。全句意為孝敬之思。㉜纏：縈繞。㉝聖：稱天子曰聖。㉞大覽始終：謂總觀事之始末。㉟為國遠圖：為國家作久遠之謀。㊱震駭：震動駭懼。㊲賒：遠，音奢。㊳豈不以反舊之樂賒，趨死之憂促哉：謂豈非以反回故土之樂，遙遙而不可得，而趨於死地之患，則臨於目前乎！㊴植根江外：植根，即安家生根。胡三省曰：「中原以江南為江外，亦曰江表。」㊵頓欲：立欲。㊶驅踧：踧音蹙，謂驅馳蹙迫。㊷窮荒之地：窮寒荒涼之地。㊸提挈：謂扶老攜幼。㊹踰險浮深：踰越險阻，浮絕深川。㊺生業：賴以為生之產業，指田宅等言。㊻復售：復為語辭，無意。㊼適習亂之鄉：去至習歷喪亂之地。㊽頓仆：困頓顛仆。㊾飄溺：飄泊沈溺，惟此處亦可釋為遭風波之險。㊿僅有達者：謂至抵者甚少。(五一)哀矜：猶言哀憐。(五二)國家所宜深慮：按此國家乃指天子而言，以國家指天子，為漢晉之常用辭。《文選‧任昉奏彈曹景》：「昔漢光命將。」注：「東觀漢記：『詔書到，興已為覽所殺，長史得檄，以為國家坐知千里也。』」《晉書‧何曾傳》：「初曾侍武帝宴，退而告遵等曰：『國家應天受禪，創業垂統，吾每宴見，未嘗聞經國遠圖。』」〈陶侃傳〉：「侃厲色曰：『國家年小，不出胸懷。』」《傳玄附祇傳》：「祇請與尚書武茂聽國家消息，揖而下階，茂猶坐，祇顧曰：『君非天子臣邪？今內外隔絕，不知國家所在，何得安坐？』……二十九日早入見國家，須臾遣至中宮。」皆國家為天子之證。(53)且：暫且。(54)資實：資望才幹。(55)梁許：胡三省曰：「梁謂梁國，許謂許昌，皆當江南入洛之要路。」(56)清壹：平定統壹。(57)竄：竄逃。(58)中夏：謂中原河南。(59)小康：稍形安定。(60)可徐議遷徙：方可以仔細商討遷都問題。(61)奈何捨百勝之長理：如何捨去百勝之大道。(62)舉天下而一擲哉：將全天下而為孤注之一擲乎！(63)綽，楚之孫也：按孫楚《晉書》有傳。綽之行誼，附於楚傳後。(64)少慕高尚：少慕高士之操。(65)遂初賦：謂賦述得遂隱遁初衷之意。(66)致意興公：興公孫綽字，謂請向興公致意。(67)何不尋君遂初賦：何不尋踐君遂初賦中所言。(68)而知人家國事邪：按家國二字，晉代常如此連用之，亦即國家之意。(69)溫上疏請遷都洛陽……而知人家國事邪：按此一段，乃錄自孫綽傳所上之表疏，文字多有刪省。(70)溫以虛聲威朝廷耳：桓溫徒欲以空言威嚇朝廷而已。(71)但從之，自無所至：只從之，彼決不能實行。(72)忽涉五紀：紀，十二年。倏忽之間，已歷五紀。胡三省曰：「自惠帝永興元年，劉淵始亂，距是歲五十九年。自懷帝永嘉五年洛陽陷，距是歲，五十年。」(73)肆暴：縱肆暴虐。(74)繼襲凶迹：繼續祖襲凶惡之行。(75)眷言西顧：《詩》：「乃眷西顧」。《說文》段注：「凡顧眷並言者，顧者，還視也；眷者，顧之深也。」言係語辭無意。(76)慨歎盈懷：慨歎盈滿胸懷。(77)躬帥：親帥。(78)蕩滌氛穢：掃蕩淨滌氛腥污穢。(79)中畿：胡三省曰：「中畿，王畿也。周禮九畿，王畿方千里，其外侯、甸、男、采、衞、蠻、夷、鎮、蕃，皆以五百里言之，王畿在九畿之中，故此曰中畿。」(八〇)外身徇國：視生命為身外之物，而徇國家之急。(八一)孰能：何能。(八二)處分：按此辭為晉代之流行語。《世說・尤悔》：「日暮雨駛，小人皆醉，不可處分。」同書〈雅量〉注引《續晉陽秋》：「夜還，乃處分，少日皆辦。」《晉書・桓溫傳》：「詔曰：『諸所處分，委之高算。』」〈王廙附彪之傳〉：「及簡文崩，羣臣疑惑，未敢立嗣，或云：『宜當須大司馬處分。』」按處分亦有作處決者。《晉書・李重傳》：「每大事及疑議，輒參以經典處決，多皆施行。」又有作處當者。《晉書・食貨志》：「詔主者何以為百姓計，促處當之……都督度支共處當，各據所見，不從遵言。」所云處分、處決、處當，辭雖有異，而意則同，皆與今之處置相似。(八三)委之高筭：任之高謀。(八四)所營者廣：所須經營者甚多。(八五)經始之勤：開始經營之勤勞。(八六)致勞懷也：致，猶至。謂至為思念。(八七)鍾虡：虡音巨，鍾類。(八八)永嘉不競：謂永嘉不強。(八九)方當蕩平區宇：區宇，九區之域。謂正應掃蕩平定天下。(九〇)旋軫：猶回駕。(九一)不爾：不如此。(九二)不應先事鍾虡：不應先從事於鍾虡之遷移。(九三)時朝廷憂懼，將遣侍中止溫，……溫乃止：按此段文除乃詔溫曰，至致勞懷也之詔文，係《通鑑》另有所采外，餘均本自《晉書・王湛附述傳》，字句幾全相同。(九四)表辭不受：上表疏辭謝不受。(九五)考第諸生經義：以經義考試諸生，而等第之。(九六)信都：今河北省冀縣治。(九七)小平津：在洛陽附近。(九八)流矢：猶飛矢。(九九)新城：今河南省商丘縣西南。(一〇〇)汝南：今河南省汝南縣治。(一〇一)饋：以物與人。音ㄎㄨㄟˋ。(一〇二)納女：以女與人。(一〇三)山陽：今江蘇省淮安縣。(一〇四)壽陽：按壽陽即壽春。《通鑑》卷一〇二太和五年文，溫敗瑾於壽春。《晉書・

海西公紀》作壽陽，是壽春即壽陽之證。大抵晉代於春字常改作陽字。如晉書孫盛傳「著晉陽秋」。又隋書經籍志載有習鑿齒之《漢晉陽秋》，檀道鸞之《續晉陽秋》，此書名之改春為陽者。《晉書・簡文三子道子傳》：「道子妃薨，帝下詔曰：『然不以家事辭王事，陽秋之明義。』」〈桓溫傳〉：「上疏曰：『今主上富於陽秋。』」此詔疏中之避春為陽者。然《晉書》中亦有仍作春而不作陽者。〈外戚褚裒傳〉：「譙國桓彝見而目之曰：『季野有皮裡春秋。』」言其外無臧否，而內有所褒貶也。」又〈苻堅載記〉上：「太元三年，使苻融將關東甲卒會於壽春。」是晉代於避春為陽，禁例並不嚴格。說者謂晉簡文帝鄭后小字阿春，因諱春作陽，然古代避后妃之諱者甚鮮，則此亦不過聊備一說而已。又《通鑑》全書於壽陽皆作壽春，而此則竟作壽陽，乃由因襲晉書，而疏於改正故也。

興寧元年（西元三六三年）

㈠春，二月，己亥，大赦改元。

三月，壬寅，皇太妃周氏薨於琅邪第。癸卯，帝就第治喪，詔司徒、會稽王昱㊀總內外眾務。帝欲為太妃服三年，僕射江虨㊁啟於禮，應服緦麻㊂，又欲降服朞㊃，虨曰：「厭屈私情㊄，所以上嚴㊅祖考。」乃服緦麻㊆㊇。

㈡夏，四月，燕寧東將軍慕容忠攻滎陽太守劉遠，遠犇魯陽[九]。

㈢五月，加征西大將軍桓溫侍中、大司馬、都督中外諸軍[一〇]、錄尚書事、假黃鉞[一一]。溫以撫軍司馬王坦之[一二]為長史，坦之，述之子也；又以征西掾郗超[一三]為參軍，王珣為主簿，每事必與二人謀之，府中為之語曰：「髯參軍，短主簿[一四]，能令公喜，能令公怒。」溫氣槩高邁，罕有所推，與超言，常自謂不能測，傾身待之，超亦深自結納[一五]。珣，導之孫也[一六]，與謝玄皆為溫掾，溫俱重之，曰：「謝掾年四十，必擁旄杖節[一七]，王掾當作黑頭公[一八]，皆未易才也[一九][二〇]。」玄，奕之子也。

㈣以西中郎將袁真都督司、冀、幷三州諸軍事，北中郎將庾希都督青州諸軍事。

癸卯，燕人拔密城，劉遠犇江陵。

㈤秋，八月，有星孛於角亢。

㈥張玄靚祖母馬氏卒，尊庶母郭氏為太妃，郭氏以張天錫專政，與大臣張欽等謀誅之，事泄，欽等皆死。玄靚懼，以位讓天錫，天錫不受，右將軍劉肅等勸天錫自立。閏月，天錫使肅等夜帥兵入宮弒玄靚，【考異】帝紀，天錫殺玄靚自立，在七月，今從晉春秋。宣言暴卒，謚曰冲公。天錫自稱使持節、大都督、大將軍、涼州牧、西平公，時年十八，尊母劉美人曰太妃，遣司馬、綸騫奉章詣建康請命，并送御史俞歸東還㉑。

(七)癸亥，大赦㉒。

(八)冬，十月，燕鎮南將軍慕容塵攻陳留太守袁披于長平㉓，汝南太守朱斌乘虛襲許昌，克之。【考異】燕書作朱黎，今從晉帝紀。

(九)代王什翼犍擊高車㉔，大破之，俘獲萬餘口，馬、牛、羊百餘萬頭。

(十)以征虜將軍桓冲為江州刺史㉕。

(十一)十一月，姚襄故將張駿殺江州督護趙毗，帥其徒北叛㉖，冲討斬之。

【今註】㊀會稽王昱：即後登阼之簡文帝。㊁江彪：乃江統之子，《晉書》有傳。㊂帝欲為太妃服三年，僕射江彪啟於禮，應服緦麻：胡三省曰：「周禮曰，『王為諸侯，緦縗弁而加環絰。』又禮為人後者，為之子，故為所後，服斬衰三年，而降其父母朞。彪以為應服緦者，蓋以帝入後大宗，則周氏者琅琊之母，當以服諸侯者服之也。」④朞：周年。⑤厭屈私情：厭猶壓，謂壓抑己之感情。⑥嚴：尊。⑦乃服緦麻：按《晉書・禮志》中緦麻下，又有三月二字，以示服緦麻之期，當從添入。⑧帝欲為太妃服三年……至乃服緦麻：按此段乃錄自《晉書・禮志》，字句大致相同。⑨魯陽：今河南省魯山縣。⑩加征西大將軍桓溫侍中、大司馬、都督中外諸軍：按哀帝紀興寧元年文，諸軍下有一事字，核晉代言此爵職，例有事字，此不可獨闕。⑪黃鉞：金斧。⑫王坦之：按〈王湛傳〉後有附傳。⑬郗超：按〈郗鑒傳〉後有附傳。⑭髯參軍短主簿：謂超多髯而珣短也，短猶矮。⑮溫氣槩高邁……超亦深自結納：按此段乃錄自〈郗超傳〉，字句大致相同。⑯珣，導之孫也：按〈王導傳〉後有附傳。⑰擁旄杖節：《文選・丘遲與陳伯之書》，注引班固〈涿邪山祝文〉曰：「杖節擁旄。」《說文》：「旄，幢也。」節，符節，使者所執以示信。⑱王掾當作黑頭公：《世說・識鑒》：「諸葛道明先為臨沂令，丞相謂曰：『明府當為黑頭公。』」謂壯年至三公之位。⑲皆未易才也：皆不易得之才。⑳與謝玄皆為溫掾……皆未易才也一段：乃錄自〈王導附珣傳〉，文字幾全相同。㉑張玄靚祖母馬氏卒……並送御史俞歸東還：按此段，乃本自〈張軌附玄靚傳〉，惟稍有溢出。㉒癸亥大赦：按由癸亥前溯，可直至閏月，是殆以癸亥為閏月中之時日也。殊不知《晉書・哀帝紀》則云九月癸亥，以皇子生大赦，是癸亥上當添九月二字。㉓長平：在今河南省淮陽縣治。㉔高車：胡三省曰：「高車，即敕勒也。俗乘高輪車，故亦號高車部。李延壽曰：『高車，蓋古赤狄之餘種也。初號為狄歷，北方以為高車丁零，其遷徙隨水草，衣皮食肉，與柔然同，唯車輪高大，輻數至多。』」㉕以征虜將軍桓沖為江州刺史：按沖為桓彝之子，〈桓彝傳〉後有附傳。㉖姚襄故將張駿殺江州督護趙毗，帥其徒北叛：按〈桓彝附沖傳〉：「溫之破姚襄也，獲襄將張駿、楊凝等，徙於尋陽。……而駿率其徒五百人，殺江州督護趙毗，將妻子北叛。」可為此文註腳。

二年（西元三六四年）

㈠春，正月，丙辰，燕大赦㊀。二月，燕大傅評、龍驤將軍李洪㊁略地河南。

㈡三月，庚戌朔，大閱㊂戶口，令所在土斷㊃，嚴其灋制，謂之庚戌制㊄。

㈢帝信方士言，斷穀餌藥㊅，以求長生㊆，侍史高崧諫曰：「此非萬乘㊇所宜為，陛下茲事㊈，實日月之食㊉。」不聽。辛未，帝以藥發⑪，不能親萬機⑫，褚太后復臨朝攝政⑬。

㈣夏，四月，甲辰，燕李洪攻許昌、汝南，敗晉兵於懸瓠，潁川太守李福戰死，汝南太守朱斌犇壽春⑭，陳郡太守朱輔退保彭城，大司馬溫遣西中郎將袁真等禦之。溫帥舟師屯合肥⑮，燕人遂拔許昌、汝南、陳郡，徙⑯萬餘戶於幽、冀二州，遣鎮南將軍慕容塵屯許昌。

(五)五月，戊辰，以揚州刺史王述為尚書令，加大司馬溫揚州牧、錄尚書事。壬申，使侍中召溫入參朝政，溫辭不至。王述每受職，不為虛讓⑰，其所辭必於不受⑱，及為尚書令，子坦之白述故事⑲當讓，述曰：「汝謂我不堪邪！」坦之曰：「非也，但克讓⑳自美事耳。」述曰：「既謂堪之，何為復讓？人言汝勝我，定不及也㉑㉒。」

(六)六月，秦王堅遣大鴻臚㉓拜張天錫為使持節，為大將軍㉔、涼州牧、西平公。

(七)秋，七月，丁卯，詔復徵大司馬溫入朝。八月，溫至赭圻，詔尚書車灌止之，溫遂城赭圻，居之。固讓內錄㉕，遙領揚州牧㉖。

(八)秦汝南公騰謀反，伏誅；騰，秦主生之弟也，是時生弟晉公柳等，猶有五人，王猛言於堅曰：「不去五公，終必為患。」堅不從。

㈨燕侍中慕輿龍詣龍城，徙宗廟及所留百官，皆詣鄴。燕太宰恪將取洛陽㉗，【考異】帝紀：「慕容暐寇洛陽」上云：「苻堅別帥侵河南。」按明年恪拔洛陽，堅親將以備潼關，是未敢與燕爭河南也。十六國春秋堅傳，亦無此舉，帝紀恐誤。先遣人招納士民㉘，遠近諸塢皆歸之，乃使司馬悅希軍於盟津，豫州刺史孫興軍於成皋。

㈩初，沈充之子勁以其父死於逆亂㉙志欲立功，以雪舊恥，年三十餘，以刑家不得仕㉚，吳興太守王胡之為司州刺史，上疏稱勁才行，請解禁錮㉛，參㉜其府事，朝廷許之，會胡之以病不行㉝，及燕人逼洛陽，冠軍將軍陳祐守之，眾不過二千，勁自表求配祐效力㉞，詔以勁補冠軍長史，令自募壯士，得千餘人以行。勁屢以少擊燕眾，摧破之。而洛陽糧盡援絕，祐自度㉟不能守，乃以救許昌為名㊱，九月，留勁以五百人守洛陽，祐帥眾而東。勁喜曰：「吾志欲致命㊲，今得之矣㊳㊴。」祐聞許昌已沒，遂犇新城，燕悅希引兵略河南諸城，盡取之。

(十一)秦王堅命公國各置三卿㊵，并餘官皆聽自采辟㊶，獨為置郎中令〔四二〕。富商趙掇〔四三〕等車服僭侈〔四四〕，諸公競引以為卿，黃門侍郎、安定程憲請治之，堅乃下詔稱〔四五〕本欲使諸公延選〔四六〕英儒〔四七〕，乃更猥濫〔四八〕如是，宜令有司推檢〔四九〕，辟召非其人者〔五〇〕，悉降爵為侯，自今國官〔五一〕，皆委之銓衡〔五二〕。自非命士〔五三〕已上，不得乘車馬，去京師百里內，工商皂隸〔五四〕，不得服金銀錦繡〔五五〕，犯者棄市〔五六〕〔五七〕。於是平陽、平昌、九江、陳留、安樂五公，皆降爵為侯。

【今註】㊀二年春正月丙辰，燕大赦：按本年記事，簡直以燕為主。首載其大赦，次於四月間書燕李洪攻許昌、汝南，敗晉兵於懸瓠，儼然以燕與晉分庭抗禮。殆以本文根依燕書，而遂不免受其影響歟！又《晉書》敍此事，其文字則云：「四月，慕容暐遣其將李洪侵許昌，王師敗績於懸瓠。」於慕容暐不冠其國名燕字，而於己則曰王師，藉以表示其為正統之朝，此等文字歧異之處，正係史之義法所在，讀者其多加留意焉可也。㊁略：徇奪。㊂閱：檢閱。㊃令所在土斷：胡三省曰：「令西北士民僑寓東南者，所在以土著為斷也。」試再詳晰釋之，即凡流民現居於何郡縣，便定斷其為何郡縣之民，而著於該郡縣之戶籍焉。㊄庚戌制：庚戌即三月庚戌朔之庚戌，蓋以是日令所在土斷，遂以此日為此制之名。㊅斷穀餌藥：不食五穀，而專服藥餌。㊆長生：即長生不死。㊇萬乘：謂天子。古王畿出兵車萬乘，故名。㊈茲事：此事。㊉實日月之食：《論語》：「子貢曰：『君子之過也，如日月之食焉。』」⑪藥發：藥毒發作。⑫不能親萬機：不能親理萬機。⑬褚太后復臨朝攝政：胡三省曰：「穆帝以幼沖嗣位，褚太后臨朝稱制，升平元年，帝加元服，太后歸政。帝即位年長矣，以疾不能親政，太后復臨朝。」⑭夏四月甲辰，燕李洪攻許昌、汝南，敗晉兵於懸瓠，潁川太守李福戰死，汝南太守朱斌犇壽春：按〈哀帝紀〉二年文作：「正月庚寅江陵地震，慕容暐將慕容評襲許昌，潁川太守李福死之，評遂侵汝南，太守朱斌遁於壽陽。」兩書所載月日有異。大抵《通鑑》所據之燕書，乃將此次戰果，總敍於戰爭結束之日，而晉書則按月日紀敍，遂致月日不同。又《通鑑》將此戰役皆敍於四月甲辰，試稍核以事理，即知其瑕隙百出矣。⑮合肥：今安徽省合肥縣。⑯徙：移徙。⑰虛讓：猶假讓。⑱其所辭必於不受：謂凡所辭讓者，則必不受職。⑲故事：晉代常用此辭，謂慣例也。⑳克讓：能謙讓。㉑定不及也：實不及我。㉒王述每受職，……定不及也：按此一段，乃錄自〈王湛附述傳〉，字句幾全相同。㉓大鴻臚：《晉書・職官志》：「大鴻臚統大行典客等令。」㉔拜張天錫為使持節、為大將軍：按為概下諸職，則為大將軍之為字，於文為複，又諸書載此爵銜時，例無此為字。㉕固讓內錄：胡三省曰：「內錄，謂錄尚書事也。」㉖溫至赭圻……遙領揚州牧：按此段乃錄自〈桓溫傳〉，字句全相同。㉗燕太宰恪將取洛陽：考異曰：「帝紀：『慕容暐寇洛陽。』上云：『苻堅別帥侵河南。』按明年恪拔洛陽，堅親將以備潼關，是未敢與燕爭河南也。十六國春秋，堅傳，亦無此舉。帝紀恐誤。」按考異此文，實無關重要，應置而不論可也，緣苻堅別帥侵河南，端係乘晉戍兵之孱弱，而思有所取獲，遂遣部分士卒以侵略之，斯固與燕全無關涉也。迨燕下洛陽，大舉西伐，苻堅自須親臨潼關，以禦拒之，而與以前之敢否與燕爭奪河南，甚少關連。又云十六國春秋堅傳，亦無此舉。則更足證明堅所遣者，僅為別帥所領之少數部隊，以其無甚重要，故史冊屏而不錄。既若此，則此段考證，徒為多事矣。㉘土民：本地人民。㉙初沈充之子勁以其父死於逆亂：見卷九十三明帝太寧三年。㉚以刑家不得仕：以家有受刑者，故不得為宦。㉛禁錮：謂絕其仕進之路。㉜參：參豫。㉝以病不行：因病未獲成行。㉞求配祐效力：求配置於祐之部屬，以資為國效力。㉟度：度量。㊱以救許昌為名：名，名義；謂以救許昌之名義。㊲致命：授命，效命。㊳今得之矣：之指時機而言。㊴初沈充之子勁……今得之矣：按此段乃錄自《晉書・忠義沈勁傳》，文字大致相同。㊵命公國各置三卿：胡三省曰：「晉制，王國置郎中令、中尉、大農為三卿，秦因其制。」㊶采辟：采同採。謂採擇辟徵。㊷獨為置郎中令：朝廷但為置郎中令一官。㊸掇：音ㄉㄨㄛ。㊹僭侈：僭，僭於王公；侈，奢侈。㊺稱：謂。㊻延選：延攬、甄選。㊼英儒：英俊之儒者。㊽猥濫：褻瀆雜濫。㊾推檢：推考檢校。㊿辟召非其人者：辟召未得其適宜之人者。(51)國官：踵上文之公國而言。(52)銓衡：謂吏部尚書。(53)命士：謂士為王所命者。(54)皂隸：皆古賤役之稱。《左傳》昭公七年：「士臣皁，皁臣輿，輿臣隸。」(55)繡：文繡。(56)棄市：被殺後棄尸於市朝。(57)富商趙掇等車服僭侈……犯者棄市：按此段乃本自〈苻堅載記〉上，文字略有刪節。

三年（西元三六五年）

㈠春，正月，庚申，皇后王氏崩。

㈡劉衛辰復叛代，代王什翼犍東渡河擊走之。什翼犍性寬厚，郎中令許謙盜絹二匹，什翼犍知而匿之㈠，謂左長史燕鳳曰：「吾不忍視謙之面㈡，若謙慙而自殺，是吾以財殺士也㈢。」嘗討西部叛者，流矢中目㈣，既而獲射者，羣臣欲臠割之，什翼犍曰：「彼各為其主鬪耳，何罪㈤！」遂釋之。

㈢大司馬溫移鎮姑孰。二月，乙未，以其弟右將軍豁監荊州揚州之義城、雍州之京兆㈥諸軍事、領荊州刺史，加江州刺史桓沖監江州及荊、豫八郡諸軍事【考異】帝紀云：「沖領南蠻校尉。」按江左唯荊州領南蠻，沖傳亦無，蓋紀因桓豁重出今不取。並假節㈦。司徒昱聞陳祐棄洛陽，會大司馬溫於洌洲㈧，共議征討。

㈣丙申，帝崩於西堂㈨，事遂寢㈩。帝無嗣，丁酉，皇太后詔以琅邪王奕承大統㈡，百官奉迎於琅邪第，是日，即皇帝位，大赦。

㈤秦大赦，改元建元。

㈥燕太宰恪、吳王垂共攻洛陽，恪謂諸將曰：「卿等常患吾不攻，今洛陽城高而兵弱，易克也。勿更畏懦⑫而怠惰。」遂攻之。三月，克之，執揚武將軍沈勁，勁神氣自若；恪將宥之，中軍將軍慕輿虔⑬曰：「勁雖奇士，觀其志度⑭，終不為人用，今赦之，必為後患。」遂殺之⑮。恪略地至崤澠⑯，關中大震。秦王堅自將屯陝城，以備之，燕人以左中郎將慕容筑為洛州刺史，鎮金墉，吳王垂為都督荊、揚、洛、徐、兗、豫、雍、益、梁、秦十州諸軍事、征南大將軍、荊州牧，配兵一萬，鎮魯陽。太宰恪還鄴，謂僚屬曰：「吾前平廣固，不能濟辟閭蔚，今定洛陽，使沈勁為戮，雖皆非本情，然身為元帥，實有愧於四海⑰。」朝廷嘉勁之忠，贈東陽太守。

臣光曰：「沈勁可謂能子矣⑱。恥父之惡，致死⑲以滌⑳之，變凶逆之族為忠義之門㉑，易曰：『幹父之蠱用譽㉒。』蔡仲之命曰：『爾尚蓋前人之愆，惟忠惟孝㉓。』其是之謂乎。」

㈦太宰恪為將，不事威嚴㉔，專用恩信撫士卒，務綜大要㉕，不為苛令㉖，使人人得便安㉗，平時營中寬縱，似若可犯㉘，然警備嚴密，敵至莫能近者，故未嘗負敗㉙。

(八)壬申，葬哀帝及靜皇后於安平陵㉚。

(九)夏，四月，壬午，燕太尉武平匡公封弈卒。以司空陽鶩為太尉，侍中、光祿大夫皇甫真為司空，領中書監。鶩歷事四朝㉛，年耆㉜望重㉝，自太宰恪以下，皆拜之，而鶩謙恭謹厚，過於少時㉞。戒束㉟子孫，雖朱紫㊱羅列，無敢違犯其灋度者。

(十)六月，戊子，益州刺史、建城襄公周撫卒㊲，撫在益州三十餘年㊳。甚有威惠㊴，詔以其子犍為㊵太守楚代之。

(十一)秋，七月，己酉，徙會稽王昱復為琅邪王㊶。壬子，立妃庾氏為皇后，后，冰之女也㊷。甲申，立琅邪王昱子昌明為會稽王，昱固讓，猶自稱會稽王。

(十二)匈奴右賢王曹轂，左賢王劉衛辰，皆叛秦，轂帥眾二萬寇杏城，秦王堅自將討之，使衛大將軍李威、左僕射王猛輔太子宏留守㊸長安。八月，堅擊轂破之，斬轂弟活，轂請降，徙其豪傑六千餘戶於長安。建節將軍鄧羌討衛辰，擒之於木根山㊹。九月，堅如朔方，巡撫㊺諸胡。冬，十月，征北將軍、淮南公幼㊻，帥杏城之眾，乘虛襲長安，李威擊斬之。

(十三)鮮卑禿髮椎斤卒，年一百一十，子思復鞬代統其眾，椎斤，樹機能從弟務丸之孫也。

(十四)梁州刺史司馬勳為政酷暴，治中別駕㊼及州之豪右㊽，言語忤意㊾，即於坐梟斬之㊿，或親(51)射殺之，常有據蜀(52)之志，憚周撫不敢發，及撫卒，勳遂舉兵反；別駕雍端、西戎司馬隗(53)粹切諫(54)，勳皆殺之，自號梁益二州牧、成都王。十一月，勳引兵入劍閣，攻涪(55)，西夷校尉毋丘暐棄城走。乙卯，圍益州刺史周楚於成都，大司馬溫表鷹揚將軍、江夏相、義陽朱序為征討都護，以救之。

(十五)秦王堅還長安，以李威守太尉(56)，加侍中，以曹轂為鴈門公，劉衛辰為夏陽公，各使統其部落。

(十六)十二月，戊戌，以尚書王彪之(57)為僕射。

【今註】㈠知而匿之：知而藏之，不宣佈其盜絹之事。㈡吾不忍視謙之面：猶吾不忍見謙。㈢是吾以財殺士也：此乃吾以財貨之故而殺士臣。㊃流矢中目：飛矢射中其目。㊄彼各為其主鬭耳，何罪：彼各人為其主上而戰鬭耳，何罪之有？㊅雍州之京兆：胡三省曰：「京兆郡屬雍州，時亦僑立於襄陽。」㊆假節：謂加節。㊇洌洲：胡三省曰：「今姑孰江中有洌山，即其地。」㊈西堂：胡三省曰：「西堂，太極殿西堂也。建康太極殿有東西堂，東堂以見羣臣，西堂為即安之地。」㊉寢：擱置。⑪大統：指帝位。⑫勿更畏懦：勿再畏懼怯懦。⑬中軍將軍慕輿虔：按《晉書．忠義沈勁傳》，輿作容，燕之國姓為慕容，然亦有別姓慕輿者。⑭志度：志氣度量。⑮執揚武將軍沈勁……遂殺之：按此段乃錄自〈沈勁傳〉，字句大致相同。⑯崤澠：崤谷、澠池。⑰太宰恪還鄴謂僚屬曰……今定洛陽，使沈勁為戮，雖皆非本情，然身為元帥，實有愧於四海：按此段乃用〈沈勁傳〉之文，《晉書》接載於沈勁死後，於文粗有著落，故尚可取，若《通鑑》則中間他事，而後又書，則已失去關連及意義，且於慕容恪言之，亦非重要，故應以刪去為宜。⑱可謂能子矣：猶可謂賢子矣。⑲致死：猶上文之致命，謂致死命。⑳滌：洗除。㉑門：門戶，亦即家。㉒易曰幹父之蠱用譽：胡三省曰：「易蠱卦六五爻辭。象曰：『幹父用譽，承以德也。』」㉓爾尚蓋前人之愆，惟忠惟孝：謂蔡叔之罪，在於不忠不孝，故仲能掩前人之愆者，惟在於忠孝而已。㉔不事威嚴：猶不用威嚴。㉕務綜大要：專綜攬大綱。㉖苛令：苛察之政令。㉗便安：方便、安適。㉘似若可犯：彷彿有機可乘，有瑕可擣。㉙負敗：負亦敗意。㉚葬哀帝及靜皇后於安平陵：王皇后謚曰靜，晉書后妃下，靜作靖。㉛鶩歷事四朝：庬、𨈆、儁、暐四朝。㉜年耆：年高。音ㄑㄧˊ。㉝望重，德望隆重。㉞少時：指其幼年未為宦之時。㉟戒束：告戒約束。㊱朱紫：顯達所服佩者，此指顯達者言。㊲建城襄公周撫卒：按〈周撫周訪傳〉後有附傳。㊳撫在益州三十餘年：按此乃用《晉書》之文。胡三省釋之曰：「穆帝永和三年，桓溫平蜀，留撫鎮之，至是纔十九年。蓋晉未得蜀之前，置益州刺史於巴東，撫先已為刺史，溫既克蜀，撫仍為益州刺史，鎮彭模。曰在益州三十餘年者，史通其鎮巴東鎮彭模之年數之也。」㊴威惠：威嚴恩惠。㊵犍為：治在今四川省彭山縣東。㊶徙會稽王昱復為琅琊王：胡三省曰：「元帝以昱為琅琊王，奉恭王祀。成帝咸和元年，王生母鄭夫人薨，王號慕請服，重徙封會稽王。是後，康帝、哀帝、及今帝皆自琅琊，入繼大統。」㊷后，氷之女也：按庾冰庾亮後有傳。㊸留守：留居鎮守。㊹木根山：在朔方。朔方約奄有今綏遠省內，黃河以南鄂爾多斯全部地。㊺巡撫：巡視安撫。㊻征北將軍淮南公幼：胡三省曰：「幼亦秦主生之弟也。」㊼治中別駕：《晉書・職官志》：「州置刺史、別駕、治中、從事諸曹。」㊽豪右：按此為晉代之流行語。《晉書・劉毅傳》：「轉司隸校尉，糾正豪右，京師肅然。」〈傅咸傳〉：「時朝廷寬弛，豪右放恣，交私請託，朝野溷濁。」又〈李重傳〉：「上疏陳九品曰：『郎吏蓄於軍府，豪右聚於都邑。』」核此辭實與權右相類。《文選・沈約奏彈王源》：「雖埋輪之志，無屈權右。」注：「東觀漢記皇甫嵩上言：『四姓權右，咸各歛手也。』」其意實指豪強而言，《晉書・劉頌傳》之「舊修芍陂，年用數萬人，豪彊兼并，孤貧失業。」可資驗證焉。㊾忤意：違意，音誤。㊿即於坐梟斬之：即於其坐位上，梟斬其首。(51)親：親自。(52)據蜀：佔據四川。(53)隗：音ㄨㄟˇ。(54)切諫：深切諫諍。(55)涪：

音浮。㊅守太尉：謂暫攝太尉之職。㊆王彪之：按《王廙傳》後有附傳。

海西公上

大和元年（西元三六六年）

㈠春，三月，荊州刺史桓豁使督護桓羆攻南鄭，討司馬勳。

㈡燕太宰、大司馬恪，太傅、司徒評，稽首歸政㊀，上章綬㊁，請歸第㊂，燕主暐不許。

㈢夏，五月，戊寅，皇后庾氏崩。

朱序、周楚擊司馬勳，破之，擒勳及其黨，送大司馬溫，溫皆斬之，傳首㊃建康。

㈣代王什翼犍遣左長史燕鳳，入貢於秦。

㈤秋，七月，癸酉，葬孝皇后㊄於敬平陵。

㈥秦輔國將軍王猛、前將軍楊安、揚武將軍姚萇㊅等帥眾二萬寇荊州，攻南鄉郡，荊州刺史桓豁救之，八月，軍於新野㊆，秦兵掠安陽民萬餘戶而還㊇。

㈦九月，甲午，曲赦梁益二州㊈。

㈧冬，十月，加司徒昱丞相、錄尚書事，入朝不趨㊉，讚拜不名㊁，劒履上殿㊂。

㈨張天錫遣使至秦境上，告絕於秦㊂。

㈩燕撫軍將軍、下邳王厲寇兗州，拔魯高平數郡，置守宰㊃而還。

(十一)初，隴西李儼以郡降秦，既而復通於張天錫，十二月，羌斂岐以略陽四千家叛秦，稱臣於儼，儼於是拜置牧守，與秦涼絕。

(十二)南陽督護趙億據宛城降燕，太守桓澹走保新野。燕人遣南中郎將趙盤自魯陽戍宛。

(十三)徐兗二州刺史庾希以后族故，兄弟貴顯，大司馬溫忌之。

【今註】㊀歸政：歸政於王。㊁上章綬：奉上印章，組綬。㊂請歸第：請歸私宅。㊃傳首：傳送其首級。㊄孝皇后：庾后謚曰孝。㊅萇：音長。㊆新野：在今河南省南陽縣南。㊇秦兵掠安陽民萬餘戶而還：按〈苻堅載記〉安陽作漢陽，謂漢水之北，當從載記。㊈曲赦梁益二州：胡三省曰：「司馬勳初平，赦其支黨及脅從者。」㊉入朝不趨：登入朝廷時，勿庸趨行，蓋禮趨行以表敬也。㊁讚拜不名：拜而讚呼時，不須稱己之名。㊂劒履上殿：佩劍躡履上殿。此三者皆有異於常制，乃所以尊寵之也。㊂告絕於秦：謂告秦與之斷絕邦交。㊃置守宰：設置郡守縣宰。

二年（西元三六七年）

㈠春，正月，庾希坐不能救魯高平，免官。【考異】帝紀：「是月希有罪走入海。」按本傳，海西廢後，希始逃於海陵。此時才坐免官耳。

㈡二月，燕撫軍將軍、下邳王厲，鎮北將軍、宜都王桓襲敕勒。

㈢秦輔國將軍王猛，隴西太守姜衡，南安太守、南安邵羌，揚武將軍姚萇等，帥眾萬七千討斂岐。

㈣三月，張天錫遣前將軍楊遹㊀向金城，征東將軍常據向左南㊁，游擊將軍張統向白土㊂，天錫自將三萬人屯倉松，以討李儼。斂岐部落先屬姚弋仲，聞姚萇至，皆降，王猛遂克略陽㊃，斂岐奔白馬㊄，秦王堅以萇為隴東太守。

㈤夏，四月，燕慕容塵寇竟陵㊅，太守羅崇擊破之。

㈥張天錫攻李儼大夏㊆、武始二郡，下之。常據敗儼兵於葵谷，天錫進屯左南，儼懼退守枹罕，遣其兄子純㊇謝罪於秦，且請救。

秦王堅使前將軍楊安，建威將軍王撫，帥騎二萬，會王猛以救儼，猛遣邵羌追歛岐，王撫守侯和，姜衡守白石，猛與楊安救枹罕，天錫遣楊遹逆戰於枹罕東，猛大破之，俘斬萬七千級，與天錫相持於城下[9]，邵羌禽歛岐於白馬，送之[10]。

(七)猛遣天錫書曰：「吾受詔救儼，不令與涼州戰，今當深壁高壘，以聽後詔[11]，曠日持久[12]，恐二家[13]俱弊，非良筭[14]也。若將軍退舍[15]，吾執儼而東，將軍徙民西旋，不亦可乎？」天錫謂諸將曰：「猛書如此，吾本來伐叛，不來與秦戰[16]。」遂引兵歸。李儼猶未納[17]秦師，王猛白服乘輿，從者數十人，請與儼相見，儼開門延之，未及為備，將士繼入，遂執儼。以立忠將軍彭越為平西將軍、涼州刺史，鎮枹罕。張天錫之西歸也，李儼將賀肫[18]說儼曰：「以明公神武[19]，將士驍悍[20]，柰何束手於人[21]！王猛孤軍遠來，士卒疲弊，且以我請救，必不設備，若乘其怠而擊之，可以得志。」儼曰：「求救於人以免難，難既免，而擊之，天下其謂我何[22]？不若固守以老之[23]，彼將自退。」猛責儼以不即出迎，儼以賀肫之謀告，猛斬肫，以儼歸至長安，堅以儼為光祿勳，賜爵歸安侯。

㈧燕太原桓王恪言於燕主暐曰：「吳王垂將相之才，十倍於臣，先帝以長幼之次㉔，故臣得先之㉕，臣死之後，願陛下舉國以聽吳王。」五月，壬辰，恪疾篤㉖，暐親視之，問以後事。恪曰：「臣聞報恩莫大於薦賢，賢者雖在板築㉗，猶可為相，況至親乎？吳王文武兼資㉘，管蕭之亞㉙，陛下若任以大政，國家可安；不然，秦晉必有窺窬之計㉚。」言終而卒。

㈨秦王堅聞恪卒，陰㉛有圖燕之計，欲覘㉜其可否，命匈奴曹轂發使如燕朝貢，以西戎主簿郭辯為之副，【考異】燕建熙八年，皇甫真為太尉，燕書及載記真傳，郭辯至燕，皆在真為太尉下，晉春秋在建熙十年八月，恐皆非是，故附於曹轂降秦下。燕司空皇甫真兄腆及從子奮覆皆仕秦，腆為散騎常侍。辯至燕，歷造公卿㉝，謂真曰：「僕本秦人，家為秦所誅，故寄命曹王㉞，貴兄常侍及奮、覆兄弟，並相知有素㉟。」真怒曰：「臣無境外之交，此言何以及我！君似奸人，得無因緣假託乎㊱？」白暐，請窮治㊲之，太傅評不許，辯還，為堅言：「燕朝政無綱紀(三八)，實可圖也(三九)，鑒機識變(四〇)，唯皇甫真耳。」堅曰：「以六州之眾(四一)，豈得不使有智士一人哉(四二)！」曹轂尋卒，秦分其部落為二，使其二子分統之，號東西曹(四三)。

(十)荊州刺史桓豁、竟陵太守羅崇攻宛(四四)，拔之，趙億走，趙盤退歸魯陽，豁追擊盤於雉城，擒之，留兵戍宛而還。

(十一)秋，七月，燕下邳王厲等破敕勒，獲馬牛數萬頭。初，厲兵過代地，犯其穄田(四五)，代王什翼犍怒，燕平北將軍、武強公埿(四六)以幽州兵戍雲中。八月，什翼犍攻雲中，埿棄城走，振威將軍慕輿賀辛戰沒(四七)。

(十二)九月，以會稽內史郗愔(四八)為都督徐、兗、青、幽、揚州之晉陵諸軍事(四九)、徐兗二州刺史，鎮京口。

(十三)秦淮南公幼之反也，征東大將軍、幷州牧、晉公柳，征西大將軍、秦州刺史、趙公雙，皆與之通謀，秦王堅以雙母弟至親(五〇)，柳健之愛子，隱而不問(五一)。柳雙復與鎮東將軍、洛州刺史、魏公庾，安西將軍、雍州刺史、燕公武，謀作亂，鎮東主簿(五二)南安姚眺諫曰：「明公以周邵之親，受方面之任(五三)，國家有難，當竭力除之，況自為難乎(五四)！」庾不聽，堅聞之，徵(五五)柳等詣長安。冬，十月，柳據蒲阪(五六)，雙據上邽(五七)，庾據陝城，武據安定，皆舉兵反。堅遣使諭(五八)之曰：「吾待卿等，恩亦至矣(五九)，何苦而反(六〇)？今止不徵，卿宜罷兵，各定其位(六一)，一切如故(六二)，各齧梨以為信(六三)。」皆不從。

(十四)代王什翼犍擊劉衛辰，河冰未合，什翼犍命以葦絙約流澌(六四)，俄而冰合，然猶未堅，乃散葦於其上，冰草相結，有如浮梁(六五)，代兵乘之以渡，衛辰不意兵猝至(六六)，與宗族西走，什翼犍收其部落什六七(六七)而還。衛辰犇秦，秦王堅送衛辰還朔方，遣兵戍之。

(十五)十二月，甲子，燕太尉、建寧敬公陽騖卒，以司空皇甫真為侍中、太尉，光祿大夫李洪為司空。

【今註】(一)遙：音ㄩˋ。(二)左南：胡三省曰：「張軌置左南縣，屬晉興郡。」(三)白土：《晉書・地理志》：「白土縣，屬金城郡。」(四)略陽：故城在今甘肅省秦安縣東北。(五)白馬：胡三省曰：「白馬，即武都白馬氐之地。」(六)竟陵：今湖北省鍾祥縣治。(七)大夏：宋白曰：「張駿十八年，分武始、興晉、廣武，置大夏郡。」㈧遣其兄子純：按〈苻堅載記〉作兄子純，〈張軌附天錫傳〉則作子純，《通鑑》乃從載記以為書。㈨相持於城下：枹罕城下。㈩邵羌禽歛岐於白馬，送之：按〈苻堅載記〉，送之作送之長安，此宜添長安二字或猛字。⑪以聽後詔：以聽後詔所示。⑫曠日持久：多費時日，而長久相持。⑬二家：晉代喜用家字，雖國亦常稱曰家。此二家乃指二國，而亦呼曰家，由之可知晉代喜用家字之程度矣。⑭良筭：良策。⑮退舍：謂後撤而處。⑯猛遺天錫書……不來與秦戰：按此段乃《通鑑》所獨撰者。《通鑑》於載五胡事，常錄其表疏及對話之辭，而此多不見《晉書》，此讀者所應知者。⑰納：納入。⑱肫：音純。⑲神武：如神之勇。⑳驍悍：驍猛強悍。㉑束手於人：束縛雙手，為人所制。㉒天下其謂我何：其，猶將。天下將謂我為何如人。㉓以老之：以疲老之。㉔以長幼之次：因重長幼次第。㉕故臣得先之：故臣得位居其上。㉖疾篤：病重。㉗板築：謂殷王高宗起傅說於板築之間，命以為相。㉘文武兼資：文武之能皆行具備。㉙管蕭之亞：按亞為流亞，謂為管仲蕭何之流亞。㉚窺窬之計：窺伺之謀。㉛陰：暗中。㉜覘：視。㉝歷造公卿：依次造謁燕之公卿。㉞寄命曹王：寄託性命於曹王帳下。㉟相知有素：素，常；謂相知甚久。㊱得無因緣假託乎：得不因緣關係，而有所借託乎？㊲窮治：窮究而治訊之。㊳政無綱紀：政綱不能振舉。㊴實可圖也：實可設法圖謀之。㊵鑒機識變：謂明見事機，洞知變化。㊶六州：胡三省曰：「六州：幽、幷、冀、司、兗、豫。」㊷豈得不使有智士一人哉：猶豈能不任有一智士哉。㊸號東西曹：胡三省曰：「堅分轂部落貳城以西二萬餘落，使轂長子璽統之；貳城以東二萬餘落，使轂小子寅統之。」㊹宛：今河南省南陽縣。㊺穄：稷別名，音祭。㊻涅：同泥。㊼戰沒：戰死。㊽郗愔：愔音陰。按郗愔〈郗鑒傳〉有附傳。㊾都督徐、兗、青、幽、揚州之晉陵諸軍事：胡三省曰：「沈約曰：『晉永嘉大亂，幽冀青幷兗州，及徐州之淮北流民，相率過淮，亦有過江在晉陵界者。成帝咸和四年，郗鑒又徙流民之在淮南者於晉陵諸縣，其徙過江南及留在江北者，並立僑郡縣，以司牧之。徐兗二州或治江北，江北又僑立幽冀青幷四州。』」㊿以雙母弟至親：以雙為同母弟，具有骨肉之誼。(51)隱而不問：隱匿而不收問。(52)鎮東主簿：鎮東將軍之主簿。(53)方面之任：謂獨當一方面也。(54)況自為難乎：何況自己興發禍難乎！(55)徵：徵召。(56)蒲阪：舜故都，在山西省永濟縣。(57)上邽：邽音圭。地在今甘肅省天水縣西南。(58)諭：曉諭。(59)恩亦至矣：謂恩已至極。(60)何苦而反：為何自尋苦惱而事反叛？(61)各定其位：各安其職位。(62)一切如故：一切如舊。(63)各齧棃以為信：胡三省曰：「棃肉脆，而齧之易入，以喻親戚離叛，則國力脆弱，將為敵人所乘，故齧棃付使者，賜柳等以為信也。」按此舉〈苻堅載記〉亦載之，核此乃係羌氏明誓所用之物，未審其含意所在，疑與折箭以為信相似，即如後違信，有如此被齧之棃，不能獲全，胡說似失之穿鑿太甚。(64)以葦絙約流澌：絙，大索；約，束攔；澌，冰屑。謂以葦草糾繆為大索，置於河面，以攔積冰澌，而使河水易於凍結。此乃頗有效之使河水速結冰法。(65)浮梁：漂浮之橋梁，通常浮梁，皆以船舫連結首尾，而橫浮河上為之。(66)不意兵猝至：不料代兵突至。(67)什六七：謂什分之六七分。

三年（西元三六八年）

㈠春，正月，秦王堅遣後將軍楊成世，左將軍毛嵩，分討上邽、安定，輔國將軍王猛、建節將軍鄧羌攻蒲阪，前將軍楊安、廣武將軍張蚝㊀攻陝城；堅命蒲陝之軍，皆距城三十里，堅壁勿戰㊁，俟秦雍已平，然後幷力㊂取之。

㈡初，燕太宰恪有疾，以燕主暐幼弱，政不在己，太傅評多猜忌，恐大司馬之任，不當其人㊃，謂暐兄樂安王臧曰：「今南有遺晉㊄，西有彊秦，二國常蓄進取之志㊅，顧㊆我未有隙㊇耳。夫國之興衰，繫於輔相㊈，大司馬總統六軍，不可任非其人，我死之後，以親疏言之，當在汝及沖，汝曹雖才識明敏㊉，然年少未堪⑪多難，吳王天資英傑，智略超世⑫，汝曹若能推大司馬以授之，必能混壹⑬四海，況外寇，不足憚也⑭！慎無冒⑮利而忘害，不以國家為意⑯也。」又以語太傅評。及恪卒，評不用其言。二月，以車騎將軍、中山王沖為大司馬，沖，暐之弟也，以荊州刺史、吳王垂為侍中、車騎大將軍、儀同三司⑰。

㈢秦魏公庾以陝城降燕，請兵應接，秦人大懼，盛兵⑱守華陰⑲，燕魏尹⑳、范陽王德上疏，以為：「先帝應天受命㉑，志平六合㉒，陛下纂統㉓，當繼而成之。今苻氏骨肉㉔乖㉕離，國分為五，投誠㉖請援，前後相尋㉗，是天以秦賜燕也，天與不取，反受其殃，吳越之事，足以觀矣㉘。宜命皇甫真引并、冀之眾，徑趨㉙蒲阪，吳王垂引許洛之兵，馳解庾圍㉚，太傅總京師虎旅㉛，為二軍後繼，傳檄三輔，示以禍福，明立購賞㉜，彼必望風響應，渾壹㉝之期，於此乎在矣㉞。」時燕人多請救陝因圖關中者，太傅評曰：「秦，大國也，今雖有難，未易可圖，朝廷雖明㉟，未如先帝，吾等智略，又非太宰之比㊱，但能閉關㊲保境，足矣㊳，平秦、非吾事也㊴。」魏公庾遣吳王垂及皇甫真牋曰：「苻堅、王猛皆人傑㊵也，謀為燕患久矣，今不乘機取之，恐異日㊶，燕之君臣將有甬東之悔矣㊷。」垂謂真曰：「方今為人患者，必在於秦，主上富於春秋㊸，觀太傅識度㊹，豈能敵苻堅王猛乎？」真曰：「然，吾雖知之，如言不用何㊺㊻？」

㈣三月，丁巳朔，日有食之。

㈤癸亥，大赦。

㈥秦楊成世為趙公雙將苟興所敗，毛嵩亦為燕公武所敗，犇還；秦王堅復遣武衞將軍王鑒，寧朔將軍呂光，將軍馮翊、郭將、翟傉等，帥眾三萬討之。夏，四月，雙武乘勝至於榆眉，以苟興為前鋒，王鑒欲速戰，呂光曰：「興新得志，氣勢方銳，宜持重㊼以待之。彼糧盡必退，退而擊之，蔑不濟矣㊽。」二旬而興退，光曰：「興可擊矣，」遂追之，興敗；因擊雙武，大破之，斬獲萬五千級，武棄安定，與雙皆犇上邽，鑒等進攻之。晉公柳數出挑戰㊾，王猛不應，柳以猛為畏之，五月，留其世子㊿良守蒲阪，帥眾二萬，西趨長安，去蒲阪百餘里，鄧羌帥精騎七千，夜襲敗之；柳引軍還，猛邀擊(五一)之，盡俘其眾，柳與數百騎入城，猛羌進攻之。秋，七月，王鑒等拔上邽，斬雙武，宥(五二)其妻子，以左衞將軍苻雅為秦州刺史。

(七)八月，以長樂公丕為雍州刺史。九月，王猛等拔蒲阪，斬晉公柳及其妻子，猛屯蒲阪，遣鄧羌與王鑒等會攻陝城。

(八)燕王公貴戚，多占民為蔭戶(五三)，國之戶口，少於私家(五四)，倉庫空竭，用度(五五)不足，尚書左僕射、廣信公悅綰曰：「今三方(五六)鼎峙，各有吞併之心，而國家政瀆不立，豪貴(五七)恣橫(五八)，至使民戶殫盡(五九)，委輸(六〇)無入(六一)，吏斷常俸，戰士絕廩(六二)，官貸(六三)粟帛，以自贍(六四)給，既不可聞於鄰敵，且非所以為治。宜一切罷斷(六五)，諸蔭戶盡還郡縣(六六)。」燕主暐從之，使綰專治其事，糾擿姦伏(六七)，無敢蔽匿(六八)，出戶二十餘萬，舉朝怨怒(六九)。綰先有疾，自力釐校戶籍(七〇)，疾遂亟(七一)，冬，十一月卒(七二)(七三)。

(九)十二月，秦王猛等拔陝城，獲魏公庾送長安，秦王堅問其所以反，對曰：「臣本無反心，但以弟兄屢謀逆亂，臣懼幷死(七四)，故謀反耳。」堅泣曰：「汝素長者(七五)，固知非汝心也。且高祖(七六)不可以無後。」乃賜庾死，原其(七七)七子，以長子襲魏公，餘子皆封縣公(七八)，以嗣越厲王(七九)及諸弟之無後者。苟太后曰：「庾與雙俱反，雙獨不得置後（六〇），何也？」堅曰：「天下者，高祖之天下，高祖之子，不可以無後，至於仲羣（六一），不顧太后，謀危宗廟，天下之灋，不可私也（六二）。」以范陽公抑為征東大將軍、幷州刺史，鎮蒲阪，鄧羌為建武將軍、洛州刺史，鎮陝城，擢姚眺為汲郡太守。

㈩加大司馬溫殊禮（六三），位在諸侯王上。

（十一）是歲，以仇池公楊世為秦州刺史，世弟統為武都太守，世亦稱臣於秦，秦以世為南秦州刺史。

【今註】㈠蚝：音刺。㈡堅壁勿戰：堅守營壁，而勿與戰。㈢幷力：合力。㈣不當其人：猶不得其人。㈤遺晉：殘餘之晉。㈥常蓄進取之志：常懷進犯之意。㈦顧：但。㈧隙：空隙。㈨繫於輔相：繫賴於弼輔宰相。㈩才識明敏：才幹識見，明清敏捷。⑪堪：能勝任。⑫智略超世：智慧謀略，超越世人。⑬混壹：混，同；即統壹。⑭況外寇，不足憚也：何況外寇，更不足畏憚。⑮冒：貪。胡三省曰：「冒利而忘害者，謂利在於得兵權，而冒當大司馬之任，而忘亡國敗家之害也。」胡注雖詳釋利害所在，而未解重要之冒字，自屬失之。⑯為意：謂在意。⑰儀同三司：《文選・羊叔子讓開府表》注：「威儀百物，使同三公也。」⑱盛兵：大聚兵卒。⑲華陰：今陝西省華陰縣。⑳魏尹：以魏郡太守為魏尹。㉑應天受命：猶承天而受天之命令。㉒六合：謂天地四方。㉓纂統：

繼承大統。㉔骨肉：指兄弟。㉕乖：戾，音ㄍㄨㄞ。㉖投誠：誠心歸順。㉗相尋：猶相接。㉘吳越之事，足以觀矣：《國語・越語》：「句踐曰：『昔天以越予吳，而吳不受命，今天以吳予越，越可以無聽天之命，而聽君之命乎！』」胡三省引文，改易甚多，不可據。㉙徑趨：直趨。㉚馳解庾圍：疾馳解除苻庾之圍困。㉛虎旅：如虎羆之師旅。㉜明立購賞：明白訂立懸購獎賞之格。㉝渾壹：猶上之混壹。㉞於此乎在矣：乎語助，不為義。《左傳》此類例證甚多。全句謂在於此矣。㉟朝廷雖明：按晉代時以朝廷指天子而言，其佐證為《晉書・石苞附崇傳》：「邊境被其荼毒，朝廷為之旰食。先帝決獨斷之聰，奮神武之略。」〈李憙傳〉：「後虜果大縱逸，涼州覆沒，朝廷深悔焉。」〈荀崧附蕤傳〉：「時桓溫平蜀，朝廷欲以豫章郡封溫。蕤言於帝曰：『若溫復假王威，北平河洛，將何以加此！』」又〈張軌附駿傳〉：「汜禕言於駿曰：『朝廷越在江南，音問隔絕。』」尤以最後一則，其為指稱天子，更屬灼然。㊱比：比擬，《晉書・慕容暐載記》比作匹，則可直釋作倫伍。㊲閉關：掩閉關塞之門。㊳足矣：已甚足矣。㊴非吾事也：非吾之職事。㊵人傑：人中之豪傑。㊶異日：他日，此處指將來言。㊷將有甬東之悔矣：《左傳》哀公元年：「吳王夫差敗越於夫椒，遂入越，越子以甲楯五千保於會稽，使大夫種行成；伍員諫不聽，許之。」又哀二十一年十一月：「越滅吳，請使吳王居甬東。辭曰：『孤老矣，焉能事君！』乃縊。」胡三省引文，亦多有與原書出入處。㊸富於春秋：謂年齡尚輕。㊹識度：識見器度。㊺如言不用何：猶豈如不用吾言何！㊻初燕太宰恪有疾……如言不用何：按此段乃錄自《晉書・慕容暐載記》，字句略有出入。㊼持重：持穩重。㊽蔑不濟矣：無不成矣。㊾挑戰：挑激之使出戰。㊿世子：太子。(51)邀擊：攔擊。(52)宥：宥赦。(53)占民為蔭戶：胡三省曰：「晉制官品自第一至第九，各以貴賤占田有差，而又各以品之高卑，蔭其親屬，多者及九族，少者三世，宗室國賓先賢之後，及士人子孫，亦如之。而又得蔭人以為衣食客及佃客。」蔭戶，謂受其庇蔭，而不負國家之賦斂及徭役也。(54)少於私家：較私家為少，下文云：「出戶二十餘萬。」亦足見蔭戶之眾多矣。(55)用度：用需之數目。(56)三方：謂燕、晉、秦。(57)豪貴：豪右貴戚。(58)恣橫：恣肆縱橫。(59)殫盡：殫亦盡。(60)委輸：《說文》段注：「委者，委隨也；委輸者，委隨輸寫也。以車遷賄曰委輸，亦單言曰輸。」(61)無入：無所納入。(62)稟：糧。(63)貸：借。(64)贍：給。(65)罷斷：罷免斷絕。(66)諸蔭戶盡還郡縣：諸蔭戶盡還歸郡縣，而為國家所有。(67)糾擿姦伏：糾舉、揭發姦人匿藏。擿音擲。(68)蔽匿：隱蔽藏匿。(69)舉朝怨怒：全朝廷大臣皆怨恨之。(70)自力釐校戶籍：親自用力，釐訂校核戶口籍簿。(71)亟：重。(72)疾遂亟，冬十一月卒：按《慕容暐載記》作：「慕容評大不平。尋賊綰殺之。」說不相同。(73)燕王公貴戚……疾遂亟：按此段《通鑑》所載，較《慕容暐載記》，溢出甚多。(74)臣懼幷死：臣懼連併而死。(75)汝素長者：汝向為忠厚長者。(76)高祖：苻健。(77)原：宥恕。(78)縣公：縣級之公，次郡公一等。(79)越厲王：苻生廢為越王，謚曰厲。(80)置後：立後。(81)仲羣：苻雙之字。(82)不可私也：不可以私撓之。(83)殊禮：特異之禮。

卷一百二 晉紀二十四

司馬光編集
曲守約 註

起屠維大荒落，盡上章敦牂，凡二年。（己巳至庚午，西元三六九年至三七〇年）

海西公下

太和四年（西元三六九年）

㈠春，三月，大司馬溫請與徐、兗二州刺史郗愔，江州刺史桓沖，豫州刺史袁真等，伐燕。

初，愔在北府㊀，溫常云：「京口酒可飲，兵可用㊁。」深不欲愔居之。而愔暗㊂於事機㊃，乃遺溫牋㊄欲共獎王室㊅，請督所部出河上㊆。愔子超為溫參軍，取視寸寸毀裂㊇，乃更作愔牋㊈，自陳非將帥才，不堪軍旅㊉，老病乞閑地自養⑪，勸溫并領己所統⑫。溫得牋大喜，即轉愔冠軍將軍、會稽內史⑬，溫自領徐兗二州刺史。夏，四月，庚戌，溫帥步騎五萬，發姑孰⑭。

㈡甲子，燕主暐立皇后可足渾氏，太后從弟尚書令、豫章公翼之女也。

㈢大司馬溫自兗州伐燕，郗超曰：「道遠，汴水又淺，恐漕運難通。」溫不從〔一五〕。六月辛丑，溫至金鄉〔一六〕，天旱，水道絕〔一七〕，溫使冠軍將軍毛虎生鑿〔一八〕鉅野〔一九〕三百里，引汶水會於清水〔二〇〕。虎生，寶之子也〔二一〕。溫引舟師，自清水入河，舳艫〔二二〕數百里。郗超曰：「清水入河，難以通運，若寇不戰，運道又絕，因敵為資〔二三〕，復無所得，此危道也。不若盡舉見〔二四〕眾，直趨鄴城〔二五〕，彼畏公威名，必望風〔二六〕逃潰〔二七〕，北歸遼碣〔二八〕；若能出戰，則事可立決〔二九〕。若欲城鄴而守之，則當此盛夏，難為功力〔三〇〕，百姓布野〔三一〕，盡為官有〔三二〕，易水以南，必交臂〔三三〕請命矣。但恐明公以此計輕銳，勝負難必；欲務持重〔三四〕，則莫若頓兵〔三五〕河濟，控引漕運〔三六〕，俟資儲〔三七〕充備，至來夏〔三八〕乃進兵，雖如賒遲〔三九〕，然期於成功而已。捨〔四〇〕此二策，而連軍北上〔四一〕，進不速決，退必愆乏〔四二〕，賊因此勢〔四三〕，以日月相引，漸及秋冬，水更澀滯〔四四〕，且北土早寒，三軍裘褐〔四五〕者少，恐於時所憂，非獨無食而已。」溫又不從〔四六〕。

溫遣建威將軍檀玄攻胡陸[47]拔之，獲燕寧東將軍慕容忠，燕主暐以下邳王厲為征討大都督，帥步騎二萬，逆戰於黃墟[48]，厲兵大敗，單馬犇還。高平太守徐翻舉郡來降。前鋒鄧遐、朱序敗燕將傅顏[49]於林渚[50]，暐復遣樂安王臧統諸軍拒溫，臧不能抗，乃遣散騎常侍李鳳求救于秦。

秋，七月，溫屯武陽[51]。燕故兗州刺史孫元帥其族黨，起兵應溫，溫至枋頭[52]。暐及太傅評大懼，謀犇和龍，吳王垂曰：「臣請擊之，若其不捷，走未晚也。」暐乃以垂代樂安王臧為使持節、南討大都督，帥征南將軍、范陽王德等眾五萬以拒溫，垂表司徒左長史申胤，黃門侍郎封孚，尚書郎悉羅騰[53]皆從軍，胤、鍾之子，孚、放之子也。暐又遣散騎侍郎樂嵩，請救於秦，許賂以虎牢以西之地，秦王堅引羣臣[54]議於東堂[55]，皆曰：「昔桓溫伐我至灞上[56]，燕不救我，今溫伐燕，我何救焉[57]？且燕不稱藩於我，我何為救之？」王猛密言[58]於堅曰：「燕雖彊大，慕容評非溫敵也，若溫舉[59]山東，進屯洛邑，收幽冀之兵，引[60]并豫之粟，觀兵[61]崤滙(六二)，則陛下大事去(六三)矣。今不如與燕合兵以退溫，溫退，燕亦病(六四)矣，然後我承其弊而取之，不亦善乎！」堅從之。八月，遣將軍荀池，洛州刺史鄧羌，帥步騎二萬以救燕，出自洛陽，軍至潁川(六五)，又遣散騎侍郎姜撫，報使于燕(六六)。

㈣以王猛為尚書令，太子太傅封孚問於申胤曰：「溫眾彊士整(六七)，乘流直進，今大軍徒(六八)逡巡(六九)高岸，兵不接刃(七〇)，未見克殄(七一)之理，事將何如？」胤曰：「以溫今日聲勢，似能有為(七二)，然在吾觀之，必無成功。何則？晉室衰弱，溫專制其國，晉之朝臣，未必皆與之同心，故溫之得志，眾所不願也，必將乖阻(七三)，以敗(七四)其事。又溫驕而恃眾，怯於應變(七五)，大眾深入，值可乘之會(七六)，反更逍遙(七七)中流，不出赴利(七八)，欲望持久，坐取全勝，若糧廩愆懸(七九)，情見(八〇)勢屈，必不戰自敗，此自然之數(八一)。」

㈤溫以燕降人段思為鄉導(八二)，悉羅騰與溫戰，生擒思，溫使故趙將李述徇(八三)趙魏，騰又與虎賁中郎將染干津(八四)擊斬之，溫軍奪氣(八五)。

初，溫使豫州刺史袁真攻譙梁，開石門以通水運，真克譙梁(八六)，而不能開石門(八七)，水運路塞。

㈥九月，燕范陽王德帥騎一萬，蘭臺(八八)侍御史劉當帥騎五千，屯石門，豫州刺史李邽帥州兵(八九)五千，斷溫糧道(九〇)；當，佩之子也。德使將軍慕容宙帥騎一千為前鋒，與晉兵遇，宙曰：「晉人輕剽(九一)，怯於陷敵(九二)，勇於乘退(九三)，宜設餌以釣之。」乃使二百騎挑戰，分餘騎為三伏(九四)，挑戰者兵未交(九五)而走，晉兵追之，宙帥伏以擊之，晉兵死者甚眾。溫戰數(九六)不利，糧儲復竭，又聞秦兵將至。丙申，焚舟弃(九七)輜重(九八)鎧仗(九九)，自陸道奔還，以毛虎生督東燕等四郡諸軍事、領東燕太守(一〇〇)；溫自東燕出倉垣，鑿井而飲，行七百餘里，燕之諸將爭欲追之，吳王垂曰：「不可，溫初退惶恐，必嚴設警備，簡精銳為後拒(一〇一)，擊之，未必得志，不如緩之，彼幸吾未至(一〇二)，必晝夜疾趨，俟其士眾力盡氣衰，然後擊之，無不克矣。」乃帥八千騎徐行躡(一〇三)其後，溫果兼道(一〇四)而進，數日，垂告諸將曰：「溫可擊矣。」乃急追之，及溫於襄邑(一〇五)，范陽王德先帥勁騎四千，伏於襄邑東澗中，與垂夾擊溫，大破之，斬首三萬級，秦苟池邀擊溫於譙，又破之，死者復以萬計㉖。孫元遂據武陽以拒燕，燕左衛將軍孟高討擒之㉗。冬，十月，己巳，大司馬溫收散卒屯於山陽㉘。㈦溫深恥喪敗，乃歸罪於袁真，奏免真為庶人，又免冠軍將軍鄧遐官；真以溫誣己，不服，表溫罪狀，朝廷不報㉙，真遂據壽春叛，降燕，且請救，亦遣使如秦。溫以毛虎生領淮南太守，守歷陽㉚。

【今註】㈠北府：《世說・排調》：「郗司空拜北府。」注：「南徐州記曰：『舊徐州都督，以東為稱；晉氏南遷，徐州刺史王舒加北中郎將，北府之號，自此起也。』」㈡京口酒可飲，兵可用：按此語載於〈郗鑒附超傳〉。㈢暗：猶昧，不明瞭也。㈣事機：事之機宜。㈤牋：書札。㈥共獎王室：獎，助，共同贊助天子。㈦出河上：出征於黃河之上。㈧寸寸毀裂：將愔之牋裂成寸寸，猶今言撕成粉碎。㈨乃更作愔牋：乃另作一愔與溫之牋。㈩不堪軍旅：不勝任軍旅之事。⑪乞閑地自養：乞改授閑散之職，以度其餘年。⑫所統：猶所部。⑬愔暗於事機，……即轉愔冠軍將軍、會稽內史：按此段乃本自〈郗鑒附超傳〉，字句人致相同。⑭發姑孰：謂發自姑孰或發於姑孰。⑮郗超曰道遠，……溫不從：按此文乃本自〈郗超傳〉。⑯金鄉：縣名，在今山東省濟寧縣西南。⑰水道絕：水道斷絕不通。⑱鑿：鑿穿河道。⑲鉅野：今縣名，屬山東省，在濟寧縣西南。⑳引汶水會于清水：班固〈地理志〉：「汶水出泰山萊蕪縣西南，入濟。」《水經注》：「濟水東北入鉅野，其故瀆又東北，右合洪水，洪水上承鉅野薛訓渚，謂之桓公瀆，濟自是北注。」㉑虎生寶之子也：按毛寶及虎生，《晉書》有傳。文云：「穆之字憲祖，小字武生，名犯王靖后諱，故行字；後又以桓溫母名憲，乃更稱小字。」是穆之之名，屢以犯諱故而改，而此武生則仍係避唐諱而改者，其真名乃係虎生。噫，亦堪稱奇異矣。㉒舳艫：《漢書．武帝紀》李斐注：「舳，船後持柂處也；艫，船前頭刺櫂處也。言其船多，前後相銜，千里不絕也。」舳音逐，艫音盧。㉓因敵為資：憑依敵人，以取得資糧。㉔見：讀現。㉕鄴城：故城在今河南省臨漳縣西。㉖望風：猶向風。㉗逃潰：逃亡潰散。音繢。㉘遼碣：碣，碣石，其所在說法甚多。此遼碣連文，則猶〈郗超傳〉所言之幽朔。㉙事可立決：謂勝敗立可剖判。㉚難為功力：難克奏事功，及為力也。㉛布野：散佈於田野之間。㉜盡為官有：按此官字，在晉代有指君主言者。《晉書．苻堅載記》：「俄而長安街巷市里人相告曰，『官今大赦』。有司以聞。……咸言有一小人，衣黑衣，大呼於市曰，『官今大赦』。須臾不見。」有指達官言者。《世說．傷逝》郗嘉賓喪，注《續晉陽秋》：「將亡，出一小書箱付門生云：『本欲焚此，恐官（指其父）年尊，必以傷愍為斃。』」同書〈傷逝〉王東亭與謝公交惡條：「督帥刁約不聽前曰：『官平生在時，不見此客。』」《晉書．盧循傳》：「又召妓妾問曰：『我今將自殺，誰能同者？』多云：『雀鼠貪生，就死實人情所難。』有云：『官尚當死，某豈願生。』」而此文之官，實指桓溫而言，乃係呼達官者。又宋明之官家、官人二稱，皆乃由此孳乳而成。㉝交臂：《莊子．

天地》司馬注：「交臂，反縛也。」(三四)欲務持重：想務求保持慎重。(三五)頓兵：停頓兵卒。(三六)控引漕運：猶控制運輸。(三七)資儲：資糧、儲藏。(三八)來夏：來年夏日。(三九)雖如賒遲：如，似；賒，遠。謂雖似遠晚。(四〇)捨：棄。(四一)連軍北上：連結軍旅，大舉北上。(四二)愆乏：愆，差爽；乏，匱竭。此言糧運。(四三)因此勢：因，藉；藉此形勢。(四四)澀滯：不暢流。(四五)裘褐：裘，皮衣；褐，毛布。古時褐為貧賤之服，此則言其能禦嚴寒。(四六)郗超曰清水入河……非獨無食而已，溫又不從：按此一大段，乃錄自《郗超傳》，而文字稍有出入。(四七)胡陸：故城在今山東省魚臺縣東南。(四八)黃墟：胡三省曰：「水經注：『陳留小黃縣有黃鄉。』杜預曰：『外黃縣東有黃城，兵亂之後，城邑丘墟，故曰黃墟。』」(四九)敗燕將傅顏於林渚：按《通鑑》用《晉書．慕容暐載記》文，若《桓溫傳》，則傅顏書作傅末波。(五〇)林渚：胡三省曰：「水經注：『華水東逕棐城北，即北林亭也。春秋諸侯會于棐林以救鄭，遇于北林。』按林鄉故城，在新鄭北」。(五一)武陽：故治在今山東省朝城縣西。(五二)枋頭：在今河南省濬縣西南。《水經注》：「漢建安九年，魏武王於水口下大枋木以成堰，遏淇水東入白溝，以通漕運，故時人號其處為枋頭」。(五三)尚書郎悉羅騰：胡三省曰：「悉羅騰蓋夷人以部落為氏。如魏書官氏志所載神元時餘部諸姓內入者，叱羅氏、如羅氏之類。」(五四)引羣臣：招集羣臣。(五五)議於東堂：按晉於太極殿東，置有東堂，以為議事之處，今秦亦有之，其為摹擬晉氏無疑。(五六)昔桓溫伐我至灞上：見卷九十九永和十年。(五七)我何救焉：我為何而救之？與下之我何為救之同意，特文字取其變化。(五八)密言：祕密進言。(五九)舉：猶拔下。(六〇)引：猶委輸。(六一)觀兵：耀兵以示威。(六二)峭澠：峭谷澠池。(63)去：猶失。(64)病：疲病。(65)潁川：郡治在今許昌縣。(66)秦王堅引羣臣議於東堂：……又遣散騎侍郎姜撫報使于燕：按此段雖略用〈苻堅載記〉文，而溢出甚多。(67)士整：士卒脩整。(68)徒：但。(69)逡巡：卻退。(70)接刃：猶交鋒。(71)克殄：克服殄滅。(72)有為：有所作為。(73)乖阻：乖異妨阻。(74)敗：敗毀。(75)怯於應變：懦於應付機變。(76)會：機會。(77)逍遙：優游自得。(78)不出赴利：不出軍以赴有利時機。(79)愆懸：猶上之愆乏，此懸為懸空之意。(80)情見：情，實；謂實情顯露。(81)此自然之數：數，道；謂此乃當然之道理。(82)鄉導：鄉，嚮；謂領導路途。(83)徇：徇地，謂略占。(84)染干津：染干夷姓，津乃其名。(85)溫軍奪氣：溫軍士氣為之所奪。(86)譙梁：譙郡及梁國。(87)開石門：衝開石門。(88)蘭臺：宮中藏書之處。(89)州兵：本州所部之兵。(90)斷溫糧道：斷絕桓溫運糧之道。(91)輕剽：輕躁剽急。(92)怯於陷敵：懦於衝蹈敵陣。(93)勇於乘退：敵人退時，則勇於乘機追逐。(94)三伏：三處埋伏。(95)兵未交：干戈未接。(96)數：屢次。(97)弃：古棄字。(98)輜重：指軍中之器械、糧秣、材料等言。(99)鎧仗：鎧甲器仗。(100)領東燕太守：領，兼領。胡三省曰：「沈約曰：『東燕郡江左分濮陽所立也。』余按石虎分東燕郡屬洛州，則是郡蓋祖逖在豫州時所置也。」(101)後拒：拒在後追擊之敵人。(102)彼幸吾未至：彼以吾未至為幸。(103)躡：追隨。(104)兼道：即倍道，謂疾駛及晝夜兼行，非如平時之僅晝行而已。(105)襄邑：今河南省葵丘縣西。(106)以萬計：以萬為單位而計數之，用此語多指兩萬或兩萬以上。(107)燕范陽王德帥騎一萬，……燕左衞將軍孟高討擒之：按此一大段，乃本自〈慕容暐載記〉，而文加詳甚多。(108)山陽：今江蘇省淮安縣。(109)不報：舊制，凡表疏上於朝廷，朝廷覽後，則報曰聞。此不報，即不回答之也。[20]領淮南太守，守歷陽：胡三省曰：「淮南太守本治壽春，壽春既叛，以虎生領淮南太守，而守歷陽，歷陽本淮南屬縣，虎生守之，外以備壽春，內以衞江南。」

(一)燕秦既結好，使者數往來，燕散騎侍郎郝晷[21]、給事黃門侍郎梁琛相繼如秦，晷與王猛有舊[22]，猛接以平生[23]，問以東方之事，晷見燕政不脩，而秦大治，陰欲自託[24]於猛，頗泄其實[25]。琛至長安，秦王堅方畋[26]於萬年[27]，欲引見[28]琛，琛曰：「秦使至燕，燕之君臣朝服[29]備禮，灑埽宮庭，然後敢見。今秦王欲野見之[30]，使臣不敢聞命[31]。」尚書郎辛勁謂琛曰：「賓客入境，惟主人所以處[32]之，君焉得專制其禮[33]，且天子稱乘輿[34]，所至曰行在所[35]，何常居之有？又春秋亦有遇禮[36]，何為不可乎？」琛曰：「晉室不綱[37]，靈祚歸德[38]，二方承運[39]，俱受明命[40]，而桓溫猖狂[41]，闚我王略[42]，燕危秦孤，勢不獨立[43]，是以秦主同恤[44]時患，要結好援[45]，東朝[46]君臣，引領[47]西望，愧其不競[48]，以為隣憂，西使之辱[49]，敬待有加[50]。今彊寇既退，交聘[51]方始，謂宜崇禮篤[52]義，以固二國之歡，若忽慢(43)使臣，是卑燕也(44)，豈脩好之義(45)乎？夫天子以四海為家，故行曰乘輿，止曰行在，今海縣分裂(46)，天光分曜(47)，安得以乘輿行在為言哉！禮不期(48)而見曰遇，蓋因事權行(49)，其禮簡略(50)，豈平居容與(51)之所為哉！客使單行(52)，誠勢屈於主人，然苟不以禮，亦不敢從也。」堅乃為之設行宮(53)，百僚陪位(54)，然後延客(55)，如燕朝之儀。

㈡事畢，堅與之私宴(56)，問東朝名臣為誰，琛曰：「太傅、上庸王評，明德茂親(57)，光輔王室(58)，車騎大將軍、吳王垂，雄略冠世(59)，折衝禦侮(60)，其餘或以文進(61)，或以武用，官皆稱職，野無遺賢(62)。」琛從兄奕為秦尚書郎，堅使典客(63)，館琛於奕舍，琛曰：「昔諸葛瑾為吳聘蜀，與諸葛亮惟公朝(64)相見，退無私面(65)，余竊慕之。今使之即安私室(66)，所不敢也。」乃不果館(67)。奕數來就邸舍(68)，與琛臥起(69)，閒問(70)琛東國事，琛曰：「今二方分據(71)，兄弟並(72)蒙榮寵(73)，論其本心，各有所在。琛欲言東國之美，恐非西國之所欲聞，欲言其惡，又非使臣之所得論也(74)。兄何用問為？」

堅使太子延琛相見，秦人欲使琛拜太子，先諷之(七五)曰：「鄰國之君，猶其君也，鄰國之儲君(七六)，亦何以異乎！」琛曰：「天子之子視元士(七七)，欲其由賤以登貴也，尚不敢臣其父之臣，況它國之臣乎！苟無純敬，則禮有往來，情豈忘恭，但恐降屈為煩(七八)耳。」乃不果拜。王猛勸堅留琛，堅不許(七九)。

(三)燕主暐遣大鴻臚溫統拜袁真使持節、都督淮南諸軍事、征南大將軍、揚州刺史，封宣城公，統未踰淮而卒。

(四)吳王垂自襄邑還鄴，威名益振(八〇)，太傅評愈忌之。垂奏所募將士，忘身立効(八一)，將軍孫蓋等，摧鋒(八二)陷陳，應蒙殊賞(八三)，評皆抑而不行，垂數以為言，與評廷爭(八四)，怨隙愈深。太后可足渾氏素惡垂，毀其戰功，與評密謀誅之。太宰恪之子楷，及垂舅蘭建知之，以告垂曰：「先發制人，但除評及樂安王臧，餘無能為矣(八五)。」垂曰：「骨肉相殘，而首亂於國(八六)，吾有死而已(八七)，不忍為也。」頃之，二人又以告曰：「內意已決(八八)，不可不早發(八九)。」垂曰：「必不可彌縫(九〇)，吾寧避之於外(九一)，餘非所議(九二)。」垂內以為憂，而未敢告諸子。世子令請曰：「尊，比者如有憂色(九三)，豈非以主上幼沖(九四)，太傅疾賢(九五)，功高望重，愈見猜(九六)邪？」垂曰：「然。吾竭力致命，以破彊寇，本欲保全家國，豈知功成之後，返令身無所容(九七)。汝既知吾心，何以為吾謀？」令曰：「主上闇弱(九八)，委任太傅，一旦(九九)禍發，疾於駭機(一〇〇)，今欲保族全身，不失大義，莫若逃之龍城，遜辭(一〇一)謝罪，以待主上之察(一〇二)，若周公之居東，庶幾感寤而得還(一〇三)，此幸之大者(一〇四)也，如其不然，則內撫燕代，外懷羣夷，守肥如之險(一〇五)，以自保，亦其次也。」垂曰：「善。」

(五)十一月，辛亥朔，垂請畋於大陸(一〇六)，因微服(一〇七)出鄴，將趨龍城，至邯鄲(一〇八)，少子麟素(一〇九)不為垂所愛，逃還告狀(一一〇)，垂左右多亡叛。太傅評白燕主暐，遣西平公強帥精騎追之，及於范陽，世子令斷後(一一一)，強不敢迫。會日暮，令謂垂曰：「本欲保東都(一一二)以自全，今事已泄，謀不及設(一一三)，秦主方招延英傑，不如往歸之。」垂曰：「今日之計，舍此安之(一一四)？」乃散騎滅迹(一一五)，傍(一一六)南山復還鄴，隱於趙之顯原陵(一一七)，俄有獵者數百騎，四面而來(一一八)，抗之則不能敵，逃之則無路，不知所為；會㊴獵者鷹皆飛颺，眾騎散去，垂乃殺白馬以祭天，且盟從者㊵。世子令言於垂曰：「太傅忌賢疾能，搆事㊶以來，人尤忿恨，今鄴城之中，莫知尊㊷處，如嬰兒之思母，夷夏同之㊸，若順眾心，襲其無備，取之如指掌耳㊹。事定之後，革弊簡能㊺，大匡㊻朝政，以輔主上，安國存家，功之大者也，今日之便㊼，誠不可失。願給騎數人，足以辦之。」垂曰：「如汝之謀，事成，誠為大福，不成，悔之何及，不如西犇，可以萬全㊽。」子馬奴㊾潛謀逃歸，殺之而行，至河陽，為津吏㊿所禁，斬之而濟(51)，遂自洛陽與段夫人、世子令、令弟寶、農、隆、兄子楷、舅蘭建、郎中令高弼，俱犇秦，留妃可足渾氏於鄴。乙泉戍主(52)吳歸追及於閿鄉(53)，世子令擊之而退。

【今註】㉑晷：音詭。㉒有舊：有故舊之誼。㉓接以平生：以平生故舊之誼接之。㉔自託：自己託付。㉕頗泄其實：稍略泄露燕國之實情。㉖畋：獵。㉗萬年：故城在今陝西省臨潼縣東北。㉘引見：召引而見。㉙朝服：上朝所著之禮服。㉚野見之：於田野中見之。㉛聞命：聽從命令。㉜處：安置。㉝君焉得專制其禮：君安得專自制定其進見之儀禮！㉞天子稱乘輿：《孟子・梁惠王》：

「今乘輿已駕矣。」朱注：「乘輿，君車也。」新書等齊：「天子車曰乘輿。」皆其證。㉕所至曰行在所：《後漢書．光武紀》：「悉令罷兵，詣行在所。」注：「蔡邕獨斷曰：『天子以四海為家，故謂所居為行在所。』」㉖又春秋亦有遇禮：胡三省曰：「春秋隱四年：『公及宋公遇於清。』公羊傳曰：『遇者何？不期也。』杜預曰：『遇者，草次之期，二國各簡其禮，若道路相逢遇也。』」㉗不綱：謂綱紀不振。㉘靈祚歸德：神明之祚，歸德於我燕秦。㉙二方承運：二方，指燕秦；承運，恭承天運。㉚明命：神明之命令。㉛猖狂：恣縱無檢制。㉜闚我王略：闚同窺，伺也。王略，王之經略法度。㉝勢不獨立：勢不能獨立而存。㉞恤：憂。㉟要結好援：要，交。交結為友好，而互為援助。㊱東朝：指燕。㊲引領：引長項頸，示盼望之殷切也。㊳不競：不強。㊴西使之辱：西使，指秦使言，謂辱秦使蒞臨。㊵敬待有加：敬禮招待，加於常制。㊶交聘：交好聘問。㊷篤：厚。㊸忽慢：疏忽怠慢。㊹是卑燕也：此乃賤視燕國。㊺義：宜。㊻今海縣分裂：胡三省曰：「騶衍曰：『中國有赤縣神州，赤縣神州內有九州，禹所敘九州是也。其外有裨海環之。』海縣之說，蓋本諸此。」㊼天光分曜：指星辰之分野不同而言。㊽不期：謂未先約期日。㊾權行：權宜而行。㊿簡略：簡陋疏略。(51)平居容與：平常從容之時。(52)客使單行：謂異國之使，人數寡少。(53)行宮：行幸所止之宮殿。(54)陪位：猶侍位。(55)延客：延請賓客。(56)堅與之私宴：仿古私覿之禮。(57)明德茂親：道德光美，份位親盛。(58)光輔王室：光，大。足以大輔王室。(59)冠世：蓋世。(60)折衝：折拒衝車。衝為車名。(61)進：進用。(62)野無遺賢：巖穴草野間，無有遺棄不用之賢士。(63)典客：掌接待賓客。（六四）公朝：謂大庭廣眾之處。（六五）面：猶見。（六六）即安私室：即安，謂居；私室，謂私人之室；與公朝正相對待。（六七）乃不果館：於是結果竟未居於該私室。（六八）邸舍：猶旅舍。（六九）臥起：猶同眠食。（七〇）閒問：乘間探問。（七一）今二方分據：今燕秦各分據一方。（七二）並：皆。（七三）榮寵：榮祿尊寵。（七四）又非使臣之所得論也：猶又非為使臣者之可得言。（七五）先諷之：先諷示之。（七六）儲君：指太子。此名辭亦有作儲副或儲貳者。（七七）天子之子視元士：《禮記・郊特牲》：「天子之元子，士也，天下無生而貴者也。」視猶等。元士，《孟子・萬章》疏引《周禮》注云：「王之上士三命，則元士者，即上士也。」（七八）降屈為煩：煩勞降屈，言當答拜。（七九）燕秦既結好，使者數往來……王猛勸堅留琛；堅不許：按此一大段，乃《通鑑》所獨撰者。（八〇）益振：愈為振大。（八一）忘身立效：猶忘生立功。（八二）椎鋒：椎，擣；直擣其鋒。（八三）殊賞：特異之賞賜。（八四）廷爭：於朝廷上爭論之。（八五）餘無能為矣：其餘者不能有所作為。（八六）而首亂於國：而首先於國中倡亂。（八七）吾有死而已：吾惟有死而已，以示堅決不為他謀。（八八）內意已決：謂可足渾后之意已定。（八九）早發：早先發作。（九〇）彌縫：補合；謂變為完好。（九一）吾寧避之於外：寧，為三者之選擇辭，謂吾寧願避之於國外。（九二）餘非所議：其餘之謀，皆不可商議考慮。（九三）尊，比者如有憂色：比，近日；如，似。謂近來似有憂虞之容。尊，乃呼其父之稱。按晉代稱他人，常冠以尊字，以示尊敬之意。《晉書・解系傳》：「荀勗諸子謂系等曰：『我與卿為友，應向我公拜。』（按我公即我父）勗又曰：『我與尊先使君親厚。』系曰：『不奉先君遺教。』」《傅玄附咸傳》：「比四造詣，及經過尊門，冠蓋車馬，填塞街衢。」《庾峻傳》：「蘇林嘗就乘學，見峻，流涕良久，曰：『尊祖高才而性退讓，……尊伯為當世令器，君兄弟復俊茂，此尊祖積德之所由也。』」〈袁宏傳〉：「宏窘急答曰：『我已盛述尊公，何乃言無！』」《世說・言語》：「郗受假還東，帝曰：『致意尊公，家國之事，遂至於此。』」由尊係尊敬他人之辭，遂亦有單用一尊字而刪去他字，以仍示此意者。《世說・品藻》：「謝公問王子敬，君書何如君家尊。」以尊代指其父，其用法，實與本文之形式酷相似。又〈品藻〉注引〈文章志〉曰：「它日見獻之，問『尊君書何如？』獻之不答。」知此尊實係省略他字而成。(九四)幼冲：冲亦幼意。(九五)疾賢：疾，猶嫉；嫉妬賢者。(九六)猜：猜忌。(九七)返令身無所容：返當作反。謂反使身軀無所容藏。(九八)闇弱：闇昧柔弱。(九九)一旦：一時。(一〇〇)疾於駭機：胡三省曰：「機弩牙也。譬之彀弩，不虞而機先發，使人震駭，故曰駭機。」按駭乃狀機字，謂機如受震駭而驟發也。而今禍患之發，尚較駭機為速。胡說失之。(一〇一)遜辭：謙遜其辭。(一〇二)察：知察。(一〇三)庶幾感寤而得還：希冀主上感覺醒寤，而使令歸還。(一〇四)此幸之大者：此乃幸運中之最大者。(一〇五)肥如之險：胡三省曰：「肥如之險，即盧龍之塞也。」(一〇六)大陸：胡三省曰：「續漢志曰：『鉅鹿故大鹿，有大陸澤，即廣阿澤。』」(一〇七)微服：脫去職官之服，而換著平民之衣。(一〇八)邯鄲：故城在今河北省邯鄲縣西南。(一〇九)素：平常。(一一〇)告狀：告發其情狀。(一一一)斷後：猶後拒，謂堵絕後來追者。(一一二)東都：燕既都鄴，謂龍城為東都。(一一三)設：置。(一一四)舍此安之：棄此復何所至乎！(一一五)散騎滅迹：將人騎散開，以使人難追尋。(一一六)傍：依。(一一七)趙之顯原陵：顯原陵，趙王石虎虛葬處。(一一八)四面而來：由四方而至。(一一九)會：適逢。(一二〇)殺白馬以祭天，且盟從者：古代盟誓，多殺白馬，取其血以歃。(21)搆事以來：謂搆殺垂以來。(22)尊：此指垂言。(23)夷夏同之：蠻夷華夏之人，皆同此情。(24)如指掌耳：喻易知也。《禮記·仲尼燕居》：「治國其如指諸掌而已乎。」注：「治國指諸掌，言易知也。」(25)革弊簡能：改革弊端，揀選賢能。(26)匡：格正。(27)今日之便：今日方便之機。(28)萬全：猶極端安全。(29)子馬奴：馬奴乃其子之名。(30)津吏：掌津渡之吏。(31)濟：渡。(32)乙泉戍主：胡三省曰：「乙泉戍即魏該所保乙泉塢也。在宜陽縣西南，洛水之北原上。」(33)閿鄉：今河南省閿鄉縣，音文。

㈠初秦王堅聞太宰恪卒，陰有圖燕之志，憚垂威名不敢發，及聞垂至，大喜，郊迎，執手(34)曰：「天生賢傑必相與共成大功(35)，此自然之數也(36)。要當(37)與卿共定天下(38)，告成岱宗(39)，然後還卿本邦，世封幽州(40)，使卿去國，不失為子之孝(41)，歸朕，不失事君之忠，不亦美乎！」垂謝曰：「羈旅(42)之臣，免罪為幸(43)，本邦之榮，非所敢望(44)。」堅復愛世子令及慕容楷之才，皆厚禮之(45)，賞賜鉅萬(46)，每進見，屬目(47)觀之，關中士民，素聞(48)垂父子名，皆嚮慕之。王猛言於堅曰：「慕容垂父子，譬如龍虎，非可馴(49)之物，若借以風雲(50)，將不可復制(51)，不如早除之。」堅曰：「吾方收攬英雄，以清四海(五二)，柰何殺之！且其始來，吾已推誠納之(五三)矣，匹夫(五四)猶不棄言(五五)，況萬乘乎(五六)！」乃以垂為冠軍將軍，封賓徒侯(五七)，楷為積弩將軍。燕魏尹、范陽王德素與垂善，及車騎從事中郎高泰，皆坐免官。

(二)尚書左丞申紹言於太傅評曰：「今吳王出犇，外口籍籍(五八)，宜徵王僚屬之賢者顯進之(五九)，粗可消謗(六〇)。」評曰：「誰可者(六一)？」紹曰：「高泰其領袖也(六二)。」乃以泰為尚書郎，泰，瞻之從子，紹、胤之子也。秦留梁琛，月餘，乃遣歸，琛兼程而進(六三)，比至鄴(六四)，吳王已犇秦，琛言於太傅評曰：「秦人日閱軍旅，多聚糧於陝東(六五)，以琛觀之，為和必不能久；今吳王又往歸之，秦必有窺(六六)燕之謀，宜早為之備。」評曰：「秦豈肯受叛臣，而敗和好(六七)哉！」琛曰：「今二國分據中原，常有相吞之志，桓溫之入寇，彼以計相救(六八)，非愛燕也。若燕有釁，彼豈忘其本志哉！」評曰：「秦主何如人？」琛曰：「明而善斷(六九)。」問王猛，曰：「名不虛得。」評皆不以為然(七〇)。琛又以告燕主暐，暐亦不然之，以告皇甫真。

㈢真深憂之，上疏言：「苻堅雖聘問相尋，然實有窺上國〔二七一〕之心，非能慕樂德義，不忘久要〔二七二〕也。前出兵洛川〔二七三〕，及使者繼至，國之險易虛實〔二七四〕，彼皆得之矣；今吳王垂又往從之，為其謀主〔二七五〕，伍員之禍〔二七六〕，不可不備。洛陽、太原、壺關〔二七七〕，皆宜選將益兵，以防未然。」暐召太傅評謀之，評曰：「秦國小力弱，恃我為援，且苻堅庶幾善道〔二七八〕，終不肯納叛臣之言，絕二國之好，不宜輕〔二七九〕自驚擾，以啟寇心〔二八〇〕。」卒不為備。

㈣秦遣黃門郎石越聘於燕，太傅評示之以奢，欲以誇燕之富盛〔二八一〕。高泰及太傅參軍、河間劉靖言於評曰：「越言誕而視遠〔二八二〕，非求好也，乃觀釁〔二八三〕也。宜耀兵〔二八四〕以示之，用折其謀〔二八五〕，今乃示之以奢，益為其所輕矣。」評不從。泰遂謝病〔二八六〕歸。是時太后可足渾氏侵撓〔二八七〕國政，太傅評貪昧〔二八八〕無厭〔二八九〕，貨賂上流〔二九〇〕，官非才舉〔二九一〕，羣下〔二九二〕怨憤〔二九三〕，尚書左丞申紹上疏，以為守宰〔二九四〕者，致治之本，今之守宰，率〔二九五〕非其人〔二九六〕，或武臣出於行伍〔二九七〕，或貴戚〔二九八〕生長綺紈〔二九九〕，既非鄉曲之選〔三〇〇〕，又不更〔三〇一〕朝廷之職，加之黜陟〔三〇二〕無濃〔三〇三〕，貪惰者無刑罰之懼(二四)，清脩者(二五)無旌賞(二六)之勸(二七)，是以百姓困弊(二八)，寇盜充斥(二九)，綱頹紀紊(三〇)，莫相糾攝(三一)。又官吏猥多(三二)，踰於前世，公私紛然，不勝煩擾(三三)，大燕戶口，數兼二寇(三四)，弓馬之勁(三五)，四方莫及，而比者(三六)，戰則屢北(三七)，皆由守宰賦調不平(三八)，侵漁(三九)無已，行留俱窘(四〇)，莫肯致命(四一)故也。後宮之女，四千餘人，僮侍廝役(四二)，尚在其外，一日之費，厥直(四三)萬金，士民承風(四四)，競為奢靡，彼秦吳僭僻(四五)，猶能條治所部(四六)，有兼幷之心(四七)，而我上下因循(四八)，日失其序(四九)，我之不脩(五〇)，彼之願也。謂宜精擇守宰，併官省職(五一)，存恤兵家(五二)，使公私兩遂(五三)，節抑浮靡(五四)，愛惜用度，賞必當功(五五)，罰必當罪，如此，則溫猛可梟(五六)，二方可取，豈特保境安民而已哉！又索頭(五七)什翼犍疲病昏悖(五八)，雖乏貢御(五九)，無能為患(六〇)，而勞兵遠戍(六一)，有損無益，不若移於幷土(六二)，控制西河，南堅壺關，北重晉陽(六三)，西寇來則拒守，過則斷後(六四)，猶愈於戍孤城，守無用之地也。」疏奏，不省(六五)。

(五)辛丑，丞相昱與大司馬溫會涂中(六六)，以謀後舉(六七)，以溫世子熙為豫州刺史、假節。

㈥初，燕人許割虎牢以西賂秦，晉兵既退，燕人悔之，謂秦人曰：「行人失辭[248]，有國有家者，分災救患[249]，理之常也[250][251]。」秦王堅大怒，遣輔國將軍王猛，建威將軍梁成，洛州刺史鄧羌，帥步騎三萬伐燕。十二月，進攻洛陽。【考異】燕少帝紀，此年十二月，王猛攻洛，明年正月，拔洛。十六國秦春秋，十一月，王猛伐燕，遺慕容紀書，紀請降，十二月猛受降而歸，今按獻莊紀云，慕容令之奔還鄴，建熙元年二月也，時王猛猶在洛，又猛遺紀書云去年桓溫起師。故從燕書。

㈦大司馬溫發徐、兗州民，築廣陵城，徙鎮之。時征役既頻[252]，加之疫癘[253]，死者什四五，百姓嗟怨。祕書監孫盛作晉春秋[254]，直書時事，大司馬溫見之，怒謂盛子曰：「枋頭誠為失利，何至乃如尊君[255]所言，若此史遂行[256]，自是關君門戶事[257]。」其子遽拜謝，請改之。時盛年老家居，性方嚴[258]，有軌度[259]，子孫雖斑白[260]，待之愈峻，至是諸子乃共號泣稽顙，請為百口切計[261]，盛大怒，不許，諸子遂私改之，盛先已寫別本[262]，傳之外國，及孝武帝購求異書，得之於遼東人，與見[263]本不同，遂兩存之[264][265]。

【今註】[244]執手：握手，表歡迎意。此為中古流行之禮儀。[245]必相與共成大功：按相與古均係語助，無意：亦有僅作相者，用同。〔三六〕此自然之數也：數，理或道；謂此乃自然之理。〔三七〕要當：約期之語。〔三八〕與卿共定天下：按卿為晉代最流行之稱謂語，凡人皆可以卿稱之，甚至夫稱妻亦可曰卿。其膾炙人口之例，為王安豐婦故事，始末具載《世說・惑溺》，文曰：「王安豐婦常卿安豐，安豐曰：『婦人卿壻，於禮為不敬，後勿復爾。』婦曰：『親卿愛卿，是以卿卿；我不卿卿，誰當卿卿！』遂恒聽之。」〔三九〕告成岱宗：岱宗，泰山；謂告成功於泰山。〔四〇〕世封幽州：世世封於幽州。〔四一〕使卿去國，不失為子之孝：謂使卿離去秦國，則克歸故土，盡人子之孝。〔四二〕羈旅之臣：《左傳》莊二十二年注：「羈，寄也；旅，客也。」〔四三〕免罪為幸：免赦其罪，已為大幸。〔四四〕本邦之榮，非所敢望：世封於本土之榮幸，不敢希念。〔四五〕皆厚禮之：皆重禮遇之。〔四六〕鉅萬：謂萬萬。〔四七〕屬目：猶注目。〔四八〕素聞：早聞。〔四九〕馴：擾，從。〔五〇〕若借以風雲：踵上龍虎為言，故謂假借之以風雲，此處乃謂時機。〔五一〕制：制服。〔五二〕以清四海：謂以平定四海。〔五三〕推誠納之：推誠款以收納之。〔五四〕匹夫：謂一匹之夫，僅有一妻。意指平民而言。〔五五〕棄言：猶言而無信。〔五六〕況萬乘乎：何況萬乘之人主乎！意謂更不可無信。〔五七〕賓徒侯：胡三省曰：「賓徒，漢縣名，屬遼西郡。」按〈慕容垂載記〉，作封賓都侯。〔五八〕外口籍籍：顏師古曰：「籍籍，猶紛紛也。」全句謂外言紛紛。〔五九〕王僚屬之賢者顯進之：王，吳王；僚屬，僚佐之屬；顯進之，明顯以封任之。〔六〇〕粗可消謗：差可消弭謗讟。〔六一〕誰可者：謂誰可見封。〔六二〕其領袖也：謂其首也。〔六三〕兼程而進：胡三省曰：「程，驛程也。謂行者以二驛為程，若一程而行四驛，是兼程也。」按胡說失之迂。程猶道也，與上文兼道同意，說見上。〔六四〕比至鄴：猶及至鄰。(二五)陝東：於陝州之東。(二六)窺：窺圖。(二七)敗和好：毀壞和好。(二八)彼以計相救：謂彼以計算利害，而相救援。(二九)明而善斷：明睿而善決斷。(三〇)然：猶是。(三一)上國：猶大國，此指燕而言。晉代稱其本國，多冠以大字或上字。(三二)久要：胡三省曰：「舊約也。」(三三)前出兵洛川：謂苟池、鄧羌救燕之時。(三四)國之險易虛實：謂國家之險阻、平夷，及虛實情形。(三五)謀主：謂主謀之人。(三六)伍員之禍：伍員去楚奔吳，借吳兵以報楚入郢，事見《左傳》。員，音云。(三七)壺關：在今山西省長治縣東南。(三八)且苻堅庶幾善道：胡三省曰：「言苻堅雖未能純以善道交鄰，猶庶幾焉。」按庶幾猶希冀，謂希冀為睦鄰之善道。胡注欠醒豁。(三九)輕：輕妄。(四〇)寇心：敵人之意。(四一)富盛：富庶繁盛。(四二)言誕而視遠：謂言語詭誕，而目常高視。(四三)釁：釁隙，音ㄒㄧㄣˋ。(四四)耀兵：陳列士眾以誇耀之。(四五)用折其謀：以摧其計謀。(四六)謝病：以病為名，而辭職也。(四七)侵撓：侵干撓亂。(四八)貪昧：貪婪冒求。(四九)無厭：不知止足。(五〇)貨賂上流：賂，財貨。謂貨幣皆流入於高位者之手。(五一)官非才舉：官非以才而舉。(五二)羣下：謂羣臣。(五三)怨憤：怨恨、憤怒。(五四)守宰：郡守縣宰。(五五)率：大率。(五六)非其人：謂非適當之人。(五七)行伍：行，一行；伍，五人；行伍，為軍隊組織之最基本單位。(五八)貴戚：貴族親戚。(五九)綺紈：綺，文繒；紈，細絹。猶謂生於綾羅之間。(六〇)鄉曲之選：鄉里所共推舉。(六一)更：歷。(六二)黜陟：黜，降；陟，升。(六三)無灋：無一定之法制。(六四)無刑罰之懼：謂不懼刑罰之懲處。(六五)清脩者：清廉脩身者。(六六)旌賞：旌，表揚；賞，獎賞。(六七)勸：勸勉。(六八)困弊：困乏疲弊。(六九)充斥：《左傳》襄三十一年注：「充，滿；斥，見；言其多也。」(七〇)綱頹紀紊：頹，頹替；紊，紊亂。猶言綱紀廢弛。(三一)糾攝：糾，督；攝，錄。(三二)猥多：猶濫多。(三三)煩擾：煩亂騷擾。(三四)數兼二寇：二寇指晉秦。謂戶口數目之多，為晉秦二國之總合。(三五)勁：勁強。(三六)比者：近者。(三七)北：敗北。(三八)賦調不平：賦，田賦；調，戶調。謂徵斂田戶稅不平。(三九)侵漁：漁，侵奪。二字為複合辭。(四〇)行留俱窘：行者留者，俱甚窘困。(四一)致命：授命，效命。(四二)僮侍廝役：侍候君王之男子僕役。(四三)厥直：其值。(四四)承風：承效風尚。(四五)秦吳僭僻：吳指晉，謂秦僭號而晉僻在一隅。(四六)條治所部：治理所部，井然有條。(四七)兼幷之心：心猶意，謂有吞併之意。(四八)上下因循：謂君臣因循苟且，不思振革。(四九)日失其序：日日失其序次。(五〇)不脩：謂政治不加脩理。(五一)幷官省職：謂合併、簡省官職，亦即簡裁冗員。(五二)存恤兵家：存問、賑救、有充當兵卒之家。(五三)公私兩遂：遂，完成，謂官私皆得完成其任。(五四)節抑浮靡：節制、遏抑，浮華侈靡。(五五)當功：與其功相當。(五六)溫猛可梟：謂桓溫王猛之首，可梟而斬之。(五七)索頭：胡三省曰：「蕭子顯曰：『鮮卑被髮左衽，故呼為索頭。』」按索頭乃其編髮為長辮，其形如繩索，故以為名。(五八)昏悖：昏昧荒悖。(五九)貢御：朝貢進御。(六〇)無能為患：不能為患。(六一)勞兵遠戍：勞困兵卒，守戍遠方。(六二)幷土：謂幷州。(六三)北重晉陽：於北則使晉陽之實力加重。(六四)過則斷後：敵大軍過，則斷其尾部少數卒伍。(六五)不省：猶不報聞。(六六)涂中：胡三省曰：「楊正衡曰：『涂音除，涂中，今滁州全椒縣，真州六合縣地。』」(六七)以謀後舉：以計謀以後之行動。(六八)行人失辭：行人，使者；周禮秋官有大行人、小行人之職，謂使者許割地為失辭也。(六九)分災救患：分擔災難，拯救禍患。(七〇)理之常也：乃經常之大道。(七一)按此年所述燕國賢臣應對之語，自燕秦既結好，使者數往來，至分災救患，理之常也一大段，皆係《通鑑》所新撰者。㉜頻：頻仍。㉝加之疫厲：厲通作癘，疫，疾也。謂加以疫癘蔓延。㉞孫盛作晉春秋：按《晉書・孫盛傳》及《隋書・經籍志》，俱作晉陽秋，尤其《世說》劉孝標注，在在皆以晉陽秋為稱，足知其原名固為晉陽秋也。其改春為陽者，說者謂係避晉簡文鄭后小字阿春之諱，故晉代史乘，多書春作陽。（說詳上壽陽條。）夫既原名作陽，則未可以易代之故，而又改之為春，以滋益紛惑也。㉟尊君：晉人於人子之前，稱其父為尊君或尊公，其例證屬於尊君者，為《世說・品藻》謝公問王子敬條注：「文章志曰：『它日見獻之，問尊君書何如？獻之不答。』」屬於尊公者，《世說・言語》：「郗受假還東，帝曰：『致意尊公，家國之事，遂至如此。』」按〈簡文紀〉亦載此語。二者皆為於人子前呼其父之稱。㊱遂行：竟得流行。㊲自是關君門戶事：按門戶猶謂家室。其作此釋之證為《文選・東方朔答客難》：「竭精馳說，並進輻湊者，不可勝數，悉力慕之，困於衣食，或失門戶。」《晉書・夏侯湛傳》：「抵疑曰：『僕也承門戶之業，受過庭之訓。』」〈列女周顗母李氏傳〉：「絡秀曰：『門戶殄悴，何惜一女，若連姻貴族，將來庶有大益矣』」。〈張軌附實傳〉：「實曰：『門戶受重恩，自當闔宗效死。』」〈張軌附玄靚傳〉：「天錫上屋大呼謂將士曰：『我家門戶事，而將士豈可以干戈相向。』」全句謂乃是關君家室存亡之事。㊳性方嚴：性情方正嚴厲。㊴有軌度：有軌則法度。㊵斑白：頭髮斑白，謂年老也。㊶百口切計：百口謂全家之人員。晉代常用百口以示全家之人數，而全家竟有百口，此亦社會學及人口問題，一至珍貴之資料也。書記中之言百口者，為《世說・文學》：「初熒惑入太微，郗超曰：『大司馬方將外固封疆，內鎮社稷，必無若此之慮，臣為陛下以百口保之。』」同書〈文學〉：「孟昶為劉牢之主簿，詣門謝見云，『羊侯，羊侯，百口賴卿！』」同書〈尤悔〉陸平原沙橋敗條注：「干寶晉紀：『初陸抗誅步闡，百口皆盡，有識尤之。』」《晉書．周顗傳》：「司空導率羣從，詣闕請罪，值顗將入，導呼顗謂曰：『伯仁，以百口累卿！』」〈簡文三王傳〉：「楷怒曰：『庾楷實不能以百口助人屠滅。』」全句謂為全家人深切打算。㉜別本：另外之本。《晉書．孫盛傳》作盛寫兩定本，寄於慕容儁。㉝見：讀作現。㉞及孝武帝購求異書，得之於遼東人，與見本不同，遂兩存之：按《晉書．孫盛傳》作：「孝武帝博求異聞，始於遼東得之，以相考校，多有不同，書遂兩存。」兩文不同處，深可注意。㉟秘書監孫盛作晉春秋，……遂兩存之：按此段乃本自《晉書．孫盛傳》，字句大致相同。

五年（西元三七〇年）

㈠春，正月，己亥，袁真以梁國內史、沛郡朱憲，及弟汝南內史斌陰通㊀大司馬溫，殺之。

㈡秦王猛遺㊁燕荊州刺史武威王筑㊂書曰：「國家㊃今已塞成皐㊄之險，杜㊅盟津之路，大駕㊆虎旅百萬，自軹關㊇取鄴都，金墉㊈窮戍⑩，外無救援，城下之師，將軍所監⑪，豈三百弊卒，所能支⑫也！」筑懼，以洛陽降。猛陳師受之⑬。燕衞大將軍樂安王臧城新樂，破秦兵於石門⑭，執秦將楊猛。

㈢王猛之發長安也，請慕容令⑮參其軍事，以為鄉導，將行，造慕容垂飲酒，從容謂垂曰：「今當遠別，何以贈我？使我覩物思人⑯。」垂脫佩刀贈之。猛至洛陽，賂垂所親金熙⑰，使詐為垂使者，謂令曰：「吾父子來此，以逃死也。今王猛疾人如讎⑱，讒毀日深⑲，秦王雖外相厚善⑳，其心難知，丈夫逃死而卒不免㉑，將為天下笑㉒。吾聞東朝㉓比來始更悔悟㉔，主后相尤㉕，吾今還東，故遣告汝，吾已行矣，便可速發。」令疑之，躊躇㉖終日。又不可審覆㉗，乃將舊騎，詐為出獵，遂奔樂安王臧於石門，猛表令叛狀。垂懼而出走，及藍田㉘，為追騎所獲，秦王堅引見東堂，勞之㉙曰：「卿家國失和㉚，委身投朕㉛，賢子㉜心不忘本，猶懷首丘㉝，亦各其志，不足深咎㉞。然燕之將亡，非令所能存，惜其徒入虎口耳㉟。且父子兄弟，罪不相及㊱，卿何為過懼㊲，而狼狽㊳如是乎(三九)。」待之如舊。燕人以令叛而復還，其父為秦所厚，疑令為反間，徙之沙城，在龍都東北六百里(四〇)。

臣光曰：「昔周得微子，而革商命(四一)；秦得由余，而霸西戎(四二)；吳得伍員，而克彊楚；漢得陳平，而誅項籍(四三)；魏得許攸，而破袁紹(四四)；彼敵國之材臣(四五)，來為己用，進取之良資(四六)也。王猛知慕容垂之心，久而難信，獨(四七)不念燕尚未滅，垂以材高功盛，無罪見疑，窮困歸秦，未有異心，遽以猜忌殺之，是助燕為無道，而塞來者之門也。如何其可哉(四八)！故秦王堅禮之以收燕望(四九)，親之以盡燕情(五〇)，寵之以傾燕眾(五一)，信之以結燕心，未為過(五二)矣。猛何汲汲(五三)於殺垂，乃為市井鬻賣之行(五四)，有如(五五)嫉其寵而讒之者，豈雅德君子(五六)所宜為哉。」

(四)樂安王臧進屯滎陽，王猛遣建威將軍梁成，洛州刺史鄧羌擊走之，留羌鎮金墉；以輔國司馬桓寅為弘農太守，代羌戍陝城，而還。秦王堅以王猛為司徒、錄尚書事(五七)、封平陽郡侯，猛固辭曰：「今燕吳未平(五八)，戎車方駕，而始得一城，即受三事(五九)之賞，若克殄(六〇)二寇，將何以加之(六一)？」堅曰：「苟不暫(六二)抑朕心，何以顯卿謙光之美(六三)？已詔有司，權聽所守(六四)。封爵酬庸(六五)，其勉從朕命(六六)。」

㈤二月，癸酉，袁真卒，陳郡太守朱輔立真子瑾為建威將軍、豫州刺史，以保壽春，遣其子乾之及司馬爨(六七)亮如鄴請命(六八)，燕人以瑾為揚州刺史，輔為荊州刺史。

㈥三月，秦王堅以吏部尚書權翼為尚書右僕射。夏，四月，復以王猛為司徒、錄尚書事，猛固辭乃止。

㈦燕秦皆遣兵助袁瑾，大司馬溫遣督護竺瑤等禦之，燕兵先至，瑤等與戰於武丘(六九)，破之。南頓太守桓石虔克其南城，石虔、溫之弟子也(七〇)。

㈧秦王堅復遣王猛督鎮南將軍楊安等十將，步騎六萬以伐燕。

㈨慕容令自度終不得免，密謀起兵，沙城中謫戍士數千(七一)人，令皆厚撫之。五月，庚午，令殺牙門(七二)孟嬀(七三)，城大涉圭懼請自效(七四)，令信之，引置(七五)左右，遂帥謫戍士東襲威德城(七六)，殺城郎(七七)慕容倉，據城部署(七八)，遣人招東西諸戍，翕然(七九)皆應之。鎮東將軍、勃海王亮鎮龍城，令將襲之，其弟麟以告亮，亮閉城拒守。癸酉，涉圭因侍直(八〇)擊令，令單馬走，其黨皆潰(八一)，涉圭追令至薛黎澤，擒而殺之，詣龍城白亮，亮為誅涉圭，收令尸而葬之。

【今註】㊀陰通：私通。㊁遺：與。㊂築：音竹。㊃國家：按國家與下之大駕相對，則此國家乃指天子而言。㊄成皋：故城在今河南省成皋縣西北。㊅杜：塞。㊆大駕：稱天子之辭。㊇軹關：在今河南省濟源縣西北，太行山八陘，以此為第一陘。㊈金墉：城名，在河南省洛陽縣東。㊉窮戍：謂戍守者困窘而無救援。⑪將軍所監：監、視；謂將軍所見。⑫支：支持。⑬陳師受之：大陳卒伍，以受其降。⑭石門：胡三省曰：「石門在滎陽新洛，亦當在滎陽界。宋白曰：『衞州新鄉縣治古新樂城，新樂城、十六國時燕將樂安王臧所築。』」⑮請慕容令參其軍事：按〈慕容垂載記〉，慕容令皆作慕容全。⑯使我覩物思人：使我見其物而思其人。亦即作為紀念之意。⑰賂垂所親金熙：行賂於慕容垂之親信金熙。⑱今王猛疾人如讎：人指垂父子言。謂今王猛嫉忌余輩，宛如仇讎。⑲讒毀日深：讒間毀謗，日復加甚。⑳秦王雖外相厚善：秦王待余輩，雖表面頗為優厚友善。㉑丈夫逃死而卒不免：謂男兒此行本為避死，而結果竟不得免。㉒將為天下笑：其全文為將為天下人所笑。㉓東朝：此指燕。㉔比來始更悔悟：謂近來開始改易而深悔悟。㉕主后相尤：胡三省曰：「主后，謂燕主暐及可足渾后也。相尤，言相責過。」㉖躊躇：猶豫。躊音ㄔㄡˊ，躇音除。㉗審覆：審核覆詢。㉘及藍田：及、至，藍田今陝西藍田縣，在長安縣東南。㉙勞之：慰勞之。㉚卿家國失和：卿家庭及國家不和。㉛委身投朕：委，托；寄託其身，而投靠於余。㉜賢子：按以賢稱人及其親屬，亦為晉代所流行者。其例證為《世說．傷逝》：「庾亮兒遭蘇峻難遇害，……亮答曰：『賢女尚少，故其宜也。』」同篇王子猷條注引《幽明錄》：「今賢弟命既應終，君侯筭亦當盡。」同書〈品藻〉：「桓玄問曰：『我何如賢舅子敬？』」《晉書．慕容垂載記》：「堅引見東堂，慰勉之曰：『賢子志不忘本，猶懷首丘。』」㉝猶懷首丘：《禮記．檀弓》：「古之人有言曰：『狐死正丘首。』仁也。」疏：「所以正首而嚮丘者，丘是狐窟穴根本之處，雖狼狽而死，意猶嚮此丘。」㉞深咎：甚責。㉟惜其徒入虎口耳：謂所可惜者，為其空入虎口，而送死耳。㊱父子兄弟罪不相及：胡三省曰：「晉臼季薦冀缺於晉文公，公曰：『其父有罪，可乎？』對曰：『舜之罪也殛鯀，其舉也興禹。』康誥曰：『父不慈，子不祇，兄不友，弟不共，不相及也。』」㊲過懼：過度憂懼。㊳狼狽：謂進退不可，而不能行者。㊴王猛之發長安也……而狼狽如是乎：按此一段除垂懼而出走下迄末，與〈慕容垂載記〉略同外，餘均為《通鑑》所獨撰者。㊵燕人疑令為反間，徙之沙城，在龍都東北六百里：按末二句構造頗陋，應改為徙之於龍都東北六百里之沙城。㊶昔周得微子，而革商命：《史記．宋微子世家》：「微子開紂之庶兄，紂不明，淫亂於政，微子數諫，紂不聽，於是太師少師乃勸微子去，遂行。周武王伐紂克殷，微子乃持其祭器，造於軍門，肉袒面縛，左牽羊，右把茅，膝行而前以告。於是武王乃釋微子，復其位如故。」㊷秦得由余，而霸西戎：《史記・秦本紀》：「戎王使由余於秦。繆公留由余而遺戎王以女樂，戎王受而說之。繆公乃歸由余，由余數諫不聽，繆公使人間要由余，由余遂去降秦。繆公問以伐戎之形，遂益國十二，開地千里。」㊸漢得陳平，而誅項籍：事見卷九漢高帝二年至四年。㊹魏得許攸而破袁紹：事見卷六十三漢獻帝建安五年。㊺材臣：有材能之臣。㊻良資：良好資藉。㊼獨：豈，何。《禮記・樂記》：「且汝獨未聞牧野之語乎？」《論衡・雷虛》：「物之飲食，天不能知；人之飲食，天獨知之？」皆與此文例相同。㊽如何其可哉：猶今語之這怎麼可以呢！㊾燕望：燕人之望。㊿親之以盡燕情：親厚之以滿足燕人之情。(五一)寵之以傾燕眾：寵遇之以使全燕之眾嚮往。(五二)過：錯誤。(五三)汲汲：欲速之意。(五四)市井鬻賣之行：謂衒賣甚殷切也。(五五)有如：宛似。有為助辭，無義。(五六)雅德君子：大雅有德之君子。(五七)錄尚書事：《後漢書・和帝紀》注：「錄，謂總領之也。」(五八)今燕吳未平：吳指晉，以居吳上，故以吳稱之。(五九)三事：三公。(六〇)殄：滅。(六一)將何以加之：謂將再加封何爵，意謂此賞未免過高。(六二)蹔：同暫。(六三)謙光之美：《易・謙》：「謙尊而光」。疏：「謂尊者有謙，而更光明也。」後則用如謙退之義，陸雲詩：「謙光自抑，厥輝愈揚。」是其比，此亦含謙退之義。(六四)權聽所守：權宜聽從所守之見。(六五)酬庸：庸，功；謂酬答功績。(六六)其勉從朕命：希勉強聽隨朕之命令。(六七)爨：音竄。(六八)如鄴請命：至鄴請頒命令。(六九)武丘：在河南省沈丘縣東北。(七〇)石虔，溫之弟子也：按桓石虔，《晉書・桓彝傳》後有附傳。(七一)謫戍士數千：因罪革職，遣戍沙城之士卒數千。(七二)牙門：古行軍有牙旗，置營則立旗以為軍門，謂之牙門。此牙門乃指官佐而言。（七三）媯：音ㄍㄨㄟ。（七四）效：效力。（七五）引置：延引安置。（七六）威德城：胡三省曰：「威德城，即宇文涉夜干所居城也。燕王皝改曰威德城。」（七七）城郎：守城之官名。（七八）部署：部置署任。（七九）翕然：翕，合；謂雜然相應。（八〇）侍直：直同值，謂於輪值時侍於左右。（八一）潰：散。

㈠六月，乙卯，秦王堅送王猛於灞上，曰：「今委卿以關東之任，當先破壺關，平上黨，長驅（八二）取鄴，所謂疾雷不及掩耳（八三）。吾當親督萬眾，繼卿星發（八四），舟車糧運，水陸俱進，卿勿以為後慮也。」猛曰：「臣杖威靈（八五），奉成筭（八六），盪平殘胡（八七），如風掃葉（八八），願不煩鑾輿（八九），親犯塵霧（九〇），但願速敕所司，部置鮮卑之所（九一）。」堅大悅（九二）。

㈡秋，七月，癸酉朔，日有食之。

㈢秦王猛攻壺關，楊安攻晉陽。八月，燕主暐命太傅、上庸王評，將中外精兵三十萬以拒秦。【考異】載記云四十萬，今從晉春秋。暐以秦寇為憂，召散騎侍郎李鳳，黃門侍郎梁琛，中書侍郎樂嵩，問曰：「秦兵眾寡何如？今大軍既出，秦能戰乎？」鳳曰：「秦國小兵弱，非王師之敵。景略(九三)常才，又非太傅之比(九四)，不足憂也。」琛、嵩曰：「勝敗在謀，不在眾寡，秦遠來為寇，安肯(九五)不戰？且吾當用謀以求勝，豈可冀其不戰而已乎！」暐不悅。王猛克壺關，執上黨太守、南安王越，所過郡縣，皆望風降附(九六)，燕人大震(九七)。黃門侍郎封孚問司徒長史申胤曰：「事將何如？」胤歎曰：「鄴必亡矣，吾屬今茲(九八)將為秦虜(九九)，然越得歲而吳伐之，卒受其禍(一〇〇)。今福德在燕(一〇一)，秦雖得志，而燕之復建(一〇二)，不過一紀耳(一〇三)。」

(四)大司馬溫自廣陵帥眾二萬討袁瑾，以襄城太守劉波為淮南內史，將五千人鎮石頭，波，隗之孫也。癸丑，溫敗瑾於壽春，遂圍之，燕左衛將軍孟高將騎兵救瑾，至淮北，未渡，會秦伐燕，燕召高還。

(五)廣漢妖賊李弘詐稱漢歸義侯勢之子，聚眾萬餘人，自稱聖王，年號鳳凰。隴西人李高詐稱成主雄之子(一〇四)，攻破涪城(一〇五)，逐梁州刺史楊亮。九月，益州刺史周楚遣子瓊討高，又使瓊子梓潼(一〇六)太守虓(一〇七)討弘，皆平之。

㈥秦楊安攻晉陽，晉陽⑱兵多糧足，久之未下，王猛留屯騎校尉苟長⑲戍壺關，引兵助安攻晉陽，為地道，使虎牙將軍張蚝帥壯士數百，潛入城中，大呼斬關⑳，納秦兵㉑，辛巳，猛、安入晉陽，執燕并州刺史、東海王莊。太傅評畏猛，不敢進，屯於潞川㉒。冬，十月，辛亥，猛留將軍武都毛當戍晉陽，進兵潞川，與慕容評相持。壬戌，猛遣將軍徐成覘燕軍形要㉓，期以日中，及昏㉔而返，猛怒將斬之，鄧羌請之曰：「今賊眾我寡，詰朝㉕將戰，成，大將也，宜且宥之㉖。」猛曰：「若不殺成，軍灋不立。」羌固請曰：「成、羌之郡將㉗也，雖違期㉘應斬，羌願與成效戰㉙，以贖之㉚。」猛弗許，羌怒還營，嚴鼓勒兵㉛，將攻猛，猛問其故，羌曰：「受詔討遠賊，今有近賊自相殺，欲先除之。」猛謂羌義而有勇，使語之曰：「將軍止，吾今赦之。」成既免，羌詣猛謝，猛執其手曰：「吾試將軍耳，將軍於郡將尚爾㉜，況國家乎？吾不復憂賊矣。」太傅評以猛懸軍深入㉝，欲以持久制之。評為人貪鄙㉞，鄣固㉟山泉，鬻樵及水㊱，積錢帛如丘陵㊲，士卒怨憤，莫有鬭志。猛聞之，笑曰：「慕容評真奴才㉘，雖億兆㉙之眾不足畏，況數十萬乎！吾今茲破之必矣。」乃遣游擊將軍郭慶，帥騎五千，夜從閒道㉚出評營後，燒評輜重，火見鄴中㉛。

燕主暐懼，遣侍中蘭伊讓㉜評曰：「王高祖㉝之子也，當以宗廟社稷為憂，柰何不撫戰士，而榷賣㉞樵水，專以貨殖㉟為心乎？府庫之積，朕與王共之，何憂於貧，若賊兵遂進，家國喪亡，王持錢帛，欲安所置之㊱？」乃命悉以其錢帛散之軍士㊲，且趣使戰㊳。評大懼，遣使請戰於猛。

甲子，猛陳於渭源㊴而誓之，曰：「王景略受國厚恩，任兼內外㊵，今與諸君深入賊地，當竭力致死㊶，有進無退，共立大功，以報國家，受爵明君之朝㊷，稱觴父母之室㊸，不亦美乎！」眾皆踴躍㊹，破釜棄糧，大呼競進㊺。猛望燕兵之眾，謂鄧羌曰：「今日之事，非將軍不能破勍敵㊻，成敗之機㊼，在茲一舉，將軍勉之。」羌曰：「若能以司隸見與㊽者，公勿以為憂。」猛曰：「此非吾所及也㊾，必以安定太守、萬戶侯相處。」羌不悅而退。俄而兵交，猛召羌，羌寢不應（五〇），猛馳就許之，羌乃大飲帳中（五一），與張蚝、徐成等，跨馬運矛（五二），馳赴燕陳，出入數四（五三），旁若無人（五四），所殺傷數百，及日中，燕兵大敗，俘斬（五五）五萬餘人，乘勝追擊，所殺及降者，又十萬餘人，評單騎走還鄴（五六）。

崔鴻曰（五七）：「鄧羌請郡將，以撓灋徇私（五八）也；勒兵欲攻王猛，無上也（五九）；臨戰豫求司隸，邀君（六〇）也；有此三者，罪孰大焉（六一）？猛能容其所短，收其所長，若馴猛虎，馭悍馬，以成大功。詩曰：『采葑采菲，無以下體（六二）。』猛之謂矣。」

【今註】（八二）長驅：長驅直入，喻無阻留者。（八三）疾雷不及掩耳：謂迅雷來時，不及掩耳以避之。（八四）繼卿星發：胡三省曰：「星發，謂戴星而發行也。」（八五）臣杖威靈：臣依杖大王之威嚴神靈。（八六）成筭：已設成之謀。（八七）盪平殘胡：掃盪平定殘餘之胡夷。（八八）如風掃葉：全意為如風吹落葉。（八九）鑾輿：指天子言。（九〇）塵霧：塵埃霜霧。（九一）部置鮮卑之所：言預為治舍，以待其王。（九二）秦王堅送王猛於灞上……部置鮮卑之所，堅大悅：按此一段乃錄自〈苻堅載記〉上，而多有刪改。（九三）景略：王猛字。（九四）太傅之比：猶太傅之倫。〈慕容暐載記〉比作匹。匹，敵也。（九五）安肯：何肯。（九六）望風降附：向風投降歸附。（九七）大震：大震駭。（九八）今玆：謂今時。（九九）為秦虜：虜同擄，為秦所俘擄。或為秦之俘虜，亦通。⑩越得歲而吳伐之，卒受其禍：歲，星名，《左傳》昭三十二年：「吳伐越。史墨曰：『不及四十年，越其有吳乎！越得歲而吳伐之，必受其凶。』」杜注：「此年歲在星紀，星紀吳越之分也。歲星所在，其國有福，吳先用兵，故反受其殃。」⑪今福德在燕：亦謂歲星在燕分也。⑫復建：又行建國。⑬一紀：十二年為紀。⑭隴西人李高詐稱成主雄之子：按〈李雄載記〉：「雄僭稱成都王。」是成主雄即成都王雄也。⑮涪城：在今四川涪陵縣西，涪音浮。⑯梓潼：今四川省緜陽縣。⑰虓：音ㄒㄧㄠ。⑱晉陽：今山西省太原縣治。⑲苟長：〈苻堅載記〉上作苟萇，當從之。⑳斬關：斬開關門。㉑納秦兵：納入秦兵。㉒潞川：胡三省曰：「據水經注，潞川在上黨潞縣北。」㉓覘燕軍形要：覘視燕軍之形勢險要。㉔及昏：及黃昏。㉕詰朝：杜預曰：「詰朝，平旦也。」平旦，亦多釋作明旦。㉖宜且宥之：宜姑且寬宥之。㉗郡將：胡三省曰：「成蓋為羌本郡太守。」按漢代稱太守曰郡將。㉘違期：猶誤期。㉙效戰：謂效力決戰。㉚以贖之：以贖其罪。㉛嚴鼓勒兵：謂急擊鼓以部勒兵士。㉜尚爾：尚如此。㉝懸軍深入：懸，懸絕：此處可釋為孤軍深入。㉞評為人貪鄙：評之為人，貪吝鄙陋。㉟障固：固同錮，謂障遏錮閉。㊱鬻樵及水：樵指薪言，蓋障固山泉後，則士民必須向之購薪及水。㊲如丘陵：狀錢帛積聚之多。㊳慕容評真奴才：奴才為詈人語。㊴億兆：億兆之算法有二：一以十萬為億，十億為兆，一以萬萬為億，萬億為兆。㊵間道：猶小道。㊶火見鄴中：鄴城中人可望見火光。㊷讓：微責。㊸高祖：高祖為慕容廆之廟號。㊹榷賣：榷，專賣。二字為複辭。㊺貨殖：貨財生殖蕃息。㊻欲安所置之：欲置於何處？㊼散之軍士：分散給予軍士。（三八）太傅評以猛懸軍深入……且趨使戰：按此段乃用〈慕容暐載記〉之文，字句大致相同。
（三九）猛陳於渭源：陳古陣字。胡三省曰：「渭水不出潞縣，水經注有涅水出潞縣西覆甑山，或者渭字其涅字之誤乎。」（四〇）任兼內外：兼朝內朝外之任。（四一）致死：效死，謂死而後已。（四二）受爵明君之朝：謂戰捷於朝廷接受封賞。（四三）稱觴父母之室：謂受爵後於父母前舉酒為壽。（四四）踴躍：謂跳躍歡呼。
（四五）大呼競進：大喊爭進。（四六）勍敵：強敵，音擎。（四七）機：機運。（四八）若能以司隸見與：若能以司隸校尉之職相與。《晉書・職官志》：「司隸校尉，案漢武初置十三州刺史各一人，又置司隸校尉，察三輔、三河、弘農七郡，歷漢東京，及魏晉，其官不替。」（四九）此非吾所及也：此非吾權位所能為也。
（五〇）羌寢不應：羌寢臥而不應命。（五一）大飲帳中：與部屬於帳中痛飲。（五二）運矛：猶舞矛。（五三）出入數四：按晉代習用數四之語，見於簡牘者：《世說・文學》支道林條：「支初作改轍遠之，數四交，不覺入其玄中。」同篇：「孫安國往殷中軍許共論，往反精苦，左右進食，冷而復煖者數四。」《晉書・傅咸傳》：「比四造詣，及經過尊門。」〈盧循傳〉：「贛石水急，出船甚難，皆儲之，如是者數四，故船版大積。」又〈苻堅載記〉上：「羌跨馬運矛，馳入評軍，出入數四，傍若無人。」屏棄古代之再三，而改採數四，亦一新耳目之辦法也。惟以〈傅咸傳〉之比四造詣核之，則晉代已改古之三以為度，而重四以為限，則非特辭語有變，而其行動之次數亦有增加，斯研究各代風習不可不注意者也。
（五四）旁若無人：四周如若無人。（五五）俘斬：俘獲斬殺。（五六）猛陳於渭源而誓之……評單騎走還鄴：按此一段，乃用〈苻堅載記〉上之文，字句大致相同。（五七）崔鴻曰：按此引崔鴻之論，評王猛之善用人。由之可知《通鑑》設論，凡立意正確，與己心同者，即採錄之，非必每論皆出於己手也。崔鴻係北魏人，《魏書》有傳，著有《十六國春秋》，此論殆由該書迻錄而來。(五八)撓瀍徇私：撓屈法令，瞻徇私情。(五九)無上也：目無君上。(六〇)邀君：猶要君。(六一)罪孰大焉：謂罪何有大於此者。(六二)詩曰，采葑采菲，無以下體：《詩・谷風》之辭。毛氏曰：「葑，須也；菲，芴也；下體，根莖也。」鄭氏曰：「此二菜者，蔓菁與葍之類也，皆上下可食，然而其根有美時，有惡時，采之者不可以根惡時，並棄其葉。」

(一)秦兵長驅而東，丁卯圍鄴，猛上疏稱：「臣以甲子之日大殲醜類(六三)，順陛下仁愛之志，使六州士庶，不覺易主(六四)，自非守迷違命(六五)，一無所害(六六)。」秦王堅報之(六七)曰：「將軍役不踰時(六八)，而元惡克舉(六九)，勳高前古(七〇)，朕今親帥六軍，星言電赴(七一)，將軍其休養將士，以待朕至，然後取之。」猛之未至也，鄴旁剽劫公行(七二)，及猛至，遠近帖然(七三)，號令嚴明，軍無私犯(七四)，瀍簡政寬，燕民各安其業，更相謂曰(七五)：「不圖(七六)今日復見太原王(七七)。」王猛聞之，歎曰：「慕容玄恭(七八)信奇士也(七九)，可謂古之遺愛(八〇)矣。」設太宰(八一)以奈之。

(二)十一月，秦王堅留李威輔太子守長安，陽平公融鎮洛陽，自帥精銳十萬赴鄴，七日而至安陽[八二]，宴祖父時故老[八三]。猛潛如[八四]安陽謁堅，堅曰：「昔周亞夫不迎漢文帝[八五]，今將軍臨敵而棄軍[八六]何也？」猛曰：「亞夫前却人主以求名[八七]，臣竊少之[八八]。且臣奉陛下威靈，擊垂亡[八九]之虜，譬如釜中之魚[九〇]，何足慮也！監國[九一]冲幼，鑾駕[九二]遠臨[九三]，脫有不虞[九四]，悔之何及[九五]。陛下忘臣灞上之言邪！」

初燕，宜都王桓帥眾萬餘屯沙亭[九六]，為太傅評後繼，聞評敗，引兵屯內黃[九七]。堅使鄧羌攻信都[九八]，丁丑，桓帥鮮卑五千犇龍城，戊寅，燕散騎侍郎餘蔚帥扶餘、高句麗[九九]及上黨質子[一〇〇]五百餘人，夜開鄴北門，納秦兵，燕主暐與上庸王評、樂安王臧、定襄王淵、左衞將軍孟高、殿中將軍艾朗等，犇龍城[一〇一]。辛巳，秦王堅入鄴宮。

(三)慕容垂見燕公卿大夫及故時僚吏，有慍色[一〇二]，高弼言於垂曰：「大王憑祖宗積累之資[一〇三]，負英傑高世之略[一〇四]，遭值迍阨[一〇五]，棲集[一〇六]外邦，今雖家國傾覆[一〇七]，安知其不為興運[一〇八]之始邪？愚謂國之舊人[一〇九]，宜恢江海之量[一一〇]，有以慰結[一一一]其心，以立覆簣之基，成九仞之功[一一二]，奈何以一怒捐之[一一三]！愚竊為大王不取也[一一四]。」垂悅，從之[一一五]。

㈣燕主暐之出鄴也，衛士猶千餘騎，既出城皆散，惟十餘騎從行。秦王堅使游擊將軍郭慶追之，時道路艱難，孟高扶侍暐經護㉖二王，極其勤瘁㉗，又所在遇盜，轉鬭㉘而前，數日行至福祿，依冢解息㉙，盜二十餘人猝至，皆挾弓矢，高持刀與戰，殺傷數人，高力極㉚，自度必死，乃直前抱一賊，頓擊於地㉛，大呼曰：「男兒窮矣㉜。」餘賊從旁射高，殺之。艾朗見高獨戰，亦還趨賊㉝，并死㉞。暐失馬步走，郭慶追及於高陽，部將巨武將縛之，暐曰：「汝何小人，敢縛天子㉟！」武曰：「我受詔追賊，何謂天子㊱！」執以詣秦王堅，堅詰其不降而走之狀，對曰：「孤死首丘，欲歸死於先人墳墓㊲耳。」堅哀而釋之，令還宮，帥文武出降。暐稱孟高、艾朗之忠於堅，堅命厚加斂葬，拜其子為郎中。郭慶進至龍城，太傅評犇高句麗，高句麗執評送於秦。宜都王桓殺鎮東將軍、勃海王亮，并其眾犇遼東，遼東太守韓稠先已降秦，桓至不得入，攻之不克，郭慶遣將軍朱嶷擊之，桓棄眾單走㊳，嶷獲而殺之㊴。諸州牧守及六夷渠帥㊵，盡降於秦。凡得郡百五十七，戶二百四十六萬，口九百九十九萬㉛，以燕宮人珍寶分賜將士㉜，下詔大赦曰：「朕以寡薄，猥承休命㉝，不能懷遠以德，柔服四維㉞，至使戎車屢駕，有害斯民，雖百姓之過，然亦朕之罪也。其大赦天下，與之更始㉟。」

㈤初梁琛之使秦也，以侍輦㊱苟純為副，琛每應對，不先告純，純恨之，歸言於燕主暐曰：「琛在長安，與王猛甚親善，疑有異謀㊲。」琛又數稱秦王堅及王猛之美，且言秦將興師，宜為之備，已而秦果伐燕，皆如琛言。暐乃疑琛知其情，及慕容評敗，遂收琛繫獄㊳，秦王堅入鄴而釋之，除中書著作郎，引見，謂之曰：「卿昔言上庸王、吳王皆將相奇材，何為不能謀畫，自使亡國？」對曰：「天命廢興㊴，豈二人所能移也。」堅曰：「卿不能見幾而作㊵，虛稱燕美，忠不自防㊶，反為身禍，可謂智乎？」對曰：「臣聞幾者動之微，吉之先見者也。如臣愚暗，實所不及。然為臣莫如忠㊷，為子莫如孝，自非有一至之心㊸者，莫能保忠孝之始終。是以古之烈士，臨危不改㊹，見死不避，以徇君親㊺。彼知幾者，心達安危(二四六)，身擇去就，不顧家國，臣就使知之(二四七)，尚不忍為，況非所及邪(二四八)！」堅聞悅綰之忠，恨不及見，拜其子為郎中。

(六)堅以王猛為使持節、都督關東六州諸軍事、車騎大將軍、開府儀同三司、冀州牧，鎮鄴。進爵清河郡侯，悉以慕容評第中之物賜之。賜楊安爵博平縣侯，以鄧羌為使持節、征虜將軍、安定太守，賜爵真定郡侯。郭慶為持節(二四九)、都督幽州諸軍事、幽州刺史，鎮薊，賜爵襄城侯。其餘將士，封賞各有差(二五〇)。堅以京兆韋鍾為魏郡太守，彭豹為陽平太守，其餘州縣牧守令長(二五一)，皆因舊以授之(二五二)。以燕常山太守申紹為散騎侍郎，使與散騎侍郎京兆韋儒俱為繡衣使者(二五三)，循行關東州郡，觀省(二五四)風俗，勸課農桑，振恤(二五五)窮困，收葬死亡，旌顯節行(二五六)，燕政有不便於民者，皆變除之(二五七)。十二月，秦王堅遷慕容暐及燕后妃、王公、百官，幷鮮卑四萬餘戶于長安。王猛表留梁琛為主簿，領記室督(二五八)。它日，猛與僚屬宴，語及燕朝使者，猛曰：「人心不同，昔梁君至長安，專美本朝，樂君但言桓溫軍盛，郝君微說國弊(二五九)。」參軍馮誕曰：「今三子皆為國臣⑳，敢問取臣之道，何先㉑。」猛曰：「郗君知幾為先。」誕曰：「然則，明公賞丁公，而誅季布也㉒。」猛大笑。秦王堅自鄴如枋頭，宴父老，改枋頭曰永昌，復之終世㉓。甲寅，至長安，封慕容暐為新興侯，以燕故臣慕容評為給事中，皇甫真為奉車都尉，李洪為駙馬都尉，皆奉朝請㉔。李邽為尚書，封衡為尚書郎，慕容德為張掖太守，燕國平叡為宣威將軍，悉羅騰為三署郎㉕，其餘封署，各有差，衡、裕之子也。

㈦燕故太史黃泓歎曰：「燕必中興，其在吳王乎！恨吾老不及見耳。」汲郡趙秋曰：「天道在燕㉖不及十五年，秦必復為燕有。」慕容桓之子鳳年十一，陰有復讎之志，鮮卑丁零有氣幹者㉗，皆傾身㉘與之交結。權翼見而謂之曰：「兒方以才望自顯，勿效爾父，不識㉙天命。」鳳厲色㉚曰：「先王欲建忠而不遂㉛，此乃人臣之節，君侯㉜之言，豈獎勸將來之義乎㉝！」翼改容謝之，言於秦王堅曰：「慕容鳳慷慨有才器，但狼子野心㉞，恐終不為人用耳。」

㈧秦省雍州㉟。

(九)是歲仇池公楊世卒，子纂立，始與秦絕，叔父武都太守統與之爭國，起兵相攻。

【今註】(63)臣以甲子之日大殲醜類：胡三省曰：「謂甲子之日克勝，事同周武王克紂。」殲，滅；音尖；醜，惡。(64)不覺易主：不覺更易君主，謂士庶平靜無擾。(65)守迷違命：執迷不悟，違抗命令。(66)一無所害：謂皆無所害。(67)報之：以書報之。(68)役不踰時：時猶季，言三月，謂出師不過三月。(69)元惡克舉：首惡能以拔除。(70)勳高前古：勳伐高於古人，前為往意。(71)星言電赴：《詩》曰：「星言夙駕。」謂早駕見星而行也。電赴言如電之行，喻其疾速。(72)鄴旁剽劫公行：鄴都四圍，剽奪劫掠，公然為之。(73)帖然：帖，安服。(74)軍無私犯：軍士不敢私自侵犯鄴民。(75)更相謂曰：猶互相謂曰。(76)不圖：不料。(77)復見太原王：太原王，慕容恪之封號。(78)慕容玄恭：玄恭，恪字。(79)信奇士也：誠為奇異之士。(80)古之遺愛：《左傳》昭公二十年：「及子產卒，仲尼聞之出涕曰：『古之遺愛也。』」杜注：「子產見愛，有古人之遺風。」(81)設太牢：牛羊豕凡三牲曰太牢。(82)安陽：在今河南省湯陰縣北，漳河之南。(83)宴祖父時故老：苻洪父子，先屯枋頭與其往還之故老，今設宴以宴之。(84)潛如：暗至。(85)昔周亞夫不迎漢文帝：見卷十五漢文帝後六年。(86)棄軍：猶離開軍隊。(87)亞夫前却人主以求名：亞夫却拒天子以成已名。(88)臣竊少之：少之，不滿意之意。全句為臣私自對之頗為不滿。(89)垂亡：將行滅亡。(90)譬如釜中之魚：謂將就斃也。(91)監國：太子守曰監國。(九二)鑾駕：謂天子之駕，所以名為鑾者，緣車上設鈴，行時有聲如鑾鳴故也。(九三)遠臨：遠至。(九四)脫有不虞：按脫為假設之辭，起於晉代。《世說・賞譽》：「脫時過止，寒溫而已。」同書〈尤悔〉阮思曠奉大法條注：「以阮公智識，必無此弊，脫此非謬，何其惑與！」《晉書・苻堅載記》上：「王猛曰：『監國幼沖，鑾駕遠臨，脫有不虞，其如宗廟何！』」皆脫為假設辭之證。(九五)秦王堅留李威輔太子守長安……脫有不虞，悔之何及：按此段乃錄自〈苻堅載記〉上，文字大致相同。(九六)沙亭：杜預曰：「陽平元城縣有沙亭。」(九七)內黃：今河南省內黃縣。(九八)信都：今河北省冀縣東北。(九九)扶餘、高句麗：《晉書》載於〈東夷傳〉中。(一〇〇)上黨質子：胡三省曰：「蓋遣兵戍上黨，取其子弟留於鄴以為質。」(一〇一)初燕宜都王桓，……殿中將軍艾朗等犇龍城：按此段乃錄自〈慕容暐載記〉，又以其文中載有丁丑、戊寅詳細時日觀之，知又復徵引《燕書》。(一〇二)慍色：怒色。(一〇三)資：資藉。(一〇四)負英傑高世之略：負，具有；高世，高出於世；略，謀略。(一〇五)迍阨：迍音豚，通作屯，難也。阨，困阨。〈慕容垂載記〉作迍邅，而此則棄習用而獨改作迍阨。(一〇六)棲集：集亦棲。(一〇七)傾覆：傾敗覆滅。(一〇八)興運：興復機運。(一〇九)國之舊人：猶上言故時僚吏。(一一〇)恢江海之量：喻度量之遼闊。恢，宏。(一一一)慰結：撫慰交結。(一一二)以立覆簣之基，成九仞之功：言譬如為山，自覆一簣，而進成九仞之功。簣，土籠；仞，八尺。(一一三)奈何以一怒捐之：如何以一怒之故，而捐棄之！(一一四)竊為大王不取也：私對大王此行，頗不贊取。(一一五)慕容垂見燕公卿大夫及故時僚吏有慍色，……垂悅從之：按〈慕容垂載記〉亦錄高弼所諫之言，夫同一諫言，而兩書所引，迥不相同，亦事情之可異者。(一一六)經護：經營保護。㊲勤瘁：勤苦勞瘁。㊳轉鬬：輾轉戰鬬。㊴解息：解鞍息馬。㊵力極：力疲極。㊶頓擊於地：顛頓而仆之於地。㊷男兒窮矣：謂男兒所能為者，已盡矣。㊸趨賊：趨向賊。㊹幷死：皆死。㊺汝何小人敢縛天子：何，何等；謂你什麼小人，而竟敢縛天子。㊻何謂天子：猶今語怎能叫做天子。㊼先人墳墓：慕容氏之先，皆葬昌黎。㊽棄眾單走：按單走即上文之單騎走。㊾桓棄眾單走，獇獲而殺之：按〈慕容暐載記〉作遣朱嶷擊桓，執而送之。說不相同。㊿渠帥：大帥。(51)戶二百四十六萬，口九百九十九萬：按〈苻堅載記〉上作戶二百四十五萬八千九百六十九，口九百九十八萬七千九百三十五，是《通鑑》乃入成整數而言。(52)郭慶進至龍城……以燕宮人珍寶，分賜將士：按此段乃錄自〈苻堅載記〉上，字句大致相同。(53)猥承休命：猥，猶辱；休，美。謂辱承天之美命。(54)四維：謂東西南北四隅。(55)更始：含更新之意。(56)輦：人君之乘。音ㄋㄧㄢˇ。(57)異謀：猶二心之謀。(58)收琛繫獄：收捕梁琛，繫於獄中。(59)天命廢興：謂天命之廢興。(60)見幾而作：見微而興。(61)忠不能自防：雖忠而不能防護自己。(62)為臣莫如忠：為臣之行莫如忠。(63)一至之心：謂一至焉之心，換言之，即非時時皆能如此也。(64)臨危不改：臨危不改其操。(65)以徇君親：以徇君親之難。(66)心達安危：心通安危。(67)臣就使知之：就使猶即使，為假設辭。(68)況非所及邪：況非所及知耶！(69)郭慶為持節：按持節與使持節頗有別，持節權柄較小，說已見上。(70)皆因舊以授之：皆因仍舊員，而授之印綬。(71)各有差：各有差別。(72)州縣牧守令長：按州曰牧，郡曰守，大縣為令，小縣為長。(73)繡衣使者：《漢書・百官公卿表》：「侍御史有繡衣直指，出討奸猾，治大獄，武帝所制，不常置。」顏師古曰：「衣以繡者，尊寵之也。」〔三四〕觀省：觀察省視。〔三五〕振恤：振救。〔三六〕旌顯節行：旌表顯揚有節操行為之人。〔三七〕皆變除之：皆改除之。〔三八〕表留梁琛為主簿領記室督：《晉書・職官志》：「諸公及開府位從公加兵者，置主簿記室督各一人。」領，兼領。〔三九〕郝君微說國弊：郝君稍言燕國之弊政。〔四〇〕國臣：此國謂秦。〔四一〕何先：宜以何者為先。〔四二〕然則明公賞丁公而誅季布也：胡三省曰：「言取臣之道，與漢高帝異。」〔四三〕復之終世：復除徭役，終苻堅之世。〔四四〕皆奉朝請：皆上朝參請。〔四五〕為三署郎：胡三省曰：「漢有五官署郎、左署郎、右署郎，故曰三署郎。舊制郎年五十以上屬五官，其次分在左右署，秦遂以三署郎為官稱。」〔四六〕天道在燕：謂歲星在燕分也。〔四七〕有氣幹者：有氣度幹才者。〔四八〕傾身：猶折身，謂甚有尊禮。〔四九〕不識：不知。〔五〇〕厲色：嚴厲其色。〔五一〕遂：成。〔五二〕君侯：按君侯之稱，起源甚早。《史記・李斯傳》：「趙高謂斯曰：『臣欲諫，為位賤，此真君侯之事，君何不諫？』李斯曰：『固也。』」降至晉代，仍沿用之，其見於篇籍者。《世說・簡傲》謝中郎條：「見王直言曰：『人言君侯癡，君侯信自癡。』」同書〈品藻〉王子猷條注引嵇康《高士傳》：「新陽侯陰就使人要之……丹推子曰：『以君侯能供美膳，故來相過。』」同書〈傷逝〉王子猷條注引《幽明錄》：「師曰：『今賢弟命既應終，君侯筭亦當盡。』」《晉書・陸雲傳》：「移書太常府薦同郡張瞻曰：『君侯應歷運之會，贊天人之期。』」〈賀循傳〉：「帝遺之書曰：『所謂道之云亡，邦國殄悴，羣望顒顒，實在君侯。』」又晉代除封侯者稱之為侯外，治百里之縣令，亦可尊之曰侯。〈江統傳〉：「上書曰：『以天下而供一人，以百里而供諸侯，公卿大夫受爵而資祿，莫有不贍者也。』」《文選・劉孝標重答劉秣陵沼書》（注：「劉沼為秣陵令。」）：「劉侯既重有斯難，值余有天倫之戚，竟未之致也。」是其證。由之可見晉代可呼侯之人，固甚多也。又侯冠君字，似較使用已濫之公卿諸辭為更尊崇而新穎焉。㉝豈獎勸將來之義乎：按義猶道。㉞狼子野心：喻兇暴之人，其心放縱難制。《左傳》宣公四年：「初楚司馬子良生子越椒，子文曰，『必殺之，是子也，熊虎之狀，而豺狼之聲，弗殺，必滅若敖氏矣。諺曰狼子野心，是乃狼也，其可畜乎。』」㉟秦省雍州：胡三省曰：「秦置雍州於安定，今省雍州入司隸校尉。」

卷一百三　晉紀二十五

起重光協洽，盡旃蒙大淵獻，凡五年。（辛未至乙亥，西元三七一年至三七五年）

司馬光編集
曲守約註

太宗簡文皇帝

咸安元年㈠（西元三七一年）

㈠春，正月，袁瑾、朱輔求救於秦，秦王堅以瑾為揚州刺史，輔為交州刺史㈡，遣武衛將軍、武都王鑒，前將軍張蚝㈢帥步騎二萬救之。大司馬溫遣淮南太守桓伊，南頓太守桓石虔等，擊鑒、蚝於石橋㈣，大破之，秦兵退屯慎城，伊，宣之子也。丁亥，溫拔壽春，擒瑾及輔，并其宗族，送建康斬之。

㈡秦王堅徙關東豪傑及雜夷十五萬戶於關中，處烏桓於馮翊、北地，丁零翟斌於新安㈤、澠池㈥，諸因亂流移，欲還舊業者㈦，悉聽之。

㈢二月，秦以魏郡太守韋鍾為青州刺史，中壘將軍梁成為兗州刺史，射聲校尉㈧徐成為幷州刺史，武衞將軍王鑒為豫州刺史，左將軍彭越為徐州刺史，太尉司馬皇甫覆為荊州刺史㈨，屯騎校尉、天水姜宇為涼州刺史，扶風內史王統為益州刺史㈩，秦州刺史、西縣侯雅為使持節、都督秦、晉、涼、雍州諸軍事，秦州牧㈡，吏部尚書楊安為使持節、都督益、梁州諸軍事、梁州刺史㈢，復置雍州，治蒲阪，以長樂公丕為使持節、征東大將軍、雍州刺史，成、平老之子，統，擢之子也。堅以關東初平，守令宜得人，令王猛以便宜㈢，簡召英俊㈣，補六州守令，授訖㈤，言臺除正㈥。

㈣三月，壬辰，益州刺史建成定公周楚卒㈦。

㈤秦後將軍、金城俱難攻蘭陵太守張閔子於桃山㈧，大司馬溫遣兵擊却之。

㈥秦西縣侯雅、楊安、王統、徐成、及羽林左監朱肜㈨、揚武將軍姚萇，帥步騎七萬伐仇池公楊纂。

㈦代將長孫斤謀弒代王㈩什翼犍，世子寔格之㈡，傷脇㈢遂執斤殺之。

(八)夏，四月，戊午，大赦。

(九)秦兵至鷲峽㉓，楊纂帥眾五萬拒之，梁州刺史、弘農楊亮，遣督護郭寶、卜靖帥千餘騎助纂，與秦兵戰於峽中，纂兵大敗，死者什三四，寶等亦沒㉔，纂收散兵遁還，西縣侯雅進攻仇池，楊統帥武都之眾降秦。纂懼，面縛出降，雅送纂於長安，以統為南秦州刺史㉕，加楊安都督南秦州諸軍事，鎮仇池。王猛之破張天錫於枹罕也，獲其將敦煌陰據，及甲士五千人，秦王堅既克楊纂，遣據帥其甲士還涼州，使著作郎梁殊、閻負送之，因命王猛為書諭㉖天錫曰：「昔貴先公㉗稱藩劉石㉘者，惟審㉙於彊弱也。今論涼土之力㉚，則損於㉛往時，語大秦之德，則非二趙之匹㉜，而將軍翻然㉝自絕，無乃非宗廟之福也歟㉞！以秦之威，旁振無外㉟，可以回弱水使東流，返江河使西注㊱，關東既平，將移兵河右㊲，恐非六郡㊳士民所能抗也。劉表謂漢南可保，將軍謂西河可全，吉凶在身，元龜不遠㊴，宜深筭妙慮㊵，自求多福，無使六世之業㊶，一旦而墜地㊷也。」天錫大懼，遣使謝罪稱藩，堅拜天錫使持節、都督河右諸軍事㊸、驃騎大將軍、開府儀同三司、涼州刺史、西平公。

㈩吐谷渾王辟奚聞楊纂敗，五月，遣使獻馬千匹㊹，金銀五百斤於秦，秦以辟奚為安遠將軍、漒川侯。辟奚，葉延之子也，好學，仁厚無威斷㊺，三弟專恣，國人患之。長史鍾惡地西漒羌豪㊻也，謂司馬乞宿雲曰：「三弟縱橫，勢出王右㊼，幾亡國㊽矣。吾二人位為元輔㊾，豈得坐而視之？詰朝月望㊿，文武並會，吾將討焉。王之左右，皆吾羌子(51)，轉目一顧(52)，立可擒也。」宿雲請先白王，惡地曰：「王仁而無斷，白之必不從，萬一事泄(53)，吾屬無類矣(54)。事已出口，何可中變(55)。」遂於坐收三弟殺之。辟奚驚怖，自投床下(56)，惡地、宿雲趨而扶之，曰：「臣昨夢先王敕臣云：『三弟將為逆。』不可不討，故誅之耳。」辟奚由是發病恍惚(57)，命世子視連曰：「吾禍及同生(58)，何以見之於地下(59)！國事大小，任汝治之，吾餘年殘命(60)，寄食而已(61)。」遂以憂卒。

視連立，不飲酒遊畋(62)者七年，軍國之事，委(63)之將佐。鍾惡地諫，以為：「人主當自娛樂，建威布德。」視連泣曰：「孤自先世以來(六四)，以仁孝忠恕相承，先王(六五)念友愛之不終(六六)，悲憤而亡，孤雖纂業(六七)，尸存而已(六八)，聲色遊娛，豈所安也(六九)！威德之建，當付之將來耳(七〇)(七一)。」

(十一)代世子寔病傷而卒。

(十二)秋，七月，秦王堅如洛陽。

(十三)代世子寔娶東部大人賀野干(七二)之女，有遺腹子(七三)，甲戌，生男，代王什翼犍為之赦境內，名曰涉圭(七四)。

(十四)大司馬溫以梁、益多寇，周氏世有威名，八月，以寧州刺史周仲孫監益、梁二州諸軍事、領益州刺史(七五)，仲孫，光之子也。

(十五)秦以光祿勳李儼為河州刺史，鎮武始(七六)。

(十六)王猛以潞川之功，請以鄧羌為司隸，秦王堅下詔曰：「司隸校尉董牧皇畿(七七)，吏責甚重，非所以優禮(七八)名將，光武不以吏事處功臣(七九)，實貴之也。羌有廉李之才(八〇)，朕方委以征伐之事，北平匈奴，南蕩楊越(八一)，羌之任也，司隸何足以嬰之(八二)？其進號鎮軍將軍，位特進(八三)。」

(七)九月，秦王堅還長安，歸安元侯李儼卒於上邽，堅復以儼子辯為河州刺史。冬，十月，秦王堅如鄴，獵於西山，旬餘忘返，伶人(八四)王洛叩馬(八五)諫曰：「陛下羣生(八六)所繫(八七)，今久獵不歸，一旦患生不虞(八八)，柰太后天下何？」堅為之罷獵，還宮。王猛因進言曰：「畋獵誠非急務，王洛之言，不可忘也。」堅賜洛帛百匹(八九)，拜官箴左右(九〇)。自是不復獵。

(八)大司馬溫恃其材略位望(九一)，陰蓄不臣之志(九二)，嘗撫枕歎曰：「男子不能流芳百世，亦當遺臭萬年(九三)。」術士杜炅能知人貴賤，溫問炅以祿位(九四)所至，炅曰：「明公勳格(九五)宇宙，位極人臣(九六)。」溫不悅。溫欲先立功河朔，以收時望，還受九錫，及枋頭之敗，威名頓(九七)挫(九八)，既克壽春，謂參軍郗超曰：「足以雪枋頭之恥乎？」超曰：「未也。」久之，超就溫宿，中夜謂溫曰：「明公都無所慮乎？」溫曰：「卿欲有言邪！」超曰：「明公當天下重任，今以六十之年(九九)，敗於大舉(一〇〇)，不建不世之勳(一〇一)，不足以鎮愜民望(一〇二)。」溫曰：「然則，柰何？」超曰：「明公不為伊霍之舉者，無以立大威權，鎮壓四海。」溫素有心，深以為然，遂與之定議[一三]。(十九)以帝素謹無過[一四]，而床笫[一五]易誣[一六]，乃言：「帝早有痿疾[一七]，嬖人相龍、計好、朱靈寶等，參侍內寢，二美人田氏、孟氏生三男，將建儲[一八]立王，傾移皇基[一九]。」密播[二〇]此言於民間，時人莫能審其虛實。十一月，癸卯，溫自廣陵將還姑孰，屯於白石[二一]。(廿)丁未，詣建康，諷褚太后請廢帝[二二]，立丞相、會稽王昱，幷作令草[二三]呈之。太后方在佛屋燒香[二四]，內侍啟云：「外有急奏。」太后出倚戶，視奏數行，乃曰：「我本自疑此[二五]。」至半，便止，索筆益之曰：「未亡人[二六]不幸罹[二七]此百憂，感念存沒[二八]，心焉如割[二九][三〇]。」(廿一)己酉，溫集百官於朝堂，廢立既曠代[三一]所無，莫有識其故典者，百官震慄[三二]，溫亦色動[三三]，不知所為。尚書左僕射王彪之知事不可止，乃謂溫曰：「公阿衡[三四]皇家，當倚傍先代[三五]。」乃命取漢書霍光傳[三六]，禮度儀制，定於須臾。彪之朝服當階，神彩毅然[三七]，曾無懼容，文武儀準，莫不取定[三八]，朝廷以此服之[三九]。於是宣太后令廢帝為東海王，以丞相、錄尚書事、會稽王昱統承皇極。百官入太極前殿，溫使督護竺瑤，散騎侍郎劉亨，收帝璽綬，【考異】帝紀、三十國春秋，亨皆作享，後魏書僭晉傳作亨，今從之。帝著白帢(三〇)單衣，步下西堂，乘犢車(三一)出神虎門(三二)，羣臣拜辭，莫不歔欷(三三)。侍御史、殿中監將兵百人，衞送東海第(三四)。溫帥百官，具乘輿灋駕，迎會稽王於會稽邸，王於朝堂變服，著平巾幘，單衣(三五)，東向流涕，拜受璽綬，是日，即皇帝位，改元。溫出次中堂，分兵屯衞，溫有足疾，詔乘輿入殿(三六)，溫撰辭欲陳述廢立本意，帝引見，便泣下數十行，溫兢懼(三七)，竟不能一言而出(三八)。

(廿三)太宰、武陵王晞好習武事，為溫所忌，欲廢之，以事示王彪之，彪之曰：「武陵親尊(三九)，未有顯罪(四〇)，不可以猜嫌之閒(四一)，便相廢徙。公建立聖明(四二)，當崇獎(四三)王室，與伊周同美(四四)，此大事宜更深詳(四五)。」溫曰：「此已成事，卿勿復言(四六)。」乙卯，溫表晞聚納輕剽(四七)，息綜(四八)矜忍(四九)，袁真叛逆，事相連染(五〇)，頃日(五一)猜懼，將成亂階(五二)，請免晞官，以王歸藩(五三)。從之，幷免其世子綜、梁王璲等官(五四)。溫使魏郡太守毛安之帥所領宿衞殿中，安之，虎生之弟也。庚戌，尊褚太后曰崇德太后。

(五四)初殷浩卒，大司馬溫使人齎書(五五)弔之，浩子涓不荅，亦不詣溫(五六)，而與武陵王晞遊，廣州刺史庾蘊，希之弟也，素與溫有隙，溫惡殷庾宗彊(五七)，欲去之，辛亥，使其弟秘逼新蔡王晃(五八)詣西堂叩頭自列(五九)，稱與晞及子綜、著作郎殷涓、太宰長史庾倩、掾曹秀、舍人劉彊、散騎常侍庾柔等謀反，帝對之流涕，溫皆收付廷尉。倩、柔，皆蘊之弟也。癸丑，溫殺東海王三子，及其母。甲寅，御史中丞譙王恬承溫旨，請依律誅武陵王晞。詔曰：「悲惋惶怛(六〇)，非所忍聞，況言之哉！其更詳議(六一)。」恬，承之孫也。乙卯，溫重表固請誅晞，詞甚酷切，帝乃賜溫手詔(六二)曰：「若晉祚靈長(六三)，公便宜奉行前詔，如其大運去矣(六四)，請避賢路(六五)。」溫覽之，流汗變色，乃奏廢晞及其三子，家屬皆徙新安郡(六六)。丙辰，免新蔡王晃為庶人，徙衡陽(六七)(六八)，殷涓、庾倩、曹秀、劉彊、庾柔，皆族誅，庾蘊飲酖死，蘊兄東陽太守、友子婦，桓豁之女也，故溫特赦之。庾希聞難，與弟會稽參軍邈、及子攸之，逃於海陵陂澤中(六九)(七〇)。溫既誅殷庾，威埶翕赫(七一)，侍中謝安見溫遙拜，溫驚曰：「安石，卿何事乃爾(七二)！」安曰：「未有君拜於前，臣揖於後(七三)(七四)。」戊午，大赦，增文武位二等(七五)。己未，溫如白石，上書求歸姑孰。庚申，詔進溫丞相、大司馬如故，留京師輔政。溫固辭，仍請還鎮。辛酉，溫自白石還姑孰。秦王堅聞溫廢立，謂羣臣曰：「溫前敗灞上(七六)，後敗枋頭，不能思愆自貶，以謝百姓(七七)，方更廢君以自說(七八)，六十之叟(七九)，舉動如此，將何以自容於四海乎？諺曰：『怒其室(八〇)而作色於父(八一)，』其桓溫之謂矣(八二)！」

(廿四)秦車騎大將軍王猛以六州任重，言於秦王堅，請改授親賢，及府選便宜(八三)，輒已停寢(八四)，別乞一州自效(八五)(八六)。堅報曰：「朕之於卿，義則君臣(八七)，親踰骨肉(八八)，雖復桓昭之有管樂(八九)，玄德之有孔明，自謂踰之。夫人主勞於求才，逸於得士(九〇)，既以六州相委，則朕無東顧之憂，非所以為優崇(九一)，仍朕自求安逸也。夫取之不易，守之亦難，苟任非其人，患生慮表(九二)，豈獨朕之憂，亦卿之責(九三)也。故虛位台鼎(九四)而以分陝為先(九五)，（陝，式冉翻）卿未照(九六)朕心，殊乖素望(九七)，新政俟才⑱，宜速銓補⑲，俟東方化洽⑳當袞衣㉑西歸。」仍遣侍中梁讜㉒詣鄴諭旨㉓，猛乃視事㉔如故㉕。

(廿五)十二月，大司馬溫奏：「廢放之人㉖，屏之以遠㉗，不可以臨黎元㉘，東海王宜依昌邑故事，築第吳郡。」太后詔曰：「使為庶人，情有不忍，可特封王。」溫又奏可封海西縣侯。庚寅，封海西縣公。【考異】海西公紀云：「咸安二年正月降封。」今從簡文帝紀。溫威振內外，帝雖處尊位，拱默㉙而已，常懼廢黜。先是，熒惑守太微端門㉚，踰月，而海西廢。辛卯，熒惑逆行入太微，帝甚惡之。中書侍郎郗超在直㉛，帝謂超曰：「命之脩短，本所不計，故當無復近日事邪㉜？」超曰：「大司馬臣溫，方內固社稷，外恢經略㉝，非常之事㉞，臣以百口保之。」及超請急㉟省其父，帝曰：「致意尊公，家國之事，遂至㊱於此，由吾不能以道匡衛㊲，愧歎之深，言何能諭㊳。」因詠庾闡詩云：「志士痛朝危㊴，忠臣哀主辱。」遂泣下霑襟。帝美風儀㊵，善容止㊶，留心典籍，凝塵滿席，湛如㊷也。雖神識恬暢㊸，然無濟世大略㊹，謝安以為惠帝之流，但清談差勝㊺耳㊻。

(二六)郗超以溫故，朝中皆畏事之。謝安嘗與左衛將軍王坦之共詣超，日旰未得前㊲，坦之欲去，安曰：「獨不能為性命忍須臾邪㊳㊴。」

(二七)秦以河州刺史李辯領興晉太守，還鎮枹罕，徙涼州，治金城。張天錫聞秦有兼并之志，大懼，立壇於姑臧西，刑三牲，帥其官屬，遙與晉三公盟㊵。遣從事中郎韓博，奉表送盟文，并獻書於大司馬溫，期以明年夏，會於上邽㊶。

(二八)是歲，秦益州刺史王統攻隴西鮮卑乞伏司繁於度堅山，司繁帥騎三萬拒統於苑川，統潛襲度堅山㊷㊸，司繁部落五萬餘皆降於統，其眾聞妻子已降秦，不戰而潰，司繁無所歸，亦詣統降。秦王堅以司繁為南單于，留之長安，以司繁從叔吐雷為勇士護軍，撫其部眾。

【今註】㊀咸安元年：是年十一月，海西廢帝即位，始改元咸安。《通鑑》編年因以新元繫之。㊁秦王堅以輔為交州刺史：按交州非秦轄地，乃所謂虛封也。㊂蚝：音刺。㊃石橋：據〈桓溫傳〉，石橋在肥水北。㊄新安：今河南省鐵門縣境。㊅澠池：在今河南省鐵門縣。音泯。㊆欲還舊業者：謂欲還舊田里者。㊇射聲校尉：《通典・職官典》：「漢置射聲校尉，士工射者，冥冥中聞聲，射則中之，因以名也。」⑨中壘將軍梁成為兗州刺史……皇甫覆為荊州刺史：按《晉書・地理志》雍州條：「苻堅滅燕之後，以幷州刺史鎮晉陽，豫州刺史鎮洛陽，兗州刺史鎮倉垣，雍州刺史鎮蒲阪，荊州刺史鎮襄陽，徐州刺史鎮彭城。」⑩屯騎校尉姜宇為涼州刺史，扶風內史王統為益州刺史：胡三省曰：「涼州屬張天錫；益州，晉土也；秦蓋置涼州於天水界，置益州於扶風界。」⑪秦州刺史西縣侯雅，為使持節、都督秦晉涼雍州諸軍事、秦州牧：胡三省曰：「雅，苻氏也。前此未有晉州，涼之張氏分西平界，置晉興郡，秦蓋於此置晉州也。」⑫吏部尚書楊安為使持節、都督益梁州諸軍事、梁州刺史：胡三省曰：「堅欲進圖梁益，故置梁益二州刺史，楊安既克仇池，始加督南秦州，鎮仇池。」⑬以便宜：以於事宜便為準。⑭簡召英俊：簡選徵召英俊之士。⑮授訖：補授完竣。⑯言臺除正：臺，尚書臺。白告於尚書臺，而除為正官。⑰益州刺史建成定公周楚卒：按〈周訪附楚傳〉，及〈海西公紀〉，建成皆作建城，當改從之。⑱桃山：《魏書・地形志》，蘭陵昌慮縣有桃山。⑲彤：音融。⑳代將長孫斤謀弒代王：胡三省曰：「代之先拓拔鄰以次兄為拔拔氏，後改為長孫氏。」㉑格之：格，拒；謂與之拒鬭。㉒脇：腋下。㉓鷩峽：胡三省曰：「鷩峽在仇池北，亦謂之塞峽。」㉔竇等亦沒：沒，覆沒。㉕以統為南秦州刺史：秦置秦州於上邽，仇池在其南，故置南秦州。㉖諭：曉諭。㉗貴先公：按貴亦為晉代流行之尊人語，見於書傳者，略有：《晉書・江統傳》：「東海王越與統書曰：『貴州人士，有堪應此者不？』」〈周訪附光傳〉：「光見王敦，敦曰：『貴郡未有將，誰可用者？』」〈張軌附駿傳〉：「劉曜謂之曰：『貴州必欲追蹤竇融，款誠和好，卿能保之乎？』……李雄謂淳曰：『貴主英名蓋世，土險兵盛，何不稱帝自娛一方！』」〈張軌附重華傳〉：「歸對曰：『故聖上以貴公忠賢，是以爵以上公。……若今便以貴公為王者。』」又〈苻生載記〉：「負殊曰，『貴州險塞，孰若崤函？』」此貴先公者，謂貴先正先公，亦即貴祖先也。㉘稱藩劉石：胡三省曰：「張茂稱藩於劉曜，事見卷九十二明帝太寧元年；張駿稱藩於石勒，事見卷九十四成帝咸和五年。」㉙審：明知，熟究。㉚涼土之力：涼土之資力。㉛損於：猶減於。㉜匹：敵。㉝翻然：改變貌。㉞無乃非宗廟之福也歟：正意謂實非宗廟之福。㉟旁振無外：猶謂威勢四播，無復不及之處。㊱可以回弱水使東流，返江河使西注：弱水乃向西流，江河則往東注，而今言能反之回之，乃極喻秦威力之強大也。㊲河右：按河右即河西，然晉代常喜將東西改稱為左右，如江東多作江左，此在典籍中處處而可見者。至於河西作河右，則《晉書》張軌等傳，亦多不乏其例。㊳六郡：胡三省曰：「涼州六郡，以張軌初鎮河西之時，統治武威、張掖、酒泉、敦煌、西郡、西海六郡言之也。元康以後，張氏所分置，其為郡多矣。」㊴吉凶在身，元龜不遠：身，猶己；元，大；元龜示吉凶，更為靈驗。謂吉凶在己，元龜所示之徵在邇。㊵妙慮：妙猶精；謂精慮。㊶六世之業：自張軌保據河西，至天錫，凡九主，今言六世者，不以耀靈、祚、玄靚，為世數。㊷墜地：喻敗毀。㊸堅拜天錫使持節，都督河右諸軍事：按〈諸紀傳〉載授此官爵時，例有一為字，使持節上之為字不可無。㊹辟奚遣使獻馬千匹：按〈苻堅載記〉上作送馬五千匹，〈吐谷渾傳〉則作獻馬五十匹。以諸文考之，當以作五千匹為是。㊺仁厚無威斷：仁慈忠厚，而無威嚴果斷。㊻西漒羌豪：羌人據漒川之地，分為東西，豪，其豪帥。㊼王右：王上。㊽幾亡國：幾乎將要亡國。㊾元輔：首要輔弼之臣。㊿月望：日月相望，謂之月望，即十五日。(51)皆吾羌子：皆乃吾羌人子弟。(52)轉目一顧：謂轉目以示意也。(53)萬一：假設之辭。(54)吾屬無類矣：謂吾輩無噍類矣。(55)中變：中途改變。(56)自投床下：謂自墜床下。(57)發病恍惚：染精神恍惚之症。(58)同生：謂同產，亦即同胞。(59)何以見之於地下：謂死後何面目見之。(60)殘命：殘餘之生命。(61)寄食而已：猶苟視息於人間而已。(62)遊畋：出遊，畋獵。(63)委：任。(64)孤自先世以來：孤，君王之謙稱，其辭意約同於寡人，謂余自祖先以來。(65)先王：指辟奚。(66)念友愛之不終：念兄弟友愛之誼不全。(67)纂業：繼業。(68)尸存而已：尸存，猶行尸走肉，謂己意志頹喪。(69)豈所安：猶豈所適意。(70)當付之將來耳：當付託之於將來之人耳。(71)吐谷渾王辟奚聞楊纂敗……威德之建，當付之將來耳：按此一大段，乃錄自《晉書・西戎吐谷渾傳》，字句大致相同。又文中所述之事，乃括辟奚視連二代而總言之，蓋雖非一年，而不得不連接述出，以成全豹。且吐谷渾僻處西陲，事跡鮮少，其史乘所書年月，又欠周密，實礙難逐年為之排入。迫不得已，惟有破例連書一處，此亦補編年體例長短之一法也。(72)賀野干：胡三省曰：「據北史，賀野干即賀蘭部酋長。魏書官氏志，北方賀蘭後改為賀氏。」(73)遺腹子：婦人既孕夫死，生子曰遺腹子。(74)名曰涉圭：拓跋珪造魏事，始此。(75)以寧州刺史周仲孫監益梁二州諸軍事，領益州刺史：按〈周訪附仲孫傳〉：「興寧初，寧州刺史，在州貪暴，人不堪命。」是仲孫曾坐貪暴而免職也。〈海西公紀〉太和六年文作：「八月，以前寧州刺史周仲孫為假節，監益梁二州諸軍事，益州刺史。」是寧州上，為示非現任之職，當添一前字。又都督某州諸軍事者，例為某州刺史，勿須加兼領之領，故領字亦應省刪。總之，此文實應以《晉紀》所載為準。（七六）秦以光祿勳李儼為河州刺史，鎮武始：《晉書・地理志》涼州：「河西張駿以興晉，金城、武始、南安、永晉、大夏、武城、漢中為河州，武始郡治狄道，亦張駿所置。」（七七）董牧皇畿：董，正；牧，理；皇畿，猶王畿。意謂治理王畿。（七八）優禮：優加禮遇。（七九）光武不以吏事處功臣：見卷四十三漢光武建武十三年。（八〇）有廉李之才：謂有廉頗李牧之才幹。（八一）南蕩楊越：楊越，指晉而言。謂南平晉氏。（八二）嬰之：繞纏之，猶勞累之。（八三）位特進：《晉書・職官志》：「定令：『特進，品秩第二，位次諸公，在開府驃騎上。』」（八四）伶人：鄭玄曰：「伶官，樂官也，伶氏世掌樂官而善焉，故後世多號樂官為伶官。」（八五）叩馬：謂引止其馬。（八六）羣生：謂眾庶。而此羣生，即由眾庶演化而成。至佛典之眾生，則顯係羣生之演變。（八七）所繫：所繫賴。（八八）患生不虞：《苻堅載記》作患生不測，是虞即測也。（八九）伶人王洛叩馬諫曰……堅賜洛帛百匹：按伶人王洛諫語，與《苻堅載記》多不相同，然顯係《通鑑》就載記原文而改撰者。由之可知《通鑑》文與《晉書》有異者，非皆《通鑑》別有所據，中亦有係其自加改易者。（九〇）拜官箴左右：按《左傳》襄公四年魏絳曰：「昔周辛甲之為太史也，命百官官箴王闕。（杜注：「辛甲周武王太史；闕，過也；使百官各為箴辭，戒王過。」）於虞人之箴曰。」是官箴王闕，乃謂官吏於其所任職中，見君王有不當處，而箴戒之也。（九一）材略位望：材幹謀略，勢位聲望。（九二）陰蓄不臣之志：暗懷篡位之志。（九三）嘗撫枕歎曰：「男子不能流芳百世，亦當遺臭萬年」：按此名語，〈桓溫傳〉作：「既而撫枕起曰：『既不能流芳後世，不足復遺臭萬載邪。』」字句口吻，多不相同，亦頗堪注意者。(九四)祿位：爵祿職位。(九五)格：至。(九六)位極人臣：謂其不能為天子也。(九七)頓：遽，驟。《列子・天瑞》：「凡一氣不頓盡，一形不頓虧。」《晉書・陸機傳》：「機以羈旅入宦，頓居羣士之右。」〈范汪傳〉：「上疏曰：『襄陽頓益數萬口，奉師之費，皆當出於江南。』」皆其比。(九八)溫欲先立功河朔……威名頓挫：按此數句，乃用〈海西公紀〉之文，字句皆相同。(九九)今以六十之年：年猶歲，謂今於六十歲時。(一〇〇)敗於大舉：指枋頭之敗。(一〇一)不世之勳：非每代所有之功勳，極言其高之意。(一〇二)鎮愜民望：鎮撫滿足民之所望。(一〇三)既克壽春，謂參軍郗超曰……遂與之定議：按此段乃本自〈郗鑒附超傳〉，字句大致相同。(一〇四)以帝素謹無過：按海西公紀：「然憚帝守道，恐招時議。」是《通鑑》之素，乃以代守道也。既若此，則素謹可釋為守道謹慎。(一〇五)笫：床簀，音ㄗˇ。(一〇六)床笫易誣：床簀間之事，易於罔誣。(一〇七)痿疾：此乃言陰痿。(一〇八)建儲：建為儲嗣。(一〇九)傾移皇基：傾敗移轉，皇晉之基業。(一一〇)密播：秘密傳播。(一一一)白石：胡三省曰：「此白石蓋在牛渚西南，桓玄破譙王尚之處，非陶侃令庾亮所守白石壘也。」(一一二)以帝素謹無過……諷褚太后請廢帝：按此段乃錄自〈海西公紀〉太和六年文。(一一三)令草：太后令之草稿。(一一四)在佛屋燒香：建屋於宮中以奉佛，故曰佛屋，晉有數帝及太后，以信佛而為此舉。(一一五)我本自疑此：謂我本來疑有此事。(一一六)未亡人：杜預曰：「婦人既寡，自稱未亡人」。(一一七)罹：遭。(一一八)感念存沒：念及生者死者。(一一九)心焉如割：喻甚痛苦。(一二〇)太后方在佛屋燒香……心焉如割：按此一段乃錄自〈康獻褚皇后傳〉，字句幾全相同。(一二一)曠代：

猶多代。㉜震慓：按慓含疾意，常與慓悍連文，無作懼意者，其含戰懼意者為慄字，又〈王廙附彪之傳〉亦作慄，故慓當改作慄。㉝色動：亦驚懼意。㉞阿衡：《詩‧商頌‧長發》傳：「阿衡，伊尹也。」箋：「阿，倚；衡，平也。伊尹，湯所依倚而取平，故以為官名。」㉟倚傍先代：謂依傍前代之故事。㊱乃命取漢書霍光傳：用霍光廢昌邑王故事。㊲神彩毅然：神色堅毅。㊳文武儀準，莫不取定：文武諸臣之威儀準繩，莫不求彪之而定之。㊴廢立既曠代所無，……朝廷以此服之：按此段乃用〈王彪之傳〉之文，字句幾全相同，惟次第則略有顛倒。㊵白帢：帽名，狀如弁，缺四角，魏武帝製，見《廣韻》。帢音恰。㊶乘犢車：胡三省曰：「晉制，諸公給朝車、安車，皁輪犢車各一乘。」犢車，謂以牛犢所駕之車。㊷出神虎門：胡三省曰：「東漢都洛陽，宮有廣義神虎門。賢注曰：『廣義神虎，洛陽宮西門也，在金商門外。』然則，神虎門亦建康宮西門乎？」㊸歔欷：悲泣氣咽而抽息也。歔音虛。㊹百官入太極前殿……衞送東海第：按此段乃錄自〈海西公紀〉，字句大致相同。㊺著平巾幘、單衣：胡三省曰：「平巾幘，蓋即平上幘，單衣，江左諸人所以見尊者之服，所謂巾褠也。」㊻溫有足疾，詔乘輿入殿：自典午失御，僻處江左，中原衣冠，相隨渡江，而江南潮濕，日食稻米，絕非中土人士所能堪，其中必有染患腳氣病者。將篇籍所載，彙而輯之，亦研究斯項疾病之一有價值工作也。特晉代無近時腳氣病之名，而僅云足疾，然其所云足疾，亦可推想其中當含有腳氣病之患者焉。載述此類經籍，為《世說‧文學》或問顧長康條注《續晉陽秋》：「愷之夜於月下長詠，自云：『得先賢風制』。瞻每遙贊之，愷之得此，彌自力忘倦。……瞻將眠，語槌腳人令代，愷之不覺有異，遂幾申旦而後止。」《晉書‧鄧粲傳》：「粲長沙人，後患足疾，不能朝拜，求去職，不聽，令臥視事。」〈習鑿齒傳〉：「襄陽人，後以腳疾，遂廢于里巷。」〈傅咸附祗傳〉：「遷司徒，以足疾，詔版輿上殿不拜。」〈外戚何準傳〉：「時澄腳疾固讓，特聽不朝，坐家視事。」(37)兢懼：戰兢恐懼。(38)溫撰辭欲陳述，……竟不能一言而出：按此數句，乃錄自〈簡文紀〉，字句大致相同。(39)武陵親尊：武陵王晞為元帝子，出繼武威王喆後。(40)顯罪：明顯之罪。(41)猜嫌之間：猜忌嫌疑之閒隙。(42)聖明：指簡文帝。(43)崇獎：尊崇獎助。(44)與伊周同美：與伊尹周公，同其休美。(45)宜更深詳：應更深思詳慮。(46)太宰武陵王晞好習武事，為溫所忌，欲廢之……卿勿復言：按此段乃錄自〈王廙附彪之傳〉，字句幾全相同。(47)聚納輕剽：謂聚集結納，輕佻剽悍之徒。(48)息綜：息，子；綜其名。(49)矜忍：矜傲狠忍。(50)連染：干連沾染。(51)頃日：近日。(52)亂階：變亂之階梯，猶言亂源。(53)以王歸藩：以王之爵號歸於藩國。(54)溫表晞聚納輕剽……梁王璲等官：按此段乃錄自〈元四王武陵王晞傳〉，字句幾全相同。(55)齎書：持帶書札。音咨。(56)亦不詣溫：謂亦不至桓溫處道謝。(57)宗彊：宗族彊盛。(58)新蔡王晃：胡三省曰：「晃父邈，本汝南王祐之子也，嗣新蔡王後。」(59)自列：自陳列其事。(60)悲惋惶怛：悲悽惋惜，惶恐怛怛。(61)其更詳議：其再詳加商討。(62)手詔：天子親作之詔書。(63)若晉祚靈長：若晉氏祚祿，神靈長久。(64)如其大運去矣：若晉氏之帝業已去。(65)請避賢路：請退避賢者之路，謂讓賢也。(66)新安郡：故城在今浙江省淳安縣西。(67)衡陽：故城在今湖南省衡山縣東。(68)帝乃賜溫手詔曰……徙衡陽：按此段乃錄自〈簡文紀〉，字句幾全相同。(六九)陂澤：池澤，音碑。(七〇)庾蘊飲酖死……逃於海陵陂澤中：按此段乃錄自〈庾亮附希傳〉，字句大致相同。(七一)翕赫：翕，盛；赫，炎之極。(七二)卿何事乃爾：謂卿為何事而竟如此。(七三)未有君拜於前，臣揖於後：意謂未有君向之拜，而臣則對之揖，蓋揖輕於拜也。(七四)溫既誅殷庾威埶翕赫……臣揖於後：按此數語，乃錄自〈桓溫傳〉，字句幾全相同。(七五)增文武位二等：增文武百官爵位二級。(七六)溫前敗灞上：見卷九十九穆帝永和十年。(七七)以謝百姓：以謝罪於百姓。(七八)以自說：〈苻堅載記〉說作悅，謂以自怡悅，說當讀作悅。(七九)六十之叟：蓋溫斯時，年已六十。(八〇)怒其室：生怒於其妻子。(八一)作色於父：作色，怒貌，謂而向其父發怒。(八二)秦王堅聞溫廢立……其桓溫之謂矣：按此段乃錄自〈苻堅載記〉上，字句大致相同。(八三)府選便宜：先是命猛以便宜選賢俊，補六州郡縣守令。(八四)停寢：停止寢置。(八五)自效：以自效力。(八六)王猛以六州任重，言於秦王堅……別乞一州自效：按王猛言於秦王堅之語，乃猛上疏中之文，該疏載於〈苻堅載記〉附〈王猛傳〉中，惟原疏甚長，此則節略頗劇。(八七)義則君臣：名義上係屬君臣。(八八)親踰骨肉：親密則過於同胞兄弟。(八九)桓昭之有管樂：齊桓公有管仲，燕昭王有樂毅。(九〇)夫人主勞於求才，逸於得士：胡三省曰：「王褒聖主得賢臣頌：『君人者勤於求賢，而逸於得人。』」意謂求賢則勤，得人則逸。(九一)優崇：優渥尊崇。(九二)慮表：慮外。(九三)亦卿之責：亦卿之責任。(九四)虛位台鼎：台謂三台，《晉書・天文志》：「在人曰三公，在天曰三台。」故台鼎即宰輔也。全句謂空懸宰輔之位。(九五)以分陝為先：周公分陝以西，使召公理之，意謂先令重臣，出鎮外藩。(九六)照：知，明。(九七)殊乖素望：甚乖違平日之冀望。(九八)俟才：

猶須才。⑲銓補：銓選補除。⑳化洽：政化和洽。㉑袞衣：卷龍衣，乃上公之服。㉒讜：音黨。㉓諭旨：曉諭以苻堅之意。㉔視事：猶理事。㉕堅報曰朕之於卿，……猛乃視事如故：按此段乃《通鑑》根據他書而另撰者。㉖廢放之人：廢黜放逐之人。㉗屏之以遠：屏棄之於遠方。㉘黎元：百姓。㉙拱默：垂拱緘默。㉚熒惑守太微端門：《晉書・天文志》：「太微南蕃中二星間曰端門。」㉛在直：入直省中。㉜故當無復近日事邪：按故當為晉代之特殊流行用語，其意與固字同。《世說・文學》：「陸退答曰，『故當是丈夫之德，表於事行，婦人之美，非誄不顯。』」同書〈品藻〉：「撫軍問殷浩：『卿定何如裴逸民？』良久，答曰，『故當勝耳。』」同篇：「謝公問王子敬：『君書何如君家尊？』答曰，『固當不同。』」尤為故含固意之證，全意謂固無近日已發生之事耶？㉝外恢經略：外則恢闊封疆之經略。㉞非常之事：謂廢立之事。㉟請急：胡三省曰：「晉令，急假者，五日一急，一歲以六十日為限。史書所稱取急，請急，皆謂假也。」又按《南史・謝靈運傳》：「既無表聞，又不請急。」知請急一辭乃起於晉時。㊱遂至：竟至。㊲匡衞：匡正衞護。㊳言何能論：猶非言可諭。㊴志士痛朝危：志士哀痛朝廷危殆。㊵美風儀：風度儀態甚美。㊶善容止：容貌舉止甚佳。㊷湛如：猶安如，音耽。㊸神識恬暢：神爽意識，安恬通暢。㊹濟世大略：救世大謀。㊺差勝：略勝。㊻溫威振內外……但清談差勝耳：按此段乃錄自《晉書・簡文紀》，除次第略有顛倒外，字句幾全相同。㊼日旰未得前：旰，晚；謂日晚而猶未得見。㊽獨不能為性命忍須臾邪：謂豈不能為性命之故，再容忍片刻邪！㊾謝安嘗與左衞將軍，……忍須臾邪：按此數語，乃錄自〈郗鑒附超傳〉，字句大致相同。㉚遙與晉三公盟：以天錫先人嘗為晉臣，故己亦以臣自居，而與同位之晉三公遙為盟誓。㉛會於上邽：欲使晉起兵攻蜀，而出會於上邽。㉜帥騎三萬拒統於苑川，統潛襲度堅山：胡三省曰：「乞伏氏先自漠北南出，屯高平川，又自高平西南遷麥田山，司繁又自麥田遷於度堅山。水經注：『苑川在天水勇士縣界。』以下文乞伏吐雷為勇士護軍觀之，則水經注為是。」㉝是歲，秦益州刺史王統攻隴西鮮卑乞伏司繁於度堅山：按此事原委，具載於〈乞伏國仁載記〉。

二年（西元三七二年）

㈠春，二月，秦以清河房曠為尚書左丞，徵曠兄默、及清河崔逞、燕國韓胤為尚書郎，北平陽陟、田勰㈠、陽瑤為著作佐郎㈡，郝略為清河相，皆關東士望㈢，王猛所薦也。瑤，騖之子也。冠軍將軍慕容垂言於秦王堅曰：「臣叔父評，燕之惡來輩也㈣，不宜復污㈤聖朝，願陛下為燕戮之。」堅乃出評為范陽太守，燕之諸王，悉補邊郡㈥。

臣光曰：「古之人，滅人之國而人悅，何哉？為人除害故也。

彼慕容評者，蔽君㊆專政，忌賢疾功，愚闇貪虐㊇，以喪其國，國亡不死，逃遁見禽㊈。秦王堅不以為誅首㊉，又從寵秩㊁之，是愛一人而不愛一國之人也，其失人心多矣。是以施恩於人，而人莫之恩㊂，盡誠於人，而莫之誠㊂，卒於功名不遂㊃，容身無所㊄，由不得其道故也。」

㈡三月，戊午，遣侍中王坦之徵大司馬溫入輔，溫復辭。

㈢秦王堅詔關東之民，學通一經，才成一藝㊅者，在所㊆以禮送之㊇。在官，百石以上，學不通一經，才不成一藝者，罷遣還民㊈。

㈣夏，四月，徙海西公於吳縣西柴里㊉，敕吳國內史刁彝防衛，又遣御史顧允監察之，彝，協之子也。

㈤六月，癸酉，秦以王猛為丞相、中書監、尚書令、太子太傅、司隸校尉，特進、常侍、持節、將軍、侯如故㊁。陽平公融為使持節、都督六州諸軍事、鎮東大將軍、冀州牧。

㈥庾希、庾邈與故青州刺史武沈之子遵，聚眾夜入京口城㊂，晉陵太守卞眈踰城奔曲阿，希詐稱受海西公密旨，誅大司馬溫，建康（二三）震擾，內外戒嚴（二四）。卞眈發諸縣兵二千人擊希，希敗，閉城自守，溫遣東海內史（二五）周少孫討之。秋，七月，壬辰，拔其城，擒希、邈，及其親黨，皆斬之（二六）。眈，壼之子也。

(七)甲寅，帝不豫（二七），急召大司馬溫入輔，一日一夜發四詔（二八），溫辭不至。初，帝為會稽王，娶王述從妹為妃，生世子道生，及弟俞生，道生疏躁無行，母子皆以幽廢死，餘三子，郁、朱生、天流皆早夭（二九），諸姬絕孕將十年，王使善相者視之（三〇），皆曰：「非其人。」又使視諸婢媵（三一），有李陵容者，在織坊（三二）中，黑而長，宮人謂之崑崙（三三），相者驚曰：「此其人也。」王召之侍寢，生子昌明（三四）及道子（三五）。己未，立昌明為皇太子（三六），生十年矣，以道子為琅邪王、領會稽國，以奉帝母鄭太妃之祀。遺詔大司馬溫，依周公居攝故事。又曰：「少子可輔者輔之，如不可，君自取之（三七）。」侍中王坦之自持詔入於帝前，毀之，帝曰：「天下儻來之運（三八），卿何所嫌（三九）！」坦之曰：「天下宣元之天下（四〇），陛下何得專之。」帝乃使坦之改詔曰：「家國事一稟大司馬（四一），如諸葛武侯、王丞相故事（四二）。」是日，帝崩。羣臣疑惑，未敢立嗣，或曰：「當須大司馬處分。」尚書僕射王彪之正色曰：「天子崩，太子代立，大司馬何容得異(44)，若先面諮，必反為所責。」朝議乃定。太子即皇帝位，大赦，崇德太后(45)令：「以帝冲幼，加在諒闇(46)，令溫依周公居攝故事(47)。」事已施行。王彪之曰：「此異常大事，大司馬必當固讓，使萬機停滯(48)，稽廢山陵(49)，未敢奉令，謹具封還(50)。」事遂不行(51)。溫望簡文臨終，禪位於己，不爾便當居攝，既不副所望(52)，甚憤怨，與弟沖書曰：「遺詔使吾依武侯王公故事耳(53)。」溫疑王坦之、謝安所為，心銜之(54)，詔謝安徵溫入輔，溫又辭。

(八)八月，秦丞相猛至長安，復加都督中外諸軍事，猛辭曰：「元相(55)之重，儲傳(56)之尊，端右(57)事繁，京牧(58)任大，總督戎機(59)，出納帝命(60)，文武兩寄(61)，巨細並關(62)，以伊呂蕭鄧之賢(63)，尚不能兼，況臣猛之無似(64)。」章三四上，秦王堅不許，曰：「朕方混壹四海，非卿無可委者，卿之不得辭宰相，猶朕不得辭天下也。」猛為相，堅端拱(65)於上，百官總已於下(66)，軍國內外之事，無不由之。猛剛明清肅(六七)，善惡著白(六八)，放黜尸素(六九)，顯拔幽滯，勸課農桑，練習軍旅，官必當才，刑必當罪，由是國富兵彊，戰無不克，秦國大治。堅敕太子宏及長樂公丕等曰：「汝事王公，如事我也。」陽平公融在冀州，高選綱紀(七〇)，以尚書郎房默、河閒相申紹為治中別駕(七一)，清河崔宏為州從事管記室(七二)。融年少，為政好新奇，貴苛察(七三)，申紹數規正(七四)，導以寬和，融雖敬之，未能盡從。後紹出為濟北太守，融屢以過失聞，數致譴讓(七五)，乃自恨不用紹言。融嘗坐擅起學舍(七六)，為有司所糾(七七)，遣主簿李纂詣長安自理(七八)，纂憂懼道卒(七九)。融問申紹：「誰可使者？」紹曰：「燕尚書郎高泰，清辯(八〇)有膽智，可使也。」先是丞相猛及融，屢辟(八一)泰，泰不起，至是，融謂泰曰：「君子救人之急，卿不得復辭。」泰乃從命，至長安，猛見之，笑曰：「高子伯(八二)於今乃來，何其遲也(八三)！」泰曰：「罪人來就刑，何問遲速(八四)。」猛曰：「何謂也？」泰曰：「昔魯僖公以泮宮發頌(八五)，齊宣王以稷下垂聲(八六)，今陽平公開建學宮，追蹤齊魯，未聞明詔(八七)褒美(八八)，乃更煩有司舉劾(八九)，明公阿衡聖朝(九〇)，懲勸(九一)如此，下吏(九二)何所逃其罪乎！」猛曰：「是吾過也。」事遂得釋(九三)。猛因歎曰：「高子伯，豈陽平所宜吏乎(九四)！」言於秦王堅，堅召見，悅之，問以為治之本，對曰：「治本在得人，得人在審舉(九五)，審舉在核真(九六)，未有官得其人，而國家不治者也？」堅曰：「可謂辭簡而理博(九七)矣。」以為尚書郎。泰固請還州，堅許之。

(九)九月，追尊故會稽王妃王氏曰順皇后，尊帝母李氏為淑妃。

冬，十月，丁卯，葬簡文帝於高平陵。

(十)彭城(九八)妖人盧悚，自稱大道祭酒(九九)，事之者八百餘家，十一月，遣弟子許龍如吳，晨到海西公門，稱太后密詔，奉迎興復(一〇〇)，公初欲從之，納保母(一〇一)諫而止。龍曰：「大事垂捷，焉用兒女子言乎(一〇二)！」公曰：「我得罪於此，幸蒙寬宥，豈敢妄動？且太后有詔，便應官屬來(一〇三)，何獨使汝也？汝必為亂，」因叱左右縛之，龍懼而走(一〇四)。甲午，悚帥眾三百人晨攻廣莫門(一〇五)，詐稱海西公還，由雲龍門(一〇六)突入殿庭，略取武庫甲仗(一〇七)，門下吏士(一〇八)駭愕(一〇九)，不知所為。游擊將軍毛安之聞難，帥眾直入雲龍門，手自⑳奮擊㉑，左衞將軍殷康、中領軍桓祕入止車門㉒，與安之幷力討誅之，幷黨與死者數百人㉓。海西公深慮橫禍㉔，專飲酒，恣聲色㉕，有子不育，時人憐之。朝廷知其安於屈辱，故不復為虞㉖。

(十)秦都督北蕃諸軍事、鎮北大將軍、開府儀同三司、朔方桓侯梁平老卒，平老在鎮十餘年，鮮卑匈奴憚而愛之。

(十一)三吳大旱㉗，人多餓死。

【今註】①勰：音協。②著作佐郎：《晉書．職官志》：「著作郎一人，謂之大著作郎，專掌史任；又置佐著作郎八人。」③士望：人士所仰望者。④燕之惡來輩也：胡三省曰：「惡來以多力事紂，紂變之以亡國。惡來輩一作惡來革。史記曰：『惡來善毀讒，諸侯以此益疏。』輩當作革。」按輩乃儕流之意，即惡來之流，若言當作革，則革意與此不合，故言當作革實誤。⑤污：玷污。⑥悉補邊郡：悉補除邊郡之職。⑦蔽君：蒙蔽君上。⑧愚闇貪虐：愚頑闇昧、貪墨暴虐。⑨見禽：禽，同擒；謂被擒。⑩誅首：首先見誅之人。⑪寵秩：秩，序位；謂寵幸而予以爵位。⑫人莫之恩：謂人不感其恩。⑬而莫之誠：謂人不以誠報之。⑭不遂：不成。⑮無所：無地。⑯才成一藝：六藝中能成一藝者。⑰在所：猶所在。⑱以禮送之：以禮節送之於朝廷。⑲罷遣還民：罷黜遣送，還而為民。⑳吳縣西柴里：吳縣今江蘇省吳縣，西柴，里名，古以里為民聚居之基本單位，凡言住所，皆殿以里字。㉑常侍、持節、將軍、侯如故：按上卷太和五年文作：「堅以王猛為使持節。」按使持節據《晉書．職官志》，權位較持節為高且大，故持節上之使字，決不可少。㉒京口城：今江蘇省鎮江縣治。㉓建康：即今之南京，昔為晉氏之京邑。㉔內外戒嚴：城之內外，俱行戒嚴。㉕東海內史：《晉書．地理志》：「元帝割吳郡海虞縣之北境，為東海郡。」其官長為太守，若上有王，則稱內史，本書作東海內史，而〈庾亮附希傳〉則云東海太守，以言職位，則實相同也。㉖庾希庾邈與故青州刺史武沈之子遵，……及其親黨皆斬之：按此段乃錄自〈庾亮附希傳〉，字句大致相同。㉗帝不豫：豫，安。㉘一日一夜發四詔：按上文於數四條中言晉代不用再三一辭，而改用數四，其行動亦率以四為度。今此文言一日一夜發四詔，亦以四為度之一重要佐證。㉙生世子道生、及弟俞生，道生疎躁無行，母子皆以幽廢死，餘三子郁、朱生、天流皆早夭：按〈簡文三子傳〉：「王皇后生會稽思世子道生，皇子俞生……俞生、朱生，天流竝早夭，今略之。」而《通鑑》未言俞生之下落，宛似與其兄及母俱以幽廢而死，殊不知真象並非如此。為符事實及行文明醒計，當於幽廢死下，添俞生及三字。㉚王使善相者視之：據〈孝武文李太后傳〉，相者為道士許邁。㉛婢媵：卑女為婢，婢女之下者，送女從嫁曰媵，媵音孕。㉜織坊：宮人操織作之坊室。㉝黑而長，宮人謂之崑崙：按〈孝武文李太后傳〉，亦載崑崙之語。此崑崙一辭，甚關重要，蓋乃宣示東晉時與南洋交通，已為繁盛，凡南洋之特殊事物，常取以為喻，而此崑崙以崑崙種族，（辭海崑崙奴條，謂：「即今之馬來種。」）膚色黝黑，遂移以喻凡膚色黝黑之人，而李太后以形長而色黑，遂亦蒙崑崙之譏焉。由此譏嘲，正足見崑崙之名及其涵義，流行中土之廣遍矣。㉞生子昌明：〈孝武紀〉：「初簡文帝見讖云：『晉祚盡昌明。』及帝之在孕也，李太后夢神人謂之曰：『汝生男，以昌明為字。』及產，東方始明，因以為名焉。簡文帝後悟，乃流涕。……俄而帝崩，晉祚自此傾矣。」㉟初帝為會稽王……生子昌明及道子：按此段乃本自〈簡文順王皇后〉，及〈孝武文李太后〉二傳，字句大致相同。㊱己未，立昌明為皇太子：按〈簡文紀〉及〈孝武紀〉，皆作乙未，己當改作乙。㊲少子可輔者輔之，如不可，君自取之：按此乃用劉先主屬諸葛亮之言。㊳儻來之運：《莊子．繕性》：「物之儻來，寄也。」《新方言．釋言》：「吳楚皆謂不意得之者為儻來。」儻音倘。㊴嫌：惡。㊵天下、宣元之天下：宣帝肇基帝業，元帝中興，故云然。㊶一稟大司馬：全稟承大司馬之意。㊷如王丞相故事：王丞相謂王導。㊸遺詔大司馬溫依周公居攝故事……王丞相故事：按此段乃錄自〈王湛附坦之傳〉，除稍多出數句外，餘均相同。㊹何容得異：容，應，即何應持異。㊺崇德太后：即康獻褚太后。㊻諒闇：天子居喪之廬，此處指天子居喪言。㊼居攝故事：居朝攝政故事。㊽停滯：猶停頓。㊾稽廢山陵：稽遲停廢，天子營葬之事。㊿封還：將太后令封緘而還之於內，意謂不奉令也。(51)羣臣疑惑未敢立嗣……事遂不行：按此段乃錄自〈王廙附彪之傳〉，字句幾全相同。(52)副所望：符稱所望。(53)溫望簡文臨終……使吾依武侯王公故事耳：按此段乃錄自〈桓溫傳〉，字句幾全相同。(54)心銜之：銜，銜恨，謂心甚恨之。(55)元相：丞相。(56)儲傅：太子太傅。(57)端右：尚書令。(五八)京牧：司隸校尉。(五九)總督戎機：都督中外諸軍事。(六〇)出納帝命：中書監常侍之職。(六一)文武兩寄：文武之任，皆寄付之。(六二)巨細並關：大小之事，皆關白之。(六三)以伊呂蕭鄧之賢：謂伊尹、呂望、蕭何、鄧禹。(六四)無似：猶言不肖。(六五)端拱：端，正；拱，拱手。謂拱垂而坐，無所事事。(六六)百官總已於下：下之百官，總領於猛。(六七)清肅：清明嚴肅。(六八)善惡著白：善惡分辨甚明。(六九)放黜尸素：放逐黜免，尸位素餐之輩。(七〇)高選綱紀：高選，猶精選；綱紀，謂官屬綱紀眾事者。(七一)治中別駕：《晉書・職官志》：「州置刺史、別駕、治中、從事等員。」(七二)管記室：掌撰書札、表章、疏奏等事。(七三)苛察：苛，刻細；察，急疾；正與寬恕相對。(七四)規正：規諫匡正。(七五)數致譴讓：致，召；屢屢召致上方之譴責。(七六)坐擅起學舍：坐，坐罪；坐專自修建學舍，而未上請之罪。(七七)糾：糾舉。(七八)自理：自行申理。(七九)道卒：卒於道中。(八〇)清辯：清明善辯。(八一)辟：辟召。(八二)高子伯：子伯，高泰字。(八三)何其遲也：其為語助，無義。約當於今語之怎麼這樣晚啊！(八四)何問遲速：何用問其遲速？(八五)昔魯僖公以泮宮發頌：《詩・魯頌・泮水》，頌僖公能修泮宮。(八六)齊宣王以稷下垂聲：《史記・田完世家》：「宣王喜文學游說之士，自如騶衍、淳于髡、田駢、接予、慎到、環淵之徒七十六人，皆賜列第為上大夫，不治而議論，是以齊稷下學士復盛，且數百千人。」(八七)明詔：明為贊頌辭，用以狀所頒之詔。(八八)褒美：褒獎贊美。(八九)舉劾：糾舉彈劾。(九〇)阿衡聖朝：猶弼輔聖朝。(九一)懲勸：懲罰獎勸。(九二)下吏：猶小吏。(九三)釋：解，亦即了也。(九四)豈陽平所宜吏乎：謂不當用於州郡，而應置於朝廷。(九五)審舉：審慎銓舉。(九六)核真：考核真確。(九七)辭簡而理博：辭令簡要而道理廣博。

(九八)彭城：晉氏南渡，僑置彭城郡於晉陵界。(九九)自稱大道祭酒：祭酒，古禮凡大饗宴，必賓中之年長者一人，先舉酒以祭。故祭酒，乃謂其人之年齒品望冠於同列，大道祭酒一稱，當係信道教者之所為。蓋晉末天師道甚流行，士庶信之者甚多，而盧悚亦其一也。(一〇〇)奉迎興復：奉迎之起而復天子。(一〇一)保母：乳母之類。(一〇二)焉用兒女子言乎：兒女子謂小兒女子，乃言其識見極為淺稚。〈海西公紀〉：「龍曰：『大事將捷，焉用兒女子言乎』！」〈段灼傳〉：「上疏曰：『自謂霸王之業已定，都彭城，還故鄉，為畫被文繡，此蓋世俗兒女之情耳，而羽榮之。』」皆此意之例證。(一〇三)便應官屬來：便應差公卿等官屬來。(一〇四)十一月遣弟子許龍如吳，……龍懼而走：按此段乃錄自〈海西公紀〉，字句幾全相同。(一〇五)晨攻廣莫門：胡三省曰：「廣莫門，建康城北門。」(一〇六)雲龍門：胡三省曰：「雲龍門，建康宮門。」(一〇七)略取武庫甲仗：武庫為國家器杖所藏之處。全意為奪取武庫之鎧甲器仗。(一〇八)門下吏士：即門中吏士。按晉代於言都及門時，中下二字，常可隨意互用。其例證為：《世說・文學》：「鄭玄在馬融門下，三年不得相見。」同篇：「太叔廣甚辯給。」注引王隱《晉書》：「摯虞永嘉五年，洛中大饑，遂餓而死。」同書〈言語〉：「蔡洪赴洛，洛中人問曰：『幕府初開。』」《晉書・賈充傳》：「諸葛誕曰：『若洛中有難，吾當死之。』」〈食貨志〉：「永寧之初，洛中尚有錦帛四百萬，實珠金銀百餘斛。」而此洛中，下諸文亦多作洛下。《世說・尤悔》：「大將軍曰：『我與周洛下相遇，一面頓盡。』」同書〈雅量〉桓公伏甲設饌條注文章志：「安能作洛下書生詠，而少有鼻疾，語音濁。」《晉書・外戚羊琇傳》：「屑炭和作獸形，以溫酒，洛下豪貴，咸競效之。」凡此，皆言洛時，中下可隨意互用之證，且非特於洛為然，即其他都城，亦多用下字以代中字。如《世說・言語》：「袁彥伯為謝安南司馬，都下諸人，送至瀨鄉。」同書〈文學〉：「庾仲初作揚都賦成，人人競寫，都下紙為之貴。」《晉書・荀晞傳》：「每得珍物，即遺都下親貴。」〈殷浩傳〉：「父羨字洪喬，都下人士，因其致書者百餘函，行次石頭，皆投之水中。」又〈石苞傳〉：「時魏世王侯，多居鄴下，尚書丁謐，貴傾一時，並較時利。」由知以下代中之廣遍矣。而門下之意，實為門中，其導源雖起於周秦，而時至晉代，仍視為門中，則固堅定而未變也。㉙駭愕：恐駭驚遽。㉚手自：親自。㉛奮擊：奮勇衝擊。㉜止車門：門名，謂外車至此而止。《漢書・張湯附安世傳》補注：「漢官舊儀云：『其法，給尚書郎女侍史二人，皆選端正者，從直女侍史，自止車門執香爐、燒熏，從入臺護衣。』」由之可知其處所矣。㉝由雲龍門突入殿庭，……並黨與死者數百人：按此段乃錄自〈毛寶附安之傳〉，字句大致相同。㉞橫禍：無理而來之禍。㉟恣聲色：縱肆聲色。㊱海西公深慮橫禍，……不復為虞：按此段乃本自〈海西公紀〉，字句大致相同。㊲三吳大旱：吳郡、吳興、義興為三吳。

烈宗孝武皇帝上之上

寧康元年（西元三七三年）

㈠春，正月，己卯朔，大赦改元㈠。

㈡二月，大司馬溫來朝。辛巳，詔吏部尚書謝安、侍中王坦之迎於新亭，是時都下人情恟恟㈡，或云欲誅王謝，因移晉室㈢。坦之甚懼，安神色不變，曰：「晉祚存亡，決於此行。」溫既至，百官拜於道側，溫大陳兵衞㈣，延見朝士，有位望㈤者，皆戰慴㈥失色㈦，坦之流汗沾衣，倒執手版㈧，安從容就席，坐定，謂溫曰：「安聞諸侯有道，守在四隣㈨，明公何須壁後置人㈩邪？」溫笑曰：「正自不能不爾，」遂命左右撤之，與安笑語移日⑪。郗超常為溫謀主，安與坦之見溫，溫使超臥帳中⑫，聽其言，風動帳開，安笑曰：「郗生，可謂入幕之賓矣⑬。」時天子幼弱，外有彊臣，安與坦之盡忠輔衞，卒安晉室。溫治盧悚入宮事，收尚書陸始付廷尉，免桓祕官，連坐者甚眾。遷毛安之為左衞將軍，桓祕由是怨溫。三月，溫有疾，停建康十四日，甲午，還姑孰。

㈢夏，代王什翼犍使燕鳳入貢於秦。

㈣秋，七月，己亥，南郡宣武公桓溫薨。初溫疾篤，諷⑭朝廷求九錫，屢使人趣(一七)之，謝安、王坦之故緩其事(一八)，使袁宏具草，宏以示王彪之，彪之歎其文辭之美，因曰：「卿固大才，安可以此示人(一九)。」謝安見其草輒改之(二〇)，由是歷旬不就(二一)，宏密謀於彪之，彪之曰：「聞彼病日增，亦當不復支久(二二)，自可更小遲迴(二三)(二四)。」

溫弟江州刺史沖問溫以謝安、王坦之所任(二五)，溫曰：「渠等(二六)不為汝所處分。」其意以為己存，彼必不敢立異，死則非沖所制(二七)，若害之，無益於沖，更失時望(二八)故也(二九)。溫以世子熙才弱，使沖領其眾，於是桓祕與熙弟濟謀共殺沖(三〇)，沖密知之，不敢入。俄頃(三一)，溫薨，沖先遣力士拘錄(三二)熙、濟，而後臨喪，祕遂被廢棄(三三)，熙濟俱徙長沙。詔葬溫依漢霍光、及安平獻王故事。沖稱溫遺命，以少子玄為嗣，時方五歲，襲封南郡公。庚戌，加右將軍、荊州刺史桓豁征西將軍、督荊、揚、雍、交、廣五州諸軍事(三四)，桓沖為中軍將軍、都督揚、豫、江三州諸軍事、揚豫二州刺史，鎮姑孰，竟陵太守桓石秀為寧遠將軍、江州刺史，鎮尋陽。石秀，豁之子也。沖既代溫居任，盡忠王室，或勸沖誅除時望，專執時權，沖不從。始溫在鎮，死罪皆專決，不請(三五)，冲以為生殺之重(三六)，當歸朝廷，凡大辟(三七)，皆先上，須報(三八)，然後行之(三九)。

(五)謝安以天子幼冲，新喪元輔，欲請崇德太后臨朝(四〇)。王彪之曰：「前世人主幼在繈褓，母子一體(四一)，故可臨朝，太后亦不能決事，要須顧問(四二)大臣。今上年出十歲(四三)，垂及冠婚(四四)，反令從嫂臨朝，示人主幼弱(四五)，豈所以光揚(四六)聖德乎！諸公必欲行此，豈僕所制(四七)，所惜者，大體耳(四八)！」安不欲委任桓冲，故使太后臨朝，己得以專獻替裁決(四九)，遂不從彪之之言(五〇)。八月，壬子，太后復臨朝攝政。

(六)梁州刺史楊亮遣其子廣襲仇池，與秦梁州刺史楊安戰，廣兵敗，沮水諸戍(五一)皆委城(五二)奔潰，亮懼，退守磬險。九月安進攻漢川(五三)。

(七)丙申，以王彪之為尚書令，謝安為僕射，領吏部，共掌朝政。安每嘆曰：「朝廷大事，眾所不能決者，以諮王公，無不立決(五四)。」

以吳國內史刁彝為徐、兗二州刺史，鎮廣陵。

(八)冬，秦王堅使益州刺史王統、祕書監朱彤帥卒二萬出漢川，

前禁將軍毛當，鷹揚將軍徐成，帥卒三萬出劍門，入寇梁益，梁
州刺史楊亮帥巴獠(五五)萬餘拒之，戰於青谷，亮兵敗，奔固西城(五六)，
彤遂拔漢中，徐成攻劍閣，克之，楊安進攻梓潼(五七)，梓潼(五八)太守周
虓(五九)固守涪城，遣步騎數千，送母妻自漢水趣江陵，朱彤邀而獲
之(六〇)，虓遂降於安(六一)。十一月，安克梓潼。荊州刺史桓豁遣江夏相
竺瑤救梁益，瑤聞廣漢太守趙長戰死，引兵退，益州刺史周仲孫
勒兵拒朱彤於緜竹，聞毛當將至成都，仲孫帥騎五千奔於南中，
秦遂取梁益二州，邛莋(六二)、夜郎(六三)皆附於秦。秦王堅以楊安為益州
牧，鎮成都，毛當為梁州刺史，鎮漢中，姚萇為寧州刺史，屯墊
江，王統為南秦州刺史，鎮仇池。

(九)秦王堅欲以周虓為尚書郎(六四)，虓曰：「蒙晉厚恩，但老母見
獲，失節於此，母子獲全，秦之惠也，雖公侯之貴，不以為榮，
況郎官乎(六五)！」遂不仕，每見堅，或箕踞而坐(六六)，呼為氐賊(六七)，嘗
值元會(六八)，儀衛(六九)甚盛，堅問之曰：「晉朝元會，與此何如？」虓
攘袂(七〇)厲聲曰：「犬羊相聚(七一)，何敢比擬天朝(七二)。」秦人以虓不遜，

屢請殺之，堅待之彌厚(七三)。周仲孫坐失守免官。桓沖以冠軍將軍毛虎生為益州刺史、領建平太守。以虎生子球為梓潼太守，虎生與球伐秦，至巴西，以糧乏，退屯巴東。

(十)以侍中王坦之為中書令，領丹楊尹。

(十一)是歲，鮮卑勃寒掠隴右(七四)，秦王堅使乞伏司繁討之，勃寒請降，遂使司繁鎮勇士川。

(十二)有彗星出於尾箕，長十餘丈，經太微，掃東井(七五)，自四月始見，及秋冬不滅。秦太史令張孟言於秦王堅曰：「尾箕燕分，東井秦分，今彗起尾箕，而掃東井，十年之後，燕當滅秦，二十年之後，代當滅燕(七六)。慕容暐父子兄弟，我之仇敵，而布列朝廷，貴盛莫二(七七)，臣竊憂之，宜翦其魁桀(七八)者，以消天變(七九)。」堅不聽。陽平公融上疏曰：「東胡(八〇)跨據六州，南面稱帝，陛下勞師(八一)累年(八二)，然後得之，本非慕義而來。今陛下親而幸之，使其父兄子弟，森然(八三)滿朝，執權履職(八四)，勢傾勳舊(八五)，臣愚以為狼虎之心，終不可養，星變如此，願少留意。」堅報曰：「朕方混六合(八六)為一家，視夷狄為赤子⑰，汝宜息慮⑱，勿懷耿介⑲。失惟修德，可以禳災⑳，苟能內求諸己，何懼外患乎㉑！」

【今註】㊀正月己卯朔，大赦改元：按〈孝武紀〉作正月乙丑朔改元。㊁恟恟：喧擾貌。㊂移晉室：易移晉祚。㊃大陳兵衞：盛陳兵士，以自衞護。㊄位望：位，列位，中庭左右謂之位。《孟子》曰：「賢者在位，能者在職。」則有位者公卿大臣也。望，名望。㊅戰慴：戰悚慴懼。慴音習。㊆失色：猶言面無人色。㊇手版：沈約曰：「手版，則古笏矣。尚書令、僕射尚書手版頭復有白筆，以紫皮裹之，名笏。」㊈安聞諸侯有道，守在四鄰：胡三省曰：「左傳楚沈尹戍曰：『天子守在四夷，諸侯守在四鄰。』」㊉壁後置人：乃欲以誅違抗者。⑪移日：按日猶時，即移時也。⑫詔吏部尚書謝安、侍中王坦之迎於新亭，……與安笑語移日：按此段乃錄自〈桓溫〉、〈謝安〉二傳，字句大致相同。⑬溫使超臥帳中：按堂室中設帳，乃漢晉之流俗。《後漢書・馬融傳》：「融居宇器服，多存侈飾，常坐高堂，施絳紗帳，前授生徒，後列女樂。」《文選・潘岳寡婦賦》：「易錦茵以苫席兮，代羅幬以素帷。」（李注：「丁儀寡婦賦：『刷朱闕以白堊，易玄帳以素幬。』」）同書〈潘岳悼亡詩〉：「茵幬張故房，朔望臨爾祭。」（李注：「毛詩箋：『幬，床帳也。』」）同書〈鮑照蕪城賦〉：「若夫藻扃黼帳，歌堂舞閣之基。」同書〈潘岳哀永逝〉：「風泠泠兮入帷，雲霏霏兮承蓋。」（李注：「班婕妤自傷賦：『廣室陰兮帷幄暗，房櫳虛兮風泠泠。』」）由之，可知漢晉堂室，率設有帷幄。夫既如此，故溫欲使郗超刺聽安與坦之之言談，遂令臥於帳中焉。⑭可謂入幕之賓矣：幕謂帳幕，言彼此甚為親昵。⑮郗超常為溫謀主，……可謂入幕之賓矣：按此段乃錄自〈郗鑒附超傳〉，字句幾全相同。⑯諷：諷示。⑰趣：促。⑱故緩其事：故意遲緩其事。⑲安可以此示人：言不當為此文。⑳見其草輒改之：每見輒改，言改易之次數甚多。㉑歷旬不就：經歷旬日，而未完成。㉒不復支久：不能支持長久。復為語助，無意。㉓自可更小遲迴：小，猶稍。謂可以再稍遲延搪塞一陣時間。㉔初溫疾篤，諷朝廷求九錫，……自可更小遲迴：按此段錄自〈王廙附彪之傳〉，字句大致相同。㉕所任：謂如何處置。㉖渠等：胡三省曰：「吳俗謂他人為渠、儂。」按〈桓溫傳〉渠等作伊等，此係《通鑑》所改。㉗死則非沖所制：謂溫死則非沖所能控制。㉘時望：時人之望。㉙溫弟江州刺史沖，……更失時望故也：按此一段乃錄自〈桓溫傳〉，字句大致相同。㉚於是桓秘與熙弟濟謀共殺沖：按〈桓溫傳〉及〈桓彝附秘傳〉，皆言熙曾與謀，是與熙下當添及其二字，方為完全。㉛俄頃：皆言時間之短促，二字為複合辭語。㉜拘錄：拘捕收錄。㉝溫以世子熙才弱……秘遂被廢棄：按此段乃錄自〈桓彝附秘傳〉，字句大致相同。㉞加右將軍荊州刺史桓豁征西將軍，督荊揚雍交廣五州諸軍事：按下緊接云：「桓沖為中軍將軍，都督揚豫江三州諸軍事。」不當二人同時皆督揚州，知內必有一誤。核〈桓溫傳〉有：「以溫為都督荊梁四州諸軍事，安西將軍。」是督荊者例兼督梁，則荊揚之揚，信當係梁字之誤。又征西將軍上當有一動詞為字，又督例為都督，上亦當添一都字。㉟死罪皆專決，不請：謂犯死罪之囚，皆專自處決，而不上請。㊱生殺之重：謂生殺之大權。㊲大辟：死罪。㊳須報：謂待朝廷報聞。㊴沖既代溫居任……須報，然後行之：按此段乃錄自〈桓彝附沖傳〉，字句大致相同。㊵臨朝：謂臨朝聽政。㊶母子一體：極言母子之親近。㊷顧問：初意為轉顧而問，後則與問意全相類。㊸年出十歲：猶年逾十歲。㊹垂及冠婚：按《儀禮・士冠禮》疏：「天子諸侯並十二而冠。」意謂將及冠婚之年。㊺示人主幼弱：以宣示人主之幼弱。㊻光揚：發揚光大。㊼豈僕所制：豈僕所能制止。㊽所惜者大體耳：謂所惜者，有損大體耳。㊾獻替裁決：獻替，謂獻興廢之議；裁決，謂裁奪決斷。㊿謝安以天子幼沖，……遂不從彪之之言：按此段乃本自〈王廙附彪之傳〉，字句大致相同。(51)沮水諸戍：胡三省曰：「班志：『沮水出武都沮縣東狼谷，東流，合為漢水。』晉蓋阻沮水，列戍以備秦。」(52)委城：棄城。(53)梁州刺史楊亮……九月，安進攻漢川：按此段乃錄自〈苻堅載記〉上，字句大致相同。(54)以王彪之為尚書令……無不立決：按此段乃錄自〈王廙附彪之傳〉，字句大致相同。(55)獠：獠為西南夷一種族之稱。(56)奔固西城：胡三省曰：「西城縣，漢屬漢中郡，魏晉屬魏興郡。奔固者，奔西城以自固也。」(57)冬秦王堅使益州刺史王統，……楊安進攻梓潼：按此段乃錄自〈苻堅載記〉上，字句大致相同。(58)梓潼：晉郡名，治涪縣，即今四川省緜陽縣。(59)虓：音ㄒㄧㄠ。(60)邀而獲之：謂邀截攔擊而獲之。(61)梓潼太守周虓……虓遂降於安：按此段乃錄自〈周訪降虓傳〉，字句完全相同。(62)卬莋：卬當作邛，莋亦作筰，或作笮。《後漢書・公孫述傳》：「邛笮君長，皆來貢獻。」注：「邛笮西南夷國名，尋笮以渡水，因號邛笮。」邛音ㄑㄩㄥˊ，莋音ㄗㄨㄛˊ。(63)夜郎：亦西南夷國名，晉永嘉中兼置夜郎郡，故治在今貴州省石阡縣西南。(六四)尚書郎：《晉書・職官志》：「尚書郎，西漢舊置四人，以分掌尚書。及光武分尚書為六曹之後，合置三十四人，秩四百石。郎主作文書起草，更直五日於建禮門內。及晉受命，武帝設三十五曹，置郎二十三人，更相統攝。」(六五)況郎官乎：郎官指尚書郎。意謂雖公侯之貴，不以為榮，況低於公侯之尚書郎乎！自更不足置懷。(六六)箕踞而坐：《漢書・陸賈傳》顏注：「謂伸其兩腳而坐，亦曰箕踞，其形似箕。」按古人普通皆跪坐，今箕踞而坐，乃所以示傲慢及不敬也。(六七)氐賊：氐為苻堅種姓，賊乃詈人語，因恨怨之，故詈為氐賊。(六八)元會：正月一日為元日，是日朝會為元會。(六九)儀衞：儀仗侍衞。(七〇)攘袂：揎袖出臂，猶今言捋臂，蓋以表忿怒之態。(七一)犬羊相聚：犬羊以喻苻堅君臣，蓋亦罵詈。(七二)天朝：按晉代喜以天言天子及朝廷。其實例略為〈愍懷太子傳〉：「遺妃書曰：『自道文病，中宮三遣左右來視，云天教呼汝。……中宮遙呼陳舞，昨、天教與太子酒棗。……賈后表曰：「特乞天恩，賜以王禮。」』」〈殷浩傳〉：「溫上疏罪浩曰：『出頓壽陽，頓甲彌年，傾天府之資，競五州之力。』」〈王廙傳〉：「上疏曰：『臣犬馬之年四十三矣，未能上報天施，而釁負屢彰。』」又〈張軌附祚傳〉：「下書曰：『待掃穢二京，蕩清周魏，然後迎帝舊都，謝罪天闕。』」〈石崇傳〉：「陛下天聰四達，靈鑒昭遠。」〈鄭默傳〉：「默上言：『宮臣皆受命天朝，不得同之藩國。』」〈慕容超載記〉：「天族多奇，玉林皆寶。」又〈胡奮傳〉：「楊駿以后父驕傲自得，奮謂駿曰：『卿恃女更益豪邪！歷觀前代與天家婚，未有不滅門者。』」凡皇帝之行動事物居處，皆冠以天字，由知晉人之喜用天字矣。此天朝乃謂天子之朝，以示與夷狄之朝，尊卑有殊。(七三)秦王堅欲以周虓為尚書郎……堅待之彌厚：按此段乃錄自〈周訪附虓傳〉，字句大致相同。(七四)是歲，鮮卑勃寒掠隴右：勃寒，亦隴西鮮卑。(七五)有彗星出於尾箕，經太微，掃東井：按《晉書．天文志》：「尾九星，箕四星，燕幽州分；東井八星，秦雍州分。」(七六)十年之後，燕當滅秦，二十年之後，代當滅燕：胡三省曰：「太元十年，慕容沖破長安，距是歲僅十一年；安帝隆安元年，拓跋珪克中山，距是歲二十三年。」(七七)貴盛莫二：謂貴盛莫與倫比。(七八)魁桀：魁渠豪桀。(七九)以消天變：以消弭天之變異。(八〇)東胡：鮮卑乃東胡之餘種。(八一)勞師：勞動師旅。(八二)累年：猶多年。(八三)森然：多貌。(八四)履職：執行職務。(八五)埶傾勳舊：埶同勢。謂權勢之大，在勳舊親臣之上。(八六)混六合：混同六合。(八七)赤子：謂天真無邪，而可愛也。(八八)息慮：止息此種思慮。(八九)耿介：古書多釋耿介為守正不阿，蓋惟守正不阿，於芥蔕之邪惡小事，常悽悽而存於胸懷也。(九〇)禳災：除災。(九一)按自是歲鮮卑勃寒掠隴右，訖何懼外患乎：所占篇幅頗長，以中所述之二事，緜亙日月，礙難述於一定月之中，故不得不附麗於是歲之下。凡書於是歲項中之事，皆其發生月日不可考，或歷延多月，不獲書於某一月中，史家始不得已而採用此法。

二年（西元三七四年）

㈠春，正月，癸未朔，大赦。

㈡己酉，刁彝卒㊀。二月，癸丑，以王坦之為都督徐、兗、青三州諸軍事、徐兗二州刺史，鎮廣陵，詔謝安總中書。安好聲律，朞功之慘㊁，不廢絲竹㊂，士大夫効之，遂以成俗。王坦之屢以書苦諫之，曰：「天下之寶㊃，當為天下惜㊄之。」安不能從㊅。

㈢三月，秦太尉、建寧烈公李威卒。

㈣夏，五月，蜀人張育、楊光起兵擊秦，有眾二萬，遣使來請兵。秦王堅遣鎮軍將軍鄧羌，帥甲士五萬討之。益州刺史竺瑤、威遠將軍桓石虔帥眾三萬攻墊江，姚萇兵敗，退屯五城，瑤、石虔屯巴東，張育自號蜀王，與巴獠酋帥張重、尹萬萬餘人，進圍成都㊆。六月，育改元黑龍。秋，七月，張育與張重等爭權，舉兵相攻，秦楊安、鄧羌襲育敗之，育與楊光退屯緜竹㊇。八月，鄧羌敗晉兵於涪西。九月，楊安敗張重、尹萬於成都南，重死，斬首二萬三千級，鄧羌擊張育、楊光於緜竹，皆斬之。益州復入於秦。

㈤冬，十二月，有人入秦明光殿，大呼曰：「甲申、乙酉，魚羊食人，悲哉無復遺。」秦王堅命執之，不獲。祕書監朱肜、祕書侍郎、略陽趙整，固請誅鮮卑，堅不聽㊈，整，宦官也，博聞彊記，能屬文㊉，好直言，上書及面諫，前後五十餘事。慕容垂夫人，得幸於堅，堅與之同輦遊於後庭，整歌曰：「不見雀來入鷰室，但見浮雲蔽白日㊁。」堅改容謝之，命夫人下輦。

㈥是歲，代王什翼犍擊劉衛辰，南走㊂。

【今註】㊀刁彝卒：按諸書卒者，例言其爵號，以免與他人有混。刁彝卒時之官職為徐兗二州刺史，當於刁彝上添此六字。㊁朞功之慘：朞及大功小功之喪也。㊂絲竹：王羲之〈蘭亭集序〉：「雖無絲竹管絃之盛，一觴一詠，亦足以暢敘幽情。」由知晉人行樂，固以絲竹為要目焉。㊃天下之寶：按晉人喜言寶字，云金財時，常綴以此字。其例證為《晉書・閻纘傳》：「而後母疾之愈甚，乃誣纘盜父時金寶，訟於有司。」〈王舒傳〉：「時敦輕騎歸洛陽，委弃公主時輜重金寶甚多，親賓無不競取，惟舒一無所眄。」〈秦秀傳〉：「上言曰：『數旬而平吳，雖舉吳人之財寶以與之，本非已分有焉，而擄與計校乎！』」〈束晳傳〉：「初發冢者，燒策照取寶物。」夫既喜稱物曰寶，因而於人之俊秀者，亦遂以寶字譽之。其得見者，有《晉書・陸雲傳》：「移書曰：『棲靜隱寶，淪虛藏器。……誠帝室之瓌寶，清廟之偉器。』」〈張協傳〉：「七命曰：『今將榮子以天人之大寶。』」是寶字於晉代之時義，固甚尊崇而通俗也。㊄惜：愛惜，極示愛重之意。㊅安好聲律……當為天下惜之，安不能從：按此段乃本自〈謝安傳〉，而文多溢出。㈦與巴獠酋帥張重、尹萬、萬餘人，進圍成都：按〈苻堅載記〉上作尹萬等五萬餘人，進圍成都。萬餘當作五萬餘。㈧緜竹：故城在今四川省德陽縣北。㈨五月，蜀人張育楊光起兵擊秦……固請誅鮮卑，堅不聽：按此段乃錄自〈苻堅載記〉上，字句大致相同。㈩屬文：綴文。⑪但見浮雲蔽白日：《文選》古詩十九首：「浮雲蔽白日，遊子不顧返。」注：「以喻邪佞之毀忠良。」⑫是歲，代王什翼犍擊劉衞辰，南走：胡三省曰：「衞辰之下，更有衞辰字，文意乃足。」按胡說是，然古書亦常有此句法，未可非議，惟要以胡說為較普通。

三年（西元三七五年）

㈠春，正月，辛亥，大赦。

㈡夏，五月，丙午，藍田獻侯王坦之卒，臨終與謝安、桓沖書，惟以國家為憂，言不及私㈠㈡。

㈢桓沖以謝安素有重望㈢，欲以揚州讓之，自求外出，桓氏族黨㈣皆以為非計，莫不扼腕㈤固諫，郗超亦深止之㈥，沖皆不聽，處之澹然㈦。甲寅，詔以沖都督徐、豫、兗、青、揚五州諸軍事、徐州刺史，鎮京口㈧；以安領揚州刺史，並加侍中。

㈢六月，秦清河武侯王猛寢疾㈨，秦王堅親為之祈南北郊(一〇)，及宗廟社稷，分遣侍臣徧禱河嶽諸神(一一)，猛疾少瘳(一二)，為之赦殊死以下。猛上疏曰：「不圖陛下以臣之命(一三)，而虧天地之德，開闢已來(一四)，未之有也。臣聞報德莫如盡言(一五)，謹以垂沒之命(一六)，竊獻遺款(一七)。伏惟(一八)陛下威烈(一九)振乎八荒(二〇)，聲教(二一)光(二二)乎六合，九州百郡，十居其七(二三)，平燕定蜀，有如拾芥(二四)。夫善作者，不必善成(二五)，善始者，不必善終，是以古先哲王，知功業之不易，戰戰兢兢(二六)，如臨深谷。伏惟陛下追蹤前聖(二七)，天下幸甚。」堅覽之，悲慟。秋，七月，堅親至猛第視疾，訪以後事(二八)。猛曰：「晉雖僻處江南，然正朔相承(二九)，上下安和，臣沒之後，願勿以晉為圖(三〇)。鮮卑西羌，我之仇敵，終為人患(三一)。宜漸除之，以便社稷(三二)。」言終而卒。堅比斂(三三)，三臨哭。謂太子宏曰：「天不欲使吾平壹六合邪！何奪吾景略之速也(三四)。」葬之如漢霍光故事(三五)。

㈣八月，癸巳，立皇后王氏，大赦，后，濛之孫也(三六)。以后父晉陵太守蘊為光祿大夫、領五兵尚書㊲，封建昌侯，蘊固辭不受。

㈤九月，帝講孝經，始覽典籍，延儒士，謝安薦東莞㊳徐邈補中書舍人，每被顧問，多所匡益㊴。帝或宴集，酣樂㊵之後，好為手詔詩章㊶，以賜侍臣，或文詞率爾㊷，所言穢雜㊸，邈應時㊹收斂還省㊺，刊削㊻皆使可觀，經帝重覽，然後出之㊼，時議以此多㊽邈㊾。

㈥冬，十月，癸酉朔，日有食之。

㈦秦王堅下詔曰：「新喪賢輔，百司㊿或未稱(五一)朕心，可置聽訟觀(五二)於未央(五三)南，朕五日一臨(五四)，以求民隱(五五)。今天下雖未大定，權可(五六)偃武(五七)脩文，以稱(五八)武侯(五九)雅旨(六〇)。其增崇儒教，禁老莊圖讖(六一)之學，犯者棄市(六二)。妙簡(六三)學生，太子及公侯百僚之子，皆就學受業，中外四禁、二衞、四軍、長上、將士(六四)，皆令受學，二十人給一經生，教讀音句(六五)，後宮置典學以教掖庭(六六)，選閹人(六七)及女隸(六八)敏慧者，詣博士授經(六九)。」尚書郎王佩讀讖，堅殺之，學讖者遂絕。

【今註】㈠言不及私：謂所言不及私事。㈡藍田獻侯王坦之卒，……言不及私：按此段乃錄自〈王湛附坦之傳〉，字句大致相同。㈢素有重望：猶早有重望。㈣族黨：宗族親黨。㈤扼腕：《國策・

燕策》：「樊於期偏袒扼腕而進曰：『此臣之日夜切齒腐心，乃今得聞教。』遂自刎。」注：「勇者奮厲必以左手扼右腕也。」此猶言用力。㊅亦深止之：亦深言以止之。㊆澹然：猶淡泊。音淡。㊇桓沖以謝安素有重望……徐州刺史、鎮京口：按此段乃錄自〈桓彝附沖傳〉，字句大致相同。㊈寢疾：臥疾。㊉祈南北郊：祈天神也。⑪河嶽諸神：蓋黃河及華嶽諸神。⑫瘳：愈。⑬以臣之命：以臣之生命。⑭開闢已來：謂自天地開闢已來。⑮盡言：謂凡知者皆宜言之。⑯垂沒之命：將死之生命。⑰遺款：遺誠。⑱伏惟：伏思。⑲威烈：威德功烈。⑳振乎八荒：振，動；乎猶於；八荒，八方之外。㉑聲教：風聲教化。㉒光：大。㉓十居其七：猶十得其七。㉔拾芥：《漢書・夏侯勝傳》顏師古注：「草芥之橫在地上者，俛而拾之，言易而必得也。」㉕不必善成：不必善於完成。㉖戰戰兢兢：惴惴小心貌。㉗追蹤前聖：謂追效古先哲王。㉘後事：將來之事。㉙正朔相承：謂正月一日也，古時王者易姓，有改正朔之事。此謂正統相繼。㉚勿以晉為圖：圖，謀。謂切勿謀晉。㉛終為人患：人謂人家，而人家亦可指自己而言，故意為終為我患。㉜以便社稷：謂以期有利於社稷。㉝比斂：至入斂之時。㉞何奪吾景略之速也：意為歎息奪之太速。㉟秦清河武侯王猛寢疾……葬之如漢霍光故事：按此段除上疏全文別有所據外，均餘錄自〈苻堅載記〉附〈王猛傳〉，字句大致相同。㊱后濛之孫也：按王濛及子蘊，《晉書》外戚俱自有傳。㊲五兵尚書：胡三省曰：「魏始置五兵尚書，謂總錄中兵、外兵、別兵、都兵、騎兵事也。」㊳莞：音官。㊴匡益：匡正補益。㊵酣樂：飲酒將醉為酣。㊶好為手詔詩章：嗜自為詔書及詩篇。㊷率爾：急遽而未遑修改。㊸穢雜：污穢蕪雜。(四四)應時：猶頓時。(四五)收斂還省：將帝所為詩章，收斂一起，而持之還中書省。(四六)刊削：指用竹簡時，將錯誤不善者，以刀削去，再復書之。猶今言改正。(四七)出之：承上，謂賜侍臣。(四八)多：猶讚稱。(四九)帝講孝經，……時議以此多邈：按此段乃錄自《晉書・儒林徐邈傳》，字句大致相同。(五〇)百司：謂眾有司。(五一)未稱：未合。(五二)聽訟觀：謂聽獄訟之館。(五三)未央：宮名，當係氐秦所重建者。(五四)一臨：謂一臨聽。(五五)民隱：民之隱情。(五六)權可：權宜可以，亦即暫時可以。(五七)偃武：息武。(五八)稱：猶滿。(五九)武侯：王猛謚。(六〇)雅旨：雅正之旨。(六一)圖讖：《後漢書・光武紀》注：「圖，河圖也；讖，符命之書。」《四庫提要》謂：「讖者，詭為隱語，預決吉凶。」讖音ㄔㄣˋ。(六二)棄市：斬而棄尸於市。(六三)妙簡：猶精選。(六四)中外四禁、二衛、四軍、長上、將士：胡三省曰：「秦有中軍、外軍將軍；前禁、後禁、左禁、右禁將軍，是為四禁；左衛、右衛將軍，是為二衛；衛軍、撫軍、鎮軍、冠軍將軍，是為四軍；長上者，長上宿衛將士也。」(六五)音句：謂字之發音，及其句讀。(六六)掖庭：宮殿中旁舍，后妃宮嬪所居。(六七)閹人：寺宦。(六八)女隸：沒入為官婢者。(六九)秦王堅下詔曰……詔博士授（按授當作受）經：按此段雖本自《苻堅載記》，而文多溢出。

卷一百四　晉紀二十六

司馬光　編集
曲守約　註

起柔兆困敦，盡玄黓敦牂，凡七年。（丙子至壬午，西元三七六年至三八二年）

烈宗孝武皇帝上之中

太元元年（西元三七六年）

㈠春，正月，壬寅朔，帝加元服㊀，皇太后下詔歸政㊁，復稱崇德太后。甲辰，大赦，改元，丙午，帝始臨朝㊂，以會稽內史郗愔為鎮軍大將軍、都督浙江東五郡諸軍事㊃，徐州刺史桓沖為車騎將軍、都督豫江二州之六郡諸軍事㊄，自京口徙鎮姑孰。謝安欲以王蘊為方伯㊅，故先解沖徐州，乙卯，加謝安中書監、錄尚書事。

㈡二月，辛卯，秦王堅下詔曰：「朕聞王者勞於求賢，逸於得士，斯言何其驗也㊆！往得丞相，常謂帝王易為，自丞相違世㊇，鬚髮中白㊈，每一念之，不覺酸慟㊉。今天下既無丞相，或政教淪替㊁，可分遣侍臣，周巡郡縣，問民疾苦。」

三月，秦兵寇南鄉，拔之，山蠻三萬戶降秦。

㈢夏，五月，甲寅，大赦。

㈣初，張天錫之殺張邕也，劉肅及安定梁景皆有功，二人由是有寵，錫姓張氏，以為己子，使預政事。天錫荒於酒色(一二)，不親庶務(一三)，黜世子大懷，而立嬖妾(一四)之子大豫，以焦氏為左夫人，人情憤怨(一五)，從弟從事中郎憲輿櫬切諫(一六)，不聽，秦王堅下詔曰：「張天錫雖稱藩受位(一七)，然臣道未純(一八)，可遣使持節、武衞將軍苟萇，左將軍毛盛，中書令梁熙，步兵校尉姚萇等，將兵臨西河，尚書郎閻負、梁殊奉詔，徵(一九)天錫入朝，若有違王命，即進師撲討(二〇)。」是時秦步騎十三萬，軍司(二一)段鏗(二二)謂周虓曰：「以此眾戰，誰能敵之(二三)！」虓曰：「戎狄以來，未之有也。」【考異】虓傳曰：「呂光征西域，堅出餞之，戎士二十萬，旌旗數百里，問虓曰：『朕眾力何如。』虓曰：『戎夷以來，未之有也。』」按建元十八年二月虓謀反，徙朔方，十九年正月，呂光發長安，故知在伐涼州時，今從十六國春秋。堅又命秦州刺史苟池，河州刺史李辯，涼州刺史王統，帥三州之眾，為苟萇後繼。

秋，七月，閻負、梁殊至姑臧，張天錫會官屬謀之，曰：「今入朝必不返，如其不從，秦兵必至。將若之何？」禁中錄事(二四)席仂(二五)

曰：「以愛子為質[26]，賂以重寶[27]，以退其師，然後徐為之計，此屈伸之術[28]也。」眾皆怒曰：「吾世事晉朝，忠節[29]著於海內，今一旦委身[30]賊庭，辱及祖宗，醜莫大焉[31]。且河西天險，百年無虞[32]，若悉境內精兵，右招西域，北引[33]匈奴以拒之，何遽[34]知其不捷也！」天錫攘袂大言[35]曰：「孤計決矣，言降者斬。」使謂閻負、梁殊曰：「君欲生歸乎？死歸乎？」殊等辭氣不屈[36]，天錫怒，縛之軍門，命軍士交射之，曰：「射而不中，不與我同心者也[37]。」其母嚴氏泣曰：「秦主以一州之地，橫制[38]天下，東平鮮卑，南取巴蜀，兵不留行[39]，汝若降之，猶可延數年之命，今以蕞爾[40]一隅，抗衡大國[41]，又殺其使者，亡無日矣[42]。」天錫使龍驤將軍馬建，帥眾二萬拒秦。

秦人聞天錫殺閻負、梁殊，八月，梁熙、姚萇、王統、李辯，濟自清石津，攻涼驍烈將軍[43]梁濟[44]。於河會城降之。甲申，苟萇濟自石城津[45]與梁熙會攻纏縮城，拔之，馬建懼，自楊非退屯清塞[46]。天錫又遣征東將軍掌據[47]帥眾三萬，軍於洪池[48]，天錫自將餘眾五萬，軍於金昌城(四九)。安西將軍、敦煌宋皓言於天錫曰：「臣晝察人事，夜觀天文，秦兵不可敵也，不如降之。」天錫怒，貶皓為宣威護軍。廣武太守(五〇)辛章曰：「馬建出於行陳(五一)，必不為國家用。」苟萇使姚萇帥甲士三千為前驅，庚寅，馬建帥萬人迎降，餘兵皆散走。辛卯，苟萇及掌據戰于洪池，據兵敗，馬為亂兵(五二)所殺，其屬(五三)董儒授之以馬，據曰：「吾三督諸軍，再秉節鉞(五四)八將禁旅(五五)，十總禁兵，寵任極矣(五六)！今卒困(五七)於此，此吾之死地也，尚安之乎(五八)？」乃就帳免冑西向稽首，伏劍(五九)而死。秦兵殺軍司席仂。癸巳，秦兵入清塞，天錫遣司兵(六〇)趙充哲帥眾拒之，秦兵與充哲戰於赤岸(六一)，大破之，俘斬三萬八千級，充哲死。天錫出城自戰，城內又叛，天錫與數千騎奔還姑臧。甲午，秦兵至姑臧，天錫素車白馬，面縛輿櫬(六二)，降於軍門(六三)，苟萇釋縛焚櫬，送於長安。涼州郡縣，悉降於秦。

九月，秦王堅以梁熙為涼州刺史，鎮姑臧，徙豪右七千餘戶於關中，餘皆按堵如故(六四)，封天錫為歸義侯(六五)，拜北部尚書。初，秦兵之出也，先為天錫築第於長安，至則居之。以天錫晉興太守、隴西彭和正為黃門侍郎，治中從事、武興蘇膺㊅，敦煌太守張烈為尚書郎，西平太守，金城趙凝為金城太守，高昌楊幹為高昌太守，餘皆隨才擢敍㊆，梁熙清儉愛民，河右安之。以天錫武威太守、敦煌索泮㊇為別駕，宋皓為主簿。西平郭護起兵攻秦，熙以皓為折衝將軍，討平之。

桓沖聞秦攻涼州，遣兗州刺史朱序，江州刺史桓石秀，與荊州督護桓羆遊軍沔漢㊈，為涼州聲援㊉。又遣豫州刺史桓伊，帥眾向壽陽，淮南太守劉波汎舟淮泗，欲橈秦㊀以救涼，聞涼州敗沒㊁，皆罷兵。

㈤初哀帝減田租，畝收二升，乙巳，除度田收租㊂之制，王公以下口稅米三斛㊃，蠲在役之身㊄。

㈥冬，十月，移淮北民於淮南。

㈦劉衞辰為代所逼，求救於秦，秦王堅以幽州刺史、行唐公洛為北討大都督，帥幽、冀兵十萬擊代，使幷州刺史俱難，鎮軍將軍鄧羌，尚書趙遷、李柔，前將軍朱肜，前禁將軍張蚝，右禁將軍郭慶，帥步騎二十萬，東出和龍，西出上郡，皆與洛會，以衞辰為鄉導，洛，菁之弟也。苟萇之伐涼州也，遣揚武將軍馬暉、建武將軍杜周，帥八千騎西出恩宿，邀張天錫走路，期會姑臧，暉等行澤中，值水失期，於灋應斬，有司奏徵下獄。秦王堅曰：「水春冬耗竭，秋夏盛漲，此乃苟萇量事失宜(七六)非暉等罪。今天下方有事，宜宥過責功(七七)，命暉等回赴北軍，擊索虜(七八)以自贖(七九)。」眾咸以為萬里召將，非所以應速(八〇)。堅曰：「暉等喜於免死，不可以常事疑也(八一)。」暉等果倍道(八二)疾驅，遂及東軍。

(八)十一月，己巳朔，日有食之。

(九)代王什翼犍使白部、獨孤部(八三)、南部禦秦兵，皆不勝；又使南部大人劉庫仁將十萬騎禦之，庫仁者，衞辰之族，什翼犍之甥也，與秦兵戰於石子嶺(八四)，庫仁大敗。什翼犍病不能自將，乃帥諸部奔陰山之北，高車雜種(八五)盡叛，四面寇鈔(八六)，不得芻牧，什翼犍復度漠南，聞秦兵稍退，十二月，什翼犍還雲中(八七)。

初，什翼犍分國之半以授弟孤，孤卒，子斤失職怨望，世子寔及弟翰早卒，寔子珪尚幼，慕容妃之子閼(八八)婆壽鳩紇根地干力真、窟咄皆長，繼嗣未定，時秦兵尚在君子津(八九)，諸子每夜執兵(九〇)警衞，斤因說什翼犍之庶長子寔君曰：「王將立慕容妃之子，欲先殺汝，故頃來(九一)諸子，每夜戎服，以兵遶廬帳(九二)，伺便(九三)將發耳。」寔君信之，遂殺諸弟，并弒什翼犍。是夜諸子婦(九四)，及部人，奔告秦軍，秦李柔、張蚝勒兵趨雲中，部眾逃潰，國中大亂。珪母賀氏，以珪走依賀訥，訥、野干之子也。秦王堅召代長史燕鳳，問代所以亂故。鳳具以狀對(九五)。堅曰：「天下之惡，一也。」乃執寔君及斤至長安，車裂之(九六)。堅欲遷珪於長安，鳳固請曰：「代王初亡，羣下叛散，遺孫沖幼，莫相統攝。其別部大人劉庫仁，勇而有智，鐵弗衞辰(九七)，狡猾多變(九八)，皆不可獨任(九九)。宜分諸部為二，令此兩人統之(一〇〇)，兩人素有深讎，其勢莫敢先發(一〇一)，俟其孫稍長，引而立之(一〇二)，是陛下有存亡繼絕(一〇三)之德於代，使其子子孫孫，永為不侵不叛之臣，此安邊之良策也(一〇四)。」堅從之，分代民為二部，自河以東屬庫仁，自河以西屬衞辰，各拜官爵，使統其眾。賀氏以珪歸獨孤部，與南部大人長孫嵩、元佗等，皆依庫仁。行唐公洛以什翼犍子窟咄年長，遷之長安，堅使窟咄入太學讀書。下詔曰：「張天錫承祖父之資，藉百年之業，擅命河右，叛換㉕偏隅㉖，索頭世跨朔北，中分區域㉗，東賓穢貊㉘，西引烏孫㉙，控弦百萬㉚，虎視雲中，爰命兩師㉛，分討黠虜㉜，役不淹歲㉝，窮殄㉞二兇，俘降㉟百萬，闢土九千，五帝之所未賓，周漢之所未至，莫不重譯來王㊱懷風率職㊲，有司可速班功受爵㊳，戎士悉復之五歲㊴，賜爵三級。」於是加行唐公洛征西將軍，以鄧羌為并州刺史，陽平國常侍慕容紹私謂㊵其兄楷曰：「秦恃其彊大，務勝不休㊶，北戍雲中，南守蜀漢，轉運萬里㊷，道殣㊸相望，兵疲於外㊹，民困於內，危亡近矣㊺。冠軍叔仁㊻，智度㊼英拔，必能恢復燕祚，吾屬但當愛身，以待時㊽耳。」

㈩初，秦人既克涼州，議討西障㊾氐羌，秦王堅曰：「彼種落雜居，不相統壹，不能為中國大患，宜先撫諭㊿，徵其租稅，若不從命，然後討之。」乃使殿中將軍張旬前行宣慰㉛，庭中將軍魏曷飛帥騎二萬七千隨之，曷飛忿其恃險不服，縱兵擊之，大掠而歸。堅怒其違命㉜，鞭之二百，斬前鋒督護儲安，以謝氐羌，氐羌大悅，降附貢獻者，八萬三千餘落。雍州士族㉝，先因亂流寓河西者，皆聽還本㉞。劉庫仁招撫離散，恩信㉟甚著，奉事拓拔珪，恩勤周備，不以廢興易意㊱。常謂諸子曰：「此兒有高天下之志㊲，必能恢隆㊳祖業，汝曹當謹遇之㊴。」秦王堅賞其功，加廣武將軍，給幢麾鼓蓋。劉衛辰恥在庫仁之下，怒殺秦五原太守而叛，庫仁擊衛辰破之，追至陰山西北千餘里，獲其妻子，又西擊庫狄部㊵，徙其部落，置之桑乾川。久之，堅以衛辰為西單于，督攝㊶河西雜類，屯代來城㊷。

(十一)是歲，乞伏司繁卒，子國仁立。

【今註】㈠元服：《漢書・昭帝紀》注：「元，首也；冠者首之所著，故曰元服。」㈡歸政：謂歸政於帝。㈢臨朝：臨朝聽政。㈣都督浙江東五郡諸軍事：胡三省曰：「浙江東五郡：會稽、東陽、臨海、永嘉、新安。」㈤豫江二州之六郡諸軍事：胡三省曰：「豫州之歷陽、淮南、廬江、安豐、襄城、及江州之尋陽。」⑥方伯：一方之伯。⑦斯言何其驗也：此言何其靈驗！⑧違世：去世。

⑨中白：猶半白。⑩酸慟：酸楚悲哀。音痛。⑪政教淪替：替，廢；謂政治教化有淪亡替廢者。

⑫荒於酒色：《孟子．梁惠王》：「從獸無厭謂之荒。」與此荒之意正相同，是荒乃過度之意。全句為過度於酒色之徵逐。⑬庶務：眾務。⑭嬖妾：嬖幸之妾。⑮憤怨：憤怒怨恨。⑯輿櫬切諫：載棺而苦切諫諍，所以載棺者，以示有死無他。⑰受位：謂接受職位。⑱未純：未全。⑲徵：徵召。

⑳撲討：猶擊討。㉑軍司：即司馬，斯時有稱軍司，亦有稱司馬者。㉒鏗：音ㄎㄥ。㉓以此眾戰，誰能敵之：用《左傳》僖四年齊桓公語。㉔禁中錄事：胡三省曰：「禁中錄事，張氏所置，使總錄禁中事也。」㉕仂：音勒。㉖為質：猶為抵押。㉗重寶：貴重之寶物。㉘屈伸之術：可屈可伸之計。㉙忠節：忠義志行。㉚委身：屈身。㉛醜莫大焉：言辱莫大於此者。㉜百年無虞：猶永遠無患。㉝引：猶招，與上句之招，正互文見意。㉞何遽：按遽猶豈，何遽為複合辭，二字意相似。

㉟大言：大聲而言。㊱辭氣不屈：言辭氣概，不肯屈撓。㊲不與我同心者也：謂乃不與我同心。

㊳橫制：縱橫而制服。㊴留行：猶停留。㊵蕞爾：小貌。音ㄗㄨㄟˋ。㊶抗衡大國：與大國相抗，而不分上下。㊷亡無日矣：謂距滅亡之日無幾矣。㊸攻涼驍烈將軍：驍烈將軍蓋張氏置。驍音澆。

㊹梁濟：〈苻堅載記〉作梁粲。㊺石城津：闞駰曰：「石城津在金城西北。」㊻馬建懼，自楊非退屯清塞：按〈苻堅載記〉皆作馬建，而〈張軌附天錫傳〉，則皆作馬達。互有不同。㊼又遣征東將軍掌據：胡三省曰：「掌據，晉書作常據，當從之。」按〈張軌附天錫傳〉作常據，然〈苻堅載記〉

上則作掌據，《通鑑》記平張天錫事，人名多從〈苻堅載記〉，致常與〈張天錫傳〉所載不同。㊽洪池：胡三省曰：「洪池嶺名，在姑臧南。」㊾金昌城：胡三省曰：「金昌城，在赤岸西北。」㊿廣武太守：張寔分金城之令居、枝陽，置廣武郡。(51)行陳：陳讀曰陣，行陳猶行伍，謂出身於軍旅也。(52)亂兵：敗亂之兵卒。(53)屬：部屬。(54)節鉞：節旄黃鉞。(55)禁旅：禁省軍旅。(56)寵任極矣：寵幸信任，可謂無以復加。(57)卒困：終困。(58)尚安之乎：之猶至，這尚何至乎？(59)伏劍：以劍刎頸，而仆伏劍上。(60)司兵：胡三省曰：「河西張氏置官僚，擬於王者，而微異其名。司兵蓋晉五兵尚書之職也。」(61)赤岸：胡三省曰：「水經注：『河水自左南而東，逕赤岸北，亦謂之河夾岸。』《秦州記》曰：『枹罕有河夾岸。』」(62)天錫素車白馬，面縛輿櫬：按此為後代投降之習用儀式，蓋兵敗乃係凶事，故採用凶喪禮制。(63)降於軍門：惠帝永寧元年，張軌為涼州刺史，遂有涼土，共九主，七十五年而亡。(64)按堵如故：按按堵通作安堵。《史記・田單傳》：「願無虜掠吾族家妻妾，令安堵。」核堵乃屋墻，以代表屋宇，而屋宇乃以供居住者，故全句謂皆安居如昔。(65)八月梁熙、姚萇、王統、李辯，濟自清石津……封天錫為歸義侯：按此段乃本自〈苻堅載記〉上，而文稍有溢出。(66)膺：音鷹。(67)隨才擢敍：隨依其才而拔敍之。(68)泮：音判。(69)遊軍沔漢：軍士流動於沔漢流域。(70)聲援：作聲勢上之救援。(71)橈秦：猶撓屈秦兵。(72)敗沒：敗亡覆沒。(73)度田收租：謂量度田畝，而收其租賦。(74)口稅米三斛：每口稅米三斛。(75)蠲在役之身：蠲除其徭役。(76)量事失宜：謂度事失當。(77)宥過責功：宥赦其過，而責求其功。(78)索虜：代本鮮卑索頭種，故謂之索虜。(79)以自贖：

以自贖罪。(八〇)應速：謂應急。(八一)不可以常事疑也：不可以尋常之事理疑之。(八二)倍道：猶兼程。(八三)白部，獨孤部：胡三省曰：「鮮卑有白部，後漢時鮮卑居白山者，最為強盛，後因曰白部。令狐德棻曰：『魏氏之初三十六部，其先伏留屯者，與魏俱起，為部落大人，遂為獨孤部』。」(八四)石子嶺：《新唐書》曰：「自夏州北渡烏水一百二十里，至可朱渾水源，又百餘里至石子嶺。」(八五)高車雜種：李延壽《北史・高車》曰：「高車蓋古赤狄之餘種也，北方以為高車丁零，或云其先匈奴甥也。其遷徙隨水草，衣皮食肉，牛羊畜產，並與蠕蠕同，唯車輪高大，輻數至多，因以為號。」(八六)寇鈔：鈔，強取；謂寇犯鈔掠。(八七)代王什翼犍使白部獨孤部……什翼犍還雲中：按此段全錄自《魏書・昭成帝什翼犍紀》，字句幾全相同。(八八)闕：音遏。(八九)君子津：《水經注》：「河水南入雲中楨陵縣西北，又南過赤城東，又南過定襄桐縣西，河水於二縣之間，濟有君子之名。」(九〇)埶兵：按當作執兵，謂執兵器也。(九一)頃來：近來。(九二)廬帳：北狄之長，居大氈帳，環設兵衞。氈帳，漢人謂之穹廬，因曰廬帳。(九三)伺便：伺候有方便時機。(九四)諸子婦：《魏書・昭成子孫寔君傳》作：「其夜諸皇子婦及宮人，奔告苻洛。」是諸子婦即諸皇子及諸婦人。(九五)具以狀對：詳將情狀奉告之。(九六)初什翼犍分國之半以授弟孤，……乃執寔君及斤至長安，車裂之：按此段乃錄自《魏書・昭成子孫寔君傳》，字句大致相同。(九七)鐵弗衞辰：胡三省曰：「劉衞辰本匈奴鐵弗種。李延壽曰：『鐵弗、南單于苗裔，衞辰者、左賢王去卑之玄孫。北人謂父為鮮卑，母為鐵弗，因以為姓。』」(九八)狡猾多變：謂詭譎而多變化。(九九)獨任：猶專任。(一〇〇)統之：統治之。(一〇一)莫敢先發：謂不敢先行發難，以攻對方。(一〇二)引而立之：猶召而立之。〔二三〕存亡繼絕：使亡者存，而絕者得續。〔二四〕堅欲遷珪於長安……此安邊之良策也：按此段乃錄自《魏書・燕鳳傳》，內有大部字句幾全相同。〔二五〕叛換：胡三省曰：「鄭康成曰：『叛換，猶跋扈也。』韓詩曰：『叛換，武強也。』」〔二六〕偏隅：偏僻一隅。〔二七〕中分區域：謂占有朔北之半。〔二八〕東賓穢貊：穢當作濊，謂東使濊貊賓服。〔二九〕西引烏孫：西則控制烏孫。〔三〇〕控弦百萬：謂挽弓之士百萬。〔三一〕兩師：謂苟萇伐河西之師，行唐公洛伐代之師。〔三二〕黠虜：狡黠之虜。〔三三〕役不淹歲：謂兵役未經一年。〔三四〕窮殄：猶盡殄。〔三五〕俘降：俘虜投降者。〔三六〕重譯來王：謂幾經翻譯，而前來朝王。〔三七〕懷風率職：猶望風而脩循職守。〔三八〕班劝受爵：班次功績而授之爵祿，受當作授。〔三九〕復之五歲：除其徭役五年。〔四〇〕私謂：猶竊謂。〔四一〕不休：不息。〔四二〕轉運萬里：轉運糧草，常經行萬里。〔四三〕道殣：餓殍為殣，謂道上餓死之人相望。〔四四〕兵疲於外：兵士疲勞於境外。〔四五〕危亡近矣：謂危亡之期不遠矣。〔四六〕冠軍叔仁：秦以慕容垂為冠軍將軍，垂、楷紹之叔父。胡三省曰：「叔仁，當作叔父」。〔四七〕智度：智識器度。〔四八〕待時：謂待時機。〔四九〕西障：西邊。〔五〇〕撫諭：安撫曉諭。〔五一〕前行宣慰：先行宣撫慰問。〔五二〕違命：違背命令。〔五三〕士族：猶衣冠之旅。〔五四〕還本：還本土。〔五五〕恩信：恩澤威信。〔五六〕不以廢興易意：不以廢興之故而變易其意念。〔五七〕高天下之志：謂高出於天下人之志氣。〔五八〕恢隆：恢弘隆盛。〔五九〕謹遇之：猶恭敬待之。〔六〇〕庫狄部：《魏書・官氏志》：「拓拔力微時，次南諸部，有庫狄部，後改為狄氏。」〔六一〕督攝：監督統攝。〔六二〕代來城：胡三省曰：「代來城在北河西，蓋秦築以居衞辰，言自代來者居此城也。」

二年（西元三七七年）

㈠春，高句麗、新羅㊀、西南夷皆遣使入貢于秦。趙故將作功曹熊邈屢為秦王堅言石氏宮室器玩之盛，堅以邈為將作長史，領將作丞，大脩舟艦兵器，飾以金銀，頗極精巧。慕容農私言於慕容垂曰：「自王猛之死，秦之灋制日以頹靡㊁，今又重之以奢侈，殃將至矣。圖讖之言，行當㊂有驗。大王宜結納㊃英傑，以承天意，時不可失」。垂笑曰：「天下事非爾所及㊄」。

㈡桓豁表兗州刺史朱序為梁州刺史，鎮襄陽㊅。

㈢秋，七月，丁未，以尚書僕射謝安為司徒㊆，安讓不拜㊇，復加侍中，都督揚、豫、徐、兗、青五州諸軍事。丙辰，征西大將軍、荊州刺史桓豁卒。冬，十月，辛丑，以桓冲都督江、荊、梁、益、寧、交、廣七州諸軍事、領荊州刺史，以冲子嗣為江州刺史，又以五兵尚書王蘊都督江南諸軍事、領徐州刺史㊈，征西司馬、領南郡相謝玄為兗州刺史、領廣陵相，監江北諸軍事。桓冲以秦人疆盛，欲移阻江南，奏自江陵徙鎮上明〔一〇〕，使冠軍將軍劉波守江陵，諮議參軍楊亮守江夏〔一一〕。王蘊固讓徐州，謝安曰：「卿居后父之重，不應妄自菲薄，以虧時遇〔一二〕。」蘊乃受命〔一三〕。

初，中書郎郗超自以其父愔〔一四〕位遇〔一五〕應在謝安之右〔一六〕，而安入掌機權，愔優遊散地〔一七〕，常憤邑〔一八〕形於辭色〔一九〕，由是與謝氏有隙〔二〇〕。是時朝廷方以秦寇為憂，詔求文武良將，可以鎮禦〔二一〕北方者。謝安以兄子玄應詔，超聞之，歎曰：「安之明乃能違眾舉親〔二二〕，玄之才足以不負所舉。」眾咸以為不然。超曰：「吾嘗與玄共在桓公府，見其使才〔二三〕，雖履屐間未嘗不得其任〔二四〕，是以知之〔二五〕。」玄募驍勇〔二六〕之士，得彭城劉牢之等數人〔二七〕，以牢之為參軍，常領精銳為前鋒，戰無不捷，時號北府兵〔二八〕，敵人畏之〔二九〕。壬寅，護軍將軍、散騎常侍王彪之卒。

初，謝安欲增脩宮室，彪之曰：「中興之初，即東府為宮〔三〇〕，殊為儉陋〔三一〕，蘇峻之亂，成帝止蘭臺都坐〔三二〕，殆〔三三〕不蔽寒暑，是以更營新宮，比之漢魏則為儉，比之初過江則為侈矣〔三四〕。今寇敵方疆，豈可大興功役，勞擾㉟百姓邪！」安曰：「宮室弊陋，後人謂人無能㊱。」彪之曰：「凡任天下之重者，當保國寧家，緝熙政事㊲，乃以脩室屋為能邪！」安不能奪其議，故終彪之之世，無所營造㊳。

㈣十二月，臨海太守郗超卒㊴。初，超黨於桓氏，以父愔忠於王室，不令知之，及病甚，出一箱書授門生㊵曰：「公年尊㊶，我死之後，若以哀惋害寢食者㊷，可呈此箱，不爾㊸即焚之。」既而㊹愔果哀惋成疾，門生呈箱，皆與桓溫往反密計㊺，愔大怒曰：「小子㊻死已晚矣㊼。」遂不復哭㊽。

【今註】㊀新羅：胡三省曰：「杜佑曰：『新羅本辰韓種，魏時為斬盧國，晉宋曰新羅。其國在百濟東南五百餘里，兼有沃沮、不耐、韓濊地。』」㊁頹靡：猶頹廢靡亂。㊂行當：將當。㊃結納：交結延納。㊄非爾所及：謂非爾所及知。㊅春，高句麗、新羅、西南夷，皆遣使入貢于秦。……桓豁表兗州刺史朱序為梁州刺史，鎮襄陽：按《通鑑》於本年春季諸事，全冠以春字，知此諸事，皆月日脫落，而不得不籠書於春字之下。然桓豁表兗州刺史朱序為梁州刺史事，則〈孝武紀〉明載於本年三月條中，是桓豁上，當添書三月二字。㊆秋七月丁未，以尚書僕射謝安為司徒：按〈孝武紀〉二年文秋七月乙卯，老人星見，八月丁未，以尚書僕射謝安為司徒。是《通鑑》明讀時忽略，而滑脫八月二字，八月二字當據從添入。⑧不拜：不拜受所封之官爵。⑨以五兵尚書王蘊都督江南諸軍事、領徐州刺史：胡三省曰：「江南諸軍，謂晉陵諸軍也。」按〈孝武紀〉二年文作：「尚書王蘊為徐州刺史，督江南晉陵諸軍。」是原本固有晉陵二字樣也。⑩上明：在今湖北省松滋縣西。〈桓彝附沖傳〉：「沖疏曰：『南平孱陵縣界，地名上明，田土膏良，可以資業。軍人在吳時，樂鄉城以上四十餘里，北枕大江，西接三峽。』」⑪桓沖以秦人彊盛……楊亮守江夏：按此數句乃錄自〈桓彝附沖傳〉，字句幾全相同。⑫時遇：謂一時之恩遇。⑬王蘊固讓徐州……蘊乃受命：按此段乃錄自《晉書・外戚王蘊傳》，字句全相同。⑭初中書郎郗超自以其父愔：按〈郗鑒附超傳〉：「超遷中書侍郎。」是中書下當添一侍字。⑮位遇：爵位恩遇。⑯謝安之右：古代多以右為上，故右猶上也。⑰愔優遊散地：郗愔自徐兗二州刺史移鎮會稽，是所謂優遊於閑散之地。⑱憒邑：邑同悒，謂憒恨憂悒。⑲形於辭色：謂見於言辭及神色。⑳初中書郎郗超……由是與謝氏有隙：按此段乃本於〈郗鑒附超傳〉，字句微有不同。㉑鎮禦：鎮守防禦。㉒違眾舉親：違背眾人之議，而舉所親之人。㉓見其使才：猶見其才用。㉔雖履屐間未嘗不得其任：履以皮為之，屐以木為之。履屐間乃指徒步之士。蓋古者大夫則乘車，庶人則徒步，履屐正指徒步而言。徒步之士亦即通常所言之布衣之士。全句意謂雖徒步之士，亦各得其職。㉕是時朝廷方以秦寇為憂……是以知之：按此段明係錄自〈謝安附玄傳〉，其中書郎郗超之誤處，《通鑑》亦仍存之，然字句微有不同者，則撰《通鑑》者，不欲全隨原書一步一趨，而圖自出機杼，故因而稍加改易耳。其改易之跡，固歷歷可覩焉。㉖驍勇：健勇，音澆。㉗玄募驍勇之士，得彭城劉牢之等數人：按〈劉牢之傳〉，玄所募驍勇之士，除劉牢之外，尚有東海何謙、琅琊諸葛侃、樂安高衡、東平劉軌、西河田洛、及晉陵孫無終等。㉘時號北府兵：晉人名北中郎將府為北府，北府治在京口。㉙玄募驍勇之士，……敵人畏之：按此段乃錄自〈劉牢之傳〉，字句幾全相同。㉚即東府為宮：胡三省曰：「東府在建康臺城之東」。意為以東府為宮廷。㉛殊為儉陋：頗為儉樸鄙陋。㉜蘭臺都坐：胡三省曰：「蘭臺，御史臺也；都坐，御史臺官會坐之地。」㉝殆：幾。㉞比之漢魏則為儉，比之初過江則為侈矣：按〈王廙附彪之傳〉作：「方之漢魏，誠為儉狹，復不至陋，殆合豐約之中。」原文意較明確，改易後則更營之新宮，儉奢究適中否，實未易明。㉟勞擾：勞苦騷擾。㊱宮室弊陋，後人謂人無能：按〈王彪之傳〉作：「宮室不壯，後世謂之無能。」兩兩相衡，知改易後之後人謂人無能，殊嫌拙硬。㊲緝熙政事：胡三省曰：「緝、續也；熙、廣也。鄭玄曰：『緝熙、光明也。』」㊳初謝安欲增脩宮室……無所營造：按此段乃錄自〈王廙附彪之傳〉，字句大致相同。㊴十二月臨海太守郗超卒：按以郗超之爵祿，其卒沒本無資格入書，特以其饒有才智，為晉代之出色人物，且留有軼事，頗醒眉目，遂書載其死，而將其死時之事附於後焉。㊵出一箱書授門生：按門生一辭，漢晉時與門人及弟子，略有差異。《後漢書‧賈逵傳》：「皆拜逵所選弟子及門生，為千乘王國郎。」王先謙集解引周壽昌曰：「鄭康成傳：『康成沒，門生相與撰其問答諸弟子之詞，依論語作鄭志。』李固傳：『固下獄，門生王調貫械上書證其枉，及固死，陳尸於路，固弟子郭亮負鐵鑕乞收固尸。』集古錄孔宙碑陰跋云：『親受業者為弟子，轉相傳授者為門生，宙碑殘缺，其稱弟子者十人，門生四十三人。』足證弟子門生之別。」按降至晉代，門生與弟子，殊歧更甚，而門生一辭實略同於門客家人。《晉書・段灼傳》：「灼上疏曰：『謂可聽（鄧）艾門生故吏，收艾尸柩，歸葬舊墓。』」〈陸雲傳〉：「門生故吏，迎喪葬清河。」〈王羲之傳〉：「太尉郗鑒，使門生求女婿於導，導令就東廂徧觀子弟，門生歸謂鑒曰。」〈王羲之附獻之傳〉：「嘗觀門生樗蒲，曰：『南風不競』。門生曰：『此郎亦管中窺豹，時見一斑。』」按引文中之鄧艾，乃出自隴畝，固未設帳授徒，而太尉郗鑒遣人求婿，亦決不能遣其弟子，諒必係其家人。由之足知晉代之所謂門生，大部份實指門客家人而言。㊶公年尊：猶公年高。㊷若以哀惋害寢食者：若以哀傷之故，而妨害食眠。㊸不爾：猶不然。㊹既而：猶已而，意為後來。㊺皆與桓溫往反密計：謂皆係與桓溫往返之書疏，而中所言者，大抵為篡晉祚之事。㊻小子：詈人語。㊼死已晚矣：謂其罪早應死也。〈郗鑒附超傳〉作：「愔於是大怒曰：『小子，死恨晚矣。』」其恨之之情，更較顯豁。㊽初超黨於桓氏，……遂不復哭：按此段乃錄自〈郗鑒附超傳〉，字句大致相同。

三年（西元三七八年）

㈠春，二月，乙巳，作新宮，帝移居會稽王邸。

㈡秦王堅遣征南大將軍、都督征討諸軍事、守尚書令㊀、長樂公丕，武衛將軍苟萇，尚書慕容暐，帥步騎七萬寇襄陽，以荊州刺史楊安，帥樊鄧之眾為前鋒，征虜將軍始平石越帥精騎一萬，出魯陽關㈡，京兆尹慕容垂，揚武將軍姚萇，帥眾五萬出南鄉，領軍將軍苟池，右將軍毛當，強弩將軍王顯，帥眾四萬出武當㈢，會攻襄陽。夏，四月，秦兵至沔北㈣，梁州刺史朱序以秦無舟檝㈤，不以為虞㈥，既而石越帥騎五千，浮渡㈦漢水，序惶駭，固守中城㈧，越克其外郭，獲船百餘艘，以濟㈨餘軍。長樂公丕督諸將攻中城⑩，序母韓氏聞秦兵將至，自登城履行⑪，至西北隅，以為不固，帥百餘婢及城中女丁⑫，築邪城於其內。及秦兵至，西北隅果潰，眾移守新城，襄陽人謂之夫人城⑬。桓沖在上明，擁眾七萬，憚秦兵之彊，不敢進。丕欲急攻襄陽，苟萇曰：「吾眾十倍於敵，糗糧⑭山積，但稍遷漢沔之民於許洛，塞其運道，絕其援兵，譬如網中之禽⑮，何患不獲？而多殺將士，急求成功哉⑯⑰！」丕從之。慕容垂拔南陽，執太守鄭裔，與丕會襄陽。

㈢秋，七月，新宮成，辛巳，帝入居之。

㈣秦兗州刺史彭超，請攻沛郡太守戴逯⑱於彭城，且曰：「願更遣重將⑲，攻淮南諸城，為征南⑳棊劫㉑之勢，東西並進，丹楊不足平也㉒。」秦王堅從之，使都督東討諸軍事，後將軍俱難，右禁將軍毛盛，洛州刺史邵保，帥步騎七萬寇淮陽㉓盱眙㉔。超，越之弟，保，羌之從弟也。八月，彭超攻彭城，詔右將軍毛虎生帥眾五萬鎮姑孰，以禦秦兵，秦梁州刺史韋鍾圍魏興太守吉挹於西城㉕。

㈤九月，秦王堅與羣臣飲酒，以祕書監朱肜為正㉖，人以極醉為限，祕書侍郎趙整作酒德㉗之歌曰：「地列酒泉，天垂酒池㉘，杜康妙識㉙，儀狄先知㉚。紂喪殷邦，桀傾夏國㉛。由此言之，前危後則㉜。」堅大悅，命整書之，以為酒戒㉝。自是宴羣臣㉞，禮飲㉟而已。

㈥秦涼州刺史梁熙，遣使入西域，揚秦威德。冬，十月，大宛獻汗血馬，秦王堅曰：「吾嘗慕漢文帝之為人，用千里馬何為。」命羣臣作止馬之詩㊱，而反之㊲。

㈦巴西人趙寶起兵涼州，自稱晉西蠻校尉、巴郡太守。

㈧秦豫州刺史、北海公重鎮洛陽，謀反，秦王堅曰：「長史呂光忠正，必不與之同。」即命光收重，檻車㊳送長安，赦之，以公就第㊴，重，洛之兄也。

㈨十二月，秦御史中丞李柔劾奏：「長樂公丕等，擁眾㊵十萬，攻圍小城，日費萬金，久而無効，請徵下廷尉㊶。」秦王堅曰：「丕等廣費無成，實宜貶戮，但師已淹時㊷，不可虛返㊸，其特原之㊹，令以成功贖罪。」使黃門侍郎韋華持節㊺，切讓㊻丕等，賜丕劍曰：「來春不捷，汝可自裁㊼，勿復持面㊽見吾也㊾。」

㈩周虓在秦，密與桓沖書，言秦陰計㊿，又逃奔漢中，秦人獲而赦之。

【今註】㊀守尚書令：守含暫時攝代之意，猶攝尚書令。㊁魯陽關：在今河南省魯山縣西南。《清一統志》南陽府關隘：「魯陽關即三鵶路，水經注：『魯陽關左右連山插漢，秀木干雲。』」㊂武當：在今湖北省均縣北。㊃沔北：沔水之北。㊄舟檝：檝同楫，舟旁撥水之具。此處舟檝，皆指舟而言。㊅虞：猶備。㊆浮渡：〈苻堅載記〉作游馬以渡，浮渡猶今言浮水以渡。㊇中城：按古代城率為兩層，外曰郭，內曰城，中城即內層之城也。下文之「越克其外郭」，係最好證明。㊈濟：

渡。⑩秦王堅遣征南大將軍……長樂公丕督諸將攻中城：按此段乃本自〈苻堅載記〉，惟官銜則悉書全稱，此其所獨異者。⑪履行：猶查勘。⑫女丁：女子服徭役者。⑬序母韓氏聞秦兵將至……襄陽人謂之夫人城：按此段乃本據〈朱序傳〉，而力加刪改，較之原文，佳勝多多。⑭糗糧：糗，乾飯；音ㄑㄧㄡˇ。⑮網中之禽：謂禽已在網中。⑯而多殺將士，急求成功哉：正意為不可多殺將士，以急求成功。⑰不欲急攻襄陽，……急求成功哉：按此段乃錄自〈苻堅載記〉上，字句大致相同。⑱逯：古遁字。⑲重將：重要將軍。⑳征南：謂苻丕，時督諸軍攻襄陽。㉑棊劫：胡三省曰：「棊劫者，以棊勢喻兵勢也，圍棊者，攻其右，而敵手應之，則擊其左取之，謂之劫。」㉒丹楊不足平也：晉都建康，漢丹陽、秣陵縣地。謂平取建康甚易。㉓淮陽：按〈苻堅載記〉作淮陰。《晉書・地理志》，淮陰屬廣陵郡，與盱眙屬之臨淮郡正相毗連。故淮陽當改作淮陰。㉔盱眙：今安徽省盱眙縣。盱音吁，眙音怡。㉕秦兗州刺史彭超……圍魏興太守吉挹於西城：按此段乃錄自〈苻堅載記〉上，而間有溢出。㉖為正：為酒正。㉗酒德：謂飲酒應有之德行。㉘地列酒泉，天垂酒池：胡三省曰：「九州春秋曰：『曹公禁酒，孔融以書嘲之曰：「天有酒旗之星，地列酒泉之郡。」』〈天文志〉曰：『軒轅右角南三星曰酒旗，酒官之旗也。』此曰天垂酒池，既曰垂矣，池當作旗。」㉙杜康妙識：〈魏武樂府短歌行〉：「何以解憂，唯有杜康」。注：「杜康，古之造酒者。」意謂杜康精知別之。㉚儀狄先知：《國策・魏策》：「昔者，帝女令儀狄作酒而美，進之禹，禹飲而甘之，遂疏儀狄，絕旨酒，曰：『後世必有以酒亡其國者。』」先知猶早知。㉛紂喪殷邦，桀傾夏國：胡三省曰：「紂為酒池肉林，長夜之飲，以亡殷。史曰：『夏桀淫驕，乃放鳴條。』蓋亦以酒也。」㉜前危後則：謂前人之危，後人之法則也。㉝酒戒：謂飲酒之戒辭。㉞宴羣臣：宴會羣臣。㉟禮飲：禮，臣侍君宴，不過三爵。（見《左傳》宣公二年文）。㊱作止馬之詩：謂作止進馬之詩。㊳檻車：㊲秦涼州刺史梁熙……作止馬詩而反之。按此段乃錄自〈苻堅載記〉上，字句多有刪削。㊳檻車：《釋名・釋車》：「檻車，車上施闌干以格猛獸，亦囚禁罪人之車也。」㊴以公就第：以公之封爵還歸府第。㊵擁眾：謂擁有士眾。㊶請徵下廷尉：請徵還下廷尉詔獄。㊷淹時：滯時。㊸虛返：空返。㊹特原之：特別加以原宥。㊺持節：持天子之符節。㊻切讓：嚴切責斥。㊼汝可自裁：謂汝應自盡。㊽勿復持面見吾也：謂勿靦面目見我。㊾秦御史中丞李柔劾奏……勿復持面見吾也：按此段乃沿自〈苻堅載記〉上，字句大致相同。㊿陰計：猶秘計。

四年（西元三七九年）

㈠春，正月，辛酉，大赦。

㈡秦長樂公丕等得詔惶恐，乃命諸軍并力㈠攻襄陽，秦王堅欲自將攻襄陽，詔陽平公融以關東六州之兵會壽春，梁熙以河西之兵為後繼。陽平公融諫曰：「陛下欲取江南，固當博謀熟慮㈡，不可倉猝㊂。若止㊃取襄陽，又豈足親勞大駕㊄乎？未有動天下之眾，而為一城者！所謂以隨侯之珠，彈千仞之雀也㊅。」梁熙諫曰：「晉主之暴，未如孫皓，江山險固，易守難攻，陛下必欲廓清㊆江表，亦不過分命將帥㊇引㊈關東之兵，南臨淮泗，下梁盛之卒，東出巴峽㊉，又何必親屈鑾輅⑪，遠幸沮澤⑫乎！昔漢光武誅公孫述，晉武帝擒孫皓，未聞二帝自統六師⑬，親執枹鼓⑭，蒙矢石⑮也。」堅乃止。詔冠軍將軍、南郡相劉波帥眾八千救襄陽，波畏秦不敢進，朱序屢出戰，破秦兵，引退稍遠，序不設備。

二月，襄陽督護李伯護，密遣其子送款於秦⑯，請為內應，長樂公丕命諸軍進攻之，戊午，克襄陽，執朱序，送長安。秦王堅以序能守節，拜度支尚書，以李伯護為不忠，斬之⑰。秦將軍慕容越拔順陽，執太守、譙國丁穆，堅欲官之，穆固辭不受。堅以中壘將軍梁成為荊州刺史，配兵一萬，鎮襄陽，選其才望⑱，禮而臣之。桓沖以襄陽陷沒，上疏送章節⑲，請解職⑳，不許，詔免劉波官，俄復以為冠軍將軍。

㈢秦以前將軍張蚝為幷州刺史，兗州刺史謝玄帥眾萬餘救彭城，軍於泗口，欲遣間使報戴逯，而不可得，部曲將田泓請沒水潛行㉑趣彭城，玄遣之。泓為秦人所獲，厚賂之，使云：「南軍已敗。」泓偽許之，既而告城中曰：「南軍垂至㉒，我單行㉓來報，為賊所得，勉之。」秦人殺之。彭超置輜重於留城，謝玄揚聲㉔遣後軍將軍何謙向留城，超聞之，釋彭城圍，引兵還保輜重，戴逯帥彭城之眾，隨謙奔玄㉕，超遂據彭城。【考異】謝玄傳云：「何謙進解彭城圍。」又云：「於是罷彭城下邳二戍。」帝紀及諸傳皆不言此年彭城陷沒，而十六國秦春秋云：「超據彭城。」又云：「超分兵下邳，留徐褒守彭城，至七月以毛當為徐州刺史，鎮彭城，王顯為揚州，戍下邳。」是二城俱陷也。留兗州治中徐褒守之，南攻盱眙，俱難克淮陰，留邵保戍之。

㈣三月，壬戌，詔：「以疆場多虞㉖，年穀不登㉗，其供御㉘所須，事從儉約。九親㉙供給，眾官廩俸，權可減半㉚，凡諸役費㉛，自非軍國事要㉜，皆宜停省㉝㉞。」

㈤癸未，使右將軍毛虎生帥眾三萬擊巴中，以救魏興，前鋒督護趙福等至巴西，為秦將張紹等所敗，亡七千餘人，虎生退屯巴東。蜀人李烏聚眾二萬，圍成都，以應虎生，秦王堅使破虜將軍呂光擊滅之。夏，四月，戊申，韋鍾拔魏興，吉挹引刀欲自殺，左右奪其刀，會秦人至，執之，挹不言不食而死㉟。秦王堅歎曰：「周孟威㊱不屈於前，丁彥遠㊲潔己於後，吉祖沖㊳閉口而死，何晉氏之多忠臣也㊴！」挹參軍史穎得歸，得挹臨終手疏㊵，詔贈益州刺史。

㈥秦毛當、王顯帥眾二萬，自襄陽東會俱難、彭超，攻淮南。五月，乙丑，難、超拔盱眙，執高密內史㊶毛璪㊷之，秦兵六萬圍幽州刺史田洛於三阿，去廣陵百里，朝廷大震，臨江列戍㊸，遣征虜將軍謝石，帥舟師屯涂中㊹，石，安之弟也，右衞將軍毛安之等帥眾四萬屯堂邑，秦毛當、毛盛帥騎二萬襲堂邑，安之等驚潰㊺。兗州刺史謝玄自廣陵救三阿，丙子，難、超戰敗，退保盱眙。六月，戊子，玄與田洛帥眾五萬，進攻盱眙，難、超又敗，退屯淮陰；玄遣何謙等帥舟師，乘潮而上㊻，夜焚淮橋㊼，邵保戰死，難、超退屯淮北；玄與何謙、戴逯、田洛，共追之，戰於君川㊽，復大破之，難、超北走，僅以身免㊾。謝玄還廣陵，詔進號冠軍將軍，加領徐州刺史(50)。秦王堅聞之，大怒。秋，七月，檻車徵超下廷尉，超自殺，難削爵為民。以毛當為徐州刺史，鎮彭城，毛盛為兗州刺史，鎮胡陸，王顯為揚州刺史，戍下邳。

㈦謝安為宰相，秦人屢入寇，邊兵失利，安每鎮之以和靜(51)，其為政務舉大綱(52)，不為小察(53)，時人比安於王導，而謂其文雅(54)過之。

㈧八月，丁亥，以左將軍王蘊為尚書僕射，頃之遷丹楊尹；蘊自以國姻，不欲在內，苦求外出，復以為都督浙江東五郡諸軍事、會稽內史(55)(56)。

㈨是歲，秦大饑。

【今註】㊀拜力：謂合力竭力。㊁博謀熟慮：謂廣與人謀，詳加考慮。㊂倉猝：急猝。㊃止：猶只。㊄大駕：尊天子之辭。㊅所謂以隨侯之珠，彈千仞之雀也：胡三省曰：「呂氏春秋曰：『以隨侯之珠，彈千仞之雀，世必笑之，所用重所要輕也。』」仞，有言八尺，亦有言七尺者。蓋本以人雙臂伸張之長度為準，而人之高矮，固難相同，斯所以有七尺八尺之殊。全意為所費者巨，而所得者少，且又不可必。㊆廓清：掃蕩清除。㊇分命將帥：猶各別命遣將帥。㊈引：猶帥領。⑩巴峽：長江東流至湖北省巴東縣西，巴山臨江而峙，名曰巴峽。⑪鸞輅：猶鸞駕，謂天子之車。⑫遠幸沮澤：天子所至曰幸；沮澤，池澤低濕之地，謂遠至池澤低濕之地。(十三)六師：天子六軍，故曰六師。(十四)枹鼓：枹，鼓槌，謂以鼓槌擊鼓，音浮。(十五)蒙矢石：謂蒙犯矢石。(十六)送款於秦：送誠款於秦。(十七)朱序屢出戰……以李伯護為不忠斬之。按此段乃用〈朱序傳〉文，而稍溢出。(十八)選其才望：選其有才能及聲望者。(十九)章節：印章符節。(二十)解職：解去職位。(二一)沒水潛行：沒於水中而行。(二二)垂至：將至。(二三)單行：單人獨行。(二四)揚聲：謂宣揚言之，與揚言之意酷相類。(二五)兗州刺史謝玄帥眾萬餘救彭城……隨謙奔玄。按此段乃錄自〈謝安附玄傳〉，字句大致相同。(二六)多虞：猶多患。(二七)登：成。(二八)供御：供進天子者。(二九)九親：九族。(三十)權可減半：暫可減為半數。(三一)役費：徭役、費用。(三二)軍國事要：軍國事之緊要者。(三三)停省：停止省除。(三四)三月壬戌詔……皆宜停省。按此段乃錄自〈孝武紀〉太元四年文，字句多有刪節。(三五)韋鍾拔魏興……挹不言不食而死。按此段乃本自《晉書・忠義吉挹傳》，字句大致相同。(三六)周孟威：孟威為周虓字。(三七)丁彥遠：彥遠為丁穆字。(三八)吉祖冲：祖冲為吉挹字。(三九)何晉氏之多忠臣也：意為贊美晉代忠臣甚多。(四十)手疏：親自撰寫之奏疏。(四一)高密內史：高密乃僑置之國。(四二)墚：音旱。(四三)臨江列戍：依江列置戍兵。(四四)涂：讀曰除。(四五)驚潰：驚駭而潰散。(四六)乘潮而上：乘潮水漲時而上行。(四七)淮橋：秦作橋於淮水以渡兵。(四八)君川：胡三省曰：「今盱眙縣北六里有君山，此蓋君山之川也。」(四九)僅以身免：謂僅其本人得免。(五十)五月乙丑難超拔盱眙……詔進號冠軍將軍，加領徐州刺史。按此段乃用〈謝安附玄傳〉，及〈苻堅載記〉之文而成。(五一)鎮之以和靜：鎮撫之以平和安靜。(五二)大綱：重大之綱領，謂注意其大處。(五三)小察：注意小處，而以察察為明。㊹文雅：斯文雅正。㊺以左將軍王蘊為尚書僕射……會稽內史。按此段乃錄自《晉書・外戚王蘊傳》，字句大致相同。㊻按《晉書・孝武紀》十二月己酉朔，日有蝕之，而《通鑑》例載日蝕，則此條亦當補入。

五年（西元三八〇年）

㈠春，正月，秦王堅復以北海公重為鎮北大將軍，鎮薊。二月，作教武堂於渭城，命太學生明陰陽兵灋者，教授諸將。祕書監朱彤諫曰：「陛下東征西伐，所向無敵，四海之地，什得其八，雖江南未服，蓋不足言㊀。是宜稍偃武事，增脩文德，乃更始立學舍㊁，教人戰鬬之術，殆非所以馴致升平㊂也。且諸將皆百戰之餘㊃，何患不習於兵，而更使受教於書生，非所以彊其志氣也。此無益於實，而有損於名，惟陛下圖之㊄。」堅乃止。

㈡秦征北將軍、幽州刺史、行唐公洛，勇而多力，能坐制奔牛㊅，射洞犂耳㊆，自以有滅代之功，求開府儀同三司㊇不得，由是怨憤。三月，秦王堅以洛為使持節、都督益寧西南夷諸軍事、征南大將軍、益州牧，使自伊闕〔九〕，趨襄陽，泝〔一〇〕漢而上，洛謂官屬〔一一〕曰：「孤〔一二〕，帝室至親，不得入為將相，而常擯棄邊鄙〔一三〕，今又投〔一四〕之西裔，復不聽過京師，此必有陰計〔一五〕，欲使梁成沈〔一六〕孤於漢水耳〔一七〕。」幽州治中平規〔一八〕曰：「逆取順守，湯武是也。因禍為福，桓文是也〔一九〕。主上雖不為昏暴，然窮兵黷武〔二〇〕，民思有所息肩者〔二一〕，十室而九〔二二〕，若明公神旗一建〔二三〕，必率土雲從〔二四〕。今跨據全燕，地盡東海，北總〔二五〕烏桓、鮮卑，東引句麗百濟〔二六〕，控弦之士，不減〔二七〕五十餘萬，柰何束手就徵〔二八〕，蹈不測之禍〔二九〕乎！」洛攘袂大言曰〔三〇〕：「孤計決矣，沮謀者〔三一〕斬。」於是自稱大將軍、大都督、秦王，以平規為幽州刺史，玄菟〔三二〕太守吉貞為左長史，遼東太守趙讚為左司馬，昌黎太守王縕為右司馬，遼西太守王琳、北平太守皇甫傑、牧官都尉魏敷等，為從事中郎，分遣使者徵兵於鮮卑、烏桓、高句麗、百濟、新羅、休忍諸國，遣兵三萬助北海公重戍薊。諸國皆曰：「吾為天子守藩〔三三〕，不能從行唐公為逆。」洛懼，欲止，猶豫未決。王縕、王琳、皇甫傑、魏敷知其無成，欲告之，洛皆殺之。吉貞、趙讚曰：「今諸國不從，事乖本圖㉞，明公若憚益州之行者，當遣使奉表乞留㉟，主上亦不慮不從㊱。」平規曰：「今事形已露㊲，何可中止！宜聲言㊳受詔，盡幽州之兵，南出常山㊴，陽平公必郊迎，因而執之，進據冀州；總關東之眾，以圖西土㊵，天下可指麾而定㊶也。」洛從之。

夏，四月，洛帥眾七萬發和龍㊷，秦王堅召羣臣謀之，步兵校尉呂光曰：「行唐公以至親為逆，此天下所共疾㊸，願假臣㊹步騎五萬，取之如拾遺耳㊺。」堅曰：「重、洛兄弟，據東北一隅，兵賦全資㊻，未可輕也。」光曰：「彼眾迫於凶威㊼，一時蟻聚㊽耳。若以大軍臨之，勢必瓦解，不足憂也。」堅乃遣使讓洛，使還和龍，當以幽州永為世封㊾。洛謂使者曰：「汝還白東海王㊿，幽州褊狹(51)，不足以容萬乘(52)，須王秦中，以承高祖(53)之業。若能迎駕潼關者(54)，當位為上公，爵歸本國(55)。」堅怒，遣左將軍、武都竇衝，及呂光帥步騎四萬討之，右將軍都貴馳傳詣鄴(56)，將冀州兵三萬為前鋒，以陽平公融為征討大都督。北海公重悉薊城之眾與洛會，屯中山，有眾十萬。五月，竇衡等與洛戰於中山，洛兵大敗，生擒洛送長安，北海公重走還薊，呂光追斬之；屯騎校尉石越自東萊(五七)帥騎一萬，浮海(五八)襲和龍，斬平規，幽州悉平。堅赦洛不誅，徙涼州之西海郡(五九)。

臣光曰：「夫有功不賞，有罪不誅，雖堯舜不能為治，況他人乎！秦王堅每得反者，輒宥之，使其臣狃於為逆(六〇)，行險徼幸(六一)，雖力屈被擒，猶不憂死。亂何自而息哉？書曰：『威克、厥愛允濟，愛克，厥威允罔功(六二)。』詩云，『毋縱詭隨，以謹罔極。式遏寇虐，無俾作慝(六三)。』今堅違之，能無亡乎(六四)！」

㈢朝廷以秦兵之退，為謝安、桓沖之功，拜安衞將軍，與沖皆開府儀同三司。

㈣六月，甲子，大赦。丁卯，以會稽王道子為司徒，固讓不拜(六五)。

㈤秦王堅召陽平公融為侍中、中書監、都督中外諸軍事、車騎大將軍、司隸校尉、錄尚書事，以征南大將軍、守尚書令、長樂公丕為都督關東諸軍事、征東大將軍、冀州牧。堅以諸氐種類繁滋，秋，七月，分三原、九嵕(六六)、武都、汧(六七)、雍氐十五萬戶，使諸宗親(六八)各領之，散居方鎮，如古諸侯。長樂公丕領氐三千戶，以仇池氐酋(六九)、射聲校尉楊膺為征東左司馬，九嵕氐酋、長水校尉齊午為右司馬，各領一千五百戶，為長樂世卿(七〇)，長樂郎中令、略陽垣敞為錄事參軍，侍講、扶風韋幹為參軍事，申紹為別駕(七一)，膺、丕之妻兄也，午，膺之妻父也。八月，分幽州置平州，以石越為平州刺史，鎮龍城。中書令梁讜為幽州刺史，鎮薊城，撫軍將軍毛興為都督河秦二州諸軍事、河州刺史，鎮枹罕，長水校尉王騰為幷州刺史，鎮晉陽，河幷二州，各配氐戶三千，興、騰並苻氏婚姻(七二)，氐之崇望(七三)也。平原公暉為都督豫、洛、荊、南兗、東豫、陽六州諸軍事(七四)、鎮東大將軍、豫州牧，鎮洛陽。移洛州刺史治豐陽。鉅鹿公叡為雍州刺史，各配氐戶三千二百。堅送丕至灞上，諸氐別其父兄，皆慟哭，哀感路人(七五)，趙整(七六)因侍宴，援琴(七七)而歌曰：「阿得脂，阿得脂(七八)，博勞舅父是仇綏(七九)，尾長翼短不能飛，遠徙種人留鮮卑(八〇)，一旦緩急當語誰(八一)。」堅笑而不納。

㈥九月，癸未，皇后王氏崩。

㈦冬，十月，九真太守李遜據交州反。

㈧秦王堅以左禁將軍揚壁為秦州刺史，尚書趙遷為洛州刺史，南巴校尉姜宇為寧州刺史。

㈨十一月，乙酉，葬定皇后於隆平陵㉑。

㈩十二月，秦以左將軍都貴為荊州刺史，鎮彭城，置東豫州，以毛當為刺史，鎮許昌。

⑾是歲，秦王堅遣高密太守毛璪之等二百餘人來歸㉒。

【今註】㊀蓋不足言：謂未服者少，直可不須言之。㊁乃更始立學舍：竟更開始設立學堂。㊂殆非所以馴致升平：胡三省曰：「馴，從也；言從此而致升平也。」按馴應訓漸。《易．坤》：「履霜堅冰；陰始凝也，馴致其道，至堅冰也。」謂殆非所以漸漸獲致升平之道。胡說失之。㊃百戰之餘：謂經百戰而猶存者。㊄圖之：計之。㊅坐制奔牛：能坐而制奔牛，使其不奔。㊆射洞犂耳：犂耳之鐵厚而堅，今射能洞穿之。㊇開府儀同三司：開設府署，禮儀同於三公。㊈伊闕：在今河南省洛陽縣南。㊉泝：沿水而上曰泝。⑪官屬：手下寮佐。⑫孤：王侯之謙稱，與寡人之意相類，謂寡鮮德行也。⑬擯棄邊鄙：謂常被擯排，棄置於邊鄙之邑。⑭投：棄。⑮陰計：〈苻堅載記〉作伏計。⑯沈：沈沒。⑰秦征北將軍幽州刺史……欲使梁成沈孤於漢水耳。按此段乃錄自〈苻堅載記〉上，字句大致相同。⑱幽州治中平規：按〈苻堅載記〉上作平顏。⑲因禍為福，桓文是也：齊桓晉文，皆因兄弟爭國，得國而霸。⑳窮兵黷武：謂用兵無度，濫行攻伐。㉑有所息肩者：此謂不欲執干戈。㉒十室而九：謂十家中已有九家。㉓神旗一建：神係恭維辭，謂神旗一樹。㉔率土雲從：謂全土之人，來從如雲。㉕北總：猶北領。㉖東引句麗百濟：引猶控，句麗以與百濟相偶儷故，而省去高字，其全稱乃為高句麗。㉗不滅：猶不少於。㉘束手就徵：束手聽從徵召。㉙不測之禍：謂深不可測之禍。㉚大言曰：謂高聲言曰。㉛沮謀者：撓止此謀議者。㉜菟：同兔。㉝守藩：防守藩國。㉞事乖本圖：事與原來計劃有違。㉟奉表乞留：奉表疏乞求留任。㊱不慮不從：不患不從。㊲事形已露：事之形狀，已行顯露。㊳聲言：猶上之揚聲揚言。㊴常山：在今河北省元氏縣西北。㊵西土：謂秦雍。㊶指麾而定：謂用旗一指揮而即平定也。麾為旌旗之屬。㊷和龍：今熱河省朝陽縣治。㊸共疾：共恨。㊹願假臣：願假借於臣。㊺如拾遺耳：喻取之甚易，猶如拾草芥。㊻兵賦全資：兵卒賦稅，充足無缺。㊼凶威：凶人之威勢。㊽蟻聚：猶烏合。㊾永為世封：永為子孫之封。㊿還白東海王：苻堅本封東海王。(51)褊狹：褊隘狹窄，音扁。(52)不足以容萬乘：猶不足以居天子。(53)高祖：苻健廟號高祖。(54)若能迎駕潼關者：若有能至潼關迎駕者。(55)爵歸本國：可歸治所封之國。(56)馳傳詣鄴：乘驛站傳車馳赴鄴城。(57)東萊：今山東東部，當在蓬萊附近。(58)浮海：猶言泛海。(59)堅乃遣使讓洛……徙涼州之西海郡。按此一段乃錄自〈苻堅載記〉上，字句大致相同。(六〇)狃於為逆：狃，狎；謂狎於為亂。(六一)行險徼幸：敢行險難，以冀求天幸，徼，求取；音叫。(六二)書曰威克，厥愛允濟；愛克，厥威允罔功：按此《尚書・胤征》之辭。威者，嚴明之謂；愛者，姑息之謂；克，勝也。嚴明勝，則信其事之必濟，姑息勝則信其事之無成。(六三)詩云毋縱詭隨，以謹罔極。式遏寇虐，無俾作慝：按此《詩・大雅・民勞》之辭。傳：「詭隨，詭人之善，隨人之惡者。慝，惡也。」箋：「謹，猶慎也，罔，無，極，中也，無中所行，不得中止。式，用；遏，止也。」(六四)能無亡乎：謂豈能不滅亡乎？(六五)不拜：不拜受。(六六)嵕：音宗。(六七)汧：音牽。(六八)宗親：宗族中之親戚。(六九)氐酋：氐族之酋長。(七〇)為長樂世卿：胡三省曰：「古者封建諸侯國，命卿皆世其官，堅分諸宗親散居方鎮，各以種類為世卿。」長樂世卿即長樂公丕之世卿。(七一)長樂郎中令略陽垣敞，為錄事參軍，……中紹為別駕：按此三人，皆係在長樂公處任職。(七二)並苻氏婚姻：並與氐族苻堅有婚姻之誼。(七三)氐之崇望：於氐族中負有高望。(七四)平原公暉為都督豫、洛、荊、南兗、東豫、陽六州諸軍事：胡三省曰：「滅燕之後，以豫州刺史鎮洛陽，於許昌置東豫州。陽當作揚。按後魏書地形志，天平初始置陽州於宜陽。苻堅以王顯為揚州刺史，戍下邳，正屬暉所統。」(七五)哀感路人：悲哀之情，使行路人亦為感動。(七六)趙整：即上文太元三年作酒德歌之祕書侍郎趙整。(七七)援琴：猶操琴。(七八)阿得脂，阿得脂：當係聲辭，無意。(七九)博勞舅父是仇綏：胡三省曰：「廣雅：『伯勞，一曰博勞，一曰伯趙。』仇綏不知為何物。」(八〇)遠徙種人留鮮卑：謂徙諸氐而留慕容氏。(八一)一旦緩急當語誰：謂設一旦有急難之事，可告誰求救耶！(八二)葬定皇后於隆平陵：隆平乃孝武帝陵名。(八三)秦王堅遣高密太守毛璪之等二百餘人來歸：按上太元四年文作執高密內史毛璪之。內史與太守，雖爵位相等，然侯國則曰內史，郡則作太守，二者究有差異。且上已作內史，則為前後相符計，此亦當改作內史。

六年（西元三八一年）

㈠春，正月，帝初奉佛灋，立精舍㈠於殿內，引諸沙門㈡居之。尚書左丞王雅表諫，不從，雅，肅之曾孫也㈢。丁酉，以尚書謝石為僕射㈣。

㈡二月，東夷、西域六十二國入貢於秦。

㈢夏，六月，庚子朔，日有食之。

㈣秋，七月，甲午，交阯太守杜瑗斬李遜，交州平。

㈤冬，十月，故武陵王晞卒於新安，追封新寧郡王，命其子遵為嗣。

㈥十一月，己亥，以前會稽內史郗愔為司空，愔固辭不起㈤。

㈦秦荊州刺史都貴，遣其司馬閻振，中兵參軍吳仲，帥眾二萬寇㈥竟陵㈦，桓沖遣南平太守桓石虔、衞軍參軍桓石民等帥水陸二萬拒之，石民，石虔之弟也。十二月，甲辰，石虔襲擊振、仲，大破之，振仲退保管城，石虔進攻之，癸亥，拔管城㈧，獲振、仲，斬首七千級，俘虜萬人㈨。詔封桓沖子謙為宜陽侯，以桓石虔領河東太守㈩。

(八)是歲，江東大饑。

【今註】㈠立精舍：《後漢書．包咸傳》：「鹹往東海，立精舍講授。」同書〈黨錮檀敷傳〉：「立精舍教授，遠方至者，常數百人。」此儒家之精舍，以為讀書或講授用者。至晉時釋家研習內典之所，亦沿曰精舍，蓋皆取專精講習所業之義。精舍一有名精廬者。《後漢書．姜肱傳》：「就精廬求見徵君。」《文選．任昉為范始興作表》：「故精廬妄啟，必窮鐫勒之盛。」李注：「東觀漢記：『王阜年十一，辭父母，欲出精廬，以尚幼不見聽。』」緣舍廬之義相類，故精舍遂一名精廬焉，至於六朝沙門所立之精舍情形，《世說．棲逸》，曾有載述，爰錄一則，以知其梗概。文云：「康僧淵在豫章，去郭數十里，立精舍，傍連嶺，帶長川，芳林列於軒庭，清流激於堂宇；乃閑居研講，希心理味。」此誠一幽極人寰之修肄勝地也。㈡沙門：梵語，出家修道者之稱。㈢雅，肅之曾孫也：胡三省曰：「王肅仕曹魏，以經學著名，武帝，肅外孫也。」㈣以尚書謝石為僕射：按僕射之全稱為尚書僕射，古者重武官，以善射者掌事，故曰僕射。此僕射上，理應添尚書二字。㈤固辭不起：猶固辭不拜。㈥寇：侵犯。㈦竟陵：今湖北省鍾祥縣治。㈧管城：胡三省曰：「據載記，石虔襲破振仲于激水，振仲退保管城。又據水經，『沔水逕郡縣故城南，又東，激水注之，敖水西南注於沔，實曰敖口。』以此考之，管城當在激水北。」㈨秦荊州刺史都貴……俘虜萬人。按此段乃錄自〈苻堅載記〉上，字句大致相同。㈩河東太守：沈約曰：「成帝咸康三年，征西將軍庾亮，以司州僑戶立南河東郡，屬荊州。」

七年（西元三八二年）

㈠秦大司農、東海公陽，員外散騎侍郎㈠王皮，尚書郎周虓謀反事覺㈡，收下廷尉㈢。陽，灋之子，皮，猛之子也。秦王堅問其反狀，陽曰：「臣父哀公死不以罪，臣為父復讎耳。」堅泣曰：「哀公之死，事不在朕，卿豈不知之？」王皮曰：「臣父丞相有佐命之勳，而臣不免貧賤，故欲圖富貴耳。」堅曰：「丞相臨終託卿㈤以十具牛㈥為治田之資㈦，未嘗為卿求官，知子莫若父，何其明也㈧。」周虓曰：「虓世荷晉恩，生為晉臣，死為晉鬼，復何問乎！」先是，虒屢謀反叛，左右皆請殺之，堅曰：「孟威烈士，秉志[9]如此，豈憚[10]死乎！殺之，適足成其名耳。」皆赦不誅[11]，徙陽於涼州之高昌郡，皮、虒於朔方之北，虒卒於朔方，陽勇力兼人[12]，尋復徙鄯善，及建元[13]之末，秦國大亂，陽劫鄯善之相，欲求東歸，鄯善王殺之[14]。

秦王堅徙鄴銅駝、銅馬、飛廉[15]、翁仲[16]於長安。

(二)夏，四月，堅扶風太守王永為幽州刺史，永，皮之兄也，皮凶險無行[17]，而永清脩好學[18]，故堅用之。以陽平公融為司徒，融固辭不受，堅方謀伐晉，乃以融為征南大將軍、開府儀同三司。

(三)五月，幽州蝗生，廣袤[19]千里，秦王堅使散騎常侍、彭城劉蘭，發幽、冀、青、并民撲除之[20]。

(四)秋，八月，癸卯，大赦。

(五)秦王堅以諫議大夫裴元略為巴西、梓潼二郡太守，使密具舟師[21]。

(六)九月，車師前部王彌窴，鄯善王休密馱[22]入朝於秦，請為鄉導，以伐西域之不服者，因如漢灋，置都護㉓以統理之。秦王堅以驍騎將軍呂光為使持節、都督西域征討諸軍事，與凌江將軍姜飛、輕車將軍彭晃、將軍杜進、康盛等，總兵十萬，鐵騎五千，以伐西域㉔，陽平公融諫曰：「西域荒遠，得其民不可使，得其地不可食㉕，漢武征之，得不補失㉖，今勞師萬里之外，以踵漢氏之過舉㉗，臣竊惜之㉘㉙。」不聽。

㈦桓冲使揚威將軍朱綽，擊秦荊州刺史都貴於襄陽，焚踐沔北屯田㉚，掠六百餘戶而還。

㈧冬，十月，秦王堅會羣臣於太極殿，議曰：「自吾承業㉛垂三十載，四方略定㉜，唯東南一隅，未霑王化㉝，今略計吾士卒可得九十七萬，吾欲自將以討之，何如？」祕書監朱肜曰：「陛下恭行天罰㉞，必有征無戰，晉主不銜璧軍門㉟，則走死江海㊱，陛下返中國士民㊲，使復其桑梓㊳，然後回輿東巡，告成岱宗㊴，此千載一時也㊵。」堅喜曰：「是吾志也。」尚書左僕射權翼曰：「昔紂為無道，三仁在朝，武王猶為之旋師㊶。今晉雖微弱，未有大惡，謝安、桓沖皆江表偉人[42]，君臣輯睦，內外同心，以臣觀之，未可圖也。」堅嘿然[43]良久，曰：「諸君各言其志。」太子左衛率[44]石越曰：「今歲鎮守斗，福德在吳[45]，伐之，必有天殃[46]。且彼據[47]長江之險，民為之用，殆未可伐也。」堅曰：「昔武王伐紂，逆歲違卜[48]，天道幽遠[49]，未易可知。夫差、孫皓皆保據江湖，不免於亡，今以吾之眾，投鞭於江，足斷其流[50]，又何險之足恃乎？」對曰：「三國之君，皆淫虐無道，故敵國取之，易於拾遺。今晉雖無德，未有大罪，願陛下且案兵[51]積穀，以待其釁[52]。」於是羣臣各言利害，久之不決。堅曰：「此所謂『築舍道傍，無時可成[53]。』吾當內斷於心耳。」羣臣皆出，獨留陽平公融，謂之曰：「自古定大事者，不過一二臣而已，今眾言紛紛[54]，徒亂人意[55]，吾當與汝決之。」對曰：「今伐晉有三難：天道不順，一也；晉國無釁，二也；我數戰兵疲，民有畏敵之心，三也。羣臣言晉不可伐者，皆忠臣也，願陛下聽之。」堅作色[56]曰：「汝亦如此，吾復何望！吾彊兵百萬，資仗如山[57]，吾雖未為令主，亦非闇劣(五八)，乘累捷之勢，擊垂亡之國，何患不克？豈可復留此殘寇，使長為國家之憂哉！」融泣曰：「晉未可滅，昭然甚明，今勞師大舉，恐無萬全(五九)之功；且臣之所憂，不止於此，陛下寵育(六〇)鮮卑、羌、羯，布滿畿甸，此屬皆我之深仇，太子獨與弱卒數萬，留守京師，臣懼有不虞之變，生於腹心肘掖(六一)，不可悔也(六二)。臣之頑愚(六三)誠不足采(六四)，王景略一時英傑(六五)，陛下常比之諸葛武侯，獨不記其臨沒(六六)之言乎？」堅不聽，於是朝臣進諫者眾，堅曰：「以吾擊晉，校其彊弱之埶(六七)，猶疾風之掃秋葉(六八)，而朝廷內外，皆言不可，誠吾所不解(六九)也。」

太子宏曰：「今歲在吳分，又晉君無罪，若大舉不捷，恐威名外挫(七〇)，財力內竭(七一)，此羣下所以疑也。」堅曰：「昔吾滅燕，亦犯歲而捷，天道固難知也。秦滅六國，六國之君，豈皆暴虐乎！」冠軍、京兆尹慕容垂(七二)言於堅曰：「弱併於彊，小併於大，此理勢自然(七三)，非難知也。以陛下神武應期(七四)，威加海外，虎旅百萬，韓白滿朝(七五)，而蕞爾(七六)江南，獨違王命，豈可復留之以遺子孫哉(七七)！

詩云：『謀夫孔多，是用不集(七八)。』陛下斷自聖心(七九)足矣，何必廣詢朝眾(八〇)？晉武平吳，所仗者，張、杜(八一)二三臣而已，若從朝眾之言，豈有混壹之功。」堅大悅曰：「與吾共定天下者，獨卿而已。」賜帛五百匹。

堅銳意欲取江東，寢不能旦(八二)，陽平公融諫曰：「知足不辱，知止不殆，自古窮兵極武(八三)，未有不亡者。且國家本戎狄也，正朔會不歸人(八四)，江東雖微弱僅存，然中華正統，天意必不絕之(八五)。」堅曰：「帝王曆數，豈有常邪(八六)！惟德之所在耳。劉禪豈非漢之苗裔(八七)邪！終為魏所滅，汝所以不如吾者，正病此不達變通(八八)耳。」

堅素信重沙門道安(八九)，羣臣使道安乘間進言。十一月，堅與道安同輦遊於東苑，堅曰：「朕將與公南遊吳越，泛長江，臨滄海(九〇)，不亦樂乎！」安曰：「陛下應天御世(九一)，居中土而制四維(九二)，自足比隆堯舜，何必櫛風沐雨(九三)，經略(九四)遐方乎！且東南卑濕，沴氣(九五)易構(九六)，虞舜遊而不歸，大禹往而不復(九七)，何足以上勞(九八)大駕也！」堅曰：「天生烝民(九九)，而樹之君(一〇〇)，使司牧(一〇一)之，朕豈敢憚勞，使彼一方，獨不被澤㉒乎！必如公言，是古之帝王，皆無征也。」道安曰：「必不得已，陛宜駐蹕㉓洛陽，遣使者奉尺書㉔於前，諸將總六師於後，彼必稽首入臣，不必親涉江淮也㉕。」堅不聽。

堅所幸張夫人諫曰：「妾聞天地之生萬物，聖王之治天下，皆因其自然而順之，故功無不成。是以黃帝服牛乘馬，因其性也，禹濬㉖九川，障九澤，因其勢也，后稷播殖㉗百穀，因其時也，湯武帥天下而攻桀紂，因其心也㉘。皆有因則成㉙，無因則敗，今朝野之人㉚，皆言晉不可伐，陛下獨決意行之，妾不知陛下何所因也？書曰，『天聰明，自我民聰明㉛。』天猶因民，而況人乎？妾又聞王者出師，必上觀天道㉜，下順人心，今人心既不然矣，請驗之天道。諺云：『雞夜鳴者，不利行師，犬羣嗥㉝者，宮室將空㉞，兵動馬驚，軍敗不歸。』自秋冬以來，眾雞夜鳴，羣犬哀嗥，廄馬多驚，武庫兵器，自動有聲㉟，此皆非出師之祥㊱也。」堅曰：「軍旅之事，非婦人所當預㊲也。」

堅幼子中山公詵㊳，最有寵，亦諫曰：「臣聞國之興亡，繫賢人之用捨(二九)，今陽平公，國之謀主，而陛下違之；晉有謝安、桓沖，而陛下伐之，臣竊惑之。」堅曰：「天下大事，孺子安知(三〇)？」

㈨秦劉蘭討蝗，經秋冬不能滅。十二月，有司奏徵蘭下廷尉(三一)，秦王堅曰：「災降自天，非人力所能除，此由朕之失政，蘭何罪乎(三二)！」

㈩是歲秦大熟，上田畝收七十石，下者三十石，蝗不出幽州之境，不食麻豆，上田畝收百石，下者五十石。

【今註】㈠員外散騎侍郎：《晉書．職官志》：「散騎侍郎四人，魏初與散騎常侍同置，共平尚書奏事。晉武帝置員外散騎侍郎。」㈡事覺：事案發覺。㈢收下廷尉：收錄下廷尉詔獄。㈣佐命：輔佐真命天子。㈤丞相臨終託卿：卿指王皮言，秦王稱此二人皆曰卿，由之可知此稱謂語施行之廣遍矣。㈥十具牛：一具為二牛，乃沿古耦耕之法，十具牛即牛二十頭也。㈦治田之資：謂耕種之資藉。㈧何其明也：贊頌王猛之明智。㈨秉志：執志。㈩憚：畏懼。(十一)周虓曰虓世荷晉恩……皆赦不誅：按此段乃錄自〈周訪附虓傳〉，字句大致相同。(十二)勇力兼人：謂勇力超於二人之合。(十三)建元：係苻堅年號。(十四)陽勇力兼人……鄯善王殺之：按此乃將苻陽是年以後之事，連併言之，雖自破其例，然亦事實之所不得已者。(十五)飛廉：《漢書．武帝紀》：「作長安飛廉館。」注：「飛廉，神禽，能致風氣者也。」⑯翁仲：《魏略》：「景初元年，大發銅鑄作銅人二，號曰翁仲，列坐於司馬門外。」⑰凶險無行：兇暴險惡，行為不善。⑱清脩好學：潔身修行，好學不倦。⑲廣袤：《說文》：「南北曰袤，東西曰廣。」袤音茂。⑳撲除：撲滅消除。㉑密具舟師：秘密準備舟師。㉒馱：音駝。㉓都護：護謂監督，都護為總監督之。㉔總兵十萬，鐵騎五千，以伐西域：按〈苻堅載記〉下及〈呂光載記〉，十萬皆作七萬，當改從之。㉕得其地不可食：謂得其地不可耕種以食。㉖得不補失：猶得不償失。㉗以踵漢氏之過舉：謂以蹈漢室之錯誤舉措。按漢代常有稱為漢氏者，《漢書・王莽傳》：「莽曰：『漢氏減輕田租，三十而稅一。……自稱漢氏劉子輿，成帝下妻子也。』」《晉書・傅玄傳》：「上便宜曰：『昔漢氏以墾田不實，徵殺二千石以十數，臣愚以為宜申漢氏舊典』。」〈陸機傳〉：「作辯亡論曰：『昔漢氏失御，姦臣竊命。』」又〈庾純附旉傳〉：「漢氏諸侯王，位尊勢重，在丞相三公上。」而氏與室意頗相近，故漢氏亦即漢室也。㉘惜：惋惜。㉙車師前部王彌寘……臣竊惜之：按此段乃本於〈苻堅載記〉下，而稍有溢出。㉚焚踐洿北屯田：謂焚毀洿北屯田者之廬舍器物。㉛承業：承繼大業。㉜略定：猶粗定。㉝未霑王化：未霑受王者之教化。㉞天罰：上天所降之罰。㉟銜璧軍門：以口銜璧而投降於營門之外，乃亡國投降之儀式。㊱走死江海：謂逃亡而死於江海之上。㊲中國士民：猶中原士民，指永嘉之末，避亂南渡之子孫，〈苻堅載記〉上作中州之人。㊳桑梓：謂鄉里。㊴告成岱宗：杜佑曰：「岱宗，東岳也，特謂太山為岱宗者，以其處東北，居寅丑之間，萬物終始之地，陰陽交代之所，為眾山之宗，故曰岱宗。」告成者，封禪而告成功也。㊵此千載一時也：謂千載一時之良機。㊶三仁在朝，武王猶為之旋師：《史記・周本紀》：「九年，武王東觀兵，至於盟津，是時諸侯不期而會盟津者八百，諸侯皆曰：『紂可伐矣』。武王曰：『女未知天命，未可也。』乃還師歸。居二年，聞紂昏亂暴虐滋甚，殺王子比干，囚箕子，太師疵、少師彊抱其樂器而犇周。於是武王徧告諸侯曰：『殷有重罪，不可以不畢伐。』」旋師，謂回師。㊷江表偉人：此謂江東偉人。《苻堅載記》上作「江左偉才」，文字較佳。㊸嘿：同默。㊹太子左衞率：官名，率領太子左衞士卒。㊺今歲鎮守斗，福德在吳：胡三省曰：「歲，木星；鎮，土星，斗、牛女，吳越揚州分。」《苻堅載記》上兩作斗牛，當添牛字。㊻天殃：天禍。㊼據：據有。㊽昔武王伐紂逆歲違卜：胡三省曰：「荀子曰：『武王之誅紂也，東面而迎太歲。』楊倞注：『迎，謂逆太歲也』。尸子曰：『武王伐紂，魚辛諫曰，歲在北方，不可北征。武王不從。』史記齊世家：『武王將伐紂，卜龜兆不吉，風雨暴至，羣公盡懼，唯太公彊之，勸武王，武王遂行。』」㊾幽遠：幽僻邃遠。㊿投鞭於江，足斷其流：謂投鞭於江，可壅塞而使江水不流，極喻其兵馬之多也。(51)案兵：案同按，謂按兵息甲。(52)釁：釁隙。(53)築舍道傍，無時可成：《詩・小雅・小旻》：「如彼築室於道謀，是用不潰於成。」傳：「潰，遂也。」箋：「如當路築室，得人而與之謀所為，路人之意不同，故不得遂成也。」《苻堅載記》上作：「築室於道，沮計萬端。」似較老鍊。(54)紛紛：雜亂貌。(55)徒亂人意：空擾亂人之意念。(56)作色：動色。(57)資仗如山：資糧器仗，如山之積。(58)闇劣：昏闇庸劣。(59)萬全：謂絕對完全。(60)寵育：猶寵撫。(61)生於腹心肘掖：掖同腋，四者皆指人身最近之處而言。〔六二〕不可悔也：猶言悔不可及。〔六三〕頑愚：頑冥愚蠢。〔六四〕誠不足采：采同採，謂其言實不足採納。〔六五〕英傑：英雄豪傑。〔六六〕臨沒：臨死。〔六七〕校其彊弱之埶：謂較量兩方彊弱之形勢。〔六八〕猶疾風之掃秋葉：木葉至秋則黃落，而又拂以疾風，則必簌簌脫落無疑。〔六九〕解：明。〔七〇〕威名外挫：威名挫於國外。〔七一〕財力內竭：財力竭於國內。按〈苻堅載記〉上，此二句作：「威名損於外，資財竭於內。」《通鑑》之文，乃據而加以改造者。〔七二〕冠軍、京兆尹慕容垂：胡三省曰：「冠軍即冠軍將軍也。晉書載記所書，率書將軍號，而不繫將軍，通鑑因之。」按《通鑑》於書將軍號時，下例綴以將軍二字，而此無者，乃徒顧因依晉書，而忽忘已之義例之應加將軍字樣，此實撰者之疏忽處。〔七三〕此理勢自然：謂此乃自然之道理形勢。〔七四〕以陛下神武應期：〈苻堅載記〉上作：「大秦之應符。」應期應符，同指應瑞命期運而言。〔七五〕韓白滿朝：謂韓信、白起，以喻秦多良將。〔七六〕蕞爾：小貌，音最。〔七七〕豈可復留之以遺子孫哉：謂豈可復留之，以遺子孫以憂患哉。〔七八〕謀夫孔多，是用不集：夫，猶人；孔，甚；是用，即是以；集，成。乃《詩・小雅・小旻》之辭。〔七九〕聖心：指天子言，蓋謂天子為聖賢也。此聖字為我國歷代恭維君王之慣用字。〔八〇〕朝眾：朝廷之眾士。〔八一〕張杜：張華、杜預。〔八二〕寢不能旦：謂未及旦即起。〔八三〕極武：猶黷武。〔八四〕正朔會不歸人：胡三省曰：「會，要也；言大要中國正朔相傳，不歸夷狄也。」按正朔，猶正統；下之正統，適正朔之同意異辭。人，謂我。言正統要不歸於我。〔八五〕天意必不絕之：天意必不滅絕之。〔八六〕帝王曆數，豈有常邪：《論語》堯曰：「咨爾舜，天之曆數在爾躬。」朱注：「曆數，謂帝王相繼之次第，猶歲時節氣之先後也。」謂帝王之次第，豈有固定！(八七)苗裔：朱熹《離騷》帝高陽之苗裔兮注：「苗者，草之莖葉，根所生也；裔者，衣裾之末，衣之餘也。故以為遠末子孫之稱。」(八八)不達變通：不明變化窮通之道。(八九)沙門道安：按道安為該時最著名之法師，曾有彌天釋道安，四海習鑿齒之語，可知其聲譽之高絕矣，〈高僧傳〉有傳。(九〇)滄海：以水色蒼而得名。(九一)應天御世：應天運而御天下。(九二)四維：東西南北四隅。(九三)櫛風沐雨：謂為風所侵及為雨所淋。(九四)經略：謂經營天下，略有四海。(九五)沴氣：氣不和致害謂之沴，音戾。(九六)構：生。(九七)虞舜遊而不歸，大禹往而不復。虞舜南巡狩，崩於蒼梧之野，禹東巡狩，至於會稽而崩。(九八)上勞：恭敬語，意即勞也。(九九)烝民：謂眾民，與庶人之意相同。(一〇〇)樹之君：謂為之樹立君王。(一〇一)司牧：司，管；牧，養。(一〇二)被澤：蒙受恩澤。(一〇三)蹕：謂人主出入，當蹕止行人。(一〇四)尺書：檄書之稱。(一〇五)冬十月，秦王堅會羣臣於太極殿……不必親涉江淮也：按此一大段，乃用〈苻堅載記〉上之文，而字句多有刪改。(一〇六)濬：疏濬。(一〇七)播殖：播種樹殖。(一〇八)因其心也：因民惡之之心。(一〇九)有因則成：因謂依藉，言有依藉，則可成功。(一一〇)朝野之人：在朝在野之人。(一一一)天聽明自我民聽明：《尚書・皋陶謨》之辭。謂天之聽明，由於我民之聽明。(一一二)天道：猶所謂五行。(一一三)嘷：叫，音豪。(一一四)宮室將空：謂宮室之人，將盡死喪。(一一五)自動有聲：謂兵器自行搖動，而發出聲音。(一一六)祥：祥瑞。(一一七)預：干預。(一一八)詵：音莘。(一一九)用捨：謂用與不用。(一二〇)堅幼子中山公詵……孺子安知：按此段乃錄自〈苻堅載記〉上，字句多有刪改。(一二一)下廷尉：〈苻堅載記〉上謂下廷尉詔獄。(一二二)秦劉蘭討蝗……蘭何罪乎：按此段乃錄自〈苻堅載記〉上，字句大致相同。

卷一百五 晉紀二十七

司馬光編集
曲守約註

起昭陽協洽，盡閼逢涒灘，凡二年。（癸未至甲申，西元三八三年至三八四年）

烈宗孝武皇帝上之下

太元八年（西元三八三年）

㈠春，正月，秦呂光發長安，以鄯善王休密馱、車師前部王彌窴為鄉導。

㈡三月，丁巳，大赦。

㈢夏，五月，桓沖帥眾十萬伐秦，攻襄陽，遣前將軍劉波等攻沔北諸城；輔國將軍楊亮攻蜀，拔五城，進攻涪城；鷹揚將軍郭銓攻武當。六月，沖別將攻萬歲㈠、筑陽㈡，拔之。秦王堅遣征南將軍、鉅鹿公叡、冠軍將軍慕容垂等，帥步騎五萬，救襄陽。兗州刺史張崇救武當，後將軍張蚝、步兵校尉姚萇救涪城。叡軍於新野㈢㈣，垂軍於鄧城，桓沖退屯沔南。秋，七月，郭銓及冠軍將軍桓石虔，敗張崇於武當，掠二千戶以歸。鉅鹿公叡遣慕容垂為前鋒，進臨沔水，垂夜命軍士，人持十炬(五)，繫於樹枝，光照數十里，沖懼退還上明。張蚝出斜谷(六)，楊亮引兵還(七)，沖表其兄子石民領襄城太守，戍夏口，沖自求領江州刺史，詔許之。

㈣秦王堅下詔大舉入寇，民每十丁，遣一兵(八)，其良家子(九)年二十已下，有材勇者，皆拜羽林郎。又曰：「其以司馬昌明(一〇)為尚書左僕射，謝安為吏部尚書，桓沖為侍中，勢還不遠(一一)，可先為起第(一二)。」良家子至者，三萬餘騎(一三)，拜秦州主簿趙盛之為少年都統(一四)。是時，朝臣皆不欲堅行，獨慕容垂、姚萇、及良家子勸之。陽平公融言於堅曰：「鮮卑、羌虜，我之仇讎(一五)，常思風塵之變(一六)，以逞其志(一七)，所陳策畫(一八)，何可從也！良家少年，皆富饒(一九)子弟，不閑(二〇)軍旅，苟為諂諛之言(二一)，以會(二二)陛下之意。今陛下信而用之，輕舉大事，臣恐功既不成，仍(二三)有後患，悔無及也。」堅不聽。

八月，戊午，堅遣陽平公融督張蚝、慕容垂等步騎二十五萬為前鋒，以兗州刺史姚萇為龍驤將軍，督益梁州諸軍事。堅謂萇曰：

「昔朕以龍驤建業㉔，未嘗輕以授人，卿其勉之。」左將軍竇衝曰：「王者無戲言，此不祥之徵㉕也㉖。」堅默然。慕容楷、慕容紹言於慕容垂曰：「主上驕矜已甚㉗，叔父建中興之業，在此行也。」垂曰：「然，非汝誰與成之㉘？」甲子，堅發長安，戎卒六十餘萬，騎二十七萬，旗鼓相望，前後千里。九月，堅至項城，涼州之兵，始達咸陽，蜀漢之兵，方順流而下，幽冀之兵，至於彭城，東西萬里，水陸齊進，運漕萬艘㉙。陽平公融等兵三十萬，先至潁口㉚。

㈤詔以尚書僕射謝石為征虜將軍、征討大都督，以徐、兗二州刺史謝玄為前鋒都督，與輔國將軍謝琰，西中郎將桓伊等眾共八萬，拒之；使龍驤將軍胡彬以水軍五千，援壽陽，琰，安之子也。是時，秦兵既盛，都下㉛震恐，謝玄入問計於謝安，安夷然㉜答曰：「已別有旨㉝。」既而寂然，玄不敢復言。乃令張玄重請㉞，安遂命駕，出遊山墅㉟，親朋畢集，與玄圍棊賭墅㊱，安棊常劣於玄，是日玄懼，便為敵手㊲，而又不勝。安遂游陟，至夜乃還㊳。

桓沖深以根本為憂㊴，遣精銳三千，入衛京師，謝安固却之㊵，曰：「朝廷處分㊶已定，兵甲無闕，西藩㊷宜留以為防。」沖對佐吏歎曰：「謝安石有廟堂㊸之量㊹，不閑將略㊺，今大敵垂至，方遊談不暇㊻，遣諸不經事㊼少年拒之，眾又寡弱，天下事已可知㊽，吾其左衽矣㊾㊿。」

㈥以琅邪王道子錄尚書六條事(51)。

㈦冬，十月，秦陽平公融等攻壽陽，癸酉，克之，執平虜將軍徐元喜等。融以其參軍、河南郭褒為淮南太守。慕容垂拔鄖城(52)，胡彬聞壽陽陷，退保硤石(53)，融進攻之，秦衛將軍梁成等帥眾五萬，屯於洛澗(54)，柵淮(55)以遏東兵。謝石、謝玄等去洛澗二十五里而軍，憚成不敢進，胡彬糧盡，潛遣使告石等曰：「今賊盛糧盡，恐不復見大軍(56)。」秦人獲之，送於陽平公融，融馳使白秦王堅曰：「賊少易擒，但恐逃去，宜速赴之。」堅乃留大軍於項城，引輕騎八千，兼道就融於壽陽(57)(58)，遣尚書朱序來說謝石等，以為彊弱異勢(59)，不如速降。序私謂石等曰：「若秦百萬之眾盡至，誠難與為敵，今乘諸軍未集，宜速擊之，若敗其前鋒，則彼已奪氣(六〇)，可遂破也。」石聞堅在壽陽，甚懼，欲不戰以老秦師。謝琰勸石從序言(六一)。

十一月，謝玄遣廣陵相劉牢之，帥精兵五千趣洛澗，未至十里，梁成阻澗(六二)為陳以待之。牢之直前，渡水擊成，大破之，斬成及弋(六三)陽太守王詠(六四)，又分兵斷其歸津，秦步騎崩潰，爭赴淮水(六五)，士卒死者萬五千人，執秦揚州刺史王顯等，盡收其器械軍實(六六)。於是謝石等諸軍水陸繼進，秦王堅與陽平公融登壽陽城望之，見晉兵部陣(六七)嚴整，又望八公山(六八)上草木，皆以為晉兵，顧謂融曰：「此亦勍敵(六九)，何謂弱也！」憮然(七〇)始有懼色。

秦兵逼肥水而陳，晉兵不得渡，謝玄遣使謂陽平公融曰：「君懸軍(七一)深入，而置陳逼水(七二)，此乃持久之計，非欲速戰者也。若移陳少却(七三)，使晉兵得渡，以決勝負，不亦善乎。」秦諸將皆曰：「我眾彼寡，不如遏(七四)之，使不得上(七五)，可以萬全。」堅曰：「但引兵少却，使之半渡，我以鐵騎(七六)蹙(七七)而殺之，蔑(七八)不勝矣。」融亦以為然，遂麾兵(七九)使却，秦兵遂退，不可復止。謝玄、謝琰、桓伊等引兵渡水擊之，融馳騎略陳(八〇)，欲以帥退者(八一)，馬倒，為晉兵所殺，秦兵遂潰，玄等乘勝追擊，至於青岡，秦兵大敗，自相蹈藉(八二)而死者，蔽野塞川(八三)，其走者聞風聲鶴唳(八四)，皆以為晉兵且至，晝夜不敢息，草行露宿(八五)，重以(八六)饑凍，死者什七八(八七)。初秦兵少却，朱序在陣後呼曰：「秦兵敗矣。」眾遂大奔(八八)，序因與張天錫、徐元喜皆來奔，獲秦王堅所乘雲母車(八九)，復取壽陽，執其淮南太守郭褒。

堅中流矢(九〇)，單騎走至淮北，饑甚，民有進壺飧(九一)豚髀(九二)者，堅食之，賜帛十匹，綿十斤，辭曰：「陛下厭苦(九三)安樂，自取危困，臣為陛下子，陛下為臣父，安有子飼其父(九四)而求報乎？」弗顧而去。堅謂張夫人曰：「吾今復何面目(九五)治天下乎！」潸然(九六)流涕。

是時，諸軍皆潰，惟慕容垂所將三萬人獨全，堅以千餘騎赴之(九七)。世子寶言於垂曰：「家國傾覆(九八)，天命人心，皆歸至尊(九九)，但時運未至，故晦迹(一〇〇)自藏耳。今秦主兵敗，委身(一〇一)於我，是天借之便，以復燕祚，此時不可失也。願不以意氣微恩②，忘社稷之重③。」垂曰：「汝言是也，然彼以赤心④投命⑤於我，若之何害之？天苟弃之，不患不亡，不若保護其危，以報德，徐俟其釁⑥而圖之，既不負宿心⑦，且可以義取天下。」奮威將軍慕容德曰：「秦彊而幷燕，秦弱而圖之，此為報仇雪恥⑧，非負宿心也，兄柰何得而不取？釋⑨數萬之眾，以授人乎。」垂曰：「吾昔為太傅所不容，置身無所，逃死於秦⑩，秦主以國士遇我，恩禮備至⑪，後復為王猛所賣，無以自明⑫，秦主獨能明之，此恩何可忘也！若氐運必窮，吾當懷集⑬關東，以復先業耳。關西會非⑭吾有也⑮。」冠軍行參軍⑯趙秋曰：「明公當紹復⑰燕祚，著於圖讖，今天時已至，尚復何待？若殺秦主，據鄴都⑱，鼓行而西，三秦亦非苻氏之有也⑲。」垂親黨多勸垂殺堅，垂皆不從，悉以兵授堅。平南將軍慕容暐屯鄖城，聞堅敗，棄其眾遁去，至滎陽，慕容德復說暐起兵，以復燕祚，暐不從。

謝安得驛書⑳，知秦兵已敗，時方與客圍棊，攝書㉑置牀上，了㉒無喜色，圍棊如故。客問之，徐答曰：「小兒輩㉓遂已破賊。」既罷，還內過戶限㉔，不覺屐齒之折㉕㉖。丁亥，謝石等歸建康，得秦樂工，能習舊聲，於是宗廟始備金石之樂㉗。乙未，以張天錫為散騎常侍㉘，朱序為琅邪內史。

(八)秦王堅收集離散㉙，比至洛陽，眾十餘萬，百官儀物，軍容粗備。慕容農謂慕容垂曰：「尊㉚不迫人於險，其義聲㉛足以感動天地。農聞祕記㉜曰：『燕復興，當在河陽。』夫取果於未熟，與自落，不過晚旬日之間㉝，然其難易美惡，相去㉞遠矣。」垂心善其言，行至澠池㉟，言於堅曰：「北鄙之民，聞王師不利，輕相扇動㊱，臣請奉詔書以鎮慰安集之，因過謁陵廟㊲。」堅許之。權翼諫曰：「國兵新破㊳，四方皆有離心，宜徵集名將，置之京師，以固根本，鎮枝葉㊴。垂勇略過人，世豪東夏㊵，頃以避禍而來，其心豈止欲作冠軍而已哉㊶！譬如養鷹，饑則附人，每聞風飆㊷之起，常有陵霄㊸之志，正宜謹其絛㊹籠，豈可解縱㊺，任其所欲哉㊻！」堅曰：「卿言是也，然朕已許之，匹夫㊼猶不食言㊽，況萬乘乎？若天命有廢興，固非智力所能移㊾也。」翼曰：「陛下重小信，而輕社稷，臣見其往而不返，關東之亂，自此始矣。」堅不聽，遣將軍李蠻、閔亮、尹固㊿帥眾三千送垂，又遣驍騎將軍石越帥精卒三千戍鄴，驃騎將軍張蚝帥羽林五千戍幷州，鎮軍將軍毛當帥眾四千戍洛陽。權翼密遣壯士邀垂於河橋南空倉中(51)，垂疑之，自涼馬臺結草筏(52)以渡，使典軍程同衣己衣(53)，乘己馬，與僮僕趣河橋，伏兵發，同馳馬獲免(54)。十二月，秦王堅至長安，哭陽平公而後入，謚曰哀公，大赦，復死事者家(55)。

㈨庚午，大赦，以謝石為尚書令，進謝玄號前將軍，固讓不受。

㈩謝安壻王國寶(56)，坦之之子也，安惡其為人，每抑而不用，以為尚書郎；國寶自以望族(57)，故事唯作吏部，不為餘曹(58)，固辭不拜，由是怨安。國寶從妹為會稽王道子妃，帝與道子皆嗜酒，狎昵邪諂，國寶乃譖安於道子(59)，使離間之於帝。安功名既盛，而險詖(60)求進(61)之徒，多毀短(62)安，帝由是稍疏忌之。

(十一)初開酒禁，增民稅米口五石。

(十二)秦呂光行越流沙三百餘里，焉耆等諸國等皆降(六三)，惟龜茲(六四)王帛純拒之，嬰城固守，光進軍攻之(六五)。秦王堅之入寇也，以乞伏國仁為前將軍、領先鋒騎，會國仁叔父步頹反於隴西，堅遣國仁還討之，步頹聞之，大喜，迎國仁於路，國仁置酒大言曰：「苻氏疲民逞兵(六六)，殆將亡矣。吾當與諸君共建一方之業。」及堅敗，國仁遂迫脅諸部，有不從者，擊而併之，眾至十餘(六七)萬。

(十三)慕容垂至安陽(六八)，遣參軍田山修牋於長樂公丕，丕聞垂北來，疑其欲為亂，然猶身自(六九)迎之。趙秋勸垂於座取丕，因據鄴起兵，垂不從。丕謀襲擊垂，侍郎(七〇)、天水姜讓諫曰：「垂反形未著(七一)，而明公擅殺之，非臣子義，不如待以上賓之禮，嚴兵(七二)衛之，密表情狀，聽敕(七三)而後圖之。」丕從之，館垂於鄴西。垂潛與燕之故臣，謀復燕祚，會丁零(七四)翟斌起兵叛秦，謀攻豫州牧平原公暉於洛陽，秦王堅驛書使垂將兵討之。

石越言於丕曰：「王師新敗，民心未安，負罪亡匿之徒(七五)，思亂者眾，故丁零一唱，旬日之中，眾已數千，此其驗(七六)也。慕容垂燕之宿望(七七)，有興復舊業之心，今復資之以兵，此為虎傅翼也(七八)。」丕曰：「垂在鄴如藉虎寢蛟(七九)，常恐為肘腋之變(八〇)，今遠之於外，不猶愈乎(八一)！且翟斌凶悖(八二)，必不肯為垂下，使兩虎相斃，吾從而制之，此卞莊子之術也。」乃以羸(八三)兵二千，及鎧仗之弊者(八四)給垂。又遣廣武將軍苻飛龍帥氐騎一千，為垂之副，密戒飛龍曰：「垂為三軍之帥，卿為謀垂之將，行矣勉之(八五)。」垂請入鄴城拜廟，丕弗許，乃潛服而入，亭吏禁之(八六)，垂怒，斬吏燒亭而去。石越言於丕曰：「垂敢輕侮方鎮(八七)，殺吏燒亭，反形已露，可因此除之。」丕曰：「淮南之敗，垂侍衛乘輿(八八)，此功不可忘也。」越曰：「垂尚不忠於燕，安能盡忠於我？失今不取(八九)，必為後患。」丕不從，越退，告人曰：「公父子好為小仁，不顧大計，終當為人禽耳(九〇)(九一)。」

垂留慕容農、慕容楷、慕容紹於鄴，行至安陽之湯池，閔亮、李毗自鄴來，以丕與苻飛龍所謀告垂，垂因激怒(九二)其眾曰：「吾盡忠於苻氏，而彼專欲圖吾父子，吾雖欲已，得乎(九三)？」乃託言兵少，停河內募兵，旬日間有眾八千。平原公暉遣使讓垂，趣(九四)使進兵，垂謂飛龍曰：「今寇賊不遠，當晝止夜行，襲其不意(九五)。」飛龍以為然。壬午夜，垂遣世子寶將兵居前，少子隆，勒兵從己，令氐兵五人為伍，陰與寶約，聞鼓聲，前後合擊氐兵及飛龍，盡殺之，參佐(九六)家在西者，皆遣還，并以書遺秦王堅，言所以殺飛龍之故。

初，垂從堅入鄴，以其子麟屢嘗告變於燕，立殺其母(九七)，然猶不忍殺麟，置之外舍(九八)，希得侍見(九九)，及殺苻飛龍，麟屢進策畫，啟發垂意(一〇〇)，垂更奇之，寵待與諸子均(一〇一)矣。

慕容鳳及燕故臣之子燕郡王騰、遼西段延等，聞翟斌起兵，各帥部曲歸之。平原公暉使武平武侯毛當討斌，慕容鳳曰：「鳳今將雪先王之恥，請為將軍斬此氐奴(一〇二)。」乃擐甲直進(一〇三)，丁零之眾隨之，大敗秦兵，斬毛當，遂進攻陵雲臺戍(一〇四)，克之，收萬餘人甲仗(一〇五)。癸未，慕容垂濟河，焚橋，有眾三萬，留遼東，鮮卑可足渾譚(一〇六)集兵於河內之沙城，垂遣田山如鄴，密告慕容農等，使起兵相應，時日已暮，農與慕容楷留宿鄴中，慕容紹先出至蒲池㉗，盜丕駿馬數百疋，以待農、楷，甲申晦，農楷將數十騎，微服㉘出鄴，遂同奔列人㉙。

【今註】㊀萬歲：胡三省曰：「萬歲，城名，蓋近筑陽。」㊁筑陽：故城在今湖北省穀城縣東。音竹。㊂軍於新野：謂駐軍於新野。㊃新野：今河南省新野縣，在南陽縣南。㊄炬：火把。㊅斜谷：陝西省褒斜谷之北口也。谷口有關。㊆桓沖帥眾十萬伐秦……楊亮引兵還：按此段乃本於〈苻堅載記〉下，字句大致相同。㊇民每十丁遣一兵：謂民每十丁出一丁為兵。㊈良家子：《漢書．地理志》：「漢興，六郡良家子，選給羽林期門，以材力為官，名將多出焉。」如淳注：「醫、商、賈、百工不得豫也。」今謂家世清白曰良家。㊉司馬昌明：即晉孝武帝。⑪勢還不遠：胡三省曰：「謂以勢言之，克晉之期，近在旦夕，還師不遠也。」⑫起第：起建府第。⑬良家子至者三萬餘騎：良家子皆自帶馬匹，故以騎為言也。實即三萬人。⑭秦王堅下詔大舉……拜趙盛之為少年都統：按此段乃錄自〈苻堅載記〉下，字句大致相同。⑮鮮卑羌虜，我之仇讎：慕容垂，鮮卑也，姚萇，羌也，其國皆為秦所滅，雖曰臣服，其實仇讎。仇讎，皆含仇意，乃二字連用。⑯風塵之變：狀世事之擾攘，戎馬所至，風起塵揚，故云。按此辭晉代頗喜用之。《晉書．江統傳》：「若有不虞，風塵之慮，則幷州之域，可為寒心。」〈殷浩傳〉：「溫上疏罪浩曰：『坐自封殖，妄生風塵，遂使寇讎稽誅，姦逆並起。』」〈陸機傳〉：「豪士賦：『風起塵合，而禍至常酷也。』」〈杜弢傳〉：「應詹上言曰：『雲澤沾之於上，百姓沐浴於下，則上下交泰，江左無風塵之虞矣。』」〈苻堅載記〉下：「今傾國而去，如有風塵之變者，其如宗廟何！」〈後燕錄〉：「垂猶鷹也，饑則附人，飽便高颺，遇風塵之會，必有凌霄之志。」以上皆風塵二字流行之明證。⑰逞其志：快其志。⑱策畫：策略計劃。⑲富饒：富貴饒裕。⑳閑：習。㉑苟為諂諛之言：苟且而為諂媚阿諛之言。㉒會：合。㉓仍：猶又。㉔昔朕以龍驤建業：堅以龍驤將軍殺苻生，得秦國。㉕徵：驗。㉖以兗州刺史姚萇為龍驤將軍……此不祥之徵也：按此段乃錄自〈姚萇載記〉，字句大致相同。㉗驕矜已甚：驕傲矜持太甚。㉘非汝，誰與成之：正意為唯與汝可以成之。㉙甲子，堅發長安……運漕萬艘：按此段乃錄自〈苻堅載記〉下，文字完全相同。㉚潁口：潁水入淮之口。㉛都下：謂都中，古常以下代中，說已見上。㉜夷然：坦然，謂毫不驚遽。㉝已別有旨：已別有令。㉞重請：謂重往請計。㉟山墅：山間之別墅。音抒。㊱與玄圍棊賭墅：按晉人酷喜圍棊，其例證見於《晉書》者，不勝枚舉。全句意謂以別墅為圍棊勝負之賭注。㊲是日玄懼，便為敵手：敵手，謂下子爭行劫，智算相敵也。玄因惶懼，故不能勝安。㊳謝玄入，問計於謝安，……安遂遊陟，至夜乃還：按此段乃錄自〈謝安傳〉，字句幾全相同。㊴以根本為憂：根本，指京師言。㊵固却之：堅決拒而不受。㊶處分：處置安排。㊷西藩：桓沖鎮守江夏，在京師之西，故謂之西藩。㊸廟堂：朝堂。㊹量：器度。㊺將略：為將帥之韜略。㊻遊談不暇：遊娛清談不歇。㊼不經事：謂未有經驗。㊽天下事已可知：天下事之成敗，已灼然可知。(49)吾其左衽矣：謂吾將為夷狄之人矣。(50)桓沖深以根本為憂……吾其左衽矣：按此段乃錄自〈桓彝附沖傳〉，字句大致相同。(51)錄尚書六條事：胡三省曰：「錄尚書六條事，始於劉聰。」(52)鄖：音雲。(53)硤石：在今安徽省鳳臺縣西北。《水經注》：「淮水東過壽春縣北，右合肥水，又北逕山峽中，謂之峽石。」(54)洛澗：《水經注》：「洛澗上承死馬塘水，北歷秦墟，下注淮，謂之洛口。」(55)柵淮：於淮水中截河樹植木柵，以阻敵船。(56)恐不復見大軍：謂將覆亡。(57)十月秦陽平公融等攻壽陽……兼道就融於壽陽：按此段乃錄自〈苻堅載記〉下，字句大致相同。(58)就融於壽陽：按《通鑑》壽陽例作壽春，而此則於〈苻堅載記〉作壽春時，反作壽陽，亦事之可異者也。(59)彊弱異勢：謂彊弱之形勢不同。(60)彼已奪氣：彼之氣勢被奪。(61)遣尚書朱序來說謝石……勸石從序言：按此段乃揉合〈朱序傳〉及〈苻堅載記〉而成，字句大致相同。(62)阻澗：以澗為阻隔。(63)弋：音翼。(64)斬成及弋陽太守王詠：按〈謝安附玄傳〉及〈劉牢之傳〉，俱言斬梁成及成弟雲，而此則言斬王詠，而不言斬梁雲，蓋乃全據〈苻堅載記〉，而忽略上二書之文。(65)爭赴淮水：謂赴水以圖逃歸。(66)謝玄遣廣陵相劉牢之……盡收其器械軍實：按此段乃錄自〈劉牢之傳〉，字句大致相同。(67)部陣：部署、營陣。(68)八公山：在今安徽省鳳臺縣東南，肥水之北。《水經．肥水注》：「八公山上有漢淮南王劉安廟。安折節下士，忽有八公詣門，安甚敬之。八公並能鍊丹化金，出入無間，乃與安登山，埋金於地，白日昇天，故山即以八公為名。」(69)勍敵：強敵。(70)憮然：悵然失意貌。(71)懸軍：猶提軍。(72)逼水：緊靠水濱。(73)少卻：少退。(74)遏：止。(75)得上：

猶得過。(七六)鐵騎：精壯之騎兵。(七七)蹙：猶迫。(七八)蔑：無。(七九)麾兵：以旌旗指揮士卒。(八〇)略陳：謂經營行陣。(八一)帥退者：謂帥退者復前。(八二)自相蹈藉：自己夥伴互相蹈踏陵壓。(八三)蔽野塞川：尸骸蔽漫原野，川水為之堵塞不流。(八四)鶴唳：鶴鳴，音麗。(八五)草行露宿：胡三省曰：「草行者，涉草而行，不敢由路；露宿者，宿於野次，不敢入人家，皆懼追兵也。」(八六)重以：猶益以。(八七)於是謝石等諸軍……重以饑凍，死者什七八：按此一大段乃參依〈苻堅載記〉下及〈謝玄傳〉而成，字句大致相同。(八八)初秦兵少卻……眾遂大奔：按此數句，乃錄自〈朱序傳〉，然字句多有不同。(八九)獲秦王堅所乘雲母車：趙彥綎《續古今注》：「石虎皇后乘輦，以純雲母代紗，四望皆通徹。」(九〇)流矢：飛矢。(九一)飧：熟食，音孫。(九二)髀：股外曰髀，音俾。(九三)厭苦：厭惡安樂，以為苦事。(九四)飼其父：謂供其父食。(九五)何面目：今語為何臉面，日字係連類而及，無多意義。(九六)潸然：流涕貌。音刪。(九七)堅中流矢……堅以千餘騎赴之：按此段乃錄自〈苻堅載記〉下，字句大致相同。(九八)家國傾覆：指燕國之傾覆。(九九)至尊：君王之尊稱。此處指垂而言。(一〇〇)晦迹：隱迹。(一〇一)委身：謂將性命託任於我。(一〇二)意氣微恩：猶加以辭色之小恩。(一〇三)忘社稷之重……〈慕容垂載記〉忘上多一而字，文較緊湊流利，當從添入。(一〇四)赤心：誠心。(一〇五)投命：猶上文之委身。(一〇六)釁：隙。(一〇七)宿心：猶舊志，古心常含志意。(一〇八)雪恥：洗雪恥辱。(一〇九)釋：捨去。(一一〇)逃死於秦：逃避死亡，而至於秦。(一一一)恩禮備至：恩惠禮遇，至為優完。(一一二)無以自明：自己無法使人洞悉。(一一三)懷集：懷來安集。(一一四)會非：將非。(一一五)世子寶言於垂曰……關西會非吾有也：按此段乃錄自〈慕容垂載記〉，而字句多有刪削。(一一六)冠軍行參軍：行，暫署理也。《晉書・職官志》：「太子太傅，以本位重，故或行或領。」是其證。此稱之意及全文為暫行署理冠軍將軍參軍事。㉗紹復：紹繼、恢復。㉘據鄴都：據有鄴都。㉙三秦亦非苻氏之有也：三秦指上文之關西而言。㉚驛書：驛置所傳送之信札。㉛攝書：將信以手輕執之。㉜了：猶毫。㉝小兒輩：謝琰為安之子，玄為安兄奕之子，於安為姪，故安以小兒輩呼之。㉞戶限：當戶臨地之橫木。㉟不覺屐齒之折：謂其見於貌者，雖頗淡漠，然衷心則甚歡喜，而全身心浸沈其間，不知留意過限，以致屐齒毀折，且屐齒毀折，尚仍不知。在在皆為描述其喜悅深刻之狀。㊱謝安得驛書……不覺屐齒之折：按此段乃錄自〈謝安傳〉，字句大致相同。㊲於是宗廟始備金石之樂：按晉氏伶官樂器之淪亡及脩復，具詳於《晉書・樂志》下，文云：「永嘉之亂，海內分崩，伶官樂器，皆沒於劉石。江左初立，宗廟以無雅樂器及伶人，省大樂並鼓吹令，是後頗得登歌，食舉之樂，猶有未備。太寧末，明帝又訪阮孚等，增益之。咸和中，成帝乃復置太樂官，鳩集遺逸，而尚未有金石也。及慕容儁平冉閔，兵戈之際，而鄴下樂人，亦頗有來者。永和十一年，謝尚鎮壽陽，於是採拾樂人，以備大樂，並制石磬，雅樂始頗具。而王猛平鄴，慕容氏所得樂聲，又入關右。太元中破苻堅，又獲其樂工楊蜀等，閑習舊樂，於是四廂金石始備焉。」㊳以張天錫為散騎常侍：按張天錫自苻堅軍中歸晉後，《晉書・張軌附天錫傳》所述，頗為簡略，且多詆譏，《世說》所載，則大相殊異，爰錄之以供參稽；且以見北土之並非無士，特簡牘殘闕，而又無《世說》一類之作，為之錄述而顯揚之，遂致泯沒而無聞耳。〈言語〉：「王中郎甚愛張天錫，問之曰：『卿觀過江諸人，經緯江左軌轍，有何偉異？

後來之彥，復何如中原？』張曰：『研求幽邃，自王何以還，因時脩制，荀樂之風。』王曰：『卿知見有餘，何故為苻堅所制？』（注張資《涼州記》曰：「天錫明鑒穎發，英聲少著。」）答曰：『陽消陰息，故天步屯蹇，不剝成象，豈足多譏！』」又〈賞譽〉：「張天錫世雄涼州，以力弱詣京師，雖遠方殊類，亦邊人之桀也。聞皇京多才，欽羨彌至。猶在渚住，司馬箸作往詣之，言容鄙陋，無可觀聽，天錫心甚悔來，以遐外可以自固。王彌有儁才美譽，當時聞而造焉。既至，天錫見其風神清令，言話如流，陳說古今，無不貫悉；又諳人物氏族，中來皆有證據，天錫訝服。」㉙離散：流離散亡。㉚尊：尊謂其父垂。㉛其義聲：其仁義之聲聞。㉜祕記：即圖讖之屬。㉝晚旬日之間：謂取果於未熟與自落，其時間距離不過相差旬日。㉞相去：猶相差。㉟澠池：在今河南省宜陽縣西，音泯。㊱輕相扇動：謂易於扇惑浮動。㊲因過謁陵廟：垂欲因行，自謁其祖父陵廟。㊳新破：猶纔破。㊴鎮枝葉：謂鎮壓京師以外之地，鎮上可添一而字，以使文字更趨緊湊。㊵世豪東夏：代代稱豪於東夏。按晉代言中國，嗜用夏字，其例證為：《晉書・殷浩傳》：「溫上疏曰：『遂使寇讎稽誅，姦逆並起，華夏鼎沸，黎元殄悴。』」〈孫楚附綽傳〉：「乃上疏曰：『然中夏蕩蕩，一時橫流。……河洛丘墟，函夏蕭條。……山陵既固，中夏小康。』」〈陸雲傳〉：「移書曰：『區夏既混，禮樂將用。』」〈桓溫傳〉：「上疏曰，『光復舊京疆理華夏。』」〈王猛傳〉：「上疏曰：『東夏之事，非臣區區所能康理。』」〈隱逸龔壯傳〉：「壯每嘆中夏多經學，而巴蜀鄙陋。」〈五行志〉上（晉書）：「安帝隆安五年五月，大水，桓玄擅西夏，孫恩亂東國。」《世說・文學》：

「桓玄初并西夏，領荊江三州。」《文選・劉琨勸進表》：「是以臣等敢考天地之心，因函夏之趣，昧死以上尊號。」既稱中國曰夏，而於言中國某方位時，遂於其上冠以東西南北中等字樣焉。㊶其心豈止欲作冠軍而已哉：謂其志有大於為冠軍將軍者。㊷飆：暴風，音標。㊸陵霄：陵，壓，引中有在上之意，此謂衝上霄漢。㊹絛：絲繩，所以紲鷹，音韜。㊺解縱：謂解脫放縱。㊻垂勇略過人……任其所欲哉：按此段乃錄自〈慕容垂載記〉，而〈慕容垂載記〉此段，則全本於《後燕錄》，其文字完全相同，然《通鑑》之文，則多有異於《晉書》及《後燕錄》，其所以致異之故，則為修《通鑑》者，常抱一原則，即用原書時，須極力改易其字句，以免與原書雷同，而蹈偷懶苟且之譏，此段之改易痕跡，至為明顯。如每聞風飆之起，乃係改易原文遇風塵之會，殊不知風塵一辭，為晉代之流行用語，（說已見上，）而風飆則較生疏，實與時代之習尚有違。又正宜謹其絛籠，乃為改易原文惟宜急其羈絆。由之更足知《通鑑》文字與原書不同時，非原書有數版本，或除此書外，另有所據，而實為《通鑑》作者本其所抱原則，而生加更改耳。此讀《通鑑》人士所不可不知者也。（本則之說，係聞自李玄伯先生。）㊼匹夫：平民，民之只有一妻，唯夫婦相匹，故曰匹夫。㊽食言：吐言而食之，謂說話不算話，故古人多釋為偽而不實之言。㊾移：移轉。㊿遣將軍尹固：按〈慕容垂載記〉，尹固作尹國。(51)空倉中：空倉庫之中。(52)結草筏：以蘆葦高粱楷等所造之小船。(53)衣已衣：衣垂之衣。(54)同馳馬獲免：謂程同馳馬得脫。(55)復死事者家：復除死國事者家之賦役。(56)謝安壻王國寶：按國寶，〈王湛傳〉後有附傳。(57)望族：有聲望之族，與甲族大姓頗相類。(58)故事，唯作吏部，不為餘曹：《晉書．職官志》：「尚書郎，晉制凡三十五曹，置郎二十三人，更相統攝。」而吏部最為清選。(五九)謝安壻王國寶……國寶乃譖安於道子：按此段旨在敍述帝與謝安疏淡之原因，然帝與安不過稍為疏淡而已，而事實上，並未反目，則此資料，實無重要價值，採錄與否，洵均可也。又此段乃錄自〈王湛附國寶傳〉，字句大致相同。(六〇)險詖：詩序：「險詖私謁之心。」謂不正也，音ㄅㄧˋ。(六一)求進：求為宦。(六二)毀短：毀謗，言其短處。(六三)焉耆等諸國等皆降：按此當作焉耆諸國皆降。二等字應刪。(六四)龜茲：音丘慈。(六五)秦呂光行越流沙三百餘里，……光進軍攻之：按此段乃本於〈呂光載記〉，而多有刪節。(六六)逞兵：以興兵為快。(六七)秦王堅之入寇也……擊而併之，眾至十餘萬：按此段乃錄自〈乞伏國仁傳〉，字句幾全相同。(六八)安陽：今河南省安陽縣。(六九)身自：親自。(七〇)侍郎：《晉書．職官志》：「王國置侍郎二人。」(七一)垂反形未著：垂之反叛形狀，尚未顯著。(七二)嚴兵：多派兵卒，以防備之。(七三)敕：君王之詔敕。(七四)丁零：胡三省曰：「丁零種落本居中山，苻堅之滅燕也，徙於新安。」(七五)負罪亡匿之徒：謂犯罪及逃亡藏匿之人。(七六)驗：證。(七七)宿望：舊望。(七八)此為虎傅翼也：傅猶附，增加也。謂虎加羽翼後，則更勇猛無敵矣。(七九)如藉虎寢蛟：謂如居寢於虎蛟之旁。(八〇)肘腋之變：謂禍變起於肘腋之間。(八一)不猶愈乎：謂豈非尚較佳乎。(八二)凶悖：凶險悖逆，音倍。(八三)羸：瘦弱。(八四)鎧仗之弊者：鎧甲器仗之舊弊者。(八五)行矣，勉之：猶今語之走吧，好生勉勵去作。(八六)亭吏禁之：按《晉書．職官志》：「縣大者置令，小者置長，有門亭長。」此亭吏即鄴之門亭長也。(八七)方鎮：此處指苻丕言。(八八)乘輿：指天子言。(八九)失今不取：失今日之機不取。(九〇)終當為人禽耳：禽通擒，謂終當為人所擒。(九一)慕容垂至安陽……終當為人禽耳：按此段乃錄自〈慕容垂載記〉，字句大致相同。(九二)激怒：刺激之使忿怒。(九三)吾雖欲已，得乎：謂吾雖欲停罷，而豈能使彼不動乎。(九四)趣：讀曰促。(九五)襲其不意：掩襲於其不及料。(九六)參佐：指任副貳次要之職者。(九七)立殺其母：謂毫不猶豫而殺其母。(九八)外舍：府第近外邊之屋舍。(九九)希得侍見：少得進侍及進見。(一〇〇)啟發垂意：胡三省曰：「垂意所欲為，而思慮偶有所未及，麟能迎其機言之，故謂之啟發。」(一〇一)均：等。(一〇二)氏奴：按奴為詈人語，魏晉時常用之。《世說・言語》南郡龐士元聞司馬德操在潁川，注引《司馬徽別傳》：「琮左右見其醜陋，罵曰：『死庸，將軍諸郎欲求見司馬君，汝何等用奴，而自稱是邪！』」《晉書・陸機傳》：「孟超將鐵騎百餘人，直入機麾下奪之，顧謂機曰：『貉奴，能作督不？』」《通鑑》卷一百五：「慕容沖進逼長安，秦王堅登城觀之，歎曰：『此虜何從出哉！』大呼責沖曰：『奴，何苦來送死！』」同書卷一百六：「堅謂張夫人曰：『豈可令羌奴辱吾兒。』乃先殺寶錦。」而此氏奴之詈人法，實與貉奴羌奴相類，乃上為其種族之名，而末為奴字。(一〇三)擐甲：貫甲。(一〇四)陵雲臺戍：胡三省曰：「陵雲臺，魏文帝所築，在洛陽西，秦置戍焉。」(一〇五)甲仗：鎧甲器仗。(一〇六)可足渾譚：燕主暐后可足渾氏，譚蓋燕之戚黨。(一〇七)蒲池：蒲池在鄴城外，慕容儁與羣臣宴處。(一〇八)微服：不著所任職之服，換言之，即庶人之服。(一〇九)列人：故城在今河北省肥鄉縣東北十五里。

九年（西元三八四年）

㈠春，正月，乙酉朔，秦長樂公丕大會賓客，請慕容農不得，始覺有變，遣人四出求之，三日乃知其在列人，已起兵矣。慕容鳳、王騰、段延皆勸翟斌奉慕容垂為盟主，斌從之，垂欲襲洛陽，且未知斌之誠偽，乃拒之，曰：「吾來救豫州㈠，不來赴君，君既建大事，成享其福，敗受其禍，吾無預焉㈡。」丙戌，垂至洛陽，平原公暉聞其殺苻飛龍，閉門拒之。翟斌復遣長史郭通往說垂，垂猶未許，通曰：「將軍所以拒通者，豈非以翟斌兄弟，山野異類㈢，無奇才遠略，必無所成故邪？獨不念將軍今日憑之㈣，可以濟大業㈤乎。」垂乃許之。於是斌帥其眾來與垂會，勸垂稱尊號㈥。垂曰：「新興侯㈦吾主也，當迎歸返正耳㈧。」

垂以洛陽四面受敵，欲取鄴而據之，乃引兵而東。故扶餘王餘蔚㈨為滎陽太守，及昌黎鮮卑衛駒，各帥其眾降垂。垂至滎陽，羣下固請上尊號，垂乃依晉中宗㈩故事，稱大將軍、大都督、承制㈡

行事(一二),謂之統府,羣下稱臣,文表奏疏,封拜官爵,皆如王者。以弟德為車騎大將軍,封范陽王,兄子楷為征西大將軍,封太原王(一三),翟斌為建義大將軍,封河南王,餘蔚為征東將軍、統府左司馬,封扶餘王衞駒為鷹揚將軍,慕容鳳為建策將軍。帥眾二十餘萬,自石門濟河,長驅向鄴。

(二)慕容農之奔列人也,止於烏桓魯利家,利為之置饌(一四),農笑而不食。利謂其妻曰:「惡奴(一五),郎貴人(一六),家貧,無以饌之,柰何?」妻曰:「郎有雄才大志,今無故而至,必將有異(一七),非為飲食來也,君亟出遠望,以備非常(一八)。」利從之。農謂利曰:「吾欲集兵列人,以圖興復,卿能從我乎?」利曰:「死生唯郎是從(一九)。」農乃詣烏桓張驤,說之曰:「家王(二〇)已舉大事,翟斌等咸相推奉,遠近響應,故來相告耳。」驤再拜,曰:「得舊主而奉之,敢不盡死(二一)!」

於是農驅列人居民為士卒,斬桑榆(二二)為兵,裂襜(二三)裳為旗,使趙秋說屠各(二四)畢聰,聰與屠各卜勝、張延、李白、郭超、及東夷餘和、敕勃易陽㉕、烏桓劉大，各帥部眾數千，赴之。農假張驤輔國將軍，劉大安遠將軍，魯利建威將軍，農自將，攻破館陶㉖，收其軍資器械，遣蘭汗、段讚、趙秋、慕輿悕，略取㉗康臺㉘牧馬數千匹，汗、燕王垂之從舅，讚，聰之子也。於是步騎雲集，眾至數萬，驤等共推農為使持節、都督河北諸軍事、驃騎大將軍、監統諸將，隨才部署㉙，上下肅然。

農以燕王垂未至，不敢封賞㉚將士，趙秋曰：「軍無賞，士不往。今之來者，皆欲建一時之功，規㉛萬世之利，宜承制封拜㉜，以廣中興之基。」農從之，於是赴者相繼。垂聞而善之。農間招㉝庫傉官㉞偉於上黨，東引㉟乞特歸於東阿㊱，北召光烈將軍平叡、及叡兄汝陽太守幼於燕國，偉等皆應之。又遣蘭汗攻頓丘㊲，克之。農號令整肅，軍無私掠㊳，士女㊴喜悅。

長樂公丕使石越將步騎萬餘討之，農曰：「越有智勇之名，今不南拒大軍，而來此，是畏王而陵我㊵也，必不設備，可以計取之。」眾請治列人城，農曰：「善用兵者，結士以心，不以異物，今起義兵，唯敵是求，當以山河為城池，何列人之足治也(四一)。」辛卯，越至列人西，農使趙秋、及參軍綦(四二)毋滕擊越前鋒，破之，參軍太原趙謙言於農曰：「越甲仗雖精，人心危駭(四三)易破也，宜急擊之。」農曰：「彼甲在外，我甲在心(四四)，晝戰，則士卒見其外貌(四五)而憚之，不如待暮擊之，可以必克。」令軍士嚴備(四六)以待，毋得妄動(四七)。越立柵(四八)自固，農笑謂諸將曰：「越兵精士眾，不乘初至之銳以擊我，方更立柵，吾知其無能為也。」向暮(四九)，農鼓譟(五〇)出，陳於城西，牙門劉木請先攻越柵，農笑曰：「凡人見美食，誰不欲之？何得獨請(五一)！然汝猛銳可嘉，當以先鋒惠汝(五二)。」木乃帥士四百，騰柵(五三)而入，秦兵披靡(五四)，農督大眾隨之，大敗秦兵，斬越，送首於垂。越與毛當，皆秦之驍將也，故秦王堅使助二子鎮守，既而相繼敗沒(五五)，人情騷動(五六)，所在(五七)盜賊羣起。

(三)庚戌，燕王垂至鄴，改秦建元二十年為燕元年，服色朝儀，皆如舊章(五八)。以前岷山公、庫傉官偉為左長史(五九)，前尚書段崇為右長史，滎陽鄭豁等為從事中郎。慕容農引兵會垂於鄴，垂因其所稱之官而授之(六〇)。立世子寶為太子，封從弟拔等十七人，及甥宇文輸、舅子蘭審皆為王，其餘宗族及功臣封公者，三十七人，侯伯子男者，八十九人。可足渾譚集兵得二萬餘人，攻野王(六一)，拔之，引兵會攻鄴，平幼及其弟叡、規，亦帥眾數萬，會垂於鄴(六二)。

長樂公丕使姜讓誚讓(六三)燕王垂，且說之曰：「過而能改，今猶未晚也(六四)。」垂曰：「孤受主上不世之恩(六五)，故欲安全長樂公，使盡眾赴京師(六六)，然後脩復國家之業，與秦永為鄰好。何故闇於機運(六七)，不以鄴城見歸(六八)，若迷而不復(六九)，當窮極兵勢(七〇)，恐單馬求生(七一)，亦不可得也。」讓厲色(七二)責之曰：「將軍不容於家國(七三)，投命聖朝，燕之尺土，將軍豈有分乎(七四)！主上與將軍，風殊類別(七五)，一見傾心，親如宗戚(七六)，寵踰勳舊(七七)，自古君臣際會(七八)，有如是之厚者乎！一旦(七九)因王師小敗，遽有異圖(八〇)，長樂公主上元子(八一)，受分陝之任(八二)，寧可束手輸將軍以百城之地乎(八三)？將軍欲裂冠毀冕(八四)，自可極其兵勢。奚更云云(八五)，但惜將軍以七十之年(八六)，懸首白旗(八七)，高世之忠(八八)，更為逆鬼耳(八九)。」垂默然(九〇)，左右請殺之，垂曰：「彼各為其主耳(九一)，何罪(九二)？」禮而歸之。遺丕書(九三)，及上秦王堅表，陳述利害，請送丕歸長安，堅及丕怒，復書切責之(九四)。

(四)鷹揚將軍劉牢之攻秦譙城(九五)，拔之，桓沖遣上庸太守郭寶，攻秦魏興、上庸、新城三郡，拔之，將軍楊佺期進據成固，擊秦梁州刺史潘猛，走之，佺期，亮之子也。

(五)壬子，燕王垂攻鄴，拔其外郭，長樂公丕退守中城，關東六州郡縣多送任請降於燕(九六)。癸丑，垂以陳留王紹行冀州刺史，屯廣阿(九七)。

(六)豐城、宣穆公桓沖聞謝玄等有功，自以失言，慙恨(九八)成疾，二月，辛巳卒。朝議欲以謝玄為荊江二州刺史，謝安自以父子名位太盛(九九)，又懼桓氏失職怨望，乃以梁郡太守桓石民為荊州刺史，河東太守桓石虔為豫州刺史，豫州刺史桓伊為江州刺史。

(七)燕王垂引丁零、烏桓之眾二十餘萬，為飛梯地道以攻鄴，不拔，乃築長圍守之，分處老弱於肥鄉築新興城，以置輜重。

(八)秦征東府(一〇〇)官屬疑參軍高泰，燕之舊臣(一〇一)，有貳心，泰懼，與同郡虞曹從事⑫吳韶，逃歸勃海。韶曰：「燕軍近在肥鄉，宜從之。」泰曰：「吾以避禍耳，去一君，事一君，吾所不為也。」申紹見而歎曰：「去就以道⑬，可謂君子矣。」

(九)燕范陽王德擊秦枋頭，取之，置戍而還。東胡、王晏據館陶⑭，為鄴中聲援⑮，鮮卑、烏桓、及郡縣民據塢壁⑯，不從燕者尚眾，燕王垂遣太原王楷，與鎮南將軍、陳留王紹討之，楷謂紹曰：「鮮卑、烏桓、及冀州之民，本皆燕臣，今大業始爾⑰，人心未洽⑱，所以小異⑲，唯宜綏之⑳以德，不可震之以威。吾當止一處㉑，為軍聲之本㉒，汝巡撫民夷㉓，示以大義，彼必當聽從。」楷乃屯於辟陽㉔。紹帥騎數百，往說王晏，為陳禍福㉕，晏隨紹詣楷降，於是鮮卑、烏桓、及塢民降者，數十萬口。楷留其老弱，置守宰㉖以撫㉗之，發其丁壯十餘萬，與王晏詣鄴。垂大悅，曰：「汝兄弟才兼文武，足以繼先王㉘矣。」

(十)三月，以衛將軍謝安為太保。

(十一)秦北地長史慕容泓聞燕王垂攻鄴，亡奔關東，收集鮮卑，眾至數千，還屯華陰(二九)，敗秦將軍強永，其眾遂盛，自稱都督陝西諸軍事(三〇)、大將軍、雍州牧、濟北王，推垂為丞相、都督陝東諸軍事、領大司馬、冀州牧、吳王。秦王堅謂權翼曰：「不用卿言，使鮮卑至此，關東之地，吾不復與之爭(三一)，將若泓何？」乃以廣平公熙為雍州刺史，鎮蒲阪，徵雍州牧、鉅鹿公叡為都督中外諸軍事、衞大將軍、錄尚書事，配兵五萬，以左將軍竇衝為長史，龍驤將軍姚萇為司馬，以討泓。平陽太守慕容沖亦起兵於平陽，有眾二萬，進攻蒲阪，堅使竇衝討之(三二)。庫傉官偉帥營部(三三)數萬至鄴，燕王垂封偉為安定王。

(十一)秦冀州刺史、阜城侯定守信都(三四)，高城男紹在其國，高邑侯亮、重合侯謨守常山，固安侯鑒守中山，燕王垂遣前將軍、樂浪王溫，督諸軍攻信都，不克。夏，四月，丙辰，遣撫軍大將軍麟益兵助之，定、鑒、秦王堅之從叔，紹、謨從弟，亮從子也。溫，燕王垂之弟子也。

(十二)慕容泓聞秦兵且至，懼，帥眾將奔關東，秦鉅鹿公叡麄猛輕敵，欲馳兵邀之，姚萇諫曰：「鮮卑皆有思歸之志，故起而為亂，宜驅令出關，不可遏也。夫執鼷鼠㉕之尾，猶能反噬於人㉖，彼自知困窮，致死於我㉗，萬一失利，悔將何及？但可鳴鼓隨之㉘，彼將奔敗不暇矣㉙。」叡弗從，戰於華澤㉚，叡兵敗為泓所殺。萇遣龍驤長史趙都，參軍姜協，詣秦王堅謝罪，堅怒殺之，萇懼，奔渭北馬牧。於是天水尹緯、尹詳，南安龐演等糾扇羌豪㉛，帥其戶口歸萇者五萬餘家，推萇為盟主，萇自稱大將軍、大單于、萬年秦王，大赦，改元白雀，以尹詳、龐演為左右長史，南安姚晃、及尹緯為左右司馬，天水狄伯支等為從事中郎，羌訓等為掾屬㉜，王據等為參軍，王欽、盧姚、方成等為將帥㉝。秦竇衝擊慕容沖於河東，大破之，沖帥鮮卑騎八千奔慕容泓，泓眾至十餘萬，遣使謂秦王堅曰：「吳王已定關東，可速資備大駕，奉送家兄皇帝㉞，泓當帥關中燕人，翼衛乘輿㉟，還返鄴都，與秦以虎牢為界，永為鄰好。」堅大怒，召慕容暐責之，曰：「今泓書如此，卿欲去者，朕當相資，卿之宗族，可謂人面獸心㊱，不可以國士期也㊲。」暐叩頭流血，涕泣陳謝，堅久之曰：「此自三豎㊳所為，非卿之過。」復其位，待之如初。命暐以書招諭泓、沖、及垂，暐密遣使謂泓曰：「吾籠中之人，必無還理㊴，且燕室之罪人也，不足復顧㊵，汝勉建大業，以吳王為相國，中山王為太宰，領大司馬，汝可為大將軍，領司徒，承制封拜，聽吾死問㊶，汝便即尊位。」泓於是進向長安，改元燕興。

㊷燕王垂以鄴城猶固，會僚佐議之，右司馬封衡請引漳水灌之，從之，垂行圍㊸，因飲於華林園，秦人密出兵掩之㊸，矢下如雨，垂幾不得出㊹，冠軍大將軍隆將騎衝之，垂僅而得免。

㊺竟陵太守趙統攻襄陽，秦荊州刺史都貴奔魯陽。五月，秦洛州刺史張五虎據豐陽來降。

㊻梁州刺史楊亮帥眾五萬伐蜀，遣巴西太守費統將水陸兵三萬為前鋒，亮屯巴郡，秦益州刺史王廣，遣巴西太守康回等拒之。

㊼秦苻定、苻紹皆降於燕。燕慕容麟引兵西攻常山。後秦王萇進屯北地，秦華陰、北地、新平、安定羌胡，降之者

十餘萬㊺。

(十八)六月，癸丑朔，崇德太后褚氏崩。

(十九)秦王堅自帥步騎二萬，以擊後秦軍於趙氏塢，使護軍將軍楊璧等分道攻之，後秦兵屢敗，斬後秦王萇之弟鎮軍將軍尹買，後秦軍中無井，秦人塞安公谷，堰同官水㊻，以困之，後秦人恟㊼懼，有渴死者，會天大雨，後秦營中水三尺，繞營百步之外寸餘而已，後秦軍復振，秦王堅歎曰：「天亦佑㊽賊乎！」

(廿)慕容泓謀臣高蓋等以泓德望不如慕容冲，且持法苛峻㊾，乃殺泓立冲為皇太弟，承制行事，置百官，以蓋為尚書令。後秦王萇遣子嵩為質於冲㊿，以請和。

將軍劉春攻魯陽，都貴奔還長安。

(廿一)後秦王萇帥眾七萬擊秦，秦王堅遣楊璧等拒之，為萇所敗，獲楊璧，及右將軍徐成、鎮軍將軍毛盛等將吏數十人，萇皆禮而遣之[51]。

(廿二)燕慕容麟拔常山，秦苻亮、苻謨皆降，麟進圍中山[52]，秋，七月，克之，執苻鑒，麟威聲大振，留屯中山。

(卅三)秦幽州刺史王永、平州刺史苻沖，帥二州之眾以擊燕，燕王垂遣平朔將軍平規擊永，永遣昌黎太守宋敞逆戰於范陽〔五三〕，敞兵敗，規進據薊南。秦平原公暉帥洛陽、陝城之眾七萬，歸于長安。秦王堅聞慕容沖去長安浸近〔五四〕，乃引兵歸〔五五〕。遣撫軍大將軍方戍驪山，拜平原公暉為都督中外諸軍事、車騎大將軍、錄尚書事，配兵五萬，以拒沖，沖與暉戰於鄭西，大破之。堅又遣前將軍姜宇、與少子河間公琳，帥眾三萬拒沖於灞上，琳、宇皆敗死，沖遂據阿房城〔五六〕。

(卅四)秦康回兵數敗，退還成都，梓潼太守壘襲以涪城來降。荊州刺史桓石民據魯陽，遣河南太守高茂北戍洛陽〔五七〕。己酉，葬康獻皇后於崇平陵。

(卅五)燕翟斌恃功驕縱，邀求無厭〔五八〕，又以鄴城久不下，潛有〔五九〕貳心，太子寶請除之。燕王垂曰：「河南之盟，不可負也〔六〇〕，若其為難〔六一〕，罪由於斌，今事未有形〔六二〕而殺之，人必謂我忌憚〔六三〕其功能。

吾方收攬(一六四)豪傑，以隆(一六五)大業，不可示人以狹(一六六)，失天下之望也。藉(一六七)彼有謀，吾以智防之，無能為也(一六八)。」范陽王德、陳留王紹、驃騎大將軍農皆曰：「翟斌兄弟，恃功而驕，必為國患(一六九)。」垂曰：「驕則速敗(一七〇)，焉能為患？彼有大功，當聽其自斃耳。」禮遇彌重(一七一)。斌諷丁零、及其黨，請斌為尚書令，垂曰：「翟王之功，宜居上輔(一七二)，但臺既未建(一七三)，此官不可遽置耳(一七四)。」斌怒，密與前秦長樂公丕通謀(一七五)，使丁零決隄潰水(一七六)，事覺，垂殺斌，及其弟檀敏，餘皆赦之。斌兄子真夜將營眾，北奔邯鄲，引兵還向鄴圍，欲與丕內外相應，太子寶與冠軍大將軍隆擊破之，真還走邯鄲(一七七)。太原王楷、陳留王紹言於垂曰：「丁零非有大志，但寵過為亂耳(一七八)，今急之(一七九)，則屯聚(一八〇)為寇，緩之，則自散，散而擊之，無不克矣。」垂從之。

(二六)龜茲王帛純窘急，重賂獪(一八一)胡以求救，獪胡王遣其弟吶龍、侯將馗(一八二)帥騎二十餘萬，并引溫宿、尉頭等諸國(一八三)兵合七十餘萬，以救龜茲，秦呂光與戰於城西，大破之，帛純出走，王侯降者三十餘國。光入其城，城如長安，市邑宮室甚盛，光撫寧(八四)西域，威恩甚著(八五)，遠方諸國，前世所不能服者，皆來歸附，上漢所賜節傳(八六)，光皆表而易之(八七)。立帛純弟震為龜茲王(八八)。

(七)八月，翟真自邯鄲北走，燕王垂遣太原王楷、驃騎大將軍農帥騎追之，及於下邑，楷欲戰，農曰：「士卒饑倦，且視賊營不見丁壯，殆有他伏，」楷不從，進戰，燕兵大敗。真北趨中山，屯於承營。鄴中芻糧(八九)俱盡，削松木以飼馬，燕王垂謂諸將曰：「苻丕窮寇，必無降理(九〇)，不如退屯新城(九一)，開丕西歸之路，以謝秦王疇昔(九二)之恩，且為討翟真之計。」丙寅夜，垂解圍趨新城，遣慕容農徇清河(九三)平原，徵督(九四)租賦，農明立約束(九五)，均適有無(九六)，軍令嚴整，無所侵暴(九七)，由是穀帛屬路(九八)，軍資豐給(九九)。

(八)戊寅，南昌文穆公郗愔薨，太保安奏請乘苻氏傾敗(一〇〇)，開拓中原，以徐、兗二州刺史謝玄為前鋒都督，帥豫州刺史桓石虔伐秦，玄至下邳，秦徐州刺史趙遷棄彭城走，玄進據彭城。

(九)秦王堅聞呂光平西域，以光為都督玉門以西諸軍事、西域校尉，道絕不通。秦幽州刺史王永求救於振威將軍劉庫仁，庫仁遣其妻兄公孫希帥騎三千救之，大破平規於薊南，乘勝長驅，進據唐城(二一)。

(卅)九月，謝玄使彭城內史劉牢之攻秦兗州刺史張崇，辛卯，崇棄鄄城(二二)奔燕，牢之據鄄城，河南城堡，皆來歸附。太保安上疏，自求北征，加安都督揚江等十五州諸軍事(二三)，加黃鉞。

(卅一)慕容沖進逼長安，秦王堅登城觀之，歎曰：「此虜(二四)何從出哉！」大呼責沖曰：「奴，何苦來送死。」沖曰：「奴厭奴苦(二五)，欲取汝為代耳。」沖少有寵於堅(二六)，堅遣使以錦袍稱詔遺之(二七)，沖遣詹事(二八)稱皇太弟令答之，曰：「孤今心在天下(二九)，豈顧一袍小惠，苟能知命(三〇)，君臣束手，早送皇帝(三一)，自當寬貸(三二)苻氏，以酬曩好(三三)。」堅大怒曰：「吾不用王景略、陽平公之言，使白虜(三四)敢至於此(三五)！」

(卅二)冬，十月，辛亥朔，日有食之。乙丑，大赦。

(卅三)謝玄遣陰陵太守高素(三六)攻秦青州刺史苻朗，軍至琅邪，朗來降，朗、堅之從子也㈢㈦。

㈣㈣翟真在承營，與公孫希、宋敞遙相首尾㈢㈧，長樂公丕遣宦者冗從僕射、清河光祚，將兵數百赴中山，與真相結，又遣陽平太守邵興將數千騎，招集冀州故郡縣，與祚期會襄國㈢㈨。是時燕軍疲弊，秦勢復振，冀州郡縣，皆觀望成敗㈢〇，趙郡人趙粟等起兵柏鄉㈢㈠以應興，燕王垂遣冠軍大將軍隆、龍驤將軍張崇，將兵邀擊㈢㈡興，命驃騎大將軍農自清河引兵會之，隆與興戰於襄國，大破之，興走至廣阿，遇慕容農，執之；光祚聞之，循西山㈢㈢走歸鄴。隆遂擊趙粟等，皆破之，冀州郡縣復從燕。

㈣㈤劉庫仁聞公孫希已破平規，欲大舉兵以救長樂公丕，發鴈門、上谷、代郡兵，屯繁畤㈢㈣，燕太子太保慕輿句之子文，零陵公慕輿虔之子常，時在庫仁所，知三郡兵不樂遠征，因作亂，夜攻庫仁，殺之，竊其駿馬奔燕。公孫希之眾聞亂自潰㈢㈤，希奔翟真，庫仁弟頭眷代領庫仁部眾㈢㈥。

㈣㈥秦長樂公丕遣光祚、及參軍封孚，召驃騎將軍張蚝、幷州刺史王騰於晉陽以自救，蚝、騰以眾少不能赴，丕進退路窮，謀於僚佐，司馬楊膺請自歸於晉，丕未許。會謝玄遣龍驤將軍劉牢之等據碻磝㉗，濟陽太守郭滿據滑臺㉘，將軍顏肱㉙、劉襲軍於河北，丕遣將軍桑據屯黎陽㉚以拒之，劉襲夜襲據走之，遂克黎陽，丕懼，乃遣從弟就與參軍焦逵請救於玄，致書稱㉛：「欲假塗求糧㉜，西赴國難㉝，須㉞援軍既接，以鄴與之；若西路不通，長安陷沒，請帥所領，保守鄴城。」逵與參軍姜讓密謂膺曰：「今喪敗如此，長安阻絕㉟，存亡不可知，屈節竭誠㊱，以求糧援，猶懼不獲，而公豪氣㊲不除，方設兩端㊳，事必無成。宜正書為表㊴，許以王師之至，當致身南歸㊵；如其不從，可逼縛與之㊶。」膺自以力能制丕㊷，乃改書而遣之㊸㊹。謝玄遣晉陵太守滕恬之渡河，守黎陽，恬之，脩之曾孫也。朝廷以兗、青、司、豫既平，加玄都督徐、兗、青、司、冀、幽、并七州諸軍事。

(卅七)後秦王萇聞慕容沖攻長安，會羣僚議進止㊺，皆曰：「大王宜先取長安，建立根本，然後經營四方。」萇曰：「不然，燕人因其眾有思歸之心以起兵，若得其志，必不久留關中，吾當移屯嶺北（二四六），廣收資實（二四七），以待秦亡燕去，然後拱手取之耳（二四八）。」乃留其長子興守北地（二四九），使寧北將軍姚穆守同官川，自將其眾攻新平（二五〇）。初，新平人殺其郡將（二五一），秦王堅缺其城角以恥之（二五二），新平民望（二五三）深以為病，欲立忠義以雪之，及後秦王萇至新平，新平太守南安苟輔欲降之，郡人遼西太守馮傑、蓮勺令馮羽、尚書郎趙義、汶山太守馮苗諫曰：「昔田單以一城存齊（二五四），今秦之州鎮（二五五），猶連城過百（二五六），柰何遽（二五七）為叛臣乎？」輔喜曰：「此吾志也，但恐久而無救，郡人橫被無辜（二五八），諸君能爾，吾豈顧生哉！」於是憑城固守，後秦為土山地道，輔亦於內為之，或戰地下，或戰山上，後秦之眾死者萬餘人，輔詐降以誘萇，萇將入城，覺之而返，輔伏兵邀擊，幾獲之，又殺萬餘人（二五九）。

（四八）隴西處士（二六〇）王嘉，隱居倒虎山（二六一），有異術（二六二），能知未然（二六三），秦人神之，秦王堅、後秦王萇、及慕容沖，皆遣使迎之。十一月，嘉入長安，眾聞之，以為堅有福，故聖人助之（二六四），三輔堡壁（二六五）及四山㉖氏羌歸堅者，四萬餘人。堅置嘉及沙門道安於外殿，動靜㉗咨之。

(三九)燕慕容農自信都西擊丁零翟遼於魯口破之，遼退屯無極㉘，農屯藁城以逼之，遼、真之從兄也。

鮮卑在長安城中者猶千餘人，慕容紹之兄肅，與慕容暐陰謀結鮮卑為亂，十二月，暐白堅以其子新昏㉙，請堅幸㉚其家，置酒，欲伏兵殺之。堅許之，會天大雨，不果往㉛，事覺，堅召暐及肅，肅曰：「事必洩矣，入則俱死，今城內已嚴㉜，不如殺使者，馳出，既得出門，大眾便集。」暐不從，遂俱入，堅曰：「吾相待何如！而起此意。」暐飾辭㉝以對，肅曰：「家國事重，何論意氣㉞。」堅先殺肅，乃殺暐及其宗族，城內鮮卑，無少長男女皆殺之。燕王垂幼子柔養於宦者宋牙家，為牙子，故得不坐㉟，與太子寶之子盛，乘間得出，奔慕容冲。

(四十)燕慕容麟、慕容農合兵襲翟遼，大破之，遼單騎奔翟真。

燕王垂以秦長樂公丕、猶據鄴不去，乃更引兵圍鄴，開其西走之路。

(四一)焦逵見謝玄，玄欲徵丕任子㊱，然後出兵，逵固陳丕款誠㊲，幷述楊膺之意，玄乃遣劉牢之、滕恬之等帥眾二萬救鄴，丕告饑，玄水陸運米二千斛以饋之㊳。

(四二)秦梁州刺史潘猛棄漢中，奔長安。

【今註】㊀吾來救豫州：秦平原公暉，以豫州牧鎮洛陽。㊁吾無預焉：謂與我無干。㊂山野異類：按翟斌為丁零種，而慕容垂為鮮卑人，故曰異類。山野即山野間不開化之地。㊃憑之：憑藉之。㊄濟大業：成大業。㊅尊號：帝王之號。㊆新興侯：秦獲慕容暐，封為新興侯。㊇當迎歸返正耳：當迎之歸還，而返於正位耳。㊈故扶餘王餘蔚：餘蔚即太和五年，開鄴北門納秦兵者。㊉晉中宗：晉元帝廟號中宗。⑪承制：承奉詔制，謂不敢自專也。⑫行事：執行國家政事。⑬兄子楷為征西大將軍，封太原王：楷、恪子也，恪封太原王，今令楷襲父爵。⑭置饌：設食。⑮利謂其妻曰惡奴：按惡奴雖外係詈其妻之語，而內實含狎昵之意。《世說‧排調》庾爰客條：「齊莊還語人曰：『我故勝，得重喚奴父名。』」〈識鑒〉：「周嵩起長跪而泣曰：『唯阿奴碌碌，當在阿母目下耳。』」〈容止〉：「王敬豫有美形，問訊王公，撫其肩曰：『阿奴，恨才不稱。』」同篇：「桓公望之曰：『大奴，固自有鳳毛。』」又〈假譎〉溫公喪婦條：「既婚交禮，女以手披紗扇，撫掌大笑曰：『我固疑是老奴，果如所卜。』」尤其最後一事，老奴之為親狎之稱，灼然可知。夫妻既可稱其良人為老奴，則夫自亦可呼其妻為惡奴矣。故惡奴一稱，實含親狎之意。又晉士大夫喜命其子曰某奴，說已見前。而本引文中之奴字，間有係該人之小名者，此為領會文意，所不可不知者也。⑯郎，貴人：按魏晉稱貴人子弟及俊俏少年，多曰郎或郎君。《文選・應休璉與滿公琰書》：「外嘉郎君謙下之德。」《世說・文學》：「謝鎮西少時，聞殷浩能清言，故往造之。……殷徐語左右，取手巾與謝郎拭面。」《晉書・食貨志》：「吳興沈充又鑄小錢，謂之沈郎錢。」《王導附悅傳》：「導性儉節，帳下甘果爛敗，令弃之，云：『勿使大郎知。』」《烈女王凝之妻》：「初適凝之，還甚不樂。安曰：『王郎，逸少子，不惡，汝何恨也！』答曰：『一門，叔父則有阿大中郎，不意天壤之中，乃有王郎！』……道韞遣婢白獻之曰：『欲為小郎解圍。』」《苻堅載記》：「高平徐統遇堅於路，異之，執其手曰：『苻郎，此官之御街，小兒敢戲於此，不畏司隸縛邪？』……後又遇之，統下車屏人密謂之曰：『苻郎，骨相不恒，後當大貴，但僕不見，如何！』」皆稱貴人子弟及少年曰郎及郎君之佐證。⑰必將有異：必將有特異之舉。⑱以備非常：以備非常之事。⑲死生唯郎是從：謂不管死生，皆從郎也。⑳家王：指慕容垂，因農為垂之子，而此係以政治立場而對人言，故曰家王。㉑敢不盡死：謂豈敢不盡死力。㉒桑榆：樹木名。㉓襜：《爾雅》曰：「衣蔽前也。」㉔屠各：按屠各為匈奴之貴族，晉時前趙劉氏即此族人。㉕易陽：晉屬陽平郡。㉖館陶：晉屬陽平郡。㉗略取：杜佑曰：「不以道取曰略」。㉘康臺：《魏書・地形志》：「廣平郡平恩縣有康臺澤。」㉙隨才部署：按才任命。(三〇)封賞：封爵、賞賜。(三一)規：圖。(三二)封拜：封爵拜官。(三三)閒招：遣閒使招之。(三四)庫傉官：為夷狄人之姓氏。(三五)引：亦招。(三六)東阿：故城在今山東省陽穀縣東北之阿城鎮。(三七)頓丘：故治在今河北省清豐縣西南。(三八)軍無私掠：胡三省曰：「言其軍不敢掠居民，而私其物。」(三九)士女：猶男女老幼。(四〇)陵我：欺陵我。(四一)何列人之足治也：謂何列人城之足恃也。(四二)綦：音其。(四三)危駭：危懼驚駭。(四四)彼甲在外，我甲在心：彼軍之鎧甲在身上，我軍之鎧甲在心內，此處鎧甲，猶言利器也。(四五)外貌：外表。(四六)嚴備：嚴加戒備。(四七)毋得妄動：不得胡亂行動。(四八)立柵：立柵欄。(四九)向暮：謂近暮。(五〇)鼓譟：擊鼓喧譟。(五一)何得獨請：何得獨自一人請之。(五二)當以先鋒惠汝：當以先鋒之任授汝。(五三)騰柵：騰越柵欄。(五四)披靡：原意為草木隨風偃仆，引申為兵士潰敗。(五五)相繼敗沒：相繼敗亡。(五六)騷動：擾動。(五七)所在：謂各處。(五八)舊章：舊制。(五九)以前岷山公、庫傉官偉為左長史：胡三省曰：「凡帶前字者，皆前燕所授官也。」按胡說非。前猶故，謂舊曾任此職，而後停歇，故於其停職後呼之，例加以前字或故字。此諸人雖在前燕任此諸職，然前燕滅亡，距此有十餘年之久，而前燕滅亡時，此諸人當亦隨之失去官職。夫既不在該位，則云前者，焉得謂之前燕乎！故此前實與故字同意，乃指曾任其職而言。又〈苻堅載記〉下有慕容暐弟燕故濟北王泓之文，愈知前乃指曾任其職而言，而非指前燕也。(六〇)垂因其所稱之官而授之：即上文張驤等所推之官。(六一)野王：今河南省沁陽縣治。(六二)慕容農之奔列人也……叡規亦帥眾數萬，會垂於鄴：按此一大段，不見《晉書》，知另有所本。(六三)誚讓：責讓。(六四)且說之曰，過而能改，今猶未晚也：按此應將其重大理由，擇要錄入，以明說辭之筋骨。若只錄上引之二句，以言簡則固簡矣，然能似一篇遊說辭乎！又說辭如此，則盡人皆可背誦而為之，此亦理之不可有者。《通鑑》摘文義例，凡類此等處，實宜重行商榷。(65)不世之恩：此恩非世上所有，極言其優厚也。(66)故欲安全長樂公，使盡眾赴京師：謂保全長樂公，使其率眾平安轉移至長安。(67)闇於機運：昧於天機時運。(68)不以鄴城見歸：按見猶相，語助無義，謂不以鄴城歸還。(69)迷而不復：〈慕容垂載記〉作迷而不返，復猶返也。(70)窮極兵勢：盡兵勢所至。(71)單馬求生：喻其敗亡之慘，只剩一馬而逃求生命。(72)厲色：嚴厲其容色。(73)不容於家國：為家國所不容納。(74)豈有分乎：豈有汝所得之分者乎！(75)風殊類別：風，風土；謂風土殊歧，種類別異。(76)宗戚：宗族親戚。(77)勳舊：功勳老臣。(78)際會：接合。(79)一旦：一時。(80)遽有異圖：立即有其他打算。(81)元子：長子。(82)受分陝之任：謂其地位如周召之崇重。(83)寧可束手輸將軍以百城之地：百城之地，謂地有百縣之大。全意謂豈可自縛雙手，而將百城之地，送給將軍乎！(84)將軍欲裂冠毀冕：《左傳》：「晉率陰戎伐潁，景王使詹桓伯辭於晉曰：『我在伯父，猶衣服之有冠冕，木水之有本原，民人之有謀主也。伯父若裂冠毀冕，拔木塞原，專棄謀主，雖戎狄其何有余一人！』」(85)奚更云云：按〈慕容垂載記〉作何復多云，是本文意當為何必更多言耶！又《通鑑》改作云云，亦有所本。《文選・李陵答蘇武書》：「而執事者云云，苟怨陵以不死，然陵不死罪也。」又〈殷仲文解尚書表〉：「謹拜表以聞，臣某云云。」皆其先導。(86)七十之年：猶七十歲。(87)懸首白旗：武王斬紂首，懸於太白之旗。(88)高世之忠：謂忠烈高出於世人之上。(89)更為逆鬼耳：反為叛逆而被處死之人。(九〇)垂默然：謂默然無以對。(九一)彼各為其主耳：彼人亦自為其主耳。(九二)何罪：謂何罪之有。(九三)遺丕書：與丕信札。(九四)長樂公丕使姜讓誚讓燕王垂……堅及丕怨，復書切責之：按此一大段乃錄自〈慕容垂載記〉，而多有刪削。(九五)鷹揚將軍劉牢之攻秦譙城：按〈孝武帝紀〉九年文，作龍驤將軍劉牢之。又核〈劉牢之傳〉，為鷹揚將軍，淮肥之役，以功遷龍驤將軍。是牢之此時已陞遷為龍驤將軍，當改從〈孝武紀〉文。(九六)關東六州郡縣多送任，請降於燕：按任乃以親近人為質之謂。(九七)廣阿：故城在今河北省隆平縣東。(九八)慙恨：羞慙惱恨。(九九)太盛：猶太大。(一〇〇)秦征東府：苻丕為征東大將軍，故其府名征東府。(一〇一)高泰燕之舊臣：高泰先仕燕，慕容垂以為從事中郎。(一〇二)與同郡虞曹從事：秦征東府置虞曹從事，掌所部山澤。泰與韶皆勃海人。(一〇三)去就以道：去與就皆衡以道義。(一〇四)館陶：今山東省館陶縣。(一〇五)為鄴中聲援：為鄴中聲氣上之援助。(一〇六)塢壁：築土為壁障，以防寇盜。亦有單稱塢與壁者。(一〇七)今大業始爾：今大業方始如此。(一〇八)未洽：未融洽。(一〇九)小異：謂稍不服從。(一一〇)綏：安。(一一一)止一處：停止於一地。(一一二)為軍聲之本：為發振軍聲之大本營。(一一三)民夷：民指燕鮮卑及漢民，夷指鮮卑以外之異族。(一一四)辟陽：《魏書・地形志》：「長樂郡信都縣，有辟陽城。」(一一五)為陳禍福：為言禍福之道。(一一六)守宰：守，郡守；宰，縣宰。(一一七)撫：安撫。(一一八)繼先王：言足以繼慕容恪也。(一一九)華陰：今陝西華陰縣。(一二〇)自稱都督陝西諸軍事：按〈苻堅載記〉下作自稱使持節、大都督陝西諸軍事，以官職之通例核之，此當作大都督，都督陝西諸軍事。(一二一)吾不復與之爭：意謂關東之地，已無收復之望。(一二二)秦北地長史慕容泓聞燕王垂攻鄴……堅使竇衝討之：按此段乃錄自〈苻堅載記〉下，字句大致相同。㉓營部：屯營之卒屬。㉔信都：今河北省冀縣治。㉕鼷鼠：〈玉篇〉：「螫毒，食人及鳥獸皆不痛，今之甘口鼠也。」㉖反噬於人：謂能掉頭而咬人也。㉗致死於我：謂與我拚一死活。㉘鳴鼓隨之：鳴鼓隨其後。㉙彼將奔敗不暇矣：謂彼將奔敗之不及，自無暇抗禦矣。㉚華澤：華陰之澤。㉛糾扇羌豪：糾合扇動，羌之豪桀。㉜羌訓為掾屬：按〈姚萇載記〉羌訓作姜訓，當改從。又佐治之吏正曰掾，副曰屬，音ㄩㄢˋ。㉝萇遣龍驤長史趙都……方成等為將帥：按此段乃錄自〈姚萇載記〉，字句大致相同。㉞家兄皇帝：謂其兄暐。按晉人稱其家人，例加家字，《世說・文學》林道人詣謝公條：「謝公語同坐曰：『家嫂辭情慷慨，致可傳述。』」《晉書・苻堅載記》下：「泓遣使謂堅曰：『可速資備大駕，奉送家兄皇帝。』」皆其證。㉟翼衛乘輿：謂在兩旁護衛皇帝，皇帝指暐言。㊱人面獸心：謂具人之形狀，而係禽獸心腸。㊲不可以國士期也：不可以國士相期許也。㊳三豎：謂垂、泓、沖。㊴必無還理：必無生還之道理。㊵不足復顧：不足再行關顧。㊶死問：即死訊。按晉人常賦問以訊意，《陶淵明集・贈長沙公族祖詩》：「款襟或遼，音問其先。」《晉書・陸機傳》：「羈寓京師，久無家問。」〈苻堅載記〉下：「垂引師去鄴，始具西問，知苻叡等喪敗，長安危逼。」皆其例證。㊷垂行圍：垂巡行長圍。㊸密出兵掩之：祕密出兵以掩襲之。㊹垂幾不得出：垂幾不得出重圍。㊺降之者十餘萬：按〈姚襄載記〉萬下有戶字，此為計算單位，當從添。㊻堰同官水：以堰堵塞之，使不通流。同官水，水名。㊼恟：擾恐。㊽佑：助。㊾持法苛峻：執法苛刻嚴峻。㊿後秦王萇遣子嵩為質於沖：按〈姚萇載記〉嵩作崇。(五一)禮而遣之：待之以禮而遣歸之。(五二)中山：故地在今河北省定縣。(五三)范陽：今河北省涿縣。(五四)浸近：漸近。(五五)引兵歸：謂率兵歸。(五六)秦王堅聞慕容冲去長安浸近……遂據阿房城：按此段乃錄自〈苻堅載記〉下，字句大致相同。(五七)荊州刺史桓石民遣河南太守高茂，北戍洛陽：按〈桓彝附石民傳〉作遣南陽太守高茂衞山陵，蓋南陽太守乃高茂之原職，而河南太守乃以北戍洛陽之故，而新加者也。《通鑑》之河南太守，乃據〈苻堅載記〉下之文。(五八)邀求無厭：謂請求未有厭足。(五九)潛有：暗有。(六〇)河南之盟，不可負也：斌引兵會垂於洛陽，垂與之盟，洛陽古名河南，故云河南之盟。負，違背。(六一)為難：發難。(六二)事未有形：事未有形象，亦即事未顯露也。(六三)忌憚：忌嫉畏憚。(六四)收攬：收合延攬。(六五)隆：興隆。(六六)不可示人以狹：不可示人以狹隘之度。(六七)藉：通借，假設辭，猶言假使。(六八)無能為也：謂不能有所作為。(六九)必為國患：必為國家之禍患。(七〇)驕則速敗：驕則加速其敗亡之禍。(七一)禮遇彌重：接遇之禮愈重。(七二)上輔：即上之尚書令。(七三)但臺既未建：臺，尚書臺。(七四)遽置：匆猝設立。(七五)密與前秦長樂公丕通謀：胡三省曰：「通鑑凡苻秦事書曰秦，此前字衍。」(七六)潰水：使水因決隄而奔流。(七七)斌諷丁零及其黨……真還走邯鄲：按此段乃錄自〈慕容垂載記〉，字句大致相同。(七八)寵過為亂耳：謂以過寵之故，而始為亂耳。(七九)今急之：今急攻之。(八〇)屯聚：屯結聚合。(八一)獊：音傖。(八二)侯將馗：胡三省曰：「侯將，官稱也。漢時西域諸國，各有輔國侯、安國侯、左右將，其後蓋併侯將為一官。」馗音逵。(八三)尉頭等諸國：按〈呂光載記〉尉頭作尉須，不等諸國作等國，按此等字，既有諸字，自可刪去。(八四)撫寧：撫慰安寧。(八五)威恩甚著：威德恩澤，甚為著名。(八六)節傳：符節驛傳。(八七)表而易之：奏表秦王，為另易章節。(八八)龜茲王帛純窘急……立帛純弟震為龜茲王：按此段乃錄自〈呂光載記〉，字句大致相同。(九〇)芻糧：芻，芻草，以飼牛馬者，糧，糧食，供人食者。(八九)必無降理：必無投降之道理。(九一)新城：即肥鄉之新興城。(九二)疇昔：疇，曩也。(九三)徇清河：謂引兵而巡行清河。(九四)徵督：徵收，督責。謂不繳者，則督責之，而使其繳納也。(九五)約束：猶章程。(九六)均適有無：使有無者皆平均恰適。(九七)侵暴：侵犯暴虐。(九八)屬路：輸送者人車相繼於路，言其多也。(九九)豐給：謂豐足。(一〇〇)傾敗：傾覆敗亡。(一〇一)秦幽州刺史王永求救……進據唐城：按此段乃錄自《魏書·劉庫仁傳》，字句大致相同。(一〇二)鄄城：在今山東省濮縣東，音絹。(一〇三)加安都督揚江等十五州諸軍事：胡三省曰：「十五州，蓋揚、徐、南徐、兗、南兗、豫、南豫、江、青、冀、幽、幷、司、荊、雍也。」按〈孝武紀〉太元九年文作：「加太保謝安大都督揚、江、荊、司、豫、徐、兗、青、冀、幽、幷、梁、益、雍、梁十五州諸軍事。」當以本紀之說為正。(一〇四)虜：詈人語，猶奴隸也。(一〇五)奴厭奴苦：上奴字為冲幽默稱己之語，蓋踵上奴何苦來送死而命。謂余乃厭惡為奴太苦。(一〇六)冲少有寵於堅：〈苻堅載記〉下：「冲少有龍陽之姿，得幸於堅。」(一〇七)稱詔遺之：謂有詔書，賜以錦袍。(一〇八)詹事：《晉書·職官志》：「咸寧元年，以給事黃門侍郎楊珧為詹事，掌宮事。」(一〇九)孤今心在天下：孤，君王之自稱，謂余今志在得天下。(一一〇)知命：知天命所在。(一一一)皇帝：謂慕容暐。(一一二)寬貸：寬恕假貸。(一一三)以酬曩好：以報昔日之恩好。(一一四)白虜：〈苻堅載記〉下：「秦人呼鮮卑為白虜。」(一一五)慕容冲進逼長安……使白虜敢至於此：按此段乃錄自〈苻堅載記〉下，字句大致相同。(一一六)遣陰陵太守高素：按〈謝安附玄傳〉作淮陵太守，《晉書・地理志》下：「徐州，元康七年，分臨淮，置淮陵郡。」〈苻堅載記〉附〈苻朗傳〉作：「晉遣淮陰太守高素伐青州。」雖記載有異，然亦可證上字當係淮字，故陰陵當改作淮陵。⑰軍至琅琊，朗來降，朗，堅之從子也：按苻朗歸晉後，其行事具載於《世說・排調》苻朗初過江條，注引之裴景仁《秦書》。（晤書〈苻堅載記〉附之〈苻朗傳〉，乃錄自裴景仁《秦書》，文字大多相同。）內記其於江左名士，陵轢之軼事甚多。以此觀之，則朔方才子，固實不遜於吳越也，此事於窺衡南北人才文化，至為重要，宜與上文所述張天錫至江南後行止條，合而觀之，則於南北人物及文化程度，可測知其大概矣。⑱遙相首尾：遙遙互相首尾呼應。⑲期會襄國：約期相會於襄國，襄國故城在今河北省邢臺縣西南。⑳觀望成敗：謂觀看雙方之成敗，以定去就。㉑柏鄉：今河北省柏鄉縣。㉒邀擊：攔擊。㉓循西山：沿西山。㉔繁畤：畤音止，故城在今山西省渾源縣西。㉕聞亂自潰：聞聽有變亂，遂自行崩潰。㉖劉庫仁聞公孫希已破平規……庫仁弟頭眷代領庫仁部眾：按此段乃錄自《魏書・劉庫仁傳》，字句大致相同。㉗碻磝：在今山東省茌平縣西南。碻，音敲；磝，音敖。㉘滑臺：今河南省滑縣治。㉙顏肱：按〈苻堅載記〉下作顏肱，然〈謝安附玄傳〉則作顏雄。㉚黎陽：在今河南省濬縣東北。㉛致書稱：猶奉函言。㉜假塗求糧：借道乞糧。㉝西赴國難：西救秦國之難。㉞須：待。㉟阻絕：阻隔斷絕。㊱屈節竭誠：屈躬身，盡誠款。㊲豪氣：豪矜之氣。㊳方設兩端：謂仍持存降二念。㊴宜正書為表：謂宜將書之名稱，改為奏表，蓋書為與平位人，而表則為奉君上也。㊵致身南歸：謂束身南歸於晉。㊶可逼縛與之：

謂可逼迫束縛之而與於晉。按須釋為與於晉者，以太元十年正月文有：「楊膺姜讓謀泄，長樂公丕收殺之。」之語，故知係與於晉。㉓膺自以力能制丕：楊膺，丕之妃兄，故自以為力能制丕。㉒乃改書而遣之：乃改書之名稱，而遣使送之。㉔秦長樂公丕遣光祚，……乃改書而遣之：按此段乃錄自〈苻堅載記〉下，字句大致相同。㉕會羣僚議進止：〈姚萇載記〉作會羣僚議進趨之計，意較明顯。

㉖移屯嶺北：胡三省曰：「嶺北，謂九嵕之北，凡新平、北地、安定之地，皆是也。」㉗資實：謂資糧。㉘後秦王萇聞慕容冲攻長安……然後拱手取之耳：按此段乃錄自〈姚萇載記〉，而字句多有不同。㉙北地：在今陝西省耀縣東南。㉚新平：今陝西邠縣治。㉛郡將：按即太守，東漢多用此稱。

㉜缺其城角以恥之：〈苻堅載記〉：「石虎之末，清河崔悅為新平相，為羣人所殺。悅子液仕堅，為尚書郎，自表父仇不同天地，請還冀州。堅愍之，禁錮新平人，缺其城角以恥之。」㉝民望：郡之賢豪，一郡所宗嚮者。㉞昔田單以一城存齊：田單事見卷四周赧王三十六年。㉟州鎮：州府方鎮。

㊱連城過百：謂相連之郡縣，尚有百餘。㊲遽：立即。㊳橫被無辜：橫罹無罪之禍，橫指非理得者。㊴及後秦王萇至新平……幾獲之，又殺萬人：按此段乃錄自〈苻堅載記〉下，字句大致相同。

㊵處士：謂學高德重隱居而不仕者。㊶倒虎山：《水經注》：「倒虎山在新豐縣南。」㊷異術：奇異之方術。㊸能知未然：能知未來之事。㊹故聖人助之：古代凡鑽研精者，皆名之曰聖人，非第儒家有聖人，其他諸家亦咸有之。㊺堡壁：堡，小城；與上文之塢壁同。㊻四山：謂四方山谷間。

㊼動靜：按動靜一辭，雖見於《易・繫辭》：「動靜有常，剛柔斷矣。」及《禮記・樂記》：「樂必

發於聲音，形於動靜，人之道也。」而遞至晉代，則更盛用之。《晉書・郗鑒傳》：「帝以其有器望，萬幾動靜輒問之。」〈傅玄傳〉：「詔曰：『如所論皆善，深知乃心廣思諸宜，動靜以聞也。』」〈閻纘傳〉：「又陳曰：『輔道出入，動靜劬勞，宜選寒苦之士。』」〈劉頌傳〉：「詔答曰：『諸所陳聞，具知卿之乃心為國也，動靜數以聞。』」皆其驗證。核此辭之意，實指舉止而言，而晉代亦有用舉止者。《世說・雅量》：「謝公答曰：『小兒輩大破賊，意色舉止，不異於常。』」《晉書・郗鑒傳》：「鑒舉止自若，初無懼心。」又舉止二字亦有擴充而為舉動容止者，《世說・賢媛》：「嘗見井上取水，舉動容止不失常，未嘗忤觀，以此知之。」皆動靜一辭之變化也。㉘無極：今河北省無極縣，在正定縣東。㉙新昏：即新婚。㉚幸：幸臨，天子行至曰幸，蓋常賜以恩幸也。㉛不果往：果，猶事實；謂事實上未曾去。㉜今城內已嚴：胡三省曰：「已嚴者，謂鮮卑之眾也。」按已嚴意當為已行戒備，既鮮卑已有戒備，故出門後，便立可集合之也。㉝飾辭：裝飾辭令，謂撰構悅耳之辭。㉞何論意氣：意氣，謂情誼，全意為安論汝待我之情誼。㉟不坐：不連坐而被殺。㊱任子：以子為質。㊲欵誠：欵亦誠，即真誠也。㊳鮮卑在長安城中者……水陸運米一千斛以饋之：按此段乃本於〈苻堅載記〉下，字句間有不同。

卷一百六　晉紀二十八

司馬光編集
曲守約註

起旃蒙作噩，盡柔兆閹茂，凡二年。（乙酉至丙戌，西元三八五年至三八六年）

烈宗孝武皇帝中之上

太元十年（西元三八五年）

㈠春，正月，秦王堅朝饗羣臣㊀，時長安饑，人相食，諸將歸吐肉以飼妻子㊁。

㈡慕容沖即皇帝位於阿房，改元更始，沖有自得之志，賞罰任情㊂，慕容盛年十三謂慕容柔曰：「夫十人之長，亦須才過九人㊃，然後得安㊄。今中山王才不逮人㊅，功未有成，而驕汰㊆已甚㊇，殆難濟㊈乎！」

㈢後秦王萇留諸將攻新平，自引兵擊安定㊉，擒秦安西將軍、勃海公珍，嶺北諸城悉降之。

㈣甲寅，秦王堅與西燕主沖㊀戰於仇班渠，大破之，乙卯，戰于雀桑，又破之，甲子，戰于白渠(一二)，秦兵大敗，西燕兵圍秦王堅，殿中將軍鄧邁力戰却之(一三)，堅乃得免。壬申，沖遣尚書令高蓋夜襲長安，入其南城，左將軍竇衝、前禁將軍李辯等擊破之，斬首八百級，分其尸而食之。乙亥，高蓋引兵攻渭北諸壘(一四)，太子宏與戰於成貳壁，大破之，斬首三萬。

㈤燕帶方王佐，與寧朔將軍平規共攻薊，王永兵屢敗，二月，永使宋敞，燒和龍及薊城宮室(一五)，帥眾三萬奔壺關，佐等入薊。慕容農引兵會慕容麟於中山，與共攻翟真，麟、農先帥數千騎至承營，觀察形勢，翟真望見，陳兵而出；諸將欲退，農曰：「丁零非不勁勇，而翟真懦弱，今簡(一六)精銳望真所在而衝之(一七)，真走，眾必散矣。乃邀門(一八)而蹙之，可盡殺也。」使驍騎將軍慕容國帥百餘騎衝之，真走，其眾爭門，自相蹈藉(一九)，死者大半，遂拔承營外郭(二〇)。

㈥癸未，秦王堅與西燕主沖戰於城西，大破之，追奔至阿城(二一)，諸將請乘勝入城，堅恐為沖所掩(二二)，引兵還。

乙酉，秦益州刺史王廣以蜀人江陽太守李丕為益州刺史，守成都；己丑，廣帥所部奔還隴西，蜀人隨之者三萬餘人。

㈦劉牢之至枋頭，楊膺、姜讓謀泄㉓，長樂公丕收殺之㉔，牢之聞之，盤桓㉕不進。

㈧秦平原悼公暉數為西燕主沖所敗，秦王堅讓之曰：「汝，吾之才子也，擁㉖大眾，與白虜小兒戰，而屢敗，何用生為㉗？」三月，暉憤恚㉘自殺。前禁將軍李辯、都水使者㉙、隴西彭和正，恐長安不守，召集西州人，屯韮㉚園，堅召之不至。

㈨西燕主沖攻秦高陽愍公方於驪山，殺之，執秦尚書韋鍾，以其子謙為馮翊太守，使招集三輔之民。馮翊壘主邵安民等責謙曰：「君雍州望族㉛，今乃從賊，與之為不忠不義，何面目以行於世㉜乎！」謙以告鍾，鍾自殺，謙來奔。秦左將軍苟池、右將軍俱石子與西燕主沖戰於驪山，兵敗，西燕將軍慕容永斬苟池，俱石子奔鄴。永，廆弟運之孫；石子，難之弟也。秦王堅遣領軍將軍楊定擊沖，大破之，虜鮮卑萬餘人而還，悉阬之，定，佛奴之孫也㉝。滎陽人鄭燮㉞以郡來降。

㈩燕王垂攻鄴，久不下，將北詣冀州，乃命撫軍大將軍麟屯信都，樂浪王溫屯中山，召驃騎大將軍農還鄴，於是遠近聞之，以燕為不振(三五)，頗懷去就(三六)。農至高邑，遣從事中郎眭(三七)邃近出(三八)，違期(三九)不還，長史張攀言於農曰：「邃目下(四〇)參佐(四一)，敢欺罔(四二)不還，請回軍討之。」農不應，敕備假板(四三)，以邃為高陽太守，參佐家在趙北者，悉假署遣歸，凡舉補太守三人，長史二十餘人，退謂攀曰：「君所見殊誤，當今豈可自相魚肉(四四)，俟吾北還，邃等自當迎於道左，君但觀之(四五)。」樂浪王溫在中山，兵力甚弱，丁零四布，分據諸城，溫謂諸將曰：「以吾之眾，攻則不足，守則有餘，驃騎、撫軍、首尾連兵(四六)，會須滅賊(四七)，但應聚糧厲兵(四八)，以俟時耳。」於是撫舊招新，勸課農桑，民歸附者相繼(四九)，郡縣壁壘，爭送軍糧，倉庫充溢。翟真夜襲中山，溫擊破之，自是不敢復至。溫乃遣兵一萬，運糧以餉垂(五〇)，且營(五一)中山宮室。劉牢之攻燕黎陽太守劉撫于孫就柵，燕王垂留慕容農守鄴圍，自引兵救之，秦長樂公丕聞之，出兵乘虛(五二)夜襲燕營，農擊敗之。劉牢之與垂戰不勝，退屯黎陽，垂復還鄴。

(十一)呂光以龜茲饒樂(53)，欲留居之，天竺(54)沙門鳩摩羅什(55)謂光曰：「此凶亡之地(56)，不足留也(57)。將軍但東歸，中道自有福地可居。」光乃大饗將士，議進止(58)，眾皆欲還，乃以駝二萬餘頭，載外國珍寶奇玩，驅駿馬萬餘匹而還。

(十二)夏，四月，劉牢之進兵至鄴，燕王垂逆戰而敗，遂撤圍退屯新城；乙卯，自新城北遁，牢之不告秦長樂公丕，即引兵追之，丕聞之，發兵繼進。庚申，牢之追及垂於董唐淵，垂曰：「秦晉瓦合(59)，相待為彊(60)，一勝則俱豪(61)，一失則俱潰，非同心也，今兩軍相繼，勢既未合，宜急擊之。」牢之軍疾趨二百里，至五橋澤(62)，爭燕輜重，垂邀擊，大破之，斬首數千級，牢之單馬走，會(63)秦救至，得免。

(十三)燕冠軍將軍、宜都王鳳，每戰奮不顧身(64)，前後大小二百五十七戰，未嘗無功，垂戒之曰：「今大業甫濟(65)，汝當先自愛，使為車騎將軍德之副，以抑其銳(66)。」

(十四)鄴中饑甚，長樂公丕帥眾就晉穀於枋頭，劉牢之入鄴城，收集亡散，兵復少振(六七)，坐軍敗(六八)徵還。燕秦相持經年(六九)，幽冀大饑，人相食，邑落(七〇)蕭條(七一)，燕之軍士多餓死，燕王垂禁民養蠶(七二)，以桑椹(七三)為軍糧。垂將北趣中山，以驃騎大將軍農為前驅，前所假授吏眭邃等皆來迎候(七四)，上下如初(七五)，李攀乃服農之智略(七六)。

(十五)會稽王道子好專權，復為姦諂(七七)者所搆扇(七八)，與太保安有隙，安欲避之；會秦王堅來求救，安乃請自將救之，壬戌，出鎮廣陵之步丘，築壘曰新城，而居之(七九)。蜀郡太守任權攻拔成都，斬秦益州刺史李丕(八〇)，復取益州。

(十六)新平糧竭矢盡，外救不至，後秦王萇使人謂苟輔曰：「吾方以義取天下(八一)，豈讎忠臣邪！卿但帥城中之人還長安，吾正欲得此城耳。」輔以為然，帥民五千口出城，萇圍而阬之，男女無遺(八二)，獨馮傑子終得脫，奔長安。秦王堅追贈輔等官爵，皆謚曰節愍(八三)侯，以終為新平太守。

(十七)翟真自承營徙屯行唐(八四)，真司馬鮮于乞殺真、及諸翟，自立為趙王，營人共殺乞，立真從弟成為主(八五)，其眾多降於燕。

(六)五月，西燕主沖攻長安，秦王堅身自(八六)督戰，飛矢滿體，流血淋漓(八七)，沖縱兵暴掠(八八)關中，士民流散，道路斷絕，千里無煙(八九)，有堡壁三十餘，推平遠將軍趙敖為主，相與結盟(九〇)，冒難(九一)遣兵糧助堅，多為西燕所殺，堅謂之曰：「聞來者率不善達(九二)，此誠忠臣之義(九三)；然今寇難殷繁(九四)，非一人之力所能濟也，徒(九五)相隨入虎口，何益(九六)？汝曹宜為國自愛(九七)，畜糧(九八)厲兵以俟天時，庶幾善不終否(九九)，有時而泰(一〇〇)也。」三輔之民為沖所略者，遣人密告堅，請遣兵攻沖，欲縱火為內應。堅曰：「甚哀(一〇一)諸卿忠誠，然吾猛士如虎豹，利兵如霜雪(一〇二)，困於烏合(一〇三)之虜，豈非天乎！恐徒使諸卿坐致夷滅(一〇四)，吾不忍也。」其人固請不已，乃遣七百騎赴之，沖營縱火者，反為風火所燒，其得免者，什一二，堅祭而哭之(一〇五)。衞將軍楊定與沖戰於城西，為沖所擒，定，秦之驍將也，堅大懼，以讖書云(一〇六)：「帝出五將，久長得。」乃留太子宏守長安，謂之曰：「天其或者欲導予出外，汝善守城，勿與賊爭利，吾當出隴收兵運糧以給汝。」遂帥騎數百，與張夫人及中山公詵二女寶、錦出奔五將山㉗，宣告州郡，期以孟冬救長安㉘。堅過襲韮園，李辯奔燕，彭和正慙自殺。

(十九)閏月，以廣州刺史羅友為益州刺史，鎮成都。

(二十)庚戌，燕王垂至常山，圍翟成於行唐，命帶方王佐鎮龍城。六月，高句麗寇遼東，佐遣司馬郝景將兵救之，為高句麗所敗，高句麗遂陷遼東、玄菟㉙。

(二十一)秦太子宏不能守長安，將數千騎，與母、妻、宗室西奔下辨，百官逃散，司隸校尉權翼等數百人奔後秦。西燕主冲入據長安，縱兵大掠，死者不可勝計㉚。

【今註】㊀朝饗羣臣：於朝堂中饗宴羣臣。㊁諸將歸吐肉以飼妻子：謂歸後吐出其所含之肉，以食妻子，極言城中之困乏也。㊂任情：謂任憑己之喜怒。㊃夫十人之長，亦須才過九人：謂作一最小首領，亦須其才能高過於所有屬下。㊄安：安定。㊅逮人：及人。㊆汰：侈，溢。㊇已甚：太甚。㊈濟：成功。㊉安定：在今甘肅涇川縣北。⑪西燕主冲：慕容垂復興於山東，而冲稱號於關中，故書西燕以別之。⑫白渠：即漢時白公所鑿者。⑬却之：退之。⑭渭北諸壘：渭北諸營壘。

㉕燒和龍及薊城宮室：二者，皆燕之故都。㉖簡：選。㉗望真所在而衝之：謂向真所在而衝擊之。㉘邀門：謂於門口攔截。㉙蹈藉：蹈踏陵藉。㉚外郭：城外曰郭，蓋古代之城垣，率為兩層，外郭，即外層城也。㉛阿城：即阿房宮城。㉜掩：襲掩。㉝謀泄：計謀泄漏。㉞收殺之：收錄而殺之。㉟盤桓：徘徊不進貌。㊱擁：擁有。㊲何用生為：意謂有何面目生於世間。㊳恚：恨，怒。音ㄏㄨㄟˋ。㊴都水使者：《晉書．職官志》：「都水使者，漢水衡之職也。武帝省水衡，置都水使者一人，以河堤謁者為都水官屬。」㊵韮：音九，通書作韭。㊶君雍州望族：胡三省曰：「七相五公，雍州之望族。鍾，蓋韋賢後也。」㊷以行於世：猶以視息於世。㊸定，佛奴之孫也：《北史》曰：「定，佛奴之子，佛奴，宋奴之子也。」㊹燮：音ㄒㄧㄝˋ。㊺不振：不振作。㊻去就：謂離去也，此二相對字，實際只取其一字之意，不可二者並顧。晉宋常喜用此語法，例證約有《世說．文學》：「服虔既善春秋，將為注，欲參考同異。……既知不能踰己，稍共諸生敍其短長，烈聞不測何人。」同篇：「謝萬作八賢論，與孫興公往反，小有利鈍。」《通鑑》卷一百四太元五年文：「趙整援琴而歌曰：『遠徙種人留鮮卑，一旦緩急當語誰。』」又同書卷一百五太元八年文：「苻堅曰：『匹夫猶不食言，況萬乘乎！若天命有廢興，固非智力所能移也。』」㊼眭：音ㄙㄨㄟ。㊽近出：出至近處。㊾違期：指過期言。㊿目下：按目下一辭，晉代常使用之。《晉書．劉頌傳》：「上疏曰：『故慮經後世者，必精目下之政……目下為之，雖少有廢，而計終已大益。』」〈曹志傳〉：「兄議甚切，百年之後，必書晉史，目下將見責邪！」《世說．識鑒》：「周伯仁母，唯阿奴碌碌，

當在阿母目下耳。」按此目下以其為目前之意，故又有作目前者。《晉書‧孫綽傳》：「雖北風之思，感其素心，目前之哀，實為交切。」〈王羲之傳〉：「又與會稽王牋，陳浩不宜北伐云：『安危之機，易於反掌，考之虛實，著於目前。』」〈列女周顗母李氏〉：「不謂爾等並貴，列吾目前，吾復何憂！」而此目前，亦即今之眼前。㊶參佐：即僚屬。㊷欺罔：欺侮罔巇。㊸敕備假板：敕，令；備，具；假，暫；板，詔書所書之板。謂令具詔版，權署置其官，而未以白燕王垂也。㊹自相魚肉：謂自相殘殺。㊺君但觀之：謂君可俟而觀之。㊻首尾連兵：兵卒前後相接。㊼會須滅賊：謂將可滅賊。㊽厲兵：磨礪兵器，使之銳利。㊾相繼：猶絡繹不絕。㊿餉垂：謂供垂食。(51)營：營建。(52)乘虛：乘燕之虛弱。(53)饒樂：富饒康樂。(54)天竺：即今之印度。(55)鳩摩羅什：按鳩氏為五胡時甚著名之道人，〈高僧傳〉有傳。(56)此凶亡之地：此凶險危亡之地。(57)不足留也：猶不可留也。(58)議進止：謂議進止之計。(59)瓦合：言其勢不膠固。(60)相待為彊：謂相依待而為彊弱。(61)一勝則俱豪：一國勝，則兩國俱覺雄豪。(62)五橋澤：在臨漳縣北。(63)會：適。(64)奮不顧身：謂奮勇而不顧及己之性命。(65)甫濟：剛就。(66)以抑其銳：以抑制其勇銳之氣。(67)少振：稍稍振作。(68)坐軍敗：坐軍敗之罪。(69)經年：歷年。(70)邑落：郡邑村落。(71)蕭條：猶荒涼。(72)禁民養蠶：用意為保存桑樹，以使之結實。(73)椹：桑實。(74)迎候：迎接候侍。(75)上下如初：君臣和好如前。(76)李攀乃服農之智略：按前作張攀，二者當有一誤。(77)姦諂：姦邪諂佞。(78)搆扇：挑撥扇惑。(79)會稽王道子好專權……曰新城，而居之：按此段乃錄自〈謝安傳〉，字句大致相同。(80)斬秦益州刺史李丕：

按〈孝武紀〉太元十年文，作益州刺史李平。(八一)吾方以義取天下：謂吾正以道義之行，而取天下。(八二)新平糧竭矢盡……男女無遺：按此段乃錄自〈苻堅載記〉下，字句大致相同。(八三)節愍：守節而可哀愍也。(八四)行唐：今河北省行唐縣。(八五)翟真自承營……立真從弟成為主：按此段乃錄自〈慕容垂載記〉，字句多相同。(八六)身自：親自。(八七)淋漓：血流多貌。(八八)暴掠：為暴虐而刦掠。(八九)千里無煙：千里無炊煙，夫既無炊煙，則自無人跡矣。(九〇)結盟：殺牛馬啗血，以示弗渝。(九一)冒難：冒犯危難。(九二)善達：謂平安抵達。(九三)忠臣之義：忠臣之義舉。(九四)殷繁：殷盛繁多。(九五)徒：空。(九六)何益：謂有何益耶。(九七)自愛：自愛其生命。(九八)畜糧：猶上文之積糧。(九九)庶幾善不終否：庶幾，近也；此可釋為大概。為善者絕不能永遠運惡。(一〇〇)泰：吉泰。(一〇一)甚哀：謂甚哀感。(一〇二)利兵如霜雪：兵器銳利而發霜雪之光。(一〇三)烏合：謂如烏之聚散無組織也。(一〇四)坐致夷滅：無緣無故而致戮滅。(一〇五)五月西燕主冲攻長安……堅祭而哭之：按此段乃錄自〈苻堅載記〉下，字句大致相同，而稍有顛倒。(一〇六)以讖書云：按〈苻堅載記〉下，作城中有書曰古苻傳賈錄。(一〇七)五將山：胡三省曰：「水經注扶風杜陽縣有五將山，又按唐杜佑，鳳翔府岐山縣有五將山。」(一〇八)衞將軍楊定與冲……以孟冬救長安：按此段乃錄自〈苻堅載記〉下，字句大致相同。(一〇九)高句麗寇遼東……陷遼東玄菟：按此段乃錄自〈慕容垂載記〉，字句大致相同。(一一〇)秦太子宏不能守長安……死者不可勝計：按此段乃錄自〈苻堅載記〉下，字句大致相同。

㈠秋，七月，旱饑，井皆竭。

㈡後秦王萇自故縣如新平㉑。後秦王萇遣驍騎將軍吳忠帥騎圍之，秦兵皆散走，獨侍御十數人在側，堅神色自若㉒，坐而待之，召宰人進食，俄而忠至，執之送詣新平，幽於別室㉓。太子宏至下辨，南秦州刺史楊璧拒之，璧妻，堅之女順陽公主也，弃其夫從宏，宏奔武都投氐豪強熙㉔，假道來奔，詔處之江州㉕㉖。長樂公丕帥眾三萬，自枋頭將歸鄴城，龍驤將軍檀玄擊之，戰于谷口，玄兵敗，丕復入鄴城。

㈢燕建節將軍餘巖叛㉗，自武邑北趣幽州，燕王垂馳使敕幽州將平規曰：「固守勿戰，俟吾破丁零，自討之。」規出戰，為巖所敗，巖入薊，掠千餘戶而去，遂據令支㉘。癸酉，翟成長史鮮于得斬成出降，垂屠行唐，盡阬成眾㉙。

㈣太保安有疾，求還，詔許之，八月，安至建康。

甲午，大赦。

丁酉，建昌文靖公謝安薨，詔加殊禮，如大司馬溫故事。庚子，以司徒、琅邪王道子領揚州刺史、錄尚書、都督中外諸軍事，以尚書令謝石為衞將軍。

(五)後秦王萇使求傳國璽於秦王堅曰：「萇次應歷數(二〇)，可以為惠(二一)。」堅瞋目(二二)叱之曰：「小羌(二三)敢逼天子！五胡次序，無汝羌名。璽已送晉，不可得也。」萇復遣右司馬尹緯說堅，求為禪代(二四)，堅曰：「禪代聖賢之事，姚萇叛賊，何得為之！」堅與緯語，問緯在朕朝何官(二五)？緯曰：「尚書令史(二六)。」堅歎曰：「卿，王景略之儔(二七)，宰相才也，而朕不知卿，宜其亡也。」堅自以平生遇萇有恩，尤忿之，數罵萇求死，謂張夫人曰：「豈可令羌奴辱吾兒。」乃先殺寶、錦。辛丑，萇遣人縊堅於新平佛寺，張夫人、中山公詵皆自殺(二八)，後秦將士皆為之哀慟，萇欲隱其名(二九)，謚堅曰壯烈天王。

臣光曰：「論者皆以為秦王堅之亡，由不殺慕容垂、姚萇故也。臣獨以為不然，許劭謂魏武帝治世之能臣，亂世之姦雄，使(三〇)堅治國無失其道，則垂，萇皆秦之能臣也，烏能為亂哉？堅之所以亡，由驟勝㉑而驕故也。魏文侯問李克吳之所以亡，對曰：『數戰數勝。』文侯曰：『數戰數勝，國之福也，何故亡㉒？』對曰：『數戰則民疲，數勝則主驕，以驕主御㉓疲民，未有不亡者也。』秦王堅似之矣。」

㈥長樂公丕在鄴，將西赴長安，幽州刺史王永在壺關，遣使招丕，丕乃帥鄴中男女六萬餘口，西如潞川，驃騎將軍張蚝、幷州刺史王騰，迎之入晉陽，丕始知長安不守，堅已死，乃發喪，即皇帝位，追謚堅曰宣昭皇帝，廟號世祖，大赦，改元大安㉔。

㈦燕王垂以魯王和為南中郎將，鎮鄴，遣慕容農出蠮螉塞，歷凡城，趣龍城㉕，會兵討餘巖，慕容麟、慕容隆自信都徇勃海、清河，麟擊勃海太守封懿執之，因屯歷口。懿，放之子也。

㈧鮮卑劉頭眷擊破賀蘭部於善無，又破柔然於意親山㉖，頭眷子羅辰言於頭眷曰：「比來㉗行兵㉘，所向無敵，然心腹之疾，願早圖之。」頭眷曰：「誰也？」羅辰曰：「從兄顯，忍人也，必將為亂。」頭眷不聽，顯，庫仁之子也。頃之，顯果殺頭眷自立[39]，又將殺拓跋珪，顯弟亢泥[40]妻，珪之姑也，以告珪母賀氏，顯謀主梁六眷[41]，代王什翼犍之甥也，亦使其部人穆崇、奚牧[42]密告珪，且以其愛妻駿馬付崇曰：「事泄當以此自明。」賀氏夜飲顯酒，令醉，使珪陰與舊臣長孫犍、元他、羅結輕騎亡去[43]，向晨[44]，賀氏故驚廄中羣馬，使顯起視之，賀氏哭曰：「吾子適在此，今皆不見，汝等誰殺之邪？」顯以故不急追[45]，珪遂奔賀蘭部，依其舅賀訥[46]，訥驚喜曰：「復國之後，當念老臣。」珪笑曰：「誠如舅言，不敢忘也[47]。」顯疑梁六眷泄其謀[48]，將囚之，穆崇宣言曰：「六眷不顧恩義，助顯為逆，我掠得其妻馬，足以解忿。」顯乃捨之[49]。賀氏從弟外朝大人賀悅[50]，舉所部以奉珪，顯怒將殺賀氏，賀氏奔亢泥家，匿神車[51]中三日，亢泥舉家[52]為之請，乃得免。故南部大人長孫嵩帥所部七百餘家叛顯，奔五原[53]，時拓跋寔君之子渥亦聚眾自立，嵩欲從之，烏渥謂嵩曰：「逆父之子，不足從也，不如歸珪。」嵩從之[54]。久之，劉顯所部有亂，故中部大人庾和辰奉賀氏奔珪。

賀訥弟染干以珪得眾心忌之，使其黨侯引七突殺珪，代人尉古真知之以告珪，侯引七突不敢發，染干疑古真泄其謀，執而訊之，以兩車輪夾其頭，傷一目，不伏[五五]，乃免之[五六]。染干遂舉兵圍珪，賀氏出謂染干曰：「汝等欲於何置我，而殺吾子乎？」染干慙而去[五七]。

㈨九月，秦主丕以張蚝為侍中、司空，王永為侍中、都督中外諸軍事、車騎大將軍、尚書令，王騰為中軍大將軍、司隸校尉，苻沖為尚書左僕射，封西平王，又以左長史楊輔為右僕射，右長史王亮為護軍將軍[五八]，立妃楊氏為皇后，子寧為皇太子，壽為長樂王，鏘為平原王，懿為勃海王，昶為濟北王。

㈩呂光自龜茲還至宜禾，秦涼州刺史梁熙謀閉境拒之[五九]，高昌太守楊翰言於熙曰：「呂光新破西域，兵彊氣銳，聞中原喪亂，必有異圖，河西地方萬里，帶甲[六〇]十萬，足以自保。若光出流沙，其勢難敵，高梧、谷口[六一]，險阻之要，宜先守之，而奪其水，彼既窮渴(六二)，可以坐制(六三)。如以為遠，伊吾關(六四)亦可拒也。度此二阨(六五)，雖有子房(六六)之策，無所施矣(六七)。」熙弗聽，美水令、犍為張統謂熙曰：「今關中大亂，京師存亡不可知，呂光之來，其志難測，將軍何以抗之？」熙曰：「憂之，未知所出(六八)。」統曰：「光智略(六九)過人，今擁思歸之士，乘戰勝之氣(七〇)，其鋒未易當也(七一)。將軍世受大恩，忠誠夙著(七二)，立勳王室，宜在今日。行唐公洛，上之從弟，勇冠一時，為將軍計，莫若奉為盟主，以收眾望，推忠義以帥羣豪(七三)，則光雖至，不敢有異心也。資(七四)其精銳，東兼(七五)毛興，連王統、楊璧，合四州之眾，掃兇逆(七六)，寧帝室(七七)，此桓文之舉也。」熙又弗聽，殺洛於西海(七八)，光聞楊翰之謀，懼不敢進，杜進曰：「梁熙文雅有餘(七九)，機鑒不足(八〇)，終不能用翰之謀，不足憂也。宜及其上下離心，速進以取之。」光從之，進至高昌，楊翰以郡迎降，至玉門，熙移檄責光，擅命(八一)還師，以子胤為鷹揚將軍，與振威將軍、南安姚皓、別駕衞翰，帥眾五萬，拒光於酒泉。敦煌太守姚靜、晉昌太守李純，以郡降光。光報檄(八二)涼州，責熙無赴難之志(八三)，而遏歸國之眾，遣彭晃、杜進、姜飛為前鋒，與胤戰于安彌，大破擒之，於是四山胡、夷皆附於光(八四)。武威太守彭濟執熙以降(八五)，光殺之。光入姑臧，自領涼州刺史，表杜進為武威太守，自餘將佐各受職位，涼州郡縣皆降於光；獨酒泉太守宋皓，西郡太守宋洋，城守不下(八六)，光攻而執之，讓洋曰：「吾受詔平西域，而梁熙絕我歸路，此朝廷之罪人，卿何為附之？」洋曰：「將軍受詔平西域，不受詔亂涼州(八七)，梁公何罪而將軍殺之？洋但苦力不足，不能報君父之讎耳，豈肯如逆氐彭濟之所為乎！主滅臣死，固其常也。」光殺洋及皓(八八)。主簿尉祐姦佞傾險(八九)，與彭濟俱執梁熙，光寵信之，祐譖殺名士姚皓等十餘人，涼州人由是不悅。光以祐為金城太守，祐至允吾，襲據其城以叛，姜飛擊破之，祐奔據興城(九〇)。

(十一)乞伏國仁自稱大都督、大將軍、單于、領秦河二州牧，改元建義，以乙旃童埿(九一)為左相，屋引出支為右相，獨孤匹蹄為左輔，武羣勇士為右輔，弟乾歸為上將軍，分其地置武城等十二郡，築勇士城而都之(九二)。

(十二)秦尚書令、魏昌公纂自關中奔晉陽，秦主丕拜纂太尉、封東海王。

(十三)冬，十月，西燕主沖遣尚書令高蓋帥眾五萬伐後秦，戰於新平南，蓋大敗，降於後秦。初，蓋以楊定為子，及蓋敗，定亡奔隴右，復收集其舊眾。

(十四)苻定、苻紹、苻謨、苻亮聞秦主丕即位，皆自河北遣使謝罪，中山太守王兗本新平氏也，固守博陵，為秦拒燕。十一月，丕以兗為平州刺史，定為冀州牧，紹為冀州都督，謨為幽州牧，亮為幽平二州都督，並進爵郡公。左將軍竇衝據茲川(九三)，有眾數萬，與秦州刺史王統、河州刺史毛興、益州刺史王廣、南秦州刺史楊璧、衞將軍楊定，皆自隴右遣使，邀丕(九四)共擊後秦，丕以定為雍州牧，衝為梁州牧，加統鎮西大將軍，興車騎大將軍，璧征南大將軍，並開府儀同三司。加廣安西將軍，皆進位州牧(九五)。楊定尋徙治歷城，置儲蓄於百頃，自稱龍驤將軍、仇池公，遣使來稱藩，詔因其所號假之(九六)，其後，又取天水、略陽之地，自稱秦州刺史、隴西王。

(十五)繹幕人蔡匡，據城以叛燕，燕慕容麟、慕容隆共攻之，泰山太守任泰潛師救匡，至匡壘南八里，燕人乃覺之；諸將以匡未下，而外敵奄(九七)至，甚患之。隆曰：「匡恃外救，故不時下(九八)。今計(九九)泰之兵，不過數千人，及其未合(一〇〇)擊之，泰敗，匡自降矣。」乃釋匡擊泰，大破之，斬首千餘級，匡遂降。燕王垂殺之，且屠其壘。

(十六)慕容農至龍城，休士馬十餘日，諸將皆曰：「殿下之來，取道甚速，今至此久留不進，何也？」農曰：「吾來速者，恐餘巖過山，鈔盜侵擾良民耳。巖才不踰人，誑誘飢兒(一〇一)，烏集為羣，非有綱紀(一〇二)，吾已扼其喉(一〇三)，久將離散，無能為也(一〇四)。今此田善熟(一〇五)未收(一〇六)而行，徒自耗損(一〇七)，當俟收畢，往則梟之(一〇八)，亦不出旬日耳。」頃之，農將步騎三萬至令支，巖眾震駭。稍稍踰城歸農，巖計窮出降，農斬之。進擊高句麗，復遼東、玄菟二郡。還至龍城，上疏請繕脩(一〇九)陵廟。燕王垂以農為使持節、都督幽平二州北狄諸軍事、幽州牧，鎮龍城，徙平州刺史、帶方王佐鎮平郭。農於是創立法制，事從寬簡，清刑獄㉚，省賦役㉛，勸課農桑，居民富贍㉜，四方流民㉝，前後至者數萬口。先是，幽冀流民，多入高句麗，農以驃騎司馬范陽龐淵為遼東太守，招撫之。

㈦慕容麟攻王兗於博陵，城中糧竭矢盡，功曹張猗踰城出，聚眾以應麟，兗臨城數之㉞曰：「卿是秦民，吾是卿君，卿起兵應賊，自號義兵，何名實之相違也㉟，古人求忠臣必於孝子之門，卿母在城，棄而不顧，吾何有焉㊱！今人取卿一切㊲之功，則可矣，寧能忘卿不忠不孝之事乎！不意㊳中州禮義之邦，乃有如卿者也！」十二月，麟拔博陵，執兗及苻鑑，殺之㊴。昌黎太守宋敞，帥烏桓索頭之眾救兗，不及而還。秦主丕以敞為平州刺史。

㈧燕王垂北如中山，謂諸將曰：「樂浪王㊵招流離㊶，實倉廩，外給軍糧㊷，內營宮室，雖蕭何之功，何以加之？」丙申，垂始定都中山。

㈨秦苻定據信都以拒燕，燕王垂以從弟北地王精為冀州刺史，將兵攻之。

(廿)拓跋珪從曾祖紇羅，與其弟建，及諸部大人共請賀訥推珪為主㉝。

【今註】 ㉑自故縣如新平：胡三省曰：「漢安定郡有安定縣，後漢晉省，故曰故縣。」㉒堅神色自若：若，如；謂堅神色如舊。㉓秦王堅至五將山……幽於別室：按此段乃錄自〈苻堅載記〉下，字句大致相同。㉔宏奔武都，投氐豪強熙：按〈苻堅載記〉下，強熙作張熙。㉕宏假道來奔，詔處之江州：按苻宏至江東後之行誼，除〈桓玄傳〉載其佐桓玄為逆而被誅外，《世說．輕詆》亦載其一事，文云：「苻宏叛來歸國，謝太傅每加接引。宏自以有才，多好上人，坐上無折之者。適王子猷來，太傅使共語，子猷直孰視良久，回語太傅云：『亦復竟不異人。』宏大慚而退。」文中言苻宏自以有才，多好上人，坐上無折之者，則宏之才亦江南所難與抗衡，由之亦可知北土之非無人矣。而其所生睿智之士，實亦不下江左。苻宏與上文所書之張天錫、苻朗，皆其明證也。㉖太子宏至下辨……詔處之江州：按此段乃錄自〈苻堅載記〉下，字句大致相同。㉗燕建節將軍餘巖叛：按〈慕容垂載記〉作徐巖。然《通鑑》下文則全作餘巖，知徐當作餘。㉘令支：支音祁。故城在今河北省遷安縣。㉙燕建節將軍餘巖叛……盡阬成眾：按此段乃錄自〈慕容垂載記〉，字句大致相同。㉚萇次應歷數：謂萇之次序，已應歷數，而可以為天子矣。㉛為惠：謂以傳國璽見賜。㉜瞋目：怒目。㉝小羌：

姚萇為羌人，故詈曰小羌。㉔禪代：讓位。㉕在朕朝何官：謂在我朝任何官職。㉖尚書令史：胡三省曰：「後漢以來，尚書有令史十八人，秩二百石。」㉗儔：匹。㉘後秦王萇使求傳國璽……中山公詵皆自殺：按此段乃錄自〈苻堅載記〉，而多有刪節及溢出者。㉙隱其名：隱匿其名，而使人不加注意。㉚使：假設辭，猶假使。㉛驟勝：屢勝。㉜何故亡：猶今語什麼原故而竟會亡國。㉝御：猶治。㉞長樂公丕在鄴……改元大安：按此段乃錄自〈苻丕載記〉，字句大致相同。㉟龍城：即慕容皝建都之和龍，今熱河省朝陽縣治。㊱意親山：胡三省曰：「意親山蓋即意辛山，親辛語相近。按魏書帝紀：『道武登國五年四月，幸意辛山，與賀驎討賀蘭紇突鄰、紇奚諸部，大破之。八月還幸牛川。』則意辛山在牛川之北。」但《魏書・劉庫仁傳》庫仁弟眷破賀蘭部於善無，又擊蠕蠕別帥石胏渥於意親山破之。是亦有作意親山者。㊲比來：近來。㊳行兵：猶行軍。㊴鮮卑劉頭眷擊破賀蘭部……顯果殺頭眷自立：按此段乃錄自《魏書・劉庫仁傳》，字句大致相同。㊵埿：同泥。㊶顯謀主梁六眷：按《魏書・獻明皇后賀氏傳》，梁六眷作梁眷。㊷穆崇奚牧：《魏書・官氏志》：「拓跋氏之先，兼并它國，各有本部，部中別族為內姓，丘穆陵氏後改為穆氏。又拓跋鄰以弟為達奚氏，後改為奚氏。」㊸亡去：逃亡而去。㊹向晨：謂近黎明時分。㊺顯弟亢埿妻，珪之姑也……顯以故不急追：按此段乃錄自《魏書・獻明皇后賀氏傳》，文稍有溢出。㊻遂奔賀蘭部，依其舅賀訥：後魏孝文帝改北方舊姓，以賀蘭氏為賀氏，見《魏書・官氏志》。㊼珪遂奔賀蘭部，依其舅賀訥……不敢忘也：按此段乃錄自《魏書・外戚賀訥傳》，字句大致相同。㊽顯疑梁六眷泄其謀：按《魏書

・獻明皇后賀氏傳》及〈穆崇傳〉，皆作梁眷。(四九)顯疑梁六眷泄其謀……顯乃捨之：按此段乃錄自《魏書・穆崇傳》，字句大致相同。(五〇)外朝大人賀悅：《魏書・官氏志》：「登國元年，因而不改，南北猶置大人，對治二部。是年又置外朝大人。外朝大人無常員，主受詔命外使，出入禁中，國有大喪大禮，皆與參知，隨所典焉。」(五一)神車：北人無室屋，逐水草，置神於車中，而嚴事之，因謂之神車。(五二)舉家：全家。(五三)五原：今綏遠省五原縣。(五四)故南部大人長孫嵩，……不如歸珪，嵩從之：按此段乃錄自《魏書・長孫嵩傳》，字句大致相同。(五五)不伏：謂不伏其罪，猶言不招供。(五六)賀訥弟染干以珪得眾心……不伏，乃免之：按此段乃錄自《魏書・尉古真傳》，字句大致相同。(五七)賀氏出謂染干……染干慙而去。按此數句，乃錄自《魏書・獻明皇后賀氏傳》，字句大致相同。(五八)九月秦主丕以張蚝為侍中……王亮為護軍將軍：按此段乃錄自〈苻丕載記〉，字句大致相同。(五九)閉境拒之：閉杜邊境之關塞，以拒其入。(六〇)帶甲：身披鎧甲者。(六一)高梧谷口：關隘名，當在高昌西界。〈呂光載記〉高梧作高桐。此則從〈苻丕載記〉之文。(六二)窮渴：猶困渴。(六三)坐制：坐而制服之，言其易也。(六四)伊吾關：伊吾縣晉置，屬晉昌郡，有伊吾關。(六五)度此二阨：過此二險阻。(六六)子房：張良字。(六七)施：展，用。(六八)未知所出：〈苻丕載記〉多計之二字，謂未知計之所出。(六九)智略：識見謀略。(七〇)乘戰勝之氣：乘戰勝之銳氣。(七一)其鋒未易當也：其兵鋒不易抵擋。(七二)夙著：早著。(七三)以帥羣豪：以帥領許多豪傑。(七四)資：憑藉。(七五)東兼：猶東合。(七六)掃凶逆：掃除凶逆。(七七)寧帝室：安寧帝室。(七八)呂光自龜茲還至宜禾，……殺洛於西海：按此段乃錄自〈苻丕載記〉，除有節略外，文字幾全相同。（七九）文雅有餘：饒有文雅。（八〇）機鑒不足：機警鑒識較差。（八一）擅命：專自行動，不聽命令。（八二）報檄：以檄文返報梁熙。（八三）無赴難之志：謂無赴君難之意。（八四）於是四山胡夷皆附於光：按〈呂光載記〉四山作西山。（八五）光聞楊翰之謀……執熙以降：按此段乃錄自〈呂光載記〉，而間有節略。（八六）獨西郡太守宋泮城守不下：按〈苻丕載記〉宋泮作索泮。又附有索泮之傳，知宋當作索。（八七）不受詔亂涼州：非受詔擾亂涼州。（八八）獨西郡太守宋泮城守不下……光殺泮及皓：按此段乃錄自〈苻丕載記〉附〈索泮傳〉，字句大致相同。（八九）姦佞傾險：姦邪諂佞，傾詐陰險。（九〇）主簿尉祐姦佞傾險……祐奔據興城：按此段乃錄自〈呂光載記〉，字句大致相同。（九一）以乙旃童埿：童，〈乞伏國仁載記〉作音。埿同泥。（九二）乞伏國仁自稱大都督……築勇士城而都之：按此段乃錄自〈乞伏國仁載記〉，字句幾全相同。（九三）茲川：胡三省曰：「茲川即灞川也。霸水古曰滋水，秦穆公之霸也，更滋水曰霸水，以顯霸功。今曰茲川，因古名也。」（九四）邀丕：約丕。（九五）苻定、苻紹、苻謨，……皆進位州牧：按此段乃錄自〈苻丕載記〉，字句大致相同。（九六）因其所號假之：假猶加。（九七）奄：奄忽，亦即突也。（九八）故不時下：故不應時而降。（九九）計：計算。（一〇〇）未合：未接合於一起。（一〇一）誑誘饑兒：誑詐引誘饑餓之人。（一〇二）綱紀：猶紀律。（一〇三）扼其喉：扼住其咽喉。（一〇四）無能為也：不能有所作為。（一〇五）善熟：猶甚熟。（一〇六）未收：未收割。（一〇七）徒自耗損：空自耗損軍實。（一〇八）梟之：梟斬之。（一〇九）繕脩：脩補。（一一〇）清刑獄：使刑獄清平。（一一一）省賦役：省簡賦役。（一一二）富贍：富足。（一一三）流民：流亡之民。（一一四）數之：責之。（一一五）何名實之相違也：何名義事實之相違背耶！（一一六）吾何有焉：〈苻丕載記〉作何忠義之可望，蓋絕望之辭。（一一七）一切：《漢書‧平帝紀》：「一切滿秩如真。」注：「一切者，權時之事，非經常也；猶如以刀切物，苟取整齊，不顧長短縱橫，故言一切。」㉘不意：不料。㉙慕容驎攻王兗於博陵……執兗及苻鑑殺之：按此段乃錄自〈苻丕載記〉，而字句多有改易。㉚樂浪王：樂浪王名溫。㉛招流離：謂招流離散亡。㉜外給軍糧：此指供給慕容垂之軍糧。㉝拓跋珪從曾祖紇羅……推珪為主：按此數句，乃本於《魏書‧神元平文諸帝子孫紇羅傳》，字句大致相同。

十一年（西元三八六年）

㈠春，正月，戊申，拓跋珪大會於牛川，即代王位，改元登國，以長孫嵩為南部大人，叔孫普洛為北部大人㊀，分治其眾㊁。以上谷張衮為左長史，許謙為右司馬，廣寧王建、代人和跋、叔孫建、庾岳為外朝大人㊂，奚牧為治民長，皆掌宿衛，及參軍國謀議。長孫道生、賀毗等侍從左右，出納教命㊃。王建娶代王什翼犍之女，岳，和辰之弟，道生，嵩之從子也。

㈡燕王垂即皇帝位。後秦王萇如安定。

㈢南安祕宜帥羌胡五萬餘人攻乞伏國仁，國仁將兵五千逆擊，大破之，宜奔還南安㊄。

㈣鮮于乞之殺翟真也，翟遼奔黎陽，黎陽太守滕恬之甚愛信之，恬之喜畋獵，不愛士卒，遼潛施姦惠㊅，以收眾心，恬之南攻鹿鳴城㊆，遼於後閉門拒之，恬之東奔鄄城，遼追執之，遂據黎陽。豫州刺史朱序遣將軍秦膺、童斌、與淮泗諸郡共討之。

㈤秦益州牧王廣自隴右引兵攻河州牧毛興於枹罕，興遣建節將軍衞平帥其宗人一千七百，夜襲廣，大破之。二月，秦州牧王統遣兵助廣攻興，興嬰城自守㊇。

㈥燕大赦，改元建興，置公卿，尚書百官，繕宗廟社稷。

㈦西燕主冲樂在長安，且畏燕主垂之彊，不敢東歸，課農築室，為久安之計，鮮卑咸怨之。左將軍韓延，因眾心不悅，攻冲，殺之，立冲將段隨為燕王，改元昌平。

㈧初，張天錫之南奔也，秦長水校尉王穆匿其世子大豫，與俱奔河西，依禿髮思復鞬㊈，思復鞬送魏安，魏安人焦松、齊肅、張濟等，聚兵數千人迎大豫為主，攻呂光昌松郡，拔之，執太守王世強；光使輔國將軍杜進擊之，進兵敗，大豫進逼姑臧，王穆諫曰：「光糧豐城固，甲兵精銳，逼之非利，不如席卷⑩嶺西，礪兵積粟，然後東向與之爭，不及朞年，光可取也。」大豫不從，自號撫軍將軍、涼州牧，改元鳳凰，以王穆為長史，傳檄郡縣，使穆說諭⑪嶺西諸郡⑫，建康太守⑬李隰，祁連都尉嚴純，皆起兵應之，有眾三萬，保據楊塢⑭。

㈨代王珪徙居定襄之盛樂⑮，務農息民，國人悅之。

㈩三月，大赦。泰山太守張願以郡叛，降翟遼。初，謝玄欲使朱序屯梁國，玄自屯彭城以北固河上⑯，西援洛陽，朝議以征役既久，欲令玄置戍而還，會翟遼、張願繼叛，北方騷動，玄謝罪，乞解職，詔慰諭，令還淮陰⑰。

(十一)燕主垂追尊母蘭氏為文昭皇后，欲遷文明段后，以蘭氏配享太祖⑱，詔百官議之，皆以為當然。博士劉詳、董謐以為：「堯母為帝嚳妃，位第三⑲，不以貴陵姜原，明聖之道，以至公為先，文昭后宜立別廟。」垂怒逼之，詳、謐曰：「上所欲為，無問於臣，臣案經奉禮⑳，不敢有貳㉑。」垂乃不復問諸儒，卒遷段后，以蘭后代之。又以景昭可足渾后，傾覆社稷，追廢之，尊烈祖昭儀段氏為景德皇后㉒，配享烈祖。崔鴻曰㉓：「齊桓公命諸侯，無以妾為妻㉔。夫之於妻，猶不可以妾代之，況子而易其母乎！春秋所稱母以子貴者，君母既沒，得以妾母為小君也㉕，至於享祀宗廟，則成風終不得配莊公也㉖。君父之所為，臣子必習而效之，猶形聲之於影響也㉗，寶之逼殺其母，由垂為之漸也。堯舜之讓，猶為之噲之禍㉘，況違禮而縱私者乎？昔文姜得罪於桓公，春秋不之廢㉙，可足渾氏雖有罪於前朝，然小君之禮成矣，垂以私憾廢之㉚，又立兄妾之無子者，皆非禮也。」

⑿劉顯自善無南走馬邑，其族人奴真帥所部請降於代，奴真有兄鞬先居賀蘭都，奴真言於代王珪，請召鞬，而以所部讓之。珪許之。鞬既領部，遣弟去斤遺賀訥金馬㉛，賀染干謂去斤曰：「我待汝兄弟厚，汝今領部，宜來從我。」去斤許之。奴真怒曰：「我祖父以來，世為代忠臣，故我以部讓汝等，欲為義也。今汝等無

狀㉜，乃謀叛國，義於何在㉝？」遂殺鞬及去斤，染干聞之，引兵攻奴真，奴真奔代，珪遣使責染干，染干乃止㉞。

(十三)西燕僕射慕容恒、尚書慕容永襲段隨，殺之，立宜都王子顗㉟為燕王，改元建明，帥鮮卑男女四十餘萬口，去長安而東，恒弟護軍將軍韜誘顗殺之於臨晉㊱，恒怒，捨韜去，永與武衞將軍刁雲帥眾攻韜，韜敗，奔恒營，恒立西燕主冲之子瑤為帝，改元建平，謚冲曰威皇帝，眾皆去瑤奔永，永執瑤殺之，立慕容泓子忠為帝，改元建武。忠以永為太尉、守尚書令，封河東公，永持法寬平，鮮卑安之，至聞喜㊲，聞燕主垂已稱尊號㊳，不敢進，築燕熙城而居之。

(十四)鮮卑既東，長安空虛，前滎陽高陵、趙穀等，招杏城、盧水胡郝奴，帥戶四千入於長安，渭北皆應之，以穀為丞相，扶風王驎有眾數千，保據馬嵬㊴，奴遣弟多攻之。夏，四月，後秦王萇自安定伐之，驎奔漢中，萇執多而進，奴懼請降，拜鎮北將軍、六谷大都督㊵。

㈤癸巳，以尚書僕射陸納為左僕射㊂。譙王恬為右僕射，納，玩之子也。

㈥毛興襲擊王廣，敗之，廣奔秦州，隴西鮮卑、匹蘭執廣，送於後秦，興復欲攻王統於上邽，枹罕諸氐皆厭苦兵事㊃，乃共殺興，推衛平為河州刺史，遣使請命於秦。

㈦燕主垂封其子農為遼西王，麟為趙王，隆為高陽王。

㈧代王珪初改稱魏王。

㈨張大豫自楊塢進屯姑臧城西，王穆及禿髮思復鞬子奚于，帥眾三萬屯於城南，呂光出擊，大破之，斬奚于等二萬餘級㊃。

㈩秦大赦，以衛平為撫軍將軍、河州刺史，呂光為車騎大將軍、涼州牧，使者皆沒於後秦㊄，不能達。

㈪燕主垂以范陽王德為尚書令，太原王楷為左僕射，樂浪王溫為司隸校尉。

【今註】㈠叔孫晉洛為北部大人：按《魏書．太祖紀》登國元年文，晉洛作普洛。㈡為北部大人分治其眾：胡三省曰：「魏書：『魏初自北荒南遷，置四部大人，坐王庭，決辭訟，以言語約束，刻契紀事，無囹圄考訊之法，諸犯罪者，皆臨時決遣。』」㊂以叔孫建為外朝大人：《魏書・官氏志》：「拓跋鄰命叔父之胤曰乙旃氏，後改為叔孫氏。」㊃教命：謂詔書命令。㊄南安秘宜……宜奔還南安：按此乃錄自〈乞伏國仁載記〉，而文字多有刪節。㊅姦惠：不正當之恩惠。㊆鹿鳴城：胡三省曰：「黎陽在河北，鹿鳴城在河南。」㊇秦益州牧王廣……興嬰城自守：按此段乃錄自〈苻丕載記〉，字句大致相同。㊈禿髮思復鞬：按〈禿髮烏孤載記〉，思復鞬乃烏孤之父。㊉席卷：括有無遺。⑪說諭：游說曉諭。⑫嶺西諸郡：胡三省曰：「自西郡至張掖、酒泉、建康、晉昌，其地皆嶺西也。」⑬建康太守：建康郡，張駿置，屬涼州。⑭初張天錫之南奔也……保據楊塢：按此段乃錄自〈呂光載記〉，字句大致相同。⑮代王珪徙居定襄之盛樂：胡三省曰：「宋白續通典：『唐振武軍，漢定襄郡之盛樂也。在陰山之陽，黃河之北，後魏所都盛樂是也。在唐朔州北三百餘里。』」⑯以北固河上：以北固沿河之郡邑。⑰泰山太守張願……令還淮陰：按此段乃錄自〈謝安附玄傳〉，字句幾全相同。⑱以蘭氏配享太祖：段氏燕王皝之元妃，蘭氏皝之側室也。皝廟號太祖。⑲堯母為帝嚳妃，位第三：胡三省曰：「帝王紀曰：『帝嚳有四妃，元妃有邰氏女，曰姜嫄，生后稷；次妃有娀氏女，曰簡狄，生卨；次妃陳豐氏女，曰慶都，生放勛；次妃娵訾氏女，曰常義，生摯。』」⑳案經奉禮：謂依案經典，遵奉禮制。㉑不敢有貳：不敢異於經禮。㉒尊烈祖昭儀段氏為景德皇后：段氏燕主雋之側室，雋廟號烈祖，謚景昭皇帝。㉓崔鴻曰：按崔鴻《魏書》崔光後有附傳，曾著《十六國春秋》，此論殆據該書而迻錄者。㉔齊桓公命諸侯，無以妾為妻：《孟子・告子》下：「齊桓公葵丘之會，初命曰，誅不孝，無易樹子，無以妾為妻。」㉕春秋所稱母以子貴者，君母既沒，得以妾母為小君也：《公羊傳》隱公元年：「桓幼而貴，隱長而卑，隱長又賢，諸大夫扳隱而立之，故凡隱之立，為桓立也。隱長又賢，何以不宜立？立適以長不以賢，立子以貴不以長。桓何以貴？母貴也。母貴則子何以貴？子以母貴，母以子貴。」《左傳》隱公元年：「惠公元妃孟子，孟子卒，繼室以聲子，生隱公。宋武公生仲子，仲子生而有文在其手，曰『為魯夫人。』故仲子歸於我，生桓公而惠公薨。是以隱公立而奉之。」小君為諸侯夫人之稱。㉖至於享祀宗廟，則成風終不得配莊公也：胡三省曰：「魯莊公夫人姜氏成風者，莊公之妾，僖公之母也。姜氏通于共仲，弒閔公而欲立共仲，不克，遂孫於邾。齊桓公殺之。僖公既立，請其喪，以夫人之禮葬之。」㉗猶形聲之於影響也：謂形之於影，聲之於響，密隨而不離也。㉘猶為之噲之禍：事見卷三周慎靚王五年。㉙昔文姜得罪於桓公，春秋不之廢：魯桓公之夫人曰文姜，通於齊襄公，桓公謫之，夫人以告，襄公遂殺桓公。至莊公二十一年，《春秋》書：「夫人姜氏薨。」二十二年書：「葬我小君文姜。」是不之廢也。㉚垂以私憾廢之：私憾謂譖殺垂妃段氏，又譖垂而逐之奔秦。㉛遺賀訥金馬：金馬謂金玉及駿馬。㉜無狀：謂行狀不良。㉝義於何在：猶於義何在，謂義在何處。㉞劉顯自善無南走馬邑……染干乃止：按此一大段乃錄自《魏書·劉庫仁傳》。《通鑑》錄《晉書》文，率力加刪削。蓋《晉書》畸重駢整，必求偶對，故冗辭贅句，充滿篇間，而《通鑑》則力尚散樸，全本自然，斯刪削之工，不得不加巨也。而《魏書》之文，崇效古體，駢儷之習，大為消歇，凡所置辭，必識其職，夫每字既識其職，則自無容斧斤其間，《通鑑》錄《魏書》與錄《晉書》刪削情形之不類同，其故端在此耳。以本節為《通鑑》初錄《魏書》之長文，爰整錄之，以資示例，並供讀者之鑑核焉。《魏書．劉庫仁傳》文為：「顯自善無南走馬邑，族人奴真領部來附，奴真兄犍先居賀蘭部，至是，奴真請召犍而讓部焉。太祖義而許之。犍既領部，自以久託賀訥，德之，乃使弟去斤遺之金馬，訥弟染干因謂之曰：『我待汝兄弟厚，汝今領部，宜來從我。』去斤請之奴真，奴真曰：『父為國家附臣，世效忠貞，我志全名節，是故推讓；今汝等無狀，乃欲叛主懷貳。』於是殺犍及去斤，染干聞其殺兄，率騎討之，奴真懼，徙部來奔太祖，太祖自迎之，遣使責止染干。」(三五)顗：音一。(三六)臨晉：今陝西省大荔縣治。(三七)聞喜：今山西省聞喜縣。(三八)尊號：即帝號。(三九)馬嵬：在陝西興平縣西二十五里。(四〇)六谷大都督：長安南山有六谷。(四一)以尚書僕射陸納為左僕射：按《晉書．職官志》：「經魏至晉，迄於江左，省置無恒，置二則為左右僕射，或不兩置，但曰尚書僕射。」(四二)厭苦兵事：厭惡疾苦兵役之事。(四三)張大豫自楊塢進屯姑臧城西……斬奚于等二萬餘級：按此數句乃錄自〈呂光載記〉，字句大致相同。(四四)使者皆沒於後秦：使者皆陷沒於後秦，亦即為後秦所俘。

(一)後秦王萇即皇帝位於長安，大赦，改元建初，國號大秦，追尊其父弋仲為景元皇帝，立妻蚍(四五)氏為皇后，子興為皇太子，置百官。萇與羣臣宴，酒酣，言曰：「諸卿皆與朕北面秦朝(四六)，今忽為君臣，得無恥乎㊼？」趙遷曰：「天不恥以陛下為子，臣等何恥為臣㊽！」萇大笑。

㈡魏王珪東如陵石㊾，護佛侯部帥侯辰，乙佛部帥代題，皆叛走，諸將請追之，珪曰：「侯辰等累世服役，有罪且當忍之。方今國家草創，人情未壹，愚者固宜前却㊿，不足追也[51]。」

㈢六月，庚寅，以前輔國將軍楊亮為雍州刺史，鎮衛山陵[52]。荊州刺史桓石民遣將軍晏謙擊弘農，下之。初置湖陝二戍[53]。

㈣西燕刁雲等殺西燕主忠，推慕容永為使持節、大都督、中外諸軍事[54]、大將軍、大單于、雍、秦、梁、涼四州牧、錄尚書事、河東王，稱藩於燕[55]。

㈤燕主垂遣太原王楷、趙王麟、陳留王紹、章武王宙，攻秦苻定、苻紹、苻謨、苻亮等，楷先以書與之，為陳禍福，定等皆降，垂封定等為侯，曰：「以酬秦主之德[56]。」

㈥秦主丕以都督中外諸軍事、司徒、錄尚書事王永為左丞相，太尉、東海王纂為大司馬，司空張蚝為太尉，尚書令咸陽徐義為司空，司隸校尉王騰為驃騎大將軍、儀同三司。永傳檄四方公、侯、牧、守(五七)、壘主民豪(五八)，共討姚萇、慕容垂，令各帥所統，以孟冬上旬，會大駕於臨晉。於是天水姜延、馮翊寇明、河東王昭、新平張晏、京兆杜敏、扶風馬朗、建忠將軍高平、牧官都尉(五九)、扶風王敏等，咸承檄(六〇)起兵，各有眾數萬，遣使詣秦，丕皆就拜(六一)將軍，郡守封列侯，冠軍將軍鄧景擁眾五千據彭池，與竇衝為首尾，以擊後秦(六二)。丕以景為京兆尹。景，羌之子也。

㈦後秦王萇徙安定五千餘戶於長安。

㈧秋，七月，秦平涼太守金熙、安定都尉沒弈干，與後秦左將軍姚方成戰於孫丘谷，方成兵敗，後秦主萇以其弟征虜將軍緒為司隸校尉，鎮長安，自將至安定擊熙等，大破之。金熙，本東胡之種(六三)；沒弈干，鮮卑多蘭部帥也，枹罕諸氐，以衞平衰老，難與成功，議廢之，而憚其宗彊(六四)，累日不決，氐啖青謂諸將曰(六五)：「大事宜時定(六六)不然，變生；諸君但請衞公為會，觀我所為。」會七夕大宴(六七)，青抽劍(六八)而前曰：「今天下大亂，吾曹休戚(六九)同之，非賢主不可以濟大事，衞公老，宜返初服(七〇)，以避賢路(七一)。狄道長苻登，雖王室疏屬，志略雄明(七二)(七三)，請共立之，以赴大駕(七四)。諸君有不同者，即下異議(七五)。」乃奮劒(七六)攘袂，將斬異己者，眾皆從之，莫敢仰視(七七)，於是推登為使持節、都督隴右諸軍事、撫軍大將軍，雍、河二州牧，略陽公，帥眾五萬，東下隴，攻南安，拔之，馳使請命於秦(七八)(七九)。登，秦主丕之族子也。

(九)祕宜，與莫侯悌眷(八〇)帥其眾三萬餘戶，降於乞伏國仁，國仁拜宜東秦州刺史，悌眷梁州刺史。

(十)己酉，魏王珪還盛樂，代題復以部落來降，十餘日，又奔劉顯(八一)，珪使其孫倍斤代領其眾，劉顯弟肺泥帥眾降魏(八二)。

(十一)八月，燕主垂留太子寶守中山，以趙王麟為尚書右僕射、錄留臺(八三)。庚午，自帥范陽王德等南略地，使高陽王隆東徇平原、丁零鮮于乞保曲陽西山，聞垂南伐，出營望都(八四)，剽掠居民，趙王麟自出討之，諸將皆曰：「殿下虛鎮遠征(八五)，萬一無功而返，虧損威重(八六)，不如遣諸將討之。」麟曰：「乞聞大駕在外，無所畏忌(八七)，必不設備，一舉可取(八八)，不足憂也。」乃聲言(八九)至魯口，夜回趣乞，比明(九〇)至其營，掩擊擒之。

(十二)翟遼寇譙，朱序擊走之。

(十三)秦主丕以苻登為征西大將軍、開府儀同三司、南安王、持節、州牧、都督，皆因其所稱而授之。又以徐義為右丞相，留王騰守晉陽，右僕射楊輔戍壺關，帥眾四萬進屯平陽(九一)。

(十四)初，後秦主萇之弟碩德統所部羌居隴上，聞萇起兵，自稱征西將軍，聚眾於冀城以應之，以兄孫詳為安遠將軍，據隴城，從孫訓為安西將軍，據南安之赤亭，與秦州刺史王統相持。萇自安定引兵會碩德，攻統，天水屠各、略陽羌胡應之者二萬餘戶，秦略陽太守王皮降之。

(十五)初，秦滅代，遷代王什翼犍少子窟咄于長安，從慕容永東徙(九二)，永以窟咄為新興太守，劉顯遣其弟亢泥迎窟咄，以兵隨之，逼魏南境，諸部騷動(九三)，魏王珪左右于桓等與部人謀執珪以應窟咄，幢將(九四)代人莫題等亦潛與窟咄交通，桓舅穆崇告之(九五)，珪誅桓等五人，莫題等七姓，悉原不問㊈㊅。珪懼內難，北踰陰山，復依賀蘭部，遣外朝大人、遼東安同，求救於燕，燕主垂遣趙王麟救之㊈㊆。

㈦九月，王統以秦州降於秦，後秦主萇以姚碩德為使持節、都督隴右諸軍事、秦州刺史，鎮上邽。

㈦呂光得秦王堅凶問㊈㊇，舉軍縞素㊈㊈，謚曰文昭皇帝。冬，十月，大赦，改元大安㊀㊀。

㈧西燕慕容永遣使詣秦主丕求假道東歸，丕弗許，與永戰於襄陵㊀，秦兵大敗，左丞相王永、衛大將軍俱石子皆死。初，東海王纂自長安來，麾下㊁壯士三千餘人，丕忌之，既敗，懼為纂所殺，帥騎數千南奔東垣謀襲洛陽，揚威將軍馮該自陜邀擊之，殺丕，執其太子寧、長樂王壽送建康，詔赦不誅，以付苻宏㊂。纂與其弟尚書、永平侯師奴，帥秦眾數萬走據杏城，其餘王公百官，皆沒於永，永遂進據長子㊃，即皇帝位，改元中興㊄。將以秦后楊氏為上夫人，楊氏引劍刺永，為永所殺。

㈨甲申，海西公奕薨於吳。

㈩燕寺人㉖吳深據清河反，燕主垂攻之，不克。

(廿一)後秦主萇還安定。

(廿二)秦南安王登既克南安，夷夏歸之者三萬餘戶，遂進攻姚碩德於秦州，後秦主萇自往救之，登與萇戰於胡奴阜，大破之，斬首二萬餘級，將軍啖青射萇中之，萇創重，走保上邽，姚碩德代之統眾。

(廿三)燕趙王麟軍未至魏，拓跋窟咄稍前逼魏王珪，賀染干侵魏北部以應之，魏眾驚擾，北部大人叔孫普洛亡奔劉衛辰，麟聞之，遽遣㉗安同等歸，魏人知燕軍在近，眾心少安。窟咄進屯高柳㉘，珪引兵與麟會擊之，窟咄大敗，奔劉衛辰，衛辰殺之，珪悉收其眾，以代人庫狄干㉙為北部大人，麟引兵還中山㉚。劉衛辰居朔方，士馬甚盛，後秦主萇以衛辰為大將軍、大單于、河西王、幽州牧，西燕主永以衛辰為大將軍、朔州牧㉛。

(廿四)十一月，秦尚書寇遺奉勃海王懿、濟北王昶，自杏城奔南安，南安王登發喪行服㉜，謚秦主丕曰哀平皇帝。登議立懿為主，眾曰：「勃海王雖先帝之子，然年在幼冲，未堪多難㉝，今三虜窺覦[二四]，宜立長君，非大王不可。」登乃為壇於隴東，即皇帝位，大赦，改元太初，置百官[二五]。

(廿五)慕容柔、慕容盛、及盛弟會，皆在長子，盛謂柔、會曰：「主上[二六]已中興幽、冀，東西未壹[二七]，吾屬居嫌疑之地，為智為愚，皆將不免[二八]。不若以時東歸，無為坐待魚肉[二九]也。」遂相與亡歸燕，後歲餘，西燕主永悉誅燕主儁、及燕主垂之子孫，男女無遺[三〇]。

張大豫自西郡入臨洮，掠民五千餘戶，保據俱城。

(廿六)十二月，呂光自稱使持節、侍中、中外大都督、督隴右河西諸軍事、大將軍、涼州牧、酒泉公。

(廿七)秦主登立世祖[三一]神主於軍中，載以輜軿[三二]，建黃旗青蓋，以虎賁[三三]三百人衛之，凡所欲為，必啟主而後行[三四]，引兵五萬，東擊後秦，將士皆刻鉾[三五]鎧為死休字[三六]，每戰以劍矟[三七]為方圓大陣，知有厚薄[三八]，從中分配，故人自為戰，所向無前[三九]。初長安之將敗也，中壘將軍徐嵩、屯騎校尉胡空，各聚眾五千，結壘自固，既而受後秦官爵，後秦主萇以王禮葬主堅於二壘之間，及登至，嵩空以眾降之㉚，登拜嵩雍州刺史，空京兆尹，改葬堅以天子之禮㉛。

(廿八)乙酉，燕主垂攻吳深壘，拔之，深單馬走，垂進屯聊城㉜之逢關陂。初，燕太子洗馬溫詳來奔，以為濟北太守，屯東阿，燕主垂遣范陽王德、高陽王隆攻之，詳遣從弟攀守河南岸，子楷守碻磝以拒之。

燕主垂以魏王珪為西單于、封上谷王，珪不受。

【今註】㊺蚍：蛇俗字。㊻北面秦朝：謂北面而臣於秦。㊼得無恥乎：得不羞恥乎？㊽天不恥以陛下為子，臣等何恥為臣：謂天既以陛下為子，則臣等自應為陛下之臣。㊾陵石：地名，在盛樂東。㊿愚者固宜前卻：胡三省曰：「一前一卻，言叛服不常也。」按《魏書・太祖紀》登國元年文，前卻作趦趄，意謂躊躇不前。(51)魏王珪東如陵石……不足追也：按此段乃錄自《魏書・太祖紀》登國元年文，字句大致相同。(52)鎮衞山陵：鎮守護衞諸帝之園陵。(53)初置湖陝二戍：胡三省曰：「湖陝二縣，皆屬弘農。」(54)推慕容永為使持節、大都督、中外諸軍事：按官銜例，大都督下當另有都督二字。(55)稱藩於燕：向燕稱藩。(56)以酬秦主之德：以報秦主苻堅之恩。(57)牧守：州牧、郡守。(58)民豪：民之豪帥。(59)牧官都尉：牧官，司牧馬者。(60)承檄：猶奉檄。(61)就拜：就其所在地而拜之。(62)秦主丕以都督中外諸軍事司徒錄尚書事王永……與寶衝為首尾，以擊後秦：按此段乃錄自〈苻丕載記〉，字句大致相同。〔六三〕本東胡之種：胡三省曰：「秦謂鮮卑之種居遼碣者，為東胡。」〔六四〕宗彊：宗族彊盛。〔六五〕氐啖青謂諸將曰：按〈苻丕載記〉作氐有啖青者，謂諸將曰，是啖青乃一職事之稱。〔六六〕大事宜時定：時為應時，亦即立時也。〔六七〕會七夕大宴：七夕，七月七日之夕；會，適逢。〔六八〕抽劍：猶拔劍。〔六九〕休戚：休、美，戚、苦，猶言苦樂也。〔七〇〕初服：最初所服之職。〔七一〕以避賢路：以讓道於賢者。〔七二〕雖王室疎屬，志略雄明：按〈苻丕載記〉，志略上多一而字，較為緊湊靈活，當從添入。〔七三〕志略：志氣謀略。〔七四〕以赴大駕：大駕指秦主丕言。〔七五〕即下異議：謂可提出異議。〔七六〕奮劍：以劍指向天際。〔七七〕莫敢仰視：無敢仰面而視者，謂皆畏伏也。〔七八〕請命於秦：向秦請示命令。〔七九〕枹罕諸氐，以衞平衰老，……馳使請命于秦：按此段乃錄自〈苻丕載記〉，字句幾全相同。〔八〇〕秘宜與莫侯悌眷：按〈乞伏國仁載記〉，莫侯悌眷作莫侯悌。〔八一〕又奔劉顯：謂又奔於劉顯。〔八二〕己酉魏王珪還盛樂……劉顯弟肺泥帥眾降魏：按此段乃錄自《魏書．太祖紀》，字句幾全相同。〔八三〕錄留臺：總錄留守臺省之事。〔八四〕出營望都：出而結營於望都。望都在今河北省望都縣。〔八五〕虛鎮遠征：空全鎮之兵而事遠征。〔八六〕威重：猶威嚴。〔八七〕畏忌：忌亦畏，二者蓋複合辭。〔八八〕一舉可取：猶一戰可下。〔八九〕聲言：揚言。〔九〇〕比明：近天明時。〔九一〕秦主丕以苻登為征西大將軍……帥眾四萬進屯平陽：按此段乃錄自〈苻丕載記〉，字句幾全相同。〔九二〕從慕容永東徙：按此為數年以後之事，從上須添一後字，以使兩事之脈絡分明。〔九三〕騷動：騷擾動蕩。〔九四〕幢將：幢，旌幢；音撞。《魏書．官氏志》：「登國元年置幢將六人，主三郎衞士直宿禁中者。自侍中已下，中散已上皆統之。」〔九五〕于桓舅穆崇告之：

按《通鑑》之作于桓，乃根依〈昭成子孫窟咄傳〉文，然〈太祖紀〉及〈穆崇傳〉，則皆作于植。疑桓當作植。㊈悉原不問：謂皆原宥而不追問。（九七）初秦滅代……燕主垂遣趙王麟救之：按此段乃錄自《魏書・昭成子孫窟咄傳》，字句多相同。又《魏書・太祖紀》及〈穆崇傳〉之文，與《通鑑》亦多相仿。（九八）凶問：凶信。（九九）縞素：縞素謂白色，喪服尚白，故此以縞素稱喪服。（一〇〇）改元大安：〈呂光載記〉，大安作太安。（一〇一）襄陵：在今山西省襄陵縣。（一〇二）麾下：〈苻丕載記〉作部下，是麾下猶部下也。（一〇三）西燕慕容永遣使詣秦主丕……以付苻宏：按此段乃錄自〈苻丕載記〉，字句大致相同。（一〇四）長子：故城在今山西省長子縣治西。（一〇五）纂與其弟尚書……改元中興：按此段乃錄自〈苻丕載記〉，字句大致相同。（一〇六）寺人：宦者。（一〇七）遽遣：急遣。（一〇八）高柳：酈道元《水經注》：「高柳在代中，其山重巒疊巘，霞舉雲高。」（一〇九）代人庫狄干：《魏書・官氏志》：「次南諸部有庫狄氏，後為狄氏。」（一一〇）燕趙王麟軍未至魏……麟引兵還中山：按此段乃錄自《魏書・昭成子孫窟咄傳》，字句大致相同。（一一一）劉衞辰居朔方……大將軍、朔州牧：按此段乃錄自《魏書・鐵弗劉虎附衞辰傳》，官號多有刪節。（一一二）行服：謂服喪服。（一一三）未堪多難：不勝任於多難之際。（一一四）今三虜窺覦：三虜謂姚萇、慕容垂、慕容永。窺覦，謂窺伺而欲得之。（一一五）秦尚書寇遺奉勃海王懿……改元太初，置百官：按此段乃錄自〈苻登載記〉，字句大致相同。（一一六）主上：謂慕容垂。（一一七）東西未壹：東，謂燕主垂；西，謂燕主永。未壹謂未合壹。（一一八）為智為愚，皆將不免：〈慕容盛載記〉，此二句作「愚則為人所猜，智則危甚巢幕。」較為明顯。（一一九）坐待魚肉：謂坐而為人所宰割。（一二〇）慕容柔慕容盛……男女無遺：按此段乃本於〈慕容盛載記〉，而文字多有不同。㉑世祖：秦主堅廟號世祖。㉒輜軿：車四面有屏蔽者。㉓虎賁：勇士之稱，音奔。㉔必啟主而後行：必先啟告世祖神主而後為之。㉕鉾：頭牟。㉖將士皆刻鉾鎧為死休字：謂將士皆於鉾鎧之上，刻鐫死休二字，以示死而方休。㉗矟：音朔，《釋名‧釋兵》：「矛長丈八尺曰矟，馬上所持。」㉘知有厚薄：謂知人數之多少。㉙所向無前：謂所向之處，無敢在迎面抗禦之者。㉚既而受後秦官爵，後秦主萇以王禮葬秦主堅於二壘之間，及登至，嵩空以眾降之：據《通鑑》文，則後秦主萇以王禮葬秦主堅於二壘之間，一句，與徐嵩胡空二人行義，毫無關涉，此措辭之所不可者。按〈苻登載記〉於此處云：「及萇之害堅，嵩等以王禮葬堅於二堡之間。」於是上下文意方有連挂。此句當以改從〈苻登載記〉之文為宜。㉛秦主登立世祖神主於軍中……改葬堅以天子之禮：按此段乃錄自〈苻登載記〉，字句大致相同。㉜聊城：今山東省聊城縣。

卷一百七　晉紀二十九

司馬光編集
曲守約註

起彊圉大淵獻，盡重光單閼，凡五年。（丁亥至辛卯，西元三八七年至三九一年）

烈宗孝武皇帝中之下

太元十二年（西元三八七年）

㈠春，正月，乙巳，以朱序為青、兗二州刺史㊀，代謝玄鎮彭城，序求鎮淮陰，許之。以玄為會稽內史。丁未，大赦。

㈡燕主垂觀兵㊁河上，高陽王隆曰：「溫詳之徒，皆白面儒生㊂，烏合為羣㊃，徒恃長河㊄以自固，若大軍濟河，必望旗震壞㊅，不待戰也。」垂從之。戊午，遣鎮北將軍蘭汗，護軍將軍平幼，於碻磝西四十里濟河，隆以大眾陳於北岸，溫攀、溫楷果走趣城㊆，平幼追擊，大破之，詳夜將妻子犇彭城，其眾三萬餘戶皆降於燕。垂以太原王楷為兗州刺史，鎮東阿。初，垂在長安，秦王堅嘗與之交手語㊇，冗從僕射光祚言於堅曰：「陛下頗疑㊈慕容垂乎？垂非久為人下⑩者也。」堅以告垂，及秦主丕自鄴奔晉陽，祚與黃門侍郎封孚、鉅鹿太守封勸皆來奔，勸，奕之子也，垂之再圍鄴也，皆秦故臣西河朱肅等各以其眾來犇，詔以祚等為河北諸郡太守，皆營於濟北⑪、濮陽，羈屬溫詳⑫，詳敗，俱詣燕軍降，垂赦之，撫待如舊。垂見光祚流涕沾衿，曰：「秦王待我深⑬，吾事之亦盡⑭，但為二公猜忌⑮，吾懼死而負之⑯，每一念之，中宵不寐⑰。」祚亦悲慟，垂賜祚金帛，祚固辭，垂曰：「卿猶復疑邪⑱？」祚曰：「臣昔者惟知忠於所事⑲，不意陛下至今懷之⑳，臣敢逃其死㉑！」垂曰：「此乃卿之忠，固吾所求也，前言戲之耳㉒。」待之彌厚，以為中常侍㉓。

㈢翟遼遣其子釗寇陳潁，朱序遣將軍秦膺擊走之。

㈣秦主登立妃毛氏為皇后，勃海王懿為太弟，后，興之女也。遣使拜東海王纂為使持節、都督中外諸軍事、太師、領大司馬、封魯王，纂弟師奴為撫軍大將軍、幷州牧、封朔方公。纂怒謂使者曰：「勃海王先帝之子，南安王何以不立㉔，而自立乎？」長史王旅諫曰：「南安已立，理無中改㉕，今寇虜未滅，不可宗室之中，自為仇敵也。」纂乃受命，於是盧水胡彭沛穀屠各㉖董成、張龍世、新平羌雷惡地等，皆附於纂有眾十餘萬㉗。

後秦主萇徙秦州豪傑三萬戶於安定㉘。

㈤初，安次人齊涉聚眾八千餘家，據新柵㉙降燕，燕主垂拜涉魏郡太守，既而復叛，連張願，願自帥萬餘人，進屯祝阿㉚之瓮口，招翟遼共應涉。高陽王隆言於垂曰：「新柵堅固，攻之未易猝拔，若久頓兵㉛於其城下，張願擁帥㉜流民，西引丁零㉝，為患方深，願眾雖多，然皆新附，未能力鬬㉞，因其自至㉟，宜先擊之。願父子恃其驍勇，必不肯避去，可一戰擒也。願破，則涉不能自存矣。」垂從之。二月，遣范陽王德、陳留王紹、龍驤將軍張崇，帥步騎二萬會隆擊願，軍至斗城，去瓮口二十餘里，解鞍頓息㊱，願引兵奄至㊲，燕人驚遽㊳，德兵退走，隆勒兵不動，願子龜出衝陳㊴，隆遣左右王末逆擊，斬之，隆徐進戰，願兵乃退。德行里餘，復整兵還，與隆合，謂隆曰：「賊氣方銳，宜且緩之。」隆曰：「願乘人不備，宜得大捷，而吾士卒皆以懸隔河津，勢迫之故，人思自戰㊵，故能却之。今賊不得利，氣竭勢衰，皆有進退之志㊶，不能齊奮㊷，宜亟擊㊸之。」德曰：「吾唯卿所為耳。」遂進，戰於瓮口，大破之，斬首七千八百級，願脫身保三布口，燕人進軍歷城㊹，青、兗、徐州郡縣壁壘多降，垂以陳留王紹為青州刺史，鎮歷城。德等還師，新柵人冬鸞執涉送之，垂誅涉父子，餘悉原之。

㈥三月，秦主登以竇衝為南秦州牧，楊定為益州牧，楊壁為司空、梁州牧，乞伏國仁為大將軍、大單于、范川王。

燕上谷人王敏殺太守封戢，代郡人許謙逐太守賈閏，各以郡附劉顯。

㈦夏，四月，戊辰，尊帝母李氏為皇太妃，儀服如太后。

燕樂浪王溫為尚書右僕射。

㈧後秦征西將軍姚碩德為楊定所逼，退守涇陽㊺，定與秦魯王纂共攻之，戰於涇陽，碩德大敗，後秦主萇自陰密救之，纂退屯敷陸(四六)。

(九)燕主垂自碻磝還中山，慕容柔、慕容盛、慕容會來自長子。庚子，垂為之大赦。垂問盛：「長子人情如何，為可取乎？」盛曰：「西軍擾擾(四七)，人有東歸之志，陛下唯當脩仁政以俟之耳。若大軍一臨，必投戈(四八)而來，若孝子之歸慈父也(四九)。」垂悅，癸未，封柔為陽平王，盛為長樂公，會為清河公。

(十)高平人翟暢執太守徐含遠，以郡降翟遼。燕主垂謂諸將曰：「遼以一城之眾，反覆三國之間(五〇)，不可不討。」五月，以章武王宙監中外諸軍事，輔太子寶守中山，垂自帥諸將南攻遼，以太原王楷為前鋒都督，遼眾皆燕趙之人，聞楷至，皆曰：「太原王子，吾之父母(五一)也。」相帥歸之，遼懼，遣使請降，垂以遼為徐州牧、封河南公，前至黎陽，受降而還(五二)。井陘人賈鮑招引北山丁零翟遙等五千餘人，夜襲中山，陷其外郭，章武王宙以奇兵出其外，太子寶鼓譟(五三)於內，合擊大破之，盡俘其眾，唯遙、鮑單馬走免。

(十一)劉顯地廣兵彊，雄於北方(五四)，會其兄弟乖爭(五五)，魏長史張兗言於魏王珪曰：「顯志在并吞，今不乘其內潰(五六)而取之，必為後患。然吾不能獨克(五七)，請與燕共攻之。」珪從之，復遣安同乞師於燕。

(十二)詔徵會稽處士戴逵(五八)，逵累辭(五九)不就(六〇)，郡縣敦逼不已(六一)，逵逃匿於吳。謝玄上疏曰：「逵自求其志，今王命未回(六二)，將罹風霜之患(六三)，陛下既已愛而器之，亦宜使其身名並存(六四)，請絕召命(六五)。」帝許之(六六)。逵，逯之兄也。

(十三)秦主登以其兄同成為司徒、守尚書令、封潁川王，弟廣為中書監，封安成王，子崇為尚書左僕射，封東平王。

(十四)燕主垂自黎陽還中山。吳深殺燕清河太守丁國，章武人王祖殺太守白欽，勃海人張申據高城以叛，燕主垂命樂浪王溫討之。

(十五)苑川王國仁帥騎三萬襲鮮卑大人密貴、裕苟、提倫三部于六泉。秋，七月，與沒奕干(六七)、金熙戰於渴渾川(六八)，沒奕干、金熙大敗，三部皆降(六九)。

(十六)秦主登軍於瓦亭，後秦主萇攻彭沛穀堡拔之，穀犇杏城(七〇)。萇還陰密㈦，以太子興鎮長安。

㈦燕趙王麟討王敏於上谷，斬之。

劉衛辰獻馬於燕，劉顯掠之，燕主垂怒，遣太原王楷將兵助趙王麟擊顯，大破之，顯犇馬邑西山。魏王珪引兵會麟，擊顯於彌澤㈦，又破之，顯犇西燕，麟悉收其部眾，獲馬、牛、羊以千萬數㈦。

㈧呂光將彭晃、徐炅㈦攻張大豫於臨洮，破之，大豫犇廣武，王穆犇建康。八月，廣武人執大豫，送姑臧，斬之㈦。穆襲據酒泉，自稱大將軍、涼州牧。

㈨辛巳，立皇子德宗為太子，大赦。

燕主垂立劉顯弟可泥為烏桓王，以撫㈦其眾，徙八千餘落於中山。

㈩秦馮翊太守蘭犢㈦帥眾二萬，自頻陽入和寧，與魯王纂謀攻長安，纂弟師奴勸纂稱尊號，纂不從，師奴殺纂而代之，犢遂與師奴絕㈦。西燕主永攻犢，犢請救於後秦，後秦主萇欲自救之，尚書令姚旻、左僕射尹緯曰：「苻登近在瓦亭，將乘虛襲吾後。」萇曰：「苻登眾盛，非旦夕可制㈦，登遲重少決㈧，必不能輕軍深入，比兩月間，吾必破賊而返，登雖至無能為(八一)也。」九月，萇軍於泥源，師奴逆戰，大敗，亡犇鮮卑，後秦盡收其眾(八二)，屠各董成等皆降。秦主登進據胡空堡(八三)，戎夏歸之十餘萬。

(廿一)冬，十月，翟遼復叛燕，遣兵與王祖、張申，寇抄清河(八四)、平原(八五)。

(廿二)後秦主萇進擊西燕王永於河西，永走蘭櫝(八六)，復列兵拒守，萇攻之，十二月擒櫝，遂如杏城。

(廿三)後秦姚方成攻秦雍州刺史徐嵩壘，拔之，執嵩而數之(八七)，嵩罵曰：「汝姚萇罪當萬死，苻黃眉欲斬之，先帝止之，授任內外(八八)，榮寵極矣(八九)，曾不如犬馬識(九〇)所養之恩，親為大逆，汝羌輩豈可以人理期也(九一)！何不速殺我。」方成怒，三斬嵩，悉阬其士卒，以妻子賞軍。後秦主萇掘秦主堅尸，鞭撻無數，剝衣裸形(九二)，薦之以棘，坎土(九三)而埋之。

(廿四)涼州大饑，米斗直錢五百(九四)，人相食，死者太半(九五)。

(廿五)呂光西平太守康寧自稱匈奴王，殺湟河太守強禧以叛，張掖太守彭晃亦叛，東結康寧，西通王穆，光欲自擊晃，諸將皆曰：「今康寧在南，伺釁(九六)而動，若晃、穆未誅，康寧復至，進退狼狽(九七)，勢必大危。」光曰：「實如卿言，然我今不往，是坐待其來也。若三寇(九八)，連兵，東西交至(九九)，則城外皆非吾有，大事去矣(一〇〇)。今晃初叛，與寧穆情契(一〇一)未密，出其倉猝，取之差易耳。」乃自帥騎三萬，倍道兼行(一〇二)，既至，攻之二旬，拔其城，誅晃(一〇三)。初，王穆起兵，遣使招敦煌處士郭瑀(一〇四)，瑀歎曰：「今民將左衽(一〇五)，吾忍不救之邪(一〇六)！」乃與同郡索嘏起兵應穆，運粟三萬石以餉之，穆以瑀為太府左長史、軍師將軍，嘏(一〇七)為敦煌太守。既而穆聽讒言，引兵攻嘏，瑀諫不聽，出城大哭，舉手謝城(一〇八)曰：「吾不復見汝矣。」還而引被覆面(一〇九)，不與人言，不食而卒。呂光聞之曰：「二虜相攻，此成禽(一一〇)也，不可以憚屢戰之勞，而失永逸(一一一)之機也。」遂帥步騎二萬攻酒泉，克之，進屯涼興。穆引兵東還，未至，眾潰，穆單騎走，騂馬令郭文斬其首，送之(一一二)。

【今註】㈠以朱序為青兗二州刺史：按通例，敍一人陞遷時，皆先言其原官職，而後言其陞遷後之新職，以明其來原有自。朱序上當添豫州刺史四字。㈡觀兵：韋昭曰：「觀，示也；陳兵以示威武。」按與耀兵意同。㈢白面儒生：謂深居簡出，未經風霜之書生。㈣烏合為羣：猶烏合之眾。㈤長河：猶大河，此指黃河言。㈥震壞：震駭而奔潰。㈦果走趣城：蓋趣東阿城也。㈧秦王堅嘗與之交手語：猶執手語，喻談話之親密也。㈨頗疑：猶尚疑。㈩久為人下：常居他人之下。⑪皆營於濟北：皆結營於濟北，亦即駐於濟北。⑫羈屬溫詳：謂受溫詳之部勒及領導。⑬秦王待我深：謂秦王待我恩甚深。⑭吾事之亦盡：謂吾事之亦盡吾之力。⑮為二公猜忌：二公，謂長樂公丕，平原公暉。謂為該二人猜疑忌妬。⑯吾懼死而負之：謂吾懼死，不得已而違負之。⑰中宵不寐：直至中夜，不能成寐。⑱猶復疑邪：尚仍疑忌邪！⑲所事：指所事之人。⑳懷之：謂懷念此事。㉑臣敢逃其死：臣豈敢避此死罪！㉒戲之耳：猶今語之開開玩笑。㉓以為中常侍：光祚秦之宦者，故處以此官。㉔南安王何以不立：謂南安王何以不立勃海王為天子？㉕理無中改：謂無中途改變之理。㉖屠各：匈奴之貴族。㉗秦主登立妃毛氏為皇后……皆附於纂，有眾十餘萬：按此段乃錄自〈苻登載記〉，字句幾全相同。㉘安次：今河北省安次縣。㉙新柵：蓋在魏郡界。㉚祝阿：故城在今山東省長清縣東北。㉛頓兵：停頓兵眾。㉜擁帥：猶擄帥。㉝西引丁零：丁零謂翟遼。㉞未能力鬬：未能盡力而鬬。㉟因其自至：藉其自至。㊱解鞍頓息：解去馬鞍，停頓休息。㊲奄至：奄忽而至。㊳驚遽：驚惶。㊴衝陳：衝突敵陣。㊵懸隔河津，勢迫之故，人思自戰：言兵為河津所隔，前有強敵，退則溺死，故思之而各自為戰。㊶皆有進退之志：此進退著重退字，謂皆有退志。㊷齊奮：齊心奮發。（四三）亟擊：猶急擊。（四四）歷城：今山東省歷城縣，亦即省會濟南。（四五）涇陽：故城在今甘肅省平涼縣西。（四六）後秦征西將軍姚碩德為楊定所逼……纂退屯敷陸：按此段乃錄自〈苻登載記〉，字句大致相同。（四七）西軍擾擾：西軍，謂西燕慕容永之軍；擾擾，擾攘不定也。（四八）投戈：謂投下兵戈，示不戰也。（四九）若孝子之歸慈父也：喻其必然歸來。（五〇）反覆三國之間：三國謂晉、燕及西燕。反覆，謂降叛無常。（五一）太原王子吾之父母：楷父恪相燕，燕趙之人懷之，故云然。（五二）太子寶守中山……前至黎陽，受降而還：按此段乃錄自〈慕容垂載記〉，字句大致相同。（五三）鼓譟：擊鼓吶喊。（五四）雄於北方：稱雄於北方。（五五）乖爭：乖離爭奪。（五六）內潰：內部奔潰。（五七）獨克：獨勝。（五八）詔徵會稽處士戴逵：按戴逵《晉書‧隱逸傳》有傳。（五九）累辭：屢辭。（六〇）不就：不赴。（六一）敦逼不已：殷勤逼迫不停。（六二）王命未回：王命未回改。（六三）罹風霜之患：罹，遭；風霜之患，謂輾轉遷徙於田野間也。（六四）身名並存：謂生命與名譽皆存。（六五）請絕召命：謂停止辟召徵命。（六六）詔徵會稽處士戴逵……請絕召命，帝許之：按此段乃錄自〈隱逸戴逵傳〉，字句除刪節外，幾全相同。（六七）沒奕干：〈乞伏國仁載記〉，千作干。（六八）渴渾川：當在天水勇士縣東北。（六九）苑川王國仁帥騎三萬……三部皆降：按此段乃錄自〈乞伏國仁載記〉，字句大致相同。（七〇）後秦主萇攻彭沛穀堡，拔之，穀犇杏城：按彭沛穀乃係人名。下之穀犇，〈苻登載記〉作沛穀犇。稱人名當稱其全名，彭沛既非覆姓，則沛自宜連穀並書。（七一）秦主登軍於瓦亭……萇還陰密：按此段乃錄自〈苻登載記〉，字句大致相同。（七二）彌澤：按《魏書‧太祖紀》登國二年文，彌澤乃在馬邑之南。（七三）劉衞辰獻馬於燕……獲馬牛羊以千萬數：按此段乃錄自

《魏書・劉庫仁附顯傳》，鮮有刪削，字句大致相同。（七四）炅：音桂。（七五）呂光將彭晃徐炅……送姑臧，斬之：按此段乃錄自〈呂光載記〉，字句大致相同。（七六）撫：安撫。（七七）蘭犢：〈苻登載記〉犢作犢。（七八）秦馮翊太守蘭犢……犢遂與師奴絕：按此段乃錄自〈苻登載記〉，字句大致相同。（七九）苻登眾盛非旦夕可制：謂苻登兵卒甚盛，非短期間可以制服。（八〇）遲重少決：遲緩滯重，不能速決。（八一）無能為：猶今語沒有辦法。（八二）西燕主永攻犢……後秦盡收其眾：按此段乃錄自〈姚萇載記〉，字句大致相同。（八三）胡空堡：秦屯騎校尉胡空所築堡也，在新平界。（八四）清河：故城在今河北省清河縣東。（八五）平原：故治在今平原縣南。（八六）永走蘭犢：永走於蘭犢之所。（八七）數之：責之。（八八）授任內外：授任統理內外。（八九）榮寵極矣：榮祿寵幸，已至極端。（九〇）識：知。（九一）汝羌輩豈可以人理期也：謂汝輩羌子，豈可以人之道理相期許耶！正意為汝輩非人類也。（九二）裸形：裸體。（九三）坎土：掘土為坎。（九四）米斗直錢五百：米每斗值錢五百文。（九五）太半：謂三分之二。（九六）伺釁：伺釁隙。（九七）狼狽：謂事乖而不堪也。（九八）三寇：謂康寧、彭晃、王穆。（九九）交至：猶皆至。（一〇〇）大事去矣：猶大事完矣。（一〇一）情契：情誼契合。（一〇二）倍道兼行：謂日夜兼行，其所取道，自必倍於晝行。（一〇三）涼州大饑……二句，拔其城誅晃。按此段乃錄自〈呂光載記〉，字句大致相同。（一〇四）瑀：音羽。（一〇五）今民將左衽：謂民將化為夷狄。（一〇六）吾忍不救之邪：謂吾豈忍不救之邪！（一〇七）㗊：音ㄍㄨˇ。（一〇八）謝城：向城中人辭別。（一〇九）引被覆面：謂以被蒙於面上。（一一〇）成禽：禽同擒，謂將被擒。（一一一）永逸：永久安逸。（一一二）呂光聞之曰，二虜相攻……斬其首，送之：按此段乃錄自〈呂光載記〉，字句大致相同。

十三年（西元三八八年）

㈠春，正月，康樂獻武公謝玄卒。

㈡二月，秦主登軍朝那，後秦主萇軍武都。

㈢翟遼遣司馬眭㊀瓊詣燕謝罪，燕主垂以其數反覆，斬瓊以絕之㊁。遼乃自稱魏天王，改元建光，置百官。

㈣燕青州刺史、陳留王紹，為平原太守辟閭渾所逼，退屯黃巾固㊂，燕主垂更以紹為徐州刺史，渾，蔚之子也，因苻氏亂，據齊地來降。

㈤三月，乙亥，燕主垂以太子寶錄尚書事，授之以政，自總大綱㊃而已。

燕趙王麟擊許謙，破之，謙犇西燕，遂廢代郡，悉徙其民於龍城。

㈥呂光之定涼州也，杜進功居多，光以為武威太守，貴寵用事㊄，羣僚莫及。光甥石聰自關中來，光問之曰：「中州人言我為政何如。」聰曰：「但聞有杜進耳，不聞有舅。」光由是忌進而殺之。

光與羣寮宴，語及政事，參軍、京兆段業曰：「明公用法太峻。」光曰：「吳起無恩而楚彊，商鞅嚴刑而秦興㈥。」業曰：「起喪其身，鞅亡其家，皆殘酷之致也㈦。明公方開建大業，景行㈧堯舜，猶懼不濟，乃慕起鞅之為治，豈此州士女㈨所望哉！」光改容㈩謝之㈡。

㈦夏，四月，戊午，以朱序為都督司、雍、梁、秦四州諸軍事、雍州刺史，戍洛陽。以譙王恬代序為都督兗、冀、幽、幷諸軍事、青、兗二州刺史。

㈧苑川王國仁破鮮卑越質叱黎於平襄，獲其子詰歸。

㈨丁亥，燕主垂立夫人段氏為皇后，以太子寶領大單于，段氏，右光祿大夫儀之女，其妹適范陽王德，儀，寶之舅也。追諡前妃段氏為成昭皇后。五月，秦太弟懿卒，諡曰獻哀。

翟遼徙屯滑臺㈢。

㈩六月，苑川王乞伏國仁卒，諡曰宣烈，廟號烈祖，其子公府尚幼，羣下推國仁弟乾歸為大都督、大將軍、大單于、河南王，大赦，改元太初(一三)。

(十一)魏王珪破庫莫奚(一四)於弱落水南，秋，七月，庫莫奚復襲魏營，珪又破之。庫莫奚者，本屬宇文部，與契丹同類而異種，其先皆為燕王皝所破，徙居松漠之間(一五)。秦、後秦自春相持，屢戰，互有勝負，至是各解歸(一六)。關西豪桀，以後秦久無成功，多去而附秦。

(十二)河南王乾歸立其妻邊氏為王后，置百官，倣漢制，以南川侯、出連乞都為丞相，梁州刺史悌眷為御史大夫(一七)，金城邊芮為左長史，東秦州刺史秘宜為右長史，武始翟勍為左司馬，略陽王松壽為主簿，從弟軻彈為梁州牧，弟益州為秦州牧，屈眷為河州牧(一八)。

(十三)八月，秦主登立子崇為皇太子，弁為南安王，尚為北海王。燕護軍將軍平幼會章武王宙討吳深，破之，深走保繹幕。

(十四)魏王珪陰有圖燕之志，遣九原公儀(一九)，奉使至中山，燕主垂詰之(二〇)曰：「魏王何以不自來？」儀曰：「先王與燕，並事晉室(二一)，世為兄弟，臣今奉使，於理未失(二二)。」垂曰：「吾今威加四海，豈得以昔日為比！」儀曰：「燕若不脩德禮(二三)，欲以兵威自彊，此乃將帥之事㉔，非使臣所知也。」儀還言於珪曰：「燕主衰老，太子闇弱㉕，范陽王自負材氣，非少主臣也㉖，燕主既沒，內難必作，於時㉗乃可圖也。今則未可。」珪善之㉘。儀，珪母弟翰之子也。

(十五)九月，河南王乾歸遷都金城。

張申攻廣平㉙，王祖攻樂陵㉚，壬午，燕高陽王隆將兵討之。

(十六)冬，十月，後秦主萇還安定，秦主登就食新平，帥眾萬餘圍萇營，四面大哭，萇命營中哭以應之，登乃退㉛。

(十七)十二月，庚子，尚書令南康襄公謝石卒。

(十八)燕太原王楷、趙王麟將兵會高陽王隆於谷口，以擊張申，王祖帥諸壘共救之，夜犯燕軍㉜，燕人逆擊，走之。隆欲追之，楷、麟曰：「王祖老賊，或恐詐而設伏，不如俟明㉝。」隆曰：「此白地羣盜㉞，烏合而來，徼幸一決㉟，非素有約束㊱，能壹其進退也㊲。今失利而去，眾莫為用，乘勢追之，不過數里，可盡禽也。申之所恃，唯在於祖，祖破，則申降矣。」乃留楷、麟守申壘，隆與平幼分道擊之，比明，大獲而還，懸所獲之首以示申，甲寅，申出降，祖亦歸罪(二八)。

(二九)秦以潁川王同成為太尉。

【今註】㊀眭：音ムメへ。㊁斬瓊以絕之：斬瓊以使關係斷絕。㊂黃巾固：胡三省曰：「漢末黃巾保聚於其地，因以為名。齊人謂壘堡為固。其地在濟南郡章丘城北。」㊃大綱：重大綱領。㊄貴寵用事：顯貴寵幸，掌攬大權。㊅吳起無恩而楚彊，商鞅嚴刑而秦興：吳起事見卷一周安王十五年。商鞅事見卷二顯王三十一年。㊆皆殘酷之致也：謂皆由殘酷而所獲致。㊇景行：《詩・小雅》：「高山仰止，景行行止。」毛萇曰：「景，大也。」鄭箋：「景，明也。」疏：「古人有遠大之行者，則法而行之。」㊈士女：猶男女。㊉改容：改變容色。(一一)呂光之定涼州也……光改容謝之：按此段乃錄自〈呂光載記〉，字句大致相同。(一二)滑臺：今河南省滑縣。(一三)苑川王乞伏國仁卒……改元太初：按此段乃錄自〈乞伏國仁〉，及〈乞伏乾歸載記〉，字句大致相同。(一四)庫莫奚：胡三省曰：「新唐書曰：『奚亦東胡種，為匈奴所破，保烏丸山，漢曹操斬蹋頓，蓋其後也。』」(一五)庫莫奚者……徙居松漠之間：按此段乃用《魏書・庫莫奚傳》之文，字句大致相同。(一六)解歸：解兵而歸。(一七)梁州刺史悌眷為御史大夫：按〈乞伏乾歸載記〉，梁州作南梁州。(一八)金城邊芮為左長史……屈眷為河州牧：按此諸封拜，皆〈乞伏乾歸載記〉所未錄者，知《通鑑》當別有所據。又所置秦州、河州諸牧，皆有名無實，不過分居河隴之間。(一九)九原公儀：按《魏書・昭成子孫傳》秦王翰後有附傳。(二〇)詰之：詰責之。㉒先王與燕並事晉室：胡三省曰：「魏與燕皆鮮卑種也，拓跋力微與慕容涉歸，並事晉室。」㉓臣今奉使，於理未失：謂遣臣為使者，而君王不自來，於道理上未有過誤。㉔燕若不修德禮：〈昭成子孫傳〉，德禮作文德，較為習見。㉕此乃將帥之事：〈昭成子孫傳〉作此乃本朝將帥之事，語意較明。㉖闇弱：闇昧懦弱。㉗非少主臣也：謂非少主可以駕御。㉘於時：謂於該時。㉙魏王珪陰有圖燕之志，……今則未可，珪善之：按此段乃本於《魏書・昭成子孫秦王附儀傳》，字句間有不同。㉚廣平：在今河北省雞澤縣東。㉛樂陵：今山東省惠民縣。㉜後秦主萇還安定……登乃退：按此段乃錄自〈苻登載記〉，字句大致相同。㉝夜犯燕軍：猶夜攻燕軍。㉞俟明：俟天之明。㉟白地羣盜：謂全無訓練憑藉之羣盜。㊱徼幸一決：徼幸於一次決戰而獲勝利。㊲素有約束：平常富有紀律。㊳能壹其進退也：能使其進退統一。㊴祖亦歸罪：祖亦請罪歸降。

十四年（西元三八九年）

㈠春，正月，燕以陽平王柔鎮襄國，遼西王農在龍城，五年庶務脩舉㊀，乃上表曰：「臣頃因征即鎮㊁，所統將士，安逸積年㊂，青、徐、荊、雍遺寇尚繁，願時代還㊃，展竭微效㊄。生無餘力㊅，沒無遺恨㊆，臣之志也。」庚申，燕主垂召農為侍中、司隸校尉，以高陽王隆為都督幽、平二州諸軍事、征北大將軍、幽州牧，建留臺於龍城，以隆錄留臺㊇尚書事，又以護軍將軍平幼為征北長史，散騎常侍封孚為司馬，並兼留臺尚書。隆因農舊規㊈，修而廣之，遼碣㊉遂安。

㈡後秦主萇以秦戰屢勝，謂得秦王堅之神助⑪，亦於軍中立堅像⑫而禱之曰：「臣兄襄敕臣復讎⑬，新平之禍⑭，臣行襄之命，非臣罪也。苻登、陛下疏屬，猶欲復讎⑮，況臣敢忘其兄乎⑯？且陛下命臣以龍驤建業⑰，臣敢違之⑱？今為陛下立像，陛下勿追計臣過⑲也。」秦主登升樓，遙謂萇曰：「為臣弒君，而立像求福，庸有益乎⑳！」因大呼曰：「弒君賊姚萇，何不自出，吾與汝決之㉑。」萇不應，久之，以戰未有利，軍中每夜數驚，乃斬像首以送秦㉒。

甲寅，魏王珪襲高車破之。

秦主登以河南王乾歸為大將軍、大單于、金城王。

㈢二月，呂光自稱三河王，大赦，改元麟嘉，置百官，光妻石氏、子紹、弟德世，自仇池來至姑臧。光立石氏為妃，紹為世子㉓。

癸巳，魏王珪擊吐突隣部於女水㉔，大破之，盡徙其部落而還。秦主登留輜重於大界，自將輕騎萬餘攻安定羌密造保㉕，克之。

㈣夏，四月，翟遼寇滎陽，執太守張卓。

燕以長樂公盛鎮薊城，脩繕㉖舊宮。

㈤五月，清河民孔金斬吳深，送首中山。

金城王乾歸擊侯年部，大破之㉗，於是秦涼鮮卑、羌、胡多附乾歸，乾歸悉授以官爵。

㈥後秦主萇與秦主登戰，數敗，乃遣中軍將軍姚崇襲大界，登邀擊之於安丘，又敗之㉘。

燕范陽王德、趙王麟擊賀訥，追犇至勿根山，訥窮迫請降，徙之上谷，質其弟染千於中山㉙。

㈦秋，七月，以驃騎長史王忱為荊州刺史、都督荊、益、寧三州諸軍，忱，國寶之弟也。

㈧秦主登攻後秦右將軍吳忠等於平涼，克之。八月，登據苟頭原以逼安定。諸將勸後秦主萇決戰，萇曰：「與窮寇競勝，兵家之忌也。吾將以計取之。」乃留尚書令姚旻㉚守安定，夜帥騎三萬襲秦輜重於大界，克之。殺毛后及南安王尚，擒名將數十人，驅掠男女五萬餘口而還㉛。毛氏美而勇，善騎射，後秦兵入其營，毛氏猶彎弓㉜跨馬，帥壯士數百人戰，眾寡不敵，為後秦所執，萇將納之，毛氏罵且哭曰：「姚萇！汝先已殺天子㉝，今又欲辱皇后，皇天后土㉞，寧汝容乎㉟！」萇殺之。諸將欲因秦軍駭亂㊱擊之，萇曰：「登眾雖亂，怒氣猶盛，未可輕也。」遂止。登收餘眾屯胡空堡，萇使姚碩德鎮安定，徙安定千餘家於陰密，遣其弟征南將軍靖鎮之㊲。

(九)九月，庚午，以左僕射陸納為尚書令。

(十)秦主登之東也，後秦主萇使姚碩德置秦州守宰，以從弟常戍隴城，邢奴戍冀城，姚詳戍略陽。楊定攻隴、冀，克之，斬常，執邢奴，詳棄略陽犇陰密，定自稱秦州牧、隴西王，秦因其所稱而授之㊳。

(十一)冬，十月，秦主登以竇衝為大司馬、都督隴東諸軍事、雍州牧，楊定為左丞相、都督中外諸軍事、秦、梁二州牧，約共攻後秦；又約河西諸軍事、并州刺史楊政，都督河東諸軍事、冀州刺史楊楷，各帥其眾會長安㊴。政、楷皆河東人，秦主丕既敗，政、楷收集流民數萬戶，政據河西，楷據湖陝之間，遣使請命㊵於秦，登因而授之。

（十二）燕樂浪悼王溫為冀州刺史，翟遼遣丁零故堤詐降於溫帳㊶，乙酉，刺溫殺之，并其長史、司馬，驅帥守兵二百戶犇西燕，燕遼西王農邀擊刺溫者於襄國，盡獲之，惟堤走免。

（十三）十一月，枹罕羌彭奚念附於乞伏乾歸，以奚念為北河州刺史㊷。

（十四）初，帝既親政事，威權己出㊸，有人主之量㊹，已而溺於酒色，委事㊺於琅邪王道子，道子亦嗜酒，日夕與帝以酣歌為事，又崇尚浮屠㊻，窮奢極費，所親暱者皆姏姆㊼僧尼，左右近習㊽，爭弄權柄，交通請託㊾，賄賂公行㊿，官賞濫雜(51)，刑獄謬亂(52)。尚書令陸納望宮闕歎曰：「好家居(53)，纖兒(54)欲撞壞之邪(55)！」左衛領營將軍(56)、會稽許營(57)上疏曰：「今臺府局吏(58)、直衛武官(59)、及僕隸婢兒(六〇)，取母之姓者(六一)，本無鄉邑品第(六二)，皆得為郡守縣令，或帶職在內(六三)，及僧尼乳母，競進親黨(六四)，又受貨賂，輒臨官領眾(六五)，政教不均，暴濫無罪(六六)，禁令不明(六七)，劫盜公行(六八)，昔年下書敕羣下盡規(六九)，而眾議兼集(七〇)，無所採用。臣聞佛者、清遠玄虛之神，今僧尼往往依傍瀆服(七一)，五誡(七二)麤濫，尚不能遵，況精妙乎(七三)？而流惑之徒(七四)，競加敬事，又侵漁(七五)百姓，取財為惠(七六)，亦未合布施(七七)之道也。」疏奏不省(七八)。道子勢傾內外，遠近犇湊，帝漸不平，然猶外加優崇(七九)。侍中王國寶以讒佞(八〇)有寵於道子，扇動朝眾，諷八座(八一)啟道子宜進位丞相、揚州牧、假黃鉞、加殊禮。護軍將軍、南平車胤曰：「此乃成王所以尊周公也。今主上當陽(八二)，非成王之比，相王(八三)在位，豈得為周公乎？」乃稱疾不署(八四)。疏奏，帝大怒，而嘉胤有守(八五)(八六)。

中書侍郎范寧、徐邈，為帝所親信，數進忠言，補正闕失(八七)，指斥姦黨，王國寶、寧之甥也，寧尤疾其阿諛，勸帝黜之。陳郡袁悅之有寵於道子，國寶使悅之因尼妙音致書於太子母陳淑媛云：

「國寶忠謹，宜見親信。」帝知之，發怒，以他事斬悅之，國寶大懼，與道子共譖范寧，出為豫章太守(八八)。寧臨發，上疏言：「今邊烽不舉(八九)，而倉庫空匱。古者使民，歲不過三日(九〇)，今之勞擾(九一)，殆無三日之休，至有生兒不復舉養(九二)，鰥寡不敢嫁娶，厝火積薪(九三)，不足喻也(九四)。」寧又上言：「中原士民，流寓江左，歲月漸久，人安其業，凡天下之人，原其先祖(九五)，皆隨世遷移，何至於今，而獨不可？謂宜正其封疆(九六)，戶口皆以土斷(九七)。又人性無涯(九八)，奢儉由勢(九九)，今并兼之室(一〇〇)，亦多不贍(一〇一)，非其財力不足，蓋由用之無節(一〇二)，爭以靡麗相高(一〇三)，無有限極(一〇四)故也。禮十九為長殤(一〇五)，以其未成人也，今以十六為全丁(一〇六)，十三為半丁，所任非復童幼之事(一〇七)，豈不傷天理、困百姓乎？謂宜以二十為全丁，十六為半丁，則人無夭折，生長繁滋(一〇八)矣。」帝多納用(一〇九)之(一一〇)。

寧在豫章，遣十五議曹下屬城(一一一)，採求風政(一一二)，并吏假還(一一三)，訊問官長得失。徐邈與寧書曰：「足下(一一四)聽斷明允(一一五)，庶事無滯(一一六)，則吏慎其負(一一七)，而人聽(一一八)不惑矣。豈須邑至里詣(一一九)，飾其游聲(一二〇)哉！

非徒不足致益㉑，實乃蠶漁之所資㉒，豈有善人君子，而干非其事㉓，多所告白㉔者乎？自古以來，欲為左右耳目㉕，無非小人㉖，皆先因小忠，而成其大不忠，先藉小信而成其大不信，遂使讒諂並進㉗，善惡倒置㉘，可不戒哉㉙！足下慎選綱紀㉚，必得國士，以攝㉛諸曹，諸曹皆得良吏，以掌文按㉜，又擇公方之人㉝，以為監司㉞，則清濁能否，與事而明㉟。足下但平心處㊱之，何取於耳目哉！昔明德馬后㊲未嘗顧左右與言㊳，可謂遠識㊴，況大丈夫而不能免此㊵乎㊶！」

（十五）十二月，後秦主萇使其東門將軍任瓫，許遣使招秦主登，許開門納之。登將從之。征東將軍雷惡地將兵在外，聞之馳騎見登，曰：「姚萇多詐，不可信也。」登乃止。萇聞惡地詣登，謂諸將曰：「此羌見登，事不成矣㊷。」登以惡地勇略過人，陰憚之㊸，惡地懼，降於後秦，萇以惡地為鎮軍將軍。

秦以安定王廣為司徒。

【今註】㈠庶務脩舉：眾務脩飭舉辦。㈡因征即鎮：農誅餘巖，擊高句麗，因鎮龍城。㈢積年：

猶累年。④願時代還：願至時更代而召還之。⑤展竭微效：展陳竭盡微少成績。⑥生無餘力：生時無遺餘之力。⑦沒無遺恨：死時無遺餘之恨。⑧留臺：留守之臺省。⑨舊規：原有規模。⑩遼碣：遼水碣石。⑪神助：神靈佑助。⑫立堅像：據下文知乃立堅之神像。⑬臣兄襄敕臣復讎：穆帝升平元年，姚襄為秦所殺。⑭新平之禍：謂萇弒堅也。⑮猶欲復讎：謂尚欲為陛下復讎。⑯況臣敢忘其兄乎：況臣敢忘其兄之讎乎？⑰且陛下命臣以龍驤建業：見卷一百五八年。⑱臣敢違之：意謂臣豈敢違陛下之命，而不建業乎？⑲勿追計臣過：不要追而計較臣之過誤。⑳庸有益乎：庸，豈也，何也；謂豈有益乎？㉑吾與汝決之：吾與汝決一死戰。㉒乃斬像首以送秦：謂乃斬苻堅神像之首，以送於秦。㉓呂光自稱三河王……紹為世子：按此段乃錄自〈呂光載記〉，字句大致相同。㉔女水：胡三省曰：「女水在弱落水西，去平城三千餘里。」㉕攻安定羌密造保：保當作堡。㉖脩繕：修理繕補。㉗金城王乾歸擊侯年部，大破之：按〈乞伏乾歸載記〉作：「休官阿敦侯年二部，各擁五千餘落，據牽屯山，為其邊害，乾歸討破之，悉降其眾。」此事較為重要，應悉以入錄。㉘後秦主萇與秦主登戰……於安丘又敗之：按此段乃錄自〈苻登載記〉，字句大致相同。㉙燕范陽王德、趙王麟擊賀訥，追犇至勿根山，訥窮迫請降，徙之上谷，質其弟染干於中山：按此事《魏書・外戚賀訥傳》不載，而《通鑑》錄之，豈《通鑑》據後燕錄諸書而補益者乎？㉚旻：音珉。㉛諸將勸後秦主萇決戰……驅掠男女五萬餘口而還：按此段乃錄自〈姚萇載記〉，字句大致相同。㉜彎弓：指作欲射狀。㉝殺天子：謂殺秦王堅。㉞皇天后土：謂天神地祇。㉟寧汝容乎：謂豈容汝乎！㊱駭亂：驚駭惶亂。㊲諸將欲因秦軍駭亂擊之……遣其弟征南將軍靖鎮之。按此段乃錄自姚萇載記，字句大致相同。㊳因其所稱而授之：謂據其所自稱之官職，而授與之。㊴秦主登以竇衝為大司馬……各帥其眾會長安：按此段乃錄自〈苻登載記〉，字句大致相同。㊵請命：請示命令。㊶詐降於溫帳：帳，帳下。㊷以奚念為北河州刺史：胡三省曰：「枹罕舊為河州治所，乞伏氏先於境內置河州，以屈眷為牧，故以枹罕為北河州，以奚念為刺史。」㊸威權己出：威權由己而出。㊹有人主之量：有人主之器量。㊺委事：任事。㊻浮屠：即佛教。㊼姏姆：老女之稱。一作姏母，《晉書・五行志》：「會稽王道子，寵幸尼及姏母。」又作姏婆。《通俗編》：「姏婆，女之老者，能以甘言悅人，故字從甘。」按《新方言・釋親屬》：「紹興謂女師為老姏。」姏音鉗。㊽左右近習：左右親近狎習之人。㊾請託：謂以私事請求拜託。㊿賄賂公行：謂公然以財貨私相授受。(51)官賞濫雜：授官賜賞，雜濫無章。(52)刑獄謬亂：刑罰訟獄，謬誤錯亂。(53)好家居：猶謂好一座住宅，此諒為當時俗語，語意甚為懇到。(54)纖兒：猶小兒。(55)尚書令陸納望宮闕歎曰……欲撞壞之邪：按此數語乃錄自〈陸曄附納傳〉，字句幾全相同。(56)左衛領營將軍：以左衛將軍領營兵。(57)許營：〈簡文三王道子傳〉，許營作許榮。(58)臺府局吏：臺省、東府，及各局之吏員。(59)直衛武官：直宿護衛之將士。(60)婢兒：猶婢子。(61)取母之姓者：官婢私合而生子，不能審知其父，取母之姓以為姓。(62)本無鄉邑品第：謂未受郡縣中正之品第而薦舉之。(63)或帶職在內：謂在朝內為臣。(64)競進親黨：競行引進己之親戚黨與。(65)輒臨官領眾：謂常臨官署，治理庶民。(66)暴濫無罪：濫施暴虐於無罪之人。

(六七)禁令不明：猶法令不明。(六八)劫盜公行：搶劫盜竊，公然為之。(六九)羣下盡規：使臣下盡其規諫。(七〇)眾議兼集：謂羣臣議論皆已齊集。(七一)依傍濃服：謂僧尼依傍佛法，服僧尼之服，而不遵其教。(七二)五誡：五誡謂：不淫、不盜、不殺、不妄語、不遭酒敗。(七三)況精妙乎：況精妙之佛法乎？(七四)流惑之徒：謂流蕩亂惑之人。(七五)侵漁：侵擾獵取。(七六)取財為惠：取財以資布施，而為惠於人。(七七)布施：為佛家術語，謂散布施捨也。(七八)不省：不予考慮。(七九)左衞領營將軍會稽許營……然猶外加優崇：按此一大段乃錄自〈簡文三王道子傳〉，除有刪節外，字句大致相同。(八〇)讒佞：讒毀諂佞。(八一)八座：晉氏渡江，有吏部、祠部、五兵、左民、度支五尚書，二僕射、一令，為八座尚書。(八二)今主上當陽：胡三省曰：「人主南面，鄉明而立，以治天下，故曰當陽。」按意謂主上已行執政。(八三)相王：指琅琊王道子言。(八四)不署：不署名於表疏之上，以示有異議。(八五)有守：謂有操守。(八六)王國寶諷八座啟……而嘉胤有守：按此段乃錄自〈車胤傳〉，字句大致相同。(八七)闕失：闕陷錯失。(八八)陳郡袁悅之有寵於道子……出為豫章太守：按此段乃錄自〈簡文三王道子傳〉，字句大致相同。(八九)今邊烽不舉：謂邊疆平靖。(九〇)古者使民，歲不過三日：《禮記・王制》：「古者用民之力，歲不過三日。」(九一)勞擾：勞苦騷擾。(九二)不復舉養：復，語助，無意；舉養，謂舉而養之。(九三)厝火積薪：厝，置；置火於積薪之旁，則薪必燃焚，以喻危險也。(九四)不足喻也：不足以為喻。(九五)原其先祖：追原其先祖卜居經過。(九六)封疆：四封之疆界。(九七)土斷：謂以現所居之郡縣，為劃定其戶籍之根據也。(九八)無涯：無邊，引申為無檢束。(九九)奢儉由勢：為奢為儉，全由於所處之形勢。(一〇〇)幷兼之室：謂兼幷旁人土地之豪族。①瞻：足。②無節：無有節度。③爭以靡麗相高：謂爭以侈靡華麗，相為高上。④限極：限度邊極。⑤長殤：未成人而死曰殤，長殤，謂年長而夭折也。⑥全丁：謂完全成丁。⑦所任非復童幼之事：謂所負任者，皆非童幼所宜為之事。⑧繁滋：繁多滋益。⑨納用：受納，採用。⑩甯臨發上疏言……帝多納用之：按此段乃錄自〈范汪附甯傳〉，除刪節顛倒外，字句大致相同。⑪遣十五議曹下屬城：城猶縣。豫章領十六縣，一縣負郭，餘十五縣各遣一議曹。⑫採求風俗政化之得失。⑬幷吏假還：及吏休假日滿，而還府者。⑭足下：為稱人辭，先秦以來盛用之。⑮聽斷明允：聽斷訟獄明確平允。⑯庶事無滯：眾事無淹滯者。⑰吏慎其負：胡三省曰：「負謂罪也，吏畏罪，則每事加謹。」⑱人聽：即民聽，《晉書》史臣避唐太宗諱，改民為人，通鑑因之。意謂民之聽聞，不致迷惑。⑲邑至里詣：里，二十五家，較邑為小。⑳飾其游聲：猶裝飾其浮虛之聲音。㉑致益：猶獲益。㉒蠶漁之所資：謂實足藉以蠶食漁取百姓。㉓干非其事：干謁，謂所干謁者，非其職事之所應為。㉔多所告白：白亦告，謂多所告發。㉕欲為左右耳目：欲為人上四周之耳目。㉖無非小人：謂率為小人。㉗讒諂並進：讒諂之人齊進。㉘善惡倒置：善惡顛倒。㉙可不戒哉：豈可不戒之哉！㉚綱紀：謂僚佐。㉛攝：理。㉜文按：按，據，文書留為按據者。文按〈徐邈傳〉作文案。㉝公方之人：公平方正之人。㉞監司：監督司管。㉟與事而明：謂由其處事，而自明也。㊱處：理。㊲明德馬皇后：漢明帝后馬氏，謚明德皇后。㊳未嘗顧左右與言：未嘗與左右侍者言，以徵其見。㊴可謂遠識：可謂識見高遠。㊵免此：謂免此弊。㊶甯在豫章……況大丈夫而不能免此乎：按此段乃錄自〈儒林徐邈傳〉，字句幾全相同。㊸後秦主萇使其東門將軍任瓮……此羌見登，事不成矣：按此段乃錄自〈苻登載記〉，字句大致相同。㊹陰憚之：暗憚之。

十五年（西元三九〇年）

㈠春，正月，乙亥，譙敬王恬薨。

㈡西燕主永引兵向洛陽，朱序自河陰北濟河擊敗之，序追至白水㊀，會翟遼謀向洛陽，序乃引兵還擊，走之，留鷹揚將軍朱黨戍石門，使其子略督護洛陽，以參軍趙蕃佐之，身㊁還襄陽㊂。

㈢琅琊王道子恃寵驕恣㊃，侍宴酣醉，或虧禮敬，帝益不能平，欲選時望㊄為藩鎮，以潛制㊅道子，問於太子左衛率王雅曰：「吾欲用王恭、殷仲堪何如？」雅曰：「王恭風神簡貴㊆，志氣方嚴㊇；仲堪謹於細行㊈，以文義著稱㊉，然皆峻狹自是⑪，且幹略⑫不長。若委以方面，天下無事，足以守職，若其有事⑬，必為亂階⑭矣⑮。」帝不從。恭，蘊之子，仲堪，融之孫也。

㈣二月，辛巳，以中書令王恭為都督青、兗、幽、幷、冀五州諸軍事、兗、青二州刺史，鎮京口。

後秦王萇攻秦扶風太守㈠㈥齊益男於新羅堡，克之，益男走。秦主登攻後秦天水太守張業生於隴東，萇救之，登引去。

㈤三月，戊辰，大赦。

㈥夏，四月，秦鎮東將軍魏揭飛㈠㈦自稱衝天王，帥氐、胡攻後秦安北將軍姚當成於杏城，鎮軍將軍雷惡地叛應之，攻鎮東將軍姚漢得於李潤。後秦主萇欲自擊之，羣臣皆曰：「陛下不憂六十里苻登㈠㈧，乃憂六百里魏揭飛，何也？」萇曰：「登非可猝滅，吾城亦非登能猝拔㈠㈨；惡地智略非常，若南引揭飛，東結董成，得杏城、李潤而據之，長安東北，非吾有也。」乃潛引精兵一千六百赴之，揭飛、惡地有眾數萬，氐胡赴之者，前後不絕，萇每見一軍至，輒喜，羣臣怪而問之，萇曰：「揭飛等扇誘同惡㈡〇，種類甚繁，吾雖克其魁帥㈡㈠，餘黨未易猝平，今烏集而至，吾乘勝取之，可一舉無餘㈡㈡也。」揭飛等見後秦兵少，悉眾攻之，萇固壘㈡㈢不戰，示之以弱；潛遣其子中軍將軍崇，帥騎數百出其後，揭飛兵擾亂，萇遣鎮遠將軍王超等縱兵擊之，斬揭飛及其將士萬餘級。惡地請降，萇待之如初[24]，惡地謂人曰：「吾自謂智勇傑出一時[25]，而每遇姚翁[26]輒困，固其分也[27]。」萇命姚當成於所營之地，每柵孔中輒樹一木[28]，以旌戰功[29]。歲餘，問之，當成曰：「營地太小，已廣之矣。」萇曰：「吾自結髮[30]以來，與人戰，未嘗如此之快，以千餘兵破三萬之眾，營地惟小為奇[31]，豈以大為貴哉[32]！」

(七)吐谷渾、視連遣使獻見於金城王乾歸，乾歸拜視連沙洲牧、白蘭王。

丙寅，魏王珪會燕趙王麟於意辛山，擊賀蘭、紇突鄰、紇奚三部，破之，紇突鄰、紇奚皆降於魏。

(八)秋，七月，馮翊人郭質起兵於廣鄉[33]以應秦，移檄三輔曰：「姚萇凶虐，毒被神人[34]，吾屬世蒙先帝[35]堯舜之仁，非常伯、納言[36]之子，即卿校牧守[37]之孫也。與其含恥而存，孰若蹈道而死[38]！」於是三輔壁壘皆應之，獨鄭縣人苟曜聚眾數千，附於後秦，秦以質為馮翊太守，後秦以曜為豫州刺史。

(九)劉衞辰遣子直力鞮攻賀蘭部，賀訥困急，請降於魏。丙子，魏王珪引兵救之，直力鞮退，珪徙訥部落，處之東境㊴。

(十)八月，劉牢之擊翟釗於鄄城，釗走河北，又敗翟遼於滑臺，張願來降㊵。

(十一)九月，北平人吳柱聚眾千餘，立沙門灋長㊶為天子，破北平郡，轉寇廣都，入白狼城。燕幽州牧高陽王隆方葬其夫人，郡縣守宰皆會之㊷，眾聞柱反，請隆還城，遣大兵討之。隆曰：「今閭閻㊸安業㊹，民不思亂，柱等以詐謀惑愚夫㊺，誘脅㊻相聚，無能為也㊼。」遂留葬訖，遣廣平太守、廣都令先歸，續遣安昌侯進將百餘騎趨白狼城，柱眾聞之皆潰，窮捕㊽斬之。

(十二)以侍中王國寶為中書令，俄兼中領軍。

丁未，以吳郡太守王珣為尚書右僕射。

(十三)吐谷渾視連卒，子視羆立，視羆以其父祖慈仁，為四鄰所侵侮，乃督厲將士，欲建功業。冬，十月，金城王乾歸遣使拜視羆沙州牧、白蘭王，視羆不受㊾。

⒁十二月，郭質及苟曜戰於鄭東，質敗，犇洛陽，越質詰歸據平襄，叛金城王乾歸㊿。

【今註】㊀白水：朱序傳追永至上黨之白水。是白水乃在上黨之地。㊁身：自。㊂西燕主永引兵向洛陽……身還襄陽：按此段乃錄自〈朱序傳〉，字句大致相同。㊃驕恣：驕傲恣肆。㊄時望：時所仰望之人。㊅潛制：暗中牽制。㊆風神簡貴：風度神態，簡雅高貴。㊇方嚴：方正嚴謹。㊈細行：猶小節。⑩以文義著稱：以文章義理馳名。⑪峻狹自是：峻岸狹隘，而自以為是。⑫幹略：才幹謀略。⑬若其有事：謂若天下有事。⑭亂階：禍亂之階梯，亦即亂原。⑮欲選時望為藩鎮……必為亂階矣，帝不從：按此段乃錄自〈王雅傳〉，字句大致相同。⑯後秦王萇攻秦扶風太守：按王當作主。⑰秦鎮東將軍魏揭飛：按〈苻登載記〉及〈姚萇載記〉，皆作魏褐飛。⑱不憂六十里苻登：時登趣長安，據新豐之千戶固。⑲猝拔：猶猝下。⑳扇誘同惡：扇惑引誘共同為惡之人。㉑魁帥：猶首領。㉒一舉無餘：一戰而無遺餘。㉓固壘：固守壁壘。㉔如初：猶如舊。㉕傑出一時：為一時之傑出者。㉖姚翁：翁，尊敬語，含有年高德劭之意。惟〈姚萇載記〉則作姚公，知翁字乃《通鑑》所改構者。㉗固其分也：謂實本分應該如此。㉘每柵孔中，輒樹一木：掘地作孔，豎木以為柵，故有柵孔。今於每一柵孔，植樹一株。㉙以旌戰功：以旌表戰勝之功績。㉚結髮：弱冠。㉛營地惟小為奇：營地只有小狹，方為神奇。㉜秦鎮東將軍魏揭飛自稱衝天王……豈以大為貴哉：

按此段乃錄自〈姚萇載記〉，字句大致相同。㉝廣鄉：《魏書．地形志》：「鄭縣有廣鄉原，鄭縣時屬京兆。」㉞毒被神人：謂神靈及士民，皆被其毒苦。㉟先帝：謂秦主堅。㊱常伯納言：常伯，侍中；納言，尚書。㊲卿校牧守：公卿、將校、州牧、郡守。㊳與其含恥而存，孰若蹈道而死：按與其孰若為偶對連接辭，其意乃重在後者。孰若，猶何如，蹈道猶行道。㊴劉衞辰遣子直力鞮攻賀蘭部……處之東境：按此段乃本於《魏書．太祖紀》及〈外戚賀訥傳〉，字句大致相同。㊵八月劉牢之擊翟釗於鄄城。又敗翟遼於滑臺，張願來降：按〈孝武紀〉十五年八月，龍驤將軍朱序攻翟遼於滑臺，大敗之，張願來降。而〈劉牢之傳〉及〈朱序傳〉俱不載此事，致莫可考稽。㊶沙門灋長：法長為僧人之名。㊷會之：謂會葬。㊸閭閻：謂民間。㊹安業：安於生業。㊺惑愚夫：誘惑愚夫。㊻誘脅：誘惑威脅，以相集聚。㊼無能為也：不能有所作為。㊽窮捕：謂竭力追捕。㊾吐谷渾視連卒……視羆不受：按此段乃據〈吐谷渾傳〉，而改作者。㊿越質詰歸據平襄，叛金城王乾歸：按太元十三年文：「苑川王國仁破鮮卑越質叱黎於平襄，獲其子詰歸。」是越質乃夷狄人之姓也。

十六年（西元三九一年）

㈠春，正月，燕置行臺㈠於薊，加長樂公盛錄行臺尚書事。

金城王乾歸擊越質詰歸，詰歸降，乾歸以宗女妻之。

㈡賀染干謀殺其兄訥，訥知之，舉兵相攻，魏王珪告於燕，請為鄉導以討之。二月，甲戌，燕主垂遣趙王麟將兵擊訥，鎮北將軍蘭汗帥龍城之兵擊染干。

㈢三月，秦主登自雍攻後秦安東將軍金榮於范氏堡㈡克之，遂渡渭水，攻京兆太守韋範於段氏堡，不克，進據曲牢。

㈣夏，四月，燕蘭汗破賀染干於牛都，苟曜有眾一萬，密召秦主登，許為內應，登自曲牢向繁川，軍於馬頭原。五月，後秦主萇引兵逆戰，登擊破之，斬其右將軍吳忠㈢，萇收眾復戰，姚碩德曰：「陛下慎於輕戰㈣，每欲以計取之，今戰失利，而更前逼賊，何也？」萇曰：「登用兵遲緩，不識虛實，今輕兵直進，遙據吾東，此必苟曜豎子㈤，與之有謀也。緩之，則其謀得成，故及其交之未合㈥，急擊之，以敗散其事㈦耳。」遂進戰，大破之，登退屯於郿。秦兗州刺史強金槌據新平，降後秦，以其子逵為質。後秦主萇將數百騎，入金槌營，羣下諫之，萇曰：「金槌既去苻登，又欲圖我，將安所歸乎？且彼初來欵附㈧，宜推心以結之，柰何復以不信疑之乎！」既而韋氏欲取萇，金槌不從㈨。

㈤六月，甲辰，燕趙王麟破賀訥於赤城，禽之，降其部落數萬。燕主垂命麟歸訥部落，徙染干於中山。麟歸言於垂曰：「臣觀拓跋珪舉動，終為國患，不若攝之㈩還朝，使其弟監國事。」垂不從。西燕主永寇河南，太守楊佺期擊破之。

㈥秋，七月，壬申，燕主垂如范陽，魏王珪遣其弟觚㈡獻見於燕，燕主垂衰老，子弟用事，留觚以求良馬，魏王珪弗與，遂與燕絕。使長史張袞求好於西燕，觚逃歸，燕太子寶追獲之，垂待之如初。

㈦秦主登攻新平，後秦主萇救之，登引去。秦驃騎將軍沒奕干以其二子為質於金城王乾歸，請共擊鮮卑大兜，乾歸與沒奕干攻大兜於鳴蟬堡，克之。兜微服走，乾歸收其部眾而還㈢，歸沒奕干二子，沒弈干尋叛㈢，東合劉衞辰。八月，乾歸帥騎一萬討沒奕干，沒奕干犇他樓城，乾歸射之中目。

㈧九月，癸未，以尚書右僕射王珣為左僕射，太子詹事謝琰㈣為右僕射，太學博士范弘之論殷浩宜加贈諡，因敍桓溫不臣之迹。是時，桓氏猶盛，王珣，溫之故吏也，以為溫廢昏立明，有忠貞之節，黜弘之為餘杭令，弘之，汪之孫也。

㈨冬，十月，壬辰，燕主垂還中山。

㈩初，柔然部人世服於代㉕，其大人郁久閭地粟袁卒，部落分為二，長子匹候跋繼父居東邊，次子縕㉖紇提別居西邊，秦王堅滅代，柔然附於劉衞辰。及魏王珪即位，攻擊高車等諸部，率皆服從，獨柔然不事魏。戊戌，珪引兵擊之，柔然舉部遁走，珪追犇六百里，諸將因張袞言於珪曰㉗：「賊遠糧盡，不如早還。」珪問諸將若殺副馬㉘，為三日食，足乎？皆曰：「足。」乃復倍道㉙追之，及於大磧南牀山下，大破之，虜其半部㉚。匹候跋及別部、帥屋擊各收餘眾遁走，珪遣長孫嵩、長孫肥追之，珪謂將佐曰：「卿曹㉛知吾前問三日糧意乎？」曰：「不知也。」珪曰：「柔然驅畜產犇走數日，至水必留。我以輕騎追之，計其道里，不過三日及之矣。」皆曰：「非所及也。」嵩追斬屋擊於平望川，肥追匹候跋至涿邪山，匹候跋舉眾降㉒，獲縕紇提之子曷多汗㉓，兄子社崙斛律等宗黨數百人。縕紇提將奔劉衛辰，珪追及之，縕紇提亦降，珪悉徙其部眾於雲中㉔。

（十）翟遼卒，子釗代立，改元定鼎，攻燕鄴城，燕遼西王農擊却之。三河王光遣兵乘虛伐金城王乾歸，乾歸聞之，引兵還，光兵亦退。

（十一）劉衛辰遣子直力鞮帥眾八九萬，攻魏南部。十一月，己卯，魏王珪引兵五六千人拒之，壬午，大破直力鞮於鐵岐山南，直力鞮單騎走，乘勝追之。戊子，自五原金津南濟河，徑入衛辰國，衛辰部落駭亂，辛卯，珪直抵其所居悅跋城，衛辰父子出走。壬辰，分遣諸將輕騎追之，將軍伊謂禽直力鞮於木根山，衛辰為其部下所殺㉕。十二月，珪軍於鹽池，誅衛辰宗黨五千餘人，皆投尸於河。自河以南，諸部悉降，獲馬三十餘萬匹，牛羊四百餘萬頭，國用由是遂饒。衛辰少子勃勃亡犇薛干部，珪使人求之，薛干部帥太悉伏出勃勃㉖以示使者曰：「勃勃國破家亡，以窮歸我，我寧與之俱亡，何忍執以與魏！」乃送勃勃於沒奕干，沒奕干以女妻之㉘。

(十三)戊申，燕主垂如魯口。

(十四)秦主登攻安定，後秦主萇如陰密以拒之，謂太子興曰：「苟曜聞吾北行，必來見汝，汝執誅之。」曜果㉙見興於長安，興使尹緯讓而誅之。萇敗登於安定城東，登退據路承堡，萇置酒高會㉚，諸將皆曰：「若值魏武王㉛，不令此賊至今，陛下將牢㉜太過耳。」萇笑曰：「吾不如亡兄有四：身長㉝八尺五寸，臂垂過膝㉞，人望而畏之，一也；將十萬之眾，與天下爭衡，望麾而進㉟，前無橫陳㊱，二也；溫古知今，講論道藝㊲，收羅英雋，三也；董帥㊳大眾，上下咸悅，人盡死力，四也。所以得建立功業㊴，驅策㊵羣賢者，正望筭略中有片長耳㊶。」羣臣咸稱萬歲㊷。

【今註】㊀行臺：即行尚書臺。㊁攻後秦安東將軍金榮於范氏堡：按〈苻登載記〉，金榮作金溫。㊂苟曜有眾一萬……斬其右將軍吳忠：按此段乃錄自〈苻登載記〉，字句大致相同。㊃慎於輕戰：猶不肯輕戰。㊄豎子：詈人語，已見前。㊅未合：猶未就。㊆敗散其事：猶壞拆其事。㊇欵附：誠附。㊈萇收眾復戰姚碩德曰……金槌不從：按此一大段乃錄自〈姚萇載記〉，字句大致相同。㊉攝之：錄、收。⑪觚：音孤。⑫秦驃騎將軍沒奕干以其二子為質……乾歸收其部眾而還：按此段乃錄自〈乞伏乾歸載記〉，字句大致相同。⑬尋叛：不久即行叛變。⑭琰：音一ㄢˇ。⑮初柔然部人世服於代：《魏書・蠕蠕傳》：「始神元之末，掠騎有得一奴，髮始齊眉，忘本姓名，其主字之曰木骨閭，木骨閭者，首禿也。木骨閭與郁久閭聲相近，故後子孫因以為氏。木骨閭既壯，免奴為騎卒，穆帝時坐後期當斬，亡匿廣漠谿谷間，收合逋逃，得百餘人，依純突隣部。木骨閭死，子車鹿會雄健，始有部眾，自號柔然，而役屬於國。」⑯緼：音蘊。⑰諸將因張衮言於珪曰：謂諸將推央張衮，將其意言之於珪。⑱副馬：凡北人用騎兵，各乘一馬，又有一馬為副。⑲倍道：猶兼程，謂一日行二日之路。⑳半部：全部之半。㉑卿曹：猶卿輩。㉒舉眾降：將全軍投降。㉓曷多汗：汗音寒。㉔初柔然部人……珪悉徙其部眾於雲中：按此一大段，皆錄自《魏書・張衮傳》及〈蠕蠕傳〉，字句大多相同。㉕劉衞辰遣子直力鞮帥眾八九萬……衞辰為其部下所殺：按此段文字，除日期用《魏書・太祖紀》外，餘均沿本〈鐵弗劉虎附之衞辰傳〉，字句大致相同。㉖太悉伎出勃勃：按〈鐵弗劉虎附屈孑傳〉，太悉伎兩作太悉伏，疑伎當作伏。㉗我寧與之俱亡：寧為選擇後之決定語辭，為勿寧二字之省。㉘衞辰少子勃勃亡犇薛干部……沒奕干以女妻之：按除示使者之言語外，餘均用〈鐵弗劉虎附屈孑傳〉之文。㉙果：果然。㉚高會：猶大會。㉛魏武王：姚萇即位，追謚兄襄為魏武王。㉜將牢：胡三省曰：「將牢，謂先自固，而不妄動也。猶今人之言把穩。」㉝身長：謂身高。㉞臂垂過膝：雙臂下垂，逾過膝部。㉟望麾而進：士卒望旌旗指揮而競前。㊱前無橫陳：謂無敢攔阻之者。㊲道藝：道術藝文。㊳董帥：督帥。㊴所以得建立功業以下三句，乃泛言之，謂凡人得建立功業。㊵驅策：駕御鞭策。㊶正望筭略中有片長耳：謂只希求計謀中有一片之長處耳。㊷羣臣咸稱萬歲：古代臣民於君上之言行，為表示歌頌，其方式咸為高呼萬歲或萬萬歲。㊸後秦主萇如陰密以拒之……羣臣咸稱萬歲：按此段乃錄自〈姚萇載記〉，字句幾全相同。

卷一百八 晉紀三十

司馬光編集
曲守約 註

起玄黓執徐，盡柔兆涒灘，凡五年。（壬辰至丙申，西元三九二年至三九六年）

烈宗孝武皇帝下

太元十七年（西元三九二年）

㈠春，正月，己巳朔，大赦。

㈡秦主登立昭儀、隴西李氏為皇后。

㈢二月，壬寅，燕主垂自魯口如河間、渤海、平原。翟釗遣其將翟都侵館陶㊀，屯蘇康壘。三月，垂引兵南擊釗。

㈣秦驃騎將軍沒奕干帥眾降於後秦，後秦以為車騎將軍，封高平公。

後秦主萇寢疾㊁，命姚碩德鎮李潤，尹緯守長安，召太子興詣行營。征南將軍姚方成言於興曰：「今寇敵未滅，上復寢疾，王統等皆有部曲，終為人患㊂，宜盡除之。」興從之，殺王統、王廣、苻胤、徐成、毛盛。萇怒曰：「王統兄弟，吾之州里㈣，實無他志，徐成等皆前朝名將，吾方用之，柰何輒殺之㈤？」

㈤燕主垂進逼蘇康壘，夏，四月，翟都南走滑臺，翟釗求救於西燕，西燕主永謀於羣臣，尚書郎渤海鮑遵曰：「使兩寇相弊，吾乘其後，此卞莊子之策也。」中書侍郎太原張騰曰：「垂彊釗弱，何弊之承㈥？不如速救之，以成鼎足之勢。今我引兵趨中山，晝多疑兵，夜多火炬㈦，垂必懼而自救，我衝其前，釗攝其後㈧，此天授之機㈨，不可失也。」永不從。

㈥五月，丁卯朔，日有食之。

燕大赦。

㈦六月，燕主垂軍黎陽㈩，臨河欲濟，翟釗列兵南岸以拒之。辛亥，垂徙營就西津，去黎陽西四十里，為牛皮船㈡百餘艘，偽列兵仗㈢，泝流而上，釗亟引兵趣西津，垂潛遣中壘將軍桂林王鎮等自黎陽津夜濟，營於河南，比明而營成，釗聞之，亟還攻鎮等營，垂命鎮等堅壁㈢勿戰，釗兵往來疲暍㈣，攻營不能拔，將引去，鎮等引兵出戰，驃騎將軍農自西津濟，與鎮等夾擊，大破之。釗走還滑臺，將妻子，收遺眾(一五)，北濟河，登白鹿山(一六)(一七)，憑險自守，燕兵不得進。農曰：「釗無糧，不能久居山中。」乃引兵還，留騎候之(一八)，釗果下山，還兵掩擊(一九)，盡獲其眾，釗單騎犇長子，西燕主永以釗為車騎大將軍、兗州牧，封東郡王，歲餘釗謀反，永殺之。初，郝晷、崔逞、及清河崔宏、新興張卓、遼東夔騰、陽平路纂，皆仕於秦，避秦亂來犇(二〇)，詔以為冀州諸郡各將部曲，營于河南，既而受翟氏官爵，翟氏敗，皆降於燕。燕主垂各隨其材而用之。釗所統七郡、三萬餘戶，皆按堵如故(二一)。以章武王宙為兗、豫二州刺史，鎮滑臺；徙徐州民七千餘戶于黎陽，以彭城王脫為徐州刺史，鎮黎陽，脫，垂之弟子也。垂以崔蔭為宙司馬。初陳留王紹為鎮南將軍，太原王楷為征西將軍，樂浪王溫為征東將軍，垂皆以蔭為之佐，蔭才幹明敏強正(二二)，善規諫(二三)，四王皆嚴憚(二四)之，所至簡刑法，輕賦役，流民歸之，戶口滋息(二五)。秋，七月，垂如鄴，以太原王楷為冀州牧，右光祿大夫餘蔚為左僕射。

(八)秦主登聞後秦主萇疾病，大喜，告祠世祖[二六]神主，大赦，百官進位二等，秣馬厲兵進逼安定，去城九十餘里。八月，萇疾小瘳[二七]，出拒之，登引兵出營，將逆戰[二八]，萇遣安南將軍姚熙隆別攻秦營，登懼而還。萇夜引兵旁出[二九]，以躡其後[三〇]，旦而候騎告曰：「賊諸營已空，不知所向[三一]。」登驚曰：「彼為何人[三二]，去令我不知[三三]，來令我不覺[三四]，謂其將死，忽然復來。朕與此羌同世，何其厄哉[三五]！」登遂還雍[三六]，萇亦還安定。

(九)三河王光遣其弟右將軍寶等攻金城王乾歸，寶及將士死者萬餘人；又遣其子虎賁中郎將纂擊南羌、彭奚念，纂亦敗歸。光自將擊奚念於枹罕，克之，奚念奔甘松[三七]。

(十)冬，十月，辛亥，荊州刺史王忱卒。

雍州刺史朱序以老病求解職[三八]，詔以太子右衛率郗恢為雍州刺史，代序鎮襄陽，恢，曇之子也。

(十一)巴蜀人在關中者，皆叛後秦，據弘農以附秦，秦主登以竇衝為左丞相，衝徙屯華陰。郗恢遣將軍趙睦守金墉，河南太守楊佺期帥眾軍湖城，擊衛走之。

(十二)十一月，癸酉，以黃門郎殷仲堪為都督荊、益、寧三州諸軍事、荊州刺史〔三九〕，鎮江陵，仲堪雖有英譽〔四〇〕，資望猶淺〔四一〕，議者不以為允〔四二〕。到官，好行小惠〔四三〕，綱目不舉〔四四〕〔四五〕。

(十三)南郡公桓玄負其才地〔四六〕，以雄豪自處〔四七〕，朝廷疑而不用〔四八〕，年二十三，始拜太子洗馬。玄嘗詣琅邪王道子，值其酣醉〔四九〕，張目〔五〇〕謂眾客曰：「桓溫晚塗〔五一〕欲作賊，云何〔五二〕？」玄伏地流汗，不能起〔五三〕，由是益不自安，常切齒〔五四〕於道子。後出補義興太守，鬱鬱〔五五〕不得志，歎曰：「父為九州伯〔五六〕，兒為五湖長〔五七〕。」遂棄官歸國，上疏自訟曰：「先臣勤王〔五八〕匡復〔五九〕之勳，朝廷遺之〔六〇〕，臣不復計〔六一〕。至於先帝龍飛，陛下繼明〔六二〕，請問談者，誰之由邪〔六三〕？」疏寢不報〔六四〕〔六五〕。玄在江陵，仲堪甚敬憚之，桓氏累世臨〔六六〕荊州，玄復豪橫〔六七〕，士民畏之，過於仲堪。嘗於仲堪聽事〔六八〕前戲馬，以矟擬仲堪〔六九〕，仲堪中兵參軍〔七〇〕彭城劉邁謂玄曰：「馬矟有餘〔七一〕，精理不足〔七二〕。」玄不悅，仲堪為之失色。玄出，仲堪謂邁曰：「卿，狂人也，玄夜遣殺卿，我豈能相救邪！」使邁下都(七三)避之，玄使人追之，邁僅而獲免(七四)。征虜參軍、豫章胡藩過江陵，見仲堪，說之曰：「桓玄志趣不常(七五)，每怏怏(七六)於失職，節下(七七)崇待太過，恐非將來之計(七八)也。」仲堪不悅，藩內弟羅企生為仲堪功曹(七九)，藩退謂企生曰：「殷侯(八〇)倒戈以授人(八一)，必及於禍，君不早圖去就(八二)，後悔無及矣。」

庚寅，立皇子德文為琅邪王，徙琅邪王道子為會稽王。

(十四)十一月，燕主垂還中山，以遼西王農為都督兗、豫、荊、徐、雍五州諸軍事，鎮鄴。

(十五)休官(八三)、權千成據顯親，自稱秦州牧。

(十六)清河人李遼上表請：「敕兗州修孔子廟，給戶灑掃(八四)，仍立庠序(八五)，收教學者，曰事有如賖而實急者(八六)，此之謂也。」表不見省(八七)。

【今註】㊀館陶：故城在今山東省館陶縣西南。㊁寢疾：猶臥疾。㊂終為人患：謂終為我害。㊃州里：謂鄉親。㊄後秦主萇寢疾……奈何輒殺之：按此段乃錄自〈姚萇載記〉，字句幾全相同。㊅垂彊釗弱，何弊之承：謂以強弱殊故，而勝敗立分，何傷弊之可繼？㊆火炬：火把。㊇攝其後：緊追其後。㊈天授之機：天予之機會。㊉黎陽：故城在今河南省濬縣東北。(十一)牛皮船：以牛皮所縫製之船。⑫兵仗：兵士及器械。⑬堅壁：堅守營壁。⑭暍：傷暑，音謁。⑮遺眾：殘餘之兵卒。⑯白鹿山：《水經注》：河內脩武縣北有白鹿山。⑰燕主垂軍黎陽……登白鹿山：按此段乃錄自〈慕容垂載記〉，字句大致相同。⑱候：候望。⑲掩擊：襲擊。⑳避秦亂來犇：來犇，來犇晉也。㉑按堵如故：猶安居如常。㉒明敏強正：明智聰敏，強毅正直。㉓規諫：勸諫。㉔嚴憚：甚憚。㉕戶口滋息：人口滋多蕃息。㉖世祖：苻堅廟號世祖。㉗小瘳：稍愈。㉘逆戰：迎戰。㉙旁出：自旁而出。㉚以躡其後：以跟躡其後。㉛不知所向：不知去向。㉜彼為何人：彼為何等人，驚嘆之語。㉝去今我不知：去使我不知。㉞不覺：猶不知。㉟何其厄哉：猶何其不幸。㊱秦主登聞後秦主萇疾病……登遂還雍：按此段乃錄自〈苻登載記〉，字句大致相同。㊲三河王光遣其弟……奚念奔甘松：按此段乃本於〈呂光載記〉，而文多刪節。㊳以老病求解職：謂以年老多病，而求解去職位。㊴以殷仲堪為都督荊益寧三州諸軍事、荊州刺史：按殷仲堪傳作荊益寧，而〈孝武紀〉太元十七年文作荊益梁。《通鑑》所以採荊益寧之說者，以〈孝武紀〉太元十七年文有，十月辛亥都督荊益寧三州諸軍事荊州刺史王忱卒，又〈王湛附忱傳〉，亦作荊益寧。夫所任之職同，則所轄之區，亦自必相同，故《通鑑》遂捨〈孝武紀〉之文，而改從〈殷仲堪傳〉。此等處最足見修《通鑑》諸君子之認真不苟精神。故特標而出之，以為讀《通鑑》之學人告。（此係李玄伯先生說，爰移錄於此。）㊵英譽：英明之譽。㊶資望猶淺：資地聲望，尚為淺輕。㊷允：公允。㊸小惠：微小之恩惠。㊹綱目不舉：猶言大處不能領導起來。㊺以黃門郎殷仲堪為都督……綱目不舉：按此段乃錄自〈殷仲堪傳〉，字句大致相同。㊻才地：才器門地。㊼以雄豪自處：以英雄豪傑自居。㊽疑而不用：懷疑之而不任用。㊾酣醉：盛醉。㊿張目：張大眼睛，以示怒意。(51)晚塗：猶晚年。(52)云何：如何，晉代常用此辭，說已見上。(53)伏地流汗，不能起：謂恐懼之甚。(54)切齒：猶咬牙，謂甚恨之也。(55)鬱鬱：不得志貌。(56)父為九州伯：玄為溫之孽子，父乃指溫而言，九州伯謂方伯。(57)兒為五湖長：以玄言時，方為義興太守，而含有五湖之太湖，即在此郡，故云然。(58)勤王：謂王室有難，起兵靖亂。(59)匡復：匡正恢復。(60)遺之：遺棄而不錄。(61)計：計較。(62)先帝龍飛，陛下繼明：〈桓玄傳〉作：「至於先帝龍飛九五，陛下之所以繼明南面。」文雖冗長，而意則顯豁，是龍飛乃指為帝而言，繼明指繼位而言。(63)請問談者，誰之由邪：謂試問論者，由於誰耶？(64)疏寢不報：疏被擱置，而不回答。(65)南郡公桓玄負其才地……疏寢不報：按此段乃錄自〈桓玄傳〉，惟此段全係述其弱冠時事，與共殷仲堪往還無關，載錄與否，實不無仁智之歧交於間也。(66)臨：蒞官。(67)豪橫：豪強蠻橫。(68)聽事：即聽事之廷，後多作廳事。(69)以矟擬仲堪：擬，比擬：示欲刺之。(70)中兵參軍：胡三省曰：「元帝謂江東置參軍十三曹，有中兵、外兵、騎兵。」(71)馬矟有餘：謂馬矟之用有餘。(72)精理不足：謂汝之道理有缺。(73)下都：下至建康。(74)僅而獲免：僅得獲免而已。(75)志趣不常：志氣旨趣，不同常人。(76)怏怏：不滿足。(77)節下：尊仲堪之代稱，以凡為刺史者，貴者則使持節，次者亦持節，既係持節，故尊稱之曰節下，實與稱殿下、閣下之命意相同。(78)恐非將來之計：謂恐將來非宜。(79)藩內弟羅企生為仲堪功曹：按羅企生《晉書》忠義有傳，後卒為仲堪而死。(80)殷侯：

凡為百里知縣及以上，皆可以侯稱之，說見前。㈡倒戈以授人：將戈柄倒以授人，而使人得操生殺之具。㈢早圖去就：此指去言，非重就也。以類及故，而連書之，其實所重者乃為一字。㈢休官：雜夷部落之名。㈣給戶灑掃：給人戶以供灑掃之役。按斯時伺侍之戶，通名曰灑掃戶。㈤庠序：謂學校。㈥事有如賒而實急者：賒，遠。謂事有似迂遠，而實急切者。㈦表不見省：謂表疏未被考慮。

十八年（西元三九三年）

㈠春，正月，燕陽平孝王柔卒。

㈡權千成為秦所逼，請降於金城王乾歸，乾歸以為東秦州刺史、休官大都統、顯親公。

㈢夏，四月，庚子，燕主垂加太子寶大單于，以安定王庫傉官偉為太尉，范陽王德為司徒，太原王楷為司空，陳留王紹為尚書右僕射。五月，立子熙為河間王，朗為勃海王，鑒為博陵王。

㈣秦右丞相竇衝矜才尚人㈠，自請封天水王，秦主登不許。六月，衝自稱秦王，改元元光。

㈤金城王乾歸立其子熾磐為太子，熾磐勇略明決㈡，過於其父。

㈥秋，七月，秦主登攻竇衝於野人堡；衝求救於後秦，尹緯言於後秦主萇曰：「太子仁厚之稱③，著於遠近，而英略未著，請使擊苻登以著之。」萇從之。太子興將兵攻胡空堡，登解衝圍以赴之，興因襲平涼，大獲而歸。萇使興還鎮長安④。

㈦魏王珪以薛干、太悉伏不送劉勃勃，八月，襲其城，屠之，太悉伏犇秦。

㈧氐帥楊佛嵩叛犇後秦，楊佺期、趙睦追之。九月，丙戌，敗佛嵩於潼關，後秦將姚崇救佛嵩，敗晉兵，趙睦死⑤。

㈨冬，十月，後秦主萇疾甚，還長安。

㈩燕主垂議伐西燕，諸將皆曰：「永未有釁，我連年征討，士卒疲弊，未可也⑥。」范陽王德曰：「永既國之枝葉⑦，又僭舉⑧位號，惑民視聽⑨，宜先除之，以壹民心。士卒雖疲，庸得已乎⑩！」垂曰：「司徒意，正與吾同。吾比老⑪，叩囊底智⑫，足以取之。終不復留此賊，以累子孫⑬也。」遂戒嚴⑭。十一月，垂發中山步騎七萬，遣鎮西將軍、丹陽王纘⑮，龍驤將軍張崇出井陘，攻西燕武鄉公友於晉陽，征東將軍平規攻鎮東將軍段平於沙亭。西燕主永遣其尚書令刁雲、車騎將軍慕容鍾，帥眾五萬守潞川⑯。友，永之弟也。十二月，垂至鄴。

(十)己亥，後秦主萇召太尉姚旻、僕射尹緯、姚晃、將軍姚大目、尚書狄伯支，入禁中⑰，受遺詔⑱輔政。萇謂太子興曰：「有毀⑲此諸公者，慎勿受之。汝撫骨肉⑳以恩，接大臣以禮，待物㉑以信，遇民以仁，四者不失，吾無憂矣㉒。」姚晃垂涕問取苻登之策，萇曰：「今大業垂成，興才智足辦，奚所復問㉓？」庚子，萇卒，興祕不發喪，以其叔父緒鎮安定，碩德鎮陰密，弟崇守長安。或謂碩德曰：「公威名素重㉔，部曲最彊，今易世㉕之際，必為朝廷㉖所疑，不如且犇秦州，觀望事勢㉗。」碩德曰：「太子志度寬明㉘，必無他慮，今苻登未滅，而骨肉相攻，是自亡㉙也。吾有死而已，終不為也。」遂往見興，興優禮而遣之。興自稱大將軍，以尹緯為長史，狄伯支為司馬，帥眾伐秦㉚。

【今註】㈠矜才尚人：矜傲己之才幹，陵人而出其上。㈡勇略明決：勇敢謀略、明智決斷。㈢仁厚之稱：猶仁厚之譽。㈣衝求救於後秦……萇使興還鎮長安：按此段乃錄自〈姚萇載記〉，字句大致相同。㈤氐帥楊佛嵩叛犇後秦……趙睦死：按此段乃錄自〈姚萇載記〉，字句大致相同。㈥未可也：謂未可興師。㈦枝葉：猶支屬。㈧僭舉：僭稱。㈨惑民視聽：惑亂庶民之視聽。㈩庸得已乎：豈得已乎。(十一)吾比老：謂吾於近老年時。(十二)叩囊底智：將囊底智謀倒出。(十三)以累子孫：以為子孫之累。(十四)戒嚴：謂戒備。(十五)丹陽王纘：按下文作瓚，又〈慕容垂載記〉亦作瓚，當改作瓚。(十六)燕主垂議伐西燕……帥眾五萬守潞川：按此段乃本於〈慕容垂載記〉，而多溢出。《通鑑》敘後燕事，每較《晉書》為詳，殆別參後燕錄諸書，以入文也。(十七)禁中：宮禁中。(十八)遺詔：遺留之詔書。(十九)毀：毀謗。(二十)骨肉：謂兄弟親屬。(二一)物：指人言。(二二)後秦主萇召太尉姚旻……四者不失，吾無憂矣：按此段乃錄自〈姚萇載記〉，字句大致相同。(二三)奚所復問：所復皆語助辭，無意，謂何必問。(二四)素重：宿重。(二五)易世：謂更易君主。(二六)朝廷：指君王。(二七)觀望事勢：猶觀望形勢。(二八)志度寬明：志器度量，寬大睿明。(二九)自亡：自取滅亡。(三十)興秘不發喪……帥眾伐秦：按此段乃錄自〈姚興載記〉上，字句幾全相同。

十九年（西元三九四年）

㈠春，秦主登聞後秦主萇卒，喜曰：「姚興小兒，吾折杖笞之耳㊀。」乃大赦，盡眾而東，留司徒、安成王廣守雍，太子崇守胡空堡㊁，遣使拜金城王乾歸為左丞相、河南王、領秦、梁、益、涼、沙五州牧，加九錫。

㈡初，禿髮思復鞬卒，子烏孤立，烏孤雄勇有大志，與大將紛陁謀取涼州。紛陁曰：「公必欲得涼州，宜先務農講武㊂，禮俊賢㊃，修政刑，然後可也。」烏孤從之。三河王光遣使拜烏孤冠軍大將軍、河西鮮卑大都統，烏孤與其羣下謀之，曰：「可受乎？」皆曰：「吾士馬眾多，何為屬人㊄？」石真若留不對，烏孤曰：「卿畏呂光邪！」石真若留曰：「吾根本未固，小大非敵㊅，若光致死於我㊆，何以待之？不如受以驕之㊇，俟釁而動，蔑㊈不克矣。」烏孤乃受之㊉。

㈢二月，秦主登攻屠各姚奴、帛蒲二堡，克之。

燕主垂留清河公會鎮鄴，發司、冀、青、兗兵，遣太原王楷出滏口㊁，遼西王農出壺關，垂自出沙庭，以擊西燕，標榜所趣軍各就頓㊂。西燕主永聞之，嚴兵㊂分道拒守，聚糧臺壁㊃，遣從子征東將軍小逸豆歸⑮，鎮東將軍王次多，右將軍勒馬駒，帥眾萬餘人戍之。

㈣夏，秦主登自六陌趣廢橋，後秦始平太守姚詳，據馬嵬堡以拒之，太子興遣尹緯將兵救詳，緯據廢橋以待秦，秦兵爭水不能得，渴死者什二三，因急攻緯，興馳遣狄伯支謂緯曰：「苻登窮寇，宜持重以挫之⑯。」緯曰：「先帝登遐⑰，人情擾懼，今不因思奮之力⑱以禽敵，大事去矣。」遂與秦戰，秦兵大敗，其夜秦眾潰，登單騎犇雍，太子崇及安成王廣聞敗，皆棄城走，登至無所歸，乃犇平涼，收集遺眾，入馬毛山⑲。

㈤燕主垂頓軍⑳鄴西南，月餘不進，西燕主永怪之，以為太行道寬，疑垂欲詭道㉑取之，乃悉斂㉒諸軍屯軹關㉓，杜太行口，惟留臺壁一軍。甲戌，垂引大軍出滏口，入天井關㉔，五月，乙酉，燕軍至臺壁，永遣從兄太尉大逸豆歸救之，平規擊破之，小逸豆歸出戰，遼西王農又擊破之，斬勒馬駒，禽王次多，遂圍臺壁。永召太行軍還，自將精兵五萬以拒之。刁雲、慕容鍾震怖，帥眾降燕，永誅其妻子。己亥，垂陳于臺壁南，遣驍騎將軍慕容國伏千騎於澗下，庚子，與永合戰，垂偽退，永眾追之，行數里，國騎從澗中出，斷其後，諸軍四面俱進，大破之，斬首八千餘級，永走歸長子，晉陽守將聞之，棄城走，丹楊王瓚等進取晉陽㉕。

㈥後秦太子興始發喪，即皇帝位於槐里㉖，大赦，改元皇初，遂如安定，諡後秦主萇曰武昭皇帝，廟號太祖。

㈦六月，壬子，追尊會稽王太妃鄭氏曰簡文宣太后。羣臣謂：「宣太后應配食元帝。」太子前率徐邈曰：「宣太后平素之時，不伉儷於先帝㉗，至於子孫，豈可為祖考㉘立配㉙？」國學明教東莞㉚臧燾曰：「今尊號既正，則罔極之情㉛申㉜，別建寢廟，則嚴禰㉝之義顯。繫子為稱㉞，兼明貴之所由㉟，一舉而允㊱三義，不亦善乎！」乃立廟於太廟路西。

㈧燕主垂進軍圍長子，西燕主永欲犇後秦，侍中蘭英曰：「昔石虎伐龍都㊲，太祖堅守不去㊳，卒成㊴大燕之基。今垂七十老翁，厭苦兵革㊵，終不能頓兵㊶，連歲以攻我也。但當城守以疲之㊷。」

永從之。

㈨秦主登遣其子汝陰王宗為質於河南王乾歸以請救，進封乾歸梁王，納其妹為梁王后。乾歸遣前軍將軍乞伏益州等帥騎一萬救之㊸。秋，七月，登引兵出迎乾歸兵，後秦主興自安定如涇陽，與登戰於山南，執登殺之，悉散其部眾，使歸農業㊹。徙陰密三萬戶於長安，以李后賜姚晃，益州等聞之，引兵還。秦太子崇奔湟中，即帝位，改元延初，謚登曰高皇帝，廟號太宗。

㈩後秦安南將軍強熙、鎮遠將軍強多叛㊺，推竇衝為主㊻。後秦主興自將討之，軍至武功，多兄子良國殺多而降，熙犇秦州，衝犇汧川，汧川氏仇高執送之㊼。

三河王光以子覆為都督玉門以西諸軍事、西域大都護，鎮高昌，命大臣子弟隨之。

(十一)八月，己巳，尊皇太妃李氏為皇太后，居崇訓宮。

(十二)西燕主永困急，遣其子常山公弘等求救於雍州刺史郗恢，並獻玉璽一紐，恢上言：「垂若并永，為患益深，不如兩存之，可以乘機雙斃㊽。」帝以為然，詔青、兗二州刺史王恭，豫州刺史庾楷救之㊾，楷，亮之孫也。永恐晉兵不出，又遣其太子亮來為質，平規追亮，及於高都，獲之。永又告急於魏，魏王珪遣陳留公虔、將軍庾岳帥騎五萬東渡河，屯秀容，以救之。虔，紇根之子也。晉魏兵皆未至，大逸豆歸部將伐勤等，開門內㊿燕兵，燕人執永斬之，並斬其公卿大將刁雲、大逸豆歸等三十餘人，得永所統八郡，七萬餘戶，及秦乘輿(五一)服御、伎樂(五二)珍寶甚眾。燕主垂以丹楊王瓚為并州刺史，鎮晉陽，宜都王鳳為雍州刺史，鎮長子。永尚書僕射昌黎屈遵，尚書陽平王德，祕書監中山李先，太子詹事渤海封則，黃門郎太山胡母亮，中書郎張騰，尚書郎燕郡公孫表，皆隨才擢敍(五三)。九月，垂自長子如鄴。

(十三)冬，十月，秦主崇為梁王乾歸所逐，犇隴西王楊定，定留司馬邵彊守秦州，帥眾二萬，與崇共攻乾歸，乾歸遣涼州牧軻彈(五四)，秦州牧、益州立義將軍詰歸，帥騎三萬拒之。益州與定戰，敗於平州，軻彈詰歸皆引退，軻彈司馬翟瑥，奮劒(五五)怒曰：「主上以雄武開基(五六)，所向無敵，威振秦蜀，將軍以宗室居元帥之任，當竭力致命(五七)，以佐國家，今秦州雖敗，二軍尚全，柰何望風退衄(五八)，將何面以見主上乎(五九)？瑠雖無任(六〇)，獨不能以便宜(六一)斬將軍乎！」軻彈謝曰：「向者，未知眾心何如耳，果能若是，吾敢愛死(六二)！」乃帥騎進戰，益州詰歸亦勒兵繼之，大敗定兵，殺定及崇，斬首萬七千級。乾歸於是盡有隴西之地(六三)。定無子，其叔父佛狗之子盛，先守仇池，自稱征西將軍、秦州刺史、仇池公，謚定為武王，仍遣使來稱藩。秦太子宣犇盛，分氐羌為二十部護軍，各為鎮戍，不置郡縣。

(十四)燕主垂東巡陽平、平原，命遼西王農濟河，與安南將軍尹國略地青、兗，農攻廩丘(六四)，國攻陽城，皆拔之。東平太守韋簡戰死，高平、泰山、琅邪諸郡，皆委城(六五)犇潰，農進軍臨海(六六)，徧置守宰。

(十五)柔然、曷多汗棄其父，與社崙率眾西走，魏長孫肥追之，及於上郡跋那山，斬曷多汗，社崙收其餘眾數百犇疋候跋，疋候跋處之南鄙(六七)，社崙襲疋候跋，殺之，疋候跋子啟跋、吳頡等，皆犇魏，社崙掠五原以西諸部，走度漠北(六八)。

(十六)十一月，燕遼西王農敗辟閭渾於龍水，遂入臨淄(六九)。

(十七)十二月，燕主垂召農等還，秦主興遣使與燕結好，并送太子寶之子敏於燕，燕封敏為河東公。

(十八)梁王乾歸自稱秦王，大赦。

【今註】㊀吾析杖笞之耳：謂不須干戈，而只以木杖，即足制而笞之。蓋甚輕之也。㊁秦主登聞後秦主萇卒……太子崇守胡空堡：按此段乃錄自〈苻登載記〉，字句大致相同。㊂講武：講習武事。㊃禮俊賢：敬禮俊賢之士。㊄何為屬人：何為附屬於他人。㊅小大非敵：小大之勢，不能相敵。㊆致死於我：謂與我尋一死戰。㊇受以驕之：謂接其拜署，而使其驕傲。㊈蔑：無。㊉初禿髮思復鞬卒……烏孤乃受之：按此段乃錄自〈禿髮烏孤載記〉，字句大致相同。⑪滏：音釜。⑫標榜所趣，軍各就頓：謂聲言所趣之處，軍士各就其地而安營也。⑬嚴兵：具兵。⑭臺壁：《水經注》：「潞縣北對故臺壁，漳水出其南，本潞子所立也。」⑮小逸豆歸：時西燕之臣，有二逸豆歸，故此稱小逸豆歸。⑯宜持重以挫之：謂不輕與戰，以挫敗之。⑰登遐：帝王崩之代語。⑱因思奮之力：藉人思振奮之力量。⑲秦主登自六陌趣廢橋……入馬毛山：按此文乃參稽〈苻登載記〉及〈姚興載記〉二記而成。〔二〇〕頓軍：頓次而不進也。〔二一〕詭道：詭詐而由他道襲之。〔二二〕歛：聚。〔二三〕軹關：在今河南省濟源縣西北，關當軹道，故名。軹音只。〔二四〕天井關：在河南省武安縣西，為通晉要道。〔二五〕燕主垂頓軍鄴西南……丹楊王瓚等進取晉陽：按此段雖本於〈慕容垂載記〉，而多有溢出。〔二六〕槐里：故城在今陝西省興平縣東南。〔二七〕不伉儷於先帝：言非正妃。伉儷意為相敵之匹耦。〔二八〕祖考：謂祖與父。〔二九〕追尊會稽王太妃鄭氏……豈可為祖考立配。按此段乃錄自《后妃簡文宣鄭太后傳》，字句大致相同。〔三〇〕莞：音官。〔三一〕罔極之情：指人子之情。〔三二〕申：申展。〔三三〕嚴禰：嚴，尊；禰，父廟。〔三四〕繫子為稱：指以簡文繫之宣太后之上。〔三五〕兼明貴之所由：《公羊傳》隱元年：「母以子貴。」〔三六〕允：合。〔三七〕龍都：龍城。〔三八〕昔石虎伐龍都，太祖堅守不去：事見卷九十六晉成帝咸康四年。〔三九〕卒成：終成。〔四〇〕厭苦兵革：謂厭苦戰爭。〔四一〕頓兵：停駐士卒。〔四二〕以疲之：以疲弊之。〔四三〕乾歸遣前軍將軍乞伏益州等帥騎一萬救之：按〈乞伏乾歸載記〉及〈苻登載記〉，俱作二萬，一當改作二。〔四四〕使歸農業：按古書通例，類作使歸業農，當乙正。〔四五〕鎮遠將軍強多叛：按〈姚興載記〉上，強多作楊多。〔四六〕推竇衝為主：按〈姚興載記〉上，作推竇衝為盟主，盟字不可省。〔四七〕後秦安南將軍強熙……汧川氐仇高執送之：按此段乃錄自〈姚興載記〉上，字句大致相同。〔四八〕可以乘機雙斃：謂將來可以乘機而雙斃之。〔四九〕西燕主永困急……豫州刺史庾楷救之。按此段乃錄自〈郗鑒附恢傳〉，字句大致相同。〔五〇〕內：讀納。〔五一〕乘輿：謂天子所乘之車。〔五二〕伎樂：謂女妓，能彈奏歌唱者。〔五三〕隨才擢敘：謂按才擢拔敍用。〔五四〕軥彈：〈乞伏乾歸載記〉作軥殫。〔五五〕奮劍：謂舉劍向上。〔五六〕開基：開基業。〔五七〕致命：

盡死命。㊄退衄：退敗。㊅將何面以見主上乎：〈乞伏乾歸載記〉，面作面目，此乃省面目而作面字。㊅瑥雖無任：謂瑥雖無權責。㊅以便宜：為有便事機。㊅愛死：愛猶吝，謂吝惜一死。㊅秦主崇為梁王乾歸所逐……乾歸於是盡有隴西之地：按此段乃錄自〈乞伏乾歸載記〉，字句大致相同。㊅廩丘：故城在今山東省范縣東南義東堡。㊅委城：棄城。㊅臨海：臨東海。㊅南鄙：南邊。㊅柔然曷多汗棄其父……走度漠北：按此段乃錄自《魏書・蠕蠕傳》，字句幾全相同。㊅臨淄：今山東省臨淄縣。

二十年（西元三九五年）

㈠春，正月，燕主垂遣散騎常侍封則報聘于秦，遂自平原狩㊀於廣川、勃海、長樂而歸，西秦王乾歸㊁以太子熾磐領尚書令，左長史邊芮為左僕射，右長史祕宜為右僕射，置官皆如魏武、晉文故事㊂，然猶稱大單于、大將軍，邊芮等領府佐如故㊃。

㈡二月，甲寅，尚書令陸納卒。

薛干太悉伏自長安亡歸嶺北㊄，上郡以西鮮卑、雜胡皆應之。

㈢三月，庚辰朔，日有食之。

㈣皇太子出就東宮，以丹陽尹王雅領少傅，時會稽王道子專權奢縱㈥，嬖人趙牙，本出倡優㈦，茹千秋，本錢唐捕賊吏㈧，皆以諂賂㈨得進，道子以牙為魏郡太守，千秋為驃騎諮議參軍，牙為道子開東第㈩，築山穿池⑪，功用鉅萬⑫。帝嘗幸其第，謂道子曰：「府內乃有山⑬，甚善，然修飾太過。」道子無以對。帝去，道子謂牙曰：「上若知山是人力所為，爾必死矣⑭。」牙曰：「公在，牙何敢死⑮！」營作彌甚⑯，千秋賣官招權，聚貨累億⑰，博平令、吳興聞人奭⑱上疏言之，帝益惡道子，而逼於太后，不忍廢黜。乃擢時望，及所親幸王恭、郗恢、殷仲堪、王珣、王雅等使居內外要任，以防道子。道子亦引王國寶、及國寶從弟琅邪內史緒以為心腹，由是朋黨競起，無復曩⑲時友愛之驩矣。太后每和解之。中書侍郎徐邈從容言於帝曰：「漢文明主，猶悔淮南⑳，世祖聰達，負愧齊王㉑，兄弟之際，實為深慎㉒㉓。會稽王雖有酣媟㉔之累，宜加弘貸㉕，消散㉖羣議，外為國家之計，內慰太后之心。」帝納之，復委任道子如故㉗。

㈤初，楊定之死也，天水姜乳襲據上邽。夏，四月，西秦王乾歸遣乞伏益州，帥騎六千討之。左僕射邊芮、民部尚書王松壽曰：「益州屢勝而驕，不可專任，必以輕敵取敗。」乾歸曰：「益州驍勇，諸將莫及，當以重佐㉘輔之耳。」乃以平北將軍韋虔為長史，左禁將軍務和為司馬，至大寒嶺，益州不設部伍㉙，聽將士遊畋㉚縱飲，令曰：「敢言軍事者，斬。」虔等諫不聽，乳逆擊㉛，大破之㉜。

㈥魏王珪叛燕，侵逼附塞諸部。五月，甲戌，燕主垂遣太子寶、遼西王農、趙王麟帥眾八萬，自五原伐魏，范陽王德、陳留王紹，別將步騎萬八千為後繼。散騎常侍高湖諫曰：「魏與燕世為昏姻，彼有內難，燕實存之㉝，其施德厚矣，結好久矣，間以㉞求馬不獲，而留其弟，曲在於我，柰何遽㉟興兵擊之？拓跋涉圭㊱沈勇㊲有謀，幼歷艱難，兵精馬彊，未易輕也。皇太子富於春秋㊳，志果㊴氣銳，今委之專任，必小魏而易之㊵，萬一㊶不如所欲，傷威毀重㊷，願陛下深圖之。」言頗激切㊸，垂怒，免湖官，湖，泰之子也。

㈦六月，癸丑，燕太原元王楷卒。

西秦王乾歸遷於西城。

㈧秋，七月，三河王光帥眾十萬伐西秦，西秦左輔密貴周、左衛將軍莫者羖㊹羝，勸西秦王乾歸稱藩於光，以子敕勃為質，光引兵還，乾歸悔之，殺周及羖羝㊺。

㈨魏張袞聞燕軍將至，言於魏王珪曰：「燕狃㊻於滑臺長子之捷，竭國之資力以來，有輕我之心，宜羸形㊼以驕之，乃可克也㊽。」珪從之，悉徙部落畜產㊾西渡河千餘里，以避之。燕軍至五原，降魏別部三萬餘家，收穄田百餘萬斛㊿，置黑城，進軍臨河，造船為濟具。珪遣右司馬許謙乞師於秦。

㈩禿髮烏孤擊乙弗折掘等諸部，皆破降之，築廉川堡而都之。廣武趙振少好奇略，聞烏孤在廉川，棄家(51)從之，烏孤喜曰：「吾得趙生(52)，大事濟(53)矣。」拜左司馬。三河王光封烏孤為廣武郡公(54)。

(十一)有長星見自須女，至於哭星(55)。帝心惡之，於華林園舉酒祝之曰：「長星，勸汝一盃酒，自古何有萬歲天子邪(五六)！」

(十二)八月，魏王珪治兵河南，九月，進軍臨河。燕太子寶列兵將濟，暴風起，漂其船數十艘泊南岸，魏獲其甲士三百餘人，皆釋而遣之(五七)，寶之發中山也，燕主垂已有疾，既至五原，珪使人邀中山之路，伺其使者盡執之，寶等數月不聞垂起居(五八)，珪使所執使者，臨河告之曰：「若父(五九)已死，何不早歸！」寶等憂恐，士卒駭動(六〇)，珪使陳留公虔將五萬騎屯河東，東平公儀將十萬騎屯河北，略陽公遵將七萬騎塞燕軍之南，遵，壽鳩之子也。秦主興遣楊佛嵩將兵救魏，燕術士靳安言於太子寶曰：「天時不利，燕必大敗，速去，可免。」寶不聽，安退告人曰：「吾輩皆當棄尸草野，不得歸矣(六一)。」燕魏相持積旬(六二)，趙王麟將慕輿嵩等，以垂為實死，謀作亂，奉麟為主，事泄，嵩等皆死，寶麟等內自疑(六三)。

冬十月，辛未，燒船夜遁，時河冰未結，寶以魏兵必不能度，不設斥候(六四)，十一月，己卯，暴風，冰合，魏王珪引兵濟河，留輜重，選精銳二萬餘騎急追之，燕軍至參合陂，有大風，黑氣如堤，自軍後來，臨覆(六五)軍上，沙門支曇猛(六六)言於寶曰：「風氣暴迅(六七)，魏兵將至之候(六八)，宜遣兵禦之。」寶以去魏軍已遠，笑而不應，曇猛固請不已，麟怒曰：「以殿下神武，師徒之盛，足以橫行(六九)沙漠，索虜(七〇)何敢遠來！而曇猛妄言驚眾，當斬以徇。」曇猛泣曰：「苻氏以百萬之師，敗於淮南，正由恃眾輕敵，不信天道故也。」司徒德勸寶從曇猛言，寶乃遣麟帥騎三萬居軍後，以備非常(七一)，麟以曇猛為妄，縱騎(七二)遊獵，不肯設備，寶遣騎還詗(七三)魏兵，騎行十餘里，即解鞍寢。魏軍晨夜兼行(七四)。乙酉暮至參合陂西，燕軍在陂東，營於蟠羊山南水上(七五)，魏王珪夜部分(七六)諸將，掩覆(七七)燕軍，士卒御枚(七八)束馬口，潛進(七九)。丙戌，日出，魏軍登山，下臨燕營，燕軍將東引，顧見之，士卒大驚擾亂，珪縱兵擊之，燕兵走赴水，人馬相騰躡(八〇)，壓溺死者(八一)以萬數，略陽公遵以兵邀其前，燕兵四五萬人，一時放仗(八二)，斂手就禽，其遺迸去(八三)者不過數千人。太子寶等，皆單騎僅免。殺燕右僕射陳留悼王紹，生禽魯陽王倭奴，桂林王道成，濟陰公尹國等文武將吏數千人，兵甲糧貨以鉅萬計，道成，垂之弟子也。魏王珪擇燕臣之有才用者，代郡太守、廣川賈閏，閏從弟驃騎長史、昌黎太守彝，太史郎晁崇等留之(八四)，其餘欲悉給衣糧遣還(八五)，以招懷(八六)中州之人。中部大人王建曰：「燕眾彊盛，今傾國(八七)而來，我幸而大捷，不如悉殺之，則其國空虛，取之為易。且獲寇而縱(八八)之，無乃不可乎？」乃盡阬之(八九)。

十二月，珪還雲中之盛樂。

(十三)燕太子寶恥於參合之敗，請更擊魏，司徒德言於燕主垂曰：「虜以參合之捷，有輕太子之心，宜及陛下神略以服之(九〇)，不然將為後患。」垂乃以清河公會、錄留臺事、領幽州刺史，代高陽王隆鎮龍城，以陽城王蘭汗為北中郎將，代長樂公盛鎮薊，命隆盛悉引其精兵(九一)還中山，期以明年大舉擊魏。

(十四)是歲，秦主興封其叔父緒為晉王，碩德為隴西王，弟崇為齊公，顯為常山公。

【今註】(一)狩：獵。(二)西秦王乾歸：以乾歸上年自稱秦王，免與苻秦混淆，故史家冠西字以別之。(三)故事：謂舊制，此二字六朝時盛採用之。(四)西秦王乾歸以太子……邊芮等領府佐如故：按此段乃錄自〈乞伏乾歸載記〉，字句大致相同。㊄亡歸嶺北：胡三省曰：「嶺北謂嵕嶺北。」㊅奢侈恣縱。㊆倡優：優伶。㊇捕賊吏：吏，掌捕賊者。二者皆地位甚為卑賤。㊈諂賂：諂諛、賄賂。㊉東第：府第名。⑪築山穿池：積土為山，穿地為池。⑫功用鉅萬：功用謂功費，鉅謂萬。⑬府內乃有山：乃，竟；含驚奇之意。⑭爾必死矣：必以罪誅爾。⑮牙曰公在，牙何敢死：此乃套用古人之語，而意甚黠狡。正面意為予以忠心侍汝，汝在，予何敢死而缺奉侍之責！然其股子裡實含有此罪若發作時，自須由汝承擔，而固與予無涉也之意。⑯彌甚：愈甚。⑰聚貨累億：〈簡文三王道子傳〉，聚貨作聚資貨，較合當時實情。⑱奭：音釋。⑲曏：同嚮。⑳漢文明主，猶悔淮南：淮南事見卷十四漢文帝六年。㉑世祖聰達，負愧齊王：齊王事見卷八十一武帝太康四年。㉒兄弟之際，實為深慎：〈簡文三王道子傳〉，實為作實宜，較佳。㉓時會稽王道子專權……兄弟之際，實為深慎：按此段乃錄自〈簡文三王道子傳〉，字句幾全相同。㉔酣媟：酣謂酣飲作樂，媟謂行動放蕩，容止不嚴，音泄。㉕弘貸：謂極力寬貸。㉖消散：猶消除。㉗如故：〈簡文三王傳〉，作如初，按又可作如舊，辭雖三，而所表之意則一。㉘重佐：重要僚佐。㉙不設部伍：按〈乞伏乾歸載記〉作：「不為部陣」，是伍猶陣也。㉚畋：田獵。㉛逆擊：迎擊。㉜初楊定之死也……乳逆擊，大破之：按此段乃錄〈自乞伏乾歸載記〉，字句大致相同。㉝存之：救之。㉞間以：猶近以。㉟遽：猶突。㊱拓跋涉圭：蕭子顯曰：「珪字涉圭。」㊲沈勇：沈著勇敢。㊳皇太子富於春秋：謂皇太子正在年青。㊴志果：志氣剛果。㊵必小魏而易之：必小視魏國而輕易之。㊶萬一：假設辭。㊷傷威毀重：傷損威望，破毀大事。㊸激切：激烈深切。㊹羖：音古。㊺三河王光帥眾十萬伐西秦……殺周及羖羝：按此段乃錄自〈乞伏乾歸載記〉，字句大致相同。㊻狃：習，狎。㊼羸形：弱其外形。㊽魏張袞聞燕軍將至……乃可克也：按此段乃錄自《魏書・張袞傳》，而字句多有刪改。㊾畜產：牲畜。㊿收穄田百餘萬斛：按既言斛，則不得云田，疑田或四字之訛。穄、稷別名，音祭。(51)棄家：謂離棄家人。(52)趙生：即趙先生，西漢常省先生為生，如通云之賈生、董生，即賈先生、董先生也。(53)濟：成。(54)禿髮烏孤擊乙弗折掘……為廣武郡公：按除廣武趙振一節外，餘均錄自〈禿髮烏孤載記〉，字句大致相同。(55)有長星見自須女，至於哭星：胡三省曰：「天文志須女四星，須、賤妾之稱，婦職之卑者也。斗牛女揚州分，虛二星、危三星，皆主死喪哭泣墳墓，四星屬危之下，主死喪哭泣為墳墓也。」(56)有長星……自古何有萬歲天子邪：按此段乃錄自〈孝武帝紀〉，字句幾全相同。(57)釋而遣之：放而遣歸。(58)不聞垂起居：不聞垂之起居情形。(59)若父：汝父。(60)駭動：驚駭騷動。(61)不得歸矣：謂不得生歸。(62)積旬：積累旬日，謂二旬以上。(63)內自疑：內自相疑。(64)斥候：斥亦候，斥候謂伺望敵兵之人。(65)臨覆：掩臨覆蓋。(66)支曇猛：胡三省曰：「支者曇猛之俗姓。」按東漢有支謙，為月氏國優婆塞，東晉又有支遁，與謝安王羲之等結方外交。疑支乃指其係西域人。謂為俗姓欠恰。(67)風氣暴迅：謂風之氣象，勁暴迅疾。(68)候：徵候。(69)橫行：謂毫無畏忌。(70)索虜：詈魏之辭。(71)以備非常：以備非常之變。(72)縱騎：縱恣騎士。(73)詗：音偵，刺探。(74)晨夜兼行：猶晝夜兼行。(75)水上：猶水旁。(76)部分：部署分配。(77)掩覆：掩襲覆滅。(78)銜枚：枚如箝狀，銜於口中，以使其不便言語。(七九)士卒銜枚，束馬口，潛進。按《魏書・徒何慕容廆附垂傳》作：「約勒士卒，束馬口銜枚無聲。」是忽脫約勒二字，致使文理不順，當據添此二字。(八〇)騰蹋：猶騰踏。(八一)壓溺死者：謂踐壓而死，及溺水而死者。(八二)一時放仗：謂同時皆放下器杖。(八三)其遺迸去：其殘遺而遁去者。(八四)魏王珪治兵河南……太史郎晁崇等留之：按此一大段文字，主要採用《魏書・徒何慕容廆附垂傳》之文，外復參稽《魏書・太祖紀》，及《晉書・慕容垂載記》，加以揉合而成。(八五)遣還：遣令歸還。(八六)招懷：招集懷徠。(八七)傾國：猶空國。(八八)縱：放。(八九)其餘欲悉給衣糧遣還……乃盡阬之：按此段乃錄自《魏書・王建傳》，字句大致相同。(九〇)宜及陛下神略以服之：意謂趁慕容垂生時，宜興兵以雪此恥。(九一)悉引其精兵：皆率其精兵。

二十一年（西元三九六年）

(一)春，正月，燕高陽王隆引龍城之甲入中山，軍容精堅(一)，燕人之氣稍振。

休官、權萬世帥眾降西秦。

(二)燕主垂遣征東將軍平規發兵冀州，二月，規以博陵、武邑、長樂三郡兵反於魯口，其從子、冀州刺史喜諫不聽，規弟海陽令翰亦起兵於遼西以應之。垂遣鎮東將軍徐嵩擊規，嵩敗死，垂自將擊規，至魯口，規棄眾將妻子及平喜等數十人走渡河，垂引兵還。翰引兵趣龍城，清河公會遣東陽公根等擊翰，破之，翰走山南㊁。

㊂三月，庚子，燕主垂留范陽王德守中山，引兵密發，踰青嶺，經天門㊂，鑿山通道，出魏不意，直指㊃雲中。魏陳留公虔帥部落三萬餘家鎮平城，垂至獵嶺以遼西王農、高陽王隆為前鋒，以襲之。是時燕兵新敗皆畏魏，惟龍城兵勇銳爭先，虔素不設備，閏月，乙卯，燕軍至平城，虔乃覺之，帥麾下出戰，敗死，燕軍盡收其部落。魏王珪震怖㊄，欲走，諸部聞虔死，皆有貳心㊅，珪不知所適。垂之過參合陂也，見積骸如山，為之設祭，軍士皆慟哭，聲震山谷，垂慙憤嘔血，由是發疾，乘馬輿而進，頓平城西北三十里。太子寶等聞之，皆引還，燕軍叛者犇告於魏云：「垂已死，輿尸㊆在軍。」魏王珪欲追之，聞平城已沒，乃引還陰山。垂在平城，積十日，疾轉篤，乃築燕昌城㊇而還。夏，四月，癸未，卒於

上谷之沮陽，祕不發喪。丙申，至中山，戊戌，發喪，謚曰成武皇帝，廟號世祖㈨。

壬寅，太子寶即位，大赦，改元永康。五月，辛亥，以范陽王德為都督冀、兗、青、徐、荊、豫六州諸軍事、車騎大將軍、冀州牧，鎮鄴，遼西王農為都督并、雍、益、梁、秦、涼六州諸軍事，并州牧，鎮晉陽，又以安定王庫傉官偉為太師，夫餘王蔚為太傅。甲寅，以趙王麟領尚書左僕射，高陽王隆領右僕射，長樂公盛為司隸校尉，宜都王鳳為冀州刺史。

㈣乙卯，以散騎常侍、彭城劉該為徐州刺史，鎮鄄城。甲子，以望蔡公謝琰為尚書左僕射。

㈤初，燕王垂先段后㈩生子令、寶，後段后生子朗、鑒，愛諸姬子麟、農、隆、柔、熙。寶初為太子有美稱⑪，已而荒怠，中外失望，後段后嘗言於垂曰：「太子遭⑫承平⑬之世，足為守成⑭之主，今國步⑮艱難，恐非濟世之才。遼西高陽二王，陛下之賢子，宜擇一人，付以大業。趙王麟姦詐彊愎⑯，異日⑰必為國家之患，宜早圖之。」寶善事垂左右，左右多譽之，故垂以為賢，謂段氏曰：「汝欲使我為晉獻公乎⑱？」段氏泣而退，告其妹范陽王妃曰：「太子不才，天下所知，吾為社稷言之⑲，主上乃以吾為驪姬，何其苦哉⑳！觀太子必喪社稷，范陽王有非常器度㉑，若燕祚未盡，其在王乎㉒！」寶及麟聞而恨之。乙丑，寶使麟謂段氏曰：「后常謂主上不能守大業，今竟能不？宜早自裁㉓，以全段宗㉔。」段氏怒曰：「汝兄弟不難逼殺其母㉕，況能守先業乎！吾豈愛死，但念國亡不久耳。」遂自殺。寶議：「以段后謀廢適統，無母后之道，不宜成喪。」羣臣咸以為然㉖。中書令眭邃颺言㉗於朝曰：「子無廢母之義㉘，漢安思閻后親廢順帝㉙，猶得配饗太廟，況先后曖昧之言㉚，虛實未可知乎？」乃成喪。

㈥六月，癸酉，魏王珪遣將軍王建等，擊燕廣甯太守劉亢泥，斬之，徙其部落於平城。燕上谷太守、開封公詳，棄郡走㉛，詳，虓之曾孫也。

丁亥，魏賀太妃卒。

(七)燕主寶定士族舊籍，分辨清濁㉜，校閱戶口，罷軍營封蔭之戶㉝，悉屬郡縣，由是士民嗟怨㉞，始有離心㉟。

(八)三河王呂光即天王位，國號大涼，大赦，改元龍飛。備置百官，以世子紹為太子，封子弟為公侯者二十人，以中書令王詳為尚書左僕射，著作郎段業等五人為尚書㊱。光遣使者拜禿髮烏孤為征南大將軍、益州牧、左賢王，烏孤謂使者曰：「呂王諸子貪淫，三甥暴虐，遠近愁怨㊲，吾安可違百姓之心，受不義之爵乎！吾當為帝王之事耳。」乃留其鼓吹羽儀㊳，謝而遣之㊴。

(九)平規收合餘黨據高唐㊵，燕主寶遣高陽王隆將兵討之，東土之民，素懷隆惠㊶，迎候者屬路㊷。秋，七月，隆進軍臨河，規棄高唐走，隆遣建威將軍慕容進等濟河追之，斬規於濟北，平喜犇彭城。

(十)納故中書令王獻之女為太子妃，獻之，羲之之子也。

(十一)魏羣臣勸魏王珪稱尊號，珪始建天子旌旗，出警入蹕，改元皇始。參軍事、上谷張恂勸珪進取中原，珪善之。燕遼西王農悉將部曲數萬口之幷州，幷州素乏儲偫㊸，是歲早霜，民不能供其食(四四)，又遣諸部護軍，分監(四五)諸胡，由是民夷俱怨，潛召魏軍。

(十二)八月，己亥，魏王珪大舉伐燕，步騎四十餘萬，南出馬邑，踰句注(四六)，旌旗二千餘里，鼓行而進，左將軍、鴈門李栗將五萬騎為前驅，別遣將軍封真等從東道出軍都，襲燕幽州。燕征北大將軍、幽平二州牧、清河公會，母賤而年長，雄俊有器藝(四七)，燕主垂愛之，寶之伐魏也，垂命會攝(四八)東宮事，摠錄(四九)，禮遇一如(五〇)太子。及垂伐魏，命會鎮龍城，委以東北之任，國官府佐(五一)，皆選一時才望，垂疾篤，遺言命寶以會為嗣(五二)，而寶愛少子濮陽公策，意不在會；長樂公盛與會同年(五三)，恥為之下，乃與趙王麟共勸寶立策，寶從之。乙亥，立妃段氏為皇后，策為皇太子，會盛皆進爵為王。策年十一，素惷弱(五四)(五五)，會聞之，心慍懟(五六)。九月，章武王宙奉燕主垂及成哀段后之喪，葬於龍城宣平陵，寶詔宙悉徙高陽王隆參佐部曲家屬還中山，會違詔，多留部曲不遣，宙年長屬尊(五七)，會每事陵侮之，見者皆知其有異志。

(十三)戊午，魏軍至陽曲，乘西山，臨晉陽，遣騎環城大譟而去，燕遼西王農出戰，大敗，犇還晉陽，司馬慕輿嵩閉門拒之[五八]，農將妻子帥數千騎東走，魏中領將軍長孫肥[五九]追之，及於潞川，獲農妻子，燕軍盡沒，農被創，獨與三騎逃歸中山。魏王珪遂取幷州，初建臺省[六〇]，置刺史、太守，尚書郎以下官，悉用儒生為之，士大夫詣軍門[六一]，無少長皆引入存慰[六二]，使人人盡言[六三]，少有才用，咸加擢敍。己未，遣輔國將軍奚收[六四]略地汾川，獲燕丹楊王買德[六五]，及離石護軍高秀和，以中書侍郎張恂等為諸郡太守，招撫[六六]離散，勸課農桑[六七]。燕主寶聞魏軍將至，議於東堂[六八]，中山尹苻謨曰：「今魏軍眾彊，千里遠鬬，乘勝氣銳，若縱之，使入平土，不可敵也，宜杜險[六九]以拒之。」中書令眭邃曰：「魏多騎兵，往來剽速[七〇]，馬上齎糧，不過旬日[七一]，宜令郡縣聚民千家為一堡，深溝高壘[七二]，清野以待之。彼至無所掠，不過六旬，食盡自退。」尚書封懿曰：「今魏兵數十萬，天下之勍敵也，民雖築堡，不足以自固[七三]，是聚兵及糧，以資之[七四]也。且動搖民心，示之以弱，不如阻關拒戰[七五]，計之上也。」趙王麟曰：「魏今乘勝氣銳，其鋒不可當，宜完守[七六]

中山，待其弊而乘之。」於是修城積粟，為持久之備(七七)。命遼西王農出屯安喜，軍事動靜(七八)，悉以委麟。

(十四)帝嗜酒，流連內殿，醒治既少(七九)，外人罕得進見。張貴人寵冠後宮(八〇)，後宮皆畏之。庚申，帝與後宮宴，妓樂盡侍，時貴人年近三十，帝戲之曰：「汝以年，亦當廢矣(八一)，吾意更屬少者(八二)。」貴人潛怒，向夕，帝醉，寢於清暑殿，貴人徧飲宦者酒，散遣之，使婢以被蒙帝面，弒之，重賂左右(八三)云：「因魘暴崩(八四)。」時太子闇弱，會稽王道子昏荒，遂不復推問(八五)(八六)。王國寶夜叩禁門，欲入為遺詔，侍中王爽拒之曰：「大行晏駕(八七)，皇太子未至，敢入者斬。」國寶乃止。爽，恭之弟也。辛酉，太子即皇帝位，大赦，癸亥，有司奏會稽王道子宜進位太傅、揚州牧、假黃鉞，詔內外眾事、動靜(八八)咨之。安帝幼而不慧(八九)，口不能言，至於寒暑饑飽，亦不能辨(九〇)，飲食寢興(九一)，皆非己出(九二)(九三)。母弟琅邪王德文，性恭謹，常侍左右，為之節適(九四)，始得其宜。

初，王國寶黨附會稽王道子，驕縱不灋，屢為御史中丞褚粲所糾，國寶起齋[95]侔[96]清暑殿，孝武帝甚惡之，國寶懼，遂更求媚於帝，而疏道子，帝復寵昵[97]之。道子大怒，嘗於內省，面責[98]國寶，以劍擲之[99]，舊好盡矣。及帝崩，國寶復事道子，與王緒共為邪諂，道子更惑之[100]，倚為心腹，遂參管[101]朝權，威震內外，並為時之所疾[102]。王恭入赴山陵，每正色直言，道子深憚之，恭罷朝，歎曰：「榱[103]棟雖新，便有黍離[104]之歎。」緒說國寶，因恭入朝，勸相王[105]伏兵殺之，國寶不許。道子欲輯和內外，乃深布腹心於恭[106]，冀除舊惡，而恭每言及時政，輒厲聲色[107]，道子知恭不可和協，遂有相圖之志[108]。或勸恭因入朝，以兵誅國寶。

恭以豫州刺史庾楷，士馬[109]甚盛，黨於國寶，憚之不敢發。王珣謂恭曰：「國寶雖終為禍亂，要之[110]，罪逆未彰，今遽[111]先事而發，必大失朝野之望；況擁彊兵，竊發於京輦[112]，誰謂非逆[113]？國寶若遂[114]不改，惡布天下[115]，然後順眾心以除之，亦無憂不濟也。」恭乃止。既而謂珣曰：「比來視君，一似胡廣[116]。」珣曰：「王陵廷爭，陳平慎默[117]，但問歲晏何如耳[118][119]。」冬，十月，甲申，葬孝武帝於隆平陵。王恭還鎮，將行，謂道子曰：「主上諒闇，冢宰之任，伊周所難，願大王親萬幾(三〇)，納直言，放鄭聲，遠佞人。」國寶等愈懼。

(十五)魏王珪使冠軍將軍、代人于栗磾，寧朔將軍公孫蘭，帥步騎二萬，潛自晉陽開韓信故道。己酉，珪自井陘趨中山(三一)，李先降魏，珪以為征東左長史。

西秦涼州牧軻彈，與秦州牧益州不平，軻彈奔涼。

(十六)魏王珪進攻常山，拔之，獲太守苟延，自常山以東守宰，或走或降，諸郡縣皆獲於魏(三二)，惟中山、鄴、信都三城為燕守。十一月，珪命東平公儀將五萬騎攻鄴，冠軍將軍王建、左將軍李栗(三三)攻信都，戊午，珪進軍中山，己未，攻之，燕高陽王隆守南郭，帥眾力戰，自旦至晡(三四)，殺傷數千人，魏兵乃退。珪謂諸將曰：「中山城固，寶必不肯出戰，急攻，則傷士，久圍，則費糧，不如先取鄴、信都，然後圖之。」丁卯，珪引兵而南，章武王宙自龍城還，聞有魏寇，馳入薊，與鎮北將軍、陽城王蘭乘城(三五)固守，蘭、垂之從弟也，魏別將石河頭，攻之不克，退屯漁陽。珪軍於魯口，博陵太守申永犇河南，高陽太守崔宏犇海渚㊱。珪素聞宏名，遣騎追求，獲之，以為黃門侍郎，與給事黃門侍郎張袞，對掌機要，創立制度㊲。博陵令屈遵降魏，珪以為中書令，出納號令，兼總文誥。燕范陽王德使南安王青等，夜擊魏軍於鄴下，破之，魏軍退屯新城。青等請追擊之，別駕韓諄㊳曰：「古人先計而後戰，魏軍不可擊者四：懸軍遠客㊴，利在野戰，一也；深入近畿，頓兵死地㊵，二也；前鋒既敗，後陣方固，三也；彼眾我寡，四也。官軍㊶不宜動者三：自戰其地，一也；動而不勝，眾心難固㊷，二也；城隍㊸未修，敵來無備，三也。今魏無資糧，不如深壘固軍，以老之。」德從之，召青還，青，詳之兄也。

十二月，魏遼西公賀賴盧帥騎二萬，會東平公儀攻鄴，賴盧、訥之弟也。魏別部大人沒根有膽勇，魏王珪惡之，沒根懼誅，己丑，將親兵數十人降燕，燕主寶以為鎮東大將軍、封鴈門公。沒根求還襲魏，寶難與重兵㊹，給百餘騎，沒根效㊺其號令，夜入魏營，至中仗㊱，珪乃覺之，狼狽驚走，沒根以所從人少，不能壞㊲其大眾，多獲首虜而還。

㈦楊盛遣使來請命，詔拜盛鎮南將軍、仇池公，盛表苻宣為平北將軍。

㈧是歲，越質、詰歸帥戶二萬叛西秦，降於秦，秦人處之成紀，拜鎮西將軍、平襄公。

㈨秦隴西王碩德攻姜乳於上邽，乳率眾降，秦以碩德為秦州牧，鎮上邽。徵乳為尚書，彊熙、權千成帥眾三萬，共圍上邽，碩德擊破之，熙犇仇池，遂來犇，碩德西擊千成於略陽，千成降㊳。

㈩西燕既亡，其所署河東太守柳恭等，各擁兵自守，秦主興遣晉王緒攻之，恭等臨河拒守，緒不得濟。初永嘉之亂，汾陰薛氏聚其族黨，阻河自固，不仕劉、石，及苻氏興，乃以禮聘薛彊，拜鎮東將軍，彊引秦兵自龍門濟㊴，遂入蒲阪，恭等皆降，興以緒為幷、冀二州牧，鎮蒲阪㊵。

【今註】㈠軍容精堅：軍容精銳堅強。㈡翰走山南：胡三省曰：「白狼徐無等山之南。」㈢踰青嶺，經天門：胡三省曰：「青嶺蓋即廣昌嶺，在代郡廣昌縣南，所謂五迴道也。其南層崖刺天，積石之峻，壁立直上，蓋即天門也。」㈣直指：謂直指向。㈤震怖：震駭懼怖。㈥貳心：懷貳之心。㈦輿尸：謂置尸於車。㈧燕昌城：《水經注》：「燕昌城在平城北四十里。」㈨燕主垂留范陽王德守中山……廟號世祖：按此段雖本於〈慕容垂載記〉，而間有溢出。㈩先段后：按垂前後二后，俱姓段氏，故史書先後以別之。⑪美稱：美譽。⑫遭：遇。⑬承平：世代太平。⑭守成：守已完成之業。⑮國步：猶國事。⑯彊愎：強悍剛愎。⑰異日：謂將來。⑱汝欲使我為晉獻公乎：晉獻公信驪姬之讒而殺太子申生。⑲吾為社稷言之：吾為社稷之故，而始言之。⑳何其苦哉：猶今語叫我多麼難過。㉑器度：才器度量。㉒其在王乎：其，語助，謂將在王之身乎？㉓自裁：自盡。㉔以全段宗：以保全段氏宗族。㉕汝兄弟不難逼殺其母：謂汝兄弟不以逼殺其母為難，亦即忍心逼殺其母。㉖寶使麟謂段氏曰……羣臣咸以為然：按此段乃錄自《魏書・徒何慕容廆附寶傳》，字句大致相同。㉗颺言：大言而疾曰颺，音揚。㉘義：道理。㉙漢安思閻后親廢順帝：事見卷五十漢安帝延光三年。㉚曖昧之言：謂模糊不明之言。㉛六月燕上谷太守開封公詳棄郡走：按《魏書・太祖紀》皇始元年文，作寶上谷太守慕容普鄰捐郡奔走。㉜定士族舊籍，分辨清濁：謂檢核士族簿籍，以分辨何人屬籍為清，何人為濁。清濁指善不善而言。㉝軍營封蔭之戶：蓋諸軍庇占，以為部曲者。㉞嗟怨：嗟歎怨恨。㉟燕主寶定士族舊籍……始有離心：按此段乃錄自〈慕容寶載記〉，字句大致相同。㊱三河王呂光即天王位……段業等五人為尚書：按此段乃錄自〈呂光載記〉，字句大致相同。

㊲遠近愁怨：遠近之人皆愁苦怨望。㊳留其鼓吹羽儀：鼓吹謂鼓鉦簫笳等樂器及樂工言。羽儀謂羽葆等儀仗。㊴光遣使者拜禿髮烏孤為征南大將軍……謝而遣之：按此段乃錄自〈禿髮烏孤載記〉，字句大致相同。㊵高唐：故城在今山東省禹城縣西南。㊶素懷隆惠：夙念隆之恩惠。㊷屬路：連屬於路。㊸徛：儲，音峙。㊹民不能供其食：其食謂民之食。㊺分監：分別監視。㊻句注：句音鈎。㊼器藝：謂才器。㊽攝：代理。㊾摠錄：謂摠錄朝政。㊿一如：全如。(51)國官府佐：任事之官員，及府中之僚佐。(52)燕征北大將軍清河公會……垂疾篤，遺言命寶以會為嗣：按此段乃錄自〈慕容寶載記〉，字句大致相同。(53)同年：同歲。(54)惷弱：愚弱。音春。(55)而寶愛少子濮陽公策……策年十一，素惷弱：按此段乃錄自〈慕容寶載記〉，字句大致相同。(56)懟：恚恨也，音慰。(57)年長屬尊：謂年高輩尊。(58)司馬慕輿嵩閉門拒之：按〈慕容寶載記〉作慕容嵩。(59)魏中領將軍長孫肥：按《魏書．長孫肥傳》作中領軍將軍，當據添軍字。(60)臺省：謂尚書臺及省。(61)軍門：營門。(62)存慰：存問慰勞。(63)盡言：盡其所言。(64)輔國將軍奚收：按《魏書．太祖紀》皇始元年文作奚牧，又〈奚牧傳〉亦載此事，是收當作牧。(65)魏王珪遂取并州……獲燕丹楊王買德：按此段乃錄自《魏書．太祖紀》皇始元年文，字句大致相同。(66)招撫：招集，安撫。(67)勸課農桑：勸導課教為農桑之事。(68)燕主寶聞魏軍將至，議於東堂：按晉都建康，於太極殿東置有東堂，今後燕亦取此名命堂。(69)杜險：謂杜塞險要之處。(70)剽速：謂輕飄捷速。(71)馬上齎糧，不過旬日：以馬匹所攜帶之糧，用期不過十日。(72)高壘：高壁。(73)不足以自固：不足以自固守。(74)以資之：以資給之。(75)阻

關拒戰：以關隘為險阻，而以拒戰。(七六)完守：完固守備。(七七)燕王寶聞魏軍將至……為持久之備：按此段乃錄自〈慕容寶載記〉，字句大致相同。(七八)軍事動靜：謂軍事行止。(七九)醒治既少：謂昏醉之時多，醒而治事之時少。(八〇)寵冠後宮：寵幸為後宮之冠。(八一)汝以年亦當廢矣：謂以汝三十之年，亦當廢罷矣。(八二)更屬少者：更屬意於年少者。(八三)重賂左右云：謂以重金賄賂左右，令不言其真情，而只云。(八四)因魘暴崩：魘，《說文》新附正字通：「人氣窒心懼神亂則魘。」音ㄧㄢˇ。(八五)遂不推問：復，語助辭，無意。推問，推究訊問。(八六)醒治既少……遂不復推問：按此段乃錄自〈孝武紀〉二十一年後文，字句大致相同。(八七)大行晏駕：天子初崩曰大行，晏駕謂晚起，亦即死也。(八八)動靜：一動一靜，皆諮詢之。(八九)不慧：杜預曰：「世所謂白癡。」(九〇)辨：辨別。(九一)寢興：睡起。(九二)皆非己出：皆非己所能為。(九三)安帝幼而不慧……飲食寢興，皆非己出：按此段乃錄自〈安帝紀〉末端之文，字句大致相同。(九四)節適：猶節制。(九五)起齋：起齋舍。(九六)侔：匹比。(九七)寵昵：寵幸親昵。(九八)面責：當面斥責。(九九)以劍擲之：謂欲擲劍以殺傷之。(一〇〇)道子更惑之：〈王湛附國寶傳〉作道子復惑之，復字較更字為勝。(一〇一)參管：參預管理。(一〇二)初王國寶黨附會稽王道子……並為時之所疾：按此段乃錄自〈王湛附國寶傳〉，字句大致相同。(一〇三)榱：《說文》：「榱、秦曰屋椽，齊魯曰桷，周曰榱。」音ㄘㄨㄟ。(一〇四)黍離：周大夫行役，過故宗廟宮室，盡為禾黍，故有黍離之詩。(一〇五)相王：指道子，以其為相兼為王，故稱曰相王。(一〇六)乃深布腹心於恭：謂將心腹之言披露於恭，以期消除舊怨。(一〇七)厲聲色：聲色嚴厲。(一〇八)遂有相圖之志：相，語助無意，全句謂於是乃有圖之之意。(一〇九)士馬：兵馬。(一一〇)要

之：總之。㉑遽：突。㉒京輦：謂在京師輦轂之下，亦即京師也。㉓誰謂非逆：猶今語有誰說這
不是叛逆。㉔遂：竟。㉕惡布天下：罪惡布於天下。㉖比來視君，一似胡廣：一似，全似。謂依
違於權姦之間，以保祿位。㉗王陵廷爭，陳平慎默：謂王陵以廷爭失位，陳平以慎默，終能安劉。
㉘但問歲晏何如耳：晏，暮晚；謂但問結果如何而已。㉙王珣謂恭曰……但問歲晏何如耳：按此段
乃錄自〈王導附珣傳〉，字句幾全相同。㉚親萬幾：幾同機，謂親覽萬機。㉑魏王珪使冠軍將軍代
人于栗磾……自井陘趨中山：按此段乃錄自《魏書・于栗磾傳》，字句全相同。㉒皆獲於魏：謂皆
為魏所獲。㉓左將軍李栗：按《魏書・太祖紀》皇始元年文兩作左軍將軍，又〈李栗傳〉：「數有
戰功，拜左軍將軍。太祖征慕寶，栗督五萬騎為前驅，軍之所至，莫不降下，遷左將軍。」是斯時尚
為左軍將軍，當據添軍字。㉔自旦至晡：晡指申時。㉕乘城：憑城。㉖崔宏奔海渚：《魏書・崔
玄伯傳》作：「東走海濱。」是渚猶濱也。㉗高陽太守崔宏犇海渚……創立制度：按此段乃錄自《魏
書・崔玄伯傳》，字句大致相同。㉘踔：音卓。㉙懸軍遠客：提軍遠客於外。㉚頓兵死地：駐軍
於必死之地。㉛官軍：稱己之軍。㉜難固：難以穩固。㉝隍：城濠。㉞難與重兵：不肯與多兵。
㉟效：仿效。㊱中仗：中軍營帳。㊲壞：壞潰。㊳是歲越質詰歸帥戶二萬叛西秦……千成降：按
此段乃錄自〈姚興載記〉上，字句大致相同。㊴自龍門濟：《魏土地記》曰：「梁山北有龍門山，
大禹所鑿，通孟津河口，廣八十步，巖際鐫迹，遺功尚存。」㊵西燕既亡，其所署河東太守柳恭等
……鎮蒲阪：按此段乃本於《姚興載記》上，而間有溢出。

卷一百九　晉紀三十一

司馬光編集
曲守約註

強圉作噩，一年。（丁酉，西元三九七年）

安皇帝甲

隆安元年（西元三九七年）

㈠春，正月，己亥朔，帝加元服㊀，改元，以左僕射王珣為尚書令，領軍將軍王國寶為左僕射、領選㊁，仍加後將軍、丹楊尹，會稽王道子悉以東宮兵㊂配㊃國寶，使領之。

㈡燕范陽王德求救於秦，秦兵不出，鄴中恟懼。賀賴盧㊄自以魏王珪之舅，不受東平公儀節度，由是與儀有隙，儀司馬丁建陰與德通，從而構間㊅之，射書入城中，言其狀。甲辰，風霾㊆晝晦，賴盧營有火，建言於儀曰：「賴盧燒營為變矣。」儀以為然，引兵退，賴盧聞之亦退㊇，建帥其眾詣德降，且言：「儀師老㊈，可擊。」德遣桂陽王鎮、南安王青帥騎七千追擊魏軍，大破之。燕王寶使左衛將軍慕輿騰攻博陵（一〇），殺魏所置守宰，王建等攻信都，六十餘日不下，士卒多死，庚申，魏王珪自攻信都，壬戌夜，燕宜都王鳳踰城犇中山，癸亥，信都降魏。

㈢涼王光以西秦王乾歸數反覆（一一），舉兵伐之，乾歸羣下請東奔成紀（一二）以避之，乾歸曰：「軍之勝敗，在於巧拙，不在眾寡，光兵雖眾而無法（一三），其弟延勇而無謀，不足憚也。且其精兵在延所，延敗，光自走矣（一四）。」光軍於長最，遣太原公纂等帥步騎三萬攻金城，乾歸帥眾二萬救之，未至，纂等拔金城，光又遣其將梁恭等以甲卒萬餘出陽武下峽（一五），與秦州刺史沒奕干攻其東，天水公延以枹罕之眾攻臨洮（一六）、武始、河關，皆克之。乾歸使人紿（一七）延云：「乾歸眾潰犇成紀。」延欲引輕騎追之，司馬耿稚諫曰：「乾歸勇略過人，安肯望風（一八）自潰，前破王廣、楊定，皆羸師以誘之。今告者視高色動（一九），殆必有姦（二〇），宜整陳而前，使步騎相屬（二一），俟諸軍畢集（二二），然後擊之，無不克矣。」延不從，進與乾歸遇，延戰死，稚與將軍姜顯收散卒，還屯枹罕，光亦引兵還姑臧（二三）。

㈣禿髮烏孤自稱大都督、大將軍、大單于、西平王，大赦，改元太初，治兵廣武，攻涼金城，克之。涼王光遣將軍竇苟伐之，戰於街亭，涼兵大敗㉔。

㈤燕王寶聞魏王珪攻信都，出屯深澤，遣趙王麟攻楊城，殺守兵三百，寶悉出珍寶及宮人，募郡國羣盜以擊魏。二月，己巳朔，珪還屯楊城㉕，沒根兄子醜提為幷州監軍，聞其叔父降燕，懼誅，帥所部兵還國作亂，珪欲北還，遣其國相涉延求和於燕，且請以其弟為質。寶聞魏有內難，不許，使冗從僕射蘭真責珪負恩㉖，悉發其眾步卒十二萬，騎三萬七千，屯於曲陽之柏肆，營於滹沲水北，以邀之。丁丑，魏軍至，營於水南，寶潛師夜濟，募勇敢萬餘人襲魏營，寶陳於營北，以為之援，募兵㉗因風縱火，急擊魏軍，魏軍大亂，珪驚起，棄營跣走㉘，燕將軍乞特真帥百餘人至其帳下，得珪衣鞾㉙，既而募兵無故自驚㉚，互相斫射，珪於營外望見之，乃擊鼓收眾，左右及中軍將士，稍稍㉛來集，多布火炬於營外，縱騎衝之，募兵大敗，還赴寶陳，寶引兵復渡水北。戊寅，魏整眾而至，與燕相持，燕軍奪氣，寶引還中山，魏兵隨而擊之，燕兵屢敗，寶懼，棄大軍，帥騎二萬犇還。時大風雪，凍死者相枕，寶恐為魏軍所及，命士卒皆棄袍仗㉜、兵器數十萬，守刃不返㉝，燕之朝臣將卒降魏，及為魏所係虜者甚眾㉞。

先是，張袞嘗為魏王珪言燕祕書監崔逞之材，珪得之，甚喜，以逞為尚書，使錄三十六曹，任以政事㉟。魏軍士有自柏肆亡歸者，言大軍敗散，不知王處，道過晉陽，晉陽守將封真因起兵攻并州刺史、曲陽侯素延，素延擊斬之。南安公順守雲中，聞之，欲自攝國事，幢將、代人莫題曰：「此大事，不可輕爾㊱，宜審待後問㊲，不然，為禍不細㊳。」順乃止㊴。順，什翼犍之孫也。賀蘭部帥附力眷、紇鄰部帥匿物尼㊵、紇奚部帥叱奴根，皆舉兵反，順討之不克，珪遣安遠將軍庾岳帥萬騎還討三部，皆平之㊶，國人乃安。珪欲撫慰新附，滿悔參合之誅，素延坐討反者殺戮過多，免官，以奚牧為并州刺史，牧與東秦主興書㊷，稱頓首㊸，與之均禮，興怒，以告珪，珪為之殺牧。

㈥己卯夜，燕尚書郎慕輿皓謀弒燕主寶[44]，立趙王麟，不克，斬關出犇魏，麟由是不自安。

㈦三月，燕以儀同三司、武鄉張崇為司空。

㈧初，燕清河王會聞魏軍東下，表求赴難[45]，燕主寶許之，會初無去意[46]，使征南將軍庫傉官偉、建威將軍餘崇將兵五千為前鋒，崇，嵩之子也，偉等頓盧龍近百日，無食，噉[47]馬牛且盡，會不發，寶怒，累詔切責[48]，會不得已，以治行簡練為名[49]，復留月餘。時道路不通，偉欲使輕軍[50]前行通道，偵魏彊弱，且張聲勢[51]，諸將皆畏避不欲行，餘崇奮曰[52]：「今巨寇滔天[53]，京都[54]危逼，匹夫猶思致命以救君父，諸君荷[55]國寵任，而更惜生乎[56]！若社稷傾覆，臣節[57]不立，死有餘辱[58]。諸君安居於此，崇請當之[59]。」偉喜，簡給步騎五百人，崇進至漁陽，遇魏千餘騎，崇謂其眾曰：「彼眾我寡，不擊，則不得免。」乃鼓譟直進，崇手殺[60]十餘人，魏騎潰去，崇亦引還。斬首獲生，具言敵中闊狹[61]，眾心稍振。會乃上道徐進，是月，始達薊城。

魏圍中山既久，城中將士皆思出戰，征北大將軍隆言於寶曰：「涉珪雖屢獲小利，然頓兵經年，凶勢沮屈(六二)，士馬死傷太半，人心思歸，諸部離解(六三)，正是可破之時也。加之舉城思奮(六四)，若因我之銳，乘彼之衰，往無不克；如其持重不決(六五)，將卒喪氣，日益困逼(六六)，事久變生，後雖欲用之，不可得也。」寶然之，而衞大將軍麟每沮(六七)其議，隆成列(六八)而罷者，前後數四，寶使人請於魏王珪，欲還其弟觚(六九)，割常山以西皆與魏，以求和。珪許之。既而寶悔之。己酉，珪如盧奴，辛亥，復圍中山。燕將士數千人，俱自請於寶曰：「今坐守窮城，終於困弊，臣等願得一出樂戰(七〇)，而陛下每抑之，此為坐自摧敗(七一)也。且受圍歷時，無他奇變(七二)，徒望積久，寇賊自退，今內外之勢，彊弱懸絕(七三)，彼必不自退，明矣。宜從眾一決(七四)。」寶許之。隆退而勒兵(七五)，召諸參佐謂之曰：「皇威不振，寇賊內侮(七六)，臣子同恥，義不顧生(七七)，今幸而破賊，吉還(七八)固善，若其不幸，亦使吾志節獲展(七九)，卿等有北見吾母者，為吾道此情也。」乃被甲上馬，詣門俟命，麟復固止寶，眾大忿恨，隆涕泣而還。是夜麟以兵劫左衞將軍、北地王精，使帥禁兵弒寶，精以義拒之[八〇]，麟怒殺精，出犇西山[八一]，依丁零餘眾，於是城中人情震駭，寶不知麟所之，以清河王會軍在近，恐麟奪會軍，先據龍城，乃召隆及驃騎大將軍農，謀去中山，走保龍城。隆曰：「先帝櫛風沐雨[八二]，以成中興之業，崩未朞年，而天下大壞，豈得不謂之孤負[八三]邪！今外寇方盛，而內難復起，骨肉乖離[八四]，百姓疑懼，誠不可以拒敵，北遷舊都，亦事之宜；然龍川[八五]地狹民貧，若以中國之意，取足其中，復朝夕望有大功，此必不可。若節用愛民，務農訓兵，數年之中，公私充實，而趙魏之間，厭苦寇暴，民思燕德，庶幾返旆克復故業[八六]；如其未能，則憑險自固，猶足以優游[八七]養銳耳。」寶曰：「卿言盡理，朕一從[八八]卿意耳。」

遼東高撫善卜筮，素為隆所信厚[八九]，私謂隆曰：「殿下北行，終不能達，太妃亦不可得見，若使主上獨往，殿下潛留於此，必有大功。」隆曰：「國有大難，主上蒙塵[九〇]，且老母在北，吾得北首[九一]而死，猶無所恨，卿是何言也[九二]！」乃遍召僚佐，問其去留，唯司馬魯恭、參軍成岌願從，餘皆欲留，隆並聽之。農部將谷會歸說農曰：「城中之人，皆涉珪參合所殺者，父兄子弟(九三)泣血(九四)踊躍，欲與魏戰，而為衞軍(九五)所抑。今聞主上當北遷，皆曰得慕容氏一人，奉而立之，以與魏戰，死無所恨，大王幸而留此，以副(九六)眾望，擊退魏軍，撫寧畿甸(九七)，奉迎大駕，亦不失為忠臣也。」農欲殺歸，而惜其材力，謂之曰：「必如此以望生，不如就死(九八)。」壬子夜，寶與太子策、遼西王農、高陽王隆、長樂王盛等萬餘騎，出赴會軍，河間王熙、勃海王朗、博陵王鑒皆幼，不能出城，隆還入迎之，自為鞁乘(九九)，俱得免。燕將王沈等降魏。樂浪王惠、中書侍郎韓範、員外郎段宏、太史令劉起等，帥工伎(一〇〇)三百犇鄴。中山城中無主，百姓惶惑，東門不閉，魏王珪欲夜入城，冠軍將軍王建志在虜掠，仍言恐士卒盜府庫物，請俟明旦，珪乃止。燕開封公詳從寶不成(一〇一)，城中立以為主，閉門拒守，珪盡眾攻之，連日不拔，使人登巢車(一〇二)，臨城(一〇三)諭之曰：「慕容寶已棄汝走，汝曹百姓空自(一〇四)取死，欲誰為乎(一〇五)？」皆曰：「羣小無知，恐復如參合之眾，故苟延旬月之命耳。」珪顧王建而唾其面⑯。使中領將軍長孫肥、左將軍李栗，將三千騎追寶，至范陽，不及，破其新城戍而還。

(九)甲寅，尊皇太后李氏為太皇太后，戊午，立皇后王氏⑰。

(十)燕主寶出中山，與趙王麟遇於泒城，麟不意寶至，驚駭，帥其眾犇蒲陰，復出屯望都⑱，土人⑲頗供給之，慕容詳遣兵掩擊麟，獲其妻子，麟脫走入山中，甲寅，寶至薊，殿中親近，散亡略盡⑳，惟高陽王隆所領數百騎為宿衛，清河王會帥騎卒二萬，迎於薊南，寶怪會容止怏怏㉑有恨色，密告隆及遼西王農，農、隆俱曰：「會年少，專任方面㉒，習驕㉓所致，豈有他也。臣等當以禮責之。」寶雖從之，然猶詔解會兵以屬隆，隆固辭，乃減會兵，分給農、隆，又遣西河公庫傉官驥帥兵三千，助守中山㉔。丙辰，寶盡徙薊中府庫㉕，北趣龍城。魏石河頭引兵追之，戊午，及寶於夏謙澤㉖。寶不欲戰，清河王會曰：「臣撫教士卒，惟敵是求，今大駕蒙塵，人思效命，而虜敢自送㉗，眾心忿憤。兵法曰：『歸師勿遏。』又曰：『置之死地而後生。』今我皆得之，何患不克？

若其捨去，賊必乘人㉘，或生餘變㉙。」寶乃從之。會整陳與魏兵戰，農、隆等將南來騎衝之，魏兵大敗，追犇百餘里，斬首數千級，隆又獨追數十里而還，謂故吏留臺治書㉚陽璆曰：「中山城中積兵數萬，不得展㉛吾意，今日之捷，令人遺恨㉜。」因慷慨流涕。會既敗魏兵，矜狠滋甚㉝，隆屢訓責之，會益忿恚㉞。會以農隆皆嘗鎮龍城，屬尊位重，名望素出己右㉟。恐至龍城，權政㊱不復在己，又知終無為嗣之望㊲，乃謀作亂，幽平之兵，皆懷會恩，不樂屬二王，請於寶曰：「清河王勇略高世㊳，臣等與之誓同生死，願陛下與皇太子、諸王留薊宮，臣等從王南解京師之圍，還迎大駕。」寶左右皆惡會，言於寶曰：「清河王不得為太子，神色甚不平，且其才武㊴過人，善收人心，陛下若從眾請，臣恐解圍之後，必有衞輒之事㊵。」寶乃謂眾曰：「道通㊶年，才不及二王，豈可當專征之任？且朕方自統六師，杖會以為羽翼，何可離左右也。」眾不悅而退。左右勸寶殺會，侍御史仇尼歸聞之，告會曰：「大王所恃者父，父已異圖；所杖㊷者兵，兵已去手㊸，欲於何所自容乎㉞？不如誅二王，廢太子，大王自處東宮，兼將相之任㉟，以匡復社稷，此上策也。」會猶豫未許㊱，寶謂農、隆曰：「觀道通志趣㊲，必反無疑，宜早除之。」農、隆曰：「今寇敵內侮㊳，中土紛紜㊴，社稷之危，有如累卵，會鎮撫舊都，遠赴國難，其威名之重，足以震動四鄰，逆狀未彰，而遽殺之，豈徒㊵傷父子之恩，亦恐大損威望。」寶曰：「會逆志已成，卿等慈恕㊶不忍早殺，恐一旦為變，必先害諸父㊷，然後及吾，至時勿悔自負也㊸。」會聞之，益懼。夏，四月，癸酉，寶宿廣都黃榆谷，會遣其黨仇尼歸、吳提染干，帥壯士二十餘人，分道襲農、隆，殺隆於帳下，農被重創，執仇尼歸逃入山中，會以仇尼歸被執，事終顯發㊹，乃夜詣寶曰：「農、隆謀逆，臣已除之。」寶欲討會，陽㊺為好言以安之曰：「吾固疑二王久矣，除之甚善。」

甲戌旦，會立仗嚴備㊻，乃引道㊼，會欲棄隆喪，餘崇涕泣固請，乃聽載隨軍，農出自歸，寶呵之曰：「何以自負邪㊽！」命執之，行十餘里，寶顧召羣臣食，且議農罪，會就坐，寶目㊾衛軍將

軍慕輿騰使斬會，傷其首，不能殺，會走赴其軍，勒兵攻寶，寶
帥數百騎馳二百里，晡時，至龍城，會遣騎追至石城不及。乙亥，
會遣仇尼歸攻龍城，寶夜遣兵襲擊，破之，會遣使請誅左右佞臣，
并求為太子，寶不許，會盡收乘輿器服(五〇)，以後宮(五一)分給將帥，署
置百官，自稱皇太子、錄尚書事，引兵向龍城，以討慕輿騰為名。
丙子，頓兵城下，寶臨西門，會乘馬遙與寶語，寶責讓之，會命
軍士向寶大譟以耀威，城中將士皆憤怒，向暮(五二)出戰，大破之，會
兵死傷太半，走還營。侍御郎高雲夜帥敢死士百餘人襲會軍，會
眾皆潰，會將十餘騎犇中山，開封公詳殺之，寶殺會母及其三子。
丁丑，寶大赦，凡與會同謀者皆除罪(五三)，復舊職，論功行賞，拜將
軍、封侯者數百人。遼西王農骨破見腦，寶手自裹創(五四)，僅而獲
濟(五五)。以農為左僕射，尋拜司空、領尚書令，餘崇出自歸，寶嘉其
忠，拜中堅將軍，使典宿衛。贈高陽王隆司徒，謚曰康。寶以高
雲為建威將軍，封夕陽公，養以為子，雲，高句麗之支屬也。燕
王皝破高句麗，徙於青山(五六)，由是世為燕臣。雲沈厚(五七)寡言，時人

莫知，中衛將軍、長樂馮跋(五八)奇其志度(五九)，與之為友，跋父和事西燕主永為將軍(六〇)，永敗徙和龍。

(十一)僕射王國寶、建威將軍王緒，依附會稽王道子，納賄窮奢(六一)，不知紀極，惡王恭、殷仲堪，勸道子裁損(六二)其兵權，中外恟恟不安。恭等各繕甲勒兵(六三)，表請北伐，道子疑之，詔以：「盛夏妨農(六四)，悉使解嚴(六五)。」恭遣使與仲堪謀討國寶等。桓玄以仕不得志，欲假仲堪兵勢以作亂，乃說仲堪曰：「國寶與君諸人(六六)，素已為對(六七)，唯患相斃之不速耳(六八)。今既執大權，與王緒相表裏(六九)，其所迴易(七〇)，無不如志，孝伯(七一)居元舅(七二)之地，必未敢害之。君為先帝所拔，超居方任(七三)，人情皆以君為雖有思致(七四)，非方伯才，彼若發詔徵君為中書令，用殷覬(七五)為荊州，君何以處之(七六)？」仲堪曰：「憂之久矣，計將安出？」玄曰：「孝伯疾惡深至(七七)，君宜潛與之約，興晉陽之甲(七八)，以除君側之惡(七九)，東西齊舉(八〇)，玄雖不肖(八一)，願帥荊楚豪桀，荷戈(八二)先驅(八三)，此桓文之勳也(八四)。」仲堪心然之，乃外結雍州刺史郗恢，內與從兄南蠻校尉覬、南郡相、陳留江績謀之。覬曰：「人臣當各守職分[八五]，朝廷是非，豈藩屏[八六]之所制[八七]也。晉陽之事，不敢預聞[八八]。」仲堪固邀之[八九]，覬怒曰：「吾進不敢同[九〇]，退不敢異[九一]。」續亦極言其不可，覬恐續及禍，於坐和解[九二]之。續曰：「大丈夫何至以死相脅邪[九三]！江仲元[九四]行年六十，但未獲死所耳。」仲堪憚其堅正[九五]，以楊佺期代之。朝廷聞之，徵續為御史中丞[九六]，覬遂稱散發辭位[九七]，仲堪往省之，謂覬曰：「兄病，殊為可憂。」覬曰：「我病不過身死，汝病，乃當滅門[九八]，宜深自愛，勿以我為念[九九]。」郗恢亦不肯從，仲堪疑未決，會王恭使至，仲堪許之，恭大喜。甲戌，恭上表，罪狀國寶[一〇〇]，舉兵討之。初孝武帝委任王珣，及帝暴崩，不及受顧命[一〇一]，珣一旦失勢，循默[一〇二]而已。丁丑，王恭表至，內外戒嚴，道子問珣曰：「二藩作逆，卿知之乎？」珣曰：「朝政得失，珣弗之預，王殷作難，何由可知[一〇三]？」王國寶惶懼，不知所為，遣數百人戍竹里，夜遇風雨，各散歸。

王緒說國寶矯相王[一〇四]之命，召王珣、車胤殺之，以除時望，因挾君相[一〇五]發兵，以討二藩。國寶許之。珣、胤至，國寶不敢害[一〇六]，更問計於珣，珣曰：「王、殷與卿，素無深怨，所競不過勢利之間耳(二七)。」國寶曰：「將曹爽我乎(二八)？」珣曰：「是何言歟！卿寧有(二九)爽之罪，王孝伯豈宣帝之儔(三〇)邪！」又問計於胤，胤曰：「昔桓公圍壽陽，彌時(三一)乃克，今朝廷遣軍，恭必城守，若京口未拔，而上流奄至(三二)，君將何以待之？」國寶尤懼，遂上疏解職(三三)，詣闕待罪，既而悔之，詐稱詔復其本官。道子闇懦，欲求姑息(三四)，乃委罪(三五)國寶，遣驃騎諮議參軍、譙王尚之收國寶付廷尉(三六)，尚之，恬之子也。甲申，賜國寶死，斬緒於市(三七)，遣使詣恭，深謝愆失(三八)，恭乃罷兵還京口。國寶兄侍中愷，驃騎司馬愉，並請解職，道子以愷、愉與國寶異母，又素不協(三九)，皆釋不問(四〇)。戊子，大赦。

殷仲堪雖許王恭，猶豫不敢下，聞國寶等死，乃始抗表(四一)舉兵，遣楊佺期屯巴陵(四二)，道子以書止之，仲堪乃還(四三)，會稽世子元顯年十六，有俊才，為侍中，說道子以王、殷終必為患，請潛(四四)為之備，道子乃拜元顯征虜將軍，以其衛府(四五)及徐州文武悉配之(四六)。

(十二)魏王珪以軍食不給，命東平公儀去鄴，徙屯鉅鹿，積租(四七)楊城，慕容詳出步卒六千人，伺間，襲魏諸屯，珪擊破之，斬首五千，生擒七百人，皆縱之。

⒀初，張掖盧水胡、沮渠羅仇㉘，匈奴沮渠王之後也，世為部帥，涼王光以羅仇為尚書，從光伐西秦，及呂延敗死，羅仇弟三河太守麴粥謂羅仇曰：「主上荒耄㉙信讒，今軍敗將死，正其猜忌㉚智勇之時也，吾兄弟必不見容㉛，與其死而無名，不若勒兵向西平，出苕㉜藋㉝，奮臂㉞一呼，涼州不足定也。」羅仇曰：「誠如汝言，然吾家世以忠孝著於西土，寧使人負我，我不忍負人也。」光果聽讒，以敗軍之罪殺羅仇及麴粥。羅仇弟子蒙遜，雄傑有策略㉟，涉獵㊱書史，以羅仇、麴粥之喪，歸葬，諸部多其族姻㊲，會葬者凡萬餘人，蒙遜哭謂眾曰：「呂王昏荒無道，多殺不辜，吾之上世㊳，虎視河西㊴，今欲與諸部雪二父之恥，復上世之業，何如？」眾咸稱萬歲，遂結盟起兵，攻涼臨松郡，拔之，屯據金山㊵。

【今註】㈠元服：冠。㈡領選：謂領吏部選。㈢東宮兵：護衛太子之兵。㈣配：分配。㈤賀賴盧：《魏書．外戚賀訥傳》，作賀盧，蓋《通鑑》用其原姓，而《魏書》則用其改後之姓也。⑥構間：謂挑撥離間。⑦霾：風而雨土，音埋。⑧賀賴盧自以魏王珪之舅……賴盧聞之亦退：按此段雖本於《魏書．外戚賀訥傳》，而事蹟加詳。⑨儀師老：謂儀師疲老。⑩燕王寶使左衞將軍慕輿騰攻博陵：按《魏書．太祖紀》皇始二年文，慕輿騰作慕容騰。⑪反覆：謂反覆無常。⑫成紀：故城在今甘肅省泰安縣北。⑬無法：猶無計謀。⑭乾歸羣下請東犇成紀……延敗，光自走矣：按此段乃錄自《乞伏乾歸載記》，字句間有不同。⑮陽武下峽：在高平西，河水所經。⑯臨洮：今甘肅省岷縣治，音滔。⑰紿：詐，音殆。⑱望風：迎風。⑲視高色動：視高，謂目往上視，不畏懼也；色動，謂恐不遂也。⑳殆必有姦：大概必有姦詐。㉑相屬：相連接。㉒畢集：全集。㉓光軍於長最……光亦引兵還姑臧：按此段乃錄自《呂光載記》，字句大致相同。㉔禿髮烏孤自稱大都督……戰於街亭，涼兵大敗：按此段乃錄自《禿髮烏孤載記》，字句幾全相同。㉕燕王寶聞魏王珪攻信都……珪還屯楊城：按此段乃錄自《魏書．太祖紀》皇始二年文，字句大致相同。㉖負恩：背恩。㉗募兵：指上募郡國羣盜而言。㉘跣走：赤足而走。㉙韡：靴本字。㉚無故自驚：謂無緣無故，而自行驚擾。㉛稍稍：猶漸漸。㉜袍仗：衣袍、器杖。㉝寸刃不返：謂一點兵器，皆未帶還。㉞寶潛師夜濟……及為魏所係虜者甚眾：按此段文乃揉合《魏書．太祖紀》及《慕容寶載記》而成，然仍較二文有多出者。㉟先是張袞嘗為魏王珪言燕秘書監崔逞之材……任以政事：按此段乃錄自《魏書．崔逞傳》，字句幾全相同。㊱不可輕爾：猶不可率爾。㊲後問：後之音問。㊳不細：不小。㊴南安公順守雲中……順乃止：按此段乃錄自《魏書・莫題傳》，字句幾全相同。(四〇)紇鄰部帥匿物尼：《魏書・太祖紀》皇始二年文，紇鄰作紇突鄰。(四一)賀蘭部帥……還討三部皆平之：按此段乃錄自《魏書・太祖紀》皇始二年文。(四二)牧與東秦主興書：時乞伏氏建國隴西，號秦，故史書姚秦為東秦，以別之。(四三)稱頓首：按稱頓首，為朋友同輩札中，常用之稱謂語。(四四)慕輿皓謀弒燕主寶：按〈慕容寶載記〉，慕輿皓作慕容皓。(四五)表求赴難：上表求赴國難。(四六)去意：去龍城之意。(四七)噉：食。(四八)切責：嚴切斥責。(四九)以治行簡練為名：以治行裝，簡練士卒為名義。(五〇)輕軍：輕騎。(五一)且張聲勢：並且張大燕之聲勢。(五二)舊曰：謂奮身起而言曰。(五三)滔天：謂滔滿天下。(五四)京都：謂中山。(五五)荷：受。(五六)而更惜生乎：而反愛惜生命乎？(五七)臣節：臣之操行。(五八)辱：恥辱。(五九)當之：當任此職。(六〇)手殺：謂親殺。(六一)具言敵中闊狹：具言敵間道里闊狹之情。(六二)凶勢沮屈：凶惡之勢，沮喪屈撓。(六三)離解：離心解體。(六四)舉城思奮：全城皆思振奮。(六五)如其持重不決：如若持重而不決斷。(六六)困逼：困窘逼迫。(六七)沮：沮壞。(六八)成列：擺成陣列。(六九)欲還其弟觚：觚留燕，事見卷一百七孝武太元十六年。(七〇)樂戰：士皆赴死願戰，為樂戰。(七一)坐自摧敗：坐而自待摧折敗亡。(七二)奇變：奇異變化。(七三)懸絕：謂絕對不同。(七四)宜從眾一決：宜從眾人之意，而一決雌雄。(七五)勒兵：部勒兵士。(七六)內侮：向我國內侵侮。(七七)顧生：謂顧念生命。(七八)吉還：謂勝還。(七九)獲展：獲伸。(八〇)以義拒之：以大義拒之。(八一)西山：謂曲陽之西山。(八二)櫛風沐雨：謂冒犯風雨之侵襲。(八三)孤負：謂孤負先帝。(八四)骨肉乖離：兄弟親屬，乖隔離異。(八五)龍川：謂和龍之地。(八六)返旆克復故業：旆，大旗；克復，得以恢復；

故業，舊業。〔八七〕優游：從容。〔八八〕一從：謂完全聽從。〔八九〕信厚：猶信重。〔九〇〕蒙塵：冒受風塵，即遭亂而播遷也。〔九一〕北首：北向。〔九二〕卿是何言也：謂卿此是何言，含責怪之意。〔九三〕城中之人，皆涉珪參合所殺者，父兄子弟：按殺者下當添一之字，或改者為之，文意方為符顯。〔九四〕泣血：上句既添之字，則泣血上宜添莫不二字，以使上下貫連。〔九五〕衞軍：慕容麟為衞大將軍，故稱之為衞軍。〔九六〕副：稱。〔九七〕畿甸：謂京師地帶。〔九八〕就死：即死。〔九九〕鞁乘：《說文》：「車駕具。」音被。〔一〇〇〕工伎：工匠伎樂。〔一〇一〕從寶不成：謂從寶未獲。〔一〇二〕巢車：杜預曰：「巢車，車上為櫓。」〔一〇三〕臨城：靠近城上。〔一〇四〕空自：徒自。〔一〇五〕欲誰為乎：謂守城欲為誰乎？〔一〇六〕珪顧王建而唾其面：以王建曾勸殺參合陂之降卒，故珪恨而唾之。又以唾洩恨辱人，古今常採用之。茲錄古籍所載數事，以實上說。《左傳》僖公三十三年：「先軫怒曰：『武夫力而拘諸原，婦人暫而免諸國，墮軍實而長寇讎，亡無日矣。』不顧而唾。」《國策・趙策》趙太后新用事章：「太后明謂左右：『有復言令長安君為質者，老婦必唾其面。』」《史記・孟嘗君傳》：「孟嘗君曰：『客見文一日廢，皆背文而去，莫顧文者。今賴先生得復其位，客亦有何面目復見文乎！如復見文者，必唾其面，而大辱之。』」《世說・容止》：「潘岳妙有姿容，好神情，少時挾彈出洛陽道，婦人遇者，莫不連手共縈之。左太沖絕醜，亦復效岳遊遨，於是羣嫗齊共亂唾之，委頓而去。」《唐張鷟朝野僉載》：「張文成以梟晨鳴於庭樹，其妻以為不祥，連唾之。文成云：『速洒掃，吾當改官。』言未畢，賀客已在門。」〔一〇七〕三月甲寅尊皇太后李氏為太皇太后，戊午立皇后王氏：按安帝紀隆安元年，此二事俱列於二月，此亦當改列於二月中。〔一〇八〕望都：在今河北省望都縣。⑲土人：謂本地人。⑳略盡：幾盡。㉑怏怏：不快貌。㉒專任方面：謂獨任一方一面。㉓習驕：習於驕傲。㉔清河王會帥騎卒二萬迎於薊……帥兵三千，助守中山：按此段乃錄自〈慕容寶載記〉，字句大致相同。㉕盡徙薊中府庫：謂盡徙薊中府庫之物。㉖夏謙澤：在薊北二百餘里。㉗自送：自送死。㉘乘人：謂陵我。㉙餘變：謂其他變化。㉚留臺治書：留臺治書侍御史。㉛展：伸。㉜令人遺恨：使人留恨，謂恨不早與之戰，以獲勝捷。㉝矜狠滋甚：矜驕狠厲愈甚。㉞恚：怒，音ㄏㄨㄟˋ。㉟素出己右：夙出於己之上。㊱權政：權柄政事。㊲終無為嗣之望：以寶違垂命立策為太子。㊳勇略高世：猶勇略蓋世。㊴才武：才幹勇武。㊵必有衞輒之事：衞靈公世子蒯聵出奔，靈公立其子輒，靈公卒，輒立，蒯聵復入，輒拒而不納。㊶道通：會字。㊷杖：謂依仗。㊸兵已去手：謂兵已為寶分與隆農。㊹欲於何所自容乎：欲於何處自容身乎？㊺兼將相之任：兼將相之職。㊻未許：未允許。㊼志趣：志氣意趣。㊽內侮：向國內侵侮。㊾中土紛紜：謂中原擾攘。㊿徒：但。(51)慈恕：仁慈寬恕。(52)諸父：指隆農等言，蓋俱為會之叔伯也。(53)勿悔自負：謂勿後悔自害自己。(54)顯發：顯露發覺。(55)陽：外面。(56)嚴備：戒備。(57)乃引道：乃引軍上道。(58)何以自負邪：寶陽責農，而以前言相擿發。(59)目：以目示意。(60)乘輿器服：謂寶之器服。(61)以後宮：以後宮宮人。(62)向暮：猶近暮。(63)除罪：免罪。(64)手自裹創：親自包裹創傷。(65)獲濟：猶獲愈。(66)徙於青山：青山，遼西徙何縣之青山也。(67)沈厚：沈重。(68)長樂馮跋：按〈馮跋載記〉，跋長樂信都人，是長樂乃係郡名。信都在今河北省冀縣東北。(69)志度：志氣度量。(70)跋父和事西燕主永為將軍：按〈馮跋載記〉：「跋祖父和避地上黨，父安，雄武有器量，慕容永時為將軍。」是為永將軍者，乃跋父安。又和乃跋之祖父，非跋之父。為完全符合事實計，父和當改作父安。(六一)納賄窮奢：招納財貨，窮極奢侈。(六二)裁損：猶裁減。(六三)繕甲勒兵：繕脩甲杖，部勒兵卒。(六四)盛夏妨農：盛夏興眾，妨礙農事。(六五)解嚴：解除戒備。(六六)與君諸人：猶與君等。(六七)素已為對：早已為敵對。(六八)唯患相斃之不速耳：唯憂對方之不速死耳。(六九)表裏：謂內外相沆瀣。(七〇)迴易：猶改易。(七一)孝伯：王恭字。(七二)元舅：大舅。(七三)方任：方伯之任。(七四)思致：情思意致。(七五)殷覬：時覬為南蠻校尉，資次可為荊州刺史。音冀。(七六)處：處置。(七七)疾惡深至：痛恨邪惡，既深且至。(七八)興晉陽之甲：《公羊傳》：「趙鞅與晉陽之甲，以除君側之惡。」(七九)君側之惡：君王兩旁之惡人。(八〇)東西齊舉：江陵在西，京口在東，故曰東西齊舉。(八一)不肖：不賢。(八二)荷戈：負戈。(八三)先驅：在前面開路。(八四)乃說仲堪曰……此桓文之勳也。按此段乃錄自桓玄傳，字句幾全相同。(八五)職分：職位中分所應為者。(八六)藩屏：屏翰之藩國。(八七)制：管制。(八八)預聞：參預知聞。(八九)固邀之：固邀其預除君側之謀。(九〇)吾進不敢同：謂吾若動作亦不敢同君除君側之謀。(九一)退不敢異：謂吾若不動，亦不敢與君謀相異。(九二)和解：說和勸解。(九三)大丈夫何至以死相脇邪：謂大丈夫何至為人以死相威脅耶！(九四)仲元：江績字。(九五)堅正：堅毅方正。(九六)績亦極言其不可……徵績為御史中丞：按此段乃錄自〈江逌附績傳〉，字句幾全相同。(九七)遂稱散發辭位：按散，乃寒食散，為晉代名士喜服之藥。茲將其起源作用，及晉代服食情形，為略述之。先言其起源，《世說・言語》何平叔云，注引〈秦丞相寒食散論〉

曰：「寒食散之方雖出漢代，而用之者寡，靡有傳焉。魏尚書何晏首獲神效，由是大行於世，服者相尋也。」次言其作用。《世說・言語》：「何平叔云：『服五石散，非唯治病，亦覺神明開朗。』」然若服之過多，或乖違節度，則常陷於腹內灼熱，委頓不倫，而其甚者，則因以喪生。《晉書・皇甫謐傳》：「上疏自稱草莽臣曰：『又服寒食藥，違錯節度，辛苦荼毒，於今七年。隆冬裸袒食冰，當暑煩悶，加以咳逆，或若溫瘧，或類傷寒，浮氣流腫，四肢酸重，於今困劣，救命呼噏。父兄見出，妻息長訣。……初服寒食散，而性與之忤，每委頓不倫，嘗悲恚叩刃欲自殺，叔母諫之而止。』」《魏書・太祖紀》：「初帝服寒食散，自太醫令陰羌死後，藥數動發，至此逾甚，而災變屢見，憂懣不安，或數日不食，或不寢達旦，歸咎羣下，喜怒乖常。十月戊辰帝崩於天安殿。」二者，乃其例也。又服食攝調之法，亦有可得而言者，《晉書・裴秀傳》：「在位四載，為當世名公。服寒食散，當飲熱酒，而飲冷酒，泰始七年薨。」《世說・任誕》：「桓南郡被召作太子洗馬，船泊荻渚，王大服散後，已小醉，往看桓，桓為設酒，不能冷飲，頻語左右，令溫酒來。」同書〈文學〉：「王孝伯在京行散，至其弟王睹戶前，問：『古詩中何句為佳？』睹思未答。孝伯詠：『所遇無故物，焉得不速老！』此句為佳。」同書〈賞譽〉：「王恭始與王建武甚有情，後遇袁悅之間，遂致疑隙，然每至興會，故有相思時。恭嘗行散至京口射堂，於時清露晨流，新桐初引，恭目之曰：『王大故自濯濯。』」而所言者，除二則外，皆屬晉代名流之事，亦足見晉代服寒食散風氣之流行焉。(九八)乃當滅門：謂滅全家。(九九)覬曰人臣當各守職分……退不敢異。又覬遂稱散發辭位……勿以我為念：按此二段俱錄自〈殷顗傳〉（《晉書》作顗，以諸文核之，當作覬。）字句大致相同。(20)罪狀國寶：陳國寶之罪狀。(21)顧命：顧託之命。(22)循默：循常而無一言。(23)何由可知：猶何從得知。(24)相王：道子。(25)君相：謂安帝及道子。(26)王緒說國寶……珣胤至，國寶不敢害：按此段乃錄自〈王湛附國寶傳〉，字句大致相同。(27)所競不過勢利之間耳：所爭競者，不過為勢利耳。(28)將曹爽我乎：謂珣如蔣濟說曹爽釋權，而司馬懿終族之也。(29)寧有：豈有。(30)儔：侶。(31)彌時：經時。(32)奄至：奄忽而至。(33)解職：解去職位。(34)姑息：姑，且；息，止。(35)委罪：推卸罪過。(36)付廷尉：付令廷尉審訊。(37)又問計於胤……斬緒於市：按此段乃錄自〈王湛附國寶傳〉，字句大致相同。(38)愆失：過失。(39)不協：不合協。(40)國寶兄侍中愷……皆釋不問：按此段乃錄自〈王湛附愷傳〉，字句大致相同。(41)抗表：上表章於朝廷。(42)巴陵：在今湖南省岳陽縣。(43)殷仲堪雖許王恭……仲堪乃還：按此段乃錄自〈殷仲堪傳〉，字句大致相同。(44)潛：暗。(45)衙府：衙軍府。(46)會稽世子元顯年十六……及徐州文武悉配之：按此段乃錄自〈簡文三子元顯傳〉，字句大致相同。(47)積租：積租糧。(48)初張掖盧水胡沮渠羅仇：《北史・北涼沮渠氏傳》：「大沮渠蒙遜，本張掖臨松盧水人也。」(49)荒耄：八十曰耄，音帽。意謂荒昏老耄。(50)猜忌：猜嫉忌妬。(51)容：收容。(52)苕：音迢。(53)藋：音調。(54)奮臂：舉臂。(55)策略：謀略。(56)涉獵：謂粗讀。(57)族姻：宗族姻親。(58)上世：先世。(59)虎視河西：《北史・北涼沮渠氏》：「世居盧水，為酋豪，遜高祖暉仲歸、曾祖遮皆雄健有勇名。祖祁復延封伏地王。」故云然。(60)初張掖盧水胡沮渠羅仇……屯據金山：按此段乃錄自〈沮渠蒙遜載記〉，字句大致相同。

㈠司徒左長史王廞㉑，導之孫也，以母喪居吳，王恭之討王國寶也，版廞㉒行吳國內史，使起兵於東方，廞使前吳國內史虞嘯父等入吳興、義興，召募兵眾，赴者萬計。未幾，國寶死，恭罷兵符㉓，廞去職，反喪服。廞以起兵之際，誅異己者頗多，勢不得止，遂大怒不承恭命，使其子泰將兵伐恭，牋於會稽王道子㉔，稱恭罪惡，道子以其牋送恭，五月，恭遣司馬劉牢之帥五千人，擊泰斬之，又與廞戰於曲阿，眾潰，廞單騎走，不知所在，收虞嘯父下廷尉㉕，以其祖潭有功㉖，免為庶人㉗。

㈡燕庫傉官驥入中山，與開封公詳相攻，詳殺驥，盡滅庫傉官氏，又殺中山尹苻謨，夷其族，中山城無定主㉘，民恐，魏兵乘之，男女結盟，人自為戰。

㈢甲辰，魏王珪罷中山之圍，就穀河間，督諸郡義租。甲寅，以東平公儀為驃騎大將軍、都督中外諸軍事、兗、豫、雍、荊、徐、揚六州牧、左丞相，封衛王，慕容詳自謂能却魏兵，威德已振，乃即皇帝位，改元建始，置百官，以新平公可足渾潭為車騎大將軍、尚書令，殺拓跋觚〔二九〕以固眾心。鄴中官屬勸范陽王德稱尊號，會有自龍城來者，知燕主寶猶存，乃止。

㈣涼王光遣太原公纂將兵擊沮渠蒙遜於忽谷〔三〇〕，破之，蒙遜逃入山中，蒙遜從兄男成為涼將軍，聞蒙遜起兵，亦合眾數千屯樂涫〔三一〕，酒泉太守壘澄討男成，兵敗，澄死，男成進攻建康，遣使說建康太守段業曰：「呂氏政衰，權臣擅命，刑殺無常〔三二〕，人無容處〔三三〕，一州之地，叛者相望〔三四〕，瓦解〔三五〕之形，昭然在目，百姓嗷然無所依附，府君〔三六〕柰何以蓋世〔三七〕之才，欲立忠於垂亡之國？男成等既唱大義，欲屈〔三八〕府君撫臨鄙州，使塗炭〔三九〕之餘，蒙來蘇〔四〇〕之惠，何如？」業不從，相持二旬，外救不至，郡人高逵、史惠等勸業從男成之請，業素與涼侍中房晷、僕射王詳不平〔四一〕，懼不自安，乃許之。男成等推業為大都督、龍驤大將軍、涼州牧、建康公〔四二〕，改元神璽，以男成為輔國將軍，委以軍國之任。蒙遜帥眾歸業，業以蒙遜為鎮西將軍。光命太原公纂將兵討業，不克。

㈤六月，西秦王乾歸徵北河州刺史彭奚念為鎮衞將軍，以鎮西將軍屋弘破光為河州牧，定州刺史翟瑥為興晉太守，鎮枹罕。

㈥秋，七月，慕容詳殺可足渾潭，詳嗜酒奢淫，不恤士民，刑殺無度，所誅王公以下五百餘人，羣下離心，城中饑窘，詳不聽民出采稆(263)，死者相枕，舉城皆謀迎趙王麟，詳遣輔國將軍張驤帥五千餘人，督租於常山，麟自丁零入驤軍，潛襲中山，城門不閉，執詳斬之，麟遂稱尊號(264)，聽人四出采稆，人既飽，求與魏戰，麟不從，稍復窮餒。

㈦魏王珪軍魯口，遣長孫肥帥騎七千襲中山，入其郛(265)，麟追至泒水，為魏所敗而還。八月，甲寅朔(266)，魏王珪徙軍常山之九門，軍中大疫，人畜多死，將士皆思歸，珪問疫於諸將，對曰：「在者(267)纔什四五。」珪曰：「此固天命，將若之何？四海之民，皆可為國(268)，在吾所以御之耳，何患無民？」羣臣乃不敢言，遣撫軍大將軍、略陽公遵襲中山，入其郛而還(269)。

燕以遼西王農為都督中外諸軍事、大司馬、錄尚書事。

(八)涼散騎常侍、太常、西平郭麐善天文數術(五〇)，國人信重之，會熒惑守東井，麐謂僕射王詳曰：「涼之分野，將有大兵(五一)。主上老病，太子闇弱，太原公(五二)兇悍(五三)，一旦不諱(五四)，禍亂必起，吾二人久居內要(五五)，彼常切齒(五六)，將為誅首(五七)矣。田胡王乞基(五八)部落最彊，二苑之人，多其舊眾，吾欲與公舉大事，推乞基為主，二苑之眾，盡我有(五九)也。得城之後，徐更議之。」詳從之，麐夜以二苑之眾，燒洪範門，使詳為內應，事泄詳被誅，麐遂據東苑以叛，民間皆言：「聖人舉兵(六〇)，事無不成。」從之者甚眾。涼王光召太原公纂使討麐，纂將還，諸將皆曰：「段業必躡軍後，宜潛師夜發(六一)。」纂曰：「業無雄才，憑城自守，若潛師夜去，適足張(六二)其氣勢耳。」乃遣使告業曰：「郭麐作亂，吾今還都(六三)，卿能決者(六四)，可早出戰。」於是引還，業不敢出。纂司馬楊統謂其從兄桓曰：「郭麐舉事，必不虛發(六五)，吾欲殺纂，推兄為主，西襲呂弘，據張掖，號令諸郡，此千載一時(六六)也。」桓怒曰：「吾為呂氏臣，安享其祿(六七)，危不能救，豈可復增其難(六八)乎！呂氏若亡，吾為弘演(六九)矣。」統至番禾，遂叛歸黁，弘，纂之弟也，纂與西安太守石元良共擊黁，大破之，乃得入姑臧。黁得光孫八人於東苑，及敗而恚，悉投於鋒上，枝分節解，飲其血，以盟眾，眾皆掩目。涼人張捷、守生等，招集戎夏三千人，反於休屠城（二五〇），與黁共推涼後將軍楊軌為盟主，軌，略陽氏也，將軍程肇諫曰：「卿棄龍頭而從蛇尾（二五一），非計也（二五二）。」軌不從，自稱大將軍、涼州牧、西平公。纂擊破黁將王斐（二五三）於城西，黁兵勢漸衰（二五四），遣使請救於禿髮烏孤，九月，烏孤使其弟驃騎將軍利鹿孤帥騎五千赴之。

㈨秦太后虵氏卒，秦主興哀毀過禮，不親庶政，羣臣請依漢魏故事，既葬即吉（二五五），尚書郎李嵩上疏曰：「孝治天下，先王之高事（二五六）也，宜遵聖性（二五七），以光道訓（二五八）；既葬之後，素服臨朝。」尹緯駁（二五九）曰：「嵩矯常越禮（二六〇），請付有司論罪。」興曰：「嵩忠臣孝子，有何罪乎！其一從嵩議（二六一）。」

㈩鮮卑薛勃叛秦，秦主興自將討之，勃敗犇沒奕干，沒奕干執送之。

（十）秦泫氏男、姚買得謀弒秦主興，不克而死。

（十一）秦主興入寇湖城，弘農太守陶仲山、華山太守董邁，皆降之，遂至陝城，進寇上洛，拔之。遣姚崇寇洛陽，河南太守夏侯宗之固守金墉，崇攻之，不克，乃徙流民二萬餘戶而還。武都氐屠飛、啖鐵等據方山以叛秦，興遣姚紹等討之，斬飛、鐵，興勤於政事，延納[22]善言，京兆杜瑾等皆以論事得顯拔，天水姜龕等以儒學見尊禮，給事黃門侍郎古成詵[23]等以文章參機密；詵剛介[24]雅正，以風教[25]為己任，京兆韋高慕阮籍之為人，居母喪彈琴飲酒，詵聞之而泣，持劍求高欲殺之，高懼而逃匿[26]。

（十二）中山饑甚，慕容麟帥二萬餘人出據新市，甲子晦，魏王珪進軍攻之，太史令鼂崇曰：「不吉。昔紂以甲子亡，謂之疾日[27]，兵家忌之。」珪曰：「紂以甲子亡，周武不以甲子興乎[28]？」崇無以對。冬，十月，丙寅，麟退阻泒水，甲戌，珪與麟戰於義臺[29]，大破之，斬首九千餘級，麟與數十騎，馳取妻子，入西山，遂奔鄴。甲申，魏克中山，燕公卿、尚書、將吏、士卒，降者二萬餘人，張驥、李沈，先嘗降魏，復亡去，珪入城，皆赦之，得燕璽綬㉚圖書，府庫珍寶，以萬數，班賞羣臣將士有差㉛㉜。追謚弟觚為秦愍王，發慕容詳冢，斬其尸，收殺觚者高霸、程同，皆夷五族㉝，以大刃剉之。丁亥，遣三萬騎就衞王儀，將攻鄴。

⒁秦長水校尉姚珍奔西秦，西秦王乾歸以女妻之，河南鮮卑、吐秣等十二部大人，皆附於禿髮烏孤。

⒂燕人有自中山至龍城者，言拓跋涉珪衰弱，司徒德㉞完守鄴城，會德表至，勸燕主寶南還，寶於是大簡士馬，將復取中原，遣鴻臚魯邃冊拜㉟德為丞相、冀州牧，南夏公侯、牧守、皆聽承制封拜㊱。十一月，癸丑，燕大赦。十二月，調兵悉集，戒嚴在頓㊲，遣將軍啟崙南視形勢。乙亥，慕容麟至鄴，復稱趙王，說范陽王德曰：「魏既克中山，將乘勝攻鄴，鄴中雖有蓄積，然城大難固，且人心恇㊳懼，不可守也，不如南趣滑臺，阻河以待魏，伺釁而動，河北庶可復也。」時魯陽王和鎮滑臺，和，垂之弟子也，亦遣使迎德，德許之。

【今註】 ㊶廞：音歆。㊷版廞：以版書命廞。㊸罷兵符：謂不掌兵馬。㊹牋於會稽王道子：上表牋於會稽王道子。㊺下廷尉：下廷尉詔獄。㊻以其祖潭有功：虞潭有討蘇峻之功。㊼司徒左長史王廞……免為庶人：按此段乃本於〈王導附薈傳〉，而間有溢出。㊽無定主：無一定之人主。㊾殺拓跋觚：觚，珪之弟。㊿擊沮渠蒙遜於怱谷：按〈呂光載記〉，怱作忽。(51)涫：音貫。(52)刑殺無常：刑殺無定。(53)人無容處：人無容身之處。(54)叛者相望：謂叛者絡繹不絕。(55)瓦解：如瓦之分裂。(56)府君：自漢以降，稱太守曰府君。(57)蓋世：冠於世人。(58)屈：委屈。(59)塗炭：喻困苦。(60)來蘇：《書・仲虺之誥》：「后來其蘇。」傳：「湯所往之民，皆喜曰待我君來，其可蘇息。」(61)不平：猶不和。(62)涼王光遣太原公纂將兵擊沮渠蒙遜……涼州牧，建康公：按此段乃錄自〈呂光載記〉，字句大致相同。(63)秬：禾不布種而自生者，音呂。(64)詳嗜酒耆淫……麟遂稱尊號：按此段乃錄自〈慕容寶載記〉，字句大致相同。(65)郛：郭，即外層城也。(66)八月甲寅朔：按《魏書・太祖紀》皇始二年文，作八月丙寅朔。(67)在者：謂存在之士民。(68)皆可為國：皆可為國家所有。(69)魏王珪徙軍常山之九門……略陽公遵襲中山，入其郛而還：按此段乃錄自《魏書・太祖紀》皇始二年文，字句大致相同。(70)數術：指占候風角等言。(71)有大兵：謂有兵禍。(72)太原公：呂纂。(73)兇悍：兇暴猛悍。(74)不諱：謂主上亡故。(75)內要：朝內機要之職。(76)切齒：恨之至也。(77)誅首：首所誅戮之人。(78)田胡王乞基：〈呂光載記〉作田胡王氣乞機，然〈呂光載記〉，當有訛誤。(79)盡我有：盡為我有。(80)聖人舉兵：按民間常謂精於道術之士為聖人。(81)潛師夜發：謂軍隊於夜間秘密移動。㉒張：伸張。㉓還都：都謂姑臧。㉔卿能決者：謂卿敢決一雌雄。㉕虛發：謂憑空而發。㉖此千載一時：謂千年中不可多有之良好機會。㉗祿：俸祿。㉘復增其難：再使其增加患難。㉙吾為弘演：春秋衞懿公與狄人戰於滎澤，為狄人所殺，弘演納肝以殉之。事詳《呂氏春秋・忠廉》。㉚休屠城：《水經注》：「姑臧城西有馬城、東城，即休屠縣故城也。」㉛卿棄龍頭而從蛇尾：龍頭較蛇尾為大而且要。㉜非計也：謂非計之得者。㉝斐：音非。㉞涼散騎常侍太常西平郭麐……麐兵勢漸衰：按此一大段乃錄自〈呂光載記〉，字句大致相同。㉟既葬即吉：殯葬之後，改吉服臨朝。㊱高事：高上之事。㊲聖性：天子之性。㊳以光道訓：以光大政道訓教。㊴駮：駮斥，同駁。㊵矯常越禮：改變常道，逾越禮度。㊶秦太后虵氏卒……其一從嵩議：按此段乃錄自〈姚興載記〉上，字句幾全相同。㊷延納：延求採納。㊸詵：音ㄕㄣ。㊹剛介：剛毅耿介。㊺風教：風化政教。㊻秦主興入寇湖城……高懼而逃匿：按此段乃錄自〈姚興載記〉上，字句大致相同。㊼疾曰：杜預注「疾，惡也。」㊽周武不以甲子興乎：周武豈非以甲子興乎！㊾義臺：據《魏書・太祖紀》皇始二年文，義臺乃係塢名。㊿璽綬：玉璽及組綬。(51)有差：有等差。(52)中山饑甚，慕容麟帥二萬餘人……班賞羣臣將士有差：按此段乃錄自《魏書・太祖紀》皇始二年文，字句大致相同。(53)五族：胡三省曰：「五族者，五服內親也。」(54)司徒德：即慕容德。(55)冊拜：以詔冊封拜。(56)承制封拜：承天子制命，先行封拜。(57)在頓：頓者，次舍之所。(58)恇：怯，音匡。

卷一百一十　晉紀三十二

司馬光編集
曲守約註

著雍閹茂，一年。（戊戌，西元三九八年）

安皇帝乙

隆安二年（西元三九八年）

㈠春，正月，燕范陽王德自鄴帥戶四萬南徙滑臺。魏衞王儀入鄴，收其倉庫，追德至河，弗及。趙王麟上尊號於德，德用兄垂故事，稱燕王㊀，改永康三年為元年，以統府行帝制㊁。置百官，以趙王麟為司空、領尚書令，慕容法為中軍將軍，慕輿拔為尚書左僕射，丁通為右僕射，麟復謀反，德殺之。

㈡庚子，魏王珪自中山南巡，至高邑，得王永之子憲㊂，喜曰：「王景略之孫也。」以為本州中正，領選曹㊃事，兼掌門下㊄。至鄴，置行臺㊅，以龍驤將軍、日南公和跋為尚書，與左丞賈彝帥吏兵五千人鎮鄴。珪自鄴還中山，將北歸，發卒萬人治直道㊆，自望都鑿恒嶺(八)至代五百餘里。珪恐已既去，山東有變，復置行臺於中山，命衞王儀鎮之；以撫軍大將軍略陽公遵為尚書左僕射，鎮勃海之合口。右將軍尹國督租於冀州，聞珪將北還，謀襲信都，安南將軍長孫嵩執國斬之(九)。

(三)燕啟倫還至龍城(一〇)，言中山已陷，燕主寶命罷兵。遼西王農言於寶曰：「今遷都尚新(一一)，未可南征，宜因成師(一二)，襲庫莫奚，取其牛馬以充軍資，更審(一三)虛實，俟明年而議之。」寶從之。己未，北行，庚申，渡澆洛水，會南燕王德遣侍郎李延詣寶言：「涉珪(一四)西上(一五)，中國(一六)空虛。」延追寶及之，寶大喜，即日引退。

(四)辛酉，魏主珪發中山，徙山東六州吏民、雜夷十餘萬口以實代(一七)。博陵、勃海、章武羣盜並起，略陽公遵等討平之。廣川太守賀賴盧(一八)性豪健，恥居冀州刺史王輔之下，襲輔，殺之，驅勒守兵(一九)，掠陽平、頓丘諸郡，南渡河，奔南燕，南燕王德以賴盧為幷州刺史(二〇)，封廣寗王。

(五)西秦王乾歸遣乞伏益州攻涼支陽、鸇(二一)武、允吾三城，克之，虜萬餘人而去。

㈥燕主寶還龍城宮，詔諸軍就頓㉒，不聽罷散，文武將士皆以家屬隨駕㉓。遼西王農、長樂王盛切諫，以為：「兵疲力弱，魏新得志㉔，未可與敵，宜且養兵觀釁㉕。」寶將從之。撫軍將軍慕輿騰曰：「百姓可與樂成，難與圖始，今師眾已集，宜獨決聖心㉖，乘機進取，不宜廣采異同，以沮㉗大計。」寶乃曰：「吾計決矣，敢諫者斬。」二月，乙亥，寶出就頓，留盛統後事㉘。己卯，燕軍發龍城，慕輿騰為前軍，司空農為中軍，寶為後軍，相去各一頓㉙，連營百里。壬午，寶至乙連，長上㉚段速骨、宋赤眉等，因眾心之憚征役，遂作亂，速骨等皆高陽王隆舊隊㉛，共逼隆子高陽王崇為主，殺樂浪威王宙、中牟熙公段誼，及宗室諸王。河間王熙素與崇善，崇擁佑之㉜，故獨得免。燕王寶將十餘騎奔司空農營，農將出迎，左右抱其腰㉝，止之曰：「宜小清澄㉞，不可便出。」農引刀將斫之，遂出見寶，又馳信㉟追慕輿騰。癸未，寶農引兵，還趣大營，討速骨等，農營兵亦厭征役，皆棄仗走，騰營亦潰㊱，寶農犇還龍城。長樂王盛聞亂，引兵出迎寶農，僅而得免㊲。

㈦會稽王道子忌王殷㊳之逼，以譙王尚之、及弟休之有才略㊴，引為腹心。尚之說道子曰：「今方鎮㊵彊盛，宰相權輕，宜密樹腹心於外，以自藩衛㊶。」道子從之，以其司馬王愉為江州刺史、都督江州及豫州之四郡軍事，用為形援㊷；日夜與尚之謀議，以伺㊸四方之隙㊹。

㈧魏主珪如繁畤㊺宮，給新徙民田及牛㊻，珪畋㊼於白登山㊽，見熊將㊾數子，謂冠軍將軍於栗磾㊿曰：「卿名勇健(五一)，能搏(五二)此乎？」對曰：「獸賤人貴，若搏而不勝，豈不虛斃一壯士乎！」乃驅致珪前，盡射而獲之，珪顧謝之(五三)(五四)。秀容川酋長爾朱羽健(五五)從珪攻晉陽、中山有功，拜散騎常侍，環(五六)其所居割地三百里以封之。柔然數侵魏邊，尚書中兵郎李先請擊之，珪從之，大破柔然而還。

㈨楊軌以其司馬郭緯為西平相，帥步騎二萬北赴郭麐，禿髮烏孤遣其弟車騎將軍傉檀，帥騎一萬助軌，軌至姑臧，營於城北。

㈩燕尚書、頓丘王蘭汗陰與段速骨等通謀，引兵營龍城之東城中（五七），留守兵至少，長樂王盛徙內近城之民（五八），得丁夫萬餘，乘城（五九）以禦之，速骨等同謀纔百餘人，餘皆為所驅脅（六〇），莫有鬬志（六一）。

三月，甲午，速骨等將攻城，遼西栢烈王農恐不能守，且為蘭汗所誘，夜潛出赴之，冀以自全。明旦，速骨等攻城，城上拒戰甚力，速骨之眾死者以百數（六二），速骨乃將農循城（六三），農素有忠節威名，城中之眾恃以為彊（六四），忽見在城下，無不驚愕喪氣（六五），遂皆逃潰，速骨入城，縱兵（六六）殺掠，死者狼籍；寶盛與慕輿騰、餘崇、張真、李旱、趙恩等輕騎南走。速骨幽農於殿內，長上阿交羅、速骨之謀主也，以高陽王崇幼弱，更欲立農，崇親信鬷讓、出力犍等聞之，丁酉，殺羅及農，速骨即為之誅讓等，農故吏左衛將軍宇文拔亡奔遼西。庚子，蘭汗襲擊速骨，幷其黨，盡殺之，廢崇，奉太子策，承制大赦，遣使迎寶，及於薊城，寶欲還，長樂王盛等皆曰：「汗之忠詐（六七）未可知，今單騎赴之，萬一汗有異志，悔之無及；不如南就范陽王，合眾以取冀州，若其不捷，收南方之眾，徐歸龍都（六八），亦未晚也。」寶從之（六九）。

(十)離石胡帥呼延鐵、西河胡帥張崇等，不樂徙代，聚眾叛魏，魏安遠將軍庾岳討平之。魏王珪召衞王儀入輔，以略陽公遵代鎮中山。夏，四月，壬戌，以征虜將軍穆崇為太尉，安南將軍長孫嵩為司徒(七〇)。

(十一)燕主寶從間道過鄴，鄴人請留，寶不許，南至黎陽，伏於河西(七一)，遣中黃門令趙思告北地王鍾曰：「上以二月，得丞相表(七二)，即時南征(七三)，至乙連，會長上作亂，失據(七四)來此。」王亟白丞相奉迎，鍾，德之從弟也，首勸德稱尊號，聞而惡之，執思付獄(七五)，以狀白南燕王德(七六)，德謂羣下曰：「卿等以社稷大計，勸吾攝政(七七)，吾亦以嗣帝播越(七八)，民神乏主，故權(七九)順羣議，以繫眾心。今天方悔禍(八〇)，嗣帝得還，吾將具法駕(八一)奉迎，謝罪行闕(八二)，何如？」黃門侍郎張華曰：「今天下大亂，非雄才無以寧濟(八三)羣生，嗣帝闇懦，不能紹隆(八四)先統(八五)，陛下若蹈匹夫之節(八六)，捨天授之業，威權一去，身首不保，況社稷其得血食乎(八七)！」慕輿護曰：「嗣帝不達時宜(八八)，委棄(八九)國都，自取敗亡，不堪多難(九〇)，亦已明(九一)矣。昔蒯聵出奔，衛輒不納，春秋是之(九二)，以子拒父猶可(九三)，況以父拒子乎！今趙思之言，未明虛實，臣請為陛下馳往詗之(九四)。」德流涕遣之。護帥壯士數百人，隨思而北，聲言迎衛(九五)，其實圖之。寶既遣思詣鍾，於後得樵者，言德已稱制(九六)，懼而北走，護至無所見，執思以還。德以思練習典故(九七)，欲留而用之，思曰：「犬馬猶知戀主，思雖刑臣(九八)，乞還就上。」德固留之，思怒曰：「周室東遷，晉鄭是依(九九)，殿下親則叔父，位為上公，不能帥先羣后(一〇〇)，以匡帝室，而幸本根之傾(一〇一)，為趙王倫之事(一〇二)，思雖不能如申包胥之存楚(一〇三)，猶慕龔君賓不偷生於莽世也(一〇四)。」德斬之(一〇五)。寶遣扶風忠公慕輿騰與長樂王盛收兵冀州，盛以騰素暴橫，為民所怨，乃殺之；行至鉅鹿，長樂說諸豪傑，皆願起兵奉寶。

寶以蘭汗祀燕宗廟，所為似順(一〇六)，意欲還龍城，不肯留冀州，乃北行，至建安，抵民張曹家，曹素武健，請為寶合眾(一〇七)。盛亦勸寶宜且駐留，察汗情狀，寶乃遣冗從僕射李旱先往見汗，寶留頓(一〇八)石城。會汗遣左將軍蘇超奉迎，陳汗忠款(一〇九)，寶以汗燕王垂之舅，盛之妃父也，謂必無他，不待旱返，遂行。盛流涕固諫，寶不聽，留盛在後，盛與將軍張真下道避匿(二〇)。丁亥，寶至索莫汗陘(二一)，去龍城四十里，城中皆喜，汗惶怖(二二)欲自出請罪，兄弟共諫止之；汗乃遣弟加難帥五百騎出迎，又遣兄堤閉門止仗(二三)，禁人出入，城中皆知其將為變，而無如之何。加難見寶於陘，北拜謁已(二四)，從寶俱進，潁陰烈公餘崇密言於寶曰：「觀加難形色(二五)，禍變甚逼(二六)，宜留三思，柰何徑前(二七)。」寶不從，行數里，加難先執崇，崇大呼罵曰(二八)：「汝家幸緣肺附(二九)，蒙國寵榮，覆宗(三〇)不足以報，今乃敢謀簒逆，此天地所不容(三一)，計旦暮(三二)即屠滅，但恨我不得手膾汝曹耳。」加難殺之，引寶入龍城外邸(三三)，弒之。汗謚寶曰靈帝，殺獻哀太子策、及王公卿士百餘人，自稱大都督、大將軍、大單于、昌黎王(三四)，改元青龍，以堤為太尉，加難為車騎將軍，封河間王熙為遼東公，如杞宋故事(三五)。長樂王盛聞之，馳欲赴哀(三六)，張真止之；盛曰：「我今以窮歸汗，汗性愚淺(三七)，必念婚姻，不忍殺我，旬月之間，足以展吾情志(三八)。」遂往見汗，汗妻乙氏及盛妃，皆泣涕請盛於汗，盛妃復頓頭㉙於諸兄弟，汗惻然哀之，乃舍盛於宮中，以為侍中、左光祿大夫，親待如舊。堤、加難屢請殺盛，汗不從，堤驕狠荒淫㉚，事汗多無禮，盛因而間㉛之，由是汗兄弟浸相嫌忌㉜。

㉝涼太原公纂將兵擊楊軌，郭麐救之，纂敗還。

㉞段業使沮渠蒙遜攻西郡，執太守呂純以歸，純，光之弟子也，於是晉昌太守王德、敦煌太守趙郡孟敏，皆以郡降業，業封蒙遜為臨池侯㉟，以德為酒泉太守，敏為沙州刺史。

【今註】㊀用兄垂故事稱燕王：事見卷一百五孝武太元九年。㊁以統府行帝制：胡三省曰：「統府者，諸方鎮皆統於燕王府，行帝制者，稱制以行事。」㊂至高邑得王永之子憲：王猛之子永鎮幽州，從苻丕戰死於襄陵，故憲流寓於高邑。㊃選曹：吏部尚書之職。㊄門下：侍中、常侍、給事、黃門之職。㊅行臺：胡三省曰：「鄭樵曰：『行臺，自魏晉有之。晉文王討諸葛誕，散騎常侍裴秀、尚書僕射陳泰，以行臺從。東海王越帥眾屯許昌，以行臺自隨。後魏謂之尚書大行臺，別置官屬。』」㊆治直道：修矢直而不迂迴之路。㊇恒嶺：恒山之嶺也。㊈至鄴置行臺……安南將軍長孫嵩執國斬之：按此段乃錄自《魏書．太祖紀》天興元年文，字句大致相同。㊉燕啟倫還至龍城：按上卷隆安元年十一月文，啟倫作啟崙。⑪遷都尚新：謂遷都未久。⑫成師：即上文調兵悉集，所集結之徵調之兵。⑬審：詳細考察。⑭涉珪：即魏太祖拓跋珪，燕人則稱曰涉珪。⑮西上：謂自中山取恒嶺，西歸雲代。⑯中國：謂中原或中州。⑰徙山東六州吏民雜夷十餘萬口，以實代：按《魏書・太祖紀》天興元年文作：「徙山東六州民吏及徙何、高麗雜夷三十六萬，百工伎巧十萬餘口，以充京師。」數字頗不相同，豈以《通鑑》謂其太多，不近事理，遂取其最末一數，以入書歟！⑱廣川太守賀賴盧：按《魏書・賀訥傳》作賀盧。核《魏書・官氏志》：「賀賴氏後改為賀氏。」知《通鑑》乃用其原姓，故作賀賴氏也。⑲驅勒守兵：驅使迫勒守城之兵。⑳廣川太守賀賴盧性豪健……為幷州刺史，封廣寧王：按此段乃錄自《魏書・外戚賀訥附盧傳》，字句大致相同。㉑鸇：音旃。㉒就頓：頓者，軍行頓舍之地。㉓駕：車駕，指天子者而言。㉔新得志：剛得意。㉕養兵觀釁：謂休養士卒，以觀釁隙。㉖宜獨決聖心：謂宜天子獨裁斷之。㉗沮：沮亂。㉘統後事：統掌留後之事。㉙一頓：觀下文連營百里，蓋三十里為一頓。㉚長上：胡三省曰：「凡衞兵皆更番迭上，長上者，不番代也。唐官制，懷化執戟長上，歸德執戟長上，皆武散階九品，長上之官尚矣。」㉛舊隊：猶舊部。㉜擁佑之：擁抱而保佑之。㉝抱其腰：謂攔不令出。㉞清澄：謂俟事實清澄分明之後。㉟信：使人。㊱潰：崩潰。㊲燕主寶還龍城宮……引兵出迎寶農，僅而得免：按此段乃本於〈慕容寶載記〉，而間有溢出。㊳王殷：王恭、殷仲堪。㊴才略：才幹謀略。㊵方鎮：〈簡文三子道子傳〉作藩伯，二者意同。㊶藩衞：藩屏護衞。㊷形援：形勢上之奧援。㊸伺：窺伺。㊹會稽王道子忌王殷之逼……以伺四方之隙：按此段乃錄自〈簡文三子道子傳〉，字句大致相同。㊺峙：音止。㊻給新徙民田及牛：按《魏書・太祖紀》天興元年文云：「詔給內徙新民耕牛，計口受田。」此即魏代實行計口受田之發軔也。㊼畋：獵。㊽白登山：《水經注》：「今平城東十七里有臺，即白登臺，臺南對岡阜，即白登山。」㊾將：率領。㊿碑：音低。(51)卿名勇健：卿以勇健著名。(52)搏：謂以手搏取。(53)顧謝之：即顧而謝之。(54)珪畋於白登山……珪顧謝之：按此段乃錄自《魏書・于栗磾傳》，字句幾全相同。(55)秀容川酋長爾朱羽健：《魏書・爾朱榮傳》：「榮北秀容人也，其先居於爾朱川，因為氏焉。常領部落，世為酋帥，高祖羽健，登國初，為領民酋長。……太祖初以南秀容川原沃衍，欲令居之。羽健曰：『臣家世奉國，給侍左右，北秀容既在剗內，差近京師，豈以沃瘠更遷遠地！』太祖許之。」然則北秀容蓋近邇平城。(56)環：圍繞。(57)營龍城之東城中：按龍城或如張天錫之姑臧，築有四城，故此云東城。意謂結營於龍城之東城中。(58)徙內近城之民：將四周近城之民，徙於城內。(59)乘城：登，憑城。(60)驅脅：驅逼脅迫。(61)莫有鬬志：無有鬬意。(62)死者以百數：謂以百為單位而計之，至少為數百也。(63)循城：循行城下，以令人見之。(64)恃以為彊：猶恃以為固。(65)喪氣：謂戰意沮喪。(66)縱兵：縱任兵士。(67)汗之忠詐：謂蘭汗之為忠抑為詐。(68)龍都：即龍城。以曾建國都，故曰龍都。(69)燕尚書頓丘王蘭汗，……亦未晚也，寶從之：按此段雖本於〈慕容寶傳〉，而溢出甚多。(70)離石胡帥呼延鐵……安南將軍長孫嵩為司徒：按此段乃錄自《魏書・太祖紀》天興元年文，字句大致相同。(71)伏於河西：匿伏於黎陽黃河之西。(72)得丞相表：寶以德為司徒，故稱之為丞相。(七三)南征：南行。(七四)失據：無有人眾，故曰失據。(七五)付獄：付之於獄。(七六)以狀白南燕王德：狀為狀況，後竟變為名詞，凡上告於官府者，胥名曰告狀焉。(七七)攝政：代理政事。(七八)播越：播，逋也，遷也；越，遠也，走也。按播越與播遷，意同。(七九)權：權宜。(八〇)天方悔禍：天方後悔降禍於燕。(八一)法駕：謂遵依法制而具備之天子車駕。(八二)行闕：闕，宮闕，行闕，謂天子出行時所居之宮闕。猶漢代之行在或行在所。(八三)寧濟：安寧拯濟。(八四)紹隆：紹繼隆盛。(八五)先統：先王之大統。(八六)蹈匹夫之節：猶踐小民之節行。(八七)社稷其得血食：血食謂太牢或少牢之祭，蓋祭時必殺牲也。含意為國家將要滅亡。(八八)時宜：時勢之所宜者。(八九)委棄：委亦棄。(九〇)不堪多難：不堪任於多難之際。(九一)已明：甚明。(九二)是之：認以為對。(九三)猶可：尚且可以。(九四)詗：刺探。(九五)聲言迎衞：揚言前往迎接保衞。(九六)稱制：自稱天子。(九七)典故：典章故事。(九八)刑臣：宦者謂之刑臣。(九九)周室東遷，晉鄭是依：周平王東遷洛邑，晉文侯、鄭武，實定王室，故周桓公曰：「我周之東遷，晉鄭焉依。」(一〇〇)羣后：羣王。(一〇一)幸本根之傾：幸冀本根之傾覆。(一〇二)為趙王倫之事：事見卷八十九惠帝永寧元年。(一〇三)申包胥之存楚：吳破楚入郢，申包胥乞師於秦，遂破吳師，楚昭王復國。(一〇四)猶慕龔君賓不偷生於莽世也：龔勝字君賓，事見卷三十七王莽始建國三年。(一〇五)燕主寶從間道過鄴……不偷生於莽世也，德斬之：按此段乃錄自〈慕容德載記〉，字句大致相同。(一〇六)所為似順：所為者貌似忠順。(一〇七)合眾：招合士眾。(一〇八)留頓：留次。(一〇九)忠款：忠誠。(一一〇)下道避匿：離開大道之處，以資避匿。(一一一)陘：音刑。(一一二)惶怖：驚惶恐怖。(一一三)閉門止仗：關閉城門，停止儀仗。(一一四)北拜謁已：北拜謁者，謂行臣見君之禮，已，畢。㉕形色：形狀神色。㉖禍變甚逼：禍變甚近。㉗徑前：直前。㉘大呼罵曰：即大喊罵曰。㉙汝家幸緣肺附：肺附謂腹心也。一作肺腑。《晉書・王廙傳》：「上疏曰：『臣託備肺腑，幼蒙洪潤。』」是其證。又此辭或作心膂。〈卞範之傳〉：「及玄為江州，引為長史，委以心膂之任。」〈殷浩傳〉：「簡文以浩有盛名，朝野推伏，故引為心膂，以抗於溫。」或作股肱。〈庾峻傳〉：「上疏曰：『朝廷之士，佐主成化，猶人之有股肱心膂，共為一體也。』」亦有作腹心者。〈郗鑒傳〉：「君腹心之佐，而生長異端。」上既皆指身體部分，則知胡三省注：「舊解云：『肺附，如肺腑之相附著。』一說，『肺，斫木札也，喻其輕薄附著大材也。』」所引諸說，為虛謬矣。㉚覆宗：覆滅宗族。㉛容：容納。㉜旦暮：謂時間之短促。㉝邸：邸舍。㉞寶遣扶風忠公慕輿騰與長樂王盛收兵冀州……汗自稱大單于、昌黎王：按此段雖本於〈慕容寶載記〉而溢出甚多。㉟封河間王熙為遼東公，如杞宋故事：周武王封夏之後於杞，殷之後於宋。㊱赴哀：即赴喪。㊲愚淺：愚昧淺近。㊳展吾情志：猶伸吾情志。㊴頓頭：即頓首。㊵驕狠荒淫：驕矜兇狠，荒淫無度。㊶間：離間。㊷浸相嫌忌：謂漸相嫌猜畏忌。㊸長樂王盛聞之……由是汗兄弟浸相嫌忌：按此段乃錄自〈慕容盛載記〉，字句大致相同。㊹段業使沮渠蒙遜攻西郡……業封蒙遜為臨池侯：按此段乃錄自〈沮渠蒙遜載記〉，字句大致相同。

㈠六月，丙子，魏王珪命羣臣議國號㊺，皆曰：「周秦以前，皆自諸侯升為天子，因以其國為天下號㊱，漢氏㊲以來，皆無尺土之資㊳，我國家百世相承，開基㊴代北，遂撫有方夏㊵，今宜以代為號㊶。」黃門侍郎崔宏曰：「昔商人不常厥居㊷，故兩稱殷商㊸，代雖舊邦，其命維新㊹，登國之初，已更曰魏，夫魏者大名，神州之上國也㊺，宜稱魏如故。」珪從之。

㈡楊軌自恃其眾，欲與涼王光決戰，郭麐每以天道抑止之㊻。涼常山公弘鎮張掖，段業使沮渠男成及王德攻之，光使太原公纂將兵迎之，楊軌曰：「呂弘精兵一萬，若與光合，則姑臧益彊，不可取矣，」乃與禿髮利鹿孤共邀擊纂，纂與戰，大破之，軌奔王乞基㊼。麐性褊急㊽殘忍，不為士民所附，聞軌敗走，降西秦㊾，西秦王乾歸以為建忠將軍、散騎常侍。弘引兵棄張掖東走，段業徙治張掖，將追擊弘，沮渠蒙遜諫曰：「歸師勿遏㊿，窮寇勿追，此兵家之戒也(51)。」業不從，大敗而還，賴蒙遜以免。業城西安，以其將臧莫孩為太守，蒙遜曰：「莫孩勇而無謀，知進不知退，此乃為之築冢(52)，非築城也。」業不從，莫孩尋為呂纂所破(53)。

㈢燕太原王奇，楷之子，蘭汗之外孫也，汗亦不殺，以為征南將軍；得入見長樂王盛，盛潛使奇逃出起兵，奇起兵於建安，眾至數千，汗遣蘭提討之。盛謂汗曰：「善駒[五四]小兒，未能辦此，豈非有假託其名，欲為內應者乎！太尉[五五]素驕難信，不宜委[五六]以大眾。」汗然之，罷提兵，更遣撫軍將軍仇尼慕將兵討奇。於是，龍城自夏不雨至於秋七月，汗日詣燕諸廟及寶神座[五七]，頓首禱請，委罪[五八]於蘭加難，提及加難聞之，怒，且懼誅，乙巳，相與率所部襲仇尼慕軍，敗之。汗大懼，遣太子穆將兵討之，穆謂汗曰：「慕容盛我之仇讎，必與奇相表裏[五九]，此乃腹心之疾，不可養也，宜先除之。」汗欲殺盛，先引見祭[六〇]之，盛妃知之，密以告盛，盛稱疾[六一]不出，汗亦止不殺。李旱、衞雙、劉忠、張豪、張真，皆盛素[六二]所厚也，而穆引以為腹心，旱、雙得出入，至盛所，潛與盛結謀。丁未，穆擊提、加難等，破之，庚戌，饗將士[六三]，汗穆皆醉，盛夜如廁，因踰垣入於東宮，與旱等共殺穆，時軍未解嚴[六四]，皆聚在穆舍，聞盛得出，呼躍[六五]爭先，攻汗，斬之，汗子魯公和、陳公揚，分屯令支、白狼，盛遣旱真襲誅之，堤、加難亡匿(六六)，捕得斬之，於是內外帖然(六七)，士女相慶(六八)。宇文拔率壯士數百來赴，盛拜拔為大宗正(六九)。辛亥，告於太廟，令曰：「賴五祖之休(七〇)，文武之力，宗廟社稷，幽(七一)而復顯，不獨(七二)孤以眇眇(七三)之身，免不同天之責(七四)，凡在臣民，皆得明目當世(七五)。」因大赦，改元建平，盛謙不敢稱尊號，以長樂王(七六)攝行統制(七七)，諸王皆降稱公，以東陽公根為尚書左僕射，衞倫、陽璆(七八)、魯恭王滕為尚書，悅真為侍中，陽哲為中書監，張通為中領軍，自餘文武(七九)，各復舊位，改謚寶曰惠閔皇帝，廟號烈宗。初太原王奇舉兵建安，南北之人(八〇)，翕然(八一)從之，蘭汗遣其兄子全討奇，奇擊滅之，匹馬不返(八二)，進屯乙連，盛既誅汗，命奇罷兵，奇用丁零嚴生、烏桓王龍之謀，遂不受命，勒兵三萬餘人，進至橫溝，去龍城十里，盛出擊，大破之，執奇而還，斬其黨與百餘人，賜奇死，桓王之嗣遂絕(八三)(八四)。羣臣固請上尊號，盛弗許。

(四)魏王珪遷都平城，始營宮室，建宗廟，立社稷。宗廟歲五祭，用分至及臘[八五]。

㈤桓玄求為廣州，會稽王道子忌玄，不欲使居荊州，因其所欲，以玄為督交廣二州軍事[八六]、廣州刺史，玄受命而不行。豫州刺史庾楷以道子割其四郡，使王愉督之，上疏言：「江州內地[八七]而西府北帶寇戎[八八]，不應使愉分督。」朝廷不許，楷怒，遣其子鴻說王恭曰：「尚之兄弟[八九]，復秉機權[九〇]，過於國寶[九一]，欲假朝威，削弱方鎮，懲艾[九二]前事，為禍不測。今及其謀議未成，宜早圖之。」恭以為然，以告殷仲堪、桓玄，仲堪、玄許之，推恭為盟主，刻期同趣京師，時內外疑阻[九三]，津邏嚴急[九四]，仲堪以斜絹為書[九五]，內箭簳[九六]中，合鏑漆之[九七]，因庾楷以送恭，恭發書，絹文角戾[九八]，不復能辨仲堪手書[九九]，疑楷詐為之，且謂仲堪去年已違期不赴，今必不動，乃先期舉兵，司馬劉牢之諫曰：「將軍國之元舅[一〇〇]，會稽王天子叔父也，會稽王又當國秉政，曏為將軍勠其所愛王國寶[一〇一]、王緒，又送王廞書，其深伏將軍已多矣[一〇二]。頃所授任，雖未允愜[一〇三]，亦非大失。割庾楷四郡，以配王愉，於將軍何損？晉陽之甲[一〇四]，豈可數興乎！」恭不從，上表請討王愉、司馬尚之兄弟(二五)。道子使人說楷曰：「昔我與卿，恩如骨肉，帳中之飲，結帶之言(二六)，可謂親矣。卿今棄舊交，結新援，忘王恭疇昔陵侮之恥乎(二七)。若欲委體(二八)而臣之，使恭得志，必以卿為反覆之人，安肯深相親信，首身且不可保(二九)，況富貴乎！」楷怒曰：「王恭昔赴山陵(三〇)，相王憂懼無計，我知事急，尋勒兵(三一)而至，恭不敢發，去年之事，我亦俟命(三二)而動，我事相王，無相負者(三三)，相王不能拒恭，反殺國寶及緒，自爾已來(三四)，誰敢復為相王盡力者，庾楷實不能以百口(三五)，助人屠滅。」時楷已應恭檄，正徵士馬(三六)，信返，朝廷憂懼，內外戒嚴(三七)。會稽世子元顯言於道子曰：「前不討王恭，故有今日之難，今若復從其欲，則太宰(三八)之禍至矣。」道子不知所為，悉以事委元顯，日飲醇酒(三九)而已。元顯聰警(四〇)，頗涉文義(四一)，志氣果銳(四二)，以安危為己任。附會之者(四三)，謂元顯神武有明帝之風(四四)。殷仲堪聞恭舉兵，自以去歲後期，乃勒兵趣發，仲堪素不習為將(四五)，悉以軍事委南郡相楊佺期兄弟，使佺期帥舟師五千為前鋒，桓玄次之，仲堪帥兵二萬相繼而下。佺期自以其先漢太尉震至父亮，九世皆以才德㉖著名，矜其門地㉗，謂江左莫及，有以比王珣㉘者，佺期猶恚恨；而時流㉙以其晚過江，婚宦失類㉚，佺期及兄廣、弟思平、從弟孜、敬，皆麤獷㉛，每排抑㉜之，佺期常慷慨切齒，欲因事際㉝，以逞其志，故亦贊成仲堪之謀㉞。八月，佺期、玄，奄至㉟湓口㊱，王愉無備，惶遽㊲奔臨川㊳，玄遣偏軍追獲之。

㈥燕以河間公熙為侍中、車騎大將軍、中領軍、司隸校尉，城陽公元為衛將軍，元，寶之子也；又以劉忠為左將軍，張豪為後將軍，並賜姓慕容氏。李旱為中常侍、輔國將軍，衛雙為前將軍，張順為鎮西將軍、昌黎尹，張真為右將軍，皆封公。

㈦乙亥，燕步兵校尉馬勒等謀反，伏誅，事連驃騎將軍、高陽公崇，崇弟東平公澄，皆賜死。

㈧寧朔將軍鄧啟方、南陽太守閭丘羨，將兵二萬擊南燕，與南燕中軍將軍灋、撫軍將軍和，戰於管城㊴，啟方等兵敗，單騎走免㊵。

㈨魏王珪命有司正封畿㊶，標道里㊷，平權衡，審度量，遣使循行㉓郡國，舉奏守宰不法者，親考察黜陟㉔之㉕。

㈩九月，辛卯，加會稽王道子黃鉞，以世子元顯為征討都督，遣衛將軍王珣㉖、右將軍謝琰，將兵討王恭，譙王尚之將兵討庾楷。

【今註】㉟國號：即國名。㊱因以其國為天下號：謂以其為諸侯時之國名，為統一天下後之名號。㊲漢氏：猶漢室、漢家。㊳皆無尺土之資：謂為天子者，皆無尺土之資藉。㊴開基：啟基業。㊵方夏：孔安國《尚書》註：「方夏，謂四方中夏。」㊶魏王珪命羣臣議國號……今宜以代為號：按此段乃錄自《魏書・太祖紀》天興元年文，字句大致相同。㊷不常厥居：謂其居不永在一處。胡三省曰：「契始封於商。皇甫謐曰：『今上洛商。』是也。契孫相土，居商丘，自契至於成湯，八遷，湯始居亳，從先王居。後仲丁遷於囂，河亶甲居相，祖乙居耿。書曰：『盤庚五遷，將治亳殷，從先王居。』謂從帝嚳所居居亳也。」㊸兩稱殷商：謂又稱殷，又稱商也。㊹代雖舊邦，其命維新：按此二句乃祖《詩・大雅・文王》之篇：「周雖舊邦，其命維新。」而來。意謂周國雖舊，至於文王，能新其德，以及於民，而始受天命也。今代亦如之。㊺夫魏者大名，神州之上國也：胡三省曰：「左傳卜偃曰：『魏大名也。』戰國之時，魏為大國，中國謂之神州。」㊻每以天道抑止之：言天道未利，以抑止之。㊼軌奔王乞基：王乞基乃係田胡，見上文。㊽褊急：狹隘急躁。音扁。㊾楊軌自恃其眾……聞軌敗走，降西秦：按此段乃錄自〈呂光載記〉，字句大致相同。㊿遏：阻止。(五一)戒：

戒忌。(五二)此乃為之築冢：謂使之死也。(五三)弘引兵棄張掖東走……莫孩尋為呂纂所破：按此段乃錄自〈沮渠蒙遜載記〉，字句大致相同。(五四)善駒：奇小字。(五五)太尉：汗以堤為太尉，故稱之。(五六)委任。(五七)寶神座：謂寶神位。(五八)委罪：委卸罪咎。(五九)相表裏：謂內外相應。(六〇)察：考察。(六一)稱疾：自言有病。(六二)素：平常。(六三)饗將士：饗宴將士。(六四)軍未解嚴：軍未解備。(六五)呼躍：表欣喜之狀。(六六)亡匿：逃亡藏匿。(六七)帖然：〈慕容盛載記〉帖然作恬然，皆安晏之意。(六八)士女相慶：謂男女相慶。(六九)大宗正：知君王宗族之官。(七〇)五祖之休：五祖謂：慕容涉歸、廆、皝、雋、垂。休，慶也。(七一)幽：暗。(七二)不獨：不但。(七三)眇眇：小貌。(七四)免不同天之責：《禮記‧曲禮》：「父之讎，弗與共戴天。」責，猶罪。意謂已報父之讎。(七五)皆得明目當世：謂在當世而無愧也。(七六)長樂王：盛之封號。(七七)攝行統制：代行統制之職。(七八)璆：音求。(七九)自餘文武：猶其餘文武。(八〇)南北之人：南人，謂自中原來者；北人，則鮮卑也。(八一)翕然：合聚貌，音吸。(八二)匹馬不還：意謂全軍覆沒。(八三)桓王之嗣遂絕：慕容恪封太原王，謚曰桓。謂其子孫，遂告斷絕。(八四)燕太原王奇楷之子……桓王之嗣遂絕：按此段乃本於〈慕容盛載記〉，而間有溢出。(八五)宗廟歲五祭，用分至及臘：五祭為春分、秋分、夏至、冬至、及臘日。(八六)以玄為督交廣二州軍事：按此乃沿自〈桓玄傳〉之文，然〈桓玄傳〉以玄督交廣二州，下有建威將軍、平越中郎將諸文，故不依通例。《通鑑》既無以下諸文，則當依通例添書作都督交廣二州諸軍事。（本說係聞自李玄伯先生）(八七)江州內地：江州治尋陽，在江南，故云內地。(八八)西府北帶寇戎：晉以歷陽為西府，豫州治歷陽，故云。北州寇戎，謂北境與寇戎相接。(八九)尚之兄弟：謂譙王尚之及弟休之。(九〇)秉機權：秉，執；機，要；權，權柄。(九一)豫州刺史庾楷以道子割其四郡……過於國寶：按此段乃錄自〈庾楷傳〉，字句大致相同。(九二)懲艾：〈王恭傳〉作懲警，可互作詮釋。(九三)內外疑阻：朝內朝外，互相猜疑阻遏。(九四)津邏嚴急：謂津渡處邏卒之巡邏，嚴密緊急。(九五)斜絹為書：斜絹無邊幅，經緯不相持，以便於捲疊。為書，作信。(九六)簳：箭笴，音稈。(九七)合鏑漆之：鏑，箭簇。謂加鏑於箭簳之端，然後以漆漆之，使人絕不能覺察也。(九八)絹文角戾：謂書文於絹之角乖曲。(九九)不復能辨仲堪手書：不能辨認仲堪所寫之字。(一〇〇)元舅：伯舅。(一〇一)勠其所愛王國寶：勠當作戮，誅也。(一〇二)其深伏將軍已多矣：對於將軍尊禮甚至。(一〇三)允愜：允當滿意，音篋。(一〇四)晉陽之甲：《公羊傳》：「趙鞅興晉陽之甲，以除君側之惡。」說已見上。(一〇五)楷怒，遣其子鴻說王恭曰……上表請討王愉、司馬尚之兄弟：按此段乃錄自〈王恭傳〉，字句大致相同。(一〇六)結帶之言：當謂如緣帶然，永結於一起也。(一〇七)忘王恭疇昔陵侮之恥乎：胡三省曰：「王恭以元舅之親，風神簡貴，志氣方嚴，視庾楷蔑如也。故道子以為陵侮楷。」(一〇八)委體：屈身。(一〇九)首身且不可保：謂性命尚不可保。(一一〇)山陵：謂帝王之陵寢，以其高大如山，故曰山陵。(一一一)勒兵：部率兵卒。(一一二)俟命：等候命令。(一一三)無相負者：無違負者。(一一四)自爾以來：猶今言自那時以來。(一一五)以百口：謂全家，晉代稱全家曰百口，說已見上。(一一六)正徵士馬：正在徵集兵馬。(一一七)戒嚴：戒備。(一一八)太宰：道子時為太宰。(一一九)醇酒：不雜水之酒。音純。(一二〇)聰警：聰明機警。(一二一)頗涉文義：略行涉獵文章義理。(一二二)志氣果銳：志氣剛果銳厲。(一二三)附會之者：謂不依事實，而妄行增合。(一二四)道子使人說楷曰……謂元顯神武有明帝之風：

按此段乃錄自〈簡文三子道子傳〉，字句大致相同。㉟不習為將：不習近於為將帥。㊱才德：才器德行。㊲矜其門地：以其門第資地自傲。㊳王珣：珣為王導之孫。㊴時流：時輩。㊵婚宦失類：父亮少仕偽朝，後歸晉，此仕宦之失。又與傖荒為婚，此婚姻之謬。㊶麄獷：麄，麤俗字。獷，惡貌。㊷排抑：排斥抑制。㊸事際：事機際會。㊹佺期自以其先漢太尉震……故亦贊成仲堪之謀：按此段乃錄自〈楊佺期傳〉，字句多相同。㊺奄至：奄忽而至，亦即速至。㊻湓口：胡三省曰：「湓口，湓浦口也。晉人於此築城置戍，今其地在江州德化縣西一里。」㊼惶遽：謂恐惶急遽。㊽臨川：在今江西省臨川縣。㊾管城：在今河南省鄭縣治。㊿寧朔將軍鄧啟方……單騎走免：按此段乃錄自〈慕容德載記〉，字句大致相同。(51)正封畿：宋白曰：「魏道武都平城，東至上谷軍都關，西至河，南至中山隘門塞，北至五原，地方千里，以為甸服。」(52)標道里：於道中立標，以示里程。(53)循行：沿次巡行。(54)黜陟：黜，降；陟，升。(55)魏王珪命有司正封畿……親考察黜陟之：按此段乃錄自《魏書・太祖紀》天興元年文，字句大致相同。(56)九月遣衞將軍王珣：按〈安帝紀〉隆安二年文，兩作前將軍王珣，而此作衞將軍，乃因〈王導附珉傳〉：「恭復舉兵，假珣節進衞將軍。」而遂改作衞將軍也。

㈠乙未，燕以東陽公根為尚書令，張通為左僕射，衞倫為右僕射，慕容豪為幽州刺史，鎮肥如。

㈡己亥，譙王尚之大破庾楷於牛渚㉗，楷單騎奔桓玄。會稽王道子以尚之為豫州刺史，弟恢之為驃騎司馬、丹楊尹，允之為吳國內史，休之為襄城太守，各擁兵馬，以為己援㉘。乙巳，桓玄大破官軍㉙於白石㉚，玄與楊佺期進至橫江，尚之退走，恢之所領水軍皆沒㉛。丙午，道子屯中堂，元顯守石頭，己酉，王珣守北郊，謝琰屯宣陽門㉜以備之。

王恭素以才地陵物㉝，既殺王國寶，自謂威無不行，仗劉牢之為爪牙㉞，而但以部曲將遇之，牢之負其才㉟，深懷恥恨。元顯知之，遣廬江太守高素說牢之，使叛恭，許事成即以恭位號授之㊱㊲，又以道子書遺牢之，為陳禍福；牢之謂其子敬宣曰：「王恭昔受先帝大恩，今為帝舅，不能翼戴㊳王室，數舉兵向京師，吾不能審恭之志，事捷之日，必能為天子相王㊴之下乎㊵。吾欲奉國威靈，以順討逆何如？」敬宣曰：「朝廷雖無成康之美，亦無幽厲之惡，而恭恃其兵威㊶，暴蔑㊷皇室，大人親非骨肉，義非君臣㊸，雖共事少時㊹，意好不協㊺，今日討之，於情義何有㊻？」恭參軍何澹之知其謀，以告恭，恭以澹之素與牢之有隙，不信，乃置酒，請牢之，於眾中拜之為兄，精兵堅甲，悉以配之㉗，使帥帳下督顏延為前鋒，牢之至竹里，斬延以降；遣敬宣及其壻東莞太守高雅之，還襲㉘恭，恭方出城曜兵㉙，敬宣縱騎橫擊之，恭兵皆潰，恭將入城，雅之已閉城門，恭單騎犇曲阿，素不習馬㉚，髀中生瘡㉛，曲阿人殷確，恭故吏也，以船載恭，將犇桓玄，至長塘湖，為人所告，獲之，送京師，斬於倪塘㉜。恭臨刑猶理須鬢㉝，神色自若㉞，謂監刑者曰：「我闇於信人㉟，所以至此。原其本心，豈不忠於社稷邪！但令百世之下㊱，知有王恭耳。」并其子弟黨與皆死㊲。

以劉牢之為都督兗、青、冀、幽、并、徐、揚州、晉陵諸軍事，以代恭。俄而楊佺期、桓玄至石頭，殷仲堪至蕪湖，元顯自竹里馳還京師，遣丹楊尹王愷等發京邑㊳士民數萬人據石頭，以拒之㊴，佺期、玄等上表理王恭，求誅劉牢之，牢之帥北府之眾，馳赴京師，軍於新亭；佺期、玄見之失色，回軍蔡洲。朝廷未知西軍虛實，仲堪等擁眾數萬，充斥㊵郊畿，內外憂逼㊶，左衛將軍桓脩、沖之子也，言於道子曰：「西軍可說而解也(二六二)，脩知其情矣。殷桓之下(二六三)，專恃王恭，恭既破滅，西軍沮恐(二六四)。今若以重利啗玄及佺期，二人必內喜，玄能制仲堪，佺期可使倒戈(二六五)取仲堪矣。」道子納之，以玄為江州刺史，召郗恢為尚書，以佺期代恢為都督梁、雍、秦三州諸軍事、雍州刺史，以脩為荊州刺史，權領左衛文武之鎮(二六六)，又令劉牢之以千人送之。黜仲堪為廣州刺史，遣仲堪叔父太常茂宣詔(二六七)，敕仲堪回軍(二六八)。

(三)張驤子超收合三千餘家，據南皮，自號烏桓王，抄掠諸郡，魏王珪命庾岳討之(二六九)。

(四)楊軌屯廉川，收集夷夏，眾至萬餘，王乞基謂軌曰：「禿髮氏才高而兵盛，且乞基之主也，不如歸之。」軌乃遣使降於西平王烏孤，軌尋為羌酋梁飢所敗，西犇傒海(二七〇)，襲乙弗鮮卑，而據其地。烏孤謂羣臣曰：「楊軌、王乞基歸誠於我，卿等不速救，使為羌人所覆，孤甚愧之。」平西將軍渾屯曰：「梁飢無經遠大略(二七一)，可一戰擒也。」飢進攻西平，西平人田玄明執太守郭倖而代之，以拒飢，遣子為質於烏孤，烏孤欲救之，羣臣憚飢兵彊，多以為疑㉒，左司馬趙振曰：「楊軌新敗，呂氏方彊，洪池㉓以北，未可冀也。嶺南五郡㉔，庶幾可取。大王若無開拓之志，振不敢言；若欲經營四方，此機不可失也。使㉕羌得西平，華夷震動，非我之利也。」烏孤喜曰：「吾亦欲乘時立功，安能坐守窮谷乎㉖。」乃謂羣臣曰：「梁飢若得西平㉗，保據山河，不可復制，飢雖驍猛，軍令不整㉘，易破也。」遂進擊飢，大破之，飢退屯龍支堡，烏孤進攻拔之，飢單騎犇澆河，俘斬數萬，以田玄明為西平內史，樂都太守田瑤、湟河太守張裯㉙，澆河太守王稚，皆以郡降，嶺南羌胡數萬落皆附於烏孤。

㈤西秦王乾歸遣秦州牧益州武衛將軍慕兀㉚、冠軍將軍翟瑥，帥騎二萬伐吐谷渾。

㈥冬，十月，癸酉，燕羣臣復上尊號，丙子，長樂王盛始即皇帝位，大赦，尊皇后段氏曰皇太后，太妃丁氏曰獻莊皇后。初蘭汗之當國也㉛，盛從燕主寶出亡，蘭妃奉事丁后愈謹㉜，及汗誅，盛以妃當從坐，欲殺之，丁后以妃有保全之功㉓，固爭之，得免，然終不為后。

㈦大赦。

殷仲堪得詔書，大怒，趣㉔桓玄、楊佺期進軍，玄等喜於朝命，欲受之，猶豫未決，仲堪聞之，遽自蕪湖南歸，遣使告諭蔡洲軍士㉕曰：「汝輩不各自散歸，吾至江陵，盡誅汝餘口㉖。」佺期部將劉系帥二千人先歸，玄等大懼，狼狽西還，追仲堪，至尋陽，及之。仲堪既失職，倚玄等為援，玄等亦資仲堪兵，雖內相疑阻㉗，勢不得不合，乃以子弟交質㉘，壬午，盟於尋陽，俱不受朝命，連名上疏，申理王恭，求誅劉牢之及譙王尚之，并訴仲堪無罪，獨被降黜。朝廷深憚之，內外騷然，乃復罷桓脩，以荊州還仲堪，優詔慰諭㉙，以求和解。仲堪等乃受詔㉚。御史中丞江績劾奏桓脩專為身計㉛，疑誤朝廷㉜，詔免脩官。初桓玄在荊州，所為豪縱㉝，仲堪親黨，皆勸仲堪殺之，仲堪不聽，及在尋陽資其聲地㉞，推玄為盟主，玄愈自矜倨㉟，楊佺期為人驕悍，玄每以寒士裁之㊱，佺期甚恨，密說仲堪以玄終為患，請於壇所㉗襲之。仲堪忌佺期兄弟勇健，恐既殺玄，不可復制，苦禁之㉘，於是各還所鎮。玄亦知佺期之謀，陰有取佺期之志，乃屯於夏口㉙，引始安太守濟陰卞範之為長史，以為謀主。是時詔書獨不赦庾楷，玄以楷為武昌太守。初郗恢為朝廷拒西軍，玄未得江州，欲奪恢雍州，以恢為廣州，恢聞之懼，詢於眾，眾皆曰：「楊佺期來者，誰不勠力㉚，若桓玄來，恐難與為敵。」既而聞佺期代己，乃與閭丘羨㉛謀阻兵拒之，佺期聞之，聲言玄來入沔，以佺期為前驅㉜，恢眾信之，望風皆潰，恢請降，佺期入府，斬閭丘羨，放恢還都。至楊口，殷仲堪陰使人殺之，及其四子，託言㉝羣蠻所殺。

(八)西秦乞伏益州與吐谷渾王視羆戰於度周川，視羆大敗，走保白蘭山，遣子宕豈為質於西秦，以請和㉞，西秦王乾歸以宗女妻之。

涼建武將軍李鸞以興城降於禿髮烏孤。

(九)十一月，以琅邪王德文為衛將軍、開府儀同三司，征虜將軍元顯為中領軍，領軍將軍王雅為尚書左僕射。

(十)辛亥，魏王珪命尚書吏部郎鄧淵立官制，協音律，儀曹郎清河董謐制禮儀，三公郎王德定律令㉕，太史令鼂崇考天象，吏部尚書崔宏總而裁之㉖，以為永式㉗，淵，羌之孫也。

楊軌、王乞基帥戶數千，自歸於西平王烏孤。

(土)十二月，己丑，魏王珪即皇帝位，大赦，改元天興，命朝野皆束髮加帽㉘，追尊遠祖毛以下二十七人，皆為皇帝㉙，謚六世祖力微曰神元皇帝，廟號始祖，祖什翼犍曰昭成皇帝，廟號高祖，父寔曰獻明皇帝。魏之舊俗，孟夏祀天及東廟㉚，季夏帥眾却霜㉛於陰山，孟秋祀天於西郊，至是始依倣古制，定郊廟朝饗禮樂，然惟孟夏祀天親行㉜，其餘多有司攝事㉝。又用崔宏議，自謂黃帝之後㉞。以土德王，徙六州二十二郡守宰豪傑二千家於代都，東至代郡，西及善無，南極陰館，北盡參合，皆為畿內，其外四方四維，置八部師㉟以監之。

(圭)己亥，燕幽州刺史慕容豪、尚書左僕射張通、昌黎尹張順，坐謀反，誅。

(十三)初，琅邪人孫泰學妖術於錢唐杜子恭㊱，士民多奉之，王珣惡之，流㊲泰於廣州，王雅薦泰於孝武帝云：「知養性之方㊳。」召還，累官至新安太守。泰知晉祚將終，因王恭之亂，以討恭為名，收合兵眾，聚貨鉅億㊴，三吳之人多從之，識者㊵皆憂其為亂，以中領軍元顯與之善，無敢言者。會稽內史謝輶㊶發其謀，己酉，會稽王道子使元顯誘而斬之，幷其六子，兄子恩逃入海，愚民猶以泰蟬蛻不死㊷，就海中資給㊸恩，恩乃聚合亡命㊹，得百餘人，以謀復讎㊺。

(十四)西平王禿髮烏孤更稱武威王。

(十五)是歲，楊盛遣使附魏，魏以盛為仇池王。

【今註】㉗牛渚：在今安徽省當塗縣西北。㉘譙王尚之大破庾楷……各擁兵馬，以為己援：按此段乃錄自〈譙剛王遜附尚之傳〉，字句幾全相同。㉙官軍：謂天子之軍，亦即公家之軍。㉚白石：《水經注》：「柵江水導源巢湖東，左會清溪水，謂之清溪口。柵水又東，左會白山水，水發白石山，西逕李鵲城南，西南注柵水。」㉛皆沒：皆覆沒。㉜宣陽門：胡三省曰：「宣陽門，建康城南面西頭第一門。」㉝陵物：謂陵人。六朝常以物代人。㉞爪牙：爪，指鷹；牙，指犬；謂鷹犬也。

㉕負其才：恃其才。㉖以恭位號授之：以王恭之官位封號賜之。㉗王恭素以才地陵物……以恭位號授之：按此段乃錄自〈劉牢之傳〉，字句大致相同。㉘翼戴：為之羽翼而擁戴之。㉙相王：謂道子。㉚必能為天子相王之下乎：正意為必不能居天子相王之下。㉛兵威：兵勢。㉜暴蔑：暴虐輕蔑。㉝義非君臣：非有君臣之義。㉞少時：謂不多時。㉟意好不協：意猶情，謂情好不合。㊱於情義何有：謂於情義，何違之有？㊲恭參軍何澹之知其謀……精兵堅甲，悉以配之：按此段乃錄自〈劉牢之傳〉，字句大致相同。㊳襲：掩襲。㊴曜兵：曜，炫也；以炫耀兵威。㊵素不習馬：〈王恭傳〉作恭久不騎乘，是此句的釋。㊶髀中生瘡：股外曰髀，音俾。生瘡者，以初次乘騎不慣，被磨擦之故。㊷倪塘：倪塘在建康東北方山埭南，倪氏築塘，因以為名。㊸須鬢：須同鬚，鬢、髮之在面旁者。㊹自若：自如。㊺信人：信用人。㊻百世之下：百世之後。㊼遣敬宣及其壻東莞太守……幷其子弟黨與皆死：按此段乃錄自〈王恭傳〉，字句大致相同。㊽京邑：謂京都也。古代與此辭同意而異字者，大凡有八。㈠京師。《公羊傳》桓公九年：「京師者何？天子之居也。京者何？大也；師者何？眾也。天子之居，必以眾大言之。」㈡京都。《文選・應璩與從弟君苗書》：「來還京都，塊然獨處。」《世說・排調》桓公既廢海西條注引《晉陽秋》：「大司馬溫自廣陵還姑孰，過京都。」《晉書・五行志》上：「成帝咸和二年五月，京都大水。」《學山錄》云：「司馬晉時，避景王師諱，因稱京師為京都。」觀諸晉代用京都之盛，信不誣也。㈢京邑。《世說・棲逸》：「孟萬年及弟少孤，……少孤未嘗出，京邑人士，思欲見之。」同書《文學》傳嘏條注引〈荀粲別傳〉：「粲

太和初到京邑，與傳嘏談，善名理。」《晉書・五行志》中：「而元帝末年，遂改京邑。」㈣京華。《晉書・楊方傳》：「方在都邑，搢紳之士，咸厚遇之。自以地寒，不願久留京華。」〈徐陵詩〉：「任俠遍京華。」㈤京輦。《後漢書・袁紹傳》：「子弟生在京輦。」《晉書・元帝紀》：「凶胡敢帥犬羊，逼迫京輦。」輦謂天子之輦轂也。㈥京城。《晉書・賀循傳》：「陸機上疏薦循曰：『今揚州無郎，而荊州江南，乃無一人為京城職者。』」㈦都邑。《晉書・五行志》上：「是冬以蘇峻稱兵，都邑塗地。」同書〈楊方傳〉：「方在都邑，搢紳之士，咸厚遇之。」㈧都。《世說・棲逸》：「孟少孤狼狽至都，時賢見之者，莫不嗟重。」由之，可見晉代運用京邑一辭之錯綜變化矣。㊴俄而楊佺期桓玄至石頭……據石頭以拒之：按此段乃錄自〈簡文三子道子傳〉，字句大致相同。㊵充斥：充滿。㊶內外憂逼：言內憂而外逼。㊷西軍可說而解也：謂西軍可以游說之法，而使之解體。㊸下：謂下都。㊹沮恐：言氣沮而心恐。㊺倒戈：以戈倒向，謂反叛也。㊻左衞文武：左衞將軍府之僚屬。㊼宣詔：宣佈詔文。㊽朝廷未知西軍虛實……敕仲堪回軍：按此段乃揉合〈殷仲堪傳〉，及〈桓彝附脩傳〉而成，字句多相同。㊾張驤子超收合三千餘家……魏王珪命庾岳討之。按此段乃錄自《魏書・太祖紀》天興元年文，字句大致相同。㊿傉海：胡三省曰：「闞駰曰：『金城臨羌縣西有卑和羌海。』酈道元曰：『古西零之地也。』」傉音憐。(51)經遠大略：經營久遠之大謀略。(52)疑：猶猶豫。(53)洪池：洪池嶺名，在涼州姑臧之南。(54)嶺南五郡：胡三省曰：「嶺南、謂洪池嶺南也。五郡謂廣武、西平、樂都、澆河、湟河。」(55)使：設使。(56)窮谷：廉川在塞外，故謂之窮谷。(57)西平：胡三省曰：「西平據湟河之要，有大小榆谷之饒，故云然。」（二八）軍令不整：軍令不嚴整。（二九）禍：音綢。（三〇）乾歸遣秦州牧益州、武衛將軍慕兀：按〈乞伏乾歸載記〉作武衛慕容允。（三一）當國：猶當政。（三二）愈謹：猶甚謹。（三三）保全之功：保全其家室之功。（三四）趣：讀曰促。（三五）告諭蔡洲軍士：蔡洲為桓玄楊佺期駐軍之地，故意實指彼二人言。（三六）盡誅汝餘口：盡誅汝留於江陵之存餘家口。（三七）內相疑阻：謂內中互相懷疑阻難。（三八）乃以子弟交質：乃各以子弟交相為質。（三九）優詔慰諭：下詔優加撫慰曉諭。（四〇）殷仲堪得詔書大怒……仲堪等乃受詔：按此段乃錄自〈殷仲堪傳〉，字句大致相同。（四一）專為身計：專為己之利益著想。（四二）疑誤朝廷：〈桓彝附脩傳〉作：「疑誤朝算。」謂疑誤朝廷之計劃，文意較顯。（四三）豪縱：豪橫縱肆。（四四）聲地：聲威門地。（四五）矜倨：矜持倨傲。（四六）每以寒士裁之：常以其為寒素之士，而抑制之。（四七）壇所：結盟時例於場地築一高壇，故曰壇所。（四八）苦禁之：苦苦阻止之。（四九）初桓玄在荊州所為豪縱……乃屯於夏口：按此段乃錄自〈桓玄傳〉，字句大致相同。（五〇）勠力：合力。（五一）閭丘羨：時為南陽太守，雍之部屬也。（五二）前驅：前鋒。（五三）託言：假託云。（五四）西秦乞伏益州與吐谷渾王……為質於西秦以請和：按此段乃錄自〈乞伏乾歸載記〉，字句大致相同。（五五）魏王珪命尚書吏部郎鄧淵立官制，協音律，儀曹郎清河董謐制禮儀，三公郎王德定律令：按《魏書・太祖紀》天興元年文，於尚書吏部郎、儀曹郎、三公郎，下皆有中字，當從添。（五六）總而裁之：總主其事而裁定之。（五七）以為永式：以為永久之式制。（五八）束髮加帽：《晉書・輿服志》：「帽名，猶冠也。義取於蒙覆其首。其本纚也，古者冠無幘，冠下有纚，以繒為之，後世施幘於冠，因或裁纚為帽，自乘輿宴居，下至庶人無爵者皆服之。江左時野人已著帽，人士亦往往而然，但其頂圓耳。後乃高其屋云。」㉙追尊遠祖毛以下二十七人，皆為皇帝：按毛以下二十七帝，俱見《魏書・帝紀》第一。㉚孟夏祀天及東廟：宗廟在東，蓋亦左祖之義。㉛卻霜：去或避霜之意。㉜孟夏祀天親行：杜佑曰：「魏道武天賜二年，祀天於西郊，為方壇，東為二陛，土陛無等；周垣四門，各依方色為名。置木主七於壇上，牲用白犢、黃駒、白羊各一。祭之日，帝御大駕，至郊所，立青門內，近南西面內。朝臣皆位於壇北，外朝臣及大人方客，咸位於青門外，后率六宮，自黑門入，列於青門內，近北，並西面。廩犧令掌牲，陳於壇前。女巫執鼓，立於壇東。西面，帝七族子弟，七子執酒，在巫南西面北上，女巫升壇，搖鼓。帝拜，后肅拜，內外百官拜祀訖，乃殺牲七，執酒七人西向，以酒洒天神主，復拜，如此者三，禮畢而退。自是歲一祭。」㉝有司攝事：官吏攝行其事。㉞自謂黃帝之後：《魏書・序紀》：「魏之先出自黃帝，黃帝子曰昌意，昌意少子，受封北土，國有大鮮卑山，因以為號。其後世為君長，統幽都之北，廣漠之野。」㉟置八部師：胡三省曰：「魏書作八部帥。八部帥勸課農耕，量校收入，以為殿最。」㊱初琅琊人孫泰學妖術於錢唐杜子恭：按〈孫恩傳〉，孫泰家世所奉者，為五斗米教。㊲流：流放。㊳養性之方：即養性之術。㊴鉅億：億億為鉅億。㊵識者：謂有知識者。㊶輶：音由。㊷蟬蛻不死：按〈孫恩傳〉作蟬蛻登仙。核蟬解殼曰蛻，神仙家有尸解之說，言尸解登仙，如蟬之蛻殼也。㊸資給：以物資供給。㊹亡命：《史記・張耳傳》索隱：「晉灼曰：『命者，名也，謂脫名籍而逃。』崔浩曰：『亡，無也；命，名也；逃匿則削除名籍，故以逃為亡命。』」㊂初琅邪人孫泰學妖術於錢唐杜子恭……以謀復讎：按此段乃錄自〈孫恩傳〉，字句多相同。

卷一百一十一　晉紀三十三

司馬光編集
曲守約　註

起屠維大淵獻，盡上章困敦，凡二年。（己亥至庚子，西元三九九年至四〇〇年）

安皇帝丙

隆安三年（西元三九九年）

㈠春，正月，辛酉，大赦。

㈡戊辰，燕昌黎尹留忠謀反，誅，事連尚書令東陽公根、尚書段成，皆坐死，遣中衛將軍衞雙就誅忠、弟幽州刺史志於凡城㈠，以衞將軍平原公元為司徒、尚書令。

㈢庚午，魏主珪北巡，分命大將軍、常山王遵等三軍從東道出長川，鎮北將軍、高涼王樂真等七軍從西道出牛川，珪自將大軍從中道出駮髯水，以襲高車㈡。

㈣壬午，燕右將軍張真、城門校尉和翰，坐謀反，誅。癸未，燕大赦，改元長樂。燕主盛每十日一自決獄㈢，不加榜掠㈣，多得其情㊄。

㈤武威王烏孤徙治㊅樂都，以其弟西平公利鹿孤鎮安夷，廣武公傉檀鎮西平，叔父素渥鎮湟河，若留鎮澆河，從弟替引鎮嶺南㊆，洛回鎮廉川，從叔吐若留鎮浩亹㊇，夷夏俊傑隨才授任㊈，內居顯位㊉，外典郡縣，咸得其宜。烏孤謂羣臣曰：「隴右、河西，本數郡之地⑪，遭亂分裂至十餘國，呂氏、乞伏氏、段氏最彊，今欲取之，三者何先？」楊統曰：「乞伏氏本吾之部落⑫，終當服從，段氏書生⑬，無能為患，且結好於我，攻之不義⑭。呂光衰耄⑮，嗣子微弱⑯，纂弘雖有才，而內相猜忌⑰，若使浩亹、廉川，乘虛迭出⑱，彼必疲於奔命⑲，不過二年，兵勞民困，則姑臧可圖⑳也。姑臧舉㉑，則二寇不待攻而服矣。」烏孤曰：「善。」㉒。

㈥二月，丁亥，朔，魏軍大破高車三十餘部，獲七萬餘口，馬三十餘萬匹，牛羊百四十餘萬頭；衞王儀別將三萬騎，絕漠千餘里，破其七部，獲二萬餘口，馬五萬餘匹，牛羊二萬餘頭㉓，高車諸部大震㉔。

林邑王范達陷日南、九真，遂寇交趾，太守杜瑗擊破之。

㈦庚戌，魏征虜將軍庾岳破張超於勃海，斬之。

段業即涼王位，改元天璽㉕，以沮渠蒙遜為尚書左丞，梁中庸為右丞。

㈧魏主珪大獵於牛川之南，以高車人為圍，周七百餘里㉖，因驅其禽獸，南抵平城，使高車築鹿苑廣數十里。三月，己未，珪還平城，甲子，珪分尚書三十六曹及外署，凡置三百六十曹，令八部大夫㉗主之㉘，吏部尚書崔宏通署㉙三十六曹，如令僕統事㉚。置五經博士，增國子太學生員㉛合三千人。珪問博士李先曰：「天下何物最善，可以益人神智㉜。」對曰：「莫若書籍。」珪曰：「書籍凡有幾何？如何可集？」對曰：「自書契以來㉞，世有滋益㉟，以至於今，不可勝計，苟人主所好，何憂不集！」珪從之，命郡縣大索書籍，悉送平城㊱。

㈨初，秦王登之弟廣帥眾三千，依南燕王德，德以為冠軍將軍，處之乞活堡㊲，會熒惑守東井，或言秦當復興，廣乃自稱秦王，擊南燕北地王鍾，破之。是時滑臺孤弱，土無十城，眾不過一萬(三八)，鍾既敗，附德者多去德而附廣，德乃留鮮陽王和守滑臺，自帥眾討廣，斬之(三九)。燕主寶之至黎陽也，魯陽王和長史李辯勸和納之，和不從，辯懼，故潛引(四〇)晉軍至管城，欲因德出戰而作亂，既而德不出，辯愈不自安(四一)，及德討苻廣，辯復勸和反，和不從，辯乃殺和，以滑臺降魏(四二)。魏行臺尚書和跋在鄴，帥輕騎自鄴赴之，既至，辯悔之，閉門拒守，跋使尚書郎鄧暉說之，辯乃開門內跋，跋悉收德宮人府庫，德遣兵擊跋，跋逆擊(四三)破之，又破德將桂陽王鎮，俘獲千餘人，陳潁之民(四四)，多附(四五)於魏(四六)。南燕右衛將軍慕容雲斬李辯，帥將士家屬二萬餘口出滑臺，赴德。

(十)德欲攻滑臺，韓範曰：「嚮也，魏為客，吾為主人；今也，吾為客，魏為主人，人心危懼，不可復戰。不如先據一方，自立基本，乃圖進取。」張華曰：「彭城楚之舊都，可攻而據之。」北地王鍾等皆勸德攻滑臺，尚書潘聰曰：「滑臺，四通八達之地(四七)，北有魏，南有晉，西有秦，居之未嘗一日安也。彭城，土曠人稀，平夷(四八)無嶮(四九)，且晉之舊鎮，未易可取，又密邇(五〇)江淮，夏秋多水，乘舟而戰者，吳之所長，我之所短也。青州沃野(五一)二千里，精兵十餘萬，左有負海(五二)之饒，右有山河之固，廣固城，曹嶷(五三)所築，地形阻峻(五四)，足為帝王之都，三齊(五五)英傑，思得明主以立功於世，久矣。辟閭渾昔為燕臣(五六)，今宜遣辯士馳說(五七)於前，大兵繼踵(五八)於後，若其不服，取之如拾芥耳(五九)。既得其地，然後閉關養銳(六〇)，伺隙而動，此乃陛下之關中河內也(六一)。」德猶豫未決，沙門竺朗(六二)，素善占候，德使牙門蘇撫問之，朗曰：「敬覽三策，潘尚書之議，興邦之言也。且今歲之初，彗星起奎婁，掃虛危，彗者，除舊布新之象，奎婁為魯，虛危為齊，宜先取兗州，巡撫琅邪，至秋乃北徇齊地，此天道也。」撫又密問以年世(六三)，朗以周易筮之，曰：「燕衰庚戌(六四)，年則一紀(六五)，世則及子(六六)。」撫還報德，德乃引師而南，兗州北鄙(六七)諸郡縣，皆降之。德置守宰以撫之，禁軍士無得(六八)虜掠(六九)，百姓大悅，牛酒屬路(七〇)(七一)。

(十)丙子，魏主珪遣建義將軍庾真、越騎校尉奚斤，擊庫狄、宥連、侯莫陳三部，皆破之，追奔至大峨谷，置戍而還。

(十二)己卯，追尊帝所生母陳夫人為德皇太后。

(十三)夏四月，鮮卑疊掘河內帥戶五千降於西秦，西秦王乾歸以河內為疊掘都統，以宗女妻之。

(十四)甲午，燕大赦。

(十五)會稽王道子有疾，且無日不醉，世子元顯知朝望去之(七二)，乃諷朝廷解道子司徒(七三)揚州刺史，乙未，以元顯為揚州刺史。道子醒而後知之，大怒，無如之何。元顯以廬江太守、會稽張灋順為謀主，多引樹親黨(七四)，朝貴皆畏事之(七五)(七六)。

(十六)燕散騎常侍餘超、左將軍高和等，坐謀反，誅。

(十七)涼太子紹、太原公纂，將兵伐北涼，北涼王業求救於武威王烏孤，烏孤遣驃騎大將軍利鹿孤及楊軌救之，業將戰，沮渠蒙遜諫曰：「楊軌恃鮮卑之彊，有窺窬之志(七七)，紹纂深入，置兵死地，不可敵也(七八)。今不戰，則有泰山之安，戰則有累卵之危(七九)。」業從之，案兵(八〇)不戰，紹纂引兵歸(八一)。六月，烏孤以利鹿孤為涼州牧，鎮西平，召車騎大將軍儁檀入，錄府國事㊁。

㈥會稽世子元顯自以少年不欲頓居重任㊂，戊子，以琅邪王德文為司徒。

㈦魏前河間太守盧溥帥其部曲數千家，就食漁陽㊃，遂據有數郡。秋，七月，己未，燕主盛遣使拜溥幽州刺史。

㈧辛酉，燕主盛下詔曰：「法例律，公侯有罪，得以金帛贖㊄，此不足以懲惡，而利於王府㊅，甚無謂也㊆。自今皆令立功以自贖，勿復輸金帛。」

㈨西秦丞相、南川宣公出連乞都卒㊇。

㈩秦齊公崇、鎮東將軍楊佛嵩寇洛陽，河南太守、隴西辛恭靖嬰城固守，雍州刺史楊佺期遣使求救於魏常山王遵，魏主珪以散騎侍郎、西河張濟為遵從事中郎，以報之。佺期問於濟曰：「魏之伐中山，戎士㊈幾何？」濟曰：「四十餘萬㊉。」佺期曰：「以魏之彊，小羌不足滅也㊀。且晉之與魏，本為一家㊁，今既結好，義無所隱㊂，此間㊃兵弱糧寡，洛陽之救，恃魏而已，若其保全，必有厚報；若其不守，與其使羌得之，不若使魏得之(九五)。」濟還報(九六)。八月，珪遣太尉穆崇將六萬騎往救之(九七)。

(廿三)燕遼西太守李朗，在郡十年，威行境內，恐燕主盛疑之，累徵不赴(九八)，以其家在龍城，未敢顯叛(九九)，陰召(一〇〇)魏兵，許以郡降魏；遣使馳詣龍城，廣張寇勢(一〇一)。盛曰：「此必詐也。」召使者詰問，果無事實，盛盡滅朗族。丁酉，遣輔國將軍李旱討之(一〇二)。

(廿四)初，魏奮武將軍張袞以才謀為魏主珪所信重(一〇三)，委以腹心，珪問中州(一〇四)士人於袞，袞薦盧溥及崔逞，珪皆用之。珪圍中山，久未下，軍食乏，問計於羣臣，逞為御史中丞，對曰：「桑椹(一〇五)可以佐糧，飛鴞食椹而改音，詩人所稱(一〇六)也。」珪雖用其言，聽民以椹當租(一〇七)，然以逞為侮慢，心銜之(一〇八)(一〇九)。秦人寇襄陽，雍州刺史郗恢以書求救於魏常山王遵曰：「賢兄(一一〇)虎步(一一一)中原。」珪以恢無君臣之禮，命袞及逞為復書，必貶其主(一一二)。袞逞謂帝為：「貴主(一一三)。」珪怒曰：「命汝貶之，而謂之貴主，何如賢兄(一一四)也。」逞之降魏也，以天下方亂，恐無復遺種(一一五)，使其妻張氏與四子留冀州，逞獨與幼子贖㉖詣平城，所留妻子，遂奔南燕，珪幷以是責逞，賜逞死㉗。盧溥受燕爵命，侵掠魏郡縣，殺魏幽州刺史封沓干。珪謂衮所舉皆非其人，黜衮為尚書令史，衮乃闔門㉘，不通人事㉙，惟手校經籍㉚，歲餘而終㉛。燕主寶之敗也，中書令、民部尚書封懿降於魏，珪以懿為給事黃門侍郎、都坐大官。珪問懿以燕氏舊事㉜，懿應對疏慢㉝，亦坐廢於家㉞㉟。

【今註】㊀遣中衛將軍衛雙就誅忠弟幽州刺史志於凡城：按此文排列殊有訛誤。核文意乃為遣中衛將軍衛雙就誅忠弟幽州刺史志於凡城，則弟幽州刺史志於凡八字，當大字書之，而不可用小字雙行書列。當俱改為大字，一行直書。㊁庚午魏主珪北巡……出駮髯水以襲高車：按此段乃錄自《魏書・太祖紀》天興二年文，字句幾全相同。㊂決獄：決斷刑獄。㊃栲掠：按栲應作拷，拷掠謂以刑具刑之，而使其招供也。〈慕容盛載記〉作：「無撾捶之罰。」正拷掠之的釋。㊄多得其情：情，實也，謂多得其實。㊅徙治：移徙治所。㊆嶺南：即洪池嶺之南。㊇浩亹：浩音誥，亹音門。㊈隨才授任：隨按其才，而授以職任。㊉內居顯位：在朝內則居顯達之職。⑪隴右河西，本數郡之地：漢時，河西置河西、武威、張掖、酒泉四郡，隴右置隴西、金城二郡。⑫乞伏氏本吾之部落：乞伏氏與禿髮氏，皆鮮卑族。⑬段氏書生：〈禿髮烏孤載記〉書生作儒生，字異而意同。⑭攻之不義：攻之有違道義。㉕耄：〈曲禮〉：「八十九十曰耄。」音帽。㉖嗣子微弱：謂光以紹為嗣。㉗猜忌：猜嫉畏忌。㉘若使浩亹廉川乘虛迭出：按若如此文，則鎮浩亹者為烏孤從叔吐若留，鎮廉川者為洛回，是使此二人乘虛迭出也。殊不知楊統之意，乃為遣車騎（即傉檀）鎮浩亹，鎮北（據禿髮利鹿孤載記或係俱延）據廉川，當據添車騎鎮、鎮北據六字，方符當時事實。㉙疲於奔命：我方主動選擇戰爭場地，彼方必被動起而禦之，是猶聽從奔赴我方之命令也。若往復奔赴，則必甚疲憊不堪。㉚可圖：謂可以圖謀。㉛姑臧舉：猶姑臧下。㉜武威王烏孤徙治樂都……烏孤曰善：按此段乃錄自〈禿髮烏孤載記〉，字句大致相同。㉝獲二萬餘口，馬五萬餘匹，牛羊二萬餘頭：按六朝間與戎狄作戰時，俘獲之物，率牛羊多於戎馬，今云馬五萬餘匹，而牛羊則僅二萬餘頭，數目當有差錯。《魏書・太祖紀》天興二年文作牛羊二十餘萬頭，較符，當從添。㉞二月丁亥朔，魏軍大破高車三十餘部……高車諸部大震：按此段乃錄自《魏書・太祖紀》天興二年文，字句大致相同。㉟段業即涼王位，改元天璽：按〈沮渠蒙遜載記〉推光建康太守段業為涼州牧，改呂光龍飛二年為神璽元年。是天璽又作神璽。㊱以高車人為圍，周七百餘里：蓋以俘降之高車人，為周七百里之圍，而於內大事狩獵也。㊲令八部大夫：胡三省曰：「八部大夫恐當作八部大人，魏王珪天興元年置八部大人於皇城四方四維。」按胡說誤，此正應作八部大夫，不得作八部大人。《魏書・官氏志》：「天興元年十二月，置八部大夫，散騎常侍，待詔管官。其八部大夫於皇城四方四維，面置一人，以擬八座，謂之八國。常侍、待詔、侍直左右，出入王命。」又同書〈崔玄伯傳〉：「及置八部大夫以擬八座，玄伯通署三十六曹，如令僕統事。」皆當作八部大夫而不得作八部大人之的證。㉘主之：謂主持之。㉙通署：謂全署理之。㉚如令僕統事：如尚書令、尚書僕射統典三十六曹事然。㉛國子太學生員：員亦生，今尚有稱學生為學員者，二辭之意固無殊也。此員字乃導於漢代之博士弟子員。㉜天下何物最善，可以益人神智：按《魏書・李先傳》作：「太祖問先曰：『天下何書最善？可以益人神智。』先對曰：『唯有經書三皇五帝治化之典，可以補王者神智。』」較合當時事實，且於太祖較為尊重。蓋以雄才大略如魏太祖者，絕不會不知書籍之重要，特以其生於文化荒涼之區，不知先王典籍何者為最有價值耳。故遂有此問，而李先亦遂有此答。若如《通鑑》所改，則未免太藐視太祖，且亦有違事實。㉝益人神智：增益人之神識智慧。㉞自書契以來：猶自有文字以來。㉟世有滋益：謂代有增益。㊱珪問博士李先曰……命郡縣大索書籍，悉送平城：按此段乃本於《魏書・李先傳》，而原文甚為爾雅醇厚，經改刪後，則平淡寡味。兩兩相較，差殊甚巨。此《通鑑》刪改原文而反致陋劣少有之例。㊲乞活堡：胡三省曰：「乞活堡晉惠帝時，諸賊保聚之地。」按乞活乃匈奴一部族之名，晉代常見之。〈裴秀附頠傳〉：「並為乞活賊陳午所害。」〈桓溫傳〉：「朱瑾所侍養乞活數百人，悉坑之，以妻子為賞。」又〈桓彝附石民傳〉：「時乞活黃淮自稱并州刺史，與翟遼共攻長社。」此乞活堡乃以乞活所居或所營而得名也。㊳時滑臺孤弱，土無十城，眾不過一萬：按〈慕容德載記〉，土作地，較顯豁，一萬作數萬，以當時實力衡之，言一萬未免過少，宜從原書而作數萬。㊴初秦王登之弟廣……自帥眾討廣，斬之：按此段乃錄自〈慕容德載記〉，字句大致相同。㊵潛引：暗引。㊶愈不自安：

猶愈畏懼。㊷燕主寶之至黎陽也……辯乃殺和，以滑臺降魏：按此段乃錄自〈慕容德載記〉，文字幾全相同。㊸逆擊：迎擊。㊹陳潁之民：陳郡潁川之民。㊺附：歸附。㊻魏行臺尚書和跋在鄴……多附於魏：按此段乃錄自《魏書．和跋傳》，字句大致相同。㊼滑臺四通八達之地：胡三省曰：「滑臺當河津之要，魏自北度河而南向，晉從清水入河，秦沿渭順河而下，皆湊於滑臺。又其城旁無山陵可依，車騎舟師，皆可以騁，故謂之四通八達之地。」㊽平夷：夷亦平。㊾嶮：同險。㊿密邇：猶甚近。(51)沃野：肥沃之田野。(52)負海：謂若負於脊背然，亦即濱海之謂。(53)嶷：音逆。(54)阻峻：險阻高峻。(55)三齊：按六朝時通謂山東為三齊，此亦特殊之風尚也。例證甚多，不備舉。(56)辟閭渾昔為燕臣：孝武太元十九年，辟閭渾為慕容農所破，遂臣於燕。(57)馳說：馳騁其辯說，亦即以流利之口辯，而百般游說之也。(58)繼踵：猶接武，謂於後繼進。(59)取之如拾芥耳：芥，草芥；喻取之甚容易也。(60)閉關養銳：掩閉境上關塞之門，以資休養士卒之銳氣。(61)此乃陛下之關中河內也：謂青州猶漢高之關中，光武之河內，可資陛下以興建帝業。又此句〈慕容德載記〉作：「此亦二漢之有關中河內也。」文較連貫，較佳。(62)沙門竺朗：胡三省曰：「竺，朗之俗姓。」按〈慕容德載記〉作：「沙門朗公。」蓋竺乃指天竺而言，用以標指其籍貫及來處，故稱呼時，可嵌有，亦可略去也。(63)問以年世：謂享國之年限。(64)燕衰庚戌：胡三省曰：「其後燕亡於義熙六年，歲在上章閹茂。上章，庚也；閹茂，戌也。」(65)年則一紀：謂為年不過十二。(66)世則及子：謂為世，不過至子而止。(67)北鄙：北境上邊鄙之地。(68)無得：猶不得，古代無字，常含不意。(69)虜掠：俘虜刼掠。(70)牛酒屬路：牽牛持酒，以犒軍者，連接於途。(七一)南燕右衛將軍慕容雲斬李辯……百姓大悅，牛酒屬路：按此段乃錄自〈慕容德載記〉，除次序略有移植，及多撫又密問以年世一節外，其餘字句，多相類同。(七二)知朝望去之：知朝廷羣臣不尊重之。(七三)乃諷朝廷解道子司徒：按〈簡文三王傳〉作：「諷天子解道子揚州司徒。」是上文言朝廷即天子之又一例證。(七四)多引樹親黨：多引薦樹植親戚黨與。(七五)朝貴皆畏事之：朝中顯貴，皆畏懼而事奉之。(七六)會稽王道子有疾……朝貴皆畏事之：按此段乃錄自〈簡文三王道子傳〉，字句大致相同。(七七)有窺窬之志：窬，門旁小竇。窺窬，猶窺隙也。窬音俞。〈沮渠蒙遜載記〉窺窬作窺覦，則係窺伺之意。文俱可通。(七八)置兵死地，不可敵也：置兵死地，謂置兵卒於死亡之地。〈沮渠蒙遜載記〉置兵死地下，有必決戰求生五字，更能說出不可敵也之原因。(七九)累卵之危：將卵累而立之，則其不能穩牢明矣。故持此以喻事端之極為危險。(八〇)案兵：止兵。(八一)涼太子紹，太原公纂，……紹纂引兵歸：按此段乃錄自〈沮渠蒙遜載記〉，字句大致相同。(八二)錄府國事：謂總領王府軍國大事。(八三)不欲頓居重任：頓，驟。謂不欲驟居要位。(八四)就食漁陽：就至漁陽而尋索食糧。(八五)法例律，公侯有罪，得以金帛贖：胡三省曰：「孔穎達云：『古之贖罪皆用銅，漢始改用黃金，但少其斤兩，令與金相敵。漢及後魏，贖罪皆用黃金，後魏以金難得，令金一兩，收絹十匹。』」(八六)此不足以懲惡，而利於王府：以王侯有罪，得以金帛贖，則王侯可無畏忌，而任情犯禁，如此則王公成為法網所不及之人，豈非對之甚有利乎，而既如此，則自不足以懲止其罪惡矣。(八七)甚無謂也：猶今言太無道理。(八八)南川宣公出連乞都卒：南川，地名；宣，謚也。(八九)戎士：戰士。(九〇)四十餘萬：按《魏書・張濟傳》作三十餘萬，當以《魏書》為正。（九一）小羌不足滅也：小羌，指姚興言；以姚興之先，為南安赤亭羌人。（九二）且晉之與魏，本為一家：指猗盧救劉琨而言。（九三）義無所隱：以道理言之，凡事宜直言無隱。（九四）此間：猶此處。（九五）與其使羌得之，不若使魏得之：正意為寧使魏得之。（九六）雍州刺史楊佺期遣使求救於魏常山王遵……濟還報：按此段乃錄自《魏書・張濟傳》，惟〈張濟傳〉於楊佺期與濟對答之語，由濟口中重述出之，文為：「太祖問濟江南之事。濟對曰：『臣等既至襄陽，佺期問臣魏初伐中山，幾十萬眾。臣答三十餘萬。』」而《通鑑》則採用直接問答法云：「佺期問於濟曰：『魏之伐中山，戎士幾何？』濟曰：『四十餘萬。』」此間接敍述與直接敍述之對照例證，在歷代文籍中，頗難找到，而此竟有之，實為研講間接敍述與直接敍述一不可多得之資料也。（九七）珪遣太尉穆崇將六萬騎往救之：按《魏書・太祖紀》天興二年文及〈穆崇傳〉六萬皆作六千，當改從之。（九八）不赴：不超徵命。（九九）顯叛：猶公開叛逆。（一〇〇）陰召：暗召。（一〇一）廣張寇勢：大事張誇寇賊之聲勢。（一〇二）燕遼西太守李朗……遣輔國將軍李旱討之：按此段乃錄自〈慕容盛載記〉，字句大致相同。（一〇三）信重：信任重視。（一〇四）中州：即中原，說見上。（一〇五）桑椹：桑實也，音ㄕㄣˋ。（一〇六）飛鴞食椹而改音，詩人所稱：詩：「翩彼飛鴞，集于泮林；食我桑椹，懷我好音。」註：「鴞，惡聲之鳥也。鴞恒惡鳴，今食桑椹，故改其鳴，歸就我以善音。」（一〇七）聽民以椹當租：聽民納租可以椹代。（一〇八）然以逞為侮慢，心銜之：珪本北人，而入中原，故銜逞以為侮慢。（一〇九）珪圍中山，久未下……以逞為侮慢，心銜之：按此段乃錄自《魏書・崔逞傳》，字句大致相同。（一一〇）賢兄：賢為尊人之稱，六朝頗通行。

㉑虎步：謂虎視闊步。㉒必貶其主：必須貶損其君主。㉓貴主：貴亦係尊敬之辭，晉代甚流行，說已見上。㉔何如賢兄：貴主較之賢兄，何者更為尊敬。㉕恐無復遺種：復語助，無意。謂恐無遺留之族類。㉖蹟：音ㄗㄜˊ。㉗秦人寇襄陽……並以是責逞，賜逞死：按此段乃錄自《魏書・崔逞傳》，次序稍有顛倒，字句大致相同。㉘闔門：閉門。㉙不通人事：不與他人往來。㉚手校經籍：親自校勘經籍。㉛珪謂袞所舉，皆非其人……歲餘而終：按此段乃撮錄《魏書・張袞傳》所載之事實，而以簡括之文字出之。㉜燕氏舊事：燕國舊事。㉝疏慢：疏怠傲慢。㉞坐廢於家：坐罪而被廢家居。㉟燕主寶之敗也……應對疏慢，亦坐廢於家：按此段乃錄自《魏書・封懿傳》，字句大致相同。

㈠武威王禿髮烏孤醉走馬㊱，傷脅而卒，遺令立長君，國人立其弟利鹿孤，謚烏孤曰武王，廟號烈祖。利鹿孤大赦，徙治西平㊲。

㈡南燕王德遣使說幽州刺史辟閭渾，欲下之㊳，渾不從，德遣北地王鍾帥步騎二萬擊之，德進據琅邪，徐兗之民歸附者十餘萬。德自琅邪引兵而北，以南海王灋為兗州刺史，鎮梁父㊴，進攻莒城，守將任安委城㊵走，德以潘聰為徐州刺史，鎮莒城㊶。蘭汗之亂，燕吏部尚書封孚南奔辟閭渾，渾表為㊷勃海太守，及德至，孚出降，德大喜曰：「孤得青州不為喜，喜得卿耳㊸。」遂委以機密。北地王鍾傳檄青州諸郡，諭以禍福，辟閭渾徙八千餘家入守廣固，遣司馬崔誕戍薄荀固㉞，平原太守張豁戍柳泉，誕豁承檄，皆降於德，渾懼，攜妻子奔魏，德遣射聲校尉劉綱追之，及於莒城，斬之；渾子道秀自詣德，請與父俱死，德曰：「父雖不忠，而子能孝。」特赦之，渾參軍張瑛為渾作檄，辭多不遜㉟，德執而讓㊱之，瑛神色自若，徐曰：「渾之有臣，猶韓信之有蒯通，通遇漢祖而生㊲，臣遭陛下而死，比之古人，竊為不幸耳。」德殺之，遂定都廣固㊳。

㈢燕李旱行至建安，燕主盛急召之，羣臣莫測其故㊴。九月，辛未，復遣之，李朗聞其家被誅，擁二千餘戶以自固，及聞旱還，謂有內變，不復設備，留其子養守令支㊵，自迎魏師於北平。壬子，旱襲令支，克之。遣廣威將軍孟廣平追及朗於無終㊶，斬之㊷。

㈣秦主興以災異㊸屢見，降號稱王，下詔：「令羣公卿士將牧守宰，各降一等。」大赦，改元弘始，存問㊹孤貧，舉拔賢俊，簡省灋令，清察獄訟，守令之有政迹者賞之，貪殘者誅之，遠近肅然㊺㊻。

㈤冬，十月，甲午，燕中衛將軍衛雙有罪，賜死，李旱還聞雙死，懼棄軍而亡，至板陘，復還歸罪㊼，燕主盛復其爵位，謂侍中孫勍曰：「旱為將而棄軍，罪在不赦，然昔先帝蒙塵㊽，骨肉離心，公卿失節，惟旱以宦者，忠勤不懈，始終如一，故吾念其功而赦之耳㊾。」

㈥辛恭靖固守百餘日，魏救未至，秦兵拔洛陽，獲恭靖；恭靖見秦王興不拜，曰：「吾不為羌賊臣。」興囚之，恭靖逃歸，自淮漢以北諸城多請降，送任於秦㊿。

魏主珪以穆崇為豫州刺史，鎮野王。

㈦會稽世子元顯性苛刻，生殺任意，發東土(51)諸郡免奴為客者(52)，號曰樂屬(53)，移置京師，以充兵役(54)，東土囂然苦之(55)。孫恩因民心騷動，自海島帥其黨，殺上虞(56)令，遂攻會稽，會稽內史王凝之，羲之之子也，世奉天師道(57)，不出兵，亦不設備，日於道室(58)稽顙(59)跪呪(60)，官屬請出兵討恩，凝之曰：「我已請大道借鬼兵(61)，守諸津要(六二)，各數萬，賊不足憂也。」及恩漸近，乃聽出兵，恩已至郡下。甲寅，恩陷會稽(六三)，凝之出走，恩執而殺之，幷其諸子。凝之妻謝道蘊，弈之女也，聞寇至，舉措自若，命婢肩輿(六四)，抽刀出門，手殺數人，乃被執(六五)。吳國內史桓謙、臨海太守新秦王崇(六六)、義興太守魏隱(六七)，皆棄郡走，於是會稽謝鍼、吳郡陸瓌、吳興丘尫、義興許允之、臨海周冑、永嘉張永等，及東陽新安凡八郡人，一時起兵，殺長吏(六八)以應恩，旬日之中，眾數十萬。吳興太守謝邈、永嘉太守司馬逸(六九)、嘉興公顧胤、南康公謝明慧、黃門郎謝冲、張琨、中書郎孔道等，皆為恩黨所殺。邈、冲，皆安之弟子也。時三吳承平(七〇)日久，民不習戰，故郡縣兵皆望風奔潰。

恩據會稽，自稱征東將軍，逼人士為官屬(七一)，號其黨曰長生人，民有不與之同者，戮及嬰孩，死者什七八，醢諸縣令以食其妻子，不肯食者，輒支解之，所過掠財物，燒邑屋，焚倉廩，刊木堙井(七二)，相帥聚於會稽；婦人有嬰兒不能去者，投於水中，曰：「賀汝先登仙堂(七三)，我當尋後(七四)就汝(七五)。」恩表會稽王道子及世子元顯之罪，請誅之。自帝即位以來，內外乖異(七六)，石頭以南皆為荊江所據，以西皆豫州所專，京口及江北皆劉牢之及廣陵相高雅之所制，朝政所行(七七)，惟三吳而已，及孫恩作亂，八郡皆為恩有，畿內諸縣，盜賊處處蠭起，恩黨亦有潛伏在建康者，人情危懼，常慮竊發(七八)，於是內外戒嚴，加道子黃鉞，元顯領中軍將軍，命徐州刺史謝琰兼督吳興、義興軍事，以討恩，劉牢之亦發兵討恩，拜表輒行(七九)。

(八)西秦以金城太守辛靜為右丞相。

(九)十二月，甲午，燕燕郡太守高湖帥戶三千降魏，湖，泰之子也。

丙午，燕主盛封弟淵為章武公，虔為博陵公，子定為遼西公。

丁未，燕太后段氏卒，謚曰惠德皇后。

(十)謝琰擊斬許允之，迎魏隱還郡，進擊丘尪，破之，與劉牢之轉鬭而前，所向輒克，琰留屯烏程(八〇)，遣司馬高素助牢之，進臨浙江，詔以牢之都督吳郡諸軍事(八一)。初，彭城劉裕生而母死，父翹僑居(八二)京口，家貧，將棄之，同郡劉懷敬之母，裕之從母也，生懷敬未朞(八三)，走往救之，斷懷敬乳而乳之(八四)。及長，勇健有大志，僅識文字，以賣履為業，好樗蒲(八五)，為鄉閭(八六)所賤。劉牢之擊孫恩，引裕參軍事，使將數十人覘(八七)賊，遇賊數千人，即迎擊之，從者皆死，裕墜岸下，賊臨岸欲下，裕奮長刀，仰斫殺數人，乃得登岸，仍大呼逐之，賊皆走，裕所殺傷甚眾；劉敬宣怪裕久不返，引兵尋之，見裕獨驅數千人，咸共歎息(八八)，因進擊賊，大破之，斬獲千餘人(八九)。

初，恩聞八郡響應，謂其屬曰：「天下無復事矣(九〇)，當與諸君朝服(九一)至建康。」既而聞牢之臨江，曰：「我割浙江以東，不失作句踐(九二)。」戊申，牢之引兵濟江，恩聞之曰：「孤不羞走(九三)。」遂驅男女二十餘萬口東走，多棄寶物子女於道，官軍競取之，恩由是得脫，復逃入海島(九四)。高素破恩黨於山陰，斬恩所署具郡太守陸瓌、吳興太守丘尫、餘姚令吳興沈穆夫，東土遭亂，企望(九五)官軍(九六)之至，既而牢之等縱軍士暴掠(九七)，士民失望，郡縣城中，無復人跡，月餘，乃稍有還者。朝廷憂恩復至，以謝琰為會稽太守，都督五郡(九八)軍事，帥徐州文武戍海浦(九九)。

以元顯錄尚書事[二〇]，時人謂道子為東錄[二一]，元顯為西錄[二二]，西府車騎填湊[二三]，東第門可張羅[二四]矣。元顯無良師友，所親信者，率皆佞諛[二五]之人，或以為一時英傑[二六]，或以為風流名士[二七]，由是元顯日益驕侈[二八]，諷[二九]禮官立議[三〇]，以己德隆望重，既錄百揆[三一]，百揆皆應盡敬，於是公卿以下見元顯皆拜。時軍旅[三二]數起，國用虛竭，自司徒以下，日廩七升[三三]，而元顯聚斂不已，富踰帝室[三四]。

(十一)殷仲堪恐桓玄跋扈[三五]，乃與楊佺期結昏為援，佺期屢欲攻玄，仲堪每抑止之，玄恐終為殷楊所滅，乃告執政求廣其所統[三六]，執政亦欲交構[三七]，使之乖離[三八]，乃加玄都督荊州四郡軍事，又以玄兄偉代佺期兄廣為南蠻校尉，佺期忿懼，楊廣欲拒桓偉，仲堪不聽，出廣為宜都、建平二郡太守，楊孜敬先為江夏相，玄以兵襲而劫之，以為諮議參軍，佺期勒兵建牙[三九]，聲云援洛，欲與仲堪共襲玄，仲堪雖外結佺期，而內疑其心，苦止之[四〇]，猶慮弗能禁，遣從弟遹[四一]屯於北境，以遏佺期，佺期既不能獨舉，又不測仲堪本意，乃解兵[四二]。仲堪多疑少決[四三]，諮議參軍羅企生謂其弟遵生曰：「殷侯[三四]仁而無斷，必及於難，吾蒙知遇，義不可去[三五]，必將死之[三六]。」

是歲，荊州大水，平地三丈，仲堪竭倉廩以賑饑民；桓玄欲乘其虛而伐之，乃發兵西上，亦聲言[三七]救洛，與仲堪書曰：「佺期受國恩，而棄山陵[三八]，宜共罪之，今當入沔，討除[三九]佺期，已頓兵江口，若見與無貳[四〇]，可收楊廣殺之，如其不爾[四一]，便當帥兵入江[四二]。」時巴陵有積穀，玄先遣兵襲取之，梁州刺史郭銓當之官[四三]，路經夏口，玄詐稱朝廷遣銓為己前鋒，乃授以江夏之眾，使督諸軍並進，密報兄偉，令為內應，偉遑遽[四四]不知所為，自齎[四五]疏示仲堪，仲堪執偉為質[四六]，令與玄書，辭甚苦至[四七]。玄曰：「仲堪為人無決，常懷成敗之計[四八]，為兒子作慮[四九]，我兄必無憂也[五〇]。」仲堪遣殷遹帥水軍七千至西江口[五一]，玄使郭銓、苻宏擊之，遹等敗走，玄頓巴陵[五二]，食其穀。仲堪遣楊廣及弟子道護等拒之，皆為玄所敗，江陵震駭，城中乏食，以胡麻[五三]廩軍士。

玄乘勝至零口[五四]，去江陵二十里，仲堪急召楊佺期以自救，佺期曰：「江陵無食，何以待敵[五五]，可來見就[五六]，共守襄陽。」仲堪志在全軍保境，不欲棄州逆走(二四七)，乃紿(二四八)之曰：「比來(二四九)收集，已有儲矣(二五〇)。」佺期信之，帥步騎八千，精甲耀日(二五一)，至江陵，仲堪唯以飯餉其軍。佺期大怒曰：「今茲(二五二)敗矣。」不見仲堪，與其兄廣共擊玄，玄畏其銳，退軍馬頭(二五三)，明日，佺期引兵急擊郭銓，幾獲之(二五四)，會玄兵至，佺期大敗，單騎奔襄陽，仲堪出奔酇(二五五)城。玄遣將軍馮該追佺期及廣，皆獲而殺之，傳首建康；佺期弟思平、從弟尚保、孜敬，逃入蠻中(二五六)。仲堪聞佺期死，將數百人，將奔長安，至冠軍城(二五七)，該追獲之，還至柞溪(二五八)，逼令自殺，並殺殷道護。仲堪奉天師道，禱請鬼神，不吝財賄(二五九)而嗇(二六〇)於周急(二六一)，好為小惠以悅人，病者自為診脈分藥(二六二)，用計倚伏煩密(二六三)，而短於鑒略(二六四)，故至於敗(二六五)。

仲堪之走也，文武無送者，惟羅企生從之，路經家門，弟遵生曰：「作如此分離，何可不一執手(二六六)！」企生旋馬授手，遵生有力，因牽下之，曰：「家有老母，去將何之。」企生揮淚(二六七)曰：「今日之事，我必死之，汝等奉養，不失子道(二六八)，一門之中，有忠與孝，亦復何恨。」遵生抱之愈急，仲堪於路待之，見企生無脫理(二六九)，策馬而去，及玄至荊州，人士無不詣玄者，企生獨不往，而營理(二七〇)仲堪家事，或曰：「如此，禍必至矣。」企生曰：「殷侯遇我以國士，為弟所制，不得隨之，共殄(二七一)醜逆，復何面目就桓求生乎(二七二)。」玄聞之怒，然待企生素厚，先遣人謂曰：「若謝我，當釋汝。」企生曰：「吾為殷荊州吏，荊州敗，不能救，尚何謝為！」玄乃收之，復遣人問企生欲何言，企生曰：「文帝殺嵇康，嵇紹為晉忠臣(二七三)，從公乞一弟，以養老母。」玄乃殺企生，而赦其弟(二七四)。

(十三)涼王光疾甚，立太子紹為天王，自號太上皇帝，以太原公纂為太尉，常山公弘為司徒，謂紹曰：「今國家多難，三鄰伺隙(二七五)，吾沒之後，使纂統六軍，弘管朝政，汝恭己無為(二七六)，委重(二七七)二兄，庶幾可濟。若內相猜忌，則蕭墻(二七八)之變，旦夕至矣。」又謂纂弘曰：「永業(二七九)才非撥亂(二八〇)，直以(二八一)立嫡有常，猥居元首(二八二)；今外有彊寇，人心未寧，汝兄弟緝睦(二八三)，則祚流萬世(二八四)，若內自相圖，則禍不旋踵(二八五)矣。」纂弘泣曰：「不敢(二八六)(二八七)。」又執纂手戒之曰：「汝性麤暴，深為吾憂，善輔永業，勿聽讒言。」是日光卒。
紹祕不發喪，纂排閤[28]入哭，盡哀而出，紹懼，以位讓之曰：「兄功高年長，宜承大統。」纂曰：「陛下國之家嫡[29]，臣敢奸[30]之！」紹固讓，纂不許，驃騎將軍呂超謂紹曰：「纂為將積年[31]，威震內外，臨喪不哀，步高視遠[32]，必有異志，宜早除之。」紹曰：「先帝言猶在耳，柰何棄之。吾以弱年[33]，負荷大任，方賴二兄以寧家國，縱其圖我，我視死如歸，終不忍有此意也。卿勿復言。」纂見紹於湛露堂，超執刀侍側，目纂請收之[34]，紹弗許。超，光弟寶之子也。弘密遣尚書姜紀謂纂曰：「主上闇弱[35]，未堪多難[36]，兄威恩素著，宜為社稷計，不可徇[37]小節也。」纂於是夜帥壯士數百，踰北城，攻廣夏門，弘帥東苑之眾，斧洪範門[38]，左衛將軍齊從守融明觀，逆問之[39]，曰「誰也？」眾曰：「太原公[40]。」從曰：「國有大故[41]，主上新立，太原公行不由道，夜入禁城，將為亂邪！」因抽劍直前，斫纂中額，纂左右禽之，纂曰：「義士也，勿殺。」紹遣虎賁中郎將呂開帥禁兵拒戰於端門[42]，呂超帥卒二千赴之，眾素憚纂，皆不戰而潰，纂入自青角門(二三)，升謙光殿(二四)，紹登紫閣自殺，呂超奔廣武。纂憚弘兵彊，以位讓弘，弘曰：「弘以紹弟也，而承大統，眾心不順，是以違(二五)先帝遺命而廢之，慙負黃泉(二六)，今復踰兄(二七)而立，豈弘之本志(二八)乎！」纂乃使弘出告眾曰：「先帝臨終，受詔如此。」羣臣皆曰：「苟社稷有主，誰敢違者！」纂遂即天王位，大赦，改元咸寧，謚光曰懿武皇帝，廟號太祖，謚紹曰隱王，以弘為大都督、督中外諸軍事、大司馬、車騎大將軍、司隸校尉、錄尚書事，改封番禾郡公。纂謂齊從曰：「卿前斫我，一何甚也(二九)！」從泣曰：「隱王，先帝所立，陛下雖應天順人，而微心未達(三〇)，唯恐陛下不死，何謂甚也！」纂賞其忠，善遇之。纂叔父征東將軍方鎮廣武，纂遣使謂方曰：「超實忠臣，義勇可嘉，但不識國家大體，權變之宜，方賴其用，以濟世難(三一)，可以此意諭之。」超上疏陳謝(三二)，纂復其爵位(三三)。

(十三)是歲，燕主盛以河間公熙為都督中外諸軍事、尚書左僕射、領中領軍。

(十四)劉衛辰子文陳降魏，魏主珪妻以宗女，拜上將軍，賜姓宿氏。

【今註】(二六)走馬：猶馳馬。(二七)武威王禿髮烏孤醉走馬……徙治西平：按此段乃錄自〈禿髮烏孤載記〉及〈利鹿孤載記〉，字句大致相同。(二八)說幽州刺史辟閭渾欲下之：時辟閭渾乃領幽州而鎮廣固。欲下之，謂欲其降服。(二九)梁父：在今山東省泰安縣南。(三〇)委城：棄城。(三一)莒城：今山東省莒縣。(三二)表為：上表舉為。(三三)喜得卿耳：所喜者為得卿耳。(三四)薄荀固：胡三省曰：「薄荀蓋人姓名，遇亂聚眾保固此地，因以為名，齊人率謂保聚之地為固。」(三五)辭多不遜：措辭多不謙遜。(三六)讓：責。(三七)猶韓信之有蒯通，通遇漢祖而生：事見卷十二高祖十二年。(三八)南燕王德遣使說幽州刺史辟閭渾，……遂定都廣固：按此一大段，乃錄自〈慕容德載記〉，除多出者外，其餘字句，皆大致相同。(三九)莫測其故：不能測知其中原故。(四〇)今支：今河北省遷安縣。(四一)無終：今河北省玉田縣。(四二)燕李旱行至建安……追及朗於無終，斬之：按此段乃錄自〈慕容盛載記〉，字句大致相同。(四三)災異：災患變異。(四四)存問：存恤慰問。(四五)肅然：肅然振飭。(四六)秦主興以災異屢見……遠近肅然：按此段乃錄自〈姚興載記〉上，字句大致相同。(四七)復還歸罪：歸罪謂請罪。(四八)先帝蒙塵：〈慕容盛載記〉作：「當先帝之避難。」是蒙塵即蒙難也。(四九)燕中衞將軍衞雙有罪賜死……故吾念其功而赦之耳：按此段乃錄自〈慕容盛載記〉，而多有刪節，其刪節處，較原文佳勝多多。(五〇)送任於秦：謂送任子於秦。(五一)東土：指吳郡、會稽、東陽諸郡而言。(五二)免奴為客者：胡三省曰：「奴戶者，有罪沒為官奴。公卿以下至九品官，及宗室、國賓、先賢之後，及士人子孫，占蔭以為客戶，是謂免奴為客。」(53)號曰樂屬：樂屬謂樂意從屬，雖內係強迫，而外仍以嘉稱號之焉。(54)以充兵役：以充兵卒及力役之職。(55)會稽王世子元顯性苛刻……東土囂然苦之：按此段乃錄自〈簡文三王道子傳〉，字句大致相同。(56)上虞：今浙江省上虞縣。(57)世奉天師道：天師道為張道陵所傳，〈王羲之附凝之傳〉作王氏世事張氏五斗米道，乃同指一道而言。(58)道室：奉道之室，王凝之傳作靖室，知此具有數稱。(59)稽顙：以頭伏地而多時不起。稽音啟。(60)跪呪：跪跽而念呪也。(61)請大道借鬼兵：大道乃道家呼得道及尊者之稱。通常則稱道士，此乃由刪士加大而構成者。又道釋二教爭以道相號召，於是道家則名習道者為道士，釋氏則稱學道者為道人，皆冠以道字，實一頗有趣味之現象也。又士人二字，士似較人為高上，而道家以在中土得勢較早，而將此高上辭彙先行奪采，而佛家興起較晚，遂不得不屈用人字。此由兩家稱呼用辭而可窺知者也。(62)津要：津渡要害。(63)會稽內史王凝之……恩陷會稽：按此段乃錄自〈王羲之附凝之傳〉，字句稍有溢出。(64)肩輿：謂二人於肩，共抬一輿。(65)凝之妻謝道蘊……手殺數人，乃被執：按此段乃錄自〈列女王凝之妻謝氏傳〉，字句大致相同。(66)臨海太守新秦王崇：按〈安帝紀〉隆安三年文作臨海太守新蔡王崇，〈孫恩傳〉亦同之。又崇為汝南王祐之曾孫，自其祖父以來，嗣新蔡國，是秦乃蔡之訛。(67)義興太守魏隱：按〈安帝紀〉隆安三年文作魏隱，而〈孫恩傳〉則作魏傿，〈謝安附琰傳〉作魏鄢，此據〈安帝紀〉以入錄。(68)殺長吏：殺縣長及縣長以下之吏員。(69)永嘉太守司馬逸：按〈孫恩傳〉作永嘉太守謝逸，〈安帝紀〉隆安三年文作永嘉太守司馬逸，此從〈安帝紀〉之文。(七〇)承平：歷年相繼，皆甚升平。(七一)為官屬：為其僚吏。(七二)刊木堙井：伐樹塞於井中，使不得汲。(七三)仙堂：道家語，謂神仙所居之堂。(七四)尋後：不久以後。(七五)吳國內史桓謙……我當尋後就汝：按此一大段乃錄自〈孫恩傳〉，字句大致相同。(七六)乖異：乖離叛異。(七七)朝政所行：猶朝廷政令所及。(七八)竊發：偷竊發作。(七九)拜表輒行：謂拜上表章，不待還報，即啟行也。(八〇)烏程：故治在今浙江省吳興縣南之古菰城。(八一)謝琰擊斬許允之……詔以牢之都督吳郡諸軍事：按此段乃錄自〈謝安附琰傳〉及〈劉牢之傳〉，字句大致相同。(八二)僑居：猶寄居。(八三)未朞：未滿周年。(八四)斷懷敬乳而乳之：謂不乳懷敬而以其乳改哺劉裕。(八五)樗蒲：古博戲。《山堂肆考》：「古博戲，以五木為子，有梟盧雉犢塞，為勝負之采。博頭有刻梟形者為最勝，盧次之，雉、犢又次之，塞為最下。」樗音ㄕㄨ。(八六)鄉閭：猶鄉里或閭里，蓋里與閭俱含有二十五家。(八七)覘：探視。(八八)歎息：含贊美意。(八九)初彭城劉裕生而母死……大破之，斬獲千餘人：按此段乃本於《宋書．武帝紀》，而文多溢出。(九〇)天下無復事矣：謂天下已歸於己。(九一)朝服：君王羣臣上朝時，所著之服。(九二)我割浙江以東不失作句踐：謂我割有浙江以東，尚可作越王句踐。(九三)孤不羞走：胡三省曰：「江表傳：『周瑜之破魏軍也，曹公曰，孤不羞走。』故恩引以為言。」(九四)初恩聞八郡響應……恩由是得脫，復逃入海島：按此段乃錄自〈孫恩傳〉，字句大致相同。(九五)企望：企踵而望，喻盼望之殷切也。(九六)官軍：謂國家之軍，此稱，六朝時甚盛行，例證俯拾即是，不具列。(九七)縱軍士暴掠：縱任軍士，肆暴掠奪。(九八)五郡：會稽、臨海、東陽、永嘉、新安。(九九)海浦：胡三省曰：「今自龕山而東，至蘭風、石堰、鳴鶴、松浦、蟹浦、定海，皆海浦也。」㉚錄尚書事：總領尚書省事。㉛時人謂道子為東錄：以道子居東府，錄尚書事，故簡稱曰東錄。㉜元顯為西錄：元顯居西府，錄尚書事，故簡稱曰西錄。㉝填湊：填塞輻湊。㉞門可張羅：羅，羅網；謂可張網捕雀，夫門前既為鳥獸所游，則其蕭條荒涼，自毋庸問矣。㉟佞諛：諂佞阿諛。㊱一時英傑：猶一世英傑。㊲或以為風流名士：按風流名士，為晉人最喜標置之稱語，以其有關一代之風習崇尚，爰不憚煩瑣，為分析縷述之。先言風流。《世說・品藻》人有問太傅，注引《續晉陽秋》曰：「獻之文義，並非所長，而能撮其勝會，故擅名一時，為風流之冠也。」同篇：「有人問袁侍中曰：『殷仲堪何如韓康伯？』答曰：『門庭蕭寂，居然有名士風流，殷不及韓。』」同書〈傷逝〉：「衞洗馬以永康六年喪，丞相王公教曰：『衞洗馬當改葬，此君風流名士，海內所瞻，可脩薄祭，以敦舊好。』」同書〈棲逸〉：「康僧淵在豫章，庾公諸人多往看之，觀其運用吐納，風流轉加。」《晉書・王羲之附獻之傳》：「少有盛名，而高邁不羈，雖閑居終日，容止不怠，風流為一時之冠。」〈謝安附混傳〉：「裕亦嘆曰：『吾甚恨之，使後生不得見其風流。』」〈樂廣傳〉：「廣與王衍，俱宅心事外，名重於時。故天下言風流者，謂王樂為稱首焉。」〈殷浩傳〉：「弱冠有美名，尤善玄言。與叔父融俱好老易，融與浩口談則辭屈，著篇則融勝。浩由是為風流談論者所宗。庾翼貽浩書曰：『王夷甫先朝風流士也，然吾薄其立名非真，而始終莫取。』……故吏顧悅之上疏訟浩曰：『伏見故中軍將軍殷浩，體德沈粹，識理淹長，風流雅勝，聲蓋當時。』」殷浩諸傳後史臣曰：「及其（浩）入處國鈞，未有嘉謀善政；出總戎律，唯聞鑒國喪師。是知風流異貞固之才，談論非奇正之要。」〈郗鑒附超傳〉：「又沙門支遁，以清談著名，於時風流勝貴，莫不崇敬。」〈王廙附彬傳〉：「上議曰：『故勳格辰極，道融四海，風流遐邈，聲冠百代。』」〈外戚王濛傳〉：「與沛國劉惔齊名友善，惔常稱濛性至通而自然有節。凡稱風流者，舉濛惔為宗焉。……簡文帝嘗與孫綽商略諸風流人，綽言曰：『劉惔清蔚簡令，王濛溫潤恬和，桓溫高爽邁出，謝尚清易令達。』而濛性和暢能言理，辭簡而有會。」由上引可知，晉代之所謂風流，實與今之風流浪漫者，大異其趣。而乃係指神思清雋，談吐高雅，舉止佳勝，違脫塵俗者言。又此二字構鑄之歷跡，初乃指流尚風習，《孟子．公孫丑》：「紂之去武丁，未久也；其故家遺俗，流風善政，猶有存者。」《文選．司馬相如難蜀父老》：「政教未加，流風猶微。」即其明證。後竟將流風二字，互相顛倒而成為風流之形式，然其意義則仍相類也。其例證為《晉書．郤詵傳》：「對策曰：『人之於利，如蹈水火焉，前人雖敗，後人復起。如彼此無已，誰止之者？風流日競，誰憂之者？』」又〈范汪附甯傳〉：「著論曰：『或曰黃唐緬邈，至道淪翳。濠濮輟詠，風流靡託。』」然在晉代之同時，竟又將風流一辭，賦予以上之命意。遞至近世，又蘊有今人習知之意義。然則風流一辭，嬗變演化，豈不巨且大哉！次論名士，名士一辭，亦為晉人所艷稱者。《世說．賞譽》：「司馬太傅府多名士，一時雋異。」同書〈賞譽〉：「王夷甫語樂令，名士無多人，故當容平子知。」《晉書．劉頌傳》：「上疏曰：『今閻閭少名士，官司無高能，其故何也？清議不肅，人不立德，行在取容，故無名士。……無高能則有疾世事，少名士則後進無準，故臣思立吏課，而肅清議。』」

〈王舒傳〉：「從伯導與其書曰：『和長輿海內名士，不免作中書令。』」〈江統附惇傳〉：「東陽太守阮裕、長山令王濛，皆一時名士，並與惇游處，深相欽重。」由知晉代之所謂名士，亦以德行才識為主，非後世之濫調名士所可匹偶也。古代此種風流名士之真正義蘊，實為今人所不可不憬然諦知者也。⑱驕侈：驕傲淫侈。⑲諷：諷示。⑳立議：建議。㉑百揆：百官。㉒軍旅：指戰爭言。㉓日廩七升：謂每日國家所發給官吏之廩糧，不過七升而已，極言府庫虛竭之情。㉔以元顯錄尚書事……元顯聚歛不已，富踰帝室：按此段乃錄自〈簡文三王傳〉，字句大致相同。㉕跋扈：橫暴、強梁。㉖廣其所統：增廣其所統之地域。㉗交構：使其互相構成釁隙。㉘乖離：乖忤違離。㉙勒兵建牙：部勒兵士，建樹牙旗，此乃欲作戰之姿態。㉚苦止之：按苦係六朝常用語，猶今語之苦苦勸止之。㉛遙：音ㄩˋ。㉜殷仲堪恐桓玄跋扈……又不測仲堪本意，乃解兵：按〈楊佺期傳〉及〈桓玄傳〉俱有此文，此段乃根據二傳編撰而成，字句大致相同。㉝多疑少決：性多猶疑，少有決斷。㉞殷侯：六朝凡縣令及其以上之官，皆可以侯稱之，說已見上。㉟義不可去：依道義，不可離去。㊱仲堪多疑少決……必將死之：按此段乃錄自〈忠義羅企生傳〉，字句稍有溢出。㊲聲言：揚聲而言。㊳山陵：指洛陽晉諸帝之陵寢言。㊴討除：討伐驅除。㊵若見與無貳：謂若相許而不持兩端。㊶如其不爾：謂若不如此。㊷是歲荊州大水平地三丈……便當帥兵入江：按此段乃錄自〈桓玄傳〉及〈殷仲堪傳〉，字句大致相同。㊸郭銓當之官：謂郭銓當至其所治之地。㊹遑遽：皆係急意。㊺齎：持。音咨。㊻為質：為抵押。㊼辭甚苦至：書辭甚為哀苦懇至。㊽常懷成敗之計：常為成敗打算，此處偏重其憂慮破敗。㊴為兒子作慮：按古代子兼含女意，通常所云之處子，即係指處女而言。故兒子二字當釋作兒女。㊵梁州刺史郭銓當之官……我兄必無憂也：按此段乃錄自〈桓玄傳〉，字句幾全相同。㊶西江口：胡三省曰：「水經：『江水東至長沙下雋縣北，湘水從南東注之，江水又東左，得二夏浦。』注云：『夏浦，俗謂之西江口。』」㊷頓巴陵：頓駐於巴陵。㊸胡麻：胡三省曰：「胡麻，今謂之芝麻，粒小於粟而黑，可以為油，九炊九曝以為飯，食之使人不飢。」㊹零口：胡三省曰：「即靈溪入江之口。」㊺待敵：謂對待敵人，亦即應付敵人。㊻可來見就：謂可來相就。㊼逆走：猶他去。㊽紿：欺、詐，音殆。㊾比來：近來。㊿已有儲矣：謂已有儲糧矣。(51)精甲耀日：精良之鎧甲閃耀光芒。(52)今茲：今此。(53)馬頭：胡三省曰：「江陵縣南有江津戍，戍南對馬頭岸。」(54)幾獲之：幾乎擒之。〈楊佺期傳〉幾獲作殆獲，意同。(55)酇：故城在今湖北省光化縣舊城。音贊。(56)仲堪急召楊佺期以自救……從弟尚保、孜敬，逃入蠻中：按此段乃本自〈楊佺期傳〉，字句大致相同。(57)冠軍城：故城在今河南省鄧縣境，即漢武帝封霍去病處。(58)柞溪：《水經注》：「柞溪水出江陵縣北，蓋諸池散流，咸所會合，積以成川。東流逕驛路，水上有大橋，仲堪縊處也。」音昨。(59)財賄：賄亦財。(60)嗇：吝。(61)周急：周濟急難。(62)病者自為診脈分藥：有病者仲堪親為視脈給藥。(63)用計倚伏煩密：心計所倚所伏之處，皆甚細密。(64)而短於鑒略：而缺於識見謀略。(65)仲堪聞佺期死……故至於敗：按此段乃錄自〈殷仲堪傳〉，字句大致相同。(66)何可不一執手：按自漢代以後，執手之禮甚為流行，每當會晤或分袂時，常施行執手之式，以表情愫。

猶今之握手也。載於簡牘之例甚多，茲不具。(三七)揮淚：猶拭淚。(三八)子道：為人子之道。(三九)無脫理：無脫開之可能。(四〇)營理：經營處理。(四一)殄：滅。(四二)復何面目就桓求生乎：按《通鑑》用面目時多省作面，而此則又從羅企生傳而書作面目，知《通鑑》用面目二字時，固無嚴格之體例也。(四三)文帝殺嵇康，嵇紹為晉忠臣：殺嵇康事，見卷七十八魏元帝景元三年；嵇紹死事，見卷八十五惠帝永興元年。(四四)仲堪之走也，文武無送者……殺企生而赦其弟：按此段乃錄自〈忠義羅企生傳〉。字句大致相同。(四五)三鄰：謂禿髮、乞伏、段業。(四六)恭己無為：猶垂拱無為，謂袖手而不事事也。(四七)委重：委任藉重。(四八)蕭牆：《論語．季氏》注：「蕭之言肅也，牆謂屏也。君臣相見之禮，至屏而加肅敬焉，是以謂之蕭牆。」後人因言禍之起於內者，曰蕭牆之禍。(四九)永業：呂紹字。(五〇)撥亂：治亂。(五一)直以：只以。(五二)猥居元首：猥，忝。元首謂君。(五三)緝睦：〈呂光載記〉緝作輯，謂安集和睦。(五四)祚流萬世：謂福祚傳於萬世。(五五)旋踵：喻時之短速。(五六)纂弘泣曰不敢：〈呂光載記〉不敢作：「不敢有二心。」不敢乃不敢有二心之省。(五七)涼王光疾甚……纂弘泣曰不敢：按此段乃錄自〈呂光載記〉，字句大致相同。(五八)排閤：排開閤門。(五九)冢嫡：冢，長，謂最長之嫡子。(六〇)奸：音干。(六一)積年：猶累年。(六二)步高視遠：猶高視闊步，謂其態度之傲慢也。(六三)弱年：幼年。(六四)目纂請收之：超以目視纂而請紹收捕之。(六五)闇弱：闇昧柔弱。(六六)未堪多難：謂不勝任於多難之秋。(六七)徇：因循。(六八)斧洪範門：斧謂以斧斫之，〈呂纂載記〉斧作斫，所謂文異而意同也。(六九)逆問之：迎而問之。(七〇)太原公：呂纂之封號。(七一)大故：大喪。(七二)端門：乃城之正南門。六朝各國都之南門，多以端門為稱。

㉝青角門：胡三省曰：「青角門蓋涼州中城之東門也。」原胡所以言青角門為東門者，以東屬春，而春日萬物青蔥，故遂以青名東門也。㉞謙光殿：胡三省曰：「謙光殿張駿所起，自以專制河右而世執臣節，雖謙而光，故以名殿。」按謙光一稱乃本於《易・謙》：「謙尊而光」而命。疏：「謂尊者有謙，而更光明也。」㉟違：違背。㊱慙負黃泉：黃泉，死人所居，意指呂光，謂羞慚違負先君之意。㊲踰兄：踰越兄前。㊳志：意。㊴一何甚也：猶今語之多麼過甚。㊵微心未達：謂臣下微小之心，不明此事。㊶以濟世難：以救世間之危難。㊷陳謝：陳訴謝罪。㊸紹祕不發喪……纂復其爵位：按此一大段乃錄自〈呂纂載記〉，字句大致相同。

四年（西元四〇〇年）

㈠春，正月，壬子朔，燕主盛大赦，自貶號為庶人天王㈠。

㈡魏材官將軍和跋㈡，襲盧溥於遼西，戊午，克之，禽溥及其子煥，送平城，車裂之。燕主盛遣廣威將軍孟廣平救溥不及，斬魏遼西守宰而還。

㈢乙亥，大赦。

㈣西秦王乾歸遷都苑川㈢。禿髮利鹿孤大赦，改元建和。

㈤高句麗王安事燕禮慢㊃。二月，丙申，燕王盛自將兵三萬襲之，以驃騎大將軍熙為前鋒，拔新城、南蘇二城，開境七百餘里，徙五千餘戶而還。熙勇冠諸將，盛曰：「叔父雄果㊄，有世祖㊅之風，但弘略㊆不如耳。」

㈥初，魏主珪納劉頭眷之女，寵冠後庭，生子嗣，及克中山，獲燕王寶之幼女，將立皇后，用其國故事，鑄金人以卜之㊇，劉氏所鑄不成，慕容氏成。三月，戊午，立慕容氏為皇后。

㈦桓玄既克荊、雍，表求領荊、江二州㊈，詔以玄為都督荊、司、雍、秦、梁、益、寧七州諸軍事，荊州刺史，以中護軍桓脩為江州刺史；玄上疏固求江州，於是進玄督八州及揚、豫八郡諸軍事，復領江州刺史。玄輒以兄偉為雍州刺史㊉，朝廷不能違；又以從子振為淮南太守㊁㊂。

㈧涼王纂以大司馬弘，功高地逼，忌之，弘亦自疑，遂以東苑之兵，作亂攻纂，纂遣其將焦辨擊之，弘眾潰出走，纂縱兵大掠，悉以東苑婦女賞軍㊂，弘之妻子亦在中，纂笑謂羣臣曰：「今日之戰何如？」侍中房晷對曰：「天禍涼室㉔，憂患仍臻㉕，先帝始崩，隱王廢黜，山陵甫訖㉖，大司馬稱兵㉗，京師流血，昆弟接刃㉘，雖弘自取夷滅，亦由陛下無常棣之恩㉙，當省己責躬㉚，以謝百姓㉛，乃更縱兵大掠，囚辱士女㉜，釁自弘起，百姓何罪！且弘妻、陛下之弟婦，弘女、陛下之姪也，奈何使無賴小人㉝，辱為婢妾，天地神明㉞，豈忍見此。」遂歔欷㉟流涕。纂改容謝之，召弘妻子，寘於東宮，厚撫之。弘將犇禿髮利鹿孤，道過廣武，詣呂方，方見之，大哭曰：「天下甚寬㊱，汝何為至此！」乃執弘送獄，纂遣力士康龍就拉殺之。纂立妃楊氏為后，以后父桓為尚書左僕射、涼都尹㊲㊳。

(九)辛卯，燕襄平令段登等謀反誅。

(十)涼王纂將伐武威王利鹿孤，中書令楊穎諫曰：「利鹿孤上下用命㊴，國未有釁，不可伐也。」不從。利鹿孤使其弟傉檀拒之。夏，四月，傉檀敗涼兵於三堆，斬首二千餘級㊵。

(土)初，隴西李暠㊶好文學，有令名㊷，嘗與郭黁及同母弟敦煌宋繇同宿，麐起謂繇曰：「君當位極人臣㉝，李君終當有國家，有騍馬㉞生白額駒，此其時也。」及孟敏為沙州刺史，以暠為效穀令，宋繇事北涼王業為中散常侍㉟，孟敏卒，敦煌護軍馮翊郭謙、沙州治中敦煌索仙等，以暠溫毅㊱有惠政，推為敦煌太守，暠初難之，會宋繇自張掖告歸，謂暠曰：「段王無遠略㊲，終必無成，兄忘郭麐之言邪？白額駒今已生矣，」暠乃從之，遣使請命於業，業因以暠為敦煌太守。右衞將軍敦煌索嗣言於業曰：「李暠不可使處㊳敦煌，」業遂以嗣代暠為敦煌太守，使帥五百騎之官。嗣未至二十里，移暠迎己㊴，暠驚疑，將出迎之，效穀令張邈㊵及宋繇止之曰：「段王闇弱，正是英豪有為之日㊶，將軍據一國成資㊷，柰何拱手授人㊸，嗣自恃本郡，謂人情附己，不意將軍猝㊹能拒之，可一戰擒也。」暠從之，先遣繇見嗣，啗以甘言㊺，繇還謂暠曰：「嗣志驕兵弱，易取也。」暠乃遣邈、繇與其二子歆、讓逆擊嗣，嗣敗走，還張掖。暠素與嗣善，尤恨之，表業請誅嗣，沮渠男成亦惡嗣㊻，勸業除之，業乃殺嗣，遣使謝暠，進暠都督涼興以西諸軍事㊼、鎮西將軍㊽。

(十二)吐谷渾視羆卒，世子樹洛干方九歲，弟烏紇提立，妻樹洛干之母念氏，生慕璝、慕延，烏紇提懦弱荒淫㊾，不能治國，念氏專制國事，有膽智，國人畏服之㊿。

(十三)燕前將軍段璣，太后段氏之兄子也，為段登辭所連及，五月，壬子，逃奔遼西。

(十四)丙寅，衞將軍東亭獻侯王珣卒。

(十五)己巳，魏主珪東如涿鹿，西如馬邑，觀灅源。

戊寅，燕段璣復還歸罪，燕王盛赦之，賜號曰思悔侯，使尚公主，入直殿內(五一)。

(十六)謝琰以資望(五二)鎮會稽，不能綏懷(五三)，又不為武備，諸將咸諫曰：「賊近在海浦，伺人形便(五四)，宜開其自新之路(五五)。」琰不從，曰：「苻堅之眾百萬，尚送死淮南，孫恩小賊，敗死入海，何能復出！若其果出，是天欲殺之也。」既而恩寇浹口(五六)，入餘姚(五七)，破上虞(五八)，進及邢浦(五九)，琰遣參軍劉宣之擊破之，恩退走，少日(六〇)，復寇邢浦，官軍失利，恩乘勝徑進(六一)，己卯，至會稽，琰尚未食，曰：「要當(六二)先滅此賊而後食。」因跨馬出戰，兵敗，為帳下都督(六三)張猛所殺(六四)。吳興太守庾桓恐郡民復應恩，殺男女數千人。恩轉寇臨海，朝廷大震，遣冠軍將軍桓不才、輔國將軍孫無終、寧朔將軍高雅之拒之(六五)。

(十七)秦征西大將軍、隴西公碩德將兵五千伐西秦(六六)，入自南安峽，西秦王乾歸帥諸將拒之，軍於隴西。

(十八)楊軌、田玄明謀殺武威王利鹿孤，利鹿孤殺之。

(十九)六月，庚辰朔，日有食之。

(廿)以琅邪王師何澄(六七)為尚書左僕射，澄，準之子也。

(廿一)甲子，燕大赦。

(廿二)涼王纂將襲北涼，姜紀諫曰：「盛夏農事方殷(六八)，且宜息兵(六九)，今遠出嶺西，禿髮氏乘虛襲京師(七〇)，將若之何(七一)？」不從，進圍張掖，西掠建康，禿髮傉檀聞之，將萬騎襲姑臧，纂弟隴西公緯憑北城以自固(七二)，傉檀置酒朱明門(七三)上，鳴鍾鼓，饗將士，曜兵於青陽門，掠八千餘戶而去，纂聞之，引兵還[七四]。

(廿三)秋，七月，壬子，太皇太后李氏崩。

丁卯，大赦。

(廿四)西秦王乾歸使武衛將軍慕兀等屯守[七五]，秦軍樵采路絕，秦王興潛引兵救之，乾歸聞之，使慕兀帥中軍二萬屯柏楊，鎮軍將軍羅敦帥外軍四萬屯侯辰谷，乾歸自將輕騎數千，前候秦兵[七六]，會大風昏霧，與中軍相失，為追騎所逼，入於外軍，旦與秦戰，大敗，走歸苑川，其部眾三萬六千，皆降於秦。興進軍枹罕，乾歸奔金城，謂諸豪帥曰[七七]：「吾不才，叨竊[七八]名號，已踰一紀[七九]，今敗散如此，無以待敵，欲西保允吾，若舉國而去[八〇]，必不得免[八一]，卿等留此，各以其眾降秦，以全宗族，勿吾隨也[八二]。」皆曰：「死生願從陛下[八三]。」乾歸曰：「吾今將寄食於人，若天未亡我，庶幾異日克復舊業[八四]，復與卿等相見，今相隨而死，無益也。」乃大哭而別。乾歸獨引數百騎奔允吾，乞降於武威王利鹿孤[八五]，利鹿孤遣廣武公傉檀迎之，寘於晉興，待以上賓之禮。鎮北將軍禿髮俱延言於利鹿孤曰：「乾歸本吾之屬國，因亂自尊(八六)，今執窮歸命(八七)，非其誠款(八八)，若逃歸姚氏，必為國患，不如徙置乙弗之間(八九)，使不得去。」利鹿孤曰：「彼窮來歸我，而逆疑其心(九〇)，何以勸來者(九一)(九二)！」俱延，利鹿孤之弟也。秦兵既退，南羌梁戈等密招乾歸(九三)，乾歸將應之，其臣屋引阿洛以告晉興太守陰暢，暢馳白利鹿孤，利鹿孤遣其弟吐雷帥騎三千屯捫天嶺(九四)，乾歸懼為利鹿孤所殺，謂其太子熾磐曰：「吾父子居此，必不為利鹿孤所容，今姚氏方強，吾將歸之，若盡室(九五)俱行，必為追騎所及，吾以汝兄弟及汝母為質，彼必不疑，吾在長安，彼終不敢害汝也。」乃送熾磐等於西平。八月，乾歸南奔枹罕，遂降於秦(九六)。

(七五)丁亥，尚書右僕射王雅卒。

(七六)九月，癸丑，地震。涼呂方降於秦，廣武民三千餘戶奔武威王利鹿孤。

(七七)冬，十一月，高雅之與孫恩戰於餘姚，雅之敗走山陰，死者什七八。詔以劉牢之都督會稽等五郡，帥眾擊恩，恩走入海，牢之東屯上虞，使劉裕戍句章，吳國內史袁崧(九七)築滬瀆(九八)，壘以備恩，崧，喬之孫也。

(廿八)會稽世子元顯求領徐州，詔以元顯為開府儀同三司，都督揚、豫、徐、兗、青、幽、冀、并、荊、江、司、雍、梁、益、交、廣十六州諸軍事、領徐州刺史，封其子彥璋為東海王(九九)(一〇〇)。

(廿九)乞伏乾歸至長安，秦王興以為都督河南諸軍事、河州刺史、歸義侯。久之，乞伏熾磐欲逃詣乾歸，武威王利鹿孤追獲之，利鹿孤將殺熾磐，廣武公傉檀曰：「子而歸父，無足深責(一〇一)，宜宥之，以示大度。」利鹿孤從之(一〇三)。

(卅)秦王興遣晉將劉嵩等二百餘人來歸。

(卅一)北涼晉昌太守唐瑤叛，移檄六郡(一〇四)，推李暠為冠軍大將軍、沙州刺史、涼公、領敦煌太守，暠赦其境內，改元庚子。以瑤為征東將軍，郭謙為軍諮祭酒(一〇五)，索仙為左長史，張邈為右長史，尹建興為左司馬，張體順為右司馬，遣從事中郎宋繇東伐涼興，並擊玉門已西諸城，皆下之(一〇六)。酒泉太守王德亦叛北涼，自稱河州刺史，北涼王業使沮渠蒙遜討之，德焚城，將部曲奔唐瑤，蒙遜追至沙頭，大破之，虜其妻子部落而還。

(卌二)十二月，戊寅，有星孛於天津(一七)，會稽世子元顯以星變，解錄尚書事(一八)，復加尚書令。吏部尚書車胤以元顯驕恣(一九)，白會稽王道子，請禁抑之。元顯聞而未察，以問道子，曰：「車武子(二〇)屏人，言及何事？」道子弗答，固問之，道子怒曰：「爾欲幽我(二一)，不令我與朝士語邪！」元顯出謂其徒(二二)曰：「車胤間我父子。」密遣人責之，胤懼自殺(二三)。

(卌三)壬辰，燕主盛立燕臺，統諸部雜夷(二四)。

(卌四)魏太史屢奏天文乖亂，魏主珪自覽占書，多云改王易政，乃下詔風勵羣下，以帝王繼統，皆有天命，不可妄干；又數變易官名，欲以厭塞(二五)災異。儀曹郎董謐獻服餌(二六)僊經，珪置仙人博士，立仙坊，煮鍊百藥，封西山以供薪蒸(二七)，藥成，令死罪者試服之，多死不驗，而珪猶信之，訪求不已。珪常以燕主垂諸子分據勢要，使權柄下移，遂至敗亡，深非之；博士公孫表希旨(二八)，上韓非書，勸珪以法制御下㉙。左將軍李粟㉚性簡慢㉛，常對珪舒放㉜不肅，咳唾任情㉝，珪積其宿過㉞，遂誅之，羣下震粟㉟㊱。

(四五)丁酉，燕王盛尊獻莊后丁氏為皇太后，立遼西公定為皇太子，大赦。

(四六)是歲，南燕王德即皇帝位於廣固，大赦，改元建平，更名備德，欲使吏民易避。追諡燕王暐曰幽皇帝，以北地王鍾為司徒，慕輿拔為司空，封孚為左僕射，慕輿護為右僕射，立妃段氏為皇后㊲。

【今註】㊀自貶號為庶人天王：庶人天王猶今所謂之平民天王。㊁材官將軍和跋：胡三省曰：「漢置材官將軍，領郡國材官士以出征，師還則省。晉魏以後，置材官將軍，主工匠土木之事，則漢右校令之任也。」按和跋《魏書．太祖紀》天興二年及三年文皆作和突，又〈和跋傳〉不載此事，知跋當作突。㊂西秦王乾歸遷都苑川：乞伏氏本居苑川，乾歸遷於金城，今復都苑川。㊃禮慢：禮節怠慢。㊄雄果：雄勁果毅。㊅世祖：慕容垂廟號世祖。㊆弘略：弘大之謀略。㊇將立皇后，用其國故事，鑄金人以卜之：《北史．后妃序》：「魏故事，將立皇后，必令手鑄金人，以成者為吉，不，則不得立也。」㊈表求領荊江二州：按領猶兼也，《魏書》凡此等處，多作兼，例證甚多，不具舉。⑩玄軏以兄偉為雍州刺史：軏乃謂未表報朝廷，而即擅加任署。⑪為淮南太守：《宋書．州郡志》

一：「淮南太守治壽春，其後中原亂，胡寇屢南侵，淮南民多南渡。成帝初，蘇峻祖約為亂於江淮，胡寇又大至，民南渡江者轉多，乃於江南僑立淮南郡及諸縣。晉末遂割丹陽之於湖縣，為淮南境。」⑫桓玄既克荊雍……又以從子振為淮南太守：按此段乃錄自〈桓玄傳〉，字句大致相同。⑬賞軍：賞賜軍士。⑭涼室：即涼國，猶稱周朝為周室也。⑮仍臻：頻至。⑯山陵甫訖：山陵剛埋葬畢。⑰稱兵：猶舉兵。⑱昆弟接刃：兄弟兵刃相交。⑲無常棣之恩：《左傳》富辰曰：「召穆公思周德之不類，糾合宗族於成周，而作詩曰：『常棣之華，鄂不韡韡，凡今之人，莫如兄弟。』其四章曰：『兄弟鬩於牆，外禦其侮。』如是則兄弟雖有小忿，不廢懿親。」⑳省己責躬：躬亦己也，謂當省察自己，罪責自己。㉑以謝百姓：以謝罪於百姓。㉒囚辱士女：囚禁汚辱男女。㉓無賴小人：無賴為無聊賴，猶無依靠也。㉔神明：即神靈。㉕歔欷：流涕貌。㉖天下甚寬：謂法網不嚴。㉗涼都尹：涼都姑臧，改武威太守為涼都尹。㉘涼王纂以大司馬弘功高地逼……為尚書左僕射涼都尹：按此段乃錄自〈呂纂載記〉，字句大致相同。㉙上下用命：大小臣子皆聽從命令。㉚涼王纂將伐武威王利鹿孤……傉檀敗涼兵於三堆，斬首二千餘級：按此段乃錄自〈呂纂載記〉及〈禿髮利鹿孤載記〉，字句大致相同。㉛暠：音皓。㉜令名：美名。㉝君當位極人臣：位為人臣之最高者。㉞騍馬：牝馬，音課。〈涼昭武王傳〉作：「家有騧草馬，生白額駒。」說不相同。㉟中散常侍：以中散大夫，常侍左右也。㊱溫毅：溫良果毅。㊲遠略：遠大之謀略。㊳處：居。㊴移暠迎己：移乃文書之一種，移告於同階或屬下者。謂行文於暠，令之迎己。㊵邈：音ㄇㄧㄠˇ。㊶正是英豪有為之日：按日，時也。通常多云正是英豪有為之時。㊷成資：已創成之資業。㊸拱手授人：拱揖雙手，而授與人，含毫不抗拒之意。㊹猝：猶突。㊺甘言：謂甜言蜜語。㊻沮渠男成亦惡嗣：按〈涼武昭王傳〉作：「業將且渠男又惡嗣，至是因勸除之。」而《通鑑》不因〈涼武昭王傳〉之文，而改作沮渠男成者，以〈沮渠蒙遜載記〉有：「蒙遜與從兄男成，推光建康太守段業。」知此，乃定係沮渠男成。遂加以訂正，而改作沮渠男成。由之，可見《通鑑》考訂之周詳矣。㊼都督涼興以西諸軍事：〈涼武昭王傳〉：「段業分敦煌之涼興，烏澤，晉昌之宜禾三縣為涼興郡。」㊽初隴西李暠好文學，有令名……進暠都督涼興以西諸軍事，鎮西將軍：按此段乃錄自〈涼武昭王傳〉，字句大致相同。㊾烏紇堤懦弱荒淫：〈吐谷渾傳〉作：「烏紇堤愞弱，耽酒淫色。」即本文之的釋。㊿吐谷渾視羆卒……國人畏服之：按此段乃錄自〈吐谷渾傳〉，字句大致相同。(五一)入直殿內：入至殿內司值侍奉。(五二)資望：資謂門地成資，望謂時望。(五三)綏懷：綏撫懷徠。(五四)伺人形便：人指我言，六朝常有此用法，形便，謂形勢便宜。(五五)自新之路：即允其投降。(五六)浹口：胡三省曰：「在今明州定海縣虎蹲山外。」音夾。(五七)餘姚：今浙江省餘姚縣。(五八)上虞：今浙江省上虞縣。(五九)邢浦：〈謝安附琰傳〉：「邢浦，去山陰北三十五里。」(六〇)少日：不多日。(六一)徑進：直進。(六二)要當：猶定當。(六三)帳下都督：即麾下或部下都督，六朝盛用帳下一辭。(六四)謝琰以資望鎮會稽……為帳下都督張猛所殺：按此段乃錄自〈謝安附琰傳〉，字句多有刪改。(六五)朝廷大震……高雅之拒之：按此段乃錄自〈孫恩傳〉，字句大致相同。(六六)秦隴西公碩德將兵五千伐西秦：胡三省曰：「五千恐少，當考。」按〈乞伏乾歸載記〉作：「姚碩德率眾五萬伐之。」是五千當作五萬。(六七)以瑯琊王師何澄：胡三省曰：「晉諸王置師、友、文學各一人。初避景帝諱，改師為傅，後以祧廟不諱，復為師。」(六八)方殷：方盛。(六九)息兵：止兵。(七〇)禿髮氏乘虛襲京師：按晉代以避景帝諱，而罕有言京師者。其京師多改言京都、京邑、或京。〈呂纂載記〉此文作：「必乘虛寇掠都下。」《通鑑》改都下為京師，雖無不可，然殊有違時代風習，而引用古書時，於其有關時代之特殊辭語，理應加以保存，以全其原貌，今硬加更改，則面目全非，失其體矣。(七一)涼王纂將襲北涼……乘虛襲京師，將若之何：按此段乃錄自〈呂纂載記〉，字句多有更改。(七二)以自固：以自固守。(七三)朱明門：胡三省曰：「朱明門，姑臧城南門也。」(七四)禿髮傉檀聞之……纂聞之，引兵還：按此段乃錄自〈禿髮利鹿孤載記〉，字句大致相同。(七五)西秦王乾歸使武衞將軍慕兀等屯守：按〈乞伏乾歸載記〉作遣其衞軍慕容允，雖不同於〈乾歸載記〉，然《通鑑》似別有所據，以慕兀之名，上文吐谷渾之王子即有名慕璝、慕延者，知西土人士，非必盡姓慕容氏也。由知慕兀當必不誤，其他自可連而推知。(七六)前候秦兵：在前窺探秦兵情形。(七七)謂諸豪帥曰：按豪帥乃羌氐中習用之名稱，與渠師相類。(七八)叨竊：忝竊。(七九)已踰一紀：乾歸於孝武太元十三年嗣位，至是凡十三年。(八〇)舉國而去：將全國之人，共同遷去。(八一)必不得免：必不得免於俘虜。(八二)勿吾隨也：即勿隨吾也。古書凡勿不諸否定辭後，其賓語率移置於動辭之前，此可謂一通行之公式。後代則將其辭之部位，稍行移換，此研習文法所應知曉者也。(八三)死生願從陛下：此辭乃著重死字，生特不過連類而及，意謂雖死亦願從陛下。(八四)克復舊業：謂能復舊業。(八五)西秦王乾歸使武衞將軍慕兀……乞降於武威王利鹿孤：按此段乃錄自〈乞伏乾歸載記〉，字句多有改易。(八六)因亂自尊：因喪亂自稱尊號。(八七)歸命：謂歸向王命。(八八)誠款：款亦誠，二字為複合辭。(八九)不如徙置乙弗之間：胡三省曰：「乙弗亦鮮卑種，居西海。北史曰：『吐谷渾北有乙弗勿敵國，國有曲海，海周回千餘里，種有萬落，風俗與吐谷渾同。』北史又曰：『乙弗世為吐谷渾渠帥，居青海，號青海王。』」(九〇)逆疑其心：猶先疑其心。(九一)何以勸來者：謂何以勸招來者。(九二)寘於晉興，待以上賓之禮……何以勸來者：按此段乃本於〈禿髮利鹿孤載記〉，對論處，字句多有改易。(九三)南羌梁戈等密招乾歸：按〈乞伏乾歸載記〉，梁戈作梁弋，疑作弋是。(九四)捫天嶺：胡三省曰：「在允吾東南。」在其巔可以捫天，以喻嶺之甚為高峻。(九五)盡室：猶全家。(九六)南羌梁戈等密招乾歸……乾歸南奔枹罕，遂降於秦：按此段乃錄自〈乞伏乾歸載記〉，字句大致相同。(九七)吳國內史袁崧：按〈袁瓌附山松傳〉，崧當析作山松。(九八)滬瀆：按滬即今之上海，此稱晉時已有之，見《晉書・袁瓌附山松傳》，其得名之由，胡三省注引證甚詳，以其與上海有關，爰備錄之。文曰：「陸龜蒙敍矢魚之具云：『列竹於海澨曰滬。』是瀆以此得名。吳都（當作郡）記：『松江東瀉海，名曰扈瀆。』輿地志曰：『扈，業者濱海捕魚之名，插竹列於海中，以繩編之，向岸張兩翼，潮上即沒，潮落即出，魚隨海潮，礙竹不得去，名曰扈瀆。』范成大吳郡志曰：『列竹於海澨曰滬，吳之滬瀆是也。』」(九九)封其子彥瑋為東海王：按〈簡文三王道子傳〉彥瑋作彥璋。〈安帝紀〉隆安四年文亦同之，瑋當改作璋。(一〇〇)會稽世子元顯求領徐州……封其子彥瑋為東海王：按此段乃錄自〈簡文三王傳〉，字句大致相同。(一〇一)無足深責：不應深責。

㉒宥：赦，音又。㉓久之乞伏熾磐欲逃詣乾歸……利鹿孤從之：按此段乃錄自〈乞伏傉檀載記〉，而多有刪削。㉔移檄六郡：移檄為二種文書，而皆充宣佈曉示之用。六郡蓋為敦煌、酒泉、晉昌、涼興、建康、祁連。㉕軍諮祭酒：《宋書・百官志》上：「晉初凡位從公以上置長史、西閤、東閤祭酒。楊駿為太傅，增祭酒為四人。……其參軍則有諮議參軍二人，主諷議事，晉江左初置，因軍諮祭酒也。」㉖北涼晉昌太守唐瑤叛……並擊玉門已西諸城，皆下之：按此段乃錄自〈涼武昭王傳〉，字句大致相同。㉗有星孛於天津：胡三省曰：「天文志：『天津九星，橫河中，一曰天漢，一曰天江，主四瀆津梁，所以度神通四方也。』」㉘解錄尚書事：解去錄尚書事之位。㉙驕恣：驕傲恣肆。㉚車武子：車胤傳胤字武子。㉛幽：幽囚。㉜徒：徒屬。㉝吏部尚書車胤以元顯驕恣……胤懼自殺：按此段不見〈簡文三王傳〉及〈車胤傳〉，未知自何處錄入。㉞燕主盛立燕臺，統諸部雜夷：胡三省曰：「二趙以來，皆立單于臺以統雜夷，盛仍此立之。」㉟厭塞：厭，勝也。㊱服餌：服藥餌。㊲薪蒸：毛晃曰：「麤曰薪，細曰蒸。」㊳希旨：希承意旨。㊴珪常以燕主垂諸子分據勢要……勸珪以法制御下：按此段乃錄自《魏書・公孫表傳》，字句大致相同。㊵李粟：按《魏書・李栗傳》，粟當作栗。㊶簡慢：簡倨怠慢。㊷舒放：與儀容端莊相反。㊸咳唾任情：謂隨意咳唾。㊹宿過：舊過。㊺震栗：栗同慄，恐懼也。㊻左將軍李栗性簡慢……羣下震栗：按此段乃錄自《魏書・李栗傳》，字句大致相同。㊼是歲南燕王德即皇帝位……立妃段氏為皇后：按此段乃錄自〈慕容德載記〉，而稍有溢出。

卷一百一十二　晉紀三十四

司馬光編集
曲守約註

起重光赤奮若，盡玄黓攝提格，凡二年。（辛丑至壬寅，西元四〇一年至四〇二年）

安皇帝丁

隆安五年（西元四〇一年）

㈠春，正月，武威王利鹿孤欲稱帝，羣臣皆勸之，安國將軍㊀鍮㊁勿崙曰：「吾國自上世以來，被髮左衽，無冠帶之飾㊂，逐水草遷徙，無城郭室廬，故能雄視沙漠，抗衡中夏㊃；今舉大號㊄，誠順民心。然建都立邑，難以避患㊅，儲蓄倉庫，啟敵人心㊆，不如處晉民於城郭，勸課農桑，以供資儲，帥國人以習戰射，鄰國弱則乘之，彊則避之，此久長之良策也。且虛名無實，徒足為世之質的㊇，將安用之。」利鹿孤曰：「安國之言是也㊈。」乃更稱河西王㊉，以廣武公傉檀為都督中外諸軍事、涼州牧、錄尚書事。

㈡二月，丙子，孫恩出浹口，攻句章，不能拔，劉牢之擊之，恩復走入海。

㈢秦王興使乞伏乾歸還鎮苑川，盡以其故部眾配之⑪。

㈣涼王纂嗜酒好獵，太常楊頴諫曰：「陛下應天受命⑫，當以道守之，今疆宇⑬日蹙，崎嶇二嶺之間⑭，陛下不兢兢夕惕⑮，以恢弘⑯先業，而沈湎⑰遊畋⑱，不以國家為事，臣竊危之⑲。」纂遜辭⑳謝之，然猶不悛㉑。番禾太守呂超擅擊鮮卑思盤，思盤遣其弟乞珍訴於纂，纂命超及思盤皆入朝，超懼，至姑臧，深自結於殿中監杜尚，纂見超責之曰：「卿恃兄弟桓桓㉒，乃敢欺吾，要㉓當斬卿，天下乃定。」超頓首謝，纂本以恐愒㉔超，實無意殺之，因引超、思盤及羣臣同宴於內殿，超兄中領軍隆數勸纂酒，纂醉乘步輓車㉕，將超等游禁中㉖，至琨華堂東閤，車不得過，纂親將寶川、駱騰倚劍於壁㉗，推車過閤，超取劍擊纂，纂下車禽超，超刺纂洞胷，川騰與超格戰㉘，超殺之。纂后楊氏命禁兵討超，杜尚止之，皆捨仗㉙不戰。將軍魏益多入取纂首，楊氏曰：「人已死，如土石無所復知㉚，何忍復殘其形骸乎㉛！」益多罵之，遂取纂首，以徇曰：「纂違先帝之命，殺太子而自立，荒淫暴虐。番禾太守超，順人心而除之，以安宗廟，凡我士庶，同茲休慶[三二]。」纂叔父巴西公佗、弟隴西公緯皆在北城，或說緯曰：「超為逆亂，公以介弟[三三]之親，仗大義而討之，姜紀、焦辨在南城[三四]，楊桓、田誠在東苑，皆吾黨也，何患不濟[三五]？」緯嚴兵[三六]，欲與佗共擊超，佗妻梁氏止之曰：「緯超俱兄弟之子，何為舍超助緯，自為禍首[三七]乎！」佗乃謂緯曰：「超舉事已成，據武庫，擁精兵，圖之甚難；且吾老矣，無能為也[三八]。」超弟邈有寵於緯，說緯曰：「纂賊殺兄弟[三九]，隆超順人心而討之，正欲尊立明公耳。方今明公先帝之長子，當主社稷[四〇]，人無異望[四一]，夫復何疑[四二]！」緯信之，乃與隆超結盟，單馬入城，超執而殺之[四三]，讓位於隆，隆有難色[四四]。超曰：「今如乘龍上天，豈可中下[四五]。」隆遂即天王位，大赦，改元神鼎[四六]，尊母衞氏為太后，妻楊氏為后，以超為都督中外諸軍事、輔國大將軍、錄尚書事，封安定公[四七]，諡纂曰靈帝。纂后楊氏將出宮，超恐其挾珍寶[四八]，命索之[四九]，楊氏曰：「爾兄弟不義[五〇]，手刃相屠(五一)，我旦夕死人(五二)，安用寶為(五三)？」超又問玉璽所在，楊氏曰：「已毀之矣。」后有美色，超將納之，謂其父右僕射桓曰：「后若自殺，禍及卿宗(五四)。」桓以告楊氏，楊氏曰：「大人賣女與氏(五五)，以圖富貴，一之謂甚(五六)，其可再乎！」遂自殺，謚曰穆后(五七)。桓犇河西王利鹿孤，利鹿孤以為左司馬(五八)。

(五)三月，孫恩北趣海鹽，劉裕隨而拒之，築城於海鹽故治(五九)，恩日來攻城，裕屢擊破之，斬其將姚盛。城中兵少不敵，裕夜偃旗(六〇)匿眾，明晨開門，使羸(六一)疾數人登城。賊遙問劉裕所在，曰：「夜已走矣。」賊信之，爭入城，裕奮擊，大破之，恩知城不可拔，乃進向滬瀆，裕復棄城追之。海鹽令鮑陋遣子嗣之，帥吳兵一千請為前驅(六二)，裕曰：「賊兵甚精，吳人不習戰，若前驅失利，必敗我軍，可在後為聲埶。」嗣之不從，裕乃多伏旗鼓，前驅既交，諸伏皆出，裕舉旗鳴鼓，賊以為四面有軍，乃退。嗣之追之，戰沒(六三)，裕且戰且退(六四)，所領死傷且盡，至向戰處(六五)，令左右脫取死人衣，以示閒暇，賊疑之，不敢逼，裕大呼更戰，賊懼而退，裕乃引歸[六六]。

㈥河西王利鹿孤伐涼，與涼王隆戰，大破之，徙二千餘戶而歸。

㈦夏，四月，辛卯，魏人罷鄴行臺，以所統六郡置相州[六七]，以庾岳為刺史。

㈧乞伏乾歸至苑川，以邊芮為長史，王松壽為司馬，公卿將帥皆降為僚佐偏裨[六八]。

㈨北涼王業憚沮渠蒙遜勇略，欲遠之，蒙遜亦深自晦匿[六九]，業以門下侍郎馬權代蒙遜為張掖太守，權素豪儁[七〇]，為業所親重，常輕侮蒙遜。蒙遜譖之於業曰：「天下不足慮，惟當憂馬權耳。」業遂殺權。蒙遜謂沮渠男成曰：「段公無鑒斷之才[七一]，非撥亂[七二]之主，曩所憚者，惟索嗣、馬權，今皆已死，蒙遜欲除之，以奉兄，何如？」男成曰：「業本孤客，為吾家所立，恃吾兄弟，猶魚之有水，夫人親信我而圖之，不祥。」蒙遜乃求為西安太守，業喜其出外，許之。蒙遜與男成約，同祭蘭門山，而陰使司馬許咸告業曰：「男成欲以取假日[七三]為亂，若求祭蘭門山，臣言驗矣。」至期，果然，業收男成，賜死，男成曰：「蒙遜先與臣謀反，臣以兄弟之故，隱而不言，今以臣在，恐部眾不從，故約臣祭山，而反誣(七四)，臣其意欲王之殺臣也，乞詐言臣死，暴臣罪惡(七五)，蒙遜必反，臣然後奉王命而討之，無不克(七六)矣。」業不聽，殺之。蒙遜泣告眾曰：「男成忠於段王，而段王無故枉殺(七七)之，諸君能為報仇乎！且始者共立段王，欲以安眾耳，今州土紛亂，非段王所能濟也。」男成素得眾心，眾皆憤泣爭奮，比至氐池，眾逾一萬，鎮軍將軍臧莫孩率所部降之，羌胡多起兵應蒙遜者(七八)。蒙遜進逼侯塢，業先疑右將軍田昂，囚之，至是召昂，謝而赦之，使與武衛將軍梁中庸共討蒙遜。別將王豐孫言於業曰：「西平諸田，世有反者，昂貌恭而心險，不可信也。」業曰：「吾疑之久矣，但非昂無可以討蒙遜者。」昂至侯塢，率騎五百，降於蒙遜，業軍遂潰，中庸亦詣蒙遜降。五月，蒙遜至張掖，田昂兄子承愛斬關內之(七九)，業左右皆散，蒙遜至，業謂蒙遜曰：「孤孑然一己(八〇)，為君家所推，願匄(八一)餘命，使得東還，與妻子相見。」蒙遜斬之。

業儒素長者[八二]，無他權略[八三]，威禁[八四]不行，羣下擅命[八五]，尤信卜筮巫覡[八六]，故至於敗[八七]。沮渠男成之弟富占、將軍俱傫，帥戶五百降于河西王利鹿孤，傫，石子之子也。

(十)孫恩陷滬瀆，殺吳國內史袁崧[八八]，死者四千人。

(十一)涼王隆多殺豪望[八九]，以立威名，內外囂然[九〇]，人不自保[九一]。魏安人焦朗遣使說秦隴西公碩德曰：「呂氏自武皇棄世[九二]，兄弟相攻，政綱不立[九三]，競為威虐[九四]，百姓饑饉，死者過半。今乘其篡奪之際，取之易於返掌[九五]，不可失也。」碩德言於秦王興，帥步騎六萬伐涼[九六]，乞伏乾歸帥騎七千從之。

(十二)六月甲戌，孫恩浮海，奄至[九七]丹徒[九八]，戰士十餘萬，樓船千餘艘，建康震駭。乙亥，內外戒嚴[九九]，百官入居省內[一〇〇]，冠軍將軍高素等守石頭，輔國將軍劉襲柵斷淮口[一〇一]，丹陽尹司馬恢之戍南岸，冠軍將軍桓謙等備白石，左衞將軍王嘏等屯中堂，徵豫州刺史、譙王尚之入衞京師[一〇二]。劉牢之自山陰引兵邀擊恩，未至，而恩已過，乃使劉裕自海鹽入援。裕兵不滿千人，倍道兼行[一〇三]，與恩俱至丹徒，裕眾既少，加以涉遠疲勞，而舟徒守軍，莫有鬭志，恩帥眾鼓譟登蒜山㉔，居民皆荷擔㉕而立，裕帥所領奔擊，大破之，投崖赴水者甚眾，恩狼狽，僅得還船。

然恩猶恃其眾，尋復整兵㉖，徑向京師㉗。後將軍元顯帥兵拒戰，頻㉘不利，會稽王道子無佗謀略，唯日禱蔣侯廟㉙。恩來漸近，百姓恟㉚懼，譙王尚之帥精銳馳至，徑屯積弩堂，恩樓船高大，泝風不得疾行，數日乃至白石。恩本以諸軍分散，欲掩不備，既而知尚之在建康，復聞劉牢之已還至新洲，不敢進而去，浮海㉛北走郁洲㉜。恩別將攻陷廣陵，殺三千人，寧朔將軍高雅之擊恩於郁洲，為恩所執。桓玄厲兵訓卒，常伺朝廷之隙，聞孫恩逼京師，建牙聚眾㉝，上疏請討之，元顯大懼，會恩退，元顯以詔書止之，玄乃解嚴。

【今註】㊀安國將軍：胡三省曰：「漢官，漢獻帝以授張揚。」㊁錀：音倫。㊂無冠帶之飾：華夏士人，皆著冠帶。㊃抗衡中夏：中夏謂中國，謂能與中國相頡頏。㊄大號：指稱帝言。㊅然建都立邑，難以避患：蓋有固定居處，則敵人攻擊可獲目標，自難避侵襲之禍患矣。㊆儲蓄倉庫，啟敵人心：蓋倉庫中存有積資，則自易啟敵人窺覦之意。㈧徒足為世之質的：質，受斧；的，受矢。謂只足為世間之目標所在。㈨安國之言是也：以鍮勿崙為安國將軍，故稱其爵號而復省去將軍二字。㈩武威王利鹿孤欲稱帝……乃更稱河西王：按此段乃本於〈禿髮利鹿孤載記〉，而字句多有改易。⑪盡以其故部眾配之：配，給也。謂將其舊都盡給予之。⑫應天受命：應天意而受大命。⑬疆宇：猶疆土。⑭二嶺之間：胡三省曰：「姑臧南有洪池嶺，西有丹嶺，一作刪丹嶺。」⑮夕惕：《易・乾》：「君子終日乾乾，夕惕若厲。无咎。」疏：「夕惕者，謂終竟此日，至向夕之時，猶懷憂惕。」⑯恢弘：皆大意。⑰沈湎：沈溺。⑱遊畋：謂田獵。⑲臣竊危之：臣私自為之擔憂，以為甚屬危險。⑳遜辭：謂謙遜之辭。㉑悛：改，音詮。㉒桓桓：孔安國曰：「桓桓，武貌。」㉓要：須。㉔愒：息止，音憩。㉕步輓車：按是車不用牛馬若羊等，令人步而輓之。《魏書・禮志》：「步輓車，天子小駕，亦為副乘。」㉖禁中：宮禁之中。㉗倚劍於壁：將手持之劍，倚於壁間，以便推車。㉘格戰：格拒而戰。㉙捨仗：捨去器仗。㉚如土石無所復知：如土石然，無有知覺。㉛何忍復殘其形骸乎：按形骸一辭，為晉人所常用者，〈王羲之傳〉：「同志宴集於會稽山陰之蘭亭，羲之自為之序曰：『或因寄所托，放浪形骸之外。』」〈劉伶傳〉：「使人荷鍤而隨之，謂曰：『死便埋我。』其遺形骸如此。」〈阮籍傳〉：「籍博覽羣籍，尤好莊老，嗜酒能嘯，善彈琴，當其得意，忽忘形骸，時人多謂之癡。」《世說・文學》劉伶著酒德頌，注引〈名士傳〉：「攜一壺酒，使人荷鍤隨之，死便掘地以埋，土木形骸，遨遊一世。」原在兩漢，則作骸骨，諸大臣請解職時，疏中例言乞骸骨，是其證。而形骸與骸骨相較，形骸自較佳勝多矣，此又青出於藍之一例也。㉜休慶：休美歡慶。㉝介弟：杜預曰：「介，大也。」㉞姜紀焦辨在南城：王隱《晉書》：「涼州城本匈奴所築，及張氏之世，又增築四城箱，各千步。」斯所以有北城南城之名也。㉟何患不濟：謂何憂事之不成。㊱嚴兵：具備兵士。㊲禍首：禍患之首領。㊳無能為也：謂無能為力。㊴纂賊殺兄弟：謂殺紹及弘。㊵當主社稷：謂當為社稷之主。㊶人無異望：猶人無異意。㊷夫復何疑：夫，語助，無意。謂尚有何疑。㊸涼王纂嗜酒好獵……單馬入城，超執而殺之：按此段乃錄自〈呂纂載記〉，除說曰之文字，多有改易外，餘則大致相同。㊹隆有難色：隆有為難之神色。㊺豈可中下：豈可中途而下。㊻改元神鼎：超先於番禾得小鼎，以為神瑞，故以紀元。㊼讓位於隆，隆有難色……錄尚書事，封安定公：按此段乃錄自〈呂隆載記〉，字句大致相同。㊽挾珍寶：挾帶珍寶。㊾索之：呂纂妻楊氏傳作搜之，是索即搜也。㊿爾兄弟不義：謂爾兄弟不為道義之事。(五一)手刃相屠：親自以刃互相屠殺。(五二)我旦夕死人：謂我乃不久將死之人。(五三)安用寶為：謂珍寶於我有何用處。(五四)卿宗：卿之宗族。(五五)賣女與氐：呂氏為氐族，故以此稱之。(五六)一之謂甚：謂一次已很夠了。(五七)纂后楊氏將出宮……遂自殺，諡曰穆后：按此段乃錄自〈列女呂纂妻楊氏傳〉，字句大致相同。(五八)楊桓犇河西王利鹿孤，利鹿孤以為左司馬：按〈禿髮利鹿孤載記〉作：「率師伐呂隆，大敗之，獲其右僕射楊桓。」下尚有傉檀與桓問答之語，則似當以載記所書為正。(五九)故治：舊日城址。(六〇)偃旗：將旗仆降。(六一)羸：瘦弱。(六二)前驅：在最前驅馳。(六三)戰沒：戰死。(六四)且戰且退：猶今語邊戰邊退。(六五)至向戰處：至剛才作戰之處。(六六)孫恩北趣海鹽……裕乃引歸：按此段乃錄自《宋書・武帝紀》上，而頗有刪省。其餘字句，大致相同。(六七)以所統六郡置相州：魏相州統魏郡、陽平、廣平、汲郡、頓丘、清河六郡。(六八)皆降為偏裨：皆降為偏將裨將，較正號為降一等。(六九)晦匿：韜晦藏匿。(七〇)豪雋：豪雄雋慧。(七一)鑒斷之才：胡三省曰：「鑒，明也；斷，決也。」按〈沮渠蒙遜載記〉作無鑑斷之明，知鑒不應釋作明，而宜釋為鑒別。(七二)撥亂：治亂。(七三)假日：休假之日。(七四)誣：罔。(七五)暴臣罪惡：暴露臣之罪惡。(七六)克：勝。(七七)枉殺：冤枉而殺之。(七八)羌胡多起兵應蒙遜者：按此者字可省。(七九)斬關內之：斬斷城門之關鍵，而開門以納之。(八〇)孑然一已：飄單一身。(八一)匄：乞，音蓋。(八二)儒素長者：為讀書之忠厚長者。(八三)權略：權變謀略。(八四)威禁：猶威令。(八五)擅命：專命。(八六)巫覡：在男曰覡，在女曰巫。覡音檄。(八七)北涼王業憚沮渠蒙遜勇略……尤信卜筮巫覡，故至於敗：按此段乃錄自〈沮渠蒙遜載記〉，字句大致相同。(八八)殺吳國內史袁崧：按袁崧據〈袁瓌附山松傳〉當作袁山松。(八九)多殺豪望：多殺豪右時望。(九〇)囂然：譁然。(九一)人不自保：每人皆不能自保其性命。(九二)武皇棄世：呂光謚懿武皇帝。棄世，謂離棄世間，亦即死也。(九三)政綱不立：不能建立政教綱紀。(九四)威虐：威橫暴虐。(九五)易於返掌：返當作反，反覆手掌，言其易也。(九六)涼王隆多殺豪望……碩德言於秦王興，帥步騎六萬伐涼：按此段乃錄自〈呂隆載記〉，字句多有改易。(九七)奄至：奄忽而至。(九八)丹徒：今江蘇省鎮江縣。(九九)內外戒嚴：京都內外皆加戒備。(一〇〇)省內：尚書省內。(一〇一)柵斷淮口：在淮口地方，樹柵以斷絕舟船之往來。(一〇二)乙亥內外戒嚴……譙王尚之入衞京師：按此段乃錄自〈安帝紀〉隆安五年文，除刪省外，字句幾全相同。㉓倍道兼行：謂日夜兼行，夫如此，則所行者自較常增多一倍矣。㉔蒜山：今在鎮江縣城西三里，以山上多蒜，故名。㉕荷擔：肩上荷扛扁擔一類之物。㉖尋復整兵：不久又整頓兵士。㉗乃使劉裕自海鹽入援……徑向京師：按此段乃錄自《宋書・武帝紀》，字句大致相同。㉘頻：屢次。㉙蔣侯廟：胡三省曰：「蔣侯廟在蔣山，在今建康府上元縣東北十八里。漢末秣陵尉蔣子文討賊，戰死山下。吳孫權為立廟，江東朝野禱之，率有靈應。」㉚恟：擾恐，音凶。㉛浮海：飄浮海中。㉜郁洲：《水經注》：「東海朐縣東北海中有大洲，謂之郁洲。山海經所謂『郁山在海中』者也。」㉝建牙聚眾：建立牙旗，聚結士眾，意為欲圖作戰。

(一)梁中庸等共推沮渠蒙遜為大都督、大將軍、涼州牧、張掖公，赦其境內，改元永安。蒙遜署從兄伏奴為張掖太守㉔、和平侯，弟挐為建忠將軍、都谷侯，田昂為西郡太守，臧莫孩為輔國將軍，房晷、梁中庸為左右長史，張隲、謝正禮為左右司馬，擢任賢才，文武咸悅㉕。

(二)河西王利鹿孤命羣臣極言得失㉖，西曹從事史暠曰㉗：「陛下命將出征，往無不捷㉘，然不以綏寧為先㉙，唯以徙民為務。民安土重遷㉚，故多離叛，此所以斬將拔城，而城不加廣也㉛。」利鹿孤善之㉒。

㈢秋，七月，魏兗州刺史長孫肥將步騎二萬，南徇許昌，東至彭城，將軍劉該降之。

㈣秦隴西公碩德自金城濟河，直趣廣武，河西王利鹿孤攝廣武守軍以避之㉓。秦軍至姑臧，涼王隆遣輔國大將軍超、龍驤將軍邈等逆戰，碩德大破之，生禽邈，俘斬萬計。隆嬰城固守㉔，巴西公佗帥東苑之眾二萬五千降於秦。西涼公暠、河西王利鹿孤、沮渠蒙遜各遣使奉表㉕入貢於秦。初涼將姜紀降於河西王利鹿孤，廣武公傉檀與論兵略，甚愛重之，坐則連席，出則同車，每談論以夜繼晝㉖。利鹿孤謂傉檀曰：「姜紀信有㉗美才，然視候非常㉘，必不久留於此，不如殺之。紀若入秦，必為人患㉙。」傉檀曰：「臣以布衣之交㉚待紀，紀必不相負也。」八月，紀將數十騎奔秦軍，說碩德曰：「呂隆孤城無援，明公以大軍臨之，其勢必請降，然彼徒文降而已㉛，未肯遂服也，請給紀步騎三千，與王松怱㉜因焦朗、華純之眾㉝，伺其釁隙，隆不足取也。不然，今禿髮在南，兵彊國富，若兼姑臧而據之，威埶益盛，沮渠蒙遜、李暠不能抗也，必將歸之，如此則為國家之大敵矣。」碩德乃表紀為武威太守，配兵二千，屯據晏然。秦王興聞楊桓之賢而徵之，利鹿孤不敢留。

㈤詔以劉裕為下邳太守，討孫恩於郁洲，累戰，大破之，恩由是衰弱，復緣海南走，裕亦隨而邀擊之。

㈥燕王盛懲㉞其父寶以懦弱失國，務峻威刑㉟，又自矜聰察㊱，多所猜忌㊲，羣臣有纖介㊳之嫌㊴，皆先事誅之㊵，由是宗親勳舊㊶，人不自保㊷。丁亥，左將軍慕容國，與殿上將軍㊸秦輿、段讚謀帥禁兵襲盛，事發，死者五百餘人。壬辰夜，前將軍段璣與秦輿之子興、段讚之子泰潛於禁中，鼓譟大呼，盛聞變，帥左右出戰，賊眾逃潰㊹，璣被創，匿廂屋㊺間，俄有一賊，從闇中擊盛，盛被傷，輦升前殿，申約禁衛㊻，事定而卒㊼。中壘將軍慕容拔、冗從僕射郭仲白太后丁氏，以為國家多難，宜立長君，時眾望在盛弟司徒、尚書令、平原公元，而河間公熙素得幸於丁氏，丁氏乃廢太子定，密迎熙入宮；明旦，羣臣入朝，始知有變，因上表勸進於熙，熙以讓元，元不敢當。癸巳，熙即天王位，捕獲段璣等，皆夷三族。甲午，大赦，丙申，平原公元以嫌賜死(四八)。閏月，辛酉，葬盛於興平陵，謚曰昭武皇帝，廟號中宗。丁氏送葬未還，中領軍慕容提、步軍校尉張佛等謀立故太子定，事覺伏誅，定亦賜死。丙寅，大赦，改元光始(四九)。

(七)秦隴西公碩德圍姑臧累月(五〇)，東方之人在城中者，多謀外叛，魏益多復誘扇(五一)之，欲殺涼王隆，及安定公超，事發，坐死者三百餘家。碩德撫納夷夏，分置守宰(五二)，節食聚粟，為持久之計。涼之羣臣請與秦連和，隆不許。安定公超曰：「今資儲內竭(五三)，上下嗷嗷(五四)，雖使張陳復生(五五)，亦無以為策。陛下當思權變屈伸(五六)，何愛尺書(五七)單使，為卑辭以退敵(五八)，敵去之後，修德政以息民。若卜世未窮(五九)，何憂舊業之不復；若天命去矣(六〇)，亦可以保全宗族。不然，坐守困窮，終將何如！」隆乃從之，九月，遣使請降於秦。

【考異】姚興載記，姚平伐魏與姚碩德伐呂隆同時。魏書：「天興五年五月，姚平來侵。」晉元興元年，秦弘始四年也。晉帝紀、晉春秋皆云：「隆安五年降秦。」十六國西秦春秋云：「太初十四年五月，乾歸隨姚碩德伐涼。」南涼春秋云：「建和二年七月，姚碩德伐呂隆，孤攝廣武守軍以避之。」皆隆安五年也。按秦小國既與魏相持，豈暇更興兵伐涼！蓋載記之誤也。今以晉帝紀、晉春秋、十六國西秦、南涼春秋為據。

碩德表隆為鎮西大將軍、涼州刺史、建康公，隆遣子弟及文武舊臣慕容筑、楊穎等五十餘家，入質於長安。碩德軍令嚴整(六一)，秋毫不犯，祭先賢，禮名士，西土悅之(六二)。

(八)沮渠蒙遜所部酒泉涼寧二郡叛，降於西涼；又聞呂隆降秦，大懼，遣其弟建忠將軍挐、牧府長史張潛，見碩德於姑臧，請帥其眾東遷，碩德喜，拜潛張掖太守，挐建康太守。潛勸蒙遜東遷，挐私謂蒙遜曰：「姑臧未拔，呂氏猶存，碩德糧盡將還，不能久也，何為自棄土宇，受制於人乎！」臧莫孩亦以為然(六三)。蒙遜遣子奚念為質於河西王利鹿孤，利鹿孤不受，曰：「奚念年少，可遣挐也。」冬，十月，蒙遜復遣使上疏於利鹿孤曰：「臣前遣奚念，具披誠款(六四)，而聖旨未昭(六五)，復徵弟挐，臣竊以為苟有誠信，則子不為輕，若其不信，則弟不為重。今寇難未夷，不獲奉詔，願陛下亮之(六六)。」利鹿孤怒，遣張松侯俱延、興城侯文支將騎一萬，襲蒙遜，至萬歲臨松，執蒙遜從弟鄯善苟子(六七)，虜其民六千餘戶。蒙遜從叔孔遮入朝於利鹿孤，許以挐為質，利鹿孤乃歸其所掠，召俱延等還。文支，利鹿孤之弟也〔六八〕。

(九)南燕主備德宴羣臣於延賢堂，酒酣謂羣臣曰：「朕可方自古何等主〔六九〕？」青州刺史鞠仲曰：「陛下中興聖主，少康光武之儔〔七〇〕。」備德顧左右，賜仲帛千匹，仲以所賜多，辭之。備德曰：「卿知調朕〔七一〕，朕不知調卿邪！卿所對非實，故朕亦以虛言賞卿耳〔七二〕。」韓範進曰：「天子無戲言，今日之論，君臣俱失。」備德大悅，賜範絹五十匹。備德母及兄納皆在長安，備德遣平原人杜弘往訪之，弘曰：「臣至長安，若不奉太后動止〔七三〕，當西如張掖〔七四〕，以死為効〔七五〕，臣父雄年踰六十，乞本縣之祿〔七六〕以申烏鳥之情〔七七〕。」中書令張華曰：「杜弘未行而求祿，要君〔七八〕之罪大矣。」備德曰：「弘為君迎母，為父求祿，忠孝備矣，何罪之有？」以雄為平原令，弘至張掖，為盜所殺〔七九〕。

(十)十一月，劉裕追孫恩至滬瀆、海鹽，又破之，俘斬以萬數〔八〇〕，恩遂自浹口，遠竄入海。

(十一)十二月，辛亥，魏主珪遣常山王遵、定陵公和跋，帥眾五萬襲沒奕干於高平。乙卯，魏虎威將軍宿沓干伐燕，攻令支，乙丑，燕中領軍宇文拔救之，壬午，宿沓干拔令支而戍之。

(十二)呂超攻姜紀不克，遂攻焦朗(六一)，朗遣其弟子嵩為質於河西王利鹿孤，以請迎(六二)，利鹿孤遣車騎將軍傉檀赴之，比至(六三)，超已退，朗閉門拒之，傉檀怒，將攻之，鎮北將軍俱延諫曰：「安土重遷(六四)，人之常情，朗孤城無食，今年不降，後年(六五)自服，何必多殺士卒以攻之？若其不捷，彼必去從佗國，棄州境(六六)士民以資鄰敵，非計也。不如以善言諭之。」傉檀乃與朗連和，遂曜兵姑臧，壁於胡阬(六七)。傉檀知呂超必來斫營，畜火(六八)以待之，超夜遣中壘將軍王集帥精兵二千斫傉檀營，傉檀徐嚴不起，集入壘中，內外皆舉火，火照如晝，縱兵擊之，斬集及甲首(六九)三百餘級，呂隆懼，偽與傉檀通好，請於苑內結盟，傉檀遣俱延入盟，俱延疑其有伏，毀苑牆而入，超伏兵擊之，俱延失馬步走，凌江將軍郭祖力戰拒之，俱延乃得免。傉檀怒，攻其昌松太守孟禕於顯美，隆遣廣武將軍荀安國、寧遠將軍石可帥騎五百救之，安國等憚傉檀之彊，遁還。

(三)桓玄表其兄偉為江州刺史，鎮夏口，司馬刁暢為輔國將軍、督八郡軍事，鎮襄陽，遣其將皇甫敷、馮該戍湓口，移沮漳蠻(九〇)二千戶於江南，立武寧郡，更招集流民(九一)，立綏安郡。詔徵廣州刺史刁逵、豫章太守郭昶之，玄皆留不遣。玄自謂有晉國三分之二，數使人上己符瑞，欲以惑眾(九二)，又致牋於會稽王道子曰：「賊造(九三)近郊，以風不得進，以雨不致火(九四)，食盡故去耳，非力屈也。昔國寶死後，王恭不乘此威，入統朝政(九五)，足見其心，非侮於明公也，而謂之不忠。今之貴要腹心，有時流清望者，誰乎(九六)？豈可云無佳勝(九七)，直是(九八)不能信之耳。爾來(九九)一朝一夕(一〇〇)，遂成今日之禍，在朝君子，皆畏禍不言，玄忝任(一〇一)在遠，是以披寫事實(一〇二)。」

元顯見之，大懼，張灋順謂元顯曰：「桓玄承藉世資(一〇三)；素有豪氣，既幷殷楊(一〇四)，專有荊楚，第下(一〇五)之所控引(一〇六)，止三吳耳，孫恩為亂，東土塗地(一〇七)，公私困竭，玄必乘此，縱其姦兇，竊用憂之(一〇八)。」元顯曰：「為之柰何？」灋順曰：「玄始得荊州，人情未附，方務綏撫，未暇佗圖。若乘此際，使劉牢之為前鋒，而第下以大軍繼進，玄可取也㉙。」元顯以為然。會武昌太守庾楷以玄與朝廷構怨，恐事不成，禍及於己，密使人自結於元顯，云：「玄大失人情，眾不為用，若朝廷遣軍，己當為內應。」元顯大喜，遣張灋順至京口，謀於劉牢之，牢之以為難，灋順還謂元顯曰：「觀牢之言色，必貳於我，不如召入殺之，不爾，敗人大事㉚。」元顯不從㉛，於是大治水軍，徵兵裝艦，以謀討玄。

【今註】㉔蒙遜署從兄伏奴為張掖太守。按上之赦其境內，改元永安，俱係蒙遜所為，上既不言蒙遜，則此自亦不當突添蒙遜二字。核諸史慣例，由他人所推舉為王或為公者，赦其境內上，率不加主語。故此自亦不應加，而反應將下之蒙遜二字刪去。（此說係聞自李玄伯先生）㉕梁中庸等共推沮渠蒙遜為大都督……擢任賢才，文武咸悅：按此段乃錄自〈沮渠蒙遜載記〉，字句幾全相同。㉖極言得失：猶今言盡量批評得失。㉗西曹從事史暠曰：按〈禿髮利鹿孤載記〉作：「祠部郎中史暠對曰。」官號互不相同。㉘往無不捷：所往無不克捷。㉙綏寧為先：以綏撫安民為首圖。㉚重遷：難遷。㉛而城不加廣也：而縣邑不加增多。㉜河西王利鹿孤命羣臣……利鹿孤善之：按此段乃錄自〈禿髮利鹿孤載記〉，而多有刪略。㉝攝廣武守軍以避之：攝，收。謂收廣武守軍至城內以避之。㉞秦軍至姑臧……隆嬰城固守：按此段乃錄自〈呂隆載記〉，字句大致相同。㉟奉表：奉呈表章。

㉖以夜繼晝：謂由晝入夜，仍繼續談論。㉗信有：誠有。㉘視候非常：謂視望甚高。㉙必為人患：謂必為我患，六朝時，人含我意之例甚多。㉚布衣之交：謂貧賤之交。㉛然彼徒文降而已：謂彼只假降而已。㉜王松怱：按〈姚興載記〉上作王松忩。㉝因焦朗華純之眾：謂憑藉焦朗華純之卒。㉞懲：戒。㉟務峻威刑：專求威勢刑罰急峻。㊱聽察：聽慧明察。㊲猜忌：猜疑畏忌。㊳纖介：猶點滴。㊴嫌：惡。㊵先事誅之：不俟其有可戮之罪，即先行誅之。㊶勳舊：有功勳之舊臣。㊷人不自保：謂人人皆不能保全。㊸殿上將軍：胡三省曰：「殿上將軍蓋慕容所置，緣晉之殿中將軍而名官也。」按〈慕容盛載記〉作殿中將軍，而不作殿上將軍。是慕容固未命此號也。㊹逃潰：猶逃散。㊺廂屋：古通作箱，《史記．周昌傳》索隱引小顏云：「正寢之東西室皆號曰箱。」亦指廊言。㊻中約禁衛：按〈慕容盛載記〉中約禁衛下尚有召叔父河間公熙，屬以後事諸字。立君之事，與國家關係綦重，不可少，當從添入。㊼燕王盛懲其父寶……事定而卒：按此段乃錄自〈慕容盛載記〉，除次序有更移外，字句則多相同。㊽以嫌賜死：〈慕容熙載記〉作：「元以嫌疑賜死。」是嫌即嫌疑也。㊾中壘將軍慕容拔……改元光始：按此段乃錄自〈慕容熙載記〉，字句多有不同。㊿累月：謂數月。(51)誘扇：誘惑扇動。(52)分置守宰：分置郡守縣宰。(53)資儲內竭：謂內之資儲已告匱竭。(54)嗷嗷：眾口愁也，音敖。(55)張陳復生：張陳謂張良陳平，二人皆智謀之士，故稱之。(56)屈伸：可屈可伸之道。(57)尺書：謂表疏，其簡牘率長一尺，故謂之尺書。(58)為卑辭以退敵：為謙卑之辭，以使敵人滿足而退。(59)若卜世未窮：《左傳》宣公三年：「成王定鼎於郟鄏，卜世三十，卜年七百。」

謂若占卜之世代未盡。(六〇)天命去矣：謂國運已終。(六一)嚴整：嚴肅整飭。(六二)秦隴西公碩德圍姑臧累月……禮名士，西土悅之。按此段乃本於〈呂隆載記〉，次序字句，間有改易。(六三)沮渠蒙遜所部酒泉涼寧二郡叛，……臧莫孩亦以為然：按此段乃錄自〈沮渠蒙遜載記〉，字句大致相同。(六四)具披誠款：將誠心已完全披露。(六五)聖旨未昭：昭，明；東漢文常作此解。謂君意未明。(六六)亮之：鑒之。(六七)執蒙遜從弟鄯善苟子：胡三省曰：「康曰：『鄯善復姓，其先西域人，以國為姓，苟子其名。』余據紀文以鄯善苟子為蒙遜從弟，則鄯善非姓也明矣。」按鄯善非姓，當係苟子之封號為鄯善公也。而此封號以無實土，自係虛封。六朝時諸國以國土淪失，虛封之例，頻見不鮮。(六八)蒙遜遣子奚念為質於河西王利鹿孤……文支利鹿孤之弟也：按此段不見於〈沮渠蒙遜〉及〈利鹿孤載記〉，當係由《十六國春秋》移錄而來。(六九)朕可方自古何等主：方，比擬。謂我可方擬古代何樣君主。(七〇)儔：匹。(七一)調朕：調戲朕。(七二)故朕亦以虛言賞卿耳：謂只口言賜帛千匹，而實不與也。(七三)若不奉太后動止：謂若不知太后消息。(七四)當西如張掖：德仕秦為張掖太守，其兄納因家於張掖，故弘欲往張掖訪之。(七五)以死為效：謂誓盡死力訪之。(七六)乞本縣之祿：乞一本縣之職。(七七)以申烏鳥之情：申，遂；慈烏反哺，故云然。(七八)要君：要脅君王。(七九)南燕主備德宴羣臣於延賢堂……弘至張掖為盜所殺：按此段乃錄自〈慕容德載記〉，字句多相同。(八〇)以萬數：以萬為單位而計之。(八一)呂超攻姜紀不克，遂攻焦朗：姜紀時據晏然，焦朗據魏安。(八二)以請迎：以請兵迎之。(八三)比至：猶及至。(八四)安土重遷：安於故土，不欲（即難於）遷徙。(八五)後年：謂以後一年，亦即明年，與今語後年之意蘊有殊。(八六)州境：

全州境內之土地。(八七)胡阬：在姑臧西。(八八)畜火：準備火把等物。(八九)甲首：甲士之上等者。(九〇)沮漳蠻：《水經注》：「沮水出漢中房陵東南，過臨沮界，又東過枝江縣南，入於江。漳水出臨沮縣東、荊山南，至枝江縣北入於沮。二水上下，皆蠻所居也。」(九一)流民：流寓之民。(九二)桓玄表其兄偉為江州刺史……上已符瑞，欲以惑眾：按此段乃錄自〈桓玄傳〉，字句幾全相同。(九三)造：至。(九四)以雨不致火：謂以雨之故，不克舉火。(九五)統朝政：即今所謂之總朝政。(九六)有時流清望者誰乎：有誰可謂為時流中之負有清顯譽望者。(九七)佳勝：胡三省曰：「江東人士其名位通顯於時者，率謂之佳勝。」(九八)直是：只是。(九九)爾來：猶言如此以來。(一〇〇)一朝一夕：謂一朝一夕，相繼續下去。(一〇一)忝任：辱任，謙辭。(一〇二)披寫事實：寫猶瀉，謂將此事實，瀉露出來。(一〇三)世資：祖先世代之資地。(一〇四)殷楊：謂殷仲堪、楊佺期。(一〇五)第下：胡三省曰：「第、府第也。第下，猶言門下、閣下之類。」(一〇六)控引：猶控轄。(一〇七)東土塗地：謂東土之民慘死者甚多。(一〇八)竊用憂之：私以為憂。(一〇九)又致殘於會稽王道子……以大軍繼進，玄可取也：按此段乃錄自〈簡文三王傳〉，字句幾全相同。(一一〇)敗人大事：謂敗我大事。(一一一)元顯大喜，遣張法順至京口……元顯不從：按此一段乃錄自〈簡文三王傳〉，字句幾全相同。

元興元年（西元四〇二年）

㈠春，正月，庚午朔，下詔罪狀桓玄㈠，以尚書令元顯為驃騎大將軍、征討大都督、都督十八州諸軍事，加黃鉞㈡，又以鎮北將軍劉牢之為前鋒都督，前將軍譙王尚之為後部，因大赦改元，內外戒嚴。加會稽王道子太傅。元顯欲盡誅諸桓，中護軍桓修、驃騎長史王誕之甥也，誕有寵於元顯，因陳脩等與玄志趣㈢不同，元顯乃止，誕，導之曾孫也。張濃順言於元顯曰：「桓謙兄弟，每為上流耳目㈣，宜斬之以杜姦謀；且事之濟不，繫在前軍㈤，而牢之反覆，萬一㈥有變，則禍敗立至㈦。可令牢之殺謙兄弟，以示無貳心，若不受命，當逆為之所㈧。」元顯曰：「今非牢之，無以敵玄，且始事㈨而誅大將，人情不安。」再三不可㈩。又以桓氏世為荊土所附，桓沖特有遺惠㈡，而謙，沖之子也，乃自驃騎司馬除都督荊益寧梁四州諸軍事、荊州刺史，欲以結西人之心㈢。

㈡丁丑，燕慕容拔攻魏令支戍，克之，宿沓干走，執魏遼西太守那頡。燕以拔為幽州刺史，鎮令支，以中堅將軍、遼西陽豪為本郡太守。丁亥，以章武公淵為尚書令，博陵公虔為尚書左僕射，尚書王騰為右僕射。

㈢戊子，魏材官將軍和突攻黜弗素古延等諸部，破之。初，魏主珪遣北部大人賀狄干獻馬千匹，求昏於秦，秦王興聞珪已立慕容后，止狄干而絕其昏，沒奕干、黜弗素古延，皆秦之屬國也，而魏攻之，由是秦魏有隙。庚寅，珪大閱士馬，命幷州諸郡積穀於平陽之乾壁，以備秦。柔然社崘方睦於秦，遣將救黜弗素古延，辛卯，和突逆擊，大破之㈢，社崘帥其部落遠遁漠北，奪高車之地而居之。斛律部帥倍侯利擊社崘，大為所敗，倍侯利奔魏。社崘於是西北擊匈奴遺種日拔也鷄，大破之，遂吞併諸部，士馬繁盛，雄於北方。其地西至焉耆，東接朝鮮，南臨大漠，旁側小國，皆羈屬㈣焉。自號豆代可汗㈤，始立約束㈥，以千人為軍，軍有將，百人為幢㈦，幢有帥㈧，攻戰先登者，賜以虜獲㈨，畏懦者，以石擊其首而殺之㈩。

㈣禿髮傉檀克顯美，執孟禕而責之以其不早降，禕曰：「禕受呂氏厚恩，分符守土㈢，若明公大軍甫至，望旗歸附，恐獲罪於執事矣㈢。」傉檀釋而禮之，徙二千餘戶而歸，以禕為左司馬，禕辭曰：「呂氏將亡，聖朝必取河右，人無愚智㉓皆知之；但禕為人守城，不能全，復忝顯任，於心竊所未安。若蒙明公之惠，使得就戮姑臧㉔，死且不朽㉕。」傉檀義而歸之㉖。

㈤東土遭孫恩之亂，因以饑饉，漕運不繼㉗，桓玄禁斷江路，公私匱㉘乏，以稃橡㉙給士卒㉚。玄謂朝廷方多憂虞，必未暇討己，可以畜力觀釁。及大軍將發，從兄太傅長史石生密以書報之，玄大驚，欲完聚，保江陵。長史卞範之曰：「明公英威㉛振於遠近，元顯口尚乳臭㉜，劉牢之大失物情㉝，若兵臨近畿，示以禍福，土崩之勢，可翹足㉞而待。何有延敵入境，自取窮蹙者乎？」玄從之，留桓偉守江陵，抗表㉟傳檄，罪狀元顯，舉兵東下。檄至，元顯大懼。二月，丙午，帝餞元顯於西池，元顯下船而不發㊱。

㈥癸丑，魏常山王遵等至高平，沒弈干棄其部眾，帥數千騎與劉勃勃奔秦州，魏軍追至瓦亭，不及而還，盡獲其府庫蓄積，馬四萬餘匹，雜畜九萬餘口，徙其民於代都，餘種分迸㊲。平陽太守貳塵復侵秦河東，長安大震，關中諸城晝閉，秦人簡兵訓卒，以謀伐魏㊳。

㈦秦王興立子泓為太子，大赦。泓孝友寬和，喜文學，善談詠㊴，而懦弱多病，興欲以為嗣而狐疑不決，久乃立之㊵。

㈧姑臧大饑，米斗直㊶錢五千，人相食，餓死者十餘萬口，城門晝閉，樵采㊷路絕，民請出城為胡虜奴婢㊸者，日有數百。呂隆惡其沮動㊹眾心，盡阬之，積尸盈路。沮渠蒙遜引兵攻姑臧，隆遣使求救於河西王利鹿孤，利鹿孤遣廣武公傉檀帥騎一萬救之，未至，隆擊破蒙遜軍，蒙遜請與隆盟，留穀萬餘斛，遺之而還㊺。傉檀至昌松，聞蒙遜已退，乃徙涼澤段冢民五百餘戶而還㊻，中散騎常侍張融言於利鹿孤曰：「焦朗兄弟據魏安，潛通姚氏，數為反覆，今不取，後必為朝廷憂。」利鹿孤遣傉檀討之，朗面縛㊼出降，傉檀送於西平，徙其民於樂都。

㈨桓玄發江陵，慮事不捷，常為西還之計，及過尋陽，不見官軍㊽，意甚喜，將士之氣亦振，庾楷謀泄，玄囚之。丁巳，詔遣齊王柔之以騶虞幡㊾宣告荊江二州，使罷兵，玄前鋒殺之，柔之，宗之子也。丁卯，玄至姑孰，使其將馮該等攻歷陽(五〇)，襄城太守司馬休之嬰城固守，玄軍斷洞浦(五一)，焚豫州舟艦，豫州刺史譙王尚之，帥步卒九千，陣於浦上，遣武都太守楊秋屯横江，秋降於玄軍，尚之眾潰，逃於涂中，玄捕獲之(五二)。司馬休之出戰而敗，棄城走，劉牢之素惡驃騎大將軍元顯，恐桓玄既滅，元顯益驕恣(五三)，又恐己功名愈盛，不為元顯所容；且自恃材武，擁彊兵，欲假玄以除執政，復伺玄之隙，而自取之，故不肯討玄。元顯日夜昏酣，以牢之為前鋒，牢之驟詣門(五四)，不得見，及帝出餞元顯，遇之公坐(五五)而已。

牢之軍溧州(五六)(五七)，參軍劉裕請擊玄，牢之不許，玄使牢之族舅何穆說牢之曰：「自古戴震主之威(五八)，挾不賞之功，而能自全者，誰邪(五九)？越之文種，秦之白起，漢之韓信，皆事明主，為之盡力，功成之日，猶不免誅夷(六〇)，況為凶愚者之用乎？君如今日，戰勝則傾宗，戰敗則覆族(六一)，欲以此安歸乎？不若翻然(六二)改圖(六三)，則可以長保富貴矣。古人射鉤斬袪(六四)，猶不害為輔佐，況玄與君無宿昔之怨(六五)

乎！」時譙王尚之已敗，人情愈恐，牢之頗納穆言，與玄交通。東海中尉、東海何無忌，牢之之甥也，與劉裕極諫，不聽(66)，其子驃騎從事中郎(67)敬宣諫曰：「今國家衰危，天下之重，在大人與玄(68)，玄藉父叔之資，據有全楚，割晉國三分之二，一朝縱之，使陵朝廷，玄威望既成，恐難圖也(69)。董卓之變(70)，將在今矣。」牢之怒曰：「吾豈不知，今日取玄，如反覆手耳(71)，但平玄之後，令我柰驃騎何(72)(73)？」三月，乙巳朔，牢之遣敬宣詣玄請降(74)。玄陰欲誅牢之，乃與敬宣宴飲，陳名書畫共觀之，以安悅其意。敬宣不之覺，玄佐吏莫不相視而笑(75)，玄板敬宣為諮議參軍(76)。

元顯將發，聞玄已至新亭，棄船，退屯國子學，辛未，陳於宣陽門外，軍中相驚，言玄已至南桁(77)。元顯引兵欲還宮，玄遣人拔刀隨後大呼曰：「放仗。」軍人皆崩潰，元顯乘馬走入東府，唯張灋順一騎隨之。元顯問計於道子，道子但對之涕泣。玄遣太傅從事中郎毛秦收元顯，送新亭，縛於舫前而數之。元顯曰：「為王誕、張灋順所誤耳(78)。」壬申，復隆安年號，帝遣侍中勞玄於安樂渚。玄入京師，稱詔解嚴(七九)，以玄總百揆、都督中外諸軍事、丞相、錄尚書事、揚州牧、領徐荊江三州刺史、假黃鉞。玄以桓偉為荊州刺史，桓謙為尚書左僕射，桓脩為徐兗二州刺史，桓石生為江州刺史，卞範之為丹楊尹(八〇)。初，玄之舉兵，侍中王謐奉詔詣玄，玄親禮之，及玄輔政，以謐為中書令，謐，導之孫也，新安太守殷仲文，覬之弟也。玄姊為仲文妻，仲文聞玄克京師，棄郡投玄，玄以為諮議參軍(八一)。劉邁往見玄(八二)，玄曰：「汝不畏死而敢來邪！」邁曰：「射鉤斬袪，幷邁為三(八三)。」玄悅，以為參軍。癸酉，有司奏會稽王道子酣縱不孝，當棄市，詔徙安成郡。斬元顯及東海王彥璋、譙王尚之、庾楷、張灋順、毛泰等於建康市。桓脩為王誕固請，得流嶺南。

玄以劉牢之為會稽內史。牢之曰：「始爾(八四)，便奪我兵，禍其至矣。」劉敬宣請歸諭牢之，使受命，玄遣之，敬宣勸牢之襲玄，牢之猶豫不決，移屯班瀆(八五)，私告劉裕曰：「今當北就高雅之於廣陵，舉兵以匡社稷，卿能從我去乎？」裕曰：「將軍以勁卒數萬，望風降服（八六），彼新得志，威震天下，朝野人情，皆已去矣，廣陵豈可得至邪！裕當反服還京口耳（八七）。」何無忌謂裕曰：「我將何之？」裕曰：「吾觀鎮北（八八）必不免，卿可隨我還京口，桓玄若守臣節，當與卿事之，不然，當與卿圖之（八九）。」於是牢之大集僚佐，議據江北以討玄，參軍劉襲曰：「事之不可者，莫大於反，將軍往年反王兗州（九〇），近日反司馬郎君（九一），今復反桓公，一人三反，何以自立！」語畢，趨出，佐吏多散走。牢之懼，使敬宣之京口迎家，失期不至，牢之以為事已泄，為玄所殺，乃帥部曲北走，至新洲縊而死。敬宣至，不暇哭，即渡江奔廣陵，將吏共殯斂牢之，以其喪歸丹徒，玄令斲棺斬首，暴尸於市（九二）。大赦，改元大亨。

【今註】㈠罪狀桓玄：謂宣佈桓玄之罪狀。㈡加黃鉞：《宋書・百官志》上持節都督章：「江夏王義恭假黃鉞，假黃鉞則專戮節將，（即使持節、持節、假節之將軍）非人臣常器矣。」㈢志趣：猶志向。㈣耳目：謂以耳目代人刺探消息也。㈤且事之濟不，繫在前軍：濟不，謂濟與不濟。繫，〈簡文三王傳〉作繼。按晉代用繼字處，以避忌故，常改作繫或係字。《晉書・郤詵傳》：「詔曰：『虞夏之際，聖明係踵而損益不同。』」〈紀瞻傳〉：「瞻曰：『昔庖犧畫八卦，陰陽之理盡矣，文王仲尼，係其遺業。』」〈袁瓌傳〉：「上疏曰：『孔子恂恂，以教洙泗；孟軻係之，誨誘無倦。』」《世說・文學》習鑿齒史才不常注：「鑿齒集載其論，略曰：『且漢有係周之業，則晉無所承魏之跡矣。』」同書〈賞譽〉許掾嘗詣簡文條，注引《續晉陽秋》：「簡文皇帝、劉真長，說其情旨，及襟懷之詠，每造膝賞對，夜以係日。」凡作係處，明皆當用繼字，足知晉代以避繼諱故，凡用繼字處，多改作係字。惟此處則《晉書》甚為特殊，理應用繫而反用繼，以自觸其忌。殆史官明知繼為諱字，而精神恍惚，反將不應諱之繫字，改作應諱之繼字耳。此亦頗有越味之事件也。㊅萬一：謂若有萬分之一。為假設語。㊆立至：立即來到。㊇逆為之所：先為之地，亦即先為之圖。㊈始事：初舉事。㊉張瀍順言於元顯曰桓謙兄弟……人情不安，再三不可：按此段乃錄自〈簡文三王傳〉，字句幾全相同。⑪桓沖特有遺惠：謂桓沖甚有遺愛。⑫又以桓氏世為荊土所附……欲以結西人之心：按此段乃錄自〈桓彝附謙傳〉，字句間有不同。⑬魏材官將軍和突……和突逆擊大破之：按此段除初魏主珪至由是秦魏有隙外，餘均錄自《魏書・太祖紀》天興五年文，字句大致相同。⑭羈屬：羈係附屬。⑮自號豆代可汗：按《魏書・蠕蠕傳》，作自號丘豆伐可汗。疑當改從。⑯約束：猶法制。⑰幢：音撞，旌旗之屬。⑱以千人為軍：軍有將；百人為幢，幢有帥：胡三省曰：「軍將幢帥皆魏制，社崙蓋效而立之。」⑲賜以虜獲：賜以俘虜及獲得之物。⑳社崙於是西北擊匈奴遺種……以石擊其首而殺之：按此段乃錄自〈蠕蠕傳〉，字句大致相同。㉑分符守土：分割符節，以守國土。㉒恐獲罪於執事矣：謂將為明公視為不忠。㉓人無愚智：謂不論智者愚者。㉔就戮姑臧：返至姑臧受戮。㉕死且不朽：謂身雖死而感恩不滅。㉖禿髮傉檀克顯美……傉檀義而歸之：按此段乃錄自〈禿髮利鹿孤載記〉，除刪削外，字句大致相同。㉗不繼：不能繼續絡繹而來。㉘匱：竭。㉙稃橡：稃，穀皮；音敷。橡，櫟實。音像。㉚東土遭孫恩之亂……以稃橡給士卒：按此段乃錄自〈簡文三王傳〉，字句大致相同。㉛明公英威：〈桓玄傳〉作：「公英略威名，」即英威之的釋。㉜口尚乳臭：謂口尚有吃乳之臭氣，極言其幼稚也。㉝大失物情：甚失人情。㉞翹足：言時間之速。蓋若翹足，則向所不能見者，立可目見之。㉟抗表：猶上表。㊱玄謂朝廷方多憂虞……元顯下船而不發：按此段乃錄自〈桓玄傳〉，字句大致相同。㊲分迸：迸，裂；謂分散也。㊳沒弈干棄其部眾……以謀伐魏：按此段乃錄自〈姚興載記〉下，而多有溢出。㊴善談詠：〈姚泓載記〉作：「善談論，尤好詩詠。」是其的釋。㊵秦王興立子泓為太子……久乃立之：按此段乃錄自〈姚泓載記〉，字句大致相同。㊶直：通值。㊷樵采：採薪。㊸為胡虜奴婢：謂為鮮卑氏人之奴婢。㊹沮動：沮喪搖動。㊺姑臧大饑……留穀萬餘斛，遺之而還：按此段乃錄自〈呂隆載記〉，字句大致相同。㊻乃徙涼澤段冢民五百餘戶而還：胡三省曰：「涼澤即禹貢之豬野澤也，在武威縣東，亦曰休屠澤。」㊼面縛：背縛。㊽不見官軍：〈桓玄傳〉作：「不見王師。」王師乃古代用語，而官軍則為晉代風行之辭。㊾騶虞幡：按騶虞幡為晉代所常用以解兵者。〈安帝紀〉元興元年：「遣兼侍中齊王柔之，以騶虞幡宣告荊江二州。」〈武十三王淮南忠壯王允傳〉：「徽兄淮時為中書令，遣麾騶虞幡以解鬭。」按騶虞，仁獸；幡以此名，取仁愛不殺之意。㊿攻歷陽：豫州刺史治歷陽。(51)洞浦：胡三省曰：

「洄浦即洄口，魏曹休破呂範處。」(五二)玄至姑孰……逃於涂中，玄捕獲之：按此段乃錄自〈譙剛王遜附尚之傳〉，字句大致相同。(五三)驕恣：驕傲恣肆。(五四)騶詣門：屢至府門。(五五)公坐：公會坐間。(五六)牢之軍溧州：溧州〈劉牢之傳〉作洌洲。(五七)元顯日夜昏酣……牢之軍溧州：按此段乃錄自《宋書・劉敬宣傳》，字句幾全相同。(五八)戴震主之威：謂負震懼君主之威勢。(五九)而能自全者誰邪：而能自全其性命者為誰？(六〇)誅夷：誅滅。(六一)戰勝則傾宗，戰敗則覆族：傾宗覆族，即傾覆宗族，特分言之，以求偶對耳。(六二)翻然：改變貌。(六三)改圖：改謀。(六四)古人射鉤斬袪：齊桓公與子糾爭國，管仲射桓公，中帶鉤，子糾死，桓公釋管公之囚，而以為相。事見《史記・齊世家》。晉獻公使寺人披伐公子重耳於蒲城，重耳踰垣而走，披斬其袪，重耳反國，披屢納忠。事載《左傳》僖二十四年。(六五)宿昔之怨：猶舊怨。(六六)玄使牢之族舅何穆說牢之曰……與劉裕極諫不聽：按此段乃錄自〈劉牢之傳〉，字句大致相同。(六七)驃騎從事中郎：《宋書・百官志》上大將軍條：「趙王倫為相國，置左右長史、司馬、從事中郎四人。」同志下：「公府從事中郎將第六品。」(六八)在大人與玄：大人指其父牢之。(六九)恐難圖也：恐怕難以圖謀。(七〇)董卓之變：董卓事見卷五十九漢靈帝中平六年，獻帝初平元年。(七一)如反覆手耳：與反掌之意酷相同。此辭乃由反掌演化而成。(七二)但平玄之後，令我奈驃騎何：按此二句全錄自《宋書・劉敬宣傳》，而敬宣傳奈字作那。核那雖係俗辭，然晉代則甚風行，其見於書記者。《晉書・賈充傳》：「充母亦勅充迎李氏。郭槐怒，攘袂數充曰：『刊定律令，為佐命之功，我有其分，李那得與我並！』」〈王導附悅傳〉：「導嘗共悅奕棋爭道，導笑曰：『相與有瓜葛，那得為爾邪！』」〈張軌附天錫傳〉：「桓溫笑曰：『刁以君姓韓，故相問焉，他自姓刁，那得韓盧後邪！』」《世說・言語》：「孔文舉有二子，晝日父眠，小者床頭盜酒飲之。大兒謂曰：『何以不拜？』答曰：『偷那得行禮。』」同篇：「庾法暢造庾太尉，握麈尾至佳，公曰：『此至佳，那得在？』」同書〈品藻〉：「謝萬壽春敗後，簡文問郗超：『萬自可敗，那得乃爾失卒！』」同篇：「謝公問王子敬……王曰：『外人那得知。』」注引〈宋明帝文章志〉：「獻之應而答曰：『人那得知之也！』」同篇：「桓曰：『我家中軍，那得及此也！』」同書〈排調〉郝隆為桓公南蠻參軍條：「隆曰：『千里投公，始得蠻府參軍，那得不作蠻語也！』」同書〈輕詆〉：「車騎曰：『中郎衿抱未虛得，那得獨有？』」又同書〈假譎〉：「後有傖人來，先道人寄語云：『為我致意愍度，無義那可立！』」核那得之得為語助辭，無意，而那乃如何之意。至如何則與奈何之意完全同。奈何之速讀，與那音相近，故遂轉用那字耳。《通鑑》將此具有時代性之用語，改採通常辭字，以致失去其時代特徵，自屬失之。㉓其子驃騎從事中郎敬宣諫曰……令我奈驃騎何：按此段乃錄自《宋書・劉敬宣傳》，以此係《通鑑》首錄《宋書》之文，爰將此段完整抄出，藉以窺知《通鑑》與《宋書》行文情形之一斑。文為：「敬宣諫曰：『方今國家亂擾，四海鼎沸，天下之重，在大人與玄。玄藉先父之基，據荊南之勢，雖無姬文之德，實為參分之形。一朝縱之，使陵朝廷，威望既成，則難圖也。董卓之變將生於今。』牢之曰：『吾豈不知，今日取玄，如反覆手；但平玄之後，令我那驃騎何？』」㉔乙巳朔，牢之遣敬宣詣玄請降：按〈安帝紀〉元興元年文作：「三月己巳，劉牢之叛，降於桓玄。辛未，王師敗績。」以下之辛未推之。則乙巳當作己巳。(七五)牢之遣敬宣詣玄請降……莫不相視而笑：按此段乃錄自〈劉牢之傳〉，字句大致相同。(七六)玄板敬宣為諮議參軍：按晉之除拜有二途徑，一為天子策書，一為公府板授。板授者，謂未有朝命，公府以板授之也。又《宋書・百官志》大將軍條：「晉元帝為鎮東大將軍，其參軍則有諮議參軍二人，主諷議事。晉江左初置，因軍諮祭酒也。宋高祖為諮議參軍，無定員。」(七七)南桁：南桁即朱雀桁，在臺城南。音衡。(七八)元顯將發……為王誕張灋順所誤耳：按此段乃錄自〈簡文三王傳〉，字句大致相同。(七九)稱詔解嚴：稱詔書之言，而解戒備。(八〇)丹楊尹：丹楊京邑，故使為尹。(八一)新安太守殷仲文，覬之弟也……玄以為諮議參軍：按此乃錄自〈桓玄附殷仲文傳〉，字句大致相同。(八二)劉邁往見玄：邁折玄事，見卷一百八孝武太元十七年。(八三)並邁為三：合邁共為三人。(八四)始爾：謂剛開始如此。(八五)玄以劉牢之為會稽內史……移屯班瀆：按此段乃錄自〈劉牢之傳〉，字句大致相同。(八六)將軍以勁卒數萬，望風降服：降服謂降服於桓玄也。(八七)裕當反服還京口耳：反服，胡三省曰：「謂反初服也。離騷曰：『退將脩吾初服。』此言釋戎服而服常服。」惟《宋書・武帝紀》反服則作反復，殆《通鑑》以其無大意義，遂改此作初服。(八八)鎮北：劉牢之以討孫恩功，進號鎮北將軍。(八九)私告劉裕曰……不然，當與卿圖之：按此段乃錄自《宋書・武帝紀》上，字句大致相同。(九〇)王兗州：謂王恭。(九一)司馬郎君：謂元顯。晉代常謂貴族子弟為郎君，說已見上。(九二)於是牢之大集僚佐……暴尸於市：按此段乃錄自〈劉牢之傳〉，字句大致相同。

㈠桓玄讓丞相、荊江徐三州，改授太尉、都督中外諸軍事、揚州牧、領豫州刺史，總百揆，以琅邪王德文為大宰(九三)。

㈡司馬休之、劉敬宣、高雅之俱奔洛陽，各以子弟為質於秦以求救。秦王興與之符信(九四)，使於關中募兵，得數千人，復還屯彭城間。

㈢孫恩寇臨海，臨海太守辛景擊破之，恩所虜三吳男女，死亡殆盡，恩恐為官軍所獲，乃赴海死，其黨及妓妾(九五)從死者，以百數，謂之水仙(九六)。餘眾數千人，復推恩妹夫盧循為主(九七)，循，諶之曾孫也，神采清秀，雅有材藝(九八)，少時沙門惠遠嘗謂之曰：「君雖體涉風素(九九)，而志存不軌(一〇〇)，如何(一〇一)？」太尉玄欲撫安東土，乃以循為永嘉太守(一〇二)，循雖受命，而寇暴不已。

㈣甲戌，燕大赦。

㈤河西王禿髮利鹿孤寢疾，遺令以國事授弟傉檀。初，禿髮思復鞬愛重傉檀，謂諸子曰：「傉檀器識，非汝曹所及也。」故諸兄不以傳子，而傳於弟。利鹿孤在位，垂拱而已，軍國大事皆委於傉檀。利鹿孤卒，傉檀襲位，更稱涼王，改元弘昌，遷於樂都，諡利鹿孤曰康王㉓。

㈥夏，四月，太尉玄出屯姑孰，辭錄尚書事，詔許之，而大政皆就諮焉，小事則決於尚書令㉔桓謙及卞範之。自隆安以來，中外之人，厭㉕於禍亂，及玄初至，黜姦佞，擢雋賢㉖，京師欣然，冀得少安。既而，玄奢豪縱逸㉗，政令無常，朋黨互起，陵侮朝廷，裁損乘輿㉘供奉之具，帝幾不免飢寒，由是眾心失望㉙。三吳大饑，戶口減半，會稽減什三四，臨海、永嘉殆盡。富室皆衣羅紈㉚，懷金玉㉛，閉門相守餓死㉜。

㈦乞伏熾磐自西平逃歸苑川，南涼王傉檀歸其妻子。乞伏乾歸使熾磐入朝于秦，秦王興以熾磐為興晉太守。

㈧五月，盧循自臨海入東陽，太尉玄遣撫軍中兵參軍劉裕將兵擊之，循敗走永嘉㉝。

㈨高句麗攻宿軍㉞，燕平州刺史慕容歸棄城走。

㈩秦主興大發諸軍，遣義陽公平，尚書右僕射狄伯支等將步騎四萬伐魏，興自將大軍繼之，以尚書令姚晃輔太子泓守長安，沒弈干權鎮上邽，廣陵公欽權鎮洛陽㉕。平攻魏乾壁，六十餘日，拔之㉖。秋七月，魏主珪遣毗陵王順及豫州刺史長孫肥，將六萬騎為前鋒，自將大軍繼發，以擊之。

(十一)八月，太尉玄諷朝廷㉗以玄平元顯功，封豫章公，平殷楊功封桂陽公，并本封南郡如故。玄以豫章封其子昇，桂陽封其兄子俊㉘。

(十二)魏主珪至永安，秦義陽公平遣驍將帥精騎二百覘魏軍，長孫肥逆擊㉙，盡擒之，平退走，珪追之，乙巳，及於柴壁，平嬰城㉚固守，魏軍圍之。秦王興將兵四萬七千救之㉛，將據天渡㉜，運糧以餽平，魏博士李先曰：「兵灋，高者為敵所棲㉝，深者㉞為敵所囚，今秦皆犯之，宜及興未至，遣奇兵先據天渡，柴壁可不戰而取也㉟。」珪命增築重圍，內以防平之出，外以拒興之入，廣武將軍安同曰：「汾東有蒙阬，東西三百餘里，蹊徑㊱不通；興來，必從汾西，直臨柴壁㊲，如此，虜聲埶相接，重圍雖固，不能制也。不如為浮梁㊳，渡汾西，築圍以拒之，虜至無所施其智力矣㊴。」

珪從之。興至蒲阪，憚魏之彊，久乃進兵。甲子，珪帥步騎三萬，逆擊興於蒙阬之南，斬首千餘級，興退走四十餘里，平亦不敢出。珪乃分兵，四據險要，使秦兵不得近柴壁。興屯汾西，憑壑為壘，束栢材㉚從汾上流縱之，欲以毀浮梁，魏人皆鉤取，以為薪蒸㉛。冬，十月，平糧竭矢盡，夜悉眾突西南圍，求出，興列兵汾西，舉烽鼓譟為應，興欲平力戰突免㉜，平望興攻圍引接㉝，但叫呼相和，莫敢逼圍。平不得出，計窮，乃帥麾下㉞赴水死，諸將多從平赴水，珪使善游者鉤捕之㉟，無得免者。執狄伯支及越騎校尉唐小方等㊱四十餘人，餘眾二萬餘人，皆斂手㊲就禽。興坐視其窮，力不能救，舉軍㊳慟哭，聲震山谷。數遣使求和於魏，珪不許㊴，乘勝進攻蒲阪，秦晉公緒固守不戰，會柔然謀伐魏，珪聞之，戊申，引兵還。或告太史令鼂崇及弟黃門侍郎懿潛召秦兵，珪至晉陽，賜崇懿死㊵。

(十三)秦徙河西豪右㊶萬餘戶於長安。

(十四)太尉玄殺吳興太守高素，將軍竺謙之及謙之從兄朗之、劉襲、幷襲弟季武，皆劉牢之北府舊將也。襲兄冀州刺史軌邀司馬休之、劉敬宣、高雅之等，共據山陽，欲起兵攻玄，不克而走(四二)。將軍袁虔之、劉壽、高長慶、郭恭等皆往從之，將奔魏，至陳留南，分為二輩(四三)，軌、休之、敬宣奔南燕，虔之、壽、長慶、恭奔秦。魏主珪初聞休之等當來，大喜，後怪其不至，令兗州求訪，獲其從者，問其故，皆曰：「魏朝威聲遠被(四四)，是以休之等咸欲歸附，既而聞崔逞被殺，故犇二國。」珪深悔之，自是士人有過，頗見優容(四五)(四六)。

(十五)南涼王傉檀攻呂隆於姑臧。

(十六)燕王熙納故中山尹苻謨二女，長曰娀娥為貴人，幼曰訓英為貴嬪，貴嬪尤有寵，丁太后怨恚，與兄子尚書信謀廢熙立章武公淵，事覺，熙逼丁太后，令自殺，葬以后禮，謚曰獻幽皇后。十一月，戊辰，殺淵及信。辛未，熙畋(四七)於北原，石城令高和與尚方兵(四八)，於後作亂，殺司隸校尉張顯，入掠宮殿，取庫兵(四九)，脅營署(五〇)，閉門乘城(五一)；熙馳還，城上人皆投仗(五二)，開門，盡誅反者，唯和走免[53]。甲戌，大赦。

(十七)魏以庾岳為司空。

十二月，辛亥，魏主珪還雲中，柔然可汗社崙聞珪伐秦，自參合陂侵魏，至豺山，及善無北澤，魏常山遵以萬騎追之，不及而還。

(十八)太尉玄使御史杜林防衞會稽文孝王道子至安成[54]，林承玄旨，酖道子殺之。

(十九)沮渠蒙遜所署西郡太守梁中庸，叛奔西涼，蒙遜聞之笑曰：「吾待中庸，恩如骨肉，而中庸不我信，但自負耳[55]。孤[56]豈在此一人邪[57]！」乃盡歸其孥[58][59]。西涼公暠問中庸曰：「我何如索嗣？」中庸曰：「未可量也[60]。」暠曰：「嗣才度[61]若敵我者，我何能於千里之外，以長繩絞其頸邪[62]！」中庸曰：「智有短長，命有成敗[63]，殿下[64]之與索嗣，得失之理，臣實未之能詳[65]。若以身死為負[66]，計行為勝[67]，則公孫瓚豈賢[68]於劉虞邪[69]！」暠默然[70]。

(二十)袁虔之等至長安，秦王興問曰：「桓玄才略，何如其父，卒能成功乎[71]？」虔之曰：「玄乘晉室衰亂，盜據宰衡[72]，猜忌安忍[73]，刑賞不公，以臣觀之，不如其父遠矣。玄今已執大柄，其埶(七四)必將篡逆，正可為佗人驅除耳(七五)。」興善之，以虔之為廣州刺史(七六)(七七)。

(廿)是歲秦王興立昭儀張氏為皇后，封子懿、弼、洸(七八)、宣、諶(七九)、愔、璞、質、逵、裕、國兒皆為公，遣使拜禿髮傉檀為車騎將軍、廣武公，沮渠蒙遜為鎮西將軍、沙州刺史，西海侯李暠為安西將軍、高昌侯。秦鎮遠將軍趙曜帥眾二萬，西屯金城，建節將軍王松悤(八〇)帥騎助呂隆守姑臧，松悤至魏安，傉檀弟文真擊而虜之，傉檀大怒，送松悤還長安，深自陳謝(八一)(八二)。

【今註】(九三)大宰：大，古讀太。《宋書・百官志》：「太宰，蓋古之太師也。景帝名師，故置太宰以代之。三公之職，太師居首。」(九四)符信：符節印信。(九五)妓妾：妓乃歌妓，能彈唱歌舞者。(九六)水仙：謂死於水中，為神仙也。孫恩之天師道徒，喜為此說。〈孫恩傳〉前文云：「其婦女有嬰累不能去者，囊簏盛嬰兒，沒於水，而告之曰：『賀汝先登仙堂，我尋後就汝。』」是其證。(九七)孫恩寇臨海……復推恩妹夫盧循為主：按此段乃錄自〈孫恩傳〉，字句大致相同。(九八)雅有材藝：〈盧循傳〉：「循善草隸奕棋之藝。」(九九)體涉風素：謂雖身具風雅儒素。(一〇〇)不軌：不遵軌則。(一〇一)循諶之曾孫也……而志存不軌，如何：按此段乃錄自〈盧循傳〉，字句大致相同。(一〇二)永嘉太守：明帝太寧元年分臨海立永嘉郡，即清代之溫州。⑬河西王禿髮利鹿孤寢疾……謚利鹿孤曰康王：按此段乃錄自〈禿髮傉檀載記〉，字句大致相同。⑭尚書令：《宋書・百官志》：「尚書令，第三品。」⑮厭：惡。⑯擢雋賢：拔擢雋才賢德之士。⑰奢豪縱逸：奢侈豪華，縱欲逸樂。⑱陵侮朝廷，裁損乘輿：朝廷乘輿，皆指天子言。⑲太尉玄出屯姑孰……由是眾心失望：按此段乃錄自〈桓玄傳〉，字句大致相同。⑳羅紈：極細軟之綢。㉑懷金玉：懷藏金玉。㉒閉門相守餓死：閉門，全家相處一處餓餒而死。㉓盧循自臨海入東陽……循敗走永嘉：按此段乃錄自《宋書・武帝紀》上，字句大致相同。㉔高句麗攻宿軍：胡三省曰：「宿軍城，在龍城東北。」㉕權鎮洛陽：謂暫時鎮守洛陽。㉖秦主興大發諸軍……攻魏乾壁，六十餘日拔之：按此段乃錄自〈姚興載記〉上，字句大致相同。㉗諷朝廷：諷示朝廷。㉘太尉玄諷朝廷……桂陽封其兄子俊：按此段乃錄自〈桓玄傳〉，字句幾全相同。㉙逆擊：迎擊。㉚嬰城：憑繞四周之城。㉛魏主珪至永安……秦王興將兵四萬七千救之：按此段乃錄自《魏書・羌姚萇附興傳》，字句大致相同。㉜天渡：胡三省曰：「柴壁在汾東，天渡蓋汾津之名，在汾水西岸。」㉝高者為敵所棲：棲，居；含囚困意。㉞深者：謂居於低下之處。㉟魏博士李先曰……柴壁可不戰而取也：按此段乃錄自《魏書・李先傳》，次序多有顛倒。㊱蹊徑：狹路，音奚。㊲直臨柴壁：《魏書・安同傳》：「乘高臨下，直至柴壁。」是直臨之的釋。㊳浮梁：即浮橋。㊴廣武將軍安同曰……無所施其智力矣：按此段乃錄自《魏書・安同傳》，字句大致相同。㊵束栢材：將栢樹之木材，束縛成捆。㊶薪蒸：按此為《魏書》之習用語，麤曰薪，細曰蒸。㊷力戰突免：竭力作戰，突圍而免。㉝引接：援引接應。㉞麾下：猶今之部下。㉟鉤捕之：以鉤撈捕之。㊱執越騎校尉唐小方等：按〈姚興載記〉上作越騎校尉唐方，此乃從《魏書・太祖紀》及〈羌姚萇附興傳〉之文。㊲斂手：猶束手。㊳舉軍：全軍。㊴興至蒲阪……數遣使求和於魏珪不許：按此段乃錄自《魏書・羌姚萇附興傳》，字句大致相同。㊵或告太史令晁崇……賜崇懿死：按此段乃錄自《魏書・術藝晁崇傳》，字句大致相同。㊶豪右：右，指居人上者，豪右謂豪強大戶。㊷太尉玄殺吳興太守高素……欲起兵攻玄，不克而走：按此段乃錄自桓玄傳，字句大致相同。㊸分為二輩：謂分為二夥。㊹威聲遠被：謂威聲覆播於遠方。㊺優容：優恕寬容。㊻魏主珪初聞休之等當來……頗見優容：按此段乃錄自《魏書・崔逞傳》，字句大致相同。㊼畋：獵。㊽尚方兵：《宋書・百官志》上：「右尚方令丞各一人，並掌造軍器。」即尚方令所掌之兵。㊾取庫兵：取武庫所儲之器杖。㊿脅營署：脅逼營兵及寺署官吏。(51)乘城：登城。(52)投仗：放下器杖。(53)燕王熙納故中山尹苻謨二女……唯和走免：按此段乃本於〈慕容熙載記〉，而間有溢出。(54)太尉玄使御史杜林防衞會稽文孝王道子至安成：按杜林〈簡文三王傳〉作杜竹林。(55)但自負耳：只孤負自己耳。(56)孤：君王之謙稱，與寡人意頗類。(57)孤豈在此二人邪：謂有無此人，都無關係。(58)孥：妻孥。(59)沮渠蒙遜所署西郡太守梁中庸……乃盡歸其孥：按此段乃錄自〈沮渠蒙遜載記〉，字句大致相同。(60)未可量也：未可比量。實際之意乃謂其不及也。(61)才度：才識器度。(62)以長繩絞其頸：謂殺之。(63)命有成敗：命運中注有成敗。(64)殿下：尊王公之稱。(65)臣實未之能詳：按詳猶審，即澈底知曉。詳字在晉宋時，如此用法，甚為流行。(六六)身死為負：猶謂身死為劣。(六七)計行為勝：謂計謀得行為優。(六八)賢：猶勝。(六九)公孫瓚豈賢於劉虞邪：公孫瓚劉虞事，見卷六十漢獻帝初平四年。(七〇)嘿默然：謂嘿默然無以對。(七一)卒能成功乎：最後能成功乎。(七二)宰衡：宰輔阿衡，即宰相也。(七三)安忍：安於殘忍。(七四)其埶：其趨勢。

(七五)正可為佗人驅除耳：按此句含意頗為糢稜。《通鑑》乃係摘錄〈姚興載記〉，而〈姚興載記〉「正可為他人驅除耳」一下，緊接為：「此天以機便，授之陛下。」是此句為求與下文連貫計，當釋為：「恰可為他人先驅除路耳。」若不顧及下文而單釋此句，則可解云：「恰可被他人所去除耳。」由之可見節截引文，於上下字句，不可不深加注意。蓋常因截斷不當，而使字句發生歧殊意義。上所言者，正此類之一的例。(七六)以虔之為廣州刺史：按秦無廣州，此乃係虛號。(七七)袁虔之等至長安……以虔之為廣州刺史：按此段乃錄自〈姚興載記〉上，字句大致相同。(七八)洸：音光。(七九)諶：音忱。(八〇)王松忽：〈姚興載記〉上作王松忩。(八一)陳謝：陳情謝罪。(八二)是歲秦王興立昭儀張氏為皇后……深自陳謝：按此段乃錄自〈姚興載記〉上，字句幾全相同。

卷一百一十三 晉紀三十五

司馬光編集
曲守約 註

起昭陽單閼，盡閼逢執徐，凡二年。（癸卯至甲辰，西元四〇三年至四〇四年）

安皇帝戊

元興二年（西元四〇三年）

㈠春，正月，盧循使司馬徐道覆寇東陽㊀，二月，辛丑，建武將軍劉裕擊破之，道覆，循之姊夫也。

㈡乙卯，以太尉玄為大將軍㊁。丁巳，玄殺冀州刺史孫無終㊂。玄上表請帥諸軍掃平關洛㊃，既而㊄，諷朝廷下詔不許，乃云：「奉詔故止。」玄初欲飭裝㊅，先命作輕舸㊆，載服玩㊇書畫，或問其故，玄曰：「兵凶戰危，脫有意外㊈，當使輕而易運。」眾皆笑之㊉。

㈢夏，四月，癸巳朔，日有食之。

㈣南燕主備德故吏趙融，自長安來，始得母兄凶問㊁，備德號慟⑫吐血，因而寢疾⑬。司隸校尉慕容達謀反，遣牙門皇璆⑭攻端門，殿中帥⑮侯赤眉開門應之，中黃門⑯孫進扶備德，踰城⑰匿⑱於進舍，段宏等聞宮中有變，勒兵⑲屯四門，備德入宮，誅赤眉等，達出奔魏，備德優遷徙之民，使之長復不役⑳，民緣此迭相蔭冒㉑，或百室合戶㉒，或千丁共籍㉓，以避課役㉔。尚書韓諄請加隱覈㉕，備德從之，使諄巡行郡縣，得蔭戶㉖五萬八千㉗。

㈤泰山賊王始聚眾數萬，自稱太平皇帝㉘，署置㉙公卿，南燕桂林王鎮討禽之，臨刑，或問其父及兄弟安在，始曰：「太上皇蒙塵於外㉚，征東征西，為亂兵所害㉛。」其妻怒之曰：「君正坐此口㉜，柰何尚爾㉝！」始曰：「皇后不知，自古豈有不亡之國，朕則崩㉞矣，終不改號㉟㊱。」五月，燕王熙作龍騰苑，方十餘里，役徒二萬人，築景雲山於苑內，基廣五百步，峯高十七丈㊲。

㈥秋，七月，戊子，魏王珪北巡，作離宮於豺山。平原太守和跋，奢豪喜名㊳，珪惡而殺之，使其弟毗等就與訣㊴，跋曰：「灅北土瘠，可遷水南，勉為生計㊵。」且使之背己曰：「汝何忍視吾之死也[41]！」毗等諭[42]其意，詐稱使者逃入秦，珪怒，滅其家[43]；中壘將軍[44]鄧淵從弟尚書暉[45]與跋善，或譖諸珪[46]曰：「毗之出亡，暉實送之[47]。」珪疑淵知其謀，賜淵死[48]。

(七)南涼王傉檀及沮渠蒙遜，互出兵攻呂隆，隆患之，秦之謀臣言於秦王興曰：「隆藉先世之資，專制河外[49]，今雖飢窘，尚能自支，若將來豐贍[50]，終不為吾有。涼州險絕，土田饒沃，不如因其危而取之。」興乃遣使徵呂超入侍。隆念姑臧終無以自存，乃因超請迎於秦，興遣尚書左僕射齊難、鎮西將軍姚詰、左賢王乞伏乾歸、鎮遠將軍趙曜[51]，帥步騎四萬，迎隆於河西。南涼王傉檀攝昌松、魏安二戍以避之[52]。八月，齊難等至姑臧，隆素車白馬迎於道旁[53]。隆勸難擊沮渠蒙遜，蒙遜使臧莫孩拒之，敗其前軍，難乃與蒙遜結盟，蒙遜遣弟挐入貢于秦[54]。難以司馬王尚行涼州刺史[55]，配兵三千，鎮姑臧，以將軍閻松為倉松太守，郭將為番和太守[56]，分戍二城，徙隆宗族僚屬及民萬戶於長安[57]。興以隆為散騎常侍，超為安定太守，自餘文武，隨才擢敍。

初，郭麐常言代呂者王，故其起兵，先推王詳，後推王乞基，及隆東遷，王尚卒代之。麐從乞伏乾歸降秦，以為滅秦者晉也，遂來奔（五八），秦人追得殺之。沮渠蒙遜伯父中田護軍（五九）親信、臨松太守孔篤，皆驕恣為民患。蒙遜曰：「亂吾灋者，二伯父也。」皆逼之，使自殺。秦遣使者梁構至張掖（六〇），蒙遜問曰：「禿髮傉檀為公，而身為侯（六一），何也？」構曰：「傉檀凶狡（六二），款誠未著，故朝廷以重爵虛名（六三）羈縻（六四）之。將軍忠貫白日（六五），當入贊帝室，豈可以不信相待也！聖朝爵必稱功（六六），如尹緯、姚晃佐命（六七）之臣，齊難、徐洛（六八）一時猛將，爵皆不過侯伯，將軍何以先之乎（六九）？昔竇融殷勤固讓，不欲居舊臣之右（七〇），不意（七一）將軍忽有此問。」蒙遜曰：「朝廷何不即封張掖，而更遠封西海邪？」構曰：「張掖，將軍已自有之，所以遠授西海者，欲廣大將軍之國耳。」蒙遜悅，乃受命（七二）（七三）。

(八)荊州刺史桓偉卒，大將軍玄以桓脩代之，從事中郎曹靖之說玄曰：「謙脩兄弟專據內外，權埶大重。」玄乃以南郡相桓石康為荊州刺史（七四），石康，豁之子也。

⑼劉裕破盧循於永嘉，追至晉安，屢破之，循浮海南走，何無忌潛詣裕，勸裕於山陰起兵討桓玄，裕謀於土豪⑮孔靖，靖曰：「山陰去都道遠，舉事難成，且玄未篡位，不如待其已篡，於京口圖之。」裕從之。靖，愉之孫也。

⑽九月魏主珪如南平城⑯，規度⑰灅南，將建新都。

⑾侍中殷仲文、散騎常侍卞範之，勸大將軍玄早受禪，陰撰九錫文及冊命，以桓謙為侍中、開府、錄尚書事，王謐為中書監、領司徒，桓胤為中書令，加桓修撫軍大將軍，胤，冲之孫也。丙子，冊命玄為相國，摠百揆，封十郡，為楚王，加九錫，楚國置丞相以下官⑱。桓謙私問彭城內史劉裕曰：「楚王勳德隆重，朝廷之情，咸謂宜有揖讓⑲，卿以為何如？」裕曰：「楚王，宣武⑳之子，勳德蓋世㉑，晉室微弱，民望久移㉒，乘運禪代，有何不可？」謙喜曰：「卿謂之可，即可耳㉓。」新野人庾仄，殷仲堪之黨也，聞桓偉死，石康未至，乃起兵襲雍州刺史馮該於襄陽，走之，仄有眾七千，設壇祭七廟，云欲討桓玄，江陵震動。石康至州，發

兵攻襄陽，仄敗，犇秦㊇㊃。

㈩㈡高雅之表南燕主備德，請伐桓玄，曰：「縱未能廓清㊇㊄吳會㊇㊅，亦可收江北之地。」中書侍郎韓範亦上疏曰：「今晉室衰亂，江淮南北，戶口無幾㊇㊆，戎馬單弱㊇㊇；重以㊇㊈桓玄悖逆㊈〇，上下離心，以陛下神武，發步騎一萬臨之，彼必土崩瓦解，兵不留行㊈㊀矣。得而有之，秦魏不足敵也，拓地定功㊈㊁，正在今日，失時不取，彼之豪傑，誅滅桓玄，更脩㊈㊂德政，豈惟建康不可得，江北亦無望矣。」備德曰：「朕以舊邦覆沒，欲先定中原，乃平蕩荊揚㊈㊃，故未南征耳。其令公卿議之。」因講武城西，步卒三十七萬人，騎五萬三千匹，車萬七千乘，公卿皆以為玄新得志，未可圖，乃止㊈㊄。

㈩㈢冬，十月，楚王玄上表請歸藩，使帝作手詔㊈㊅固留之。又詐言錢塘臨平湖開㊈㊆，江州甘露降，使百寮集賀，用為己受命之符㊈㊇。又以前世皆有隱士，恥於己時獨無，求得西朝隱士㊈㊈安定皇甫謐㊀〇〇六世孫希之，給其資用，使隱居山林，徵為著作郎，使希之固辭不就，然後下詔旌禮㊀〇㊀，號曰高士，時人謂之充隱㊀〇㊁。又欲廢錢用縠帛㉓，及復肉刑㉔，制作紛紜㉕，志無一定㉖，變更回復㉗，卒無所施行。性復貪鄙，人士有灋書㉘好畫，及佳園宅，必假蒲博而取之㉙，尤愛珠玉，未嘗離手㉚。

(十四)乙卯，魏主珪立其子嗣為齊王，加位相國，紹為清河王，加征南大將軍，熙為陽平王，曜為河南王。

(十五)丁巳，魏將軍伊謂帥騎二萬襲高車餘種袁紇烏頻，十一月，庚子，大破之㉛。

(十六)詔楚王玄行天子禮樂，妃為王后，世子為太子。丁丑，卞範之為禪詔㉜，使臨川王寶逼帝書之，寶，晞之曾孫也。庚辰，帝臨軒，遣兼太保領司徒王謐奉璽綬㉝，禪位於楚。壬午，帝出居永安宮。癸未，遷太廟神主於琅邪國㉞。穆章何皇后及琅邪王德文，皆徙居司徒府，百官詣姑孰勸進。十二月，庚寅朔，玄築壇於九井山㉟北，壬辰，即皇帝位，冊文多非薄㊱晉室。或諫之，玄曰：「揖讓之文，正可陳之於下民耳，豈可欺上帝乎㊲！」大赦，改元永始，以南康之平固縣封帝為平固王，降何后為零陵㊳縣君，琅邪王德文為石陽縣(一九)公，武陵王遵為彭澤縣(二〇)侯。追尊父溫為宣武皇帝，廟號太祖，南康公主為宣皇后，封子昇為豫章王，以會稽內史王愉為尚書僕射，愉子相國左長史綏為中書令(二一)，綏、桓氏之甥也。戊戌，玄入建康宮，登御坐，而床忽陷(二二)，羣下失色(二三)，殷仲文曰：「將由聖德深厚(二四)，地不能載。」玄大悅(二五)。梁王珍之國臣孔樸，奉珍之犇壽陽，珍之，晞之曾孫也。

(十七)戊申，燕王熙尊燕主垂之貴嬪段氏為皇太后，段氏，熙之慈母也。己酉，立苻貴嬪為皇后，大赦。

(十八)辛亥，桓玄遷帝於尋陽。

(十九)燕以衞尉悅真為青州刺史，鎮新城，光祿大夫衞駒為幷州刺史，鎮凡城。

(廿)癸丑，納桓溫神主於太廟，桓玄臨聽訟觀(二六)，閱囚徒(二七)，罪無輕重，多得原放，有干輿乞者(二八)，時或卹(二九)之，其好行小惠如此(三〇)。

(廿一)是歲，魏主珪始命有司制冠服，以品秩為差(三一)，然灋度草創，多不稽古(三二)。

【今註】㊀東陽：今浙江省東陽縣。㊁以太尉玄為大將軍：大將軍自漢以來，職名崇重，居其位者，皆擅朝權。晉初以司馬孚為太尉，奏以大將軍位太尉下，後復舊，在三司上。㊂玄殺冀州刺史孫無終：無終亦牢之北府舊將。㊃掃平關洛：斯時據有關洛者為姚興，故桓玄傳作表請平姚興。㊄既而：已而，意為以後。㊅飭裝：整飭行裝。㊆舸：大舡也，方言：「南楚江湖謂之舸。」㊇服玩：被服玩器。㊈脫有意外：按脫為假設辭，意為脫離意料，亦即出乎意料。與萬一之意酷相類。為六朝之習用辭。《世說．賞譽》：「脫時過止，寒溫而已。」同書〈尤悔〉阮思曠奉大法條，注：「以阮公智識，必無此弊，脫此非謬，何其惑與！」《晉書．石勒載記》：「脫遇光武，當並驅於中原，未知鹿死誰手。」〈苻堅載記〉上：「王猛曰：『監國冲幼，鑾駕遠臨，脫有不虞，其如宗廟何！』」同記下：「告其太子宏曰：『脫如此言，天或導予。』」《魏書．張袞附倫傳》：「天子之聲，必籠罩於無外。脫或未從，焉能損益！」同書〈穆崇附亮傳〉：「脫難出慮表，其如宗廟何！」同書〈陳建傳〉：「苟歷運響從，則吳會可定；脫事有難成，則振旅而返。……脫忤天心，願存臣表，徐觀後驗，賞罰隨焉。」皆其明證。㊉玄上表請帥諸軍掃平關洛……眾皆笑之：按此段乃錄自〈桓玄傳〉，字句幾全相同。⑪凶問：凶噩之音信。⑫號慟：放聲大哭。音洞。⑬寢疾：臥病。⑭璆：音求。⑮殿中帥：猶晉之殿中三部督。《宋書．百官志》下：「殿中將軍十人，殿中員外將軍二十人。」⑯中黃門：宦者之職。《宋書．百官志》下給事黃門侍郎條：「董巴漢書曰：『禁門曰黃闥，中人主之，故號曰黃門令。』」⑰踰城：越過城牆。⑱匿：藏。⑲勒兵：部率兵士。⑳長復不役：長復謂永遠免其賦役。㉑迭相蔭冒：互相蔭庇冒替，藉以逃避賦役。㉒或百室合戶：或百家合為一戶。㉓或千丁共籍：或千名壯丁，共為一戶籍。㉔課役：課稅徭役。㉕隱覈：度其實也。㉖蔭戶：蔭占之戶。㉗南燕主備德故吏趙融……得蔭戶五萬八千：按此段乃錄自〈慕容德載記〉，字句大致相同。㉘自稱太平皇帝：由其稱號，知當係天師教之信徒。㉙署置：署任設置。㉚太上皇蒙塵於外：太上皇指其父言；蒙塵，猶蒙難也。㉛征東征西，為亂兵所害：按〈慕容德載記〉：「王始號其皇兄為征東將軍，弟征西將軍。」是征東征西乃指其兄弟而言。而征東征西下，俱省去將軍二字。為亂兵所害，謂為亂兵所殺。㉜君正坐此口：謂君只因口喜亂言，而致此敗。㉝奈何尚爾：為何今仍如此。㉞崩：君王死曰崩。㉟改號：改君王之稱號。㊱泰山賊王始聚眾數萬……終不改號：按此段乃錄自〈慕容德載記〉，字句大致相同。核此段不過敍述王始之狂妄，無多重要，〈慕容德載記〉將以入錄，亦不過曰：「德聞而哂之。」以聊發一粲而已。夫既如此，則割捨去之，亦自無不宜。㊲燕王熙作龍騰苑……峯高十七丈：按此段乃錄自〈慕容熙載記〉，字句幾全相同。㊳平原太守和跋奢豪喜名：按《魏書・和跋傳》：「時羣臣皆敦尚恭儉，而跋好修虛譽，眩耀於時。」《通鑑》遂書為奢豪喜名。㊴訣：別。㊵生計：生活之計。㊶汝何忍視吾之死也：按上下文皆言毗等，則此亦當作多數。〈和跋傳〉汝下有曹字，應從添。㊷諭：知曉。㊸平原太守和跋，奢豪喜名……珪怒滅其家：按此段乃錄自《魏書・和跋傳》，字句大致相同。㊹中壘將軍：意為中營將軍。㊺從弟尚書暉：按《魏書・鄧淵傳》作：「從父弟暉，為尚書郎。」是其官號全稱為尚書郎。特諸史於為尚書省各官者，以其職銜文字較長，常僅以尚書稱之，雖與實際不符，然卻成為通例，此乃係史義之一特殊條例。㊻譖諸珪：謂譖之於珪。㊼毗之出亡，暉實送之：按〈鄧淵傳〉作：「或告暉將送出之。」是所謂送者，非如尋常之送行，而乃係設法送之出境。本文送字之真實事實，端如上述。㊽中壘將軍鄧淵從弟尚書暉……賜淵死：按此段乃錄自《魏書・鄧淵傳》，字句大致相同。㊾專制河外：專獨控制河外之地。㊿豐贍：豐足贍給。(51)興遣尚書左僕射齊難、左賢王乞伏乾歸、鎮遠將軍趙曜：按〈姚興載記〉上作：「興遣齊難及鎮遠乞伏乾歸、鎮遠趙曜等。」《通鑑》見於一時不得有二鎮遠將軍，知其必有訛誤，遂翻檢〈乞伏乾歸載記〉，而〈乾歸載記〉則云：「乾歸遂奔長安，姚興見而大悅，署乾歸鎮遠將軍、河州刺史……元興元年，尋遣使者加乾歸散騎常侍、左賢王，遣隨興將齊難迎呂隆於河西。」於是根據〈乾歸載記〉之文，而將乞伏乾歸上之鎮遠二字改作左賢王，如此，既無訛誤，又合事實。而克臻正確之境。《通鑑》此等用心及精審之處，非諸文對勘，不足以知之。而知之之後，對於脩《通鑑》者態度之謹嚴，實不得不致以崇高之敬意也。(52)攝昌松魏安二戍以避之：謂收昌松魏安二戍之兵，以避其鋒。(53)隆念姑臧終無以自存……隆素車白馬，迎於道旁：按此段乃本於〈姚興載記〉上，而字句間有溢出。(54)蒙遜遣弟拏入貢於秦：按〈沮渠蒙遜載記〉，拏皆作挐。(55)行涼州刺史：暫攝涼州刺史，與真除有殊。(56)難以郭將為番和太守：按〈姚興載記〉上，和作禾。又〈沮渠蒙遜載記〉及〈禿髮傉檀載記〉，皆作禾，當改從之。(57)難以司馬王尚……及民萬戶於長安：按此段乃錄自〈姚興載記〉上，字句大致相同。(58)遂來奔：謂遂來奔晉。(59)中田護軍：按〈沮渠蒙遜載記〉，中田護軍乃呂光所置，鎮臨松。(六〇)秦遣使者梁構至張掖：按〈沮渠蒙遜載記〉作：「姚興遣使人梁斐張構等，拜蒙遜鎮西大將軍。」是《通鑑》乃誤二人而為一人。(六一)而身為侯：身指我言，晉代此用法甚流行，說已見上。(六二)凶狡：兇悍狡黠。(六三)虛名：空虛之官號。(六四)羈縻：勒絆。(六五)忠貫白日：忠款上徹皓日。(六六)稱功：稱其功績。(六七)佐命：輔佐王命。(六八)齊難徐洛：按〈姚興載記〉上有：「使姚碩德及冠軍徐洛生等伐仇池。」是徐洛當作徐洛生。惟〈沮渠蒙遜載記〉則作徐洛，《通鑑》乃據〈蒙遜載記〉入書。(六九)將軍何以先之乎：先，居前；謂將軍為何欲居其前乎。(七〇)昔竇融殷勤固讓，不欲居舊臣之右：事見卷四十三漢光武建武十三年。(七一)不意：不料。(七二)乃受命：乃受制命。(七三)沮渠蒙遜伯父……蒙遜悅，乃受命：按此段乃錄自〈沮渠蒙遜載記〉，字句大致相同。(七四)荊州刺史桓偉卒……玄乃以南郡相桓石康為荊州刺史：按此段乃錄自〈桓玄傳〉，字句大致相同。(七五)土豪：本地之豪傑。(七六)魏主珪如南平城：胡三省曰：「愍帝建興元年，代公猗盧城盛樂，以為北都，脩故平城以為南都。更南百里，於灅水之陽黃瓜堆，築新平城，所為南平城也。」(七七)規度：規劃度量。(七八)侍中殷仲文……楚國置丞相以下官：按此段乃錄自〈桓玄傳〉，字句大致相同。(七九)宜有揖讓：謂禪位也。(八〇)宣武：桓溫謚曰宣武。(八一)蓋世：蓋於一世，亦即一世之冠。(八二)久移：久已移轉。(八三)桓謙私問彭城內史劉裕曰……即可耳：按此段乃錄自《宋書．武帝紀》上，字句幾全相同。(八四)新野人庾仄……仄敗，奔秦：按此段乃錄自〈桓玄傳〉，次序雖有顛倒，而字句則幾全相同。(八五)廓清：掃蕩無遺。(八六)吳會：吳郡會稽，以二郡以代江左。(八七)無幾：謂無多少。(八八)單弱：寡弱。(八九)重以：猶加以。(九〇)悖逆：犯上作亂。音佩。(九一)兵不留行：兵行不停留，極言其快速也。(九二)拓地定功：開拓土地，奠定功業。(九三)更脩：改脩。(九四)平蕩荊揚：猶平蕩吳會，蓋二者意皆指晉而言。(九五)高雅之表南燕主備德……未可圖乃止：按此段雖本於〈慕容德載記〉，而字句多有改易。(九六)手詔：親自所書之詔。(九七)錢塘臨平湖開：臨平湖草常蓁塞，開則天下太平。(九八)受命之符：受命之符瑞。(九九)求得西朝隱士：晉氏東遷以後，視洛陽為西朝。其如此稱謂之篇籍，計有《世說·品藻》：「劉丹陽王長史在瓦官寺集，共商略西朝及江左人物。」同篇：「王大將軍在西朝時，見周侯輒扇障面，不得住。」同書〈文學〉篇文稱許掾云，注引《續晉陽秋》：「逮於西朝之末，潘陸之徒，雖時有質文。」《宋書·百官志》上：「尚書令，晉西朝八坐丞郎朝晡詣都坐朝，江左唯旦朝而已。」同志下：「侍御史晉西朝四人，江左二人。」同志：「都水使者，晉西朝有參軍而無謁者。」所云之西朝，明指都洛陽之西晉而言。除名西朝外，亦有稱曰中朝者。例證為《世說·品藻》劉丹陽條，注引〈衛玠別傳〉：「永和中，劉真長、謝仁祖共商略中朝人。」同書〈文學〉：「中朝時有懷道之流，有詣王夷甫諮疑者。」又同篇：「袁伯彥成名士傳成。」注：「裴叔則、樂彥輔等，為中朝名士。」原其名西晉為中朝者，以定都之洛陽，居天下之中，位於中州之中，遂因命之曰中朝。又上引劉丹陽王長史條作：「共商略西朝及江左人物。」而下引之劉丹陽注，則云：「共商略中朝人。」豈非更為西朝即中朝之明證乎！綜之，江左呼名西晉，共有四稱，計為：西晉、西朝、中朝、及江右，而江右一辭則較罕施焉。(一〇〇)皇甫謐：《晉書》有傳。(一〇一)旌禮：旌表禮敬。(一〇二)充隱：實非隱者，而以之充當，故謂之充隱。按此辭頗有意趣，迄今尚沿用不衰。㉓又欲廢錢用穀帛：謂以穀帛為交換媒介。㉔肉刑：謂墨劓刵宮辟之刑。㉕紛紜：猶紛亂。㉖志無一定：謂無一定意見。㉗變更回復：回復，謂回來復去，即變更反復不息也。㉘濵書：胡三省曰：「濵書謂如史籀、程邈、李斯、張芝、師宜、梁鵠、衞瓘、索靖、鍾繇，諸人真蹟，各有家法者。」㉙必假蒲博而取之：蒲博即賭博，謂假借賭博方式，令其輸負，而不得不出其濵書好畫及佳田園以折償之。㉚楚王玄上表請歸藩……愛珠玉未嘗離手：按此段乃錄自〈桓玄傳〉，次序雖有移植，而字句則大致相同。㉛魏主珪立其子嗣為齊王……十一月，庚子，大破之：按此段乃錄自《魏書・太祖紀》天興六年文，字句幾全相同。㉜禪詔：禪位之詔書。㉝璽綬：玉璽及組綬。㉞琅琊國：胡三省曰：「永嘉之亂，琅琊國人隨元帝過江者千餘戶。太興三年，立懷德縣。丹楊雖有琅琊相，而無其地。成帝咸康元年，桓溫領琅琊太守，鎮江乘之蒲洲、金城，求割江乘縣境立郡，始有實土。」㉟九井山：胡三省曰：「九域志：『太平州有九井山，今太平州古姑孰之地也。』北征記云：『九井山在丹陽南。』」㊱非薄：謂指責及藐視。㊲揖讓之文，正可陳之於下民耳，豈可欺上帝乎：謂冊文中用揖讓謙遜之語，只可為細民而言，至對於上帝，則須據事直陳不可稍加欺罔也。㊳零陵：故城在今湖南省零陵縣北。㊴石陽縣：故城在今江西省吉水縣東北。㊵彭澤縣：故城在今江西省湖口縣東之彭澤鄉。㊶詔楚王玄行天子禮樂……相國左長史綏為中書令：按此段乃錄自〈桓玄傳〉，字句大致相同。㊷床忽陷：床忽陷地中。㊸失色：變色，謂驚懼也。㊹將由聖德深厚：謂或由聖王之道德深重。㊺玄入建康宮，登御坐……地不能載。玄大悅：按此段乃錄自〈殷仲文傳〉，字句完全相同。㉖聽訟觀：胡三省曰：「洛都華林園北有聽訟觀，本平望觀也。魏明帝以刑獄天下之大命也，每斷大獄，常幸觀聽之。」太和三年，更名聽訟觀，建康仿洛都之制，亦置之。」㉗閱囚徒：閱錄犯人。㉘有干輿乞者：干，犯；乞者，丐飲食之物。謂犯乘輿而乞討飲食。㉙卹：周濟。㉚桓玄臨聽訟觀……其好行小惠如此：按此段乃錄自〈桓玄傳〉，字句完全相同。㉛以品秩為差：以品秩之高下為差別之準繩。㉜稽古：稽考古制。

三年（西元四〇四年）

㈠春，正月，桓玄立其妻劉氏為皇后，劉氏，喬之曾孫也。玄以其祖彝以上，名位不顯，不復追尊㊀立廟。散騎常侍徐廣曰：「敬其父則子悅㊁，請依故事，立七廟。」玄曰：「禮，太祖東向，左昭右穆㊂。晉立七廟，宣帝不得正東向之位，何足灋也！」祕書監卞承之謂廣曰：「若宗廟之祭，果㊃不及祖，有以知楚德之不長矣。」廣，邈之弟也。玄自即位，心常不自安。二月，己丑朔，夜濤水入石頭，流殺人甚多㊄，讙譁震天。玄聞之，懼曰：

「奴輩作矣(六)。」

玄性苛細(七)，好自矜伐(八)，主者奏事，或一字不體(九)，或片辭之謬(一〇)，必加糾擿(一一)，以示聰明。尚書答詔，誤書春蒐為春菟，自左丞王納之以下，凡所關署(一二)，皆被降黜，或手注直官(一三)，或自用令史(一四)，詔令紛紜，有司奉答不暇，而紀綱不治(一五)，奏案停積，不能知也。又性好遊畋，或一日數出，遷居東宮，更繕(一六)宮室，土木並興，督迫嚴促，朝野騷然(一七)，思亂者眾(一八)。

玄遣使加益州刺史毛璩散騎常侍、左將軍，璩執留玄使，不受其命，璩，寶之孫也。玄以桓希為梁州刺史，分命諸將，戍三巴(一九)以備之。璩傳檄遠近，列玄罪狀(二〇)，遣巴東太守柳約之、建平太守羅述、征虜司馬甄季之，擊破希等，仍帥眾(二一)進屯白帝(二二)(二三)。

劉裕從徐兗二州刺史安成王桓脩入朝，玄謂王謐曰：「裕風骨不常(二四)，蓋人傑也。」每遊集，必引接殷勤，贈賜甚厚。玄后劉氏有智鑒(二五)，謂玄曰：「劉裕龍行虎步(二六)，視瞻不凡(二七)，恐終不為人下(二八)，不如早除之。」玄曰：「我方平蕩中原(二九)，非裕莫可用者，俟關河平定，然後別議〔三〇〕之耳〔三一〕。」玄以桓弘為青州刺史，鎮廣陵，刁逵為豫州刺史，鎮歷陽，弘，脩之弟，逵，彝之子也。

劉裕與何無忌同舟還京口，密謀興復晉室，劉邁弟毅家於京口，亦與無忌謀討玄。無忌曰：「桓氏彊盛，其可圖乎！」毅曰：「天下自有彊弱，苟為失道，雖彊易弱，正患事主〔三二〕難得耳。」無忌曰：「天下草澤之中，非無英雄也。」毅曰：「所見唯有劉下邳〔三三〕。」無忌笑而不答，還以告裕，遂與毅定謀〔三四〕。

初，太原王元德及弟仲德，為苻氏起兵攻燕主垂〔三五〕，不克來犇，朝廷以元德為弘農太守。仲德見桓玄稱帝，謂人曰：「自古革命，誠非一族〔三六〕，然今之起者，恐不足以成大事。」平昌孟昶為青州主簿，桓弘使昶至建康，玄見而悅之，謂劉邁曰：「素士〔三七〕中得一尚書郎，卿與其州里〔三八〕，寧相識否？」邁素與昶不善，對曰：「臣在京口，不聞昶有異能，唯聞父子紛紛〔三九〕，更相贈詩耳。」玄笑而止。昶聞而恨之，既還京口，裕謂昶曰：「草間當有英雄起，卿頗聞乎？」昶曰：「今日英雄有誰，正當是卿耳。」於是裕、毅、無忌、元德、仲德、昶、及裕弟道規、任城魏詠之、高平檀憑之、琅邪諸葛長民、河內太守隴西辛扈興、振威將軍東莞(四〇)童厚之，相與合謀起兵。道規為桓弘中兵參軍，裕使毅就道規及昶，於江北共殺弘，據廣陵，長民為刁逵參軍，使長民殺逵，據歷陽，元德、扈興、厚之在建康，使之聚眾攻玄，為內應，刻期(四一)齊發(四二)。孟昶妻周氏富於財，昶謂之曰：「劉邁毀(四三)我於桓公，使我一生淪陷，我決當作賊，卿幸早離絕，脫(四四)得富貴，相迎不晚也。」周氏曰：「君父母在堂，欲建非常之謀，豈婦人所能諫，事之不成，當於奚官(四五)中奉養大家(四六)(四七)，義無歸志也(四八)。」昶愴(四九)然久之而起，周氏追昶坐曰(五〇)：「觀君舉措，非謀及婦人者(五一)，不過欲得財物耳。」因指懷中兒示之(五二)曰：「此而可賣，亦當不惜(五三)。」遂傾貲(五四)以給之。昶弟顗妻，周氏之從妹也，周氏紿(五五)之曰：「昨夜夢殊不祥，門內絳色物，宜悉取以為厭勝(五六)。」妹信而與之，遂盡縫以為軍士袍(五七)。何無忌夜於屏風裏草檄文(五八)，其母劉牢之姊也，登櫈密窺之，泣曰：「吾不及東海呂母(五九)明矣。汝能如此，吾復何恨(六〇)！」

問所與同謀者，曰：「劉裕。」毋尤喜，因為言玄必敗，舉事必成之理，以勸之[六一]。

乙卯，裕託以遊獵[六二]，與無忌收合徒眾，得百餘人，丙辰詰旦[六三]，京口城開，無忌著傳詔服[六四]，稱敕使，居前，徒眾隨之，齊入，即斬桓脩以狥。脩司馬刁弘帥文武佐吏來赴[六五]，裕登城謂之曰：「郭江州已奉乘輿[六六]，返正[六七]於尋陽，我等並被密詔，誅除逆黨，今日賊玄之首，已當梟於大航矣[六八]。諸君非大晉之臣乎！今來欲何為？」弘等信之，收眾而退[六九]。

裕問無忌曰：「今急須一府主簿[七〇]，何由得之？」無忌曰：「無過劉道民。」道民者，東莞劉穆之也[七一]。裕曰：「吾亦識之。」即馳信[七二]召焉。時穆之聞京口讙譟聲，晨起出陌頭[七三]，屬與信會，穆之直視，不言者久之，既而返室，壞布裳為袴[七四]，往見裕。裕曰：「始舉大義，方造艱難[七五]，須一軍吏甚急，卿謂誰堪其選[七六]？」穆之曰：「貴府始建，軍吏實須其才，倉猝之際[七七]，略當無見踰者[七八]。」裕笑曰：「卿能自屈[七九]，吾事濟矣。」即於坐署主簿[八〇]。

孟昶勸桓弘其日出獵，天未明，開門出獵人，昶與劉毅、劉道規帥壯士數十人直入，弘方噉粥（八二），即斬之，因收眾濟江（八三）。裕使毅誅刁弘。先是，裕遣同謀周安穆入建康報劉邁，邁雖酬許（八四），意甚惶懼，安穆慮事泄，乃馳歸，玄以邁為竟陵太守，邁欲亟（八五）之郡，是夜，玄與邁書曰：「北府人情云何（八六）？卿近見劉裕何所道（八七）？」邁謂玄已知其謀，晨起白之（八八），玄大驚，封邁為重安侯，既而嫌（八九）邁不執安穆，使得逃去，乃殺之。悉誅（九〇）元德、扈興、厚之等（九一）。眾推劉裕為盟主，摠督徐州事，以孟昶為長史守京口，檀憑之為司馬。彭城人應募者，裕悉使郡主簿劉鍾統之。丁巳，裕帥二州之眾千七百人，軍於竹里，移檄遠近，聲言：「益州刺史毛璩，已定荊楚，江州刺史郭昶之奉迎主上，返正於尋陽，鎮北參軍王元德等，並帥部曲，保據石頭，揚武將軍諸葛長民已據歷陽（九二）。」玄移還上宮（九三），召侍官皆入止省中（九四），加揚州刺史新野王桓謙征討都督，以殷仲文代桓脩為徐兗二州刺史（九五）。

謙等請亟遣兵擊裕，玄曰：「彼兵銳甚，計出萬死（九六），若有蹉跌(九七)，則彼氣成而吾事去矣(九八)。不如屯大眾於覆舟山(九九)，以待之。彼空行二百里，無所得，銳氣已挫，忽見大軍必驚愕(一〇〇)，我案兵(一〇一)堅陣，勿與交鋒，彼求戰不得，自然散走，此策之上也。」謙等固請擊之，乃遣頓丘太守吳甫之、右衞將軍皇甫敷，相繼北上(一〇二)。玄憂懼特甚(一〇三)，或曰：「裕等烏合微弱，勢必無成(一〇四)，陛下何慮之深！」玄曰：「劉裕足為(一〇五)一世之雄，劉毅家無擔石之儲(一〇六)，摴蒲一擲百萬(一〇七)，何無忌酷似其舅(一〇八)，共舉大事，何謂無成(一〇九)！」

(二)南涼王傉檀畏秦之彊，乃去年號(一一〇)，罷尚書丞郎官(一一一)，遣參軍關尚使于秦。秦王興曰：「車騎獻款稱藩(一一二)，而擅興兵造大城，豈為臣之道乎！」尚曰：「王公設險，以守其國，先王之制也。車騎僻在遐藩(一一三)，密邇(一一四)勍寇，蓋為國家重門之防(一一五)，不圖陛下忽以為嫌。」興善之。傉檀求領涼州，興不許(一一六)。

(三)初，袁真殺朱憲(一一七)，憲弟綽逃奔桓溫，溫克壽陽，綽輒發(一一八)真棺，戮其尸，溫怒將殺之，桓沖請而免之，綽事沖如父，沖薨，綽嘔血而卒。劉裕克京口，以綽子齡石為建武參軍(一一九)。三月，戊午朔，裕軍與吳甫之遇於江乘⑳，將戰，齡石言於裕曰：「齡石世受桓氏厚恩，不欲以兵刃相向㉑，乞在軍後。」裕義而許之㉒。甫之，玄驍將也，其兵甚銳㉓，裕手執長刀，大呼以衝之，眾皆披靡㉔，即斬甫之，進至羅落橋，皇甫敷帥數千人逆戰，寧遠將軍檀憑之敗死，裕進戰彌厲㉕㉖，敷圍之數重，裕倚大樹挺戰㉗，敷曰：「汝欲作何死。」拔戟將刺之，裕瞋目㉘叱之，敷辟易㉙。裕黨俄至，射敷，中額而踣㉚，裕援刀㉛直進，敷曰：「君有天命㉜，以子孫為託。」裕斬之，厚撫其孤㉝。裕以檀憑之所領兵配參軍檀祗，祗，憑之之從子也。

玄聞二將死，大懼，召諸道術人㉞推筭，及為厭勝㉟，問羣臣曰：「朕其敗乎！」吏部郎曹靖之對曰：「民怨神怒，臣實懼焉。」玄曰：「民或可怨，神何為怒？」對曰：「晉氏宗廟，飄泊江濱㊱，大楚之祭，上不及祖㊲，此其所以怒也。」玄曰：「卿何不諫？」對曰：「輦上君子㊳，皆以為堯舜之世㊴，臣何敢言！」玄默然，使桓謙及游擊將軍何澹之屯東陵㊵，侍中後將軍卞範之屯覆舟山西，眾合二萬(四一)，己未，裕軍食畢，悉棄其餘糧，進至覆舟山東，使羸弱登山，張旗幟(四二)為疑兵，數道並前，布滿山谷。玄偵候者還，云：「裕軍四塞(四三)，不知多少。」玄益憂恐，遣武衞將軍庾賾之，帥精卒(四四)副援(四五)諸軍(四六)，謙等士卒多北府人，素畏伏裕，莫有鬬志，裕與劉毅等分為數隊，進突(四七)謙陳，裕以身先之，將士皆殊死戰(四八)，無不一當百，呼聲動天地，時東北風急，因縱火焚之，煙炎熛天(四九)，鼓譟之音，震動京邑，謙等諸軍大潰。玄時雖遣軍拒裕，而走意已決，潛使領軍將軍殷仲文具舟於石頭(五〇)，聞謙等敗，帥親信數千人，聲言赴戰，遂將其子昇、兄子濬，出南掖門(五一)(五二)，遇前相國參軍胡藩，執馬鞚(五三)諫曰：「今羽林射手(五四)，猶有八百，皆是義故西人(五五)，受累世之恩，不驅令一戰，一旦捨此，欲安之乎？」玄不對，但舉策(五六)指天(五七)，因鞭馬而走，西趨石頭，與仲文等浮江南走，經日不食，左右進粗飯，玄咽不能下，昇抱其胷而撫之，玄悲不自勝(五八)。

裕入建康，王仲德抱元德子方回出候裕，裕於馬上抱方回，與仲德對哭，追贈元德給事中(五九)，以仲德為中兵參軍。裕止桓謙故營，遣劉鍾據東府。庚申，裕屯石頭城，立留臺百官(六〇)，焚桓溫神主於宣陽門外，造晉新主，納於太廟。遣諸將追玄，尚書王嘏帥百官奉迎乘輿(六一)，誅玄宗族在建康者(六二)。裕使臧熹入宮，收圖書器物，封閉府庫，有金飾樂器(六三)。裕問熹：「卿得無欲此乎(六四)？」熹正色曰：「皇上幽逼(六五)，播越(六六)非所，將軍首建大義，劬勞(六七)王家(六八)，雖復不肖，實無情於樂(六九)。」裕笑曰：「聊以戲卿耳(七〇)。」熹，燾之弟也。壬戌，玄司徒王謐與眾議推裕領揚州，裕固辭，乃以謐為侍中、領司徒、揚州刺史、錄尚書事，謐推裕為使持節、都督揚、徐、兗、豫、青、冀、幽、并八州諸軍事、徐州刺史，劉毅為青州刺史，何無忌為琅邪內史，孟昶為丹楊尹，劉道規為義昌太守。裕始至建康，諸大處分(七一)，皆委於(七二)劉穆之，倉猝立定，無不允愜(七三)，裕遂託以腹心，動止諮焉(七四)，穆之亦竭節(七五)盡誠，無所遺隱(七六)。時晉政寬弛(七七)，綱紀不立(七八)，豪族陵縱(七九)，小民(八〇)窮蹙，重以(八一)司馬元顯，政令違舛(八二)，桓玄雖欲釐整(八三)，而科條(八四)繁密，眾莫之從，穆之斟酌時宜(一五)，隨方矯正(一六)(一七)。裕以身範物(一八)，先以威禁內外(一九)，百官皆肅然奉職，不盈旬日，風俗頓改(二〇)(二一)。

初，諸葛長民至豫州，失期不得發(二二)，刁逵執長民，檻車(二三)送桓玄，至當利而玄敗，送人共破檻出長民，還趣歷陽，逵棄城走，為其下所執，斬於石頭，子姪無少長皆死，唯赦其季弟給事中騁(二四)。逵故吏匿其弟子雍(二五)，送洛陽，秦王興以為太子中庶子。裕以魏詠之為豫州刺史，鎮歷陽，諸葛長民為宣城內史。

初，裕名微位薄，輕狡無行(二六)，盛流(二七)皆不與相知(二八)，惟王謐獨奇貴之(二九)，謂裕曰：「卿當為一代英雄。」裕嘗與刁逵摴蒱，不時輸直(三〇)，逵縛之馬柳(三一)(三二)，謐見之，責逵而釋之，代之還直，由是裕深憾逵而德謐。蕭方等曰(三三)：「夫蛟龍潛伏，魚鰕褻之(三四)，是以漢高赦雍齒(三五)，魏武免梁鵠(三六)，安可以布衣之嫌(三七)，而成萬乘之隙(三八)也。今王謐為公，刁逵亡族(三九)，醻恩(四〇)報怨，何其狹哉(四一)。」

【今註】㊀追尊：追封尊號。㊁敬其父則子悅：《孝經》載孔子之言。㊂禮、太祖東向，左昭右穆：胡三省曰：「禮、天子七廟，太祖正東向之位，左三昭，右三穆。決疑要錄曰：『父南面，故曰昭。昭，明也；子北面，故曰穆。穆，順也。』」㈣果：果真。㈤濤水入石頭，流殺人甚多：按〈桓玄傳〉：「夜濤水入石頭，大桁流壞，殺人甚多。」一是流乃指大桁而言，殺人亦為大桁，流字當添書作大桁流壞。如此，方與事實相符。㈥奴輩作矣：謂奴輩欲作亂矣。㈦苛細：苛刻瑣細。㈧矜伐：矜持誇伐。㈨一字不體：謂字之上下偏傍，不合體也。㈩片辭之謬：謂一字之誤。⑪糾擿：糾正指擿。⑫關署：關，通；署，簽字。謂凡經手通轉而簽署於其上者。⑬手注直官：手注，謂親下手條指派，直官，入直之官。⑭自用令史：令史本為尚書令或尚書僕射所署用，而今竟自用之。⑮紀綱不治：紀綱本指僕人，此謂吏員，謂員吏不治案牘。⑯繕：脩治。⑰騷然：騷擾。⑱桓玄立其妻劉氏為皇后……朝野騷然，思亂者眾：按此一大段，雖本於〈桓玄傳〉，而改易及增益之處頗多。⑲三巴：巴郡、巴東、巴西。⑳列玄罪狀：條列玄之罪狀。㉑仍帥眾：謂因帥眾。㉒白帝：在今四川省奉節縣東。㉓玄遣使加益州刺史毛璩……進屯白帝：按此段乃錄自〈毛寶附璩傳〉，字句幾全相同。㉔裕風骨不常：劉裕風神骨法，與尋常人士不同。㉕有智鑒：有智慧及人倫之鑒。㉖龍行虎步：步履如龍虎之行走。㉗視瞻不凡：目睛視瞻，不同凡人。㉘不為人下：不為人下之人。㉙我方蕩平中原：《宋書・武帝紀》上，方下多一欲字，較符事理。㉚別議：另行商議。㉛劉裕從徐兗二州刺史安成王桓脩入朝……然後別議之耳：按此段乃錄自《宋書・武帝紀》上，字句幾全相同。㉜事主：舉事之首領。㉝劉下邳：裕先領下邳太守，故以此稱之。㉞劉裕與何無忌同舟還京口……遂與毅定謀：按此段乃錄自〈何無忌傳〉，字句幾全相同。㉟初太原王元德及弟仲德為苻氏起兵，攻燕主垂：胡三省曰：「王叡字元德，王懿字仲德，名犯宣元二帝諱，故以字行。仲德為燕所敗，渡河依段遼，自遼所來奔。」㊱一族：猶一類。㊲素士：儒素之士，起於白屋者。㊳與其州里：謂與其同州里。州里猶鄉里，為六朝之通用語。胡三省曰：「孟昶，平昌人，平昌郡屬青州。劉邁彭城沛人，彭城屬徐州。蓋二人並僑居京口，故謂之同州里。」㊴紛紛：猶頻繁。㊵莞：音官。㊶刻期：約定日期。㊷於是裕、毅、無忌……刻期齊發：按此段乃錄自《宋書・武帝紀》上，字句幾全相同。㊸毀：毀謗。㊹脫：假設辭，猶萬一，說已見上。㊺奚官：《周禮・天官・序官》：「酒人奚三百人。」注：「古者從坐男女沒入縣官為奴，其少才知以為奚，今之侍史官婢，或曰奚宦女。」㊻大家：胡三省曰：「晉宋間子婦稱其姑曰大家。考南史孝義孫棘傳可見。」㊼事之不成，當於奚官中，奉養大家：謂事若敗，沒為官婢，當於奚官中養姑。㊽義無歸志也：謂按諸道理，決不存歸去之意。㊾愴：傷悲，音瘡。㊿追昶坐曰：追昶回，使之坐下而曰。(51)非謀及婦人者：謂非欲與婦人相謀。(52)因指懷中兒示之，按〈列女孟昶妻周氏傳〉作：「時其所生女在抱，推而示之曰。」是懷中兒實係一女嬰。然《通鑑》所以改書兒者，以孩兒與子，乃兼指男女而言，故遂改作兒耳。(53)此而可賣，亦當不惜：按〈孟昶妻周氏傳〉，亦當不惜下有「況資財乎」四字。文意較足，應從添。(54)傾貲：傾盡其貲。(55)紿：欺詐，音殆。(56)厭勝：謂以呪詛厭伏之。(57)孟昶妻周氏富於財……遂盡縫以為軍士袍：按此段乃錄自〈列女孟昶妻周氏傳〉，字句大致相同。(58)草檄文：撰檄文之草稿。(59)東海呂母：呂母事見卷三十八王莽天鳳四年。(60)復何恨：謂尚有何恨。(61)何無忌夜於屏風裏草檄文……舉事必成之理，以勸之：按此段乃錄自〈列女何無忌母劉氏傳〉，字句大致相同。(六二)裕託以遊獵：裕以遊獵為借辭。(六三)詰旦：平旦。(六四)著傳詔服：著傳詔之服，則可稱敕使。(六五)來赴：謂來赴難也，亦即欲來平反者。(六六)郭江州已奉乘輿：郭江州謂郭昶之。乘輿指天子言。(六七)返正：返歸正位。(六八)當梟於大航矣：大航謂朱雀航。俗稱朱雀航為大航。〈楊佺期傳〉：「佺期與兄廣俱死之，傳首京都，梟於朱雀門。」是江左梟首，皆在朱雀門也。此航以在朱雀門旁，故名曰朱雀航。全句謂玄頭已懸挂於大航矣。(六九)裕託以遊獵……弘等信之，收眾而退：按此段乃錄自《宋書．武帝紀》上，字句幾全相同。(七〇)府主簿：《宋書．百官志》下刺史條：「主簿一人，錄閤下眾事，省署文書。」(七一)道民者，東莞劉穆之也：按《宋書．劉穆之傳》：「穆之字道和，小字道民。」是道民乃穆之之小名（小字即小名之謂，六朝此類例證甚多。）又晉陵有南東莞郡，故穆之居京口。(七二)信：使者。(七三)陌頭：街頭。(七四)壞布裳為袴：袴脛衣《晉書．輿服志》：「袴褶之制，未詳所起，近世以為戎服。」(七五)方造艱難：謂造事之初，事事艱難。(七六)誰堪其選：誰能當其選。(七七)際：間。(七八)略當無見踰者：謂大略當無相踰過者。(七九)卿能自屈：猶卿肯屈就。(八〇)署主簿：署任之為主簿。(八一)裕問無忌曰，今急須一府主簿……即於坐署主簿：按此段乃錄自《宋書．劉穆之傳》，字句幾全相同。(八二)噉粥：食粥。(八三)濟江：渡江。(八四)酬許：謂其允許，不過應酬而已，而實無誠意。(八五)亟：猶急。(八六)人情云何：謂人情如何。云何意為如何，說已見上。(八七)何所道：何所言。(八八)白：告。(八九)嫌：惡。(九〇)悉誅：盡誅。(九一)孟昶勸桓弘其日出獵……悉誅元德、扈興、厚之等：按此段乃錄自《宋書．武帝紀》上，字句大致相同。(九二)眾推劉裕為盟主……諸葛長民已據歷陽：按此段乃錄自《宋書・武帝紀》上，字句大致相同。(九三)玄移還上宮：玄始遷東宮，今以裕起，移還上宮。(九四)召侍官皆入止省中：侍官指自侍中下至黃散之屬；止，居止；省中，尚書省中。(九五)玄移還上宮……以殷仲文代桓脩為徐兗二州刺史：按此段乃錄自〈桓玄傳〉，字句大致相同。(九六)計出萬死：謂已下定決心，誓死不回。(九七)蹉跌：喻意外之失誤，蹉音磋。(九八)吾事去矣：《宋書・武帝紀》作：「吾事敗矣。」可相互為釋。(九九)覆舟山：成帝咸康八年於覆舟山南立北郊，山蓋在建康城北。形如覆舟，故名。(一〇〇)愕：倉卒驚遽貌。(一〇一)案兵：同按兵，不動也。(一〇二)北上：自建康趣京口為北上。(一〇三)特甚：謂特別厲害。(一〇四)勢必無成：在形勢上，必不能成功。(一〇五)足為：加重語，謂足可算是。(一〇六)無擔石之儲：擔同儋，儲無儋石，喻貧窮之至也。(一〇七)摴蒱一擲百萬：賭博時一輸百萬錢，極言其豪爽弘闊而疏於財貨。(一〇八)酷似其舅：其舅謂劉牢之。酷似，甚似。(一〇九)謙等請亟遣兵擊裕……共舉大事，何謂無成：按此段乃錄自《宋書・武帝紀》上，字句幾全相同。(一一〇)乃去年號：元興元年傉檀改元弘昌。(一一一)罷尚書丞郎官：指尚書左右丞，及尚書郎諸官。(一一二)車騎獻款稱藩：興拜傉檀為車騎將軍，故以此稱之。稱藩，自稱藩屬。(一一三)僻在遐藩：偏僻而居於遙遠之藩國。(一一四)密邇：猶緊鄰。(一一五)重門之防：謂多道關門之防衛。(一一六)南涼王傉檀畏秦之彊……求領涼州，興不許：按此段乃錄自〈禿髮傉檀載記〉，字句大致相同。(一一七)初袁真殺朱憲：見卷一百二海西公太和五年。(一一八)輒發：謂未請求允許，而就發之也。(一一九)為建武參軍：裕本為建武將軍，以齡石參軍事。(一二〇)江乘：胡三省曰：「江乘，漢舊縣，屬丹楊郡。成帝咸康元年，桓溫領琅琊太守，鎮江乘之蒲州，奏割丹楊之江乘，立南琅琊郡，江乘縣屬焉」。㉑齡石世受桓氏厚恩，不欲以兵刃相向：按《宋書・朱齡石傳》，不欲作不容，較符事理，當改從之。㉒初袁真殺朱憙……乞在軍後，裕義而許之：按此段乃錄自《宋書・朱齡石傳》，字句大致相同。核此段乃專在敍述齡石父輩與桓氏之關係，及其義不討桓之意見。然此事皆與大局無關，則似可不必縷述，而從刪削。蓋若諸重要人物，於其瑣事備加載述，則其卷帙不將汗牛充棟乎！㉓其兵甚銳：其兵士甚銳厲。㉔披靡：謂兵士潰敗。㉕彌厲：愈為奮厲。㉖甫之，玄驍將也……裕進戰彌厲：按此段乃錄自《宋書・武帝紀》上，字句幾全相同。㉗挺戰：挺身獨戰。㉘瞋目：張目，音ㄔㄣ。㉙辟易：驚退。㉚踣：仆，音ㄅㄛˊ。㉛援刀：持刀。㉜君有天命：意謂君將必大富貴。㉝孤：遺孤。㉞道術人：即方術之士。㉟推筭及為厭勝：推算吉凶，及為厭伏之術。㊱晉氏宗廟，飄泊江濱：謂遷晉宗廟主於琅琊國，尋又隨帝上尋陽也。㊲大楚之祭，上不及祖：謂止祭桓溫於太廟。㊳輦上君子：謂陪乘於君王車上之諸大臣。㊴皆以為堯舜之世：皆歌頌桓玄執政，宛似逢遇堯舜之世。㊵東陵：東陵在建康覆舟山東北。㊶玄聞二將死，大懼……屯覆舟山西，眾合二萬：按此段乃錄自〈桓玄傳〉，字句幾全相同。㊷張旗幟：設旗幟。㊸四塞：四方皆已塞滿。㊹遣武衛將軍庾賾之帥精卒：按《宋書・武帝紀》上作玄遣武騎將軍庾禕之。《通鑑》則從〈桓玄傳〉文，惟賾之則作賾之，三書俱不相同。㊺副援：謂作補充及援助。㊻使羸弱登山……帥精卒副援諸軍：按此段乃錄自〈桓玄傳〉，字句大致相同。㊼進突：向前衝突。㊽殊死戰：謂拚命作戰。㊾煙炎標天：炎讀曰燄，標、火飛，音標。

(五〇)裕進突謙陳……潛使領軍將軍殷仲文具舟於石頭：按此段乃錄自《宋書・武帝紀》上，字句大致相同。(五一)南掖門：建康宮城南門之名，見於書記者，有東掖門，西掖門，是宮城當有四門，俱以掖為稱也。(五二)聞謙等敗……出南掖門：按此段乃錄自〈桓玄傳〉，字句大致相同。(五三)馬鞚：馬勒，音控。(五四)羽林射手：漢有羽林郎，東漢以來，歷代皆置羽林監，謂羽林軍中之射手。(五五)義故西人：桓氏世居荊楚，西人皆其義舊。(五六)策：馬鞭。(五七)出南掖門遇前相國參軍胡藩……但舉策指天：按此段乃錄自《宋書・胡藩傳》，字句大致相同。(五八)玄不對，但舉策指天……玄悲不自勝：按此段乃錄自〈桓玄傳〉，字句大致相同。(五九)追贈元德給事中：《宋書・百官志》下：「給事中無員，漢西京置，掌顧問應對，位次中常侍。漢東京省，魏世復置。」又云：「給事中第五品。」(六〇)立留臺百官：立留臺，立留尚書臺，百官，〈桓玄傳〉及《宋書・武帝紀》，上皆有一總字，當從添。(六一)乘輿：謂天子。(六二)裕屯石頭城……誅玄宗族在建康者：按此段乃錄自《宋書・武帝紀》上，字句大致相同。(六三)有金飾樂器：樂器以黃金為飾。(六四)卿得無欲此乎：謂卿不欲此乎，得為語助，無意。(六五)幽逼：幽囚逼脅。(六六)播越：播遷遠方。(六七)劬勞：勞苦，音衢。(六八)王家：即王室。(六九)實無情於樂：實無心情尋樂。(七〇)裕使臧熹入宮……聊以戲卿耳：按此段乃錄自《宋書・臧質傳》，字句完全相同。(七一)諸大處分：諸重要處置之事。(七二)委於：任於。(七三)允愜：允當稱意，音篋。(七四)動止諮焉：或動或止，皆諮詢之。(七五)竭節：竭躬。(七六)遺隱：遺漏隱藏。(七七)寬弛：寬鬆放弛。(七八)綱紀不立：猶無有紀綱，亦即無有法律。(七九)豪族陵縱：《宋書・劉穆之傳》作：「盛族豪右，負勢陵縱。」陵縱，謂陵暴縱恣。

(八〇)小民：謂平民。(八一)重以：加以。(八二)違舛：違悖乖舛，音喘。(八三)釐整：釐正整理。(八四)科條：謂法律條款。(八五)時宜：當時之所宜者。(八六)隨方矯正：隨宜改正。(八七)裕始至建康諸大處分……隨方矯正：按此段乃錄自《宋書・劉穆之傳》，字句大致相同。(八八)以身範物：以身作則，為民之模範。(八九)先以威禁內外：首以威嚴戒禁內外。(九〇)頓改：謂立改。(九一)裕以身範物……風俗頓改：按此段乃錄自《宋書・武帝紀》上，字句幾全相同。(九二)初諸葛長民至豫州，失期不得發：按上文言：「使長民殺逵據歷陽。」是失期不得發，乃言過期而仍不得動作。後竟為刁逵所覺，遂執囚檻車，以送於玄。(九三)檻車：《釋名・釋車》：「檻車，車上施欄干以格猛獸，以囚禁罪人之車也。」(九四)刁逵執長民……唯赦其季弟給事中騁：按此段乃錄自〈刁協附逵傳〉，字句幾全相同。(九五)逵故吏匿其弟子雍：逵弟名暢，刁雍，《魏書》有傳。(九六)裕輕狡無行：按此乃《魏書・刁雍傳》語。(九七)盛流：謂當時貴盛之流。(九八)皆不與相知：謂皆不與相交。(九九)初裕名微位薄……惟王謐獨奇貴之：按此段乃錄自《宋書・武帝紀》上，字句大致相同。(一〇〇)不時輸直：摴蒲不勝，而不即納其所負之直。(一〇一)馬柳：繫馬之柳木。(一〇二)裕嘗與刁逵摴蒲，不時輸直，逵縛之馬柳：按《魏書・刁雍傳》述此事云：「初暢兄逵以劉裕輕狡薄行，負社錢三萬，違時不還，執而徵焉。及裕誅桓玄，以嫌故先誅刁氏。」說不相同。《通鑑》此段不見《宋書・武帝紀》，未知其何所依據而以入錄。(一〇三)蕭方等曰：胡三省曰：「蕭方等梁元帝之嫡長子，撰三十國春秋。」是此論乃自《三十國春秋》移錄而來。(一〇四)褻之：玩褻之。(一〇五)漢高赦雍齒：雍齒事見卷十一漢高帝十一年。(一〇六)魏武免梁鵠：胡三省曰：「漢靈帝時，梁鵠為選部尚書，魏武欲為洛陽令，鵠以為比部尉。董卓之亂，鵠奔劉表，魏武破荊州，鵠懼而自縛詣門，使在秘書，以勤書自效。」㉗布衣之嫌：貧賤時之嫌隙。㉘而成萬乘之隙：而成為天子時所懷之釁隙。㉙亡族：宗族誅夷。㉚讎恩：讎或作酬。原謂主人自飲酒畢，復酌以進客，此則為酬報之意。㉛何其狹哉：襟度何其狹隘！

㈠尚書左僕射王愉及子荊州刺史綏謀襲裕，事泄，族誅，綏弟子慧龍，為僧彬所匿得免㉜。

㈡魏以中土㉝蕭條，詔縣戶不滿百者罷之。

㈢丁卯，劉裕還鎮東府。

㈣桓玄至尋陽，郭昶之給其器用兵力，辛未，玄逼帝西上，劉毅帥何無忌、劉道規等諸軍追之，玄留龍驤將軍何澹之、前將軍郭銓、與郭昶之守湓口，玄於道自作起居注㉞，敍討劉裕事，自謂經略㉟舉無遺策㊱，諸軍違節度㊲，以致犇敗，專覃㊳思著述，不暇與羣下議時事，起居注既成，宣示㊴遠近㊵。

㈤丙戌，劉裕稱受帝密詔，以武陵王遵承制摠百官，行事，加侍中大將軍，因大赦，惟桓玄一族不宥㊶。

㈥劉敬宣、高雅之結青州大姓㉜，及鮮卑豪帥，謀殺南燕主備德，推司馬休之為主。備德以劉軌為司空，甚寵信之，雅之欲邀㉝軌同謀。敬宣曰：「劉公衰老，有安齊之志㉞，不可告也。」雅之卒告之，軌不從，謀頗泄，敬宣等南走，南燕人收軌殺之㉟，追及雅之，又殺之，敬宣、休之至淮泗間，聞桓玄敗，遂來歸，劉裕以敬宣為晉陵太守㊱。

㈦南燕主備德聞桓玄敗，命北地王鍾等將兵欲取江南，會備德有疾而止。

㈧夏，四月，己丑，武陵王遵入居東宮，內外畢敬㊲，遷除百官㊳稱制書，教稱令書㊴㊵，以司馬休之監荊、益、梁、寧、秦、雍六州諸軍事、領荊州刺史。庚寅，桓玄挾帝至江陵，桓石康納之，玄更署置百官，以卞範之為尚書僕射，自以犇敗之後，恐威令不行，乃更增峻刑罰，眾益離怨㊶。殷仲文諫，玄怒曰：「今以諸將失律㊷，天文不利，故還都舊楚，而羣小紛紛，妄興異議㊸，方當糾之以猛，未可施之以寬也。」荊江諸郡聞玄播越，有上表犇問起居者(三四)，玄皆不受(三五)，更令所在賀遷新都(三六)。初，王謐為玄佐命元臣(三七)，玄之受禪，謐手解(三八)帝璽綬，及玄敗，眾謂謐宜誅，劉裕特保全之。劉毅嘗因朝會，問謐璽綬所在(三九)，謐內不自安，逃犇曲阿，裕牋白(四〇)武陵王，迎還復位(四一)(四二)。

(九)桓玄兄子歆引氐帥楊秋寇歷陽，魏詠之帥諸葛長民、劉敬宣、劉鍾共擊破之，斬楊秋於練固。玄使武衛將軍庾稚祖、江夏太守桓道恭帥數千人，就何澹之等，共守溢口(四三)。何無忌、劉道規至桑落洲(四四)，庚戌，澹之等引舟師逆戰，澹之常所乘舫，羽儀(四五)旗幟甚盛。無忌曰：「賊帥必不居此，欲詐我耳，宜亟攻之。」眾曰：「澹之不在其中，得之無益。」無忌曰：「今眾寡不敵，戰無全勝，澹之既不居此舫，戰士必弱，我以勁兵攻之，必得之，得之，則彼勢沮而我氣倍(四六)，因而薄(四七)之破賊必矣。」道規曰：「善。」遂往攻而得之，因傳呼(四八)曰：「已得何澹之矣。」澹之軍中驚擾，無忌之眾亦以為然，乘勝進攻澹之等，大破之。無忌等克溢口，進據尋陽，遣使奉送宗廟主祏(四九)還京師(五〇)。加劉裕都督江州諸軍事。桑落之戰，胡藩所乘艦，為官軍所燒，藩全鎧入水㉛，潛行三十許步㉜，乃得登岸。時江陵路已絕，乃還豫章，劉裕素聞㉝藩為人忠直，引參領軍軍事㉞。桓玄收集荊州兵，曾未三旬，有眾二萬，樓船器械甚盛。甲寅，玄復帥諸軍挾帝東下，以苻宏領梁州刺史，為前鋒，又使散騎常侍徐放先行，說劉裕等曰：「若能旋軍㉟散甲㊱，當與之更始㊲，各授位任，令不失分㊳㊴。」劉裕以諸葛長民都督淮北諸軍事，鎮山陽，以劉敬宣為江州刺史。

(十)柔然可汗社崙從弟悅代大郍㊵謀殺社崙，不克犇魏㊶。

(十一)燕王熙於龍騰苑起逍遙宮，連房數百，鑿曲光海，盛夏士卒不得休息，暍死㊷者太半㊸。西涼世子譚卒。

(十二)劉毅、何無忌、劉道規、下邳太守平昌孟懷玉，帥眾自尋陽西上，五月，癸酉，與桓玄遇於崢嶸洲㊹。毅等兵不滿萬人，而玄戰士數萬，眾憚之，欲退還尋陽。道規曰：「不可。彼眾我寡，彊弱異勢，今若畏懦不進，必為所乘㊺，雖至尋陽，豈能自固。玄雖竊名雄豪㊻，內實恇㊼怯，加之已經犇敗，眾無固心，決機兩陣[二八]，將雄者克[二九]，不在眾也。」因麾眾[三〇]先進，毅等從之[三一]，玄常漾舸於舫側[三二]，以備敗走，由是眾莫有鬭心，毅等乘風縱火，盡銳爭先，玄眾大潰，燒輜重夜遁。郭銓詣毅降，玄故將劉統、馮稚等，聚黨四百人，襲破尋陽城，毅遣建威將軍劉懷肅討平之，懷肅、懷敬之弟也。玄挾帝單舸西走，留永安何皇后及王皇后於巴陵[三三]。殷仲文時在玄艦，求出別船，收集散卒，因叛玄，奉二后犇夏口[三四]，遂還建康。己卯，玄與帝入江陵，馮該勸使更下戰[三五]，玄不從，欲犇漢中就桓希，而人情乖沮[三六]，號令不行。庚辰夜中，處分欲發[三七]，城內已亂，乃與親近腹心百餘人，乘馬出城西，走至城門，左右於闇中斫玄，不中，其徒更相殺害[三八]，前後交橫[三九]，玄僅得至船，左右分散，惟卞範之在側。辛巳，荊州別駕王康產奉帝入南郡府舍，太守王騰之帥文武為侍衛。玄將之漢中，屯騎校尉毛脩之，璩之弟子也，誘玄入蜀，玄從之。寧州刺史毛璠，璩之弟也，卒於官，璩使其兄孫祐之及參軍費恬，帥數百人送璠喪歸江陵。壬午，遇玄於枚回洲[四〇]，祐之、恬迎擊玄，矢下如雨，玄嬖人丁仙期、萬蓋等以身蔽玄，皆死。益州督護漢嘉馮遷抽刀，前欲擊玄，玄拔頭上玉導（二六一）與之，曰：「汝何人，敢殺天子！」遷曰：「我殺天子之賊耳。」遂斬之，又斬桓石康、桓濬、庾賾之，執桓昇送江陵，斬於市（二六二），乘輿返正於江陵。以毛脩之為驍騎將軍。甲申，大赦，諸以畏逼從逆者（二六三），一無所問。戊寅，奉神主於太廟。劉毅等傳送玄首，梟於大桁。毅等既戰勝，以為大事已定，不急追躡（二六四），又遇風，船未能進，玄死幾一旬，諸軍猶未至。時桓謙匿於沮中（二六五），揚武將軍桓振匿於華容浦（二六六），玄故將王稚徽戍巴陵，遣人報振云：「桓歆已克京邑（二六七），馮稚復克尋陽，劉毅諸軍，並中路敗退（二六八）。」振大喜，聚黨得二百人，襲江陵，桓謙亦聚眾應之，閏月，己丑，復陷江陵（二六九），殺王康產、王騰之。振見帝於行宮，躍馬奮戈（二七〇），直至階下，問桓昇所在，聞其已死，瞋目謂帝曰：「臣門戶（二七一）何負國家，而屠滅若是！」琅邪王德文下牀謂曰：「此豈我兄弟意邪！」振欲殺帝，謙苦禁之，乃下馬歛容，致拜而出。壬辰，振為玄舉哀，立喪庭，謚曰武悼皇帝。癸巳，謙等帥羣臣奉璽綬於帝曰：「主上灋堯禪舜[252]，今楚祚不終[253]，百姓之心，復歸於晉矣。」以琅邪王德文領徐州刺史，振為都督八郡諸軍事、荊州刺史，謙復為侍中、衞將軍、加江豫二州刺史。帝侍御左右，皆振之腹心。振少薄行[254]，玄不以子姪齒之[255]，至是歎曰：「公昔不早用我，遂致此敗，若使公在，我為前鋒，天下不足定也。今獨作此，安歸乎[256]！」遂縱意酒色，肆行誅殺[257]，謙勸振引兵下戰，己守江陵。振素輕謙，不從其言。

劉毅至巴陵，誅王稚徽，何無忌、劉道規進攻桓謙於馬頭[258]，桓蔚於龍泉[259]，皆破之，蔚，祕之子也。無忌欲乘勝，直趣江陵，道規曰：「兵法，屈申有時，不可苟進。諸桓世居西楚，羣小[260]皆為竭力，振勇冠三軍，難與爭鋒，且可息兵養銳，徐以計策縻之，不憂不克。」無忌不從[261]，振逆戰於靈溪[262]，馮該以兵會之，無忌等大敗，死者千餘人，退還尋陽，與劉毅等上牋請罪。劉裕以毅節度諸軍，免其青州刺史。桓振以桓蔚為雍州刺史，鎮襄陽。柳約之、羅述、甄季之聞桓玄死，自白帝進軍至枝江，聞何無忌等敗於靈溪，亦引兵退，俄而遯、季之皆病約之，詣桓振偽降，欲謀襲振，事泄，振殺之。約之司馬時延祖、涪陵太守文處茂，收其餘眾保涪陵㉓。六月，毛璩遣將攻漢中，斬桓希，璩自領梁州。

(十三)秋，七月，戊申，永安皇后何氏崩。

(十四)燕苻昭儀有疾，龍城人王榮自言能療之，昭儀卒，燕王熙立榮於公車門㉔，支解而焚之。

(十五)八月，癸酉，葬穆章皇后於永平陵。

(十六)魏置六謁官，準古六卿㉕。

(十七)九月，刁騁謀反伏誅，刁氏遂亡。刁氏素富，奴客㉖縱橫㉗，專固山澤㉘，為京口之患，劉裕散其資蓄，令民稱力㉙而取之，彌日㉚不盡。時州郡饑弊㉛，民賴之以濟㉜。

(十八)乞伏乾歸及楊盛戰於竹嶺，為盛所敗。

西涼公暠立子歆為世子。

魏主珪臨昭陽殿，改補百官，引朝臣㉝文武，親加銓擇㉞，隨才授任，列爵四等，王封大郡，公封小郡，侯封大縣，伯封小縣㉟。

其品第一至第四，舊臣有功無爵者，追封之，宗室疏遠及異姓襲封者，降爵有差。又置散官五等，其品第五至第九，文官造士，才能秀異，武官堪為將帥者，其品亦比第五至第九，百官有闕，則取於其中以補之。其官名多不用漢魏之舊，倣上古龍官鳥官㉖，謂諸曹之使為鳧鴨，取其飛之迅疾也；謂候官伺察者為白鷺，取其延頸㉗遠望也，餘皆類此㉘。

(十九)盧循寇南海㉙，攻番禺㉚，廣州刺史濮陽吳隱之，拒守百餘日。冬，十月，壬戌，循夜襲城而陷之，燒府舍㉛民室俱盡，執吳隱之，循自稱平南將軍，攝廣州事，聚燒骨為共冢，葬於洲上，得髑髏㉜三萬餘枚。又使徐道覆攻始興㉝，執始興相阮腆之。劉裕領青州刺史。劉敬宣在尋陽，聚糧繕船㉞，未嘗無備，故何無忌等雖敗退，賴以復振。桓玄兄子亮自稱江州刺史，寇豫章，敬宣擊破之。劉毅、何無忌、劉道規復自尋陽西上至夏口，桓振遣鎮東將軍馮該守東岸，揚武將軍孟山圖據魯山城㉟，輔國將軍桓仙客㊱守偃月壘，眾合萬人，水陸相援，毅攻魯山城，道規攻偃月壘，無忌遏中流，自辰至午，二城俱潰，生禽山圖、仙客，該走石城㉗。

㈩辛巳，魏大赦，改元天賜，築西宮。十一月，魏主珪如西宮，命宗室置宗師，八國置大師、小師，州郡亦各置師，以辨宗黨，舉才行，如魏晉中正之職㉘。

㈪燕王熙與苻后遊畋，北登白鹿山，東踰青嶺，南臨滄海而還，士卒為虎狼所殺及凍死者，五千餘人㉙。

㈫十二月，劉毅等進克巴陵，毅號令嚴整，所過，百姓安悅，劉裕復以毅為兗州刺史。桓振以桓放之為益州刺史，屯西陵，文處茂擊破之，放之走還江陵㉚。

㈬高句麗侵燕。

㈭戊辰，魏主珪如豺山宮。

㈮是歲，晉民避亂，襁負㉛之淮北者，道路相屬㉜。

【今註】㉒綏弟子慧龍為僧彬所匿得免：按王慧龍《魏書》有傳，其為僧彬匿藏經過，本傳述之甚詳。㉓中土：中原。㉔起居注：杜佑《通典》：「周官有左右史，蓋今起居注之本。動則左史書之，言則右史書之，左史記言，右史記事。漢武帝有禁中起居注，後漢馬皇后撰明帝起居注，則漢起居注似在宮中，為女史之任。其後起居注皆近侍之臣錄記也，歷代有其職而無其官，後魏始置起居令史，每行幸宴會，則在御左右，起錄帝言，後又別置修起居注。」⑮經略：經綸謀略。⑯舉無遺策：謂所行之策皆無錯誤。⑰諸軍違節度：猶諸軍不聽命令指揮。⑱覃：深，廣。音潭。⑲宣示：佈示。⑳玄於道自作起居注……宣示遠近：按此段乃錄自〈桓玄傳〉，字句大致相同。㉑惟桓玄一族不宥：按〈安帝紀〉元興三年文作惟桓玄一祖之後不宥。蓋桓氏宗族繁盛，若言一族，則漫無所別，云一祖之後，則範圍至為明確。一祖之後四字，決不可改。㉒大姓：猶望族。㉓邀：請。㉔安齊之志：謂安於齊土，不思其他，亦即無大志也。㉕謀頗泄，敬宣等南走，南燕人收軌殺之：按《宋書・劉敬宣傳》作：「謀頗泄，相與殺軌而去。」說不相同，然以事理推之，當以《通鑑》文為長。㉖劉敬宣、高雅之結青州大姓……以敬宣為晉陵太守：按此段雖錄自《宋書・劉敬宣傳》，而改易處，較之《宋書》佳勝多多。㉗內外畢敬：謂內外臣子盡向之敬禮。㉘遷除百官：遷轉除拜百官。㉙教稱令書：教為公卿州將所下文之稱，今以攝政故而改稱令書。㉚武陵王遵入居東宮……教稱令書。按此段乃錄自〈元四王忠敬王遵傳〉，字句幾全相同。㉛離怨：攜離怨恨。㉜失律：失度，謂不聽指揮。㉝異議：奇異議論。㉞上表犇問起居者：上表馳聞玄起居安康情形。㉟不受：不收受此種表疏。㊱桓玄挾帝至江陵……更令所在賀遷新都：按此段乃錄自〈桓玄傳〉，字句大致相同。㊲元臣：首要大臣。㊳手解：親解。㊴劉毅嘗因朝會，問謐璽綬所在：劉毅之問，乃所以譏諷之也。㊵餞白：以餞告陳。㊶迎還復位：迎謐還復其原位。㊷初王謐為玄佐命元臣……迎還復位：

按此段乃錄自《宋書・武帝紀》上，字句幾全相同。(四三)湓口：今江西省九江縣治。音盆。(四四)桑落洲：在湓城東北大江中。(四五)羽儀：以羽等所為之儀仗。(四六)則彼勢沮而我氣倍：則彼氣勢沮喪而我氣燄倍增。(四七)薄：迫。(四八)傳呼：一一相傳而呼喊也。(四九)宗廟主祏：主，神主；祏，廟中藏木主石室。音石。(五〇)何無忌劉道規至桑落洲……遣使奉送宗廟主祏還京師：按此段乃錄自〈何無忌傳〉，字句大致相同，且稍有溢出。(五一)藩全鎧入水：藩著全鎧投入水中。(五二)三十許步：謂三十多步。(五三)素聞：平常早聞。(五四)桑落之戰胡藩所乘艦……引參領軍軍事：按此段乃錄自《宋書・胡藩傳》，字句大致相同。(五五)旋軍：還軍。(五六)散甲：謂將軍隊解散。(五七)更始：謂重新開始。(五八)令不失分：令不失其職分。(五九)桓玄收集荊州兵……令不失分：按此段乃錄自〈桓玄傳〉，字句大致相同。(六〇)郍：同那。《魏書・蠕蠕傳》作那。(六一)柔然可汗社崘從弟……不克犇魏：按此段乃錄自《魏書・蠕蠕傳》，字句大致相同。(六二)暍死：傷暑而死，音謁。(六三)燕王熙於龍騰苑起逍遙宮……暍死者太半：按此段乃錄自〈慕容熙載記〉，字句幾全相同。(六四)崢嶸洲：杜佑曰：「崢嶸洲，在鄂州武昌縣。」(六五)必為所乘：謂必為所乘勢而破。(六六)玄雖竊名雄豪：謂玄竊有雄豪之名。(六七)恇：怯，音匡。(六八)決機兩陣：於兩陣相對之下，決定敵我之機運。(六九)將雄者克：將帥雄武者勝。(七〇)麾眾：以旍旗指揮士眾。(七一)與桓玄遇於崢嶸洲……因麾眾先進，毅等從之：按此段乃錄自《宋書・臨川王道規傳》，字句幾全相同。(七二)漾舸於舫側：舫，並船；舸，《方言》：「南楚江湘，凡船大者謂之舸。」意謂常泊大船於隊船之旁。(七三)巴陵：在今湖南省岳陽縣。(七四)夏口：今湖北省武昌縣。(七五)更下戰：更東下作戰。(七六)乖沮：乖離沮喪。(37)處分欲發：謂安排欲發。(38)其徒更相殺害：其徒從更互相殺害。(39)前後交橫：謂尸體前後橫臥。(40)枚回洲：《水經注》：「江水逕江陵縣南，有洲曰枚回洲。」(41)頭上玉導：胡三省曰：「魏晉以來，冠幘有簪有導，至尊以玉為之。導，引也；所以引髮入冠幘之內也。」(42)玄常漾舸於舫側……執桓昇送江陵，斬於市：按此段乃錄自〈桓玄傳〉，字句大致相同。(43)以畏逼從逆者：謂以畏懼逼迫而隨從叛逆者。(44)追躡：謂追而躡其足也，亦即尾追不捨之意。(45)沮中：胡三省曰：「沿沮水上下為沮中，臨沮、上黃二縣皆其地。」(46)華容浦：華容在今湖北省監利縣西北。浦，〈桓彝附振傳〉作涌。《左傳》：「閻敖游涌而逸。」杜注：「涌水在南郡華容縣。」是浦當作涌。(47)王稚徽遣人報振云：「桓歆已克京邑」：按〈桓彝附振傳〉作：「桓欽已克京邑。」核《通鑑》上文有：「桓玄兄子歆引氐帥楊秋寇歷陽。」王稚徽所言者，正是此人此事，故《通鑑》不從振傳之文，而改作桓歆。由之可見《通鑑》修撰之審慎與正確矣。(48)並中路敗退：謂中途敗退。(49)時桓謙匿於沮中……己丑，復陷江陵：按此段乃錄自〈桓彝附振傳〉，字句幾全相同。(50)奮戈：謂將戈向上持之，以示欲動武也。(51)臣門戶：猶臣家。(52)主上灋堯禪舜：謂效法堯舜之禪讓，而將帝位禪於桓玄。(53)楚祚不終：楚國之祚祿不克貫徹。(54)振少薄行：桓振少年，行為不良。(55)不以子妷齒之：胡三省曰：「齒，列也；言不使預子姪之列。」(56)今獨作此，安歸乎：今獨作此事，將安所歸止乎。(57)謙等帥羣臣奉璽綬於帝……肆行誅殺：按此段乃錄自〈桓彝附振傳〉，字句大致相同，而稍有溢出。(58)馬頭：馬頭岸在大江南岸，北對江津口。(59)龍泉：《水經注》：「靈溪之東有龍陂，廣員二百餘步，水至淵深，有龍見於其中，故曰龍陂。」此從〈何無忌傳〉作龍泉。⑳羣小：羣臣小人。㉑無忌欲乘勝直趣江陵……無忌不從：按此段乃錄自《宋書・臨川王道規傳》，字句完全相同。㉒靈溪：《水經注》：「江水自江陵縣南，東逕燕尾洲，北合靈溪水，江溪之會，有靈溪戍，背阿面江，西帶靈溪。」㉓柳約之、羅述、甄季之聞桓玄死……收其餘眾保涪陵：按此段乃錄自〈毛寶附據傳〉，字句幾全相同。㉔公車門：《後漢書・光武紀》注：「公車，門名；公車所在，因以名焉。」《漢官儀》曰：「公車，掌殿司馬門，天下上事及徵召，皆總領之。」㉕準古六卿：準依周官六卿之制。㉖奴客：奴，奴僕；客，門客。皆其家人。㉗縱橫：謂縱橫豪強。㉘專固山澤：固通錮，謂專據錮閉山澤之利，以為己有。㉙稱力：盡其氣力。㉚彌日：終日。㉛饑弊：饑餓困弊。㉜刁騁謀反伏誅……民賴之以濟：按此段乃錄自〈刁協附逵傳〉，字句大致相同。㉝引朝臣：引見朝臣。㉞銓擇：選擇。㉟侯封大縣，伯封小縣：按《魏書・太祖紀》天賜元年文作：「制爵四等，曰王公侯子，除伯男之號。」〈官氏志〉亦云：「始分為四，曰王公侯子，除伯男二號。」是魏太祖已廢除伯男之號，而此仍云伯封小縣，斯為謬矣。伯當依改作子。㊱傚上古龍官鳥官：《左傳》昭公十七年：「郯子曰：『昔太皞氏以龍紀，故為龍師而龍名。我高祖少皞摯之立也，鳳鳥適至，故為鳥師而鳥名。鳳鳥氏，歷正也；玄鳥氏，司分者也；伯趙氏，司至者也；青鳥氏，司啟者也；丹鳥氏，司閉者也；祝鳩氏，司徒也；鴡鳩氏，司馬也；鳲鳩氏，司空也；爽鳩氏，司寇也；鶻鳩氏，司事也。五鳩，鳩民者也。五雉為五工正，九扈為九農正。』」㊲延頸：伸頸。㊳魏主珪臨昭陽殿改補百官……餘皆類此：按此段乃錄自《魏書・太祖紀》及〈官氏志〉二文，字句大致相同。㉙南海：今廣東省南海縣。㉚番禺：今廣東省番禺縣，音潘。㉛府舍：官府署舍。㉜髑髏：頭骨。音獨樓。㉝始興：今廣東省始興縣。㉞繕船：修補船。㉟揚武將軍孟山圖據魯山城：按〈桓玄傳〉、〈劉毅傳〉及《宋書・臨川王道規傳》，魯山城俱作魯城，當改從之。㊱輔國將軍桓仙客：按〈桓玄傳〉及〈劉毅傳〉俱作桓山客，惟《宋書・臨川王道規傳》，則作桓仙客，此或係據《宋書》入錄。㊲石城：胡三省曰：「竟陵縣古石城戍也。郢州圖經曰：『子城三面墉基皆天造，正西絕壁，下臨漢江。石城之名，蓋本於此。』」㊳命宗室置宗師……如魏晉中正之職：按此段乃約用《魏書・官氏志》之文，該全文為：「以八國姓族難分，故國立大師小師，令辯其宗黨，品舉人才。自八國以外，郡各自立師，職分如八國，比今之中正也。宗室立宗師，亦如州郡八國之儀。」㊴燕王熙與苻后遊畋……及凍死者五千餘人：按此段乃錄自〈慕容熙載記〉，字句幾全相同。㊵桓振以桓放之為益州刺史……放之走還江陵：按此段乃本於〈桓玄傳〉，而字句次序，多有改易。㊶襁負：襁為縚負小兒於背之具。猶他文之扶老攜幼。㊷道路相屬：道路上連接不絕。

卷一百一十四 晉紀三十六

司馬光編集
曲守約註

起旃蒙大荒落，盡著雍涒灘，凡四年。（乙巳至戊申，西元四〇五年至四〇八年）

安皇帝己

義熙元年（西元四〇五年）

㈠春，正月，南陽太守扶風魯宗之，起兵襲襄陽，桓蔚走江陵。己丑，劉毅等諸軍至馬頭，桓振挾帝㊀出屯江津㊁，遣使求割江荊二州，奉送天子，毅等不許。辛卯，宗之擊破振將溫楷於柞溪㊂，進屯紀南㊃，振留桓謙、馮該守江陵，引兵與宗之戰，大破之，劉毅等擊破馮該於豫章口㊄，桓謙棄城走，毅等入江陵，執卞範之等，斬之。桓振還，望見火起，知城已陷，其眾皆潰，振逃於溳川㊅。乙未，詔大處分㊆，悉委冠軍將軍劉毅。戊戌，大赦，改元，惟桓氏不原，以桓沖忠於王室，特宥其孫胤㊇。以魯宗之為雍州刺史，毛璩為征西將軍，都督益、梁、秦、涼、寧五州諸軍事，璩弟瑾為梁、秦二州刺史，瑗為寧州刺史。劉懷肅追斬馮該於石城，桓謙、桓怡、桓蔚、桓謐、何澹之、溫楷皆奔秦，怡，弘之弟也。

㈡燕王熙伐高句麗，戊申，攻遼東城，且陷，熙命將士毋得先登，俟剗平其城，朕與皇后乘輦而入，由是城中得嚴備，不克而還⑨。

㈢秦王興以鳩摩羅什為國師，奉之如神，親帥羣臣及沙門⑩聽羅什講佛經，又命羅什翻譯西域經論三百餘卷⑪，大營塔寺，沙門坐禪⑫者，常以千數，公卿以下皆奉佛，由是州郡化之⑬，事佛者十室而九⑭。

㈣乞伏乾歸擊吐谷渾大孩，大破之，俘萬餘口而還，大孩走死胡園⑮。視羆世子樹洛干帥其餘眾數千家犇莫何川⑯，自稱車騎大將軍、大單于、吐谷渾王。樹洛干輕徭薄賦，信賞必罰，吐谷渾復興，沙漒諸戎皆附之⑰。

㈤西涼公暠自稱大將軍、大都督、領秦涼二州牧，大赦，改元建初，遣舍人黃始、梁興間行⑱，奉表詣建康⑲。

㈥二月，丁巳，留臺備瀍駕，迎帝於江陵，劉毅、劉道規留屯夏口，何無忌奉帝東還。

㈦初，毛璩聞桓振陷江陵，帥眾三萬順流東下，將討之，使其弟西夷校尉瑾、蜀郡太守瑗出外水⑳，參軍巴西譙縱、侯暉出涪㉑水。蜀人不樂遠征，暉至五城水口㉒，與巴西陽昧謀作亂，縱為人和謹㉓，蜀人愛之，暉昧共逼縱為主，縱不可，走投于水引出㉔，以兵㉕逼縱登輿，縱又投地叩頭固辭，暉縛縱於輿，還襲毛瑾於涪城，殺之，推縱為梁秦二州刺史。璩至略城㉖，聞變，犇還成都，遣參軍王瓊，將兵討之，為縱弟明子所敗，死者什八九。益州營戶㉗李騰開城納縱兵，殺璩及弟瑗，滅其家，縱稱成都王，以從弟洪為益州刺史，以明子為巴州刺史，屯白帝㉘。於是蜀大亂，漢中空虛，氐王楊盛遣其兄子平南將軍撫據之。

㈧癸亥，魏主珪還自豺山，罷尚書三十六曹。

㈨三月，桓振自鄖城襲江陵，荊州刺史司馬休之戰敗，犇襄陽，振自稱荊州刺史。建威將軍劉懷肅，自雲杜引兵馳赴，與振戰於沙橋，劉毅遣廣武將軍唐興助之，臨陳斬振，復取江陵(二九)。甲午，帝至建康，乙未，百官詣闕請罪，詔令復職。尚書殷仲文以朝廷音樂未備，言於劉裕請治之，裕曰：「今日不暇給(三〇)，且性所不解(三一)。」仲文曰：「好之自解。」裕曰：「正以解則好之(三二)，故不習耳(三三)。」庚子，以琅邪王德文為大司馬，武陵王遵為太保，劉裕為侍中、車騎將軍、都督中外諸軍事、徐青二州刺史如故，劉毅為左將軍，何無忌為右將軍、督豫州揚州五郡軍事、豫州刺史，劉道規為輔國將軍、督淮北諸軍事、幷州刺史，魏詠之為征虜將軍、吳國內史。裕固讓不受，加錄尚書事，又不受，屢請歸藩(三四)，詔百官敦勸(三五)，帝親幸其第，裕惶懼復詣闕陳請，乃聽歸藩(三六)。以魏詠之為荊州刺史，代司馬休之。

初，劉毅嘗為劉敬宣寧朔參軍，時人或以雄傑許之，敬宣曰：「夫非常之才自有調度(三七)，豈得便謂此君為人豪邪！此君之性，外寬而內忌，自伐而尚人(三八)，若一旦遭遇，亦當以陵上取禍耳。」毅聞而恨之（三九），及敬宣為江州，辭以無功，不宜授任先於毅等（四〇）。裕不許，毅使人言於裕曰：「劉敬宣不豫建義（四一），猛將勞臣，方須敍報（四二），如敬宣之比（四三），宜令在後，若使君不忘平生（四四），正可為員外常侍（四五）耳。聞已授郡，實為過優（四六）。尋復為江州，尤用駭惋（四七）。」敬宣愈不自安，自表解職（四八）（四九），乃召還，為宣城內史。

(十)夏，四月，劉裕旋鎮京口，改授都督荊、司等十六州諸軍事，加領兗州刺史。

(十一)盧循遣使貢獻，時期廷新定，未暇征討，壬申，以循為廣州刺史，徐道覆為始興相。循遣劉裕益智粽（五〇），裕報以續命湯（五一），循以前琅邪內史王誕為平南長史，誕說循曰：「誕本非戎旅（五二），在此無用，素為劉鎮軍（五三）所厚，若得北歸，必蒙寄任（五四），公私際會（五五），仰答厚恩。」循甚然之。劉裕與循書，令遣吳隱之還，循不從，誕復說循曰：「將軍今留吳公（五六），公私非計（五七），孫伯符豈不欲留華子魚邪（五八）。但以一境不容二君（五九）耳。」於是循遣隱之與誕俱還（六〇）。

(十二)初，南燕主備德仕秦為張掖太守，其兄納與母公孫氏居於張掖，備德之從秦王堅寇淮南也，留金刀與其母別，備德與燕王垂舉兵於山東，張掖太守苻昌收納及備德諸子，皆誅之，公孫氏以老獲免，納妻段氏方娠未決[六一]，獄掾[六二]呼延平，備德之故吏也，竊以公孫氏及段氏逃於羌中，段氏生子超，十歲而公孫氏病，臨卒，以金刀授超曰：「汝得東歸，當以此刀還汝叔也。」呼延平又以超母子奔涼，及呂隆降秦，超隨涼州民徙長安。平卒，段氏為超娶其女為婦。超恐為秦人所錄，乃陽狂行乞，秦人賤之，惟東平公紹見而異之，言於秦王興曰：「慕容超姿幹瓌偉[六三]，殆非真狂，願微加官爵以縻之[六四]。」興召見，與語，超故為謬對，或問而不答。興謂紹曰：「諺云：『妍皮不裹癡骨。』徒妄語耳[六五]。」乃罷遣之。

備德聞納有遺腹子在秦，遣濟陰人吳辯往視之，辯因鄉人宗正謙賣卜在長安，以告超，超不敢告其母妻，潛與謙變姓名，逃歸南燕，行至梁父，鎮南長史悅壽以告兗州刺史慕容瀍，瀍曰：「昔漢有卜者，詐稱衛太子[六六]，今安知非此類也，不禮之。」超由是與瀌有隙。備德聞超至，大喜，遣騎三百迎之，超至廣固，以金刀獻於備德，備德慟哭，悲不自勝，封超為北海王，拜侍中、驃騎大將軍、司隸校尉，開府，妙選㊅㊆時賢，為之僚佐。備德無子，欲以超為嗣，超入則侍奉盡歡，出則傾身㊅㊇下士，由是內外譽望，翕然㊅㊈歸之㊆㊀。

㊁㊂五月，桂陽太守、章武王秀、及益州刺史司馬軌之謀反，伏誅，秀妻，桓振之妹也，故自疑而反。

㊁㊃桓玄餘黨桓亮、苻宏等，擁眾寇亂郡縣者以十數㊆㊁，劉毅、劉道規、檀祗等，分兵討滅之，荊、湘、江、豫皆平，詔以毅為都督淮南等五郡軍事、豫州刺史，何無忌為都督江東五郡軍事、會稽內史。

㊁㊄北青州刺史劉該反，引魏為援，清河、陽平二郡太守孫全聚眾應之。六月，魏豫州刺史索度真、大將斛斯蘭，寇徐州，圍彭城，劉裕遣其弟南彭城內史道憐、東海太守孟龍符將兵救之，斬該及全，魏兵敗走㊆㊂，龍符，懷玉之弟也。

(十六)秦隴西公碩德伐仇池，屢破楊盛兵，將軍斂俱(七三)攻漢中，拔成固，徙流民三千餘家於關中。秋，七月，楊盛請降於秦，秦以盛為都督益、寧二州諸軍事、征南大將軍、益州牧(七四)。

(十七)劉裕遣使求和於秦，且求南鄉等諸郡，秦王興許之，羣臣咸咸以為不可，興曰：「天下之善，一也(七五)，劉裕拔起細微，能誅討桓玄，興復晉室，內釐庶政(七六)，外脩封疆，吾何惜數郡，不以成其美乎！」遂割南鄉、順陽、新野、舞陰等十二郡，歸於晉(七七)。

(十八)八月，燕遼西太守邵顏有罪，亡命為盜，九月，中常侍郭仲討斬之。

(十九)汝水竭，南燕主備德惡之，俄而寢疾，北海王超請禱之，備德曰：「人主之命，短長在天，非汝水所能制(七八)也。」固請不許，戊午，備德引見羣臣於東陽殿，議立超為太子，俄而地震，百官驚恐，備德亦不自安，還宮，是夜疾篤，瞑不能言，段后大呼：「令召中書作詔，立超可乎？」備德開目頷之(七九)，乃立超為皇太子，大赦，備德尋卒，為十餘棺，夜分出四門，潛瘞(八〇)山谷。己未，超即皇帝位，大赦，改元太上，尊段后為皇太后，以北地王鍾都督中外諸軍、錄尚書事，慕容濬為征南大將軍、都督徐、兗、揚、南兗四州諸軍事，加慕容鎮開府儀同三司，以尚書令封孚為太尉，麴仲為司空，封嵩為尚書左僕射。癸亥，虛葬備德於東陽陵，謚曰獻武皇帝，廟號世宗。超引所親公孫五樓為腹心，備德故大臣北地王鍾、段宏等，皆不自安，求補外職㈧㈠，超以鍾為青州牧，宏為徐州刺史，公孫五樓為武衞將軍、領屯騎校尉，內參政事。封孚諫曰：「臣聞親不處外，羈不處內㈧㈡，鍾，國之宗臣㈧㈢，社稷所賴，宏、外戚懿望㈧㈣，百姓具瞻㈧㈤，正應參翼百揆㈧㈥，不宜遠鎮外方。今鍾等出藩，五樓內輔，臣竊未安。」超不從。鍾、宏心皆不平，相謂曰：「黃犬之皮，恐終補狐裘也㈧㈦。」五樓聞而恨之㈧㈧。

㈩魏詠之卒，江陵令羅脩謀舉兵襲江陵，奉王慧龍為主，劉裕以幷州刺史劉道規為都督荊寧等六州諸軍事、荊州刺史，脩不果發，奉慧龍奔秦㈧㈨。

(廿一)乞伏乾歸伐仇池，為楊盛所敗，西涼公暠與長史張邈謀徙都酒泉，以逼沮渠蒙遜(九〇)，以張體順為建康太守，鎮樂涫(九一)，以宋繇為敦煌護軍，與其子敦煌太守讓鎮敦煌，遂遷於酒泉。暠手令戒諸子以為：「從政(九二)者當審慎賞罰，勿任愛憎(九三)，近忠正，遠佞諛，勿使左右竊弄威福(九四)，毀譽之來，當研覈(九五)真偽，聽訟折獄(九六)，必和顏任理(九七)，慎勿逆詐億必(九八)，輕加聲色(九九)，務廣咨詢，勿自專用(〇〇)。吾蒞事五年，雖未能息民，然含垢匿瑕(〇一)，朝為寇讎夕委心膂(〇二)，粗無負於新舊(〇三)。事任公平(〇四)，坦然無類(〇五)。初不容懷(〇六)，有所損益，計近則如不足，經遠乃為有餘(〇七)，庶亦無愧前人(〇八)也(〇九)。」

(廿二)十二月，燕王熙襲契丹(一〇)。

【今註】㊀挾帝：挾持皇帝。㊁江津：江津戍在江陵，南臨江滸。㊂柞溪：《水經注》：「柞溪水出江陵縣北，蓋諸池散流，咸所會合，積以成川。東流，逕魯宗之壘南，又東注船官湖。」柞音作。㊃紀南：《郡國志》：「江陵縣北十餘里，有紀南城。」㊄豫章口：《水經注》：「江水過江陵而東，得豫章口，夏水所通也。西北有豫章岡，蓋因岡而得名。其地去江陵城二十里。」㊅溳川：《水經注》：「溳水出漢南陽郡蔡陽縣東南大洪山，東南流，過隋縣西，又南過江夏安陸縣西，又東南，入於夏。」湏音云。⑦大處分：重大須處理之事。⑧南陽太守扶風魯宗之……特宥其孫胤：按此段乃用〈桓玄傳〉及〈劉毅傳〉之文，字句大致相同。⑨燕王熙伐高句麗……不克而還：按此段乃錄自〈慕容熙載記〉，字句大致相同。⑩沙門：出家修道者之稱。⑪又命羅什翻譯西域經論三百餘卷：按〈姚興載記〉上所述較詳，文云：「羅什通辯華言，尋覽舊經，多有乖謬，不與胡本相應。興與羅什更出大品，羅什持胡本，興執舊經，以相考校，其新文異舊者，皆會於理義。續出諸經並諸論三百餘卷，今之新經，皆羅什所譯。」⑫坐禪：禪，靜也，寂也。《傳燈錄》：「禪有五：有凡夫禪，有外道禪，有小乘禪，有大乘禪，有最上乘禪。」⑬化之：謂為其所化。⑭秦王興以鳩摩羅什為國師……事佛者十室而九：按此段乃錄自〈姚興載記〉上，字句大致相同。⑮大孩走死胡園：按〈吐谷渾傳〉：「烏紇堤一名大孩。……大敗，保於南涼，遂卒於胡國。」疑園當作國。⑯莫何川：胡三省曰：「莫何山在西傾山東北，西傾亦名嵹臺山。」按正文及《晉書・吐谷渾傳》皆作莫何川，而胡釋文則作莫何山，諒莫何川以莫何山而得名，而川亦當在其山下也。⑰乞伏乾歸擊吐谷渾大孩……沙漒諸戎皆附之：按此段乃錄自〈吐谷渾傳〉，字句大致相同。⑱間行：由間道而行。⑲西涼公暠自稱大將軍……奉表詣建康：按此段乃錄自〈涼武昭王傳〉，字句大致相同。⑳外水：胡三省曰：「蜀有內水外水，內水，涪水也，外水即蜀江，發源於岷山者。」〈毛寶附璩傳〉外水作外江，意同。㉑涪：音浮。㉒五城水口：《水經注》：「涪水自南安郡南流，其枝流西逕廣漢五城縣，為五城水。又西至成都，入于江。」又曰：「江水東絕緜洛，逕五城界，至廣都北岸，南入于江，謂之五城水口，斯為北江。」㉓和謹：和平謹慎。㉔引出：猶今言拖出。㉕以兵：以兵器。㉖略城：〈毛寶附璩傳〉：「略城，去成都四百里。」㉗營戶：隸於軍營之民戶。㉘初毛璩聞桓振陷江陵……以明子為巴州刺史，屯白帝：按此段乃採自〈毛寶附璩傳〉及〈譙縱傳〉之文，字句大致相同。㉙桓振自鄖城襲江陵……臨陳斬振，復取江陵：按此段乃錄自〈劉毅〉〈桓玄〉二傳，字句大致相同。㉚今日不暇給：謂方今無暇注意此事。㉛不解：猶不通。㉜正以解則好之：只以通則嗜好之。㉝故不習耳：謂恐廢正務故也。㉞屢請歸藩：謂歸京口。㉟敦勸：猶殷勸。㊱裕固讓不受，加錄尚書事……乃歸聽藩：按此段乃錄自《宋書·武帝紀》上，字句大致相同。㊲調度：才調氣度。㊳自伐而尚人：好自矜伐而居人之上。㊴初劉毅嘗為劉敬宣寧朔參軍……毅聞而恨之：按此段乃錄自《宋書·劉敬宣傳》，字句幾全相同。㊵辭以無功不宜授任先於毅等：上書言其無功，任用不宜居毅等之前。㊶不豫建義：劉裕起兵，自稱曰建義，於是名其兵曰義軍，名其旗曰義旗。而凡參與起兵者，統名曰建義焉。㊷敍報：敍功而報答之。㊸如敬宣之比：如敬宣之流。㊹若使君不忘生平：使君指劉裕言，裕參劉牢之軍事，牢之父子雅敬待之，故云然。㊺員外常侍：《宋書·百官志》下：「員外散騎常侍，魏末置。」㊻過優：過度優渥。㊼駭惋：驚駭惋惜。㊽自表解職：自己上表，請解去職位。㊾毅使人言於裕曰……愈不自安，自表解職：按此段乃錄自《宋書·劉敬宣傳》，字句幾全相同。㊿益智粽：顧微《交州記》：「益智葉如蘘荷，莖如竹箭，子從心出，一枝有十子，子肉白滑，四破去之，蜜煮為粽，味辛。」粽，角黍也。(51)裕報以續命湯：循以益智調裕，示裕須聰明些，而裕亦以續命湯報之，諷其須善保性命，得全首領也。(52)本非戎旅：謂本非軍事之才。(53)劉鎮軍：劉裕義熙元年前曾為鎮軍將軍，故以稱之。(54)必蒙寄任：必蒙寄付委任。(55)公私際會：於公私周旋交接之間。(56)吳公：稱吳隱之之辭。(57)公私非計：於公於私，皆非計之宜者。(58)孫伯符豈不欲留華子魚邪：伯符孫策字，子魚華歆字。胡三省曰：「漢獻帝建安四年，華歆以豫章歸孫策。策死，曹操表召歆，孫權遣還許。」(59)一境不容二君：一國不能有二君。(60)前琅琊內史王誕為平南長史……於是循遣隱之與誕俱還。按此段乃錄自《宋書‧王誕傳》，字句大致相同。(61)方娠未決：娠，懷身。決，處決。謂以方懷身故而未被處決。(62)掾：古屬官之通稱，音緣。(63)姿幹瓌偉：姿貌軀幹奇偉。音ㄍㄨㄟ。(64)以縻之：以羈縻之。(65)妍皮不裹癡骨徒妄語耳：謂外表美艷，則其內必慧，只亂言耳。(66)昔漢有卜者，詐稱衞太子：見卷二十三漢昭帝始元五年。(67)妙選：猶精選。(68)傾身：屈身，與折節同意。(69)翕然：合，音吸。(70)初南燕主備德仕秦為張掖太守……翕然歸之。按此一大段乃本於〈慕容超載記〉，而間有溢出。(71)以十數：以十為單位而數之。(72)北青州刺史劉該反……斬該及全，魏兵敗走：按此段乃錄自《宋書‧長沙王道憐傳》，字句大致相同。(73)歛俱：歛，羌之種姓，俱其名。(74)秦隴西公碩德伐仇池……征南大將軍，益州牧：按此段乃錄自〈姚興載記〉上，除次序稍有顛倒外，餘均相同。(75)天下之善一也：謂天下之善行，皆同可讚美。(76)釐庶政：革正庶政。(77)劉裕遣使求和於秦……十二郡歸於晉：按此段乃錄自〈姚興載記〉上，字句稍有增溢。(78)所能制：猶所能支配。(79)頷之：點頭，以示贊允，音含。(80)潛瘞：暗中埋葬。(81)外職：京都外之職位。(八二)臣聞親不處外，羈不處內：按〈慕容超載記〉作：「臣聞：『五大不在邊，五細不在庭。』」《通鑑》用《左傳》中無宇諫楚靈王：「親不在外，羈不在內」之語，而改易之。羈，羈旅也。(八三)宗臣：宗仰之臣。(八四)懿望：美望。(八五)具瞻：共同瞻仰。(八六)參翼百揆：參預輔翼百官。(八七)黃犬之皮，恐終補狐裘也：《史記・田完世家》：「騶忌相齊，淳于髡謂之曰：『狐裘雖弊，不可補以黃狗之皮。』騶忌子曰：『請謹擇君子，毋雜小人其間。』」意謂五樓終代鍾宏也。(八八)超即皇帝位，大赦……五樓聞而恨之：按此段乃錄自〈慕容超載記〉，字句大致相同。(八九)魏詠之卒……奉慧龍奔秦：按此段乃錄自《魏書・王慧龍傳》，字句大致相同。(九〇)以逼沮渠蒙遜：謂以威逼沮渠蒙遜。(九一)為建康太守，鎮樂涫：《漢書・地理志》樂涫縣屬酒泉郡，張氏分為建康郡。涫音官。(九二)從政：猶執政。(九三)勿任愛憎：勿憑任己之愛惡。(九四)竊弄威福：威謂威勢，福指爵祿。(九五)研覈：研究考覈。(九六)折獄：斷獄。(九七)和顏任理：謂和顏悅色，憑任道理。(九八)逆詐億必：逆，未至而迎之也；詐，謂人欺己也；億，未見而意之也；必，期必也。(九九)輕加聲色：輕加惡聲厲色。(一〇〇)勿自專用：勿專用己見。(一〇一)含垢匿瑕：謂含容他人之劣點，垢瑕皆疵也。(一〇二)夕委心膂：至夕則委任之，如心膂之人然。(一〇三)粗無負於新舊：謂大致於新識舊交，略無違負。(一〇四)事任公平：處事用人，皆持公平態度。(一〇五)纇：疵，音ㄌㄟˋ。(一〇六)初不容懷：猶絕不置懷。(一〇七)計近則如不足，經遠乃為有餘：謂由目前近處校計，則似不足，但從遠處長久看來則有餘多矣。(一〇八)無愧前人：謂無愧於前人之行。(一〇九)西涼公暠與長史張邈謀……庶亦無愧前人也：按此段乃錄自〈涼武昭王傳〉，多有刪節，其存留者，字句與原文大致相同。⑳契丹：胡三省曰：「契丹本東胡種，其先為匈奴所破，保鮮卑山。魏青龍中，部酋軻比能桀驁，為幽州刺史王雄所殺，部眾遂微，逃潢水之南，黃龍之北，後自號曰契丹。」

二年（西元四〇六年）

㈠春，正月，甲申，魏主珪如豺山宮，諸州置三刺史，郡置三太守，縣置三令長，刺史令長各之州縣，太守雖置而未臨民①，功臣為州者②，皆徵還京師，以爵歸第③④。

㈡益州刺史司馬榮期擊譙明子於白帝，破之。

㈢燕王熙至陘北，畏契丹之眾，欲還，苻后不聽，戊申，遂棄輜重，輕兵襲高句麗⑤。

南燕主超猜虐日甚，政出權倖⑥，盤⑦於遊畋⑧，封孚、韓諄屢諫不聽。超嘗臨軒⑨問孚曰：「朕可方⑩前世何主？」對曰：「桀紂。」超慚怒⑪，孚徐步而出，不為改容⑫。鞠仲謂孚曰：「與天子言，何得如是！宜還謝。」孚曰：「行年⑬七十，惟求死所耳。」竟不謝。超以其時望⑭，優容之⑮。

㈣桓玄之亂，河間王曇⑯之⑰子國璠、叔璠犇南燕。二月，甲戌，國璠等攻陷弋陽⑱。

㈤燕軍行三千餘里，士馬疲凍，死者屬路，攻高句麗木底城，不克而還⑲。夕陽公雲傷於矢，且畏燕王熙之虐，遂以疾去官。

㈥三月，庚子，魏主珪還平城。夏，四月，庚申，復如豺山宮，甲午，還平城⑳。

柔然社崘侵魏邊。

㈦五月，燕主寶之子博陵公虔、上黨公昭，皆以嫌疑賜死。

㈧六月，秦隴西公碩德自上邽入朝，秦王興為之大赦，及歸，送之至雍乃還。興事晉公緒及碩德，皆如家人禮，車馬服玩，先奉二叔，而自服其次，國家大政，皆咨而後行㉑。

㈨禿髮傉檀伐沮渠蒙遜，蒙遜嬰城固守，傉檀至赤泉而還，獻馬三千匹，羊三萬口于秦，秦王興以為忠，以傉檀為都督河右諸軍事、車騎大將軍、涼州刺史，鎮姑臧㉒。徵王尚還長安，涼州人申屠英等遣主簿胡威詣長安請留尚，興弗許，威見興，流涕言曰：

「臣州奉戴王化，於茲五年，土宇㉓僻遠，威靈不接㉔，士民嘗膽抆血㉕，共守孤城，仰恃陛下聖德，俯杖良牧㉖仁政，克自保全，以至今日。陛下柰何乃以臣等貿㉗馬三千匹，羊三萬口，賤人貴畜，無乃不可！若軍國須馬，直煩尚書一符㉘，臣州三千餘戶，各輸一馬，朝下夕辦㉙，何難之有㉚！昔漢武傾天下之資力，開拓河西，以斷匈奴右臂，今陛下無故棄五郡之地，忠良華族，以資暴虜㉛，豈惟臣州士民墜於塗炭，恐方為聖朝旰食之憂㉜。」興悔之，使西平人車普馳止王尚㉝，又遣使諭傉檀，會傉檀已帥步騎三萬軍於五澗㉞，普先以狀告之，傉檀遽逼遣王尚，尚出自清陽門，傉檀入自涼風門㉟，別駕宗敞送尚還長安。傉檀謂敞曰：「吾得涼州三千餘家，情之所寄㊱，惟卿一人，柰何捨我去乎？」敞曰：「今送舊君，所以忠於殿下也㊲。」傉檀曰：「吾新牧貴州㊳，懷遠安邇之略如何？」敞曰：「涼土雖弊㊴，形勝之地，殿下惠撫其民，收其賢俊㊵，以建功名，其何求不獲！」因薦本州文武名士十餘人，傉檀嘉納之㊶，王尚至長安，興以為尚書，傉檀宴羣臣於宣德堂，仰視歎曰：「古人有言：『作者不居㊷，居者不作，信矣。』」武威孟禕曰：「昔張文王始為此堂，於今百年，十有二主矣㊸，惟履信㊹思順者，可以久處。」傉檀善之㊺。

㈩魏主珪規度㊻平城，欲擬鄴、洛、長安，脩廣宮室，以濟陽太守莫題有巧思，召見，與之商功，題久侍稍怠，珪怒，賜死，題含之孫也。於是發八部五百里內男丁㊼，築灅南宮，闕門高十餘丈，穿溝池，廣苑囿㊽，規立外城，方二十里，分置市里㊾，三十日罷㊿。

(十一)秋，七月，魏太尉宜都丁公穆崇薨。

(十二)八月，禿髮傉檀以興城侯文支鎮姑臧，自還樂都，雖受秦爵命，然其車服禮儀，皆如王者(五一)。

(十三)甲辰，魏主珪如豺山宮，遂之石漠。九月，度漠北，癸巳，南還長川。

(十四)劉裕聞譙縱反，遣龍驤將軍毛脩之將兵，與司馬榮期、文處茂、時延祖共討之。脩之至宕渠，榮期為其參軍楊承祖所殺，承祖自稱巴州刺史，脩之退還白帝（五二）。

(十五)禿髮傉檀求好於西涼，西涼公暠許之，沮渠蒙遜襲酒泉，至安珍，暠戰敗，城守，蒙遜引還。

(十六)南燕公孫五樓欲擅朝權，譖北地王鍾於南燕主超，請誅之。南燕主備德之卒也，慕容濬不奔喪，超遣使讓之，濬懼，遂與鍾及段宏謀反，超聞之，徵鍾，鍾稱疾不至，超收其黨侍中慕容統等殺之。征南司馬卜珍告左僕射封嵩數與濬往來，疑有姦，超收嵩下廷尉（五三），太后懼泣，告超曰：「嵩數遣黃門令牟常說吾云：『帝非太后所生，恐依永康故事（五四），』我婦人識淺，恐帝見殺（五五），即以語濬，濬為謀見誤（五六），知復何言（五七）！」超乃車裂嵩。西中郎將封融犇魏，超遣慕容鎮攻青州，慕容昱（五八）攻徐州，右僕射濟陽王凝及韓範攻兗州（五九），昱拔莒城，段宏犇魏，封融與羣盜襲石塞城，殺鎮西大將軍餘鬱，國中振恐，濟陽王凝謀殺韓範，襲廣固，範知之，勒兵攻凝，凝犇梁父，範幷將其眾攻梁父，克之，濬出犇魏，凝出犇秦。慕容鎮克青州，鍾殺其妻子，為地道以出，與高都公始皆奔秦，秦以鍾為始平太守，凝為侍中。南燕主超好變更舊制，朝野多不悅，又欲復肉刑，增置烹轘之法，眾議不合而止(六〇)。冬，十月，封孚卒。

(十七)尚書論建義功，奏封劉裕豫章郡公，劉毅南平郡公，何無忌安成郡公，自餘封賞有差。梁州刺史劉稚反，劉毅遣將討禽之。

(十八)庚申，魏主珪還平城。

(十九)乙亥，以左將軍孔安國為尚書左僕射。

(二十)十一月，禿髮傉檀遷于姑臧。

(廿一)乞伏乾歸入朝於秦。

(廿二)十二月，以何無忌為都督荊、江、豫三州八郡軍事(六一)(六二)、江州刺史。

(廿三)是歲，桓石綏與司馬國璠、陳襲，聚眾胡桃山為寇，劉毅遣司馬劉懷肅討破之(六三)，石綏，石生之弟也。

【今註】(一)臨民：猶治民。(二)功臣為州者：前之功臣，為州刺史者。(三)以爵歸第：以原有之爵祿，歸於府第。㊃諸州置三刺史……以爵歸第：按此段乃錄自《魏書・官氏志》，字句大致相同。㊄燕王熙至陘北……輕兵襲高句麗：按此段乃錄自〈慕容熙載記〉，字句大致相同。㊅權倖：權勢佞倖。㊆盤：樂。㊇遊畋：遊逸田獵。㊈臨軒：臨欄檻。㊉方：比，視。⑪慙怒：慙愧忿怒。⑫不為改容：言無恐懼之色。⑬行年：謂歲月之流行。⑭時望：時人之所仰望。⑮超嘗臨軒問孚曰……竟不謝，超以其時望優容之：按此段乃錄自〈慕容超載記〉附〈封孚傳〉，字句大致相同。⑯曇：音覃。⑰河間王曇之：胡三省曰：「河間王顒孫死無後，以曇之嗣，曇之薨，國鎮嗣，國璠蓋國鎮兄弟。」⑱弋陽：在今河南省潢川縣，音翼。⑲燕軍行三千餘里……不克而還：按此段乃錄自〈慕容熙載記〉，字句幾全相同。⑳四月甲午還平城：按《魏書・太祖紀》天賜三年四月文作甲戌，以上之庚申推之，作甲戌是。㉑秦隴西公碩德自上邽入朝……國家大政，皆咨而後行：按此段乃錄自〈姚興載記〉上，次序稍有顛倒。㉒禿髮傉檀伐沮渠蒙遜……涼州刺史鎮姑臧：按此段乃錄自〈禿髮傉檀載記〉，字句大致相同。㉓土宇：土壤。㉔威靈不接：猶救援不至。㉕嘗膽抆血：臥薪嘗膽，抆拭傷血。㉖良牧：賢良之牧守，指王尚言。㉗貿：易。㉘直煩尚書一符：只煩尚書省下一符令。㉙朝下夕辦：符令朝下，夕即辦竣。㉚何難之有：謂絕不困難。㉛暴虜：暴虐之虜。㉜旰食之憂：因憂而飲食遲晚。㉝徵王尚還長安……使西平人車普馳止王尚：按此段乃錄自〈姚興載記〉上，字句大致相同。㉞五澗：在姑臧南。㉟傉檀入自涼風門：胡三省曰：「涼風門，姑臧城南門也。」㊱情之所寄：謂情之所注。㊲今送舊君，所以忠於殿下也：送舊君亦即忠於舊君，而新君舊君，均為臣之君上，故云亦即所以忠於殿下。㊳新牧貴州：新為貴州之牧。㊴涼土雖弊：涼土今雖凋弊。㊵賢俊：賢德英俊。㊶會傉檀已帥步騎三萬，軍於五澗……傉檀嘉納之：按此段乃錄自《禿髮傉檀傳》，字句大致相同。㊷作者不居：築作室宇者，不居住之。㊸張文王始為此堂，於今百年，十有二主矣：張駿卒，私諡曰文王。張氏自駿至重華、耀靈、祚、玄靚、天錫，又梁熙至呂光、呂紹、呂纂、呂隆、王尚，通十二主。㊹履信：行信。㊺傉檀宴羣臣於宣德堂……可以久處，傉檀善之：按此段乃錄自《禿髮傉檀傳》，字句大致相同。㊻規度：規畫營度。㊼於是發八部五百里內男丁：魏先有八部大人，既得中原，建平城為代都，分布八部於畿內。㊽苑囿：養禽獸處，古謂之囿，漢謂之苑，囿音右。㊾市里：市廛閭里。㊿於是發八部五百里內男丁……三十日罷：按此段乃錄自《魏書·太祖紀》天賜三年文，字句完全相同。(51)禿髮傉檀以興城侯文支鎮姑臧……皆如王者：按此段乃錄自《禿髮傉檀傳》，字句大致相同。(52)劉裕聞譙縱反，……脩之退還白帝：按此段乃錄自《宋書·毛脩之傳》，字句幾全相同。(53)下廷尉：下於廷尉獄。(54)恐依永康故事：燕王寶永康元年，逼殺其母段氏，事見卷一百八孝武帝太元二十一年。(55)恐帝見殺：恐被帝所殺。(56)灋為謀見誤：灋為謀而被其所誤。(57)知復何言：今雖知之，尚復何言。(58)昱：音育。(59)慕容昱攻徐州，濟陽王凝及韓範攻兗州：胡三省曰：「南燕徐州刺史鎮莒城，兗州刺史鎮梁父。」(60)南燕公孫五樓欲擅朝權……眾議不合而止。按此段乃錄自《慕容超載記》，而間有溢出。(61)以何無忌為都督荊江豫三州八郡軍事：按《何無忌傳》作：「義熙二年，遷都督江荊二州八郡軍事。」(62)八郡軍事：胡三省曰：「八郡蓋荊州之武昌、江州之尋陽、豫章、廬陵、臨川、鄱陽、南康、豫州之晉熙。」按八郡之名，明載於〈何無忌傳〉，云：「遷都督江荊二州，江夏、隨、義陽、綏安、豫州西陽、新蔡、汝南、潁川八郡。」當以〈何無忌傳〉為正。㊂是歲桓石綏與司馬國璠……遣劉懷肅討破之：按此段乃錄自《宋書．劉懷肅傳》，字句幾全相同。

三年（西元四〇七年）

㈠春，正月，辛丑朔，燕大赦，改元建始。

㈡秦王興以乞伏乾歸寖彊難制㊀，留為主客尚書㊁，以其世子熾磐行西夷校尉，監其部眾㊂。

㈢二月，己酉，劉裕詣建康，固辭新所除官㊃，欲詣廷尉，詔從其所守，裕乃還丹徒。

㈣魏主珪立其子脩為河間王，處文為長樂王，連為廣平王，黎為京兆王。

㈤殷仲文素有才望㊄，自謂宜當朝政㊅，悒悒㊆不得志，出為東陽太守，尤不樂，何無忌素慕其名，東陽，無忌所統㊇，仲文許便道脩謁[9]，無忌喜，欽遲之[10]，而仲文失志恍惚[11]，遂不過府[12]，無忌以為薄己[13]，大怒。會南燕入寇，無忌言於劉裕曰：「桓胤、殷仲文，乃腹心之疾，北虜不足憂也[14]。」閏月，劉裕府將駱冰謀作亂，事覺，裕斬之，因言冰與仲文、桓石松、曹靖之、卞承之、劉延祖，潛相連結，謀立桓胤為主，皆族誅之。

(六)燕王熙為其后苻氏起承華殿，負土於北門，土與穀同價[15]，宿軍[16]典軍[17]杜靜載棺[18]詣闕極諫，熙斬之。苻氏嘗季夏思凍魚[19]，仲冬須生地黃[20]，熙下有司切責，不得而斬之[21][22]。夏，四月，癸丑，苻氏卒，熙哭之慟絕[23]，久而復蘇，喪之如父母，服斬衰，食粥，命百官於宮內設位[24]而哭，使人案檢[25]哭者，無淚則罪之，羣臣皆含辛以為淚[26]，高陽王妃張氏，熙之嫂也，美而有巧思，熙欲以為殉，乃毀其襚韡[27]，中得弊氈，遂賜死。右僕射韋璆[28]等皆恐為殉，沐浴俟命，公卿以下至兵民戶[29]，率營陵[30]，費殫府藏[31]，陵周圍數里。熙謂監作者曰：「善為之，朕將繼往。」丁酉，燕太后段氏去尊號，出居外宮[32]。

⑺氐王楊盛以平北將軍苻宣為梁州督護，將兵入漢中，秦梁州別駕(三三)呂瑩等起兵應之，刺史王敏攻之，瑩等求援於盛，盛遣軍臨濜口，敏退屯武興。盛復通於晉(三四)，晉以盛為都督隴右諸軍事、征西大將軍、開府儀同三司，盛因以宣行梁州刺史(三五)。

⑻五月，壬戌，燕尚書郎苻進謀反誅，進，定之子也。

魏主珪北巡至濡源。

魏常山王遵，以罪賜死。

⑼初，魏主珪滅劉衛辰，其子勃勃犇秦，秦高平公沒弈干以女妻之，勃勃魁岸(三六)，美容儀(三七)，性辯慧(三八)，秦王興見而奇之，與論軍國大事，寵遇踰於勳舊(三九)。興弟邕諫曰：「勃勃不可近也(四〇)。」興曰：「勃勃有濟世之才，吾方與之平天下，柰何逆忌之。」乃以為安遠將軍，使助沒弈干鎮高平，以三城(四一)朔方雜夷，及衛辰部眾三萬配之(四二)，使伺魏間隙。邕固爭，以為不可。興曰：「卿何以知其為人？」邕曰：「勃勃奉上慢(四三)，御眾殘(四四)，貪猾不仁，輕為去就(四五)，寵之踰分(四六)，恐終為邊患。」興乃止，久之，竟以勃勃為

安北將軍、五原公，配以三交五部鮮卑及雜虜二萬餘落，鎮朔方㊼。魏主珪歸所虜秦將唐小方於秦，秦王興請歸賀狄干，仍送㊽良馬千匹以贖狄伯支，珪許之。

勃勃聞秦復與魏通而怒，乃謀叛秦，柔然可汗社崙獻馬八千匹於秦，至大城，勃勃掠取之，悉集其眾三萬餘人，偽畋㊾於高平川，因襲殺沒弈干，而幷其眾㊿。勃勃自謂夏后氏之苗裔(51)，六月，自稱大夏天王、大單于，大赦，改元龍升(52)，置百官，以其兄右地代為丞相，封代公，力俟提為大將軍，封魏公(53)，叱干阿利為御史大夫，封梁公，弟阿利羅引為司隸校尉，若門為尚書令，叱以韃為左僕射，乙斗為右僕射(54)。賀狄干久在長安，常幽閉(55)，因習讀經史，舉止如儒者，及還，魏主珪見其言語衣服皆類秦人(56)，以為慕而效之(57)，怒，幷其弟歸殺之(58)。

(十)秦王興以太子泓錄尚書事。

(十一)秋，七月，戊戌朔，日有食之。

汝南王遵之坐事死，遵之，亮之五世孫也。

(十一)癸亥，燕王熙葬其后苻氏於徽平陵，喪車高大，毀北門而出，熙被髮徒跣(五九)，步從二十餘里。甲子，大赦。初中衞將軍馮跋及弟侍御郎素弗，皆得罪於熙，熙欲殺之，跋亡命(六〇)山澤，熙賦役繁數(六一)，民不堪命(六二)，跋、素弗，與其從弟萬泥謀曰：「吾輩還首無路(六三)，不若因民之怨，共舉大事，可以建公侯之業；事之不捷(六四)，死未晚也。」遂相與乘車，使婦人御(六五)，潛入龍城，匿於北部司馬孫護之家(六六)，及熙出送葬，跋等與左衞將軍張興，及苻進餘黨作亂，跋素與慕容雲善，乃推雲為主，雲以疾辭，跋曰：「河間淫虐(六七)，神人共怒，此天亡之時也。公高氏名家(六八)，何能為人養子，而棄難得之運乎！」扶之而出(六九)，跋弟乳陳等，帥眾攻弘光門，鼓譟而進，禁衞(七〇)皆散走，遂入宮授甲(七一)，閉門拒守。中黃門趙洛生走告於熙，熙曰：「鼠盜(七二)何能為，朕當還誅之。」乃置后柩於南苑，收髮貫甲(七三)，馳還赴難，夜至龍城，攻北門不克，宿於門外。乙丑，雲即天王位，大赦，改元正始。

熙退入龍騰苑，尚方(七四)兵褚頭踰城從熙，稱營兵同心效順(七五)唯俟軍至㊅。熙聞之，驚走而出，左右莫敢迫，熙從溝下潛遁㊆，良久，左右怪其不還，相與尋之，唯得衣冠，不知所適㊇。中領軍慕容拔謂中常侍郭仲曰：「大事垂捷㊈，而帝無故自驚，深可怪也。然城內企遲㊉，至必成功，不可稽留㊀，吾當先往趣城㊁，卿留待帝，得帝速來，若帝未還，吾得如意㊂，安撫城中，徐迎未晚。」乃分將壯士二千餘人登北城，將士謂熙至，皆投仗請降㊃，既而熙久不至，拔兵無後繼，眾心疑懼，復下城赴苑㊄，遂皆潰去㊅。拔為城中人所殺。丙寅，熙微服匿於林中，為人所執，送於雲，雲數而殺之，幷其諸子。雲復姓高氏，幽州刺史上庸公懿，以令支降魏，魏以懿為平州牧、昌黎王，懿，評之孫也。

㊀魏主珪自濡源西如參合陂，乃還平城。

㊁禿髮傉檀復貳於秦㊆，遣使邀㊇乞伏熾磐，熾磐斬其使，送長安。

㊂南燕主超母妻猶在秦，超遣御史中丞封愷使於秦，以請之，秦王興曰：「昔苻氏之敗，太樂諸伎悉入於燕㊈，燕今稱藩，送伎

或送吳口千人(九〇)，所請乃可得也。」超與羣臣議之，左僕射段暉曰：「陛下嗣守社稷，不宜以私親(九一)之故，遂降尊號，且太樂先代遺音，不可與也。不如掠吳口與之。」尚書張華曰：「侵掠鄰國，兵連禍結(九二)，此既能往(九三)，彼亦能來(九四)，非國家之福也。陛下慈親在人掌握，豈可靳惜(九五)虛名(九六)，不為之降屈(九七)乎。中書令韓範嘗與秦王，俱為苻氏太子舍人(九八)，若使之往，必得如志。」超從之，乃使韓範聘於秦，稱藩奉表(九九)，慕容凝言於興曰：「燕王得其母妻，不可復臣，宜先使送伎。」興乃謂範曰：「朕歸燕王家屬(一〇〇)必矣，然今天時尚熱，當俟秋涼。」八月，秦使員外散騎常侍(一〇一)韋宗聘於燕，超與羣臣議見宗之禮，張華曰：「陛下前既奉表，今宜北面受詔(一〇二)。」封逞曰：「大燕七聖重光(一〇三)，柰何一旦為豎子屈節(一〇四)！」超曰：「吾為太后屈，願諸君勿復言。」遂北面受詔(一〇五)。

(六)毛脩之與漢嘉太守馮遷合兵擊楊承祖，斬之，修之欲進討譙縱，益州刺史鮑陋不可。脩之上表言：「人之所以重生(一〇六)，實有生理可保(一〇七)，臣之情地(一〇八)，生塗已竭(一〇九)，所以借命朝露者(一一〇)，庶憑天威(一一一)，誅夷讎逆。今屢有可乘之機，而陋每違期㉒不赴，臣雖效死㉓寇庭，而救援理絕㉔，將何以濟㉕？」劉裕乃表襄城太守劉敬宣㉖帥眾五千伐蜀，以劉道規為征蜀都督。

(十七)魏主珪如犲山宮，候官告司空庾岳㉗服飾鮮麗㉘，行止風采㉙，擬則人君㉚，珪收岳殺之㉛㉜。

(十八)北燕王雲以馮跋為都督中外諸軍事、開府儀同三司、錄尚書事，馮萬泥為尚書令，馮素弗為昌黎尹，馮弘為征東大將軍，孫護為尚書左僕射，張興為輔國大將軍。弘，跋之弟也。

(十九)九月，譙縱稱藩於秦。

(廿)禿髮傉檀將五萬餘人伐沮渠蒙遜，蒙遜與戰於均石㉝，大破之，蒙遜進攻西郡太守楊統於日勒，降之。

(廿一)冬，十月，秦河州刺史彭奚念叛，降於禿髮傉檀，秦以乞伏熾磐行河州刺史。

(廿二)南燕主超使左僕射張華、給事中宗正元，獻太樂伎一百二十人於秦，秦王興乃還超母妻㉞，厚其資禮㉟而遣之。超親帥六宮，迎於馬耳關㉖。

(二三)夏王勃勃破鮮卑薛干等三部㉗，降其眾以萬數，進攻秦三城已北諸戍，斬秦將楊丕、姚石生等，諸將皆曰：「陛下欲經營關中，宜先固根本，使人心有所憑係㉘。高平山川險固，土田饒沃㉙，可以定都。」勃勃曰：「卿知其一，未知其二，吾大業草創㉚，士眾未多，姚興亦一時之雄，諸將用命，關中未可圖也。我今專固一城㉛，彼必并力㉜於我，眾非其敵，亡可立待。不如以驍騎風馳㉝，出其不意㉞，救前則擊後，救後則擊前，使彼疲於犇命㉟，我則游食自若㊱，不及十年，嶺北河東盡為我有。待興既死，嗣子闇弱，徐取長安，在吾計中㊲矣。」於是侵掠嶺北，嶺北諸城門不晝啟㊳。興乃歎曰：「吾不用黃兒㊴之言，以至於此。」勃勃求婚於禿髮傉檀，傉檀不許。十一月，勃勃帥騎二萬擊傉檀，至於支陽㊵，殺傷萬餘人，驅掠二萬七千餘口，牛馬羊數十萬而還。傉檀帥眾追之，焦朗曰：「勃勃天姿㊶雄健，御軍㊷嚴整，未可輕也。不如從溫圍㊸北渡，趣萬斛堆㊹，阻水㊺結營，扼其咽喉。百戰百勝之術也。」傉檀將賀連怒曰：「勃勃敗亡之餘，烏合之眾，柰何避之，示之以弱，宜急追之。」傉檀從之。勃勃於陽武下峽鑿凌埋車以塞路，勒兵逆擊傉檀，大破之，追犇八十餘里，殺傷萬計，名臣勇將，死者什六七，傉檀與數騎犇南山，幾為追騎所得。勃勃積尸而封之㊻，號曰髑髏㊼臺。勃勃又敗秦將張佛生於青石原，俘斬五千餘人㊽。

傉檀懼外寇之逼，徙三百里內民，皆入姑臧，國人駭怨㊾。屠各㊿成七兒因之作亂，一夕聚眾至數千人，殿中都尉張猛大言於眾曰：「主上陽武之敗，蓋恃眾故也。責躬(51)悔過，何損於明！而諸君遽從此小人，為不義之事，殿中兵今至，禍在目前矣。」眾聞之皆散，七兒犇晏然，追斬之。軍諮祭酒梁裒、輔國司馬邊憲等謀反，傉檀皆殺之(52)。

(74)魏主珪還平城。

(75)十二月，戊子，武岡文恭侯王謐薨。

(76)是歲，西涼公暠以前表未報(53)，復遣沙門灋泉間行(54)，奉表詣建康。

【今註】㊀寢彊難制：謂漸彊難以控制。㊁主客尚書：胡三省曰：「漢成帝置四曹尚書，其四曰主客，主外國夷狄事。」㊂秦王興以乞伏乾歸寢彊難制……監其部眾：按此段乃錄自〈乞伏乾歸載記〉，字句大致相同。㊃新所除官：謂剛才除拜之官。㊄素有才望：早有才幹名望。㊅宜當朝政：猶宜執朝政。㊆悒悒：憂悒不自安之意。㊇東陽，無忌所統：無忌都督浙江東五郡，東陽其一也。㊈許便道脩謁：允許於順道中前往拜謁。㊉欽遲之：欽仰而企待之。⑪失志恍惚：謂意志錯亂，恍惚不清。⑫不過府：府謂督府，何無忌之治所。⑬薄已：猶今言瞧不起人。⑭殷仲文素有才望……北虜不足憂也：按此段乃錄自〈桓玄附殷仲文傳〉，字句大致相同。⑮負土於北門，土與穀同價：以負土於高處，至為艱險，常有喪其生者，故云土與穀之價錢相同。⑯宿軍：謂宿衛軍。⑰典軍：主軍。⑱載棺：以車載棺，示以死諫也。⑲凍魚：胡三省曰：「煎魚為凍，今人多能之，季夏六月暑盛，則不能凍。」⑳仲冬須生地黃：須，要索。地黃，《本草》曰：「地黃，葉如甘露子，花如脂麻花，但有細斑點，北人謂之牛妳子。二月八月，採根陰乾，解諸熱，破血通利月水。」㉑熙下有司切責，不得而斬之：按〈慕容熙載記〉作：「皆下有司切責，不得加以大辟。」是不得而斬之，當改作不得則斬之，方較妥當。㉒燕王熙為其后苻氏起承華殿……不得而斬之。按此段乃錄自〈慕容熙載記〉，字句大致相同。㉓懣絕：煩悶而絕倒也，音悶。㉔設位：設苻后之靈位。㉕案檢：

考案檢查。㉖含辛以為淚：辛謂薑辣椒之屬，抹於眼中，則眼淚自流而下。含辛以為淚，即指此而言。㉗襚鞾：送終曰襚，鞾，靴本字，襚音遂。㉘璆：音求。㉙兵民戶：兵戶及民戶。㉚率營陵：皆往構陵。㉛費殫府藏：殫，竭盡。謂所費用者，竭盡府庫之藏。㉜苻氏卒……段氏去尊號，出居外宮：按此段乃錄自〈慕容熙載記〉，字句大致相同。㉝別駕：《晉書・職官志》：「州置刺史、別駕、治中從事、諸曹從事等員。」㉞盛復通於晉：孝武太元十九年楊盛來稱藩，其後所以不與晉通者，以桓玄之亂故，今桓玄滅，故又遣使來。又盛復通於晉，衡之《通鑑》書晉文例，此可改作盛復遣使來朝。至下之晉字，則可如胡三省所云，當作詔字。㉟行梁州刺史：謂代理梁州刺史。㊱魁岸：魁梧高岸。㊲美容儀：容貌儀表甚美。㊳性辯慧：資性辨解聰慧。㊴寵遇踰於勳舊：謂寵幸恩遇過於勳臣元老。㊵興弟邕諫曰，勃勃不可近也：按錄諫諍語，當載其所諫之理由，然後讀者方知其充足與否。今僅言勃勃不可近也，實令讀者無以知其當否，〈赫連勃勃載記〉原作：「興弟邕言於興曰：『勃勃天性不仁，難以親近。』」此二句當悉以錄入，以明邕之立論根據。㊶三城：《魏書・地形志》偏城郡廣武縣有三城。㊷配之：配與之。㊸奉上慢：事君上傲慢。㊹御眾殘：使士卒殘酷。㊺輕為去就：隨意去就，言其不忠貞。㊻寵之踰分：寵幸之踰過分度。㊼初魏主珪滅劉衛辰……及雜虜二萬餘落鎮朔方：按此段乃錄自〈赫連勃勃載記〉，字句大致相同。㊽仍送：因送。㊾偽畋：偽獵。㊿並其眾：並合其人眾。(51)自謂夏后氏之苗裔：《史記》及《漢書》匈奴傳，皆云匈奴夏后氏苗裔，淳維之後。(52)龍升：謂如龍之升天也。(53)力俟提為大將軍封魏公：按

〈赫連勃勃載記〉力俟提作力侯提。(五四)柔然可汗社崙獻馬八千匹於秦……乙斗為右僕射：按此段乃錄自〈赫連勃勃載記〉，字句大致相同。(五五)幽閉：幽囚禁閉。(五六)皆類秦人：皆似秦人。(五七)慕而效之：歆慕而仿效之。(五八)賀狄干久在長安……並其弟歸殺之。按此段乃錄自魏書賀狄干傳，字句大致相同。(五九)徒跣：徒步跣足。(六〇)亡命：《史記・張耳傳》索隱崔浩曰：「亡，無也；命，名也。逃匿則削除名籍，故以逃為亡命。」(六一)賦役繁數：賦稅徭役繁重頻數。(六二)民不堪命：民不能負任其命令之所要索。(六三)還首無路：還朝自首而無途徑。(六四)事之不捷：事不成功。(六五)使婦人御：使婦人御車，蓋婦人御車，則中所坐者，多為女子也。(六六)初中衞將軍馮跋……匿於北部司馬孫護之家：按此段乃錄自〈馮跋載記〉，字句大致相同。(六七)河間淫虐：熙初封河間王，故以稱之。淫虐，荒淫暴虐。(六八)高氏名家：高氏中之著名門戶。(六九)雲以疾辭……扶之而出：按此段乃錄自〈慕容雲載記〉，而多有刪削。(七〇)禁衞：禁中之宿衞者。(七一)授甲：授徒眾以鎧甲。(七二)鼠盜：按《史記・叔孫通傳》：「四方輻輳，安敢有反者，此特羣盜鼠竊狗盜爾。」熙言正用此意，特改鼠竊為鼠盜耳。鼠盜乃指小盜而言。(七三)貫甲：擐甲。(七四)尚方：《宋書・百官志》上：「右尚方令丞各一人，並掌造軍器。……漢東京太僕屬官有考工令，主兵器弓弩刀鎧之屬，及織綬諸雜工。然則考工令如今尚方。」又〈慕容熙載記〉有：「推慕容雲為主，發尚方徒五千餘人，閉門距守。」由所言尚方徒有五千餘人之多推之，亦知燕之尚方亦必主兵器之製造焉。(七五)效順：謂效順於熙。(七六)唯俟軍至：謂但俟大軍之至。(七七)熙從溝下潛遁：熙從溝中偷遁。(七八)所適：所至。(七九)大事垂捷：猶大事將成。(八〇)城內企遲：城內之人企望遲待。(八一)稽留：延稽停留。(八二)先往趣城：先往促城中營兵立行發動。(八三)吾得如意：吾得如意之所願，亦即戰據全城。(八四)投仗請降：投器仗於地，而請歸降。(八五)復下城赴苑：復由城而下赴龍騰苑中。(八六)熙退入龍騰苑，尚方兵褚頭踰城從熙……復下城赴苑，遂皆潰去：按此段不見〈慕容熙載記〉，《通鑑》乃別有所據。核此段乃述熙部屬之欲援熙以攻叛黨，是熙亦非獨夫，此與〈熙載記〉所述熙之寵幸苻后，殘殺大臣，及賦役繁興，民不堪命，頗相衝突。大抵熙之行事，諸家以關係立場不同，而記載因之各異，修《晉書》之史臣亦或得見此諸書，而以諸說不同，遂舍其違異者，而一以燕史官所錄為準。《通鑑》則將此不同諸書之說，並加載記，而遂與《晉書》所傳慕容熙之善惡，頗相逕庭焉。(八七)復貳於秦：復攜貳於秦，亦即叛秦。(八八)邀：邀約。(八九)太樂諸伎悉入于燕：長安之陷，太樂諸伎入于西燕，西燕之亡，慕容垂收以歸於中山，中山之陷，相率奔鄴，由是南燕得之。太樂，謂太樂署；伎乃指樂伎能歌舞者而言。(九〇)吳口千人：謂晉人千口。(九一)私親：謂超母。(九二)兵連禍結：謂戰爭綿延，禍災連結。(九三)此既能往：謂燕既能往掠晉之人口。(九四)彼亦能來：謂晉亦自能來俘虜燕之居民。(九五)靳惜：吝惜。(九六)虛名：指君王之名言。(九七)降屈：卑降屈服。(九八)中書令韓範嘗與秦王俱為苻氏太子舍人：據〈慕容超載記〉太子舍人作太子中舍人。查《晉書・職官志》太子宮中有中舍人四人，以舍人才學美者為之，與中庶子共掌文翰。又有舍人十六人。是此二職，太子宮中俱設有也。(九九)稱藩奉表：稱藩臣，奉表疏。(一〇〇)家屬：家中所屬之人。(一〇一)員外散騎常侍：《宋書・百官志》下：「通直散騎常侍四人，魏末散騎常侍又有在員外者。員外散騎常侍魏末置，無員。」(一〇二)今宜北面受詔：今宜身向北面奉受其詔書。㉓大燕七聖重光：自廆、皝、儁、暐至垂、德、超凡七主。㉔屈節：屈體。㉕南燕主超母妻猶在秦……遂北面受詔：按此段雖本於〈慕容超載記〉，而間有溢出。㉖人之所以重生：人之所以重視生命。㉗實有生理可保：實因有生存之理可以保賴。㉘情地：情形地步。㉙生塗已竭：謂生路已盡，蓋指其父瑾伯璩舉家為蜀人所滅而言。㉚借命朝露：假借性命，蓋謂尚苟活人間，而不即徇難。朝露易晞，言不久生。㉛庶憑天威：庶，庶幾；猶希冀也。天威，天子之威靈。㉜違期：背違時日。㉝效死：致死。㉞救援理絕：救援之道絕。㉟濟：成就。㊱襄城太守劉敬宣：胡三省曰：「晉氏南渡，置襄城郡於江南，仍領繁昌等縣。孝武罷襄城郡為繁昌縣，屬淮南僑郡，今太平州繁昌縣，即其地，繁昌本漢潁川郡屬縣，因僑立，而是縣之名，遂移於江南。此襄城，蓋敬宣以舊郡僑領太守也。」㊲庾岳：《魏書‧庾業延傳》：「業延後賜名岳。」是原名業延，而後改名岳也。㊳服飾鮮麗：服用裝飾鮮美華麗。㊴風采：賅括言論舉動及態度而言。㊵擬則人君：比擬仿效人君所為。㊶珪收岳殺之：按此實不足以招致岳之誅戮，特以「珪時既不豫，多所猜惡，」（〈庾業延傳〉語）遂妄遭殺身之禍耳。㊷候官告司空庾岳……珪收岳殺之：按此段乃錄自《魏書‧庾業延傳》，字句幾全相同。㊸均石：胡三省曰：「均石在張掖之東，西陝之西，蓋西郡界。」㊹南燕主超使左僕射張華……乃還超母妻：按此段乃錄自〈慕容超載記〉，文字大致相同。㊺厚其資禮：加厚其幣帛禮儀。㊻馬耳關：據《水經注》濟南臺縣有馬耳山關，盧水出焉。《魏書‧地形志》：「泰山郡臺縣有馬耳山。」㊼破鮮卑薛千等三部：〈赫連勃勃載記〉，薛千作薛干。㉘憑係：憑依維係。㉙饒沃：富饒肥沃。㉚草創：謂初創。㉛專固一城：專力固守一城。㉜并力：合力。㉝驍騎風馳：驍騎，驍勇之騎卒，風馳，喻其速也。㉞不意：不能意料。㉟犇命：謂奔赴命令。㊱游食自若：優游而食，自若，自如。喻甚暇逸也。㊲在吾計中：在吾計策之中。㊳城門不晝啟：謂城門晝間不敢開啟，以喻秦畏懼之甚。㊴黃兒之言：〈赫連勃勃載記〉：「黃兒，姚邕小字。」㊵支陽：晉張實分屬廣武郡。㊶天姿：天生之容姿。㊷御軍：猶治軍。㊸溫圍：《水經注》：「河水北過武威溫圍縣東北。」㊹萬斛堆：近水之堆名。㊺阻水：憑水以為險阻。㊻積尸而封之：積尸於一處，而上以土封之。㊼髑髏：頭骨，音獨婁。㊽夏王勃勃破鮮卑薛干等三部……敗秦將張佛生於青石原，俘斬五千餘人：按此一大段乃錄自〈赫連勃勃載記〉，字句大致相同。㊾駭怨：驚駭怨恨。㊿屠各：匈奴種之一部。(五一)責躬：責己。(五二)傉檀懼外寇之逼……傉檀皆殺之：按此段乃錄自〈禿髮傉檀載記〉，字句大致相同。(五三)未報：未報聞，亦即未回覆也。(五四)間行：由小道而來。

四年（西元四〇八年）

㈠春，正月，甲辰，以琅邪王德文領司徒，劉毅等不欲劉裕入輔政，議以中領軍謝混為揚州刺史，或欲令裕於丹徒領揚州，以內事付孟昶，遣尚書右丞㊀皮沈以二議諮㊁裕。沈先見裕記室錄事參軍劉穆之，具道朝議㊂，穆之偽起如廁㊃，密疏㊄白裕曰：「皮沈之言不可從。」裕既見沈，且令出外呼穆之問之，穆之曰：「晉朝失政日久，天命已移，公興復皇祚，勳高位重，今日形勢，豈得居謙，遂㊅為守藩之將耶！劉孟㊆諸公與公俱起布衣㊇，共立大義，以取富貴，事有先後㊈，故一時相推，非為委體㊉心服，宿定臣主之分⑪也。力敵埶均，終相吞噬。揚州根本所係，不可假人⑫，前者以授王謐，事出權道，今若復以佗授⑬，便應受制於人，一失權柄，無由可得，將來之危，難可熟念⑭。今朝議如此，宜相酬答⑮，必云在我⑯，措辭又難⑰，唯應云『神州治本⑱，宰輔崇要⑲，此事既大，非可懸論⑳，便暫入朝共盡同異㉑。』公至京邑，彼必不敢越公㉒，更授㉓餘人明矣。」裕從之㉔。朝廷乃徵裕為侍中、車騎將軍、開府儀同三司、揚州刺史、錄尚書事、徐兗二州刺史如故。裕表解兗州，以諸葛長民為青州刺史，鎮丹徒，劉道憐為并州刺史，戍石頭。

庚申，武陵忠敬王遵薨。
(二)魏主珪如豺山宮，遂至寧川。南燕主超尊其母段氏為皇太后，妻呼延氏為皇后，超祀南郊，有獸如鼠而赤，大如馬，來至壇側，須臾，大風晝晦，羽儀帷幄(三五)皆毀裂。超懼，以問太史令成公綏，對曰：「陛下信用姦佞(三六)，誅戮賢良，賦歛繁多，事役殷重(三七)之所致也。」超乃大赦，出公孫五樓等，俄而復用之(三八)。
(三)北燕王雲立妻李氏為皇后，子彭城為太子(三九)。
(四)三月，庚申，葬燕王熙及苻后於徽平陵，謚熙曰昭文皇帝。
(五)高句麗遣使聘北燕，且敍宗族，北燕王雲遣侍御史李拔報之。
(六)夏，四月，尚書左僕射孔安國卒，甲午，以吏部尚書孟昶代之。
(七)北燕大赦。
五月，北燕以尚書令馮萬泥為幽冀二州牧，鎮肥如，中軍將軍馮乳陳為幷州牧，鎮白狼，撫軍大將軍馮素弗為司隸校尉，司隸校尉務銀提為尚書令。
(八)譙縱遣使稱藩於秦，又與盧循潛通，縱上表請桓謙於秦，欲與之共擊劉裕，秦王興以問謙，謙曰：「臣之累世，著恩荊楚，若得因巴蜀之資㉚，順流東下，士民必翕然㉛響應。」興曰：「小水不容巨魚，若縱之才力自足辦事，亦不假君以為鱗翼㉜。宜自求多福。」遂遣之。謙至成都，虛懷引士，縱疑之，置於龍格㉝，使人守之。謙泣謂諸弟曰：「姚主之言神矣㉞㉟。」

(九)秦王興以禿髮傉檀外內多難㊱，欲因而取之，使尚書郎韋宗往覘之。傉檀與宗論當世大略㊲，縱橫無窮，宗退歎曰：「奇才英器㊳，不必華夏㊴；明智敏識，不必讀書㊵。吾乃今知九州之外，五經之表㊶，復自有人也。」歸言於興曰：「涼州雖弊㊷，傉檀權譎㊸過人，未可圖也。」興曰：「劉勃勃以烏合之眾，猶能破之，況我舉天下之兵，以加之乎！」宗曰：「不然，形移勢變㊹，返覆萬端㊺，陵人者易敗，戒懼者難攻。傉檀之所以敗於勃勃者，輕之也。今我以大軍臨之，彼必懼而求全。臣竊觀羣臣才略，無傉檀之比㊻者，雖以天威臨之，亦未敢保其必勝也。」興不聽，使其子中軍將軍、廣平公弼、後軍將軍斂成、鎮遠將軍乞伏乾歸，帥步騎三萬襲傉檀，左僕射齊難帥騎二萬討勃勃。吏部尚書尹昭諫曰：「傉檀恃其險遠，故敢違慢[47]，不若詔沮渠蒙遜及李暠討之，使自相困斃，不必煩中國之兵也。」亦不聽，興遣傉檀書曰：「今遣齊難討勃勃，恐其西逸[48]，故令弼等於河西邀之[49]。」傉檀以為然，遂不設備。

弼濟自金城，姜紀言於弼曰：「今王師聲言討勃勃，傉檀猶豫，守備未嚴[50]，願給輕騎五千，掩其城門[51]，則山澤之民，皆為吾有，孤城無援，可坐克也[52]。」弼不從。進至漠口[53]，昌松太守蘇霸閉城拒之，弼遣人諭之[54]使降，霸曰：「汝棄信誓[55]而伐與國[56]，吾有死而已，何降之有！」弼進攻斬之，長驅至姑臧，傉檀嬰城固守，出奇兵擊弼，破之，弼退據西苑。城中人王鍾等謀為內應，事泄，傉檀欲誅首謀者，而赦其餘。前軍將軍伊力延侯曰：「今彊寇在外，而姦人竊發於內，危孰甚焉[57]！不悉阬之，何以懲後[58]。」傉檀從之，殺五千餘人，命郡縣悉散牛羊於野。斂成縱兵鈔掠，傉檀遣鎮北大將軍俱延、鎮軍將軍敬歸等擊之，秦兵大敗，斬首七千餘級。姚弼固壘(五九)不出，傉檀攻之，未克。秋，七月，興遣衞大將軍、常山公顯帥騎二萬，為諸軍後繼，至高平，聞弼敗，倍道(六〇)赴之。顯遣善射者孟欽等五人，挑戰於涼風門，弦未及發，傉檀材官將軍宋益等迎擊，斬之，顯乃委罪(六一)斂成，遣使謝傉檀，慰撫河外，引兵還(六二)。傉檀遣使者徐宿詣秦謝罪。

夏王勃勃聞秦兵且至，退保河曲。齊難以勃勃既遠，縱兵野掠，勃勃潛師襲之，俘斬七千餘人；難引兵退走，勃勃追至木城，禽之，虜其將士萬三千人。於是嶺北夷夏附於勃勃者，以萬數，勃勃皆置守宰以撫之(六三)。

(十)司馬叔璠自蕃城寇鄒山，魯郡太守徐邕棄城走，車騎長史劉鍾擊却之。

(十一)北燕王雲封慕容歸為遼東公，使主燕祀。

(十二)劉敬宣既入峽(六四)，遣巴東太守溫祚以二千人出外水，自帥益州刺史鮑陋、輔國將軍文處茂、龍驤將軍時延祖，由墊江(六五)轉戰(六六)而前，譙縱求救於秦，秦王興遣平西將軍姚賞、南梁州刺史王敏，將兵二萬赴之。敬宣軍至黃虎，去成都五百里，縱輔國將軍譙道福悉眾拒嶮[六七]，相持六十餘日，敬宣不得進，食盡，軍中疾疫，死者太半[六八]，乃引軍還。敬宣坐免官，削封三分之一[六九][七〇]。荊州刺史劉道規以督統降號建威將軍。九月，劉裕以敬宣失利，請遜位，詔降為中軍將軍、開府如故。劉毅欲以重灋繩敬宣，裕保護之。何無忌謂毅曰：「柰何以私憾傷至公[七一]。」毅乃止。

(七二)乞伏熾磐以秦政浸衰[七二]，且畏秦之攻擊，冬，十月，招結[七三]諸部二萬餘人，築城於嵻崀山，而據之。

(七四)十一月，禿髮傉檀復稱涼王，大赦，改元嘉平，置百官，立夫人折掘氏為王后，世子武臺為太子[七四]、錄尚書事，左長史趙鼂、右長史郭倖為尚書左右僕射，昌松侯俱延為太尉[七五]。

(七五)南燕汝水竭[七六]。河凍皆合[七七]，而澠水不冰。南燕主超惡之，問於李宣，對曰：「澠水無冰，良由逼帶京城[七八]，近日月也[七九]。」超大悅，賜朝服一具[八〇]。

(七六)十二月，乞伏熾磐攻彭奚念於枹罕，為奚念所敗而還。

㈦是歲，魏主珪殺高邑公莫題。初，拓跋窟咄之伐珪也，題以珪年少，潛以箭遺窟咄曰：「三歲犢豈能勝重載邪㉑！」珪心銜之㉒，至是或告題居處㉓倨傲，擬則人主者；珪使人以箭示題，而謂之曰：「三歲犢果如何㉔！」題父子對泣，詰朝㉕收斬之㉖。

【今註】㈠尚書右丞：《晉書・職官志》：「左右丞，自漢武帝建始四年置尚書，而便置丞。晉右丞掌臺內庫藏廬舍，凡諸器用之物，及廩振人租布，刑獄兵器，督錄遠道文書章表奏事。」㈡諮探詢其所懷意見。㈢具道朝議：完全將朝廷大臣之議論說出。㈣如廁：至廁所。㈤密疏：秘密之表疏。㈥遂：竟。㈦劉孟：劉毅孟昶。㈧俱起布衣：俱起於平民之中。㈨事有先後：舉事須有首腦與輔佐之別。先後猶上下也。㈩委體：委身。⑪宿定臣主之分：謂君臣之分已早固定。⑫假人：假借於人。⑬佗授：佗同他，授與他人。⑭將來之危難可熟念：按《宋書・劉穆之傳》作：「將來之危難，可不熟念」。可不熟念，謂豈可不熟慮之。《宋書》之文較晰，可下應從添一不字。⑮酬答：猶報答。⑯必云在我：謂必云須我為揚州刺史。⑰措辭又難：謂又不好如此措辭。⑱神州治本：謂神州乃為治之根本。⑲崇要：高崇重要。⑳懸論：謂在隔離之懸遠地方討論。㉑共盡同異：共同傾盡同異之論。㉒越公：越過你。㉓更授：改授。㉔劉毅等不欲劉裕入輔政……更授餘人明矣，裕從之：按此段乃錄自《宋書・劉穆之傳》，除刪省外，字句幾全相同。㉕帷幄：賈公彥曰：

「在旁曰帷，四合象宮室曰幄」。〔二六〕姦佞：姦邪佞幸。〔二七〕殷重：繁重。〔二八〕南燕主超尊其母段氏為皇太后……俄而復用之：按此段乃錄自〈慕容超載記〉，字句幾全相同。〔二九〕北燕王雲立子彭城為太子：按〈慕容盛載記〉，子彭城作子彭。〔三〇〕因巴蜀之資：憑巴蜀之資藉。〔三一〕翕然：合然。〔三二〕鱗翼：猶魚之於鱗鳥之於翼，謂倚賴甚殷切也。〔三三〕龍格：胡三省曰：「蓋即今成都府廣都縣龍爪灘之地。」〔三四〕姚主之言神矣：謂姚興之言，靈驗如神。〔三五〕譙縱遣使稱藩於秦……姚主之言神矣：按此段乃錄自〈桓彝附謙傳〉，字句大致相同。〔三六〕秦王興以禿髮傉檀外內多難：〈禿髮傉檀載記〉云：「姚興以傉檀外有陽武之敗，內有邊梁之亂。」文所云之外內多難，即指上述而言。〔三七〕當世大略：治世重大謀略。〔三八〕英器：英俊之器。〔三九〕不必華夏：不必出於中國。〔四〇〕不必讀書：不必經由讀書，而始能明智敏識。〔四一〕五經之表：表亦外也。〔四二〕弊：破弊。〔四三〕權譎：權詐。音決。〔四四〕形移勢變：即形勢變易。〔四五〕返覆萬端：反覆變化甚多。〔四六〕無傉檀之比：無傉檀之匹。〔四七〕違慢：違命傲慢。〔四八〕西逸：向西逃逸。〔四九〕邀之：攔截之。〔五〇〕未嚴：未嚴密。〔五一〕掩其城門：掩襲其城門。〔五二〕可坐克也：喻攻下之易。〔五三〕漠口：《魏書・地形志》昌松郡有漠口縣。〔五四〕諭之：曉諭之。〔五五〕信誓：信約盟誓。〔五六〕與國：相與之國，亦即友好之國。〔五七〕危孰甚焉：危險何有甚於此者。〔五八〕懲後：懲戒後者。〔五九〕固壘：固守壘中。〔六〇〕倍道：〈禿髮傉檀載記〉作兼道，意正相同。〔六一〕委罪：委卸罪咎。〔六二〕秦王興以禿髮傉檀外內多難……慰撫河外引兵還：按此一大段乃錄自〈禿髮傉檀載記〉，及〈姚興載記〉下，字句大致相同。〔六三〕夏王勃勃聞秦兵且至……勃勃皆置守宰以撫之：按此段乃錄自〈赫連勃勃載記〉，字句大致相同。(六四)既入峽：按此峽即三峽也。(六五)墊江：今四川省合川縣治。(六六)轉戰：輾轉戰鬭。(六七)拒嶮：嶮同險，依險抗拒。(六八)太半：謂三分之二。(六九)削封三分之一：削減封戶三分之一。(七〇)劉敬宣既入峽……削封三分之一：按此段乃錄自《宋書・劉敬宣傳》，除敍事稍有溢出外，其餘字句幾全相同。(七一)私憾傷至公：以私人憾恨而傷大公之事。(七二)浸衰：漸衰。(七三)招結：招合集結。(七四)世子武臺為太子：胡三省曰：「武臺本名虎臺，唐人作晉書，避唐祖諱，改虎為武，通鑑因之。」(七五)禿髮傉檀復稱涼王……昌松侯俱延為太尉：按此段乃錄自〈禿髮傉檀載記〉，字句完全相同。(七六)汝水竭：按〈慕容超載記〉，汝作女。(七七)河凍皆合：按〈慕容超載記〉作「河濟凍合」。核云合，意已足，不煩復加皆字，應改從載記。(七八)逼帶京城：逼近圍繞京城。(七九)近日月也：日月暗指天子，此處乃指慕容超而言，以日月發熱，故近日月，則水不凍也。此純係阿諛之辭。(八〇)朝服一具：參朝之服一襲或一套。(八一)潛以箭遺窟咄曰，三歲犢豈能勝重載邪：按潛以箭，乃將書札藏於箭桿之中，而暗遺之。又三歲犢乃輕珪之年少，謂其不能任國事也。(八二)銜之：銜恨之。(八三)居處：謂居止，亦即動靜。(八四)三歲犢果何如：魏書莫題傳作三歲犢能勝重載不。皆含反譏之意。(八五)詰朝：旦明。(八六)初拓跋窟咄之伐珪也……詰朝收斬之。按此段乃錄自魏書莫題傳，字句大致相同。

卷一百一十五　晉紀三十七

起屠維作噩，盡上章閹茂，凡二年。（己酉至庚戌。西元四〇九年至四一〇年）

司馬光編集
曲守約註

安皇帝庚

義熙五年（西元四〇九年）

㈠春，正月，庚寅朔，南燕主超朝會羣臣，歎太樂不備。議掠晉人以補伎㊀，領軍將軍韓諱㊁曰：「先帝以舊京傾覆，戢翼三齊㊂，陛下不養士息民，以伺魏釁，恢復先業㊃；而更侵掠南鄰，以廣讎敵㊄，可乎！㊅」超曰：「我計已定，不與卿言㊆。」

㈡辛卯，大赦。

㈢庚戌，以劉毅為衞將軍、開府儀同三司，毅愛才好士，當世名流㊇，莫不輻輳㊈；獨揚州主簿吳郡張邵不往。或問之，邵曰：「主公㊉命世人傑㊀，何煩㊁多問㊂。」

㈣秦王興遣其弟平北將軍沖、征虜將軍狄伯支等帥騎四萬，擊夏王勃勃。沖至嶺北，謀還襲長安，伯支不從而止；因酖殺伯支以滅口㈣。

㈤秦王興遣使冊拜譙縱為大都督、相國、蜀王，加九錫，承制封拜㈤，悉如王者之儀㈥。

㈥二月，南燕將慕容興宗、斛穀提、公孫歸等帥騎寇宿豫㈦拔之，大掠而去，簡男女㈧二千五百，付太樂教之。歸、五樓之兄也。是時五樓為侍中尚書、領左衛將軍，專摠朝政，宗親㈨並居顯要㈩，王公內外㈠，無不憚之。南燕主超論宿豫之功，封斛穀提等並為郡縣公㈡。桂林王鎮諫曰：「此數人者，勤民頓兵㈢，為國結怨，何功而封？」超怒不答。尚書都令史王儼諂事五樓，比歲㈣屢遷官，至左丞，國人為之語曰：「欲得侯，事五樓。」超又遣公孫歸等寇濟南，俘男女千餘人而去㈤。自彭城以南，民皆堡聚㈥以自固，詔幷州刺史劉道憐鎮淮陰以備之。

㈦乞伏熾磐入見秦太原公懿於上邽，彭奚念乘虛伐之，熾磐聞之，怒，不告懿而歸擊奚念，破之，遂圍枹罕。乞伏乾歸從秦王興如平涼，熾磐克枹罕，遣人告乾歸，乾歸逃還苑川。馮翊人劉厥聚眾數千，據萬年作亂，秦太子泓遣鎮軍將軍彭白狼帥東宮禁兵㉗討之，斬厥，赦其餘黨。諸將請露布表言廣其首級㉘，泓不許，曰：「主上委吾後事㉙，不能式遏㉚寇逆，當責躬㉛請罪，尚敢矜誕㉜自為功乎㉝㉞！」秦王興自平涼如朝那，聞姚沖之謀㉟，賜沖死。

㈧三月，劉裕抗表㊱伐南燕，朝議皆以為不可；惟左僕射孟昶、車騎司馬謝裕、參軍臧熹以為必克，勸裕行。裕以昶監中軍留府事㊲，謝裕，安之兄孫也。初，苻氏之敗也，王猛之孫鎮惡來奔，以為臨澧令㊳，鎮惡騎乘非長，關弓甚弱㊴，而有謀略，善果斷㊵，喜論軍國大事。或薦鎮惡於劉裕，裕與語，說之，因留宿。明旦，謂參佐㊶曰：「吾聞將門有將，鎮惡信然㊷。」即以為中軍參軍㊸。恒山崩。

㈨夏，四月，乞伏乾歸如枹罕，留世子熾磐鎮之，收其眾得二萬，徙都度堅山。

(十)雷震魏天安殿東序(四四)，魏主珪惡之，命左校以衝車(四五)攻東西序皆毀之。初，珪服寒食散(四六)，久之，藥發，性多躁擾(四七)，忿怒無常，至是寖劇(四八)；又災異數見，占者(四九)多言，當有急變生肘腋(五〇)。珪憂懣(五一)不安，或數日不食，或達旦(五二)不寐，追計(五三)平生成敗得失，獨語不止。疑羣臣左右，皆不可信，每百官奏事至前，追記其舊惡，輒(五四)殺之。其餘，或顏色變動，或鼻息不調(五五)，或步趨失節(五六)，或言辭差謬，皆以為懷惡在心，發形(五七)於外，往往手擊殺之(五八)。死者皆陳天安殿前。衞廷人不自保(五九)，百官苟免(六〇)，莫相督攝(六一)，盜賊公行，里巷之間，人為希少(六二)。珪亦知之，曰：「朕故縱之使然(六三)，待過災年(六四)，更當清治之(六五)耳(六六)。」是時，羣臣畏罪，多不敢求親近，唯著作郎崔浩恭勤不懈，或終日不歸，浩、吏部尚書宏之子也，宏未嘗忤旨(六七)，亦不諂諛，故宏父子獨不被譴(六八)(六九)。

(十一)夏王勃勃率騎二萬攻秦，掠取平涼(七〇)雜胡七千餘戶，進屯依力川(七一)。

(十二)己巳，劉裕發建康(七二)，帥舟師自淮入泗。五月，至下邳，留船艦輜重，步進至琅邪，所過皆築城，留兵守之。或謂裕曰：「燕人若塞大峴〔七三〕之險，或堅壁清野，大軍深入，不唯無功，將不能自歸奈何〔七四〕？」裕曰：「吾慮之熟矣〔七五〕。鮮卑貪婪〔七六〕，不知遠計，進利虜獲〔七七〕，退惜禾苗，謂我孤軍遠入，不能持久，不過進據臨朐〔七八〕，退守廣固〔七九〕，必不能守險清野。敢為諸君保之〔八〇〕〔八一〕。」

南燕主超聞有晉師，引羣臣會議，征虜將軍公孫五樓曰：「吳兵輕果〔八二〕，利在速戰，不可爭鋒，宜據大峴，使不得入，曠日延時〔八三〕，沮〔八四〕其銳氣；然後徐簡精騎二千，循海〔八五〕而南，絕其糧道；別敕段暉帥兗州之眾，緣山〔八六〕東下，腹背擊之。此上策也。各命守宰〔八七〕，依險自固，校〔八八〕其資儲之外，餘悉焚蕩〔八九〕，芟〔九〇〕除禾苗，使敵無所資，彼僑軍〔九一〕無食，求戰不得，旬月之間，可以坐制〔九二〕。此中策也。縱賊入峴，出城逆戰。此下策也。」超曰：「今歲星居齊，以天道推之，不戰自克，客主埶殊。以人事言之，彼遠來疲弊，埶不能久，吾據五州之地〔九三〕，擁〔九四〕富庶之民，鐵騎萬羣〔九五〕，麥禾布野，柰何芟苗徙民，先自蹙弱〔九六〕乎！不如縱使入峴，以精騎蹂之〔九七〕，何憂不克！」輔國將軍、廣寧王賀賴盧苦諫，不從，退謂五樓曰：「必若此，亡無日矣(九八)。」太尉桂林王鎮曰：「陛下必以(九九)騎兵利平地者，宜出峴逆戰，戰而不勝，猶可退守；不宜縱敵入峴，自棄險固(一〇〇)也。」超不從。鎮出謂韓諱(一〇一)曰：「主上既不能逆戰(一〇二)卻敵，又不肯徙民清野，延敵入腹(一〇三)，坐待攻圍，酷似劉璋矣(一〇四)。今年國滅，吾必死之。卿中華之士，復為文身矣(一〇五)。」超聞之，大怒，收鎮下獄(一〇六)。乃攝(一〇七)莒梁父二戍，脩城隍(一〇八)，簡士馬以待之。

劉裕過大峴，燕兵不出，裕舉手指天，喜形於色。左右曰：「公未見敵而先喜，何也？」裕曰：「兵已過險，士有必死之志(一〇九)；餘糧棲畝(一一〇)，人無匱乏之憂：虜已入吾掌中矣(一一一)。」六月，己巳，裕至東莞(一一二)。超先遣公孫五樓、賀賴盧、及左將軍段暉等，將步騎五萬，屯臨朐，聞晉兵入峴，自將步騎四萬往就之。使五樓帥騎進據巨蔑水(一一三)，前鋒孟龍符與戰，破之，五樓退走。裕以車四千乘，為左右翼，方軌徐進，與燕兵戰於臨朐南，日向昃(一一四)，勝負猶未決(一一五)，參軍胡藩言於裕曰：「燕悉兵(一一六)出戰，臨朐城中，留守必寡，願以奇兵從間道，取其城，此韓信所以破趙也㉗。」裕遣藩及諮議參軍檀韶、建威將軍河內向彌，潛師出燕兵之後，攻臨朐㉘，聲言㉙：「輕兵自海道至矣。」向彌擐甲㉚先登，遂克之。超大驚，單騎就段暉於城南，裕因縱兵奮擊，燕眾大敗，斬段暉等大將十餘人，超遁還廣固，獲其玉璽、輦及豹尾㉛。裕乘勝逐北，至廣固，丙子，克其大城，超收眾入保小城㉜。裕築長圍守之，圍高三丈，穿塹㉝三重㉞，撫納降附，采拔㉟賢俊，華夷大悅。於是因齊地糧儲，悉停江淮漕運㊱。

【今註】㊀議掠晉人以補伎：商議掠俘晉人以補女伎之數。㊁領軍將軍韓諱：按〈慕容超載記〉作領軍韓譔。㊂戢翼三齊：戢翼，斂翼。全句意謂退至三齊。㊃先業：祖先之基業。㊄以廣讎敵：以增益讎敵。㊅可乎：謂豈可以乎？㊆南燕主超朝會羣臣……不與卿言：按此段乃錄自〈慕容超載記〉，字句大致相同。㊇名流：著名之人士。㊈輻輳：輳，聚也；言如車輻之聚於轂也。㊉主公：劉裕領揚州，故稱之為主公。⑪命世人傑：命世，猶名世，謂世間著名之人傑。⑫何煩：何勞。⑬毅愛才好士……何煩多問：按此段乃錄自《宋書・張邵傳》，字句幾全相同。⑭秦王興遣其弟平北將軍沖……因酖殺伯支以滅口：按此段乃錄自〈姚興載記〉，字句大致相同。⑮承制封拜：承天子之制冊，而在境內專自封官拜爵。⑯悉如王者之儀：皆如王者之禮儀。⑰宿豫：胡三省曰：「宿豫城在淮北，帝置宿豫郡，又宿豫縣，唐代宗諱豫，改為宿遷縣，屬徐州。」按即今江蘇省之宿遷縣。⑱簡男女：謂選男女。⑲宗親：宗族親戚。⑳顯要：顯赫要職。㉑王公內外：王侯公卿，朝廷內外大臣。㉒郡縣公：即封為郡公縣公。㉓勤民頓兵：謂勞民疲卒。㉔比歲：連年。㉕南燕將慕容興宗……俘男女千餘人而去。按此段乃錄自〈慕容超載記〉，字句大致相同。㉖堡聚：聚居堡中。㉗禁兵：侍衛宮禁之兵。㉘露布表言，廣其首級：謂發露布以宣佈之，並將其首級，巡行示眾。㉙委吾後事：任吾後方之事。㉚式遏：式，用；遏，止。㉛責躬：責己。㉜矜誕：矜伐誇誕。㉝自為功乎：自以為功乎。㉞馮翊人劉厥聚眾數千……尚敢矜誕自為功乎：按此段乃錄自〈姚泓載記〉，字句大致相同。㉟聞姚沖之謀：按〈姚興載記〉下：「興自平涼如朝那，聞沖謀逆。」是謀乃謀逆也。㊱抗表：違眾議而上表也。㊲監中軍留府事：謂監中軍將軍留府事。㊳臨澧令：晉武帝太康四年立臨澧縣，屬天門郡。㊴騎乘非長，關弓甚弱：按《宋書・王鎮惡傳》作：「騎乘非所長，關弓亦甚弱。」《通鑑》既刪去亦字，而為求二句之對稱，遂又省去所字，然所字實以存留為愈。關弓乃彎弓也。㊵果斷：當機立斷。㊶參佐：參軍事之僚佐。㊷鎮惡信然：觀之鎮惡，誠然如此。㊸初苻氏之敗也……即以為中軍參軍：按此段乃錄自《宋書・王鎮惡傳》，字句大致相同。㊹東序：《說文》段注：「堂上以東西牆為介，禮經謂正堂近序之處曰東序、西序。」㊺衝車：車名，用以衝突堅壁。㊻寒食散：已見上文。胡三省於此又增釋曰：「晉人多服寒食散，今千金方中有數方。蘇軾曰：『世有食鍾乳烏喙而縱酒色，以求長年者，蓋始於何晏。晏少而富貴，故服寒食散，以濟其欲。凡服之者，疽背嘔血相踵也。』」(四七)躁擾：暴躁煩擾。(四八)寖劇：漸甚。(四九)占者：占卜者。(五〇)肘腋：在兩臂之處，喻極近也。(五一)憂懣：憂懼煩悶。懣音悶。(五二)達旦：直至天亮。(五三)追計：追思計慮。(五四)輒：就。(五五)鼻息不調：氣一出一入謂之息。謂鼻間喘氣不勻調。(五六)步趨失節：步趨違失節度。(五七)發形：現狀。(五八)手擊殺之：親擊殺之。(五九)人不自保：每人皆不能保其性命。(六〇)百官苟免：百官只圖苟免於死。(六一)莫相督攝：不相監督攝管。(六二)人為希少：行人為之希少。(六三)故縱之使然：故意縱容之使其如此。(六四)災年：災異之年。(六五)清治之：肅清懲治之。(六六)初珪服寒食散……更當清治之耳：按此段乃錄自《魏書・太祖紀》，字句大致相同。(六七)忤旨：忤逆旨意。(六八)譴：責。(六九)崔浩崔宏，《魏書》有傳，惟崔宏則作崔玄伯。(七〇)平涼：據《魏書・地形志》，平涼城在漢安定鶉陰界。(七一)夏王勃勃率騎二萬攻秦……進屯依力川：按此段乃錄自〈赫連勃勃傳〉，字句大致相同。(七二)發建康：發自建康。(七三)大峴：《水經注》：「沭水出琅琊東莞縣西北山，東南流，右合峴水，水北出大峴山，今有大峴關。」峴音ㄒㄧㄢˋ。(七四)柰何：如何。(七五)吾慮之熟矣：吾已詳加考慮。(七六)貪婪：婪亦貪，音ㄌㄢˊ。(七七)進利虜獲：進則貪求俘虜奪獲。(七八)臨朐：今山東省臨朐縣。音劬。(七九)廣固：在今山東省益都縣。(八〇)敢為諸君保之：謂敢為諸君擔保之。(八一)或謂裕曰燕人若塞大峴之險……敢為諸君保之：按此段乃錄自《宋書・武帝紀》，字句多有改易。(八二)輕果：輕剽果敢。(八三)延時：延長時間。(八四)沮：喪。(八五)循海：沿海。(八六)緣山：循山。(八七)守宰：郡守縣宰。(八八)校：計校。(八九)焚蕩：焚燒滌除。(九〇)芟：刈草，音衫。(九一)僑軍：軍士僑居遠方。(九二)坐制：坐而制服之。(九三)吾據五州之地：胡三省曰：「南燕以幷州牧鎮陰平，幽州刺史鎮發干，徐州刺史鎮莒城，兗州刺史鎮梁父，青州刺史鎮東萊。所謂五州也。」(九四)擁：據有。(九五)鐵騎萬羣：因馬以羣為單位而計之，故曰萬羣。(九六)蹙弱：削弱。(九七)蹂之：蹂躪之。(九八)亡無日矣：滅亡不久矣。(九九)必以：猶誠以，係假設語，正意蓋謂其不能也。(一〇〇)險固：謂險固之地。(一〇一)韓諱：按〈慕容超載記〉作韓譔。上文亦有二處，《通鑑》作諱，而載記作譔。(一〇二)逆戰：迎戰。(一〇三)延敵入腹：延引敵人入於腹心。(一〇四)酷似劉璋矣：酷似，甚似。劉璋事見卷六十七漢獻帝建安十八年。(一〇五)復為文身矣：古者東南之民，斷髮文身，故鎮云然。(一〇六)下獄：置於獄中。(一〇七)攝：收。(一〇八)隍：城濠。(一〇九)士有必死之志：謂兵必奮勇爭先，致死於敵。(一一〇)棲畝：棲放於隴畝之中，謂燕人不芟除禾苗。(一一一)虜已入吾掌中矣：敵虜已在吾掌握之中。(一一二)東莞：今山東省沂水縣治。音ㄍㄨㄢˇ。(一一三)巨蔑水：胡三省曰：「水經謂巨洋水。水出朱虛縣太山北，過其縣西，又北過臨朐縣東，上下沿水，悉是劉裕伐廣固營壘所在。」(一一四)日向昃：謂日過中。(一一五)劉裕發建康，帥舟師自淮入泗……日向昃，勝負猶未決：按此一大段乃採揉〈慕容超載記〉及《宋書・武帝紀》二文而成，字句大致相同。(一一六)悉兵：全軍。(一一七)此韓信所以破趙也：事見卷九漢高帝三年。(一一八)參軍胡藩言於裕曰……攻臨朐。按此段乃錄自《宋書・胡藩傳》，字句多有改易。(一一九)聲言：猶宣言，揚言。(一二〇)擐甲：貫甲。(一二一)豹尾：《晉書・輿服志》：「法駕屬車三十六乘，最後車懸豹尾。」(一二二)克其大城，超收眾入保小城：按大城又名外城，亦即郭也，小城則一名內城。(一二三)塹：溝。(一二四)三重：三道。(三五)采拔：采同採，謂搜採選拔。(三六)燕眾大敗……悉停江淮漕運：按此段乃錄自《宋書・武帝紀》，字句稍有不同。

(一)超遣尚書郎張綱乞師於秦，赦桂林王鎮以為錄尚書、都督中外諸軍事，引見謝之，且問計焉。鎮曰：「百姓之心，係於一人(二七)，今陛下親董(二八)六師，奔敗而還，羣臣離心，士民喪氣；聞秦人自有內患(二九)，恐不暇(三〇)分兵救人；散卒還者尚有數萬，宜悉出金帛以餌之(三一)，更決一戰。若天命助我，必能破敵；如其不然，死亦為美。比於閉門待盡(三二)，不猶愈乎！」司徒樂浪王惠曰：「不然，晉兵乘勝，氣埶百倍，我以敗軍之卒當之，不亦難乎(三三)！秦雖與勃勃相持，不足為患，且與我分據中原，勢如脣齒，安得不來相救；但不遣大臣，則不能得重兵。尚書令韓範為燕秦所重(三四)，宜遣乞師。」超從之(三五)。

秋，七月，加劉裕北青冀二州刺史(三六)。南燕尚書略陽垣尊、及弟京兆太守苗，踰城(三七)來降，裕以為行參軍，尊苗皆超所委任，以為腹心者也。或謂裕曰：「張綱有巧思，若得綱使為攻具，廣固必可拔也。」會綱自長安還，太山太守申宣執之，送於裕，裕升綱於樓車[38]，使周城[39]呼曰：「劉勃勃大破秦軍，無兵相救。」城中莫不失色。江南每發兵，及遣使者至廣固，裕輒潛遣兵夜迎之，明日張旗鳴鼓而至[40]，北方之民，執兵[41]負糧歸裕者，日以千數。圍城益急，張華、封愷皆為裕所獲。超請割大峴以南地為藩臣，裕不許。

秦王興遣使謂裕曰：「慕容氏相與隣好，今晉攻之急，秦已遣鐵騎十萬屯洛陽，晉軍不還，當長驅而進。」裕呼秦使者謂曰：「語汝姚興[42]，我克燕之後，息兵[43]三年，當取關洛，今能自送[44]，便可速來。」劉穆之聞有秦使，馳入見裕，而秦使者已去，裕以所言告穆之；穆之尤之[45]，曰：「常日[46]事無大小，必賜預謀，此宜善詳[47]，云何[48]遽爾答之？此語不足以威敵，適足[49]以怒之。若廣固未下，羌寇奄至[50]，不審[51]何以待之？」裕笑曰：「此是兵機，非卿所解[52]，故不相語耳。夫兵貴神速，彼若審能[53]赴救，必畏我知，寧容[54]先遣信命[55]，逆設[56]此言，是自張大[57]之辭也。晉師不出，為日久矣（五八）。羌見伐齊（五九），殆將內懼，自保不暇，何能救人邪（六〇）！」

(二)乞伏乾歸復即秦王位，大赦，改元更始，公卿以下皆復本位（六一）。

(三)慕容氏在位者百餘家，謀逃去，魏主珪盡殺之。

(四)初，魏太尉穆崇與衞王儀伏甲（六二），謀弒魏主珪，不果；珪惜崇儀之功，秘而不問。及珪有疾，殺大臣，儀自疑而出亡，追獲之，八月，賜儀死（六三）。

(五)封融詣劉裕降。

(六)九月，加劉裕太尉，裕固辭。

(七)秦王興自將擊夏王勃勃，至貳城（六四），遣安遠將軍姚詳等分督租運，勃勃乘虛奄至（六五），興懼，欲輕騎就詳等，右僕射韋華曰：「若鑾輿（六六）一動，眾心駭懼，必不戰自潰（六七），詳營亦未必可至也。」興與勃勃戰，秦兵大敗，將軍姚榆生為勃勃所禽，左將軍姚文崇（六八）等力戰，勃勃乃退（六九）。興還長安，勃勃復攻秦敕（七〇）奇堡、黃石固、我羅城，皆拔之，徙七千餘家於大城，以其丞相右地代領幽州牧，以鎮之（七一）。初興遣衞將軍姚強帥步騎一萬，隨韓範往就姚紹於洛陽，幷兵(七二)以救南燕，及為勃勃所敗，追強兵還長安。韓範歎曰：「天滅燕矣。」

(八)南燕尚書張俊自長安還，降於劉裕，因說裕曰：「燕人所恃者，謂韓範必能致秦師(七三)也；今得範以示之，燕必降矣。」裕乃表範為散騎常侍，且以書招之(七四)，長水校尉王蒲勸範犇秦，範曰：「劉裕起布衣，滅桓玄，復晉室，今興師伐燕，所向崩潰，此殆天授(七五)，非人力也。燕亡，則秦為之次矣(七六)。吾不可以再辱(七七)。」遂降於裕。裕將範循城(七八)，城中人情離沮(七九)。或勸燕主超誅範家，超以範弟諱盡忠無貳，幷範家赦之(八〇)。冬，十月，段宏自魏奔於裕。張綱為裕造攻具，盡諸奇巧(八一)，超怒，縣其母於城上支解之。

(九)西秦王乾歸立夫人邊氏為皇后，世子熾磐為太子，仍命熾磐都督中外諸軍、錄尚書事。以屋引破光為河州刺史，鎮枹罕，以南安焦遺為太子太師，與參軍國大謀。乾歸曰：「焦生(八二)非特名儒，乃王佐(八三)之才也。」謂熾磐曰：「汝事之，當如事吾。」熾磐拜遺於床下。遺子華至孝，乾歸欲以女妻之，辭曰：「凡娶妻者，欲與之共事二親也(八四)，今以王姬(八五)之貴，下嫁蓬茅之士(八六)，誠非其匹(八七)。臣懼其闕於中饋(八八)，非所願也。」乾歸曰：「卿之所行，古人之事，孤女(八九)不足以強卿。」乃以為尚書民部郎(九〇)。

(十)北燕王雲，自以無功德而居大位，內懷危懼，常畜養壯士以為腹心爪牙。寵臣離班、桃仁專典(九一)禁衛，賞賜以巨萬(九二)計，衣食起居，皆與之同；而班仁志願無厭(九三)，猶有怨憾(九四)。戊辰，雲臨東堂，班仁懷劍執帋(九五)而入，稱有所啟(九六)，班抽劍擊雲，雲以几扞(九七)之，仁從旁擊雲，弒之(九八)。馮跋升洪光門，以觀變，帳下督張泰、李桑言於跋曰：「此豎勢何所至(九九)，請為公斬之。」乃奮劍而下，桑斬班於西門，泰殺仁於庭中，眾推跋為主；跋以讓其弟范陽公素弗，素弗不可，跋乃即天王位於昌黎。大赦，詔曰：「陳氏代姜，不改齊國(一〇〇)，宜即國號曰燕(一〇一)。」改元太平，謚雲曰惠懿皇帝。跋尊母張氏為太后，立妻孫氏為王后，子永為太子，以范陽公素弗為車騎大將軍、錄尚書事，孫護為尚書令，張興為左僕射、汲郡公，弘為右僕射、廣川公，萬泥為幽平二州牧、上谷公，乳陳為幷青二州牧㉒。素弗少豪俠放蕩，嘗請婚於尚書左丞韓業，業拒之，及為宰輔，待業尤厚，好申拔舊門㉓，謙恭儉約，以身帥下，百僚憚之，論者美其有宰相之度㉔㉕。

㈩魏主珪將立齊王嗣為太子，魏故事，凡立嗣子，輒先殺其母。及賜嗣母劉貴人死，珪召嗣諭之曰：「漢武帝殺鉤弋夫人，以防母后豫政，外家㉖為亂也㉗。汝當繼統，吾故遠迹㉘古人，為國家長久之計耳。」嗣性孝，哀泣不自勝㉙，珪怒之，嗣還舍，日夜號泣。珪知而復召之，左右曰：「上怒甚，入將不測，不如且避之，俟上怒解而入。」嗣乃逃匿於外㉚，惟帳下代人車路頭、京兆王洛兒二人隨之。初，珪如賀蘭部，見獻明賀太后㉛之妹㉜美，言於賀太后，請納之㉝，賀太后曰：「不可，是過美㉞，必有不善。且已有夫，不可奪也。」珪密令人殺其夫，而納之，生清河王紹，紹兇狠無賴，好輕遊㉟里巷㊱，劫剝行人㊲以為樂。珪怒之，嘗倒懸井中，垂死，乃出之。齊王嗣屢誨責之，紹由是與嗣不協。戊辰，珪譴㊳責賀夫人，囚將殺之，會日暮，夫人密使告紹曰：「汝何以救我？」左右以珪殘忍，人人危懼，紹年十六，夜與帳下及宦者宮人數人通謀㉙，踰垣入宮，至天安殿，左右呼曰：「賊至。」珪驚起，求弓刀不獲，遂弒之。己巳，宮門至日中不開，紹稱詔集百官於端門㉚前，北面立，紹從門扉㉛間謂百官曰：「我有叔父，亦有兄，公卿欲從誰？」眾愕然失色，莫有對者，良久㉜，南平公長孫嵩曰：「從王。」眾乃知宮車晏駕㉝，而不測其故，莫敢出聲，唯陰平公烈大哭而去，烈，儀之弟也，於是朝野恟恟㉞，人懷異志。肥如侯賀護舉烽於安陽城北，賀蘭部人皆赴之，其餘諸部亦各屯聚㉟。紹聞人情不安，大出布帛，賜王公以下㊱，崔宏獨不受。

齊王嗣聞變，乃自外還，晝伏匿山中，夜宿王洛兒家。洛兒鄰人李道，潛奉給㊲嗣，民間頗知之，喜而相告，紹聞之，收道斬之㊳。紹募人求訪嗣，欲殺之。獵郎㊴叔孫俊與宗室疏屬拓跋磨渾㊵，自云：「知嗣所在。」紹使帳下二人與之偕往，俊、磨渾得出，即執帳下，詣嗣斬之㊶。俊，建之子也。王洛兒為嗣往來平城，通問㊷

大臣，夜告安遠將軍安同等，眾聞之，翕然響應，爭出奉迎。嗣至城西，衞士執紹送之，嗣殺紹及其母賀氏，幷誅紹帳下、及宦官宮人為內應者十餘人，其先犯乘輿者㉝，羣臣臠食之。

壬申，嗣即皇帝位，大赦，改元永興，追尊劉貴人曰宣穆皇后，公卿先罷歸第不預朝政者，悉召用之。詔長孫嵩與北新侯安同㉞、山陽侯奚斤、白馬侯崔宏、元城侯拓跋屈等八人，坐止車門㉟右，共聽朝政，時人謂之八公㊱。屈，磨渾之父也。嗣以尚書燕鳳逮事什翼犍，使與都坐大官㊲封懿等，入侍講論，出議政事。以王洛兒、車路頭為散騎常侍，叔孫俊為衞將軍，拓跋磨渾為尚書，皆賜爵郡縣公。嗣問：「舊臣為先帝所親信者為誰？」王洛兒言：「李先。」嗣召問先：「卿以何才何功，為先帝所知？」對曰：「臣不才無功，但以忠直為先帝所知耳。」詔以先為安東將軍，常宿於內，以備顧問㊳。朱提王悅，虔之子也，有罪自疑懼，閏十一月，丁亥㊴，悅懷匕首入侍，將作亂。叔孫俊覺其舉止有異，引手掣之㊵，索懷中，得匕首。遂殺之㊶。

(十二)十二月，乙巳，太白犯虛危(61)，南燕靈臺令張光勸南燕主超出降，超手殺之(62)。

(十三)柔然侵魏。

【今註】㉗係於一人：謂係於君上。㉘董：督率。㉙秦人自有內患：謂秦內有赫連勃勃之患。㉚不暇：謂無暇孔。㉛餌之：謂悉出金帛以為餌。換言之，即誘之也。㉜閉門待盡：閉門等死。㉝不亦難乎：不甚困難乎？正意謂甚困難。㉞所重：所尊重。㉟超遣尚書郎張綱乞師於秦……宜遣乞師，超從之：按此段乃錄自〈慕容超載記〉，字句大致相同。㊱加劉裕北青冀二州刺史：晉氏南渡，立南青冀二州於淮南，北青冀二州於齊地。㊲踰城：越城。㊳樓車：猶古之巢車。㊴周城：圍繞城之四周。㊵江南每發兵，及遣使者至廣固，裕輒潛遣兵夜迎之，明日張旗鳴鼓而至：意謂輒潛遣兵以與之合，而使人數大增，令敵人望之，誤認援軍甚多也。㊶執兵：執兵器。㊷語汝姚興：猶今語對你姚興講，含極輕蔑之意。㊸息兵：休息兵士。㊹今能自送：自送謂自送死。㊺尤之：過責之。㊻常日：平常時。㊼此宜善詳：善加考慮。㊽云何：如何，說已見上。㊾適足：《宋書・武帝紀》作正足，是適即正也。㊿奄至：猝至。(51)不審：不知。(52)解：瞭解。(53)審能：誠能。(54)寧容：豈容。(55)信命：信使。(56)逆設：預設。(57)張大：猶誇大。(58)為日久矣：為時甚久。(59)羌見伐齊：謂姚興見伐慕容超。(60)加劉裕北青冀二州刺史……何能救人邪：按此段乃合併〈慕容超載記〉

及《宋書・武帝紀》二文而成，字句大致相同。(六一)乞伏乾歸復即秦王位……皆復本位：按此段乃錄自〈乞伏乾歸載記〉，字句大致相同。(六二)伏甲：伏甲兵。(六三)初魏太尉穆崇與衞王儀伏甲……賜儀死：按此段乃錄自《魏書・秦王翰附衞王儀傳》，字句大致相同。(六四)貳城：胡三省曰：「貳城，貳城縣也，在杏城東北，平涼東南。」(六五)乘虛奄至：乘趁空虛而突襲至。(六六)鑾輿：天子所乘之車，乃指天子而言。(六七)潰：潰散。(六八)姚文崇：按〈姚興載記〉下，及〈赫連勃勃載記〉，皆作姚文宗，當改從之。(六九)秦王興自將擊夏王勃勃至貳城……姚文崇等力戰，勃勃乃退：按此段乃錄自〈姚興載記〉下，字句大致相同。(七〇)敕：音飭。(七一)勃勃復攻秦敕奇堡……領幽州牧以鎮之：按此段乃錄自〈赫連勃勃載記〉，字句大致相同。(七二)幷兵：合兵。(七三)致秦師：召致秦師。(七四)初興遣衞將軍姚強……且以書招之：按此段乃錄自〈慕容超載記〉下，字句大致相同。(七五)天授：天所授與。(七六)燕亡，則秦為之次矣：謂燕亡，則依次將及秦國。(七七)再辱：謂兩次為亡國之士大夫。(七八)循城：繞城而行。(七九)離沮：離攜沮喪。(八〇)裕將範循城……幷範家赦之：按此段乃錄自〈慕容超載記〉，字句大致相同。(八一)盡諸奇巧：竭盡一切奇特之法。(八二)焦生：謂焦先生，漢代盛用生之一稱。(八三)王佐：為帝王佐輔。(八四)共事二親：共同孝事父母。(八五)王姬：胡三省曰：「周，姬姓也，故王女謂之王姬，後世因而稱之。」(八六)蓬茅之士：謂居於蓬茅廬中貧賤之士。(八七)匹：偶。(八八)中饋：《易・家人》：「无攸遂，在中饋，貞吉。」疏：「婦人之道，巽順為常，无所必遂，其所職主在於家中饋食供祭而已。」(八九)孤女：孤，君王之謙稱。(九〇)尚書民部郎：胡三省曰：「魏尚書郎有民曹，晉初分置左民右民。江左以後，省右民郎，有左民郎。」(九一)專典：專管。(九二)巨萬：億萬。(九三)無厭：不滿足。(九四)怨憾：怨望憾恨。(九五)呰：同紙，俗書也。(九六)啟：啟奏。(九七)扞：扞禦。(九八)北燕王雲自以無功德……仁從旁擊雲弒之：按此段乃錄自〈慕容雲載記〉，除次序有顛倒外，字句大致相同。(九九)此豎勢何所至：豎為詈人語，勢何所至，謂凶勢究能至何地步。(一〇〇)陳氏代姜不改齊國：周師尚父始封於齊，姜姓也。戰國時齊太公田和，陳敬仲之後也，篡姜氏之後，而取其國，仍號曰齊。(一〇一)宜即國號曰燕：謂宜就原有之國號而仍曰燕。(一〇二)馮跋升洪光門以觀變……乳陳為幷青二州牧：按此段乃錄自〈馮跋載記〉，字句大致相同。(一〇三)申拔舊門：提拔世家之子弟。(一〇四)有宰相之度：有宰相之風度。(一〇五)素弗少豪俠放蕩……有宰相之度：按此段乃錄自〈馮跋載記〉附馮素弗，字句大致相同。(一〇六)外家：女子之娘家。(一〇七)漢武帝殺鉤弋夫人，以防母后豫政，外家為亂也：事見卷二十二漢武帝後元元年。(一〇八)遠迹：猶遠繼。(一〇九)哀泣不自勝：哀泣不能自止。(一一〇)及賜嗣母劉貴人死……嗣乃逃匿於外：按此段乃錄自《魏書・太宗紀》，字句大致相同。(一一一)獻明賀太后：珪父寔魏昭成帝什翼犍之嫡子也，先昭成而薨，追謚獻明皇帝，賀太后從夫謚。(一一二)姝：美女。(一一三)納之：納以為妻。(一一四)過美：謂過於美麗。(一一五)輕遊：攜僕甚少而遊，謂之輕遊。(一一六)里巷：古以二十五家為里，里中有巷，故曰里巷。(一一七)劫剝行人：刦掠剝奪行人衣物。(一一八)讙：亦責。(一一九)通謀：合謀。(一二〇)端門：胡三省曰：「宮門正南門曰端門。」(一二一)扉：戶扇，音非。(一二二)良久：甚久。(一二三)宮車晏駕：謂宮禁之車延晚而出，亦即君王死也。(一二四)恟恟：喧擾。(一二五)屯聚：屯結集聚。(一二六)紹兇狠無賴……大出布帛，賜王公以下：按此段乃錄自《魏書・道武七王清河王傳》，字句大致相同。㊲奉給：奉侍供給。㊳齊王嗣聞變……紹聞之，收道斬之：按此段乃錄自《魏書・王洛兒傳》，字句大致相同。㊴獵郎：胡三省曰：「拓跋氏起於代北，俗尚獵，故置獵郎，以豪望子弟有材勇者為之，亦漢期門郎羽林郎之類也。魏書官氏志：『天賜二年，置散騎郎、獵郎、諸省令史、省事、典籤等。』」㊵宗室疏屬拓跋磨渾：按磨渾為元城侯屈之子。㊶獵郎叔孫俊與宗室疎屬……即執帳下，詣嗣斬之：按此段錄自《魏書・神元諸帝子孫文安公泥附磨渾傳》，字句大致相同。㊷問：音訊。㊸先犯乘輿者：謂先弒天子者。㊹壬申，嗣即皇帝位……北新侯安同：按此段乃錄自《魏書・太宗紀》，字句大致相同。㊺止車門：臣子至宮門，皆下車而入，故謂之止車門。㊻詔長孫嵩與北新侯安同……時人謂之八公：按此段乃錄自《魏書・長孫嵩傳》，字句大致相同。㊼都坐大官：蓋尚書長官。㊽嗣問舊臣為先帝所親信者為誰……常宿於內，以備顧問：按此段乃錄自《魏書・李先傳》，字句大致相同。㊾閏十一月丁亥：按《魏書・太宗紀》作閏十月丁亥，說不相同。㊿引手掣之：拉其手而掣止之。(51)朱提王悅虔之子也……得匕首遂殺之：按此段乃錄自《魏書・昭成子孫陳留王虔附悅傳》，字句大致相同。(52)太白犯虛危：《晉書・天文志》：「自須女八度至危十五度，為玄枵，齊之分野，屬青州。」(53)超手殺之：超親殺之。

六年（西元四一〇年）

㈠春，正月，甲寅朔，南燕主超登天門㊀，朝羣臣於城上。乙卯，超與寵姬魏夫人登城，見晉兵之盛，握手對泣。韓諱諫曰：「陛下遭堙厄㊁之運，正當努力自強，以壯士民之志，而更為兒女子泣㊂邪！」超拭目謝之。尚書令董詵勸超降㊃，超怒囚之㊄。

㈡魏長孫嵩將兵伐柔然。

㈢魏主嗣以郡縣豪右㊅，多為民患，悉以優詔徵之，民戀土，不樂內徙，長吏㊆逼遣之；於是無賴少年，逃亡相聚，所在㊇寇盜羣起。嗣引八公議之，曰：「朕欲為民除蠹，而守宰不能綏撫㊈，使之紛亂。今犯者既眾，不可盡誅，吾欲大赦以安之。何如？」元城侯屈曰：「民逃亡為盜，不罪而赦之，是為上者反求於下㊉也，不如誅其首惡，赦其餘黨。」崔宏曰：「聖王之御民㊁，務在安之而已，不與之較勝負也。夫赦雖非正，可以行權㊂。屈欲先誅後赦，要為兩不能去㊂。曷若一赦而遂定乎！赦而不從，誅未晚也。」嗣從之㊃。二月，癸未朔，遣將軍於栗磾㊄將騎一萬，討不從命者，所向皆平。

(四)南燕賀賴盧、公孫五樓為地道(一六)，出擊晉兵，不能卻(一七)，城久閉，城中男女病腳弱(一八)者太半，出降者相繼，超輦而登城(一九)，尚書悅壽說超曰：「今天助寇為虐，戰士凋瘁(二〇)，獨守窮城，絕望外援(二一)，天時人事，亦可知矣。苟歷數有終，堯舜避位，陛下豈可不思變通(二二)之計乎！」超歎曰：「廢興命也(二三)，吾寧奮劍而死，不能銜璧(二四)而生。」丁亥，劉裕悉眾攻城，或曰：「今日往亡(二五)，不利行師。」裕曰：「我往彼亡，何為不利(二六)？」四面急攻之，悅壽開門納晉師，超與左右數十騎，踰城突圍(二七)出走，追獲之。裕數(二八)以不降之罪，超神色自若(二九)，一無所言，惟以母託劉敬宣而已(三〇)(三一)。裕忿廣固久不下，欲盡阬之，以妻女(三二)賞將士。韓範諫曰：「晉室南遷，中原鼎沸，士民無援，強則附之(三三)，既為君臣，必須為之盡力。彼皆衣冠舊族(三四)，先帝遺民，今王師弔伐(三五)，而盡阬之，使安所(三六)歸乎？竊恐西北之人，無復來蘇(三七)之望矣。」裕改容謝之，然猶斬王公以下三千人，沒入(三八)家口萬餘，夷其城隍(三九)，送超詣建康斬之。

臣光曰：「晉自濟江以來，威靈不競[40]，戎狄橫騖[41]，虎噬中原[42]。劉裕始以王師，翦平東夏[43]，不於此際旌禮賢俊[44]，慰撫疲民，宣愷悌[45]之風，滌殘穢之政[46]，使羣士嚮風，遺黎企踵[47]；而更恣[48]行屠戮，以快忿心。迹其施設[49]，曾苻姚[50]之不如，宜其不能蕩壹[51]四海，成美大之業。豈非雖有智勇，而無仁義使之然哉！」

㈤初，徐道覆聞劉裕北伐，勸盧循乘虛襲建康，循不從，道覆自至番禺[52]，說循曰：「本住嶺外[53]，豈以理極於此[54]，傳之子孫邪！正以劉裕難與為敵故也。今裕頓兵堅城之下，未有還期，我以此思歸死士[55]，掩擊[56]何劉之徒[57]，如反掌耳。不乘此機，而苟求一日之安，朝廷常以君為腹心之疾[58]，若裕平齊之後，息甲[59]歲餘，以璽書[60]徵君，裕自將屯豫章，遣諸將帥銳師過嶺，雖復以將軍之神武，恐必不能當也。今日之機，萬不可失。若先克建康，傾其根蔕[61]，裕雖南還，無能為也。君若不同[62]，便當帥始興之眾[63]，直指尋陽。」循甚不樂此舉，而無以奪其計[64]，乃從之。初，道覆使人伐船材[65]於南康山[66]，至始興賤賣之，居人爭市之，船材大積（六七）而人不疑。至是，悉取以裝艦（六八），旬日而辦。循自始興寇長沙，道覆寇南康，廬陵（六九）、豫章（七〇）諸守相，皆委任（七一）奔走。道覆順流而下，舟械甚盛。

時克燕之問未至，朝廷急徵劉裕，裕方議留鎮下邳，經營司雍（七二）（七三），會得（七四）詔書，乃以韓範為都督八郡軍事、燕郡太守（七五），封融為勃海太守，檀韶為琅邪太守。戊申，引兵還。韶，祗之兄也。久之，劉穆之稱範融謀反，皆殺之。

（六）安成忠肅公（七六）何無忌自尋陽引兵拒盧循，長史鄧潛之諫曰：「國家安危，在此一舉，聞循兵艦大盛，勢居上流，宜決南塘，守二城以待之（七七）。彼必不敢捨我遠下，蓄力養銳，俟其疲老，然後擊之，此萬全之策也。今決成敗於一戰，萬一失利，悔將無及。」參軍殷闡曰：「循所將之眾皆三吳舊賊，百戰餘勇，始興溪子（七八）拳捷善鬬（七九），未易輕也。將軍宜留屯豫章，徵兵屬城（八〇），兵至合戰，未為晚也。若以此眾輕進，殆必有悔。」無忌不聽。三月，壬申，與徐道覆遇於豫章，賊令彊弩數百，登西岸小山，邀射（八一）之。會（八二）

西風暴急，飄無忌所乘小艦向東岸，賊乘風以大艦逼之，眾遂奔潰。無忌厲聲曰：「取我蘇武節來。」節至，執以督戰，賊眾雲集，無忌辭色無撓(八三)，握節而死(八四)。於是中外震駭，朝議欲奉乘輿(八五)北走就劉裕，既而知賊未至，乃止(八六)。

(七)西秦王乾歸攻秦金城郡，拔之。

(八)夏王勃勃遣尚書胡金纂攻平涼，秦王興救平涼，擊金纂，殺之。勃勃又遣兄子左將軍羅提攻拔定陽(八七)，阬將士四千餘人。秦將曹熾、曹雲、王肆佛等各將數千戶內徙，興處之湟山(八八)及陳倉。勃勃寇隴右，破白崖堡，遂趣清水。略陽太守姚壽都棄城走，勃勃徙其民萬六千戶於大城，興自安定追之，至壽渠川，不及而還(八九)。

(九)初，南涼王傉檀遣左將軍枯木等伐沮渠蒙遜，掠臨松千餘戶而還。蒙遜伐南涼，至顯美，徙數千戶而去。南涼太尉俱延復伐蒙遜，大敗而歸。是月，傉檀自將五萬騎伐蒙遜，戰於窮泉，傉檀大敗，單馬奔還。蒙遜乘勝，進圍姑臧。姑臧人懲(九〇)王鍾之誅，皆驚潰，夷夏萬餘戶降於蒙遜。傉檀懼遣司隸校尉敬歸及子佗為質於蒙遜，以請和，蒙遜許之。歸至胡阬逃還，佗為追兵所執，蒙遜徙其眾八千餘戶而去。右衛將軍折掘奇鎮據石驢山㊈以叛，傉檀畏蒙遜之逼，且懼嶺南為奇鎮所據，乃遷於樂都，留大司農成公緒守姑臧。傉檀纔出城，魏安人侯諶㊉等閉門作亂，收合三千餘家，據南城，推焦朗為大都督、龍驤大將軍，諶自稱涼州刺史，降於蒙遜㊈。

㈩劉裕至下邳，以船載輜重，自帥精銳步歸，至山陽，聞何無忌敗死，慮京邑失守，卷甲兼行，與數十人至淮上，問行人以朝廷消息㊉。行人曰：「賊尚未至，劉公若還，便無所憂。」裕大喜，將濟，江風急，眾咸難之，裕曰：「若天命助國㊈，風當自息；若其不然，覆溺何害㊈！」即命登舟，舟移而風止，過江，至京口，眾乃大安。夏，四月，癸未，裕至建康，以江州覆沒，表送章綬㊉，詔不許。青州刺史諸葛長民、兗州刺史劉藩、幷州刺史劉道憐，各將兵入衛建康。藩，豫州刺史毅之從弟也。

毅聞盧循入寇，將拒之，而疾作，既瘳，將行。劉裕遺毅書曰：

「吾往習擊[98]妖賊，曉其變態[99]，賊新獲姦利，其鋒不可輕，今脩船垂畢[100]，當與弟同舉，克平之日，上流之任，皆以相委[101]。」又遣劉藩往諭止之。毅怒謂藩曰：「往以一時之功相推耳[102]，汝便謂我真不及劉裕邪！」投書[103]於地，帥舟師二萬發姑孰[104]。循之初入寇也，使徐道覆向尋陽，循自將攻湘中諸郡[105]。荊州刺史劉道規遣軍逆戰，敗於長沙，循進至巴陵。將向江陵。徐道覆聞毅將至，馳使報循曰：「毅兵甚盛，成敗之事，係之於此，宜幷力摧之。若此克捷[106]，江陵不足憂也。」循即日發巴陵，與道覆合兵而下。五月，戊午，毅與循戰於桑落洲，毅兵大敗，棄船，以數百人步走，餘眾皆為循所虜，所棄輜重山積[107]。

初，循至尋陽，聞裕已還，猶不信，既破毅，乃得審問[108]，與其黨相視失色。循欲退還尋陽，攻取江陵，據二州[109]以抗朝廷。道覆謂：「宜乘勝徑進。」固爭之，循猶豫累日，乃從之。己未，大赦，裕募人為兵，賞之同京口赴義之科[110]，發民治石頭城。議者謂宜分兵守諸津要。裕曰：「賊眾我寡，若分兵屯守，則測人虛實[111]，且一處失利，則沮三軍之心。今聚眾石頭，隨宜應赴，既令彼無以測多少，又於眾力不分。若徒旅㉑轉集，徐更論之耳㉒。」朝廷聞劉毅敗，人情恟懼。時北師始還，將士多創病，建康戰士不盈數千。循既克二鎮㉔，戰士十餘萬，舟車百里不絕，樓船高十二丈，敗還者爭言其彊盛。孟昶、諸葛長民欲奉乘輿過江，裕不聽㉕。初，何無忌、劉毅之南討也，昶策其必敗，已而果然；至是又謂裕必不能抗循，眾頗信之。惟龍驤將軍、東海虞丘進廷折㉖昶等，以為不然。中兵參軍王仲德言於裕曰：「明公命世作輔㉗，新建大功㉘，威震六合，妖賊乘虛入寇，既聞凱還，自當奔潰。若先自遁逃，則勢同匹夫㉙，匹夫號令㉚，何以威物㉛？此謀若立，請從此辭㉜。」裕甚悅，昶固請不已，裕曰：「今重鎮外傾㉝，彊寇內逼，人情危駭，莫有固志㉞。若一旦遷動，便自土崩瓦解，江北亦豈可得至！設令得至，不過延日月耳㉟。今兵士雖少，自足一戰，若其克濟㊱，則臣主同休㊲；苟厄運必至，我當橫尸廟門㊳，遂其由來以身許國之志[29]，不能竄伏草間[30]，苟求存活也。我計決矣，卿勿復言。」昶恚其言不行，且以為必敗，因請死。裕怒曰：「卿且申一戰[31]，死復何晚。」昶知裕終不用其言，乃抗表自陳曰：「臣裕北討，眾並不同[32]，惟臣贊裕行計，致使彊賊乘間[33]，社稷危逼，臣之罪也。謹引咎以謝天下。」封表畢[34]，仰藥[35]而死[36]。

乙丑，盧循至淮口[37]，中外戒嚴，琅邪王德文都督宮城諸軍事，屯中堂皇[38]，劉裕屯石頭，諸將各有屯守。裕子義隆始四歲，裕使諮議參軍劉粹輔之，鎮京口，粹，毅之族弟也。裕見民臨水望賊，怪之，以問參軍張劭，劭曰：「若節鉞[39]未反，民奔散之不暇，亦何能觀望，今當無復恐耳[40][41]。」裕謂將佐曰：「賊若於新亭直進，其鋒不可當，宜且迴避，勝負之事，未可量也[42]。若迴泊西岸[43]，此成禽[44]耳。」徐道覆請於新亭至白石，焚舟而上，數道攻裕。循欲以萬全為計，謂道覆曰：「大軍未至，孟昶便望風自裁[45]，以大勢言之，自當計日[46]潰亂。今決勝負於一朝，乾沒求利[47]，既非必克[48]之道，且殺傷士卒。不如案兵待之[49]。」道覆以循多疑少決，乃歎曰：「我終為盧公所誤，事必無成，使我得為英雄驅馳(五〇)，天下不足定也(五一)。」裕登石頭城望循軍，初見引向新亭，顧左右失色(五二)，既而迴泊蔡洲，乃悅。於是眾軍轉集，裕恐循侵軼(五三)，用虞丘進計，伐樹柵石頭、淮口，脩治越城，築查浦、藥園、廷尉三壘(五四)，皆以兵守之(五五)。劉毅經涉蠻晉(五六)，僅能自免，從者飢疲，死亡什七八。丙寅，至建康待罪，裕慰勉之，使知中外留事，毅乞自貶，詔降為後將軍(五七)。

【今註】㈠南燕主超登天門：胡三省曰：「天門，廣固內城南門也。」㈡堙厄：堙塞困厄，音因。㈢兒女子泣：為小兒女哭泣軟弱之態。㈣尚書令董詵勸超降：按〈慕容超載記〉董詵作董銳。㈤南燕主超登天門……超怒囚之：按此段乃錄自〈慕容超載記〉，字句大致相同。㈥豪右：謂豪橫有勢之人。㈦長吏：守宰所屬之吏員。㈧所在：猶各地。㈨綏撫：寧綏安撫。㈩反求於下：反向下民求情。(一一)御民：治民。(一二)夫赦雖非正，可以行權：《魏書・崔玄伯傳》作：「夫赦雖非正道，而可以權行。」行權謂行之以達權宜之圖，權行則謂權且行之。文雖不同，而意皆可通。(一三)要為兩不能去：言先不能去誅，後又不能去赦也。(一四)魏主嗣以郡縣豪右……誅未晚也，嗣從之：按此段乃錄自《魏書・崔玄伯傳》，字句微有改易。其改易處甚可有助於文字之瞭解。(一五)磾：音低。(一六)地道：於地中掘隧道。⑰不能却：不能却退晉兵。⑱病腳弱：即腳軟病，以劉裕塞五龍口，而城中潮濕，故多患此病。⑲超輦而登城：輦乃輿車以人挽之而行，諒超亦必患腳軟病，方始如此。⑳凋瘁：凋弊勞瘁。㉑絕望外援：〈慕容超載記〉作：「息望外援。」是文意乃為外援已無指望。㉒變通：謂改變而能行也。㉓廢興命也：興亡乃係命運。㉔銜璧：乃投降儀式之一部份，此指投降而言。㉕今日往亡：胡三省曰：「曆書二月，以驚蟄後十四日為往亡日。」㉖我往彼亡，何為不利：按此措辭甚俊妙。蓋往亡原意為凡往者則必敗亡，而裕更之為我若往則彼定敗亡，加一彼字，而意義全反轉矣。㉗突圍：衝圍。㉘數：責。㉙神色自若：神色自如。㉚惟以母託劉敬宣而已：敬宣先嘗奔燕，故超以母託之。㉛南燕賀賴盧公孫五樓……惟以母託劉敬宣而已：按此段乃錄自〈慕容超載記〉，除間有溢出外，其餘字句幾全相同。㉜以妻女：猶以婦女。㉝士民無援，強則附之：士民流離，無有援助，於是凡屬強有力者，則羣歸附之。㉞衣冠舊族：《文選・沈約奏彈王源》：「自宋氏失御，禮教雕衰，衣冠之族，日失其序。」注：「後漢書霍諝奏記曰：『宋光衣冠子孫』袁子正書曰：『古者命士以上，皆有冠冕，故謂之冠族。』」《晉書・謝安傳》：「王坦之書喻之不從，衣冠效之，遂以成俗。」由上引文，可知衣冠一辭之命意，及其時代風尚矣。㉟弔伐：弔民伐罪。㊱安所：何所。㊲來蘇：《書・仲虺之誥》：「后來其蘇。」傳：「湯所往之民，皆喜曰：『待我君來，其可蘇息。』」㊳沒入：猶沒收。㊴夷其城隍：毀平其城垣及濠。㊵威靈不競：猶威勢不強。㊶橫騖：東西交馳。㊷虎噬中原：猶虎吞中原。㊸東夏：指青兗二州之慕容超言。㊹旌禮賢俊：旌表優禮賢俊之士。㊺愷悌：樂易。㊻滌殘穢之政：滌除殘暴穢蕪之政。㊼企踵：翹足向望。㊽恣：恣肆。㊾迹其施設：謂推尋其施設。㊿苻姚：苻堅姚萇。(51)蕩壹：平蕩統壹。(52)番禺：今廣東省番禺縣，音潘愚。(53)嶺外：五嶺之外。(54)理極於此：猶意盡於此。(55)思歸死士：孫泰徒黨本三吳之人，孫恩所掠者又三吳人也，久在海中，故皆懷土思歸。(56)掩擊：襲擊。(57)何劉之徒：謂何無忌、劉毅之屬。(58)腹心之疾：最切近之疾。(59)息甲：休息士卒。(60)璽書：謂天子之詔書。(61)傾其根蔕：謂毀其根基。(62)君若不同：謂君若不同意。(63)便當帥始興之眾：元興三年，循使道覆攻陷始興，因使守之，故云其軍為始興之眾。(64)奪其計：奪回其計。(65)船材：造船之木材。(66)南康山：南康縣之山也，在今江西省南康縣。(67)船材大積：船材大行儲積。(68)裝艦：裝製艦隻。(69)廬陵：在今江西省吉水縣東北。(70)豫章：今江西省南昌縣。(71)委任：放棄職守。(72)經營司雍：《宋書·武帝紀》作：「清盪河洛，」文雖異而意則略同。(73)初徐道覆聞劉裕北伐……裕方議留鎮下邳，經營司雍：按此段乃採用〈盧循傳〉及《宋書·武帝紀》之文，字句大致相同。(74)會得：適得。(75)都督八郡軍事，燕郡太守：胡三省曰：「青州舊督齊、濟南、樂安、城陽、東萊、長廣、平昌、高密八郡，而所謂燕郡者，蓋南燕於廣固置安都尹，而今改為燕郡太守耳。」(76)安成忠肅公：按〈何無忌傳〉，封安城郡開國公，成一作城。(77)宜決南塘守二城以待之：胡三省曰：「贛水至南昌縣，歷南塘。南塘在徐孺子宅西，二城謂豫章尋陽也。水經注曰：『豫章城東太湖十里二百二十六步，北與城齊，南緣迴折至南塘，本通贛江，增減與江水同。漢永元中，太守張躬築塘以通南路，兼遏此水。』

若決南塘，則盧循之舟兵無所用，可以堅守，而待其斃。」(七八)始興溪子：謂徐道覆所統始興兵也。(七九)拳捷善鬬：詩毛傳拳力也，謂勁健敏捷而善戰鬬。(八〇)屬城：所屬之城。(八一)邀射：攔射。(八二)會：適逢。(八三)無撓：毫無撓屈。(八四)安成忠肅公何無忌……握節而死：按此段乃錄自〈何無忌傳〉，除參軍殷闡之言有溢出外，餘均大致相同。(八五)乘輿：天子。(八六)於是中外震駭……知賊未至，乃止：按此段乃錄自《宋書・武帝紀》，字句大致相同。(八七)定陽：《魏書・地形志》，敷城郡有定陽縣。(八八)興處之湟山：按〈姚興載記〉下作：「處佛於湟山澤。」是湟山乃澤名也。(八九)夏王勃勃遣尚書胡金纂攻平涼……至壽渠川，不及而還：按此段乃揉合〈姚興載記〉及〈赫連勃勃載記〉二文而成，字句幾全相同。(九〇)懲：懲戒。(九一)石驢山：胡三省曰：「石驢山在姑臧西南，長寧川西北，屬晉昌郡。」(九二)諶：音忱。(九三)初南涼王傉檀遣左將軍枯木……自稱涼州刺史，降於蒙遜：按此段乃錄自〈禿髮傉檀載記〉，字句幾全相同。(九四)問行人以朝廷消息：按此行人非古代之大行人小行人而稱行人者，乃係行旅之謂。《宋書・武帝紀》作行旅，是其證。蓋若作大小行人，則與下文之劉公若還，口吻不相符矣。(九五)若天命助國：謂如天命輔助國家。(九六)若其不然，覆溺何害：謂若天欲亡國，則覆溺而死，有何不足。(九七)章綬：印章組綬。(九八)習擊：猶屢擊。(九九)變態：變化之姿態。(一〇〇)垂畢：將畢。(一〇一)皆以相委：皆以相任。(一〇二)往以一時之功相推耳：謂昔以一時之功而推劉裕為首。(一〇三)投書：擲書。(一〇四)帥舟師二萬發姑孰：毅時以豫州刺史鎮姑孰。(一〇五)湘中諸郡：指長沙零桂等地。(一〇六)克捷：能捷。(一〇七)毅聞盧循入寇……所棄輜重山積：按此段乃錄自〈劉毅傳〉，而多有溢出。(一〇八)審問：確實音信。(一〇九)二州：謂荊、江。⑩賞之同京口赴義之科：裕起兵於京口，以討桓玄，赴義之人，酬賞重於當時。科謂規定。⑪若分兵屯守，則測人虛實：按下文云：「令彼無以測多少。」是測人虛實當釋為使人可測知虛實。⑫徒旅：謂士眾。⑬徐更論之：再徐徐討論。⑭循既克二鎮：《宋書・武帝紀》上作：「破江豫二鎮。」是二鎮即江豫也。⑮初循至尋陽……欲奉乘輿過江，裕不聽：按此段乃錄自《宋書・武帝紀》上，次序雖有顛倒，而字句則多相同。⑯廷折：於朝廷中加以駁斥。⑰命世作輔：著名於世而作宰輔。⑱新建大功：謂滅燕。⑲則勢同匹夫：謂情勢同於匹夫。⑳匹夫號令：匹夫所發之號令。㉑何以威物：謂何以使士民畏服。㉒請從此辭：辭謂辭別他去。㉓今重鎮外傾：謂重鎮之兵傾覆於外，指何無忌、劉毅而言。㉔固志：固守之志。㉕延日月耳：延長一日一月之時間而已。㉖克濟：能成。㉗同休：同慶。㉘橫尸廟門：橫陳尸體於宗廟門間，蓋以示殉社稷之決心。㉙遂其由來以身許國之志：完成其從來以性命許給國家之志願。㉚竄伏草間：逃竄匿伏草莽之間。㉛卿且申一戰：申，重也，再也；謂卿且再作一戰，以觀其結果。㉜並：皆。㉝乘間：乘趁間隙。㉞封表：將表章置於布囊中，而嚴密封其頂口，以上於天子。㉟仰藥：謂仰首而服毒藥，以自盡也，與飲藥意同。㊱昶固請不已……封表畢，仰藥而死：按此段乃錄自《宋書・武帝紀》上，字句大致相同。㊲淮口：秦淮入江之口。㊳中堂皇：堂無四壁曰皇。㊴節鉞：持節執黃鉞，乃人臣中權柄之最大者，此指劉裕而言。㊵今當無復恐耳：謂今當無恐懼之念耳。㊶裕見民臨水望賊……今當無復恐耳：按此段乃錄自《宋書・張邵傳》，字句幾全相同。㊷未可量也：未可度量。㊸西岸：即蔡洲。㊹成禽：謂遭擒。㊺望風自裁：聞見消息，便行自殺。㊻計日：謂時日可核算而知，喻不久也。㊼乾沒求利：按此辭較為生僻，注者之說頗為紛紜。《漢書・張湯傳》：「始為小吏乾沒。」注服虔云：「乾沒射成敗也。」如淳曰：「豫居物以待之，得利為乾，失利為沒。」沈欽韓曰：「此言無所將而沒取利，今猶有乾折之稱。晉潘岳母誚岳曰：『汝當知足，而乾沒不已乎。』與陸沈義相類。」先謙曰：「正義『乾沒謂無潤及之，而取他人也。』或云：『掙取貨利沒為己有，如水盡涸也。』」按諸家之釋，雖各有其論據，然多與晉宋通用之乾沒之義不合，晉宋時採用此語者，約有下列諸文：《晉書・潘岳傳》：「岳性輕躁趨世利，其母數誚之曰：『爾當知足，而乾沒不已乎！』而岳終不能改。」岳傳後史臣曰：「蔑棄倚門之訓，乾沒不逞之間，斯才也而有斯行也，天之所賦，何其駁歟！」〈張軌附駿傳〉：「劉慶諫曰：『霸王不以喜怒興師，不以乾沒取勝，必須天時人事，然後起也。』」〈盧循傳〉：「道覆素有膽決，知劉裕已還，欲乾沒一戰。請於新亭至白石，焚舟而上，數道攻之。」《魏書・甄琛附密傳》：「密疾世俗貪競，乾沒榮寵，曾作風賦以見意。」由所引諸文，可知乾乃為《易・乾》：「君子終日乾乾。」所含之強健不息之意，沒謂沈潛其中，乾沒即沈潛其中而黽勉不歇也。換言之，與勉強、奮勉、努力、孜孜之意差相同。㊽必克：必勝。㊾裕謂將佐曰……不如案兵待之：按此段乃錄自《宋書・武帝紀》上，字句大致相同。㊿使我得為英雄驅馳：謂使我得在一英雄領袖下效力。(51)道覆以循多疑少決……天下不足定也：按此段乃錄自〈盧循傳〉，字句大致相同。(52)顧左右失色：按《宋書・武帝紀》，顧上多一公字，意謂公顧左右各方盧循軍之舉止，而驚懼失色。(五三)侵軼：侵犯突軼。(五四)築查浦藥園廷尉三壘：胡三省曰：「查浦在大江南岸，近秦淮口；藥園蓋種芍藥之所，廷尉寺舍所在，因以為地名。」(五五)裕登石頭城望循軍……皆以兵守之：按此段乃錄自《宋書‧武帝紀》上，字句大致相同。(五六)蠻晉：胡三省曰：「西陽上下羣蠻所居之地，謂之蠻，其為王民，應租稅征役者，謂之晉。」(五七)劉毅經涉蠻晉……詔降為後將軍：按此段乃錄自〈劉毅傳〉，字句大致相同。

(一)魏長孫嵩至漠北而還，柔然追圍之於牛川。壬申，魏主嗣北擊柔然，柔然可汗社崙聞之遁走，道死；其子度拔尚幼，部眾立社崙弟斛律，號藹豆蓋可汗(五八)。嗣引兵還參合陂(五九)。

(二)盧循伏兵南岸，使老弱乘舟向白石，聲言悉眾自白石步上。劉裕留參軍沈林子、徐赤特戍南岸，斷查浦，戒令堅守勿動，裕及劉毅、諸葛長民北出拒之。林子曰：「妖賊此言，未必有實，宜深為之防。」裕曰：「石頭城險，且淮柵甚固，留卿在後，足以守之。」林子，穆夫之子也。庚辰，盧循焚查浦，進至張侯橋，徐赤特將擊之，林子曰：「賊聲往(六〇)白石，而屢來挑戰，其情可知。吾眾寡不敵，不如守險以待大軍。」赤特不從，遂出戰，伏兵發，赤特大敗，單舸奔淮北。林子及將軍劉鍾，據柵力戰，朱齡石救之，賊乃退。循引精兵大上，至丹陽郡，裕帥諸軍馳還石頭，斬徐赤特，解甲久之，乃出陳於南塘㊅。

㈢六月，以劉裕為太尉、中書監，加黃鉞，裕受黃鉞，餘固辭。以車騎中軍司馬庾悅㊅為江州刺史，悅，準之子也。

㈣司馬國璠及弟叔璠、叔道奔秦。秦王興曰：「劉裕方誅桓玄，輔晉室，卿何為來？」對曰：「裕削弱王室，臣宗族有自脩立者㊅，裕輒除之，方為國患，甚於桓玄耳。」興以國璠為揚州刺史，叔道為交州刺史。

㈤盧循寇掠諸縣，無所得，謂徐道覆曰：「師老矣㊅，不如還尋陽，并力㊅取荊州，據天下三分之二，徐更與建康爭衡耳。」秋，七月，庚申，循自蔡洲南還尋陽㊅，留其黨范崇民㊅將五千人據南陵㊅。甲子，裕使輔國將軍王仲德、廣川太守劉鍾、河間內史蘭陵蒯恩、中軍諮議參軍孟懷玉等，帥眾追循。

㈥乙丑，魏主嗣還平城。

㈦西秦王乾歸討越質屈機等十餘部，降其眾二萬五千，徙於苑川，八月，乾歸復都苑川。

㈧沮渠蒙遜伐西涼，敗西涼世子歆於馬廟，禽其將朱元虎而還。涼公暠以銀二千斤、金二千兩贖元虎，蒙遜歸之，遂與暠結盟而還。

㈨劉裕還東府，大治水軍，遣建威將軍會稽孫處、振武將軍沈田子，帥眾三千，自海道襲番禺。田子，林子之兄也。眾皆以為：「海道艱遠㊅，必至為難㊆，且分撤見力㊇，非目前之急。」裕不從，敕處曰：「大軍十二月之交㊈，必破妖虜，卿至時先傾其巢窟，使彼走無所歸也㊉。」

㈩譙縱遣侍中譙良等入見於秦，請兵以伐晉。縱以桓謙為荊州刺史，譙道福為梁州刺史，帥眾二萬寇荊州。秦王興遣前將軍苟林帥騎兵會之㊃。江陵自盧循東下，不得建康之問，羣盜互起，荊州刺史劉道規遣司馬王鎮之帥天門太守檀道濟，廣武將軍彭城到彥之，入援建康，道濟，祗之弟也。鎮之至尋陽，為苟林所破。盧循聞之，以林為南蠻校尉，分兵配之，使乘勝伐江陵，聲言徐道覆已克建康，桓謙於道，召募義舊(七五)，民投之者二萬人，謙屯枝江，林屯江津，二寇交逼，江陵士民多懷異心。道規乃會將士告之曰：「桓謙今在近道，聞諸長者(七六)頗有去就之計(七七)，吾東來文武(七八)，足以濟事(七九)。若欲去者，本不相禁。」因夜開城門，達曉不閉，眾咸憚服，莫有去者。

雍州刺史魯宗之帥眾數千，自襄陽赴江陵，或謂：「宗之情未可測。」道規單馬迎之，宗之感悅(八〇)，道規使宗之居守，委以腹心，自帥諸軍攻謙。諸將佐皆曰：「今遠出討謙，其勝難必，苟林近在江津，伺人動靜(八一)，若來攻城，宗之未必能固，脫有(八二)蹉跌(八三)，大事去矣。」道規曰：「苟林愚懦，無他奇計，以吾去未遠，必不敢向城，吾今取謙，往至便克。沈疑之間(八四)，已自還返，謙敗，則林破膽，豈暇得來。且宗之獨守，何為不支數日？」乃馳往攻謙，水陸齊進，謙等大陳舟師，兼以步騎戰於枝江，檀道濟先進陷陳，謙等大敗，謙單舸奔苟林，道規追斬之。還至涌口(八五)，討林，林走，道規遣諮議參軍臨淮劉遵帥眾追之。初，謙至枝江，江陵士民皆與謙書，言城內虛實，欲為內應，至是檢得之（六六），道規悉焚不視，眾於是大安（六七）。

(十一)江州刺史庾悅以鄱陽太守虞丘進為前驅，屢破盧循兵，進據豫章，絕循糧道。九月，劉遵斬苟林於巴陵，桓石綏因循入寇，起兵洛口（六八）。自號荊州刺史，徵陽令王天恩自號梁州刺史，襲據西城，梁州刺史傅韶遣其子魏興太守弘之討石綏等，皆斬之，桓氏遂滅。韶，暢之孫也。

(十二)西秦王乾歸攻秦略陽、南安、隴西諸郡，皆克之，徙民二萬五千戶於苑川及枹罕（六九）。

(十三)甲寅，葬魏主珪於盛樂金陵，諡曰宣武，廟號烈祖（七○）。

(十四)劉毅固求追討盧循，長史王誕密言於劉裕曰：「毅既喪敗，不宜復使立功。」裕從之。冬，十月，裕帥兗州刺史劉藩、寧朔將軍檀韶，冠軍將軍劉敬宣等，南擊盧循，以劉毅監太尉留府後事皆委焉。癸巳，裕發建康。

(十五)徐道覆率眾三萬趣江陵，奄至（七一）破冢（七二），時魯宗之已還襄陽，追召不及，人情大震，或傳循已平京邑，遣道覆來為刺史，江漢士民感劉道規焚書之恩，無復貳志。道規使劉遵別為遊軍(九三)，自拒道覆於豫章口，前驅(九四)失利，遵自外橫擊，大破之，斬首萬餘級，赴水死者殆盡(九五)，道覆單舸走還湓口。初，道規使遵為遊軍，眾咸以為彊敵在前，惟患眾少，不應分割見力，置無用之地，及破道覆，卒得遊軍之力，眾心乃服(九六)。

(十六)鮮卑僕渾羌句豈輸報鄧若等，帥戶二萬，降於西秦。

(十七)王仲德等聞劉裕大軍且至，進攻范崇民於南陵，崇民戰艦夾屯西岸。十一月，劉鍾自行覘賊，天霧，賊鉤得其舸，鍾因帥左右攻艦戶，賊遽閉戶拒之；鍾乃徐還，與仲德共攻崇民，崇民走(九七)。癸丑，益州刺史鮑陋卒。譙道福陷巴東，殺守將溫祚、時延祖。

(十八)盧循兵守廣州者，不以海道為虞，庚戌，孫處乘海奄至，會大霧，四面攻之，即日拔其城，處撫其舊民，戮循親黨，勒兵謹守(九八)，分遣沈田子等擊嶺表諸郡。

劉裕軍雷池，盧循揚聲不攻雷池，當乘流徑下(九九)。裕知其欲戰，十二月，己卯，進軍大雷(二〇)。庚辰，盧循、徐道覆帥眾數萬塞江(二一)而下，前後莫見舳艫(二二)之際；裕悉出輕艦，帥眾軍齊力擊之，又分步騎屯於西岸，先備火具，裕以勁弩射循軍，因風水之勢以蹙之。循艦悉泊西岸，岸上軍投火焚之，烟炎(二三)漲天，循兵大敗，走還尋陽，將趣豫章，乃悉力柵斷左里(二四)。丙申，裕軍至左里，不得進，裕麾兵將戰，所執麾竿折幡(二五)沈於水，眾並怪懼，裕笑曰：「往年覆舟之戰，幡竿亦折，今者復然，賊必破矣。」即攻柵而進，循兵雖殊死戰，弗能禁(二六)，循單舸走，所殺及投水死者凡萬餘人，納其降附，宥其逼略(二七)。遣劉藩、孟懷玉輕軍追之，循收散卒，尚有數千人，徑還番禺(二八)。道覆走保始興。裕板建威將軍褚裕之(二九)行廣州刺史，裕之，裒之曾孫也。裕還建康，劉毅惡劉穆之，每從容與裕言：「穆之權太重，」裕益親任之。

(九)燕廣川公萬泥，上谷公乳陳，自以宗室有大功(三〇)，謂當入為公輔，燕王跋以二藩任重(三一)，久而弗徵，二人皆怨。是歲，乳陳密遣人告萬泥曰：「乳陳有至謀，願與叔父圖之。」萬泥遂奔白狼，與乳陳俱叛。跋遣汲郡公弘與張興，將步騎二萬討之，弘先遣使喻以㊂禍福，萬泥欲降，乳陳不可。興謂弘曰：「賊明日出戰，今夜必來驚我營，宜為之備。」弘乃密令人課草十束㊂，畜火伏兵以待之。是夜乳陳果遣壯士千餘人來斫營，眾火俱起，伏兵邀擊，俘斬無遺。萬泥、乳陳懼而出降，弘皆斬之。跋以范陽公素弗為大司馬，改封遼西公，弘為驃騎大將軍，改封中山公㊃。

【今註】(五八)號藹豆蓋可汗：《魏書・蠕蠕傳》作藹苦蓋可汗，並云：「魏言姿質美好也。」(五九)魏長孫嵩至漠北而還……嗣引兵還參合陂：按此段乃揉合《魏書・太宗紀》及〈蠕蠕傳〉二文而成，字句幾全相同。(六〇)聲往：聲言欲往。(六一)盧循伏兵南岸……乃出陣於南塘：按此段雖根依《宋書・武帝紀》上，而溢出甚多。(六二)以車騎中軍司馬庾悅：胡三省曰：「劉裕為車騎將軍，以劉敬宣征蜀失利，乞降號中軍將軍，故車騎中軍二府共一司馬。」(六三)有自脩立者：有自脩身而有所樹立者。(六四)師老矣：謂師已疲憊。(六五)并力：合力。(六六)盧循寇掠諸縣……循自蔡洲南還尋陽：按此段乃錄自〈盧循傳〉，字句大致相同。(六七)留其黨范崇民：按《宋書・蒯恩傳》作循別將范宗民，〈劉鍾傳〉則作范崇民，是作范崇民是。(六八)南陵：宋白曰：「柵江口對岸，即舊南陵縣地，今為繁昌縣。」(六九)海道艱遠：海道艱難遙遠。(七〇)必至為難：猶必遭受困難。(七一)見：讀現。(七二)十二月之交：謂交十二月以後。

〔七三〕遣建威將軍會稽孫處……使彼走無所歸也：按此段乃錄自《宋書‧武帝紀》上及〈孫處傳〉，字句大致相同。〔七四〕秦王興遣前將軍苟林帥騎兵會之：按《宋書‧臨川王道規傳》苟林皆作荀林，以〈苻堅載記〉之苟萇等推之，知北土固有以苟為氏，且係大族，疑當以作苟為是。〔七五〕義舊：桓氏世居荊楚，舊恩所結，義不相忘，謂之義舊。〔七六〕諸長者：猶諸豪右。〔七七〕去就之計：此係相反而成之連類語，著重在一去字，謂有離去之意。〔七八〕吾東來文武：謂道規從行將佐兵士也。〔七九〕濟事：成事。〔八〇〕感悅：感激悅服。〔八一〕伺人動靜：謂伺我之行動。〔八二〕脫有：猶萬一有。〔八三〕蹉跌：喻意外之失誤。音磋。〔八四〕沈疑之間：沈吟猶疑之間。〔八五〕涌口：《水經注》：「涌水自夏水南通於江，謂之涌口，在江陵城東。」〔八六〕檢得之：檢查而得之。〔八七〕荊州刺史劉道規遣司馬王鎮之……眾於是大安：按此段乃錄自《宋書‧臨川王道規傳》，字句幾全相同。〔八八〕洛口：《水經注》：「漢水過魏興安陽縣，又東至儻城南，與洛谷水合，水北出洛谷，谷北通長安，其水南流注漢水，所謂洛口也。」〔八九〕西秦王乾歸攻秦略陽……於苑川及枹罕：按此段乃錄自〈乞伏乾歸載記〉，字句完全相同。〔九〇〕葬魏主珪，廟號烈祖：按《魏書‧太祖紀》，作廟號太祖。又《魏書》以太祖名紀，是烈祖當作太祖。〔九一〕奄至：奄忽而至。〔九二〕破冢：在江津之東。〔九三〕遊軍：流動之軍。〔九四〕前驅：猶前鋒。〔九五〕殆盡：幾盡。〔九六〕徐道覆率眾三萬趣江陵，……眾心乃服：按此段乃錄自《宋書‧臨川王道規傳》，字句大致相同。〔九七〕王仲德等聞劉裕大軍且至……共攻崇民，崇民走：按此段乃錄自《宋書‧劉鍾傳》，字句完全相同。〔九八〕盧循兵守廣州者……勒兵謹守：按此段乃錄自《宋書‧武帝紀》上，字句大致相同。〔九九〕徑下：直下。

⑳大雷：杜佑曰：「晉大雷戍舒州望江縣是，今皖口之西有雷江口，即其地。」㉑塞江：猶滿江。㉒舳艫：舳，船後持柂處也；艫，船前頭刺櫂處也。音逐盧。㉓烟炎：炎讀曰燄。㉔左里：杜佑曰：「左里即江州尋陽縣彭蠡湖口。」㉕幡：幟。㉖弗能禁：弗能止住劉裕之軍。㉗宥其逼略：宥恕其被逼迫略奪者。㉘劉裕軍雷池……徑還番禺：按此段乃錄自《宋書・武帝紀》上，字句大致相同。㉙板建威將軍褚裕之：板，謂未稟明天子而暫行委署。㉚有大功：慕容熙之死，萬泥乳陳皆有功。㉛以二藩任重：跋以萬泥為幽平二州牧，鎮肥如；乳陳為幷青二州牧，鎮白狼。㉜喻以：曉喻以。㉝密令人課草十束：密令每人交納草把十束。㉞燕廣川公萬泥……改封中山公：按此段乃錄自〈馮跋載記〉，字句幾全相同。

卷一百一十六 晉紀三十八

司馬光編集
曲守約註

起重光大淵獻，盡閼逢攝提格，凡四年。（辛亥至甲寅，西元四一一年至四一四年）

安皇帝辛

義熙七年（西元四一一年）

㈠春，正月，己未，劉裕還建康。

㈡秦廣平公弼有寵於秦王興，為雍州刺史，鎮安定㊀。姜紀諂附於弼，勸弼結興左右，以求入朝。興徵弼為尚書令、侍中、大將軍，弼遂傾身㊁結納朝士，收采名勢㊂，以傾東宮。國人惡之。會興以西北多叛亂㊃，欲命重將鎮撫之，隴東太守郭播請使弼出鎮，興不從，以太常索稜為太尉，領隴西內史，便招撫西秦。西秦王乾歸遣使送所掠守宰，謝罪請降；興遣鴻臚拜乾歸都督隴西、嶺北雜胡諸軍事、征西大將軍、河州牧、單于、河南王，太子熾磐為鎮西將軍、左賢王、平昌公。興命羣臣搜舉賢才，右僕射梁喜曰：「臣累受詔而未得其人，可謂世之乏才。」興曰：「自古帝王之興，未嘗取相㊄於昔人，待將於將來，隨時任才，皆能致治。卿自識拔不明，豈得遠誣四海乎㊅。」羣臣咸悅。

㈢秦姚詳屯杏城，為夏王勃勃所逼，南奔大蘇，勃勃遣平東將軍鹿弈干追斬之，盡俘其眾。勃勃南攻安定，破尚書楊佛嵩於青石北原，降其眾四萬五千㊆；進攻東鄉，下之，徙三千餘戶於貳城。秦鎮北參軍王買德奔夏，夏王勃勃問以滅秦之策，買德曰：「秦德雖衰，藩鎮猶固，願且蓄力以待之。」勃勃以買德為軍師中郎將㊇。秦王興遣衞大將軍、常山公顯迎姚詳，弗及，遂屯杏城。

㈣劉藩帥孟懷玉等諸將，追盧循至嶺表㊈，二月，壬午，懷玉克始興，斬徐道覆。

㈤河南王乾歸徙鮮卑僕渾部三千餘戶於度堅城，以子敕勃為秦興太守，以鎮之。

㈥焦朗猶據姑臧，沮渠蒙遜攻拔其城，執朗而宥之，以其弟挐為秦州刺史，鎮姑臧。遂伐南涼，圍樂都，三旬不克，南涼王傉檀以子安周為質，乃還。

㈦吐谷渾樹洛干伐南涼，敗南涼太子虎臺。

㈧南涼王傉檀欲復伐沮渠蒙遜，邯川護軍⑩孟愷諫曰：「蒙遜新幷姑臧，凶勢方盛，不可攻也。」傉檀不從，五道俱進，至番禾、苕藿，掠五千餘戶而還。將軍屈右曰：「今既獲利，宜倍道旋師，早度險阨⑪。蒙遜善用兵，若輕軍猝至，大敵外逼，徙戶內叛，此危道也。」衞尉伊力延曰：「彼步我騎，勢不相及，今倍道而歸，則示弱，且捐棄⑫資財，非計也。」俄而昏霧風雨，蒙遜兵大至，傉檀敗走，蒙遜進圍樂都，傉檀嬰城固守，以子染干為質以請和，蒙遜乃還⑬。

㈨三月，劉裕始受太尉、中書監，以劉穆之為太尉司馬，陳郡殷景仁為行參軍。裕問穆之曰：「孟昶參佐⑭，誰堪入我府者？」穆之舉前建威中兵參軍謝晦，晦，安兄據之曾孫也，裕即命為參軍。裕嘗訊囚⑮，其旦，刑獄參軍有疾，以晦代之，於車中一覽訊牒⑯，催促⑰便下。相府多事，獄繫殷積⑱，晦隨問酬辨⑲，曾無違謬⑳。裕由是奇之，即日署㉑刑獄賊曹。晦美風姿㉒，善言笑㉓，博贍多通，裕深加賞愛㉔。

㈩盧循行收兵㉕至番禺，遂圍之，孫處拒守二十餘日，沈田子言於劉藩曰：「番禺城雖險固，本賊之巢穴，今循圍之，或有內變；且孫季高㉖眾力寡弱，不能持久，若使㉗賊還據廣州，凶勢復振矣。」夏，四月，田子引兵救番禺，擊循破之，所殺萬餘人，循走，田子與處共追之，又破循於蒼梧、鬱林㉘、寧浦，會處病不能進，循奔交州㉙。初，九真太守李遜作亂，交州刺史交趾杜瑗討斬之，瑗卒，朝廷以其子慧度為交州刺史，詔書未至，循襲破合浦，徑向交州，慧度帥州府文武拒循於石碕㉚，破之，循餘眾猶三千人。李遜餘黨李脫等，結集俚獠五千餘人以應循㉛㉜，庚子，循晨至龍編㉝南津。慧度悉散家財，以賞軍士，與循合戰，擲雉尾炬㉞，焚其艦，以步兵夾岸射之，循眾艦俱然，兵眾大潰㉟。循知不免，先鴆妻子，召妓妾問曰：「誰能從我死者？」多云：「雀鼠貪生㊱，就死實難。」或云：「官尚當死㊲，某㊳豈願生。」乃悉殺諸辭死者，因自投于水，慧度取其尸斬之，幷其父子及李脫等，函七首送建康㊴。

(十一)初，劉毅在京口，貧困，與知識射於東堂㊵，庾悅為司徒右長史，後至，奪其射堂，眾人皆避之，毅獨不去。悅廚饌甚盛，不以及毅，毅從悅求子鵝炙㊶，悅怒不與。毅由是銜之㊷。至是，毅求兼督江州，詔許之，因奏稱：「江州內地，以治民為職，不當置軍府，雕耗民力，宜罷軍府，移鎮豫章；而尋陽接蠻，可即州府千兵㊸，以助郡戍。」於是解悅都督、將軍官，以刺史鎮豫章。毅以親將趙恢領千兵守尋陽，悅府文武三千悉入毅府。符攝㊹嚴峻㊺，悅忿懼，至豫章，疽發背卒㊻。

(十二)河南王乾歸徙羌句豈等部眾五千餘戶於疊蘭城，以兄子阿柴為興國㊼太守，以鎮之。五月，復以子木弈干為武威太守，鎮嵻峎城。

(十三)丁卯，魏主嗣謁金陵，山陽侯奚斤居守。昌黎王慕容伯兒謀反，己巳，奚斤幷其黨收斬之㊽。

(十四)秋，七月，燕王跋以太子永領大單于，置四輔。柔然可汗斛律遣使獻馬三千匹於跋，求娶跋女樂浪公主。跋命羣臣議之，遼西公素弗曰：「前世皆以宗女妻六夷，宜許以妃嬪之女〔四九〕，樂浪公主不宜下降非類〔五〇〕。」跋曰：「朕方崇信〔五一〕殊俗〔五二〕，柰何欺之！」乃以樂浪公主妻之。跋勤於政事，勸課農桑，省徭役，薄賦斂，每遣守宰，必親引見，問為政之要，以觀其能。燕人悅之〔五三〕。

(十五)河南王乾歸遣平昌公熾磐及中軍將軍審虔伐南涼，審虔，乾歸之子也。八月，熾磐兵濟河，南涼王傉檀遣太子虎臺逆戰於嶺南，南涼兵敗，虜牛馬十餘萬而還〔五四〕。

(十六)沮渠蒙遜帥輕騎襲西涼，西涼公暠曰：「兵有不戰而敗敵者，挫其銳也。蒙遜新與吾盟，而遽來〔五五〕襲我，我閉門不與戰，待其銳氣竭而擊之，蔑〔五六〕不克矣。」頃之，蒙遜糧盡而歸，暠遣世子歆帥騎七千邀擊之，蒙遜大敗，獲其將沮渠百年。

(十七)河南王乾歸攻秦略陽太守姚龍於柏陽堡，克之。冬，十一月，進攻南平太守王憬於水洛城〔五七〕，又克之，徙民三千餘戶於譚郊。遣乞伏審虔帥眾二萬城譚郊。十二月，西羌彭利髮襲據枹罕，自稱大將軍、河州牧，乾歸討之不克㉖。

(十八)是歲，幷州刺史劉道憐為北徐州刺史，移鎮彭城。

【今註】㊀為雍州刺史鎮安定：姚秦分嶺北五郡置雍州刺史，鎮安定。㊁傾身：猶屈節。㊂收采名勢：收採名望權勢。㊃會興以西北多叛亂：〈姚興載記〉下：「興以勃勃乾歸作亂西北，傉檀蒙遜擅兵河右。」文所云西北多叛亂，即指此言。㊄取相：取丞相。㊅豈得遠誣四海乎：豈得廣誣四海之無人乎。㊆降其眾四萬五千：按〈赫連勃勃載記〉作三萬五千。㊇秦姚詳屯杏城……以買德為軍師中郎將：按此段乃錄自〈赫連勃勃傳〉，字句大致相同。㊈嶺表：嶺外。㊉邯川護軍：《水經注》：「河水自西平郡東流，逕澆河郡故城北，又東逕石城南，又東逕邯川城南。」⑪險阨：危險困阨之地。⑫捐棄：皆為棄意。⑬遂伐南涼圍樂都……為質以請和，蒙遜乃還：按此段乃錄自〈禿髮傉檀載記〉，字句大致相同。⑭孟昶參佐：謂孟昶屬下之參軍僚佐。⑮訊囚：審訊囚徒。⑯訊牒：訊囚之牒表。⑰催促：謂催促之間，喻迅疾也。⑱殷積：盛積。⑲晦隨問酬辨：晦隨所問訊而酬答辨解。⑳違謬：違背事理而訛謬者。㉑署：署任。㉒風姿：風度姿容。㉓善言笑：按此辭乃重其言，而非重其笑也，笑乃述言時而連類及之。㉔裕問穆之曰孟昶參佐……裕深加賞愛：按此段乃錄自《宋書・謝晦傳》，字句大致相同。㉕行收兵：謂於道中收集散卒。㉖孫季高：季高乃孫處字。㉗若使：假設語，猶如今。㉘蒼梧鬱林：漢古郡，在今廣西省一帶。㉙盧循行收兵至番禺……循奔交州：按此段乃錄自《宋書・孫處傳》，除多沈田子之言外，餘者大致相同。㉚碕：音奇。㉛李遜餘黨李脫等，結集俚獠五千餘人以應循：按《宋書・良吏杜慧度傳》所載，與此有異，文云：「循雖敗，餘黨猶有三千人，皆習練兵事。李子遜、李奕、李脫等奔竄石碕，盤結俚獠，各有部曲。循知奕等與杜氏有怨，遣使招之，奕等引諸俚帥眾五六千人，受循節度。」《通鑑》見「循知奕等與杜氏有怨，」知奕等當係李遜之黨羽，遂不依《宋書》，而改作李遜餘黨李脫等，此一改正，甚符事理，故頗佳善。惟尚有遺憾者，即《通鑑》不知李子遜乃李遜子之誤倒，而李奕李脫乃皆李遜之子，若知其為誤倒，而直改作李遜子，使李奕李脫之身份亦明，豈不更為佳善。又《宋書》既將李奕列於行前，又數以李奕以代其餘，則省稱李奕李脫時，亦應書作李奕等，而不應寫作李脫等。此撰史君子所不可不知者也。㉜俚獠：《後漢書・南蠻西南夷傳》注：「里，蠻之別號，今稱呼為俚人。」《博物志》：「交州夷名曰里子。」又獠乃西南夷之稱。《峒谿纖志》：「獠人處於嶺表海外，射生為活，吞噬昆蟲。」㉝龍編：交阯郡龍編縣，州郡皆治焉。㉞雉尾炬：胡三省曰：「雉尾炬束草之一頭，施鐵鏃，草尾則散開如雉尾然，爇火以投敵艦。」㉟初九真太守李遜作亂……眾艦俱然，兵眾大潰：按此段乃錄自《宋書・良吏杜慧度傳》，字句大致相同。㊱雀鼠貪生：雀鼠以喻微小之物，謂雀鼠尚且貪生。㊲官尚當死：官係稱謂語，說已見前，此指盧循言。㊳某：係指己言，猶我。此稱謂語在唐宋時常用之。㊴循知不免，先鴆妻子……函七首送建康：按此段乃錄自〈盧循傳〉，字句大致相同。㊵與知識射於東堂：知識，〈劉毅傳〉作親故，二辭可互轉為訓。㊶子鵝炙：謂以小鵝所作之炙，蓋其味尤為鮮美。㊷銜之：謂銜恨。㊸即州府千兵：謂即州府兵中，撥出千人。㊹符攝：符下江州，追攝之也。㊺嚴峻：嚴厲峻急。㊻初劉毅在京口貧困，……至豫章疽發背卒：按此段乃用〈劉毅傳〉文，而稍改易顛倒。㊼興國：胡三省曰：「漢末興國氐王阿貴據興國，城在略陽郡界，乞伏氏因其地名置郡。」㊽魏主嗣謁金陵……並其黨收斬之：按此段乃採用《魏書・太宗紀》及〈奚斤傳〉二文，字句大致相同。㊾妃嬪之女：謂妃嬪所生之女，而非皇后之所生者。㊿非類：謂種類與我不同。(51)崇信：猶重信。(52)殊俗：謂蠻夷之人。(53)燕王跋以太子永領大單于……燕人悅之：按此段乃錄自〈馮跋載記〉，字句大致相同。(54)河南王乾歸遣平昌公熾磐……虜牛馬十餘萬而還：按此段乃錄自〈乞伏乾歸載記〉，字句大致相同。(55)遽來：急來。(56)蔑：無。(57)水洛城：胡三省曰：「水經注：『水洛亭在隴山之西，漢略陽縣界。』鄭戩曰：『水洛城西占隴坻通秦州往來路，隴之二水環城西流，繞帶渭河，川平土沃，廣數百里。』」(58)河南王乾歸攻秦略陽太守……乾歸討之不克：按此段乃本於〈乞伏乾歸載記〉之文，而字句稍有溢出。

八年（西元四一二年）

(一)春，正月，河南王乾歸復討彭利髮，至奴葜谷，利髮棄眾南走，乾歸遣振威將軍乞伏公府追至清水，斬之，收羌戶一萬三千㊀，以乞伏審虔為河州刺史，鎮枹罕，而還。

㈡二月，丙子，以吳興太守孔靖為尚書右僕射。

㈢河南王乾歸徙都譚郊，命平昌公熾磐鎮苑川。乾歸擊吐谷渾阿若干於赤水㊁，降之。

㈣夏，四月，劉道規以疾求歸，許之。道規在荊州累年㊂，秋毫無犯，及歸，府庫帷幕，儼然若舊，隨身甲士㊃二人，遷席於舟中，道規刑之於市。以後將軍、豫州刺史劉毅為衞將軍、都督荊、寧、秦、雍四州諸軍事、荊州刺史。毅謂左衞將軍劉敬宣曰：「吾忝西任㊄，欲屈卿為長史南蠻㊅，豈有見輔㊆意乎？」敬宣懼，以告太尉裕，裕笑曰：「但令老兄平安㊇，必無過慮。」毅性剛愎㊈，自謂建義之功，與裕相埒㊉，深自矜伐⑪，雖權事推裕⑫，而心不服。及居方岳⑬，常怏怏⑭不得志。裕每柔而順之⑮，毅驕縱滋甚，嘗云：「恨不遇劉項，與之爭中原⑯。」及敗於桑落，知物情已去，彌復憤激⑰。裕素不學，而毅頗涉文雅⑱，故朝士有清望⑲者多歸之。與尚書僕射謝混、丹陽尹郗僧施，深相憑結⑳，僧施、超之從子也。毅既據上流，陰有圖裕之志，求兼督交廣二州，裕許之。毅又奏以郗僧施為南蠻校尉、後軍司馬，毛脩之為南郡太守，裕亦許之。以劉穆之代僧施為丹楊尹。毅表求至京口辭墓，裕往會之於倪塘。寧遠將軍胡藩言於裕曰：「公謂劉衛軍終能為公下乎㉑？」裕默然久之，曰：「卿謂何如？」藩曰：「連百萬之眾，攻必取，戰必克，毅以此服公。至於涉獵傳記㉒，一談一詠㉓，自許以為雄豪。以是搢紳白面之士㉔，輻湊歸之，恐終不為公下，不如因會㉕取之。」裕曰：「吾與毅俱有克復之功，其過未彰，不可自相圖也㉖。」

㈤乞伏熾磐攻南涼三河太守吳陰於白土㉗，克之，以乞伏出累代之。

㈥六月，乞伏公府弒河南王乾歸㉘，幷殺其諸子十餘人，走保大夏。平昌公熾磐遣其弟廣武將軍智達、楊武將軍木弈干，帥騎三千討之㉙；以其弟曇㉚達為鎮京將軍，鎮譚郊㉛，驍騎將軍婁機鎮苑川。熾磐帥文武及民二萬餘戶遷於枹罕。秦人多勸秦王興乘亂取熾磐，興曰：「伐人喪，非禮也。」夏王勃勃欲攻熾磐，軍師中郎將王買德諫曰：「熾磐吾之與國，今遭喪亂，吾不能恤，又恃眾力而伐之，匹夫猶且恥為，況萬乘乎㉑！」勃勃乃止。

㈦閏月，庚子，南郡烈武公劉道規卒㉒。

㈧秋，七月，己巳朔，魏主嗣東巡，置四廂大將，十二小將，以山陽侯斤、元城侯屈行左右丞相㉓。庚寅，嗣至濡源，巡西北諸部落。

㈨乞伏智達等擊破乞伏公府於大夏，公府奔疊蘭城，就其弟阿柴；智達等攻拔之，斬阿柴父子五人，公府奔嵻峎南山，追獲之，幷其四子，轘之於譚郊。八月，乞伏熾磐自稱大將軍、河南王，大赦，改元永康，葬乾歸於枹罕，謚曰武元，廟號高祖。

㈩皇后王氏崩。

㈪庚戌，魏主嗣還平城。

㈫九月，河南王熾磐以尚書令武始翟勍為相國，侍中、太子詹事趙景為御史大夫(三五)，罷尚書令僕、尚書六卿(三六)、侍中等官。

(十三)癸酉，葬僖皇后於休平陵。

(十四)劉毅至江陵，多變易守宰，輒割豫州文武、江州兵力萬餘人以自隨。會毅疾篤，郗僧施等恐毅死，其黨危，乃勸毅請從弟兗州刺史藩以自副，太尉裕偽許之。藩自廣陵入朝，己卯，裕以詔書罪狀毅云：「與藩及謝混共謀不軌(三七)。」收藩及混賜死。初，混與劉毅款昵(三八)，混從兄澹常以為憂，漸與之疏，謂弟璞及從子瞻曰：「益壽(三九)此性，終當破家。」澹，安之孫也。庚辰，詔大赦，以前會稽內史司馬休之為都督荊、雍、梁、秦、寧、益六州諸軍事、荊州刺史，北徐州刺史劉道憐為兗、青二州刺史，鎮京口，使豫州刺史諸葛長民監太尉留府事。裕疑長民難獨任，乃加劉穆之建武將軍(四〇)，置佐吏配給資力(四一)，以防之。壬午，裕帥諸軍發建康，參軍王鎮惡請給百舸為前驅。丙申，至姑孰，以鎮惡為振武將軍，與龍驤將軍蒯恩將百舸前發。裕戒之曰：「若賊可擊，擊之；不可者，燒其船艦，留屯水際，以待我。」

於是鎮惡晝夜兼行，揚聲言：「劉兗州㊷上。」冬，十月，己未，鎮惡至豫章口，去江陵城二十里，捨船步上㊸，蒯恩軍居前，鎮惡次之，舸留一二人，對舸岸上立六七旗，旗下置鼓，語所留人，計我將至城，便鼓嚴，令若後有大軍狀㊹。又分遣人燒江津㊺船艦，鎮惡徑前襲城，語前軍士㊻，有問者，但云：「劉兗州至。」津戍㊼及民間，皆晏然㊽不疑。未至城五六里，逢毅要將㊾朱顯之，欲出江津，問：「劉兗州何在？」軍士曰：「在後。」顯之至軍後，不見藩，而見軍人擔彭排㊿戰具，望江津船艦已被燒，鼓嚴之聲甚盛，知非藩上；便躍馬馳去告毅，行令(51)閉諸城門。鎮惡亦馳進，門未及下關(52)，軍人因得入城，衛軍長史謝純入參承(53)毅，出聞兵至，左右欲引車歸，純叱之曰：「我人吏(54)也，逃將安之？」馳還入府，純，安兄據之孫也。

鎮惡與城內兵鬬，且攻其金城(55)，自食時至中晡(56)，城內人敗散，鎮惡穴其金城而入，遣人以詔及赦文，并裕手書示毅，毅皆燒不視，與司馬毛脩之等督士卒力戰。城內人猶未信裕自來，軍士從毅自東來者，與臺軍(五七)多中表親戚(五八)，且鬬且語(五九)，知裕自來，人情離駭，逮夜，聽事(六〇)前兵皆散，斬毅勇將趙蔡。毅左右兵猶閉東西閤拒戰，鎮惡慮闇中自相傷犯，乃引軍出圍金城，開其南面。毅慮南有伏兵，夜半，帥左右三百許人開北門突出。毛脩之謂謝純曰：「君但隨僕去(六一)。」純不從，為人所殺。毅夜投牛牧佛寺(六二)(六三)。初，桓蔚之敗也，走投牛牧寺僧昌，昌保藏之，毅殺昌；至是，寺僧拒之，曰：「昔亡師容桓蔚(六四)，為劉衛軍所殺，今實不敢容異人。」毅歎曰：「為灋自弊，一至於此(六五)。」遂縊而死。明日，居人以告，乃斬首於市，并子姪皆伏誅。毅兄模奔襄陽，魯宗之斬送之。初，毅季父鎮之閑居京口，不應辟召，常謂毅及藩曰：「汝輩才器(六六)，足以得志，但恐不久耳。我不就爾求財位，亦不同爾受罪累(六七)。」每見毅藩導從(六八)到門，輒詬(六九)之。毅甚敬畏，未至宅數百步，悉屏儀衛(七〇)，與白衣(七一)數人俱進。及毅死，太尉裕奏徵鎮之(七二)為散騎常侍、光祿大夫。固辭不至。

(十五)仇池公楊盛叛秦，侵擾祁山，秦王興遣建威將軍趙琨為前鋒，立節將軍姚伯壽[七三]繼之。前將軍姚恢出鷲峽，秦州刺史姚嵩出羊頭峽，右衛將軍胡翼度出汧城，以討盛，興自雍赴之，與諸將會於隴口[七四]。天水太守王松忽[七五]言於嵩曰：「先帝神略無方[七六]，徐洛生以英武佐命[七七]，再入仇池，無功而還。非楊氏智勇能全[七八]也，直[七九]地勢險固耳。今以趙琨之眾，使君之威，準之[八〇]先朝，實未見成功。使君[八一]具悉形便，何不表聞[八二]？」嵩不從，盛帥眾與琨相持，伯壽畏懦不進，琨眾寡不敵，為盛所敗。興斬伯壽而還。興以楊佛嵩為雍州刺史，帥嶺北見兵[八三]以擊夏。行數日，興謂羣臣曰：「佛嵩每見敵，勇不自制[八四]，吾常節其兵[八五]，不過五千人；今所將既多，遇敵必敗。行已遠，追之無及，將若之何？」佛嵩與夏王勃勃戰，果敗，為勃勃所執，絕亢[八六]而死[八七]。

(十六)秦立昭儀齊氏為后。

(十七)沮渠蒙遜遷於姑臧。

(十八)十一月，己卯，太尉裕至江陵，殺郗僧施。初，毛脩之雖為劉毅僚佐，素自結[八八]於裕，故裕特宥之。賜王鎮惡爵漢壽子。裕問毅府諮議參軍申永曰：「今日何施而可？」永曰：「除其宿釁(八九)，倍其惠澤(九〇)，貫敘門次(九一)，顯擢(九二)才能，如此而已。」裕納之，下書寬租省調(九三)，節役原刑(九四)，禮辟名士。荊人悅之。

(九)諸葛長民驕縱貪侈，所為多不灋，為百姓患，常懼太尉裕按之(九五)，及劉毅被誅，長民謂所親曰：「昔年醢彭越，今年殺韓信，禍其至矣。」乃屏人(九六)問劉穆之曰：「悠悠之言(九七)，皆云太尉與我不平(九八)，何以至此？」穆之曰：「公泝流遠征，以老母稚子委節下(九九)，若一豪不盡，豈容(〇〇)如此邪！」長民意乃小安(〇一)。長民弟輔國大將軍黎民說長民曰：「劉氏之亡，亦諸葛氏之懼也。宜因裕未還而圖之。」長民猶豫未發，既而歎曰：「貧賤常思富貴，富貴必履(〇二)危機，今日欲為丹徒布衣(〇三)，豈可得邪(〇四)！」因遺冀州刺史劉敬宣書曰：「盤龍(〇五)狠戾專恣(〇六)，自取夷滅(〇七)，異端(〇八)將盡，世路方夷(〇九)，富貴之事，相與共之(一〇)。」敬宣報曰：「下官(一一)自義熙以來，忝三州七郡(一二)，常懼福過(一三)災生，思避盈居損；富貴之旨(一四)，非所敢當。」且使以書呈裕，裕曰：「阿壽(一五)，故為(一六)不負我也(一七)。」

劉穆之憂長民為變，屏人問太尉行參軍東海何承天曰：「公今行濟否㉘？」承天曰：「荊州不憂不時判（判決也），別有一慮㉙耳。公昔年自左里還入石頭，甚脫爾㉚，今還，宜加重慎。」穆之曰：「非君不聞此言㉛。」裕在江陵，輔國將軍王誕白裕求先下，裕曰：「諸葛長民似有自疑心㉜，卿詎㉝宜便去。」誕曰：「長民知我蒙公垂盼㉞，今輕身單下㉟，必當以為無虞，乃可以少安其意耳。」裕笑曰：「卿勇過賁育㊱矣。」乃聽先還㊲。

(廿)沮渠蒙遜即河西王位，大赦，改元玄始，置官僚，如涼王光為三河王故事㊳。

(廿一)太尉裕謀伐蜀，擇元帥，而難其人。以西陽太守朱齡石既有武幹，又練吏職㊴，欲用之；眾皆以為齡石資名㊵尚輕，難當重任。裕不從。十二月，以齡石為益州刺史，帥寧朔將軍臧熹、河間太守蒯恩、下邳太守劉鍾等伐蜀，分大軍之半二萬人以配之。熹，裕之妻弟，位居齡石之右㊶，亦隸焉㊷。裕與齡石密謀進取曰：「劉敬宣往年出黃虎，無功而退，賊謂我今應從外水往，而料我當出其不意㉝，猶從內水㉞來也。如此必以重兵守涪城，以備內道。若向黃虎，正墮其計。今以大眾自外水取成都，疑兵出內水，此制敵之奇也㉟。」而慮此聲先馳㊱，賊審虛實，別有函書㊲封付齡石，署㊳函邊曰：「至白帝乃開。」諸軍雖進，未知處分所由㊴㊵。毛脩之固請行，裕恐脩之至蜀，必多所誅殺，土人與毛氏有嫌，亦當以死自固，不許。

(廿二)分荊州十郡置湘州，

(廿三)加太尉裕太傅、揚州牧。

(廿四)丁巳，魏主嗣北巡，至長城而還。

【今註】㊀河南王乾歸復討彭利髮……收羌戶一萬三千：按此段乃錄自〈乞伏乾歸載記〉，字句大致相同。㊁赤水：《魏書．地形志》，臨洮郡有赤水縣。㊂道規在荊州累年：義熙元年道規刺荊州。㊃甲士：鎧甲精良之兵士。㊄忝西任：辱蒙西任。㊅長史南蠻：為南蠻校尉府長史。㊆見輔：相輔。㊇但令老兄平安：猶只令老兄平安。老兄一稱謂辭，以前尚頗鮮見。㊈愎：狠、戾。⑩埒：等，音劣。⑪矜伐：矜持，自誇其功。⑫權事推裕：謂權度事宜而行推裕。⑬方岳：指為荊州刺史。⑭怏怏：不快之意。⑮每柔而順之：常柔婉以順從之。⑯恨不遇劉項，與之爭中原：

中原亦即中國，全意為所遇者皆非英雄豪傑之士。㊄毅性剛愎……知物情已去，彌復憤激：按此段乃錄自〈劉毅傳〉，字句大致相同。㊅頗涉文雅：猶頗涉獵詩書。㊈清望：清高之聲望。㊉憑結：憑仗交結。㊀終能為公下乎：謂終能下於公乎。㊁傳記：猶書籍。㊂一談一詠：談論吟詠。㊃白面之士：謂書生。㊄因會：因相會之機。㊅以後將軍劉毅為衞將軍……不可自相圖也：按此段雖本於〈劉毅傳〉及《宋書・武帝紀》中，而多有溢出，知乃參稽他書而成。㊆白土：《水經注》：「河水過邯川城南，又東逕臨津城北，白土城南。」闞駰《十三州志》：「在南津西六十里有白土城，在大河之北，為緣河濟渡之地。」㊇六月乞伏公府弒河南王乾歸：公府，國仁之子，以不得立，故行弒逆。按〈乞伏乾歸〉及〈熾磐載記〉，俱云義熙六年乾歸為公府所弒。然〈安帝紀〉則於義熙八年中云：「五月，乞伏公府弒乞伏乾歸，乾歸子熾磐誅公府，僭即偽位。」又《魏書・太宗紀》永興四年（當義熙八年）云：「是年乞伏乾歸為兄子公府所殺，子熾磐立。」以〈安帝紀〉及〈太宗紀〉俱作義熙八年，《通鑑》遂甄而擇之，而列於義熙八年焉。㊈乞伏公府弒河南王乾歸……帥騎三千討之：按此段乃錄自〈乞伏乾歸載記〉，字句大致相同。㊉曇：音覃。㊀鎮京將軍，鎮譚郊：乞伏都譚郊，自謂為京師，故置鎮京將軍以鎮之。㊁猶且恥為況萬乘乎：尚恥為之，況萬乘之尊乎，意謂自更恥為之。㊂閏月庚子，南郡烈武公劉道規卒：按〈安帝紀〉作義熙八年秋七月庚子，征西大將軍劉道規卒，月份有異。㊃以山陽侯斤元城侯屈行左右丞相：按〈太宗紀〉永興四年文作：「以山陽侯奚斤，元城侯元屈行左右丞相。」稱人當列其全姓名，斤上當添奚字，屈上當添元字。㊄太子倉事趙景為御史大夫：按〈乞伏熾磐載記〉作麴景為御史大夫。趙一作麴。㊱罷尚書令僕，尚書六卿：按〈乞伏熾磐載記〉僕下多一射字，即所謂尚書左右僕射，當從添射字。㊲不軌：不道。㊳款昵：誠款親昵。㊴益壽：混之小字。㊵乃加劉穆之建武將軍：按《宋書‧武帝紀》中義熙八年，及〈劉穆之傳〉，皆作建威，當改從之。㊶配給資力：《宋書‧武帝紀》中作：「配以實力。」是資力乃指兵力而言。㊷劉兗州：謂劉藩。㊸步上：往西行曰上，猶往東行曰下。步上，謂步行向西。㊹便鼓嚴令若後有大軍狀：按《宋書‧王鎮惡傳》作：「便長嚴令後有大軍狀。」核〈鎮惡傳〉下文有鼓嚴之聲甚盛，知鼓嚴即擂鼓緊密也。《通鑑》於後上加一若字，以示宛似後方有大軍狀。殊不知令後有大軍狀已賅有宛似之意，則此若字實與畫蛇添足等耳。㊺江津：江之津渡處。㊻語前軍士：告語在前軍士。㊼津戍：津渡之戍卒。㊽晏然：安然。㊾要將：親要將校。㊿彭排：胡三省曰：「彭排即今之旁排，所以扞鋒矢。孫愐曰：『樐彭排。』釋名曰：『彭排，軍器也。彭，旁也；在旁排敵禦攻也。』」(五一)行令：傳令。(五二)門未及下關：關謂城門之橫木及關鍵也，此猶門未及上鎖。(五三)參承：僚佐省府公謂之參承。(五四)人吏：為人之吏。(五五)金城：胡三省曰：「凡城內牙城，晉宋時謂之金城。」(五六)中晡：日加申為晡，中晡正申時也。(五七)臺軍：臺省之軍，亦即建康之兵卒。(五八)中表親戚：按父之姊妹及母之兄弟姊妹之子，皆為中表親。蓋父之姊妹之子為外兄弟，母之兄弟姊妹之子為內兄弟，內即中，外即表，故統稱曰中表親。(五九)且鬬且語：猶今語一面戰鬬，一面閑談。(六〇)聽事：聽政事之堂，後通作廳事。(六一)君但隨僕去：但，只；僕，毛脩之自稱。(六二)牛牧佛寺：胡三省曰：「在江陵城北二十里。」──(63)參軍王鎮惡請給百舸為前驅……毅夜投牛牧佛寺：按此段乃錄自《宋書・王鎮惡傳》，而多有刪削，以《宋書》此傳未免較蕪雜也。(64)昔亡師容桓蔚：謂昔先師容納桓蔚。(65)為法自弊一至於此：《史記・商君鞅傳》：「商君亡，至關下，欲舍客舍，客人不知其是商君也，曰：『商君之法，舍人無驗者坐之。』商君喟然歎曰：『嗟乎，為法之敝，一至此哉！』」(66)才器：才能器識。(67)罪累：罪過連累。(68)導從：前導及侍從，總謂僕從。(69)詬：罵。(70)儀衛：儀仗侍衛。(71)白衣：無官職者。(72)毅季父鎮之：按〈劉毅傳〉，作叔父鎮。(73)立節將軍姚伯壽：按〈姚興載記〉下，作楊伯壽。(74)隴口：隴道之口。(75)天水太守王松忽：按〈姚興載記〉下，王松忽作王松忩。(76)神略無方：如神之謀略，而不可推測。(77)佐命：此言輔佐先帝。(78)智勇能全：猶智勇克全。(79)直：只，說已見上。(80)準之：猶衡之。(81)使君：刺史稱曰使君。(82)表聞：謂上表以聞。(83)見兵：見讀現，謂現有之兵。(84)不自制：不能自己剋制。(85)節其兵：節制其兵卒。(86)絕亢：亢同吭，謂斷吭而死。(87)仇池公楊盛叛秦……為勃勃所執，絕亢而死：按此段乃錄自〈姚興載記〉下，字句大致相同。(88)素自結：早自結。(89)宿釁：舊有之怨隙。(90)倍其惠澤：倍增其慈惠恩澤。(91)貫敍門次：晉宋率以門地高下為用人之次第，貫敍者以次序之，若穿錢貫然。(92)顯擢：顯達擢拔。(93)省調：省減戶稅。(94)原刑：原宥刑徒。(95)按之：按治之。(96)屏人：將人從屏於他處，而以期於秘密。(97)悠悠之言：謂悠謬之談。(98)不平：謂有不平之意。(99)節下：使持節者謂之節下。此指諸葛長民言。(100)容：猶允許。(101)小安：猶稍安。(102)履：蹈。(103)丹徒布衣：長民原琅琊陽郡人，丹徒乃其僑居之地。〔四〕諸葛長民驕縱貪侈……欲為丹徒布衣，豈可得邪：按此段乃錄自〈諸葛長民傳〉，字句大致相同。〔五〕盤龍：劉毅小字。〔六〕專恣：專擅恣肆。〔七〕夷滅：平滅。〔八〕異端：懷異貳者。〔九〕方夷：方告晏平。〔一〇〕富貴之事，相與共之：意為冀圖非份，以取富貴，而相與共之。〔一一〕下官：敬宣自謙之稱。〔一二〕忝三州七郡：敬宣自北還，拜晉陵太守，遷江州，鎮尋陽，兼領郡事，徵拜宣城內史，領襄城太守，遷鎮蠻護軍、安豐太守，梁國內史，又遷青州刺史，尋改冀州。〔一三〕福過：謂福過多。〔一四〕富貴之旨：圖富貴之意。〔一五〕阿壽：《宋書・劉敬宣傳》：「宣字萬壽。」晉宋稱人喜冠以阿字，故因呼之曰阿壽。〔一六〕故為：猶固為。〔一七〕因遺冀州刺史劉敬宣書曰……故為不負我也：按此段乃錄自《宋書・劉敬宣傳》，字句幾全相同。〔一八〕濟否：能成功不。〔一九〕別有一慮：另有一可憂慮者。〔二〇〕脫爾：謂輕脫而還，不為嚴備也。〔二一〕劉穆之憂長民為變……非君不聞此言：按此段乃錄自《宋書・何承天傳》，字句幾全相同。〔二二〕自疑心：自疑之心。〔二三〕詎：豈。〔二四〕垂盼：猶垂青睞。〔二五〕單下：單人而下。〔二六〕賁育：謂孟賁夏育，皆古之勇士。〔二七〕輔國將軍王誕白裕求先下……乃聽先還：按此段乃錄自《宋書・王誕傳》，字句完全相同。〔二八〕沮渠蒙遜即河西王位……如涼王光為三河王故事：按此段乃錄自〈沮渠蒙遜載記〉，字句大致相同。〔二九〕練吏職：熟練吏職。〔三〇〕資名：資歷名望。〔三一〕位居齡石之右：謂位居齡石之上。〔三二〕太尉裕謀伐蜀……亦隸焉：按此段乃錄自《宋書・朱齡石傳》，字句大致相同。〔三三〕而料我當出其不意：按料字無意，似可刪去。〔三四〕內水：庾仲雍曰：「巴郡江州縣對二水口，右則涪內水，左則蜀外水。」〔三五〕此制敵之奇也：謂此制敵之奇計也。〔三六〕慮此聲先馳：恐此消息先行播出。㊲函書：將書札裝於函中。㊳署：書字。㊴處分所由：謂未知如何處理。㊵裕與齡石密謀進取曰……未知處分所由：按此段乃錄自《宋書・朱齡石傳》，字句幾全相同。

九年（西元四一三年）

㈠春，二月，庚戌，魏主嗣如高柳川，甲寅，還宮。

㈡太尉裕自江陵東還，駱驛遣輜重㊀兼行而下，前刻至日㊁，每淹留㊂不進。諸葛長民與公卿頻日㊃奉候於新亭，輒差其期㊄。乙丑，晦，裕輕舟徑進㊅，潛入東府。三月，丙寅朔旦，長民聞之，驚趨至門，裕伏壯士丁旿於幔中㊆，引長民，卻人㊇閑語，凡平生所不盡者皆及之，長民甚悅。丁旿自幔後出於座，拉殺之，輿尸付廷尉，收其弟黎民，黎民素驍勇，格鬭㊈而死，幷殺其季弟大司馬參軍幼民㊉、從弟寧朔將軍秀之。

㈢庚午，秦王興遣使至魏修好。

㈣太尉裕上表曰：「大司馬溫以民無定本㊀，傷治為深，庚戌土斷㊁，以一其業㊂。於時財阜㊃國豐，實由於此。自茲迄今，漸用頹弛㉕，請申前制㉖。」於是依界土斷㉗，唯徐、兗、青三州居晉陵者，不在斷例㉘。諸流寓郡縣㉙，多所併省㉚。戊寅，加裕豫州刺史，裕固讓太傅州牧。

㈤林邑范胡達寇九真，杜慧度擊斬之。

㈥河南王熾磐遣鎮東將軍曇達、平東將軍王松壽，將兵東擊休官權小郎、呂破胡於白石川。大破之，虜其男女萬餘口，進據白石城，顯親休官權小成、呂奴迦等二萬餘戶，據白阬不服，曇達攻斬之，隴右休官悉降㉛。秦太尉索稜以隴西降熾磐，熾磐以稜為太傅。

㈦夏王勃勃大赦，改元鳳翔，以叱干阿利領將作大匠㉜，發嶺北夷夏十萬人，築都城於朔方水北、黑水之南㉝。勃勃曰：「朕方統一天下，君臨萬邦，宜名新城曰統萬㉞。」阿利性巧而殘忍，蒸土築城，錐入一寸，即殺作者，而并築之㉟。勃勃以為忠，委任之。凡造兵器成，呈之，工人必有死者。射甲不入，則斬弓人，入則斬甲匠，又鑄銅為一大鼓，飛廉㊱、翁仲㊲、銅駝、龍虎之屬，飾以黃金，列於宮殿之前，凡殺工匠數千，由是器物皆精利。勃勃自謂其祖從母姓為劉㉘，非禮也，古人氏族無常，乃改姓赫連氏，言：「帝王係天為子㉙，其徽赫㉚與天連也。」其非正統者，皆以鐵伐為氏，言其剛鋭如鐵，皆堪伐人也㉛。

㈧夏，四月，乙卯，魏主嗣西巡，命鄭兵將軍奚斤、鴻飛將軍㉜尉古真、都將閭大肥等，擊越勤部於跋那山。大肥，柔然人也。

㈨河南王熾磐遣安北將軍烏地延、冠軍將軍翟紹擊吐谷渾別統句旁於泣勤川，大破之㉝。

㈩河西王蒙遜立子政德為世子，加鎮衞大將軍、錄尚書事。

⑪南涼王傉檀伐河西王蒙遜，蒙遜敗之於若厚塢，又敗之於若涼，因進圍樂都，二旬不克。南涼湟河太守文支以郡降於蒙遜，蒙遜以文支為廣武太守，蒙遜復伐南涼，傉檀以太尉俱延為質，乃還。蒙遜西如苕藋，遣冠軍將軍伏恩將騎一萬襲卑和、烏啼二部，大破之，俘二千餘落而還。蒙遜寢於新臺，閹人王懷祖擊蒙遜，傷足，其妻孟氏禽斬之，蒙遜母車氏卒。

(十一)五月，乙亥，韓主嗣如雲中舊宮，丙子，大赦。西河胡張外等聚眾為盜，乙卯，嗣遣會稽公長樂劉絜等屯西河招討之。六月，嗣如五原(三四)。

(十二)朱齡石等至白帝，發函，書曰：「眾軍悉從外水取成都，臧熹從中水(三五)取廣漢，老弱乘高艦十餘從內水，向黃虎。」於是諸軍倍道兼行，譙縱果命譙道福將重兵鎮涪城，以備內水。齡石至平模，去成都二百里，縱遣秦州刺史侯暉，尚書僕射譙詵(三六)，帥眾萬餘屯平模(三七)，夾岸築城，以拒之(三八)。齡石謂劉鍾曰：「今天時盛熱，而賊嚴兵(三九)固險，攻之未必可拔，祇增疲困。且欲養銳息兵(四〇)，以伺其隙，何如？」鍾曰：「不然，前揚聲言大眾向內水，譙道福不敢捨涪城，今重軍猝至，出其不意，侯暉之徒已破膽矣。賊阻兵守險者，是其懼不敢戰也。因其兇懼(四一)，盡銳攻之，其勢必克。克平模之後，自可鼓行而進，成都必不能守矣。若緩兵相守，彼將知人虛實(四二)，涪軍忽來并力拒我，人情既安，良將又集，此求戰不獲，軍養無資，二萬餘人，悉為蜀子(四三)虜矣。」齡石從之(四四)。諸將以水北城地險兵多，欲先攻其南城。齡石曰：「今屠南城，不足以破北，若盡銳以拔北城，則南城不麾㊺自散矣。」

秋，七月，齡石帥諸軍急攻北城，克之，斬侯暉、譙詵，引兵迴趣南城，南城自潰。齡石捨船步進，譙縱大將譙撫之屯牛脾㊻，小荀塞打鼻㊼，臧熹擊撫之，斬之㊽，小荀聞之亦潰，於是縱諸營屯㊾，望風相次㊿奔潰(51)。戊辰，縱棄成都出走，尚書令馬耽封府庫，以待晉師。壬申，齡石入成都，誅縱同祖之親，餘皆按堵(52)，使復其業。

縱出成都，先辭墓，其女曰：「走必不免，祇取辱焉。等死(53)，死於先人之墓，可也。」縱不從。譙道福聞平模不守，自涪引兵入赴，縱往投之，道福見縱，怒曰：「大丈夫有如此功業而棄之，將安歸乎？人誰不死，何怯之甚也。」因投縱以劍，中其馬鞍，縱乃去，自縊死。巴西人王志斬其首，以送齡石。道福謂其眾曰：「蜀之存亡，實係於我，不在譙王，今我在，猶足一戰。」眾皆許諾，道福盡散金帛以賜眾，眾受之而走，道福逃於獠中，巴民杜瑾執送之，斬於軍門(五四)。齡石徙馬眈於越巂(五五)，眈謂其徒曰：「朱侯(五六)不送我京師，欲滅口也(五七)，吾必不免。」乃盥洗而臥，引繩而死(五八)。須臾，齡石使至戮其尸(五九)，詔以齡石進監梁、秦州六郡諸軍事，賜爵豐城縣侯。

(十四)魏奚斤等破越勤於跋那山西，徙二萬餘家於大寧。

(十五)河西胡曹龍等擁部眾二萬人來入蒲子，張外降之，推龍為大單于。

(十六)丙戌，魏主嗣如定襄大洛城(六〇)。

(十七)河南王熾磐擊吐谷渾支旁於長柳川，虜旁及其民五千餘戶而還。

(十八)八月，癸卯，魏主嗣還平城。

(十九)曹龍請降於魏，執送張外斬之。丁丑，魏主嗣如豺山宮，癸未，還(六一)。

(廿)九月，再命太尉裕為太傅、揚州牧，固辭。

(廿一)河南王熾磐擊吐谷渾別統掘逵(六二)於渴渾川，大破之，虜男女二萬三千。冬，十月，掘逵帥其餘眾降於熾磐(六三)。

(廿二)吐京胡與離石胡出以眷(六四)叛魏，魏主嗣命元城侯屈督、會稽公劉絜、永安侯魏勤以討之，丁巳，出以眷引夏兵邀擊絜，禽之，以獻於夏，勤戰死，嗣以屈亡二將，欲誅之，既而赦之，使攝并州刺史。屈到州縱酒廢事(六五)，嗣積其前後罪惡，檻車徵還，斬之(六六)。

(廿三)十一月，魏主嗣遣使請昏於秦，秦王興許之。

(廿四)是歲，以敦煌索邈為梁州刺史，苻宣乃還仇池。初，邈寓居漢川，與別駕姜顯有隙，凡十五年，而邈鎮漢川，顯乃肉袒(六七)迎候，邈無慍色(六八)，待之彌厚，退而謂人曰：「我昔寓此(六九)，失志多年，若讎姜顯，懼者不少，但服之自佳，何必逞志(七〇)。」於是闔境(七一)聞之，皆悅。

【今註】㊀駱驛遣輜重：謂繼續發遣輜重。㊁前刻至日：前所規定抵達之期。㊂淹留：淹滯停留。㊃頻日：猶連日。㊄差其期：差誤其期。㊅徑進：直進。㊆幔中：帷幔之中。㊇却人：退人，與屏人意同。㊈格鬬：格拒戰鬬。㊉太尉裕自江陵東還……其季弟大司馬參軍幼民：按此段乃錄自〈諸葛長民傳〉，字句大致相同。(一一)定本：固定之根本。(一二)庚戌土斷：其制見卷一百一哀帝興寧二年。(一三)以一其業：謂固定其基業。(一四)財阜：財物盛多。(一五)頹弛：頹廢鬆弛。(一六)請申前制：請申明前制，意謂付之實施。⑰依界土斷：依郡縣之界，而就其所居郡縣，以斷定其籍貫。⑱唯徐兗青三州居晉陵者，不在斷例：徐青兗三州都督，率治晉陵，故難以土斷。⑲流寓郡縣：即僑置郡縣。⑳併省：合併，省除。㉑河南王熾磐遣鎮東將軍曇達……隴右休官悉降：按此段乃錄自〈乞伏熾磐載記〉，字句大致相同。㉒將作大匠：《宋書．百官志》上：「將作大匠一人，丞一人，掌土木之役。」㉓築都城於朔方水北，黑水之南：《水經注》：「奢延水又謂之朔方水，源出奢延縣西南赤沙阜，東北流，逕奢延縣故城南，赫連於是水之南築統萬城。奢延水又東流，黑水入焉，水出奢延縣黑澗東南，歷沙陵，注奢延水。」㉔統萬：如上文所云，統萬邦也。㉕而幷築之：謂將所殺之作者，連土築於城垣之內。㉖飛廉：《漢書．武帝紀》：「作長安飛廉館。」注：「飛廉，神禽，能致風氣者也。」㉗翁仲：銅像及石像之稱。㉘勃勃自謂其祖從母姓為劉：〈劉元海載記〉：「初漢高祖以宗女為公主，以妻冒頓，約為兄弟，故其子孫遂冒姓劉氏。」㉙帝王係天為子：帝王上係於天，而為其子。㉚徽赫：徽美顯赫。㉛夏王勃勃大赦改元鳳翔……皆堪伐人也：按此段乃錄自〈赫連勃勃載記〉，字句大致相同。㉜鴻飛將軍：《魏書．官氏志》：「初帝欲法古純質，皆擬遠古雲鳥之義，諸曹走使謂之鳧鴨，取飛之迅疾；以伺察者為候官，謂之白鷺，取其延頸遠望。自餘之官，義皆類此，咸有比況。」此鴻飛將軍諒亦必該時所制，意取如鴻鵠之一舉千里也。㉝河南王熾磐遣安北將軍烏地延……於泣勤川，大破之：按此段乃錄自〈乞伏熾磐載記〉，字句幾全相同。㉞魏主嗣如雲中舊宮……六月，嗣如五原：按此段乃錄自《魏書．太宗紀》，字句大致相同。㉟中水：《水經注》：「洛水出洛縣章山南，逕洛縣故城南，廣漢郡治也。又南逕新都縣與緜水合，又與湔水合，亦謂之郫江。又逕犍為牛鞞水，又東逕資中縣，謂之緜水。緜水至江陽縣方山下，入江，謂之緜水，口曰中水。」㊱詵：音ㄕㄣ。㊲平模：《宋書・朱齡石傳》及〈劉鍾傳〉，俱作彭模。㊳朱齡石等至白帝……夾岸築城以拒之：按此段乃錄自《宋書・朱齡石傳》，字句大致相同。㊴嚴兵：備兵。㊵息兵：休兵。㊶兇懼：兇通恟，謂擾懼也。㊷知人虛實：謂知我虛實。㊸蜀子：詈之之辭。㊹齡石謂劉鍾曰……悉為蜀子虜矣，齡石從之：按此段乃錄自《宋書・劉鍾傳》，字句幾全相同。㊺不麾：麾，旗；謂不揮旗作戰。㊻牛脾：牛脾當作牛鞞，《晉書・地理志》犍為郡統牛鞞縣。㊼打鼻：胡三省曰：「打鼻山在今眉州彭山縣南十餘里，山形孤起，東臨江水，俗云昔周鼎淪於此，或見其鼻，故名。」㊽臧熹擊譙撫之斬之：按《宋書・朱齡石傳》作譙撫。㊾營屯：營壘屯戍。㊿相次：相繼。(51)諸將以水北城地險兵多……望風相次奔潰：按此段乃本於《宋書・朱齡石傳》，惟字句間有不同。(52)按堵：謂安居。(53)等死：同為一死。(54)軍門：猶營門。(55)嶲：音ㄒㄧˊ。(56)朱侯：以朱齡石封侯，故稱之曰朱侯。(57)朱侯不送我京師，欲滅口也：胡三省曰：「謂齡石多取庫物，殺耽以滅口也。」(58)引繩而死：謂自縊而死。(59)縱棄成都出走……齡石使至戮其尸：按此段乃錄自〈譙縱傳〉，字句大致相同。(60)魏奚斤等破越勤於跋那山西……魏主嗣如定襄大洛城：按此段乃錄自《魏書・太宗紀》永興五年文。(61)八月癸卯，魏主嗣還平城……癸未還：按此段乃錄自《魏書・太宗紀》永興五年文，字句大致相同。(62)別統掘逵：按〈乞伏熾磐載記〉，掘逵作掘達。(63)河南王熾磐擊吐谷渾別統掘逵……帥其餘眾降於熾磐：按此段乃錄自〈乞伏熾磐載記〉，字句大致相同。(六四)與離石胡出以眷：按《魏書・神元平文諸帝子孫文安公泥附子屈傳》，出以眷作出以兵。(六五)廢事：荒廢政事。(六六)吐京胡與離石胡出以眷叛魏……檻車徵還，斬之：按此段乃錄自《魏書・神元平文諸帝子孫文安公泥附子屈傳》，字句幾全相同。(六七)肉袒：謂降上身衣，以示聽任鞭笞而罰之也。為謝罪儀式之一。(六八)慍色：怨色。(六九)寓此：寄居於此。(七〇)逞志：快意。(七一)闔境：全境。

十年（西元四一四年）

㈠春，正月，辛酉，魏大赦，改元神瑞。辛巳，魏主嗣如繁時㊀，二月，戊戌，還平城。

㈡夏王勃勃侵魏河東蒲子。

㈢庚戌，魏主嗣如豺山宮。魏并州刺史婁伏連襲殺夏所置吐京護軍及其守兵㊁㊂。

㈣司馬休之在江陵，頗得江漢民心，子譙王文思在建康，性凶暴，好通輕俠㊃，太尉裕惡之。三月，有司奏文思擅㊄捶殺國吏，詔：「誅其黨而宥文思。」休之上疏謝罪，請解所任㊅，不許。裕執文思送休之，令自訓厲㈦，意欲休之殺之；休之但表廢文思幷與裕書陳謝。裕由是不悅㈧，以江州刺史孟懷玉兼督豫州六郡㈨以備之。

㈤夏，五月，辛酉，魏主嗣還平城。

㈥秦後將軍斂成討叛羌，為羌所敗，懼罪出奔夏。秦王興有疾，妖賊李弘與氐仇常反於貳城㈩，興輿疾⑪往討之，斬常執弘而還。

㈦秦左將軍姚文宗有寵於太子泓，廣平公弼惡之，誣文宗有怨言，秦王興怒，賜文宗死。於是羣臣畏弼，側目⑫。弼言於興，無不從者；以所親天水尹沖為給事黃門侍郎，唐盛為治書侍御史，興左右掌機要⑬者，皆其黨也。右僕射梁喜、侍中任謙、京兆尹尹昭承間⑭言於興曰：「父子之際，人所難言⑮，然君臣之義，不薄於父子⑯，故臣等不得默然。廣平公弼潛有奪嫡之志，陛下寵之太過，假其威權⑰，傾險⑱無賴之徒，輻湊附之⑲。道路皆言陛下將有廢立之計⑳，信有㉑之乎？」興曰：「豈有此邪？」喜等曰：「苟無之，則陛下愛弼，適所以禍之，願去其左右，損其威權，如此非特㉒安弼，乃所以安宗廟社稷。」興不應。大司農竇溫、司徒左長史王弼，皆密疏勸興立弼為太子，興雖不從，亦不責也。興疾篤，弼潛聚眾數千人謀作亂，姚裕遣使以弼逆狀㉓，告諸兄在藩鎮者，於是姚懿治兵於蒲阪，鎮東將軍、豫州牧洸㉔治兵於洛陽，平西將軍諶㉕治兵於雍，皆欲赴長安討弼。

會興疾瘳㉖，見羣臣，征虜將軍劉羌泣以告興，梁喜、尹昭請誅弼，且曰：「苟陛下不忍殺弼，亦當奪其權任㉗。」興不得已，免弼尚書令，使以將軍、公還第。懿等各罷兵。懿、洸、諶與姚宣皆入朝，使裕入白興，求見。興曰：「汝等正欲論弼事耳，吾已知之。」裕曰：「弼苟有可論㉘，陛下所宜垂聽；若懿等言非是，便當寘之刑辟㉙。奈何逆拒之㉚。」於是引見懿等於諮議堂，宣流涕極言，興曰：「吾自處之㉛，非汝曹所憂。」撫軍東曹屬姜虯㉜上疏曰：「廣平公弼釁成逆著㉝，道路皆知之。昔文王之化，刑於寡妻㉞，今聖朝之亂，起自愛子，雖欲含忍掩蔽，而逆黨扇惑㉟不已，弼之亂心，何由可革！宜斥散凶徒，以絕禍端㊱。」興以虬表示梁喜曰：「天下人皆以吾兒為口實㊲，將何以處之？」喜曰：「信如虬言，陛下宜早裁決㊳。」興默然㊴。

㈧唾契汗乙弗㊵等部皆叛南涼，南梁王傉檀欲討之，邯川護軍孟愷諫曰：「今連年饑饉，南逼熾磐，北逼蒙遜㊶，百姓不安，遠征雖克，必有後患。不如與熾磐結盟通糴㊷，慰撫雜部㊸，足食繕兵㊹，俟時而動。」傉檀不從，謂太子虎臺曰：「蒙遜近去，不能猝來，日夕所慮㊺，唯在熾磐。然熾磐兵少易禦，汝謹守樂都，吾不過一月，必還矣。」乃帥騎七千襲乙弗，大破之，獲馬牛羊四十餘萬。河南王熾磐聞之，欲襲樂都，羣臣咸以為不可。太府主簿焦襲曰：「傉檀不顧近患，而貪遠利㊻，我今伐之，絕其西路，使不得還救，則虎臺獨守窮城，可坐禽也。此天亡之時，必不可失。」熾磐從之，帥步騎二萬襲樂都，虎臺憑城拒守，熾磐四面攻之，南涼撫軍從事中郎尉肅言於虎臺曰：「外城廣大難守，殿下不若聚國人㊼守內城，肅等帥晉人拒戰於外，雖有不捷，猶足自存。」虎臺曰：「熾磐小賊，旦夕當走(四八)，卿何過慮之深！」虎臺疑晉人(四九)有異心，悉召豪望(五〇)有謀勇者，閉之於內，孟愷泣曰：「熾磐乘虛內侮，國家危於累卵，愷等進欲報恩，退顧妻子，人思效死(五一)；而殿下乃疑之如是邪！」虎臺曰：「吾豈不知君之忠篤(五二)，懼餘人脫生慮表(五三)，以君等安之耳。」一夕城潰(五四)(五五)，熾磐入樂都，遣平遠將軍捷虔帥騎五千追傉檀，以鎮南將軍謙屯為都督河右諸軍事、涼州刺史，鎮樂都，禿髮赴單為西平太守，鎮西平，以趙恢為廣武太守，鎮廣武，曜武將軍王基為晉興太守，鎮浩亹(五六)，徙虎臺及其文武百姓萬餘戶於枹罕。赴單，烏孤之子也。

㈨河間人褚匡言於燕王跋曰：「陛下龍飛遼碣，舊邦族黨，傾首朝陽(五七)，以日為歲(五八)，請往迎之。」跋曰：「道路數千里，復隔異國，如何可致？」匡曰：「章武(五九)臨海，舟楫可通，出於遼西臨渝(六〇)，不為難也。」跋許之，以匡為游擊將軍中書侍郎；厚資遣之。匡與跋從兄買、從弟睹，自長樂帥五千餘戶歸於和龍。契丹庫莫奚皆降於燕，跋署其大人為歸善王(六一)，跋弟丕避亂在高句麗，跋召之，以為左僕射，封常山公。

(十)柔然可汗斛律將嫁女於燕，斛律兄子步鹿真謂斛律曰：「幼女遠嫁，憂思(六二)，請以大臣樹黎等女為媵(六三)。」斛律不許，步鹿真出謂樹黎等曰：「斛律欲以汝女為媵，遠適他國。」樹黎恐，與步鹿真謀，使勇士夜伏於斛律穹廬(六四)之後，伺其出而執之，與女皆送於燕，立步鹿真為可汗而相之。初，社崙之徒高車也，高車人叱洛侯為之鄉導，以併諸部，社崙德之，以為大人。步鹿真與社崙之子社拔，共至叱洛侯家，淫其少妻，妻告步鹿真曰：「叱洛侯欲奉大檀為主。」大檀者，社崙季父僕渾之子也，領別部鎮西境，素得眾心。步鹿真歸而發兵圍叱洛侯，叱洛侯自殺，遂引兵襲大檀，大檀逆擊，破之，執步鹿真及社拔，殺之，自立為可汗，號牟汗紇升蓋可汗(六五)(六六)。斛律至和龍，燕王跋賜斛律爵上谷侯，館之遼東(六七)，待以客禮，納其女為昭儀。斛律上書，請還其國，跋曰：「今棄國(六八)萬里，又無內應，若以重兵相送，則饋運(六九)難繼；兵少，則不足成功。如何可還！」斛律固請曰：「不煩重兵，願給三百騎送至敕勒，國人必欣然來迎。」跋乃遣單于前輔萬陵，帥騎三百送之，陵憚遠役，至黑山(七〇)，殺斛律而還。大檀亦遣使獻馬三千匹、羊萬口於燕(七一)。

(十)六月，泰山太守劉研等帥流民七千餘家，河西胡酋劉遮等帥部落萬餘家，皆降於魏。

(十一)戊申，魏主嗣如犲山宮，丁亥，還平城(七二)。

(十二)樂都之潰也，南涼安西將軍樊尼，自西平奔告南涼王傉檀，傉檀謂其眾曰：「今妻子皆為熾磐所虜，退無所歸，卿等能與吾籍(七三)乙弗之資，取契汗，以贖妻子乎？」乃引兵西，眾多逃還，傉檀遣鎮北將軍段苟追之，苟亦不還。於是將士皆散，唯樊尼與中軍將軍紇勃、後軍將軍洛肱、散騎侍郎陰利鹿不去。傉檀曰：「蒙遜、熾磐昔皆委質於吾(七四)，今而歸之，不亦鄙乎！四海之廣，無所容身，何其痛也(七五)！與其聚而同死，不若分而或全。樊尼，吾長兄之子(七六)，宗部所寄(七七)，吾眾在北者，戶垂一萬，蒙遜方招懷士民，存亡繼絕(七八)，汝其從之。紇勃、洛肱亦與尼俱行。吾年老矣，所適不容㊆，寧見妻子而死㊇。」遂歸於熾磐，唯陰利鹿隨之。

傉檀謂利鹿曰：「吾親屬皆散，卿何獨留？」利鹿曰：「臣老母在家，非不思歸，然委質為臣，忠孝之道，難以兩全。臣不才，不能為陛下泣血求救於鄰國，敢離左右乎㊇！」傉檀歎曰：「知人固未易，大臣親戚，皆棄我去，今日忠義終始不虧者，唯卿一人而已。」傉檀諸城皆降於熾磐，獨尉賢政屯浩亹，固守不下。熾磐遣人謂之曰：「樂都已潰，卿妻子皆在吾所，獨守一城，將何為也！」賢政曰：「受涼王厚恩，為國藩屏㊇，雖知樂都已陷，妻子為禽，先歸獲賞，後順㊇受誅；然不知主上存亡，未敢歸命㊇。妻子小事，豈足動心！若貪一時之利，忘委付之重者，大王亦安用之㊇！」熾磐乃遣虎臺以手書諭之，賢政曰：「汝為儲副㊇，不能盡節，面縛於人㊇，棄父忘君，墮㊇萬世之業；賢政義士，豈效汝乎！」聞傉檀至左南㊇，乃降。熾磐聞傉檀至，遣使郊迎，待以上賓之禮。秋，七月，熾磐以傉檀為驃騎大將軍，賜爵左南公。南涼文武，依才銓敘㊈。歲餘，熾磐使人鴆傉檀，左右請解之㊈，傉檀曰：「吾病豈宜療邪(九二)。」遂死，謚曰景王。虎臺亦為熾磐所殺。傉檀子保周、賀、俱延子覆龍、利鹿孤孫副周、烏孤孫承鉢，皆奔河西王蒙遜，久之，又奔魏(九三)(九四)，魏以保周為張掖王，覆龍為酒泉公，賀西平公，副周永平公，承鉢昌松公。魏主嗣愛賀之才，謂曰(九五)：「卿之先與朕同源，賜姓源氏。」

(七四)八月，戊子，魏主嗣遣馬邑侯陋孫使於秦，辛丑，遣謁者于什門使於燕，悅力延使於柔然。于什門至和龍，不肯入見，曰：「大魏皇帝有詔，須馮王出受，然後敢入。」燕王跋使人牽逼令入，什門見跋不拜，跋使人按其項(九六)，什門曰：「馮王拜受詔，吾自以賓王致敬，何苦見逼(九七)邪！」跋怒，留什門不遣，什門數眾辱之(九八)，左右將殺之。跋曰：「彼各為其主耳。」乃幽執什門，欲降之，什門終不降。久之，衣冠弊壞略盡，蟣蝨流溢(九九)，跋遣之衣冠，什門皆不受(一〇〇)。魏主嗣以博士王諒為平南參軍，使以平南將軍、相州刺史尉太真書，與太尉裕相聞(一〇一)，太真，古真之弟也。

(七五)九月，丁巳朔，日有食之。

(十六)冬，十月，河南王熾磐復稱秦王，置百官。

(十七)燕主跋與夏連和，夏王勃勃遣御史中丞烏洛孤如燕涖盟〔二二〕。

(十八)十一月，壬午，魏主嗣遣使者巡行諸州，校閱守宰資財〔二三〕，非家所齎〔二四〕，悉簿為贓〔二五〕〔二六〕。

(十九)西秦王熾磐立妃禿髮氏為后。

(二十)十二月，丙戌朔，柔然可汗大檀侵魏，丙申，魏主嗣北擊之，大檀走，遣奚斤等追之，遇大雪，士卒凍死及墮指〔二七〕者，什二三〔二八〕。

(廿一)河內人司馬順宰自稱晉王，魏人討之，不克。

(廿二)燕遼西公素弗卒，燕王跋比葬七臨之〔二九〕。

(廿三)是歲司馬國璠兄弟聚眾數百，潛渡淮，夜入廣陵城，青州刺史檀祗領廣陵相，國璠兵直上聽事〔三〇〕，祗驚出，將禦之，被射傷而入，謂左右曰：「賊乘闇〔三一〕得入，欲掩我不備〔三二〕，但擊五鼓〔三三〕，彼懼曉，必走矣。」左右如其言，國璠兵果走〔三四〕。

(廿四)魏博士祭酒崔浩，為魏主嗣講易及洪範，嗣因問浩天文術數，浩占決多驗〔三五〕，由是有寵，凡軍國密謀，皆預之〔三六〕〔三七〕。

(卅五)夏王勃勃立夫人梁氏為王后，子璝為太子，封子延為陽平公，昌為太原公，倫為酒泉公，定為平原公，滿為河南公，安為中山公㉘。

【今註】㊀時：音止。㊁殺夏所置吐京護軍及其守兵：去年夏破拓跋屈，因置守兵於吐京。㊂魏大赦……殺夏所置吐京護軍，及其守兵：按此段乃錄自《魏書．太宗紀》神瑞元年文，字句大致相同。㊃輕俠：猶任俠。㊄擅：專擅。㊅請解所任：請解去所任之職。㊆訓厲：教訓管懲。㊇司馬休之在江陵……裕由是不悅：按此段乃採自〈譙王遜附文思傳〉及《魏書．司馬休之傳》二文而成，字句尚間有溢出。㊈兼督豫州六郡：六郡謂宣城、襄城、淮南、廬江、安豐、歷陽。㊉李弘與氏仇常反於貳城：按〈姚興載記〉下，貳城作貳原。⑪輿疾：猶帶病。⑫側目：側目而視，謂恨之也。⑬機要：機密樞要。⑭承間：乘空隙之時。⑮人所難言：謂旁人難得而言。⑯君臣之義，不薄於父子：父子君臣，皆人之大倫，故云然。⑰假其威權：假借之以威權。⑱傾險：傾詐陰險。⑲輻湊附之：按〈姚興載記〉下作莫不鱗湊其側，古有鱗次鱗集之語，此鱗湊即由鱗次鱗集演化而成，頗為新鮮，宜加保留而不更易為是。⑳廢立之計：廢立之計劃。㉑信有：誠有。㉒非特：非但。㉓逆狀：為叛逆之情形。㉔洸：音光。㉕諶：音忱。㉖疾瘳：疾愈。㉗權任：權勢責任。㉘弼苟有可論：謂弼苟有可論之處。㉙刑辟：刑法。㉚逆拒之：違逆而拒絕之。㉛處之：處理之。

㉜虯：音ㄑㄧㄡˊ。㉝釁成逆著：釁隙已成，逆跡已著。㉞刑於寡妻：《詩・大雅・思齊》之篇，刑，正也；寡，少也；言文王正己適妻，則八妾從，以及兄弟。㉟扇惑：扇動誘惑。㊱禍端：〈姚興載記〉作禍始，是《通鑑》取始同意之字而改為端也。㊲口實：孔安國曰：「謂常不去口。」猶今言話柄。㊳裁決：裁斷。㊴秦左將軍姚文宗有寵於太子泓……興默然：按此段乃錄自〈姚興載記〉下，字句大致相同。㊵乙弗：《魏書・吐谷渾附乙弗傳》：「吐谷渾北有乙弗勿敵國，風俗與吐谷渾同，不識五穀，唯食魚及蘇子，蘇子狀若中國枸杞子。」㊶南逼熾磐，北逼蒙遜：按〈禿髮傉檀載記〉作：「南逼熾磐，北迫蒙遜。」《通鑑》用兩逼字，文較單調，最好另一改用同意之他字。而原書本一句作逼，一句作迫，自當沿用原書之文為是。㊷通糴：謂可至熾磐境購糧。㊸雜部：猶雜夷。㊹繕兵：脩治兵器。㊺旦夕所慮：謂每時每刻所思慮者。㊻不顧近患而貪遠利：近患謂蒙遜熾磐，遠利謂乙弗。㊼國人：謂鮮卑禿髮之種落。㊽旦夕當走：謂非朝即夕，必要逃走。㊾晉人：夷人謂華人為晉人。㊿豪望：豪傑有名望者。(51)效死：致死命。(52)忠篤：忠誠。(53)脫生慮表：脫生，萬一發生，慮表，思慮之外。(54)一夕城潰：〈禿髮傉檀載記〉及〈乞伏熾磐載記〉，皆作一旬而城潰，當改從之。(55)唾契汗乙弗等部皆叛南涼……一夕城潰：按此段乃錄自〈禿髮傉檀載記〉，除溢出焦襲之一段言辭外，餘均大致相同。(56)浩亹：音誥門。(57)舊邦族黨，傾首朝陽：言日生於東，猶馮跋興於遼碣也。其族黨在長樂者，傾首而東望之。(58)以日為歲：謂盼望之殷，一日如一年也。(59)章武：章武晉分漢勃海郡置，自信都至章武，可以浮海至遼西。(60)臨渝：今河北省臨

榆縣。(六一)河間人褚匡言於燕王跋曰……跋署其大人為歸善王：按此段乃錄自〈馮跋載記〉，字句大致相同。(六二)幼女遠嫁憂思：按《魏書・蠕蠕傳》，憂思下多生疾二字，宜從添。(六三)媵：古者嫁女必姪娣從之，謂之媵，音孕。(六四)穹廬：氈帳。(六五)牟汗紇升蓋可汗：《魏書・蠕蠕傳》：「魏言制勝也。」(六六)柔然可汗斛律將嫁女於燕……號牟汗紇升蓋可汗：按此段乃錄自《魏書・蠕蠕傳》，雖次序稍有顛倒，而字句則多相同。(六七)館之遼東：按〈馮跋載記〉作：「館之於遼東郡。」是遼東乃遼東郡也。(六八)棄國：離國。(六九)饋運：饋送輸運。(七〇)黑山：胡三省曰：「黑山在唐振武之北塞外，即殺胡山也。」(七一)斛律至和龍……獻馬三千匹，羊萬口於燕：按此段乃錄自〈馮跋載記〉，字句大致相同。(七二)泰山太守劉研等……丁亥，還平城：按此段乃錄自《魏書・太宗紀》神瑞元年文，字句大致相同。(七三)籍：按圖籍而沒收之。(七四)蒙遜熾磐昔皆委質於吾：蒙遜稱臣於利鹿孤，見卷一百一十二隆安五年，熾磐父子歸利鹿孤見卷一百一十二隆安四年。委質，遣子為質。(七五)何其痛也：猶今語多麼慘痛。(七六)樊尼吾長兄之子：樊尼，蓋烏孤之子。(七七)宗部所寄：宗族部落之所寄託。(七八)存亡繼絕：謂使亡者得以復存，絕者得以繼延。(七九)所適不容：所至之處，不蒙容納。(八〇)寧見妻子而死：寧為選擇後而決定之辭，謂定要晤見妻子，然後方死。(八一)敢離左右乎：謂豈敢離左右乎。(八二)藩屏：藩翰屏障。(八三)後順：後服。(八四)歸命：猶歸身。(八五)若貪一時之利，忘委付之重者，大王亦安用之：按貪一時之利，忘委付之重者，斯所謂叛逆之臣。夫既為叛逆之臣，則君王自不任用之矣。(八六)儲副：謂太子。(八七)面縛於人：背縛而降於人。(八八)墮：讀曰隳，毀也。(八九)左南：闞駰《十三州志》：「左南城在金城白土縣東六十里。」(九〇)銓敘：量才授官曰銓，依次敘用曰敘。(九一)請解之：請解救之。(九二)吾病豈宜療邪：意謂被鴆死亦好，不宜請醫治療。(九三)歲餘熾磐使人鴆傉檀……久之又奔魏：按此皆義熙十年以後甚久之事，特以不值另行著錄，遂悉附於傉檀投降之下，此乃濟編年體困窘之一法也。(九四)樂都之潰也……久之又奔魏：按此段乃錄自〈禿髮傉檀傳〉，字句大致相同。(九五)魏主嗣愛賀之才，謂曰：按《魏書・源賀傳》：「世祖素聞其名，及見，器其機辯，謂賀曰。」是此非魏主嗣也，魏主嗣當改作魏主燾。(九六)按其項：抑按其頸。(九七)見逼：相逼。(九八)數眾辱之：屢次於大庭廣眾前辱之。(九九)蟣蝨流溢：謂蟣蝨遍滿衣外。(一〇〇)于什門至和龍……什門皆不受。按此段乃錄自《魏書・節義于什門傳》，字句大致相同。(一〇一)魏主嗣使以平南將軍相州刺史尉太真書，與太尉劉裕相聞：按《魏書・太宗紀》神瑞元年文作：「詔平南將軍相州刺史尉古真，與司馬德宗太尉劉裕相聞。」而《通鑑》之改尉古真為尉太真者，以《魏書・魏古真傳》云：「古真弟太真，太宗初為平南將軍相州刺史。」而尉古真則未為此職，故遂改太宗紀之尉古真而為尉太真，亦足見《通鑑》撰述之精審矣。又相聞，謂通聲息也。(一〇二)夏王勃勃遣御史中丞烏洛孤如燕涖盟：胡三省曰：「春秋之時，列國釋仇通好，兩君不及相見而盟，必使其臣蒞盟。左傳陳五父如鄭涖盟是也。杜曰：『涖，臨也。』」(一〇三)校閱守宰資財：校核檢閱郡守縣宰所有之財物。(一〇四)非家所齎：按《魏書・太宗紀》，家作自家，語意更為明白，即非自己所攜帶者。齎音咨。(一〇五)悉簿為贓：盡簿錄之以為贓物。(一〇六)魏主嗣遣使者巡行諸州……悉簿為贓：按此段乃錄自《魏書・太宗紀》，字句幾全相同。(一〇七)墮指：指因寒凍而墮脫。(一〇八)柔然可汗大檀侵魏……及墮指者什二三：按此段乃錄自《魏書・蠕蠕傳》，字句幾全相同。㊈燕王跋比葬七臨之：胡三省曰：「古者大臣卒，君三臨其喪。」比葬，謂及葬。臨，臨哭。㊉聽事：《宋書・檀祇傳》作廳事，即後代常用廳事之發端。㊁闇：冥晦，音暗。㊂掩我不備：掩襲我之不備。㊃但擊五鼓：擊五鼓則示天將破曉。㊄司馬國璠兄弟……國璠兵果走：按此段乃錄自《宋書・檀祇傳》，字句大致相同。㊅占決多驗：占卜決斷，多為靈驗。㊆皆預之：皆參預之。㊇魏博士祭酒崔浩……皆預之：按此段乃錄自《魏書・崔浩傳》，字句微有不同。㊈夏王勃勃立夫人梁氏為王后……安為中山公：按此段乃錄自〈赫連勃勃載記〉，字句大致相同。

卷一百一十七　晉紀三十九

司馬光編集
曲守約註

起旃蒙單閼，盡柔兆執徐，凡二年。（乙卯至丙辰，西元四一五年至四一六年）

安皇帝壬

義熙十一年（西元四一五年）

㈠春，正月，丙辰，魏主嗣還平城。

㈡太尉裕收司馬休之次子文寶、兄子文祖，竝賜死，發兵擊之。詔加裕黃鉞，領荊州刺史。庚午，大赦。丁丑，以吏部尚書謝裕為尚書左僕射。

㈢辛巳，太尉裕發建康，以中軍將軍劉道憐監留府事，劉穆之兼右僕射，事無大小，皆決於穆之㊀。又以高陽內史劉鍾領石頭戍事，屯冶亭㊁。休之府司馬張裕、南平太守檀範之聞之，皆逃歸建康。裕，邵之兄也。雍州刺史魯宗之自疑不為太尉裕所容，與其子竟陵太守軌起兵應休之。二月，休之上表罪狀裕㊂，勒兵㊃拒之。

裕密書招休之府錄事參軍南陽韓延之，延之復書曰：「承親帥戎馬，遠履西畿(五)，闔境(六)士庶，莫不惶駭。辱疏(七)，知以譙王前事，良(八)增歎息。司馬平西(九)體國(一〇)忠貞，款懷待物(一一)，以公有匡復(一二)之勳，家國(一三)蒙賴，推德委誠(一四)，每事詢仰(一五)。譙王往以微事見劾(一六)，猶自表遜位(一七)，況以大過，而當嘿然(一八)邪！前已表奏廢之，所不盡者，命耳(一九)，推寄(二〇)相與(二一)，正當如此。而遽興兵甲(二二)，所謂欲加之罪，其無辭乎(二三)！劉裕足下，海內之人，誰不見足下此心(二四)，而復欲欺誑(二五)國士。來示云：『處懷期物(二六)，自有由來(二七)。』今伐人之君，啗人以利(二八)，真可謂處懷期物，自有由來者乎(二九)。劉藩死於閶闔之門，諸葛甝於左右之手(三〇)，甘言詫方伯，襲之以輕兵(三一)，遂使席上靡款懷之士(三二)，閫外無自信諸侯(三三)，以是為得筭(三四)，良可恥也。貴府(三五)將佐及朝廷賢德，寄命過日(三六)，吾誠鄙劣(三七)嘗聞道於君子。以平西之至德，寧可無授命(三八)之臣乎！必未能自投虎口，比迹(三九)郗僧施之徒，明矣。假令(四〇)天長(四一)喪亂，九流(四二)渾濁(四三)，當與臧洪遊於地下(四四)，不復多言。」裕視書歎息(四五)，以示將佐曰：「事人當如此矣㊻！」延之以裕父名翹字顯宗，乃更其字曰顯宗，名其子曰翹，以示不臣劉氏㊼。

㈣琅邪太守劉朗帥二千餘家降魏。庚子，河西胡劉雲等帥數萬戶降魏。

㈤太尉裕使參軍檀道濟、朱超石將步騎出襄陽，超石，齡石之弟也。江夏太守劉虔之將兵屯三連，立橋聚糧，以待道濟等，積日不至，魯軌襲擊虔之，殺之。裕使其壻振威將軍東海徐逵之，統參軍蒯恩、王允之、沈淵子為前鋒，出江夏口㊽，逵之等與魯軌戰於破冢，兵敗，逵之、允之、淵子，皆死，獨蒯恩勒兵㊾不動。軌乘勝力攻之，不能克，乃退。淵子，林子之兄也。裕軍於馬頭㊿，聞逵之死，怒甚，三月，壬午，帥諸將濟江。魯軌、司馬文思將休之兵四萬，臨峭岸(51)置陳，軍士無能登者；裕自被甲欲登，諸將諫不從，怒愈甚。太尉主簿謝晦前抱持裕，裕抽劍指晦曰：「我斬卿。」晦曰：「天下可無晦(52)，不可無公(53)。」建武將軍胡藩領遊兵在江津，裕呼藩使登，藩有疑色(54)，裕命左右錄(55)來，欲斬之。藩顧曰：「正欲擊賊，不得奉教(五六)。」乃以刀頭穿岸(五七)，劣(五八)容足指，騰之而上(五九)，隨之者稍多，既登岸，直前力戰，休之兵不能當，稍引却(六〇)，裕兵因而乘之，休之兵大潰(六一)，遂克江陵。休之、宗之俱北走，軌留石城，裕命閬中侯下邳趙倫之、太尉參軍沈林子攻之，遣武陵內史王鎮惡以舟師追休之等。有羣盜數百，夜襲冶亭，京師震駭，劉鍾討平之。

(六)秦廣平公弼譖(六二)姚宣於秦王興，宣司馬權丕至長安，興責以不能輔導，將誅之，丕懼，誣宣罪惡(六三)，以求自免。興怒，遣使就杏城，收宣下獄，命弼將三萬人鎮秦州。尹昭曰：「廣平公與皇太子不平(六四)，今握彊兵於外，陛下一旦不諱(六五)，社稷必危，小不忍，亂大謀(六六)，陛下之謂也。」興不從(六七)。

(七)夏王勃勃攻秦杏城，拔之，執守將姚逵，阬士卒二萬人。秦王興如北地(六八)，遣廣平公弼及輔國將軍斂曼嵬向新平，興還長安(六九)。

(八)河西王蒙遜攻西秦廣武郡，拔之，西秦王熾磐遣將軍乞伏魋(七〇)尼寅邀蒙遜於浩亹，蒙遜擊斬之；又遣將軍折斐(七一)等帥騎一萬據勒姐嶺（七二），蒙遜擊禽之（七三）。河西饑胡相聚於上黨，推胡人白亞栗斯為單于，改元建平，以司馬順宰為謀主，寇魏河內。夏，四月，魏主嗣命公孫表等五將討之（七四）。

（九）青冀二州刺史劉敬宣參軍司馬道賜，宗室之疏屬也，聞太尉裕攻司馬休之，道賜與同府（七五）辟閭（七六）道秀，左右小將王猛子，謀殺敬宣，據廣固，以應休之。乙卯，敬宣召道秀屏人語（七七），左右悉出戶，猛子逡巡（七八）在後，取敬宣備身刀殺敬宣，文武佐吏即時討道賜等，皆斬之（七九）。

（十）己卯，魏主嗣北巡。

（十一）西秦王熾磐子元基自長安逃歸，熾磐以為尚書左僕射。

（十二）五月，丁亥，魏主嗣如大寧。

（十三）趙倫之、沈林子破魯軌於石城，司馬休之、魯宗之救之不及，遂與軌奔襄陽。宗之參軍李應之，閉門不納。甲午，休之、宗之、軌及譙王文思、新蔡王道賜、梁州刺史馬敬、南陽太守魯範，俱奔秦（八〇）。宗之素得士民心，爭為之衞送出境（八一），王鎮惡等追之，盡境而還㈧。初，休之等求救於秦魏；秦征虜將軍姚成王及司馬國璠，引兵至南陽，魏長孫嵩至河東，聞休之等敗，皆引還㈧。休之至長安，秦王興以為揚州刺史，使侵擾襄陽。侍御史唐盛言於興曰：「據符識之文，司馬氏當復得河洛，今使休之擅兵㈧於外，猶縱魚於淵也。不如以高爵厚禮，留之京師。」興曰：「昔文王卒免羑里㈧，高祖不斃鴻門㈧，苟天命所在，誰能違之㈧？脫如㈧符識之言，留之適足為害。」遂遣之㈧。

㈦詔加太尉裕太傅、揚州牧，劍履上殿㈨，入朝不趨㈨，贊拜不名㈨，以兗、青二州刺史劉道憐，為都督荊、湘、益、秦、寧、梁、雍七州諸軍事、驃騎將軍、荊州刺史。道憐貪鄙無才能，裕以中軍長史、晉陵太守謝方明為驃騎長史、南郡相，道憐府中眾事，皆諮決於方明，方明，沖之子也㈨。

㈦益州刺史朱齡石遣使詣河西王蒙遜，諭以朝廷威德，蒙遜遣舍人黃迅詣齡石，且上表言：「伏聞車騎將軍裕，欲清中原，願為右翼，驅除戎虜㈨。」夏王勃勃遣御史中丞烏洛孤與蒙遜結盟，

蒙遜遣其弟湟河太守漢平，蒞盟於夏（九五）。

【今註】㊀皆決於穆之：皆呈而取決斷於劉穆之。㊁冶亭：胡三省曰：「冶亭今謂之東冶亭，在半山寺後，自建康東門往蔣山，至此半道，因以為名。王安石詩：『遙望鍾山岑，因知冶城路』。」㊂上表罪狀裕：上表疏言裕之罪狀。㊃勒兵：部勒兵士。㊄西畿：胡三省曰：「周禮，國畿千里之外曰侯畿、甸畿、男畿、采畿、衞畿、蠻畿、夷畿、鎮畿、蕃畿。謂之畿者，責以共王稅貢為職；韓延之以荊楚為西畿，取此義。」㊅闔境：全境。㊆辱疏：《宋書・武帝紀》中作：「今辱來疏。」堪為辱疏之全釋。㊇良：誠。㊈司馬平西：休之為平西將軍，故如此稱之。㊉體國：謂視國家如己之身體，喻愛護也。（一一）款懷待物：誠心待人。（一二）匡復：匡正恢復。（一三）家國：即國家，六朝常喜作如此次第。（一四）推德委誠：推與德行，委任誠心，意與推心置腹頗相類。（一五）詢仰：詢問仰請。按仰乃係頭向上之姿，凡對人為此態者，皆係示尊敬之意。（一六）見劾：被彈劾。（一七）譙王往以微事見劾，猶自表遜位：事見上卷上年。自表遜位，謂自己上表請免職守。（一八）嘿然：嘿同默。（一九）所不盡者，命耳：謂所未全作者，厥為未自殺而已。（二〇）推寄：謂推心置人腹中。（二一）相與：猶相交往。（二二）兵甲：《宋書・武帝紀》中作兵戈，此乃《通鑑》據類同意蘊，而易成不同文字所常有之行為。（二三）欲加之罪，其無辭乎：胡三省曰：「左傳晉大夫里克之言。」其猶豈，謂豈無話語可指責之。（二四）見足下此心：猶知足下此心。（二五）欺誑：欺詐誑騙。（二六）處懷期物：按《晉書・譙剛王遜附休之傳》，處懷作虛懷，作虛懷是。謂謙虛其心，以與他人相期。㉗自有由來：謂由來有自。㉘啗人以利：謂以利食誘之。㉙真可謂處懷期物，自有由來者乎：按《宋書・武帝紀》中乎作矣，語氣較恰，應仍用原文為佳。㉚諸葛斃於左右之手：諸葛即諸葛長民，事見九年。㉛甘言詫方伯，襲之以輕兵：詫，惑；指襲劉毅而言。㉜遂使席上靡款懷之士：遂使位席上無誠信之士。㉝閫外無自信諸侯：閫外謂郭外，此言京師以外，全句意為京師外，無自己相信之諸侯。㉞得筭：猶得計。㉟貴府：貴為六朝常用之稱謂辭，說已見上，貴府指劉裕太尉府而言。㊱寄命過日：《宋書・武帝紀》中，作寄性命以過日，意較明顯。過日謂度日也。㊲鄙劣：鄙陋頑劣。㊳授命：猶效死。㊴比迹：猶類同。㊵假令：假使，為假設語。㊶長：助長。㊷九流：《穀梁傳》序疏：「漢書藝文志云：『孔子既沒，諸弟子各編成一家之言，凡為九：一曰儒家流，二曰道家流，三曰陰陽家流，四曰法家流，五曰名家流，六曰墨家流，七曰縱橫家流，八曰雜家流，九曰農家流。』」㊸渾濁：謂渾濁不明。㊹當與臧洪遊於地下：臧洪事見卷六十一漢獻帝興平二年。意謂從臧洪而死。㊺歎息：含贊美意。按此辭通用於六朝之時，《桓彝附石虔傳》：「沖為苻健所圍，垂沒，石虔躍馬赴之，拔沖於數萬眾之中而還，莫敢抗者，三軍歎息，威震敵人。」與贊美意同之歎息，亦有作嗟歎者，《世說・文學》：「謐見之〈左思賦〉嗟歎，遂為作敍，於是先相非貳者，莫不斂衽讚述焉。」亦有僅作歎者，《世說・文學》羊孚弟條：「乃至四番後一通，殷咨嗟曰：『僕便無以相異，』歎為新拔者久之。」亦有作咨嗟者，《世說・文學》裴散騎條：「裴徐理前語，理致甚微，四坐咨嗟稱快。」同篇衛玠條注引〈玠別傳〉：「敦與談論，咨嗟不能自已。」又有作嗟詠者，〈文學〉支道林條：「但共嗟詠二家之美，不辯其理之所在。」凡此皆與歎息意同而辭不同之例證也。〔四六〕延之復書曰……事人當如此矣：按此段乃斟酌〈譙剛王遜附休之傳〉，及《宋書・武帝紀》中二文，而屬綴者。〔四七〕以示不臣劉氏：非特示不臣劉氏，且又詬而辱之。〔四八〕出江夏口：《水經》：「江水過江陵城南，又東至華容縣西，夏水出焉，又東過公安縣北，又東左合于夏口。」〔四九〕勒兵：部率兵卒。〔五〇〕馬頭：據《水經注》，馬頭岸在大江之南，北對江陵之江津戍。〔五一〕峭岸：峻峭之江岸。〔五二〕天下可無晦：謂天下可以無晦。〔五三〕裕自被甲欲登，諸將諫不從……不可無公：按此段乃錄自《宋書・謝晦傳》，字句幾全相同。〔五四〕藩有疑色：藩有猶疑神色。〔五五〕錄：收錄。〔五六〕不得奉教：教，令也，謂不能接受此令。〔五七〕穿岸：謂於岸壁穿小洞穴。〔五八〕劣容足指：胡三省曰：「劣，少也。」按胡所以釋劣為少，以《宋書・胡藩傳》劣容足指作少容腳指，以其位同則意當相同，故遂釋之為少。殊不知此劣字之恰當詮釋，應為僅意。六朝視劣為僅之例，頗不鮮見。《宋書・劉懷貞傳》：「使其中劣通車軸。」又《世說・輕詆》王公輕條注引妬記：「以柄助御者打牛，狼狽奔馳，劣得先至。」皆劣為僅意之證。〔五九〕騰之而上：攀騰之而上。〔六〇〕引卻：引退。〔六一〕建武將軍胡藩，領遊兵在江津……裕兵因而乘之，休之兵大潰：按此段乃錄自《宋書・胡藩傳》，字句大致相同。〔六二〕譖：加誣。〔六三〕誣宣罪惡：誣言宣之罪惡。〔六四〕不平：猶不和。〔六五〕一旦不諱：謂只要崩殂。〔六六〕小不忍亂大謀：按此乃引《論語・衛靈公》之文。正義引吳嘉賓論語說曰：「惟仁者能愛人，能惡人，苟不忍於惡一人，則將有亂大謀者矣。」〔六七〕秦廣平公弼譖姚宣於秦王興……陛下之謂也，興不從：按此段乃錄自〈姚興載記〉下，字句大致相同。(六八)如北地：至北地。(六九)夏王勃勃攻秦杏城……興還長安：按此段乃用〈姚興載記〉下及〈赫連勃勃載記〉二文而成，字句大致相同。(七〇)魋：音ㄊㄨㄟˊ。(七一)斐：音誹。(七二)勒姐嶺：《闞駰志》：「金城安夷縣東有勒姐河，與金城河合，勒姐嶺蓋勒姐河所出之山也。漢時勒姐羌居之，因以為名。」(七三)河西王蒙遜攻西秦廣武郡……蒙遜擊禽之：按此段乃錄自〈沮渠蒙遜載記〉，字句大致相同。(七四)河西餓胡相聚於上黨……命公孫表等五將討之：按此段乃錄自《魏書・太宗紀》神瑞二年文，字句幾全相同。(七五)同府：謂同在一府供職。(七六)辟閭：係覆姓。(七七)屏人語：謂屏去左右而與之語。(七八)逡巡：卻行，音竣。(七九)青冀二州刺史劉敬宣……即時討道賜等皆斬之：按此段乃錄自《宋書・劉敬宣傳》，字句大致相同。(八〇)甲午休之宗之……南陽太守魯範俱奔秦：按此段乃錄自〈姚興載記〉下，文字大致相同。(八一)備送出境：保備護送之，出離國境。(八二)盡境而還：直至國境邊界始還。(八三)引還：引兵而還。(八四)擅兵：專兵。(八五)文王卒免羑里：紂囚文王於羑里，既而釋之。(八六)高祖不斃鴻門：見卷九漢高祖元年。(八七)違之：違反之。(八八)脫如：猶設如。(八九)初休之等求救於秦魏……適足為害，遂遣之：按此段乃採自〈姚興載記〉下之文，而頗有溢出。(九〇)劍履上殿：謂帶劍著履上殿。蓋平常人平時不許佩帶刀劍，而上殿時亦不許著履靴也。(九一)入朝不趨：禮，行於尊者前，則須趨行，今則否，乃所以優貴之也。(九二)贊拜不名：拜謁君上致詞時，勿須稱己之名。(九三)以兗青二州刺史劉道憐……方明，沖之子也：按此段乃用〈宋書長沙景王道憐傳〉及〈謝方明傳〉之文，而多有刪削。(九四)益州刺史朱齡石遣使……願為右翼，驅除戎虜。按此段乃錄自〈沮渠蒙遜載記〉，而多有刪節。㊄夏王勃勃遣御史中丞烏洛孤……莅盟於夏：按此段乃錄自〈赫連勃勃載記〉，而刪去其盟蒙遜之文。

㈠西秦王熾磐率眾三萬襲湟河，沮渠漢平拒之，遣司馬隗仁夜出擊熾磐，破之。熾磐將引去，漢平長史焦昶、將軍段景潛召熾磐，熾磐復攻之，昶景因說漢平出降。仁勒壯士百餘據南門樓，三日不下，力屈，為熾磐所禽，熾磐欲斬之；散騎常侍武威段暉諫曰：「仁臨難不畏死，忠臣也。宜宥之㊅以厲事君㊆。」乃囚之㊇。熾磐以左衛將軍匹達㊈為湟河太守，擊乙弗窟乾，降其三千餘戶而歸。以尚書右僕射出連虔為都督嶺北諸軍事、涼州刺史，以涼州刺史謙屯為鎮軍大將軍、河州牧。隗仁在西秦五年，段暉又為之請，熾磐免之，使還姑臧㊉。

㈡戊午，魏主嗣行如濡源，遂至上谷、涿鹿、廣寧㊀。

秋，七月，癸未，還平城。

㈢西秦王熾磐以秦州刺史曇達為尚書令，光祿勳王松壽為秦州刺史。

辛亥晦，日有食之。

㈣八月，甲子，太尉裕還建康，固辭太傅州牧，其餘受命㉒，以豫章公世子義符為兗州刺史。

丁未，謝裕卒，以劉穆之為左僕射。

㈤九月，己亥，大赦。

㈥魏比歲㉓霜旱，雲代㉔之民多饑死。太史令王亮、蘇坦言於魏主嗣曰：「案讖書：『魏當都鄴，可得豐樂㉕。』」嗣以問羣臣，博士祭酒㉖崔浩、特進京兆周澹曰：「遷都於鄴，可以救今年之饑，非久長之計也。山東之人，以國家居廣漠之地㉗，謂其民畜無涯㉘，號曰牛毛之眾㉙。今留兵守舊都㉚，分家南徙，不能滿諸州之地，參居郡縣㉛，情見㉜事露，恐四方皆有輕侮之心。且百姓不便水土㉝，疾疫死傷者必多。又舊都守兵既少，屈丐㉞柔然將有窺窬㉟之心，舉國而來，雲中平城必危。朝廷隔恒代千里之險㊱，難以赴救，此則聲實㊲俱損也。今居北方，假令山東有變，我輕騎南下，布濩林薄㊳之間，孰能知其多少？百姓望塵㊴懾服㊵，此國家所以威制諸夏也。來春草生，湩酪㉑將出，兼以菜果，得及秋熟，則事濟㉒矣。」嗣曰：「今倉廩空竭，既無以待來秋，若來秋又饑，將若之何？」對曰：「宜簡㉓饑貧之戶，使就食山東，若來秋復饑，當更圖之；但方今㉔不可遷都耳。」嗣悅曰：「唯二人與朕意同。」乃簡國人尤貧者，詣山東三州㉕就食㉖，遣左部尚書代人周幾，帥眾鎮魯口，以安集之。嗣躬耕籍田，且命有司勸課農桑㉗，明年大熟㉘，民遂富安。

㈦夏赫連建將兵擊秦，執平涼太守姚軍都，遂入新平，廣平公弼與戰於龍尾堡，禽之。

㈧秦王興藥動㉙，廣平公弼稱疾不朝，聚兵於第㉚。興聞之怒，收弼黨唐盛、孫玄等殺之。太子泓請曰：「臣不肖，不能緝諧㉛兄弟，使至於此，皆臣之罪也。若臣死而國家安，願賜臣死。若陛下不忍殺臣，乞退就藩㉜。」興惻然憫之，召姚讚、梁喜、尹昭、歛曼嵬與之謀，囚弼將殺之，窮治㉝黨與。泓流涕固請，乃幷其黨赦之，泓待弼如初，無忿恨之色㉞。

(九)魏太史奏熒惑在匏瓜中㉟忽亡不知所在，於瀍㊱當入危亡之國㊲，先為童謠妖言㊳，然後行其禍罰㊴。魏主嗣召名儒十餘人，使與太史議熒惑所詣。崔浩對曰：「按春秋左氏傳：『神降於莘㊵，』以其至之日，推知其物。庚午之夕，辛未之朝，天有陰雲，熒惑之亡，當在二日，庚之與午，皆主於秦㊶，辛為西夷㊷。今姚興據長安，熒惑必入秦矣。」眾皆怒曰：「天上失星，人間安知所詣？」浩笑而不應，後八十餘日，熒惑出東井，留守句己㊸，久之乃去。秦大旱，昆明池竭，童謠㊹訛言㊺，國人不安，間一歲，而秦亡。眾乃服浩之精妙㊻。

(十)冬，十月，壬子，秦王興使散騎常侍姚敞等，送其女西平公主於魏，魏主嗣以后禮納之，鑄金人不成㊼，乃以為夫人，而寵遇甚厚㊽。

(十一)辛酉，魏主嗣如沮洳城，癸亥，還平城。十一月，丁亥，復如豺山宮，庚子還。

(十二)西秦王熾磐遣襄武侯曇達等將騎一萬，擊南羌彌姐康薄於赤水(四九)，降之。以王孟保為略陽太守，鎮赤水。

(十三)燕尚書令孫護之弟伯仁為昌黎尹，與其弟叱支乙拔皆有才勇，從燕王跋起兵有功，求開府(五〇)不得，有怨言，跋皆殺之。進護開府儀同三司、錄尚書事，以慰其心，護快快(五一)不悅，跋酖殺之(五二)。遼東太守務銀提自以有功出為邊郡，怨望，謀外叛，跋亦殺之。

(十四)林邑寇交州，州將(五三)擊敗之。

【今註】(九六)宥之：赦之，音又。(九七)以厲事君：以鼓勵事君者。(九八)西秦王熾磐率眾三萬襲湟河……以厲事君，乃囚之：按此段乃錄自〈沮渠蒙遜載記〉，字句大致相同。(九九)左衞將軍匹達：按〈乞伏熾磐載記〉，匹達作匹逵。(一〇〇)隗仁在西秦五年……使還姑臧：按此段乃五年以後之事，而附書於此，為編年體之變例。(一〇一)遂至上谷、涿鹿、廣寧：上谷，在今察哈爾省懷來縣南。涿鹿，今察哈爾省涿鹿縣。廣寧，《魏土地記》：「下洛縣東南六十里有涿鹿城，西北百三十里有大寧城，即漢廣寧縣也。」(一〇二)其餘受命：其餘之任命，則皆接受。(一〇三)比歲：連年。(一〇四)雲代：雲中、代郡。(一〇五)豐樂：謂年豐民樂。(一〇六)博士祭酒：博士諸官之長。(一〇七)居廣漢之地：按《魏書・崔浩傳》，廣漢作廣漠，漠大也，當改從之。(一〇八)無涯：無邊，極言其多，此以面積言。《魏書・崔浩傳》作無算，意為不可勝數，則以數目言也。(一〇九)號曰牛毛之眾：牛毛喻多也。《困學紀聞考史》：「學如牛毛，成如麟角，出蔣子〈魏蔣濟〉萬機論。」按此二語雖出於蔣子〈萬機論〉，而牛毛之含有多意，則實遠出於《漢書・司馬遷傳報任少卿書》之：「假令僕伏法受誅，若九牛亡一毛，與螻螘何異。」所云九牛亡一毛，蓋極言其毛之多，而損亡一毛之毫無足輕重，而其以牛毛喻多殆可知矣。⑳舊都：謂平城。㉑參居郡縣：參雜居於郡縣。㉒情見：實見。㉓不便水土：猶今言不服水土。㉔屈丐：即赫連勃勃，惟〈赫連勃勃載記〉作勃勃字屈孑，《魏書・鐵弗劉虎傳》亦作屈孑，而《魏書・太宗紀》及〈崔浩傳〉則作屈丐，《通鑑》此處乃沿用《魏書・崔浩傳》之文。㉕窺窬：窬，門旁小竇，此謂窺伺間隙。㉖恒代千里之險：胡三省曰：「自恒山至代，有飛狐之口，倒馬之關，夏屋、廣昌、五迴之險。」㉗聲實：聲威實力。㉘布濩林薄：《文選・張衡東京賦》綜注：「布濩，猶散被也。」薄，草叢生。㉙望塵：望騰起之塵埃，喻兵馬之至。㉚懾服：懾懼畏服。㉛湩酪：湩，乳汁；酪，乳漿。㉜事濟：事成。㉝簡：挑選。㉞方今：猶當今。㉟詣山東三州：三州謂定、相、冀。㊱魏比歲霜旱……詣山東三州就食：按此段乃錄自《魏書・崔浩傳》，字句頗多改易。㊲勸課農桑：勸勉教導有關農桑之事。㊳大熟：謂五穀大為收成。㊴秦王興藥動：按所云藥動，即所服之寒食散毒性發作也。所以知其為寒食散者，以六朝時上自君王下至士大夫，莫不競服此藥。而書記所載亦有將寒食散省曰藥者，《魏書・太祖紀》：「初帝服寒食散，自太醫令陰羌死後，藥數動發，至此逾甚。」即其佐證，故知文所云之藥動乃為所服寒食散藥性發作。㊵第：府第。㊶緝諧：謂安輯和諧。㊷乞退就藩：乞退避而就藩鎮。㊸窮治：盡治。㊹秦王興藥動……無忿恨之色：按此段乃錄自〈姚興載記〉下，字句大致相同。㉟熒惑在匏瓜中：胡三省曰：「據晉書天文志：『瓠瓜在天津之南，天漢分流夾之。』張淵觀象賦註曰：『匏瓜五星在麗珠北，天津九星在匏瓜北。』」㊱於濛：謂推占之常法。㊲當入危亡之國：謂熒惑所至者，當為危亡之國。㊳先為童謠妖言：謂先為童謠妖言以警之。㊴行其禍罰：降其災禍懲罰。㊵春秋左氏傳神降於莘：胡三省曰：「浩蓋據春秋左氏外傳也。外傳曰：『周惠王十五年，有神降於莘，王問於內史過。對曰，其丹朱乎！王曰，其誰受之？對曰，在虢土。王曰，虢其幾何？對曰，昔堯臨民以五，今其冑見，神之見也，不過其物。若由是觀之，不過五年。十九年晉取虢。』」按《左傳》於莊公三十二年文中，亦載此事，而未有推斷滅亡年限之文，故胡遂捨之而轉引春秋左氏外傳之說焉。㊶庚午之夕，辛未之朝，庚之與午，皆主於秦：按《魏書・崔浩傳》庚之與午作庚之與未。查《晉書・天文志》：「自東井十六度至柳八度為鶉首，於辰在未，秦之分野。自柳九度至張十二度為鶉火，於辰在午，周之分野。」由知午之當作未矣。又以姚興兼有關洛之地，而曰皆主於秦推之，則此庚之與未，實當改作午之與未，則更與〈天文志〉所言相符。㊷辛為西夷：胡三省曰：「庚辛西方也，故曰西夷。」愈足證文當作午之與未，皆主於秦，庚辛為西夷，如此則四字全行使用，而無掛漏之失矣。㊸熒惑出東井，留守句己：《新唐書・天文志》：「去而復來，是謂句己。」句讀曰鉤。《晉書・天文志》：「熒惑為亂，為賊，為疾，為喪，為饑，為兵，所居國受殃，環繞鉤己，芒角動搖變色，乍前乍後，乍左乍右，其為殃愈甚。」㊹童謠：徒歌謂之謠。㊺訛言：即上文之妖言。㊻魏太史奏熒惑在匏瓜……眾乃服浩之精妙：按此段乃錄自《魏書・

崔浩傳》同，字句大致相同。㊼鑄金人不成：魏立嗣立後，皆鑄金人以卜之。㊽秦王興使散騎常侍姚敞等……而寵遇甚厚：按此段乃用《魏書．太宗紀》及〈皇后明元昭哀皇后傳〉二文而成，字句大致相同。㊾赤水：《水經注》：「赤亭水出南安郡東山赤谷，西流，逕城北，南入渭水。」㊿求開府：開府謂開府儀同三司。(五一)怏怏：心不滿足。(五二)燕尚書令孫護之弟伯仁……跋酖殺之：按此段乃錄自〈馮跋載記〉，字句大致相同。(五三)州將：州刺史。

十二年（西元四一六年）

㈠春，正月，甲申，魏主嗣如豺山宮，戊子，還平城。

㈡加太尉裕兗州刺史，都督南秦州，凡都督二十二州①，以世子義符為豫州刺史。

㈢秦王興使魯宗之將兵寇襄陽，未至而卒，其子軌引兵入寇②雍州，刺史趙倫之擊敗之。

㈣西秦王熾磐攻秦洮陽公彭利和於漒川，沮渠蒙遜攻石泉，以救之，熾磐至沓中，引還。二月，熾磐遣襄武侯曇達救石泉，蒙遜亦引去，蒙遜遂與熾磐結和親③。

㈤秦王興如華陰，使太子泓監國，入居西宮㊃，興疾篤㊄，還長安，黃門侍郎尹沖謀因泓出迎而殺之。興至，泓將出迎，宮臣㊅諫曰：「主上疾篤，姦臣㊆在側，殿下今出，進不得見主上，退有不測之禍㊇。」泓曰：「臣子聞君父疾篤，而端居㊈不出，何以自安？」對曰：「全身以安社稷，孝之大者也。」泓乃止。尚書姚沙彌謂尹沖曰：「太子不出迎，宜奉乘輿㊉幸廣平公第，宿衛將士聞乘輿所在，自當來集⑪。太子誰與守乎？且吾屬以廣平公之故，已陷名逆節⑫，將何所自容⑬？今奉乘輿以舉事，乃杖⑭大順，不惟救廣平之禍，吾屬前罪，亦盡雪⑮矣。」沖以興死生未可知，欲隨興入宮作亂，不用沙彌之言。興入宮，命太子泓錄尚書事，東平公紹及右衛將軍胡翼度典兵禁中⑯，防制內外⑰，遣殿中上將軍⑱斂曼嵬收弼第中甲仗，內之武庫。興疾轉篤，其妹南安長公主問疾不應⑲，幼子耕兒出告其兄南陽公愔⑳曰：「上已崩矣，宜速決計。」愔即與尹沖帥甲士攻端門㉑，斂曼嵬、胡翼度等勒兵閉門拒戰，愔等遣壯士登門緣屋㉒而入，及於馬道㉓，泓侍疾在諮議堂，太子右衛率姚和都率東宮兵㉔，入屯馬道南，愔等不得進，遂燒端門。興力疾臨前殿，賜弼死，禁兵見興，喜躍爭進赴賊㉕，賊眾驚擾，和都以東宮兵自後擊之，愔等大敗，愔逃於驪山，其黨建康公呂隆犇雍，尹沖及弟泓來犇㉖。興引東平公紹及姚讚、梁喜、尹昭，歛曼嵬入內寢，受遺詔輔政，明日興卒㉗。【考異】晉本紀：「三十國晉春秋㉘皆云義熙十二年二月姚興卒。」魏本紀，北史本紀，姚興姚泓載記皆云十二年。按後魏書崔鴻傳：「太祖天興二年，姚興改號。」鴻以為元年，故晉本紀，三十國晉春秋，凡弘始後事，皆在前一年，由鴻之誤也。泓秘不發喪，捕南陽公愔及呂隆、大將軍尹元等皆誅之，乃發喪即皇帝位。大赦，改元永和。泓命齊公恢殺安定太守呂超，恢猶豫久之，乃殺之。泓疑恢有貳心；恢由是懼，陰聚兵，謀作亂。泓葬興於偶陵，謚曰文桓皇帝，廟號高祖。初，興徙李閏羌三千戶於安定，興卒，羌酋黨容叛，泓遣撫軍將軍姚讚討降之，徙其酋豪於長安，餘遣還李閏。北地太守毛雍據趙氏塢以叛，東平公紹討禽之。時姚宣鎮李閏，參軍韋宗聞毛雍叛，說宣曰：「主上新立，威德未著：國家之難，未可量也㉙。殿下㉚不可不為深慮，邢望險要，宜徙據之，此霸王之資也。」宣從之，帥戶三萬八千，棄李閏，南保邢望。諸羌據李閏以叛，東平公紹進討破之，宣詔紹歸罪㉑，紹殺之㉒。

㈥二月，加太尉裕中外大都督，裕戒嚴，將伐秦，詔加裕領司、豫二州刺史，以其世子義符為徐、兗二州刺史。琅邪王德文請啟行戎路㉓，脩敬山陵㉔。詔許之。

㈦夏，四月，壬子，魏大赦，改元泰常。

西秦襄武侯曇達等擊秦，秦州刺史姚艾於上邽，破之，徙其民五千餘戶於枹罕。

㈧五月，癸巳，加太尉裕領北雍州刺史㉕。

㈨六月，丁巳，魏主嗣北巡。

㈩并州胡數萬落叛秦，入於平陽，推匈奴曹弘為大單于，攻立義將軍姚成都於匈奴堡。征東將軍姚懿自蒲阪討之，執弘送長安，徙其豪右萬五千落於雍州㉖。

(十一)氐王楊盛攻秦祁山，拔之，進逼秦州，秦後將軍姚平救之，盛引兵退，平與上邽守將姚嵩追之。夏王勃勃帥騎四萬襲上邽，未至，嵩與盛戰於竹嶺(三七)，敗死。勃勃攻上邽，二旬克之，殺秦州刺史姚軍都及將士五千餘人，因毀其城，進攻陰密(三八)，又殺秦將姚良子及將士萬餘人，以其子昌為雍州刺史，鎮陰密。征北將軍姚恢棄安定，奔還長安，安定人胡儼等帥戶五萬，據城降於夏。勃勃使鎮東將軍羊苟兒將鮮卑五千，鎮安定，進攻秦鎮西將軍姚諶於雍城，諶委鎮(三九)犇長安，勃勃據雍，進掠郿城。秦東平公紹及征虜將軍尹昭等將步騎五萬擊之，勃勃退趨安定，胡儼閉門拒之，殺羊苟兒及所將鮮卑，復以安定降秦。紹進擊勃勃於馬鞍阪，破之，追至朝那，不及而還。勃勃歸杏城，楊盛復遣兄子倦擊秦，至陳倉，秦斂曼嵬擊却之。夏王勃勃復遣兄子提南侵泄陽(四〇)，秦車騎將軍姚裕等擊却之(四一)。

(十二)涼司馬索承明上書，勸涼公暠伐河西王蒙遜，暠引見，謂之曰：「蒙遜為百姓患，孤(四二)豈忘之！顧勢力未能除耳。卿有必禽之策，當為孤陳之。直唱大言(四三)，使孤東討，此與言石虎小豎(四四)，宜肆諸市朝(四五)者，何異？」承明慙懼而退。

(十三)秋，七月，魏主嗣大獵於牛川，臨殷繁水而還。戊戌，至平城[四六]。

(十四)八月，丙午，大赦。

(十五)寧州獻琥珀[四七]枕於太尉裕。裕以琥珀治金創，得之大喜，命碎擣[四八]，分賜北征將士。裕以世子義符為中軍將軍、監太尉留府事，劉穆之為左僕射，領監軍、中軍二府軍司[四九]，入居東府[五〇]，揔攝內外。以太尉、左司馬東海徐羨之為穆之之副，左將軍朱齡石守衛殿省，徐州刺史劉懷慎守衛京師，揚州別駕從事史張裕任留州事。懷慎，懷敬之弟也。

劉穆之內揔朝政，外供軍旅[五一]，決斷如流[五二]，事無擁滯[五三]，賓客輻湊，求訴百端[五四]，內外諮稟，盈階滿室[五五]，目覽辭訟[五六]，手答牋書[五七]，耳行聽受，口並酬應[五八]，不相參涉[五九]，悉皆贍舉[六〇]。又喜賓客，言談賞笑[六一]，彌日無倦，裁有[六二]閑暇，手自寫書，尋覽校定[六三]。性奢豪[六四]，食必方丈[六五]，旦輒為十人饌[六六]，未嘗獨餐。嘗白裕曰：「穆之家本貧賤，贍生[六七]多闕[六八]，自叨忝以來[六九]，雖每存約損[七〇]，而朝夕所須，微為過豐，自此外(七一)，一毫不以負公(七二)(七三)。」中軍諮議參軍張邵言於裕曰：「人生危脆(七四)，必當遠慮，穆之若邂逅(七五)不幸(七六)，誰可代之？尊業(七七)如此，苟有不諱(七八)，處分云何(七九)？」裕曰：「此自委穆之及卿耳(八〇)。」

丁巳，裕發建康，遣龍驤將軍王鎮惡、冠軍將軍檀道濟，將步軍自淮淝向許洛(八一)，新野太守朱超石、寧朔將軍胡藩趨陽城(八二)，振武將軍沈田子、建威將軍傅弘之趨武關(八三)，建武將軍沈林子、彭城內史劉遵考將水軍出石門，自汴入河(八四)；以冀州刺史王仲德督前鋒諸軍，開鉅野入河(八五)。遵考，裕之族弟也。劉穆之謂王鎮惡曰：「公今委卿以伐秦之任，卿其勉之。」鎮惡曰：「吾不克關中，誓不復濟江(八六)(八七)。」裕既行，青州刺史檀祗自廣陵輒率眾至涂中(八八)，掩討亡命。劉穆之恐祗為變，議欲遣軍；時檀韶為江州刺史，張邵曰：「今韶據中流(八九)，道濟為軍首(九〇)，若有相疑之跡，則大府立危(九一)。不如逆遣慰勞(九二)，以觀其意，必無患也。」穆之乃止(九三)。

(十六)初，魏主嗣使公孫表討白亞栗斯，曰：「必先與秦洛陽戍將相聞[九四]，使備河南岸，然後擊之。」表未至，胡人廢白亞栗斯，更立劉虎為率善王，表以胡人內自攜貳，勢必敗散，遂不告秦將而擊之，大為虎所敗，士卒死傷甚眾[九五]。嗣謀於羣臣曰：「胡叛踰年，討之不克，其眾繁多，為患日深。今盛秋不可復發兵，妨民農務[九六]。將若之何？」白馬侯崔宏曰：「胡眾雖多，無健將御之[九七]，終不能成大患。表等諸軍不為不足，但灋令不整，處分[九八]失宜，以致敗耳。得大將素有威望者，將數百騎，往攝[九九]表軍，無不克矣。相州刺史叔孫建前在幷州，為胡魏所畏服[一〇〇]，諸將莫及，可遣也[一〇一]。」嗣從之，以建為中領軍，督表等討虎。九月戊午，大破之，斬首萬餘級，虎及司馬順宰皆死，俘其眾十萬餘口[一〇二]。

(七)太尉裕至彭城，加領徐州刺史，以太原王玄謨為從事史。初，王懿之敗[一〇三]也，沙門曇永匿其幼子華，使提衣襆自隨[一〇四]，津邏[一〇五]疑之，曇永呵華曰：「奴子[一〇六]，何不速行！」棰之數十，由是得免。遇赦，還吳，以其父存亡不測[一〇七]，布衣蔬食[一〇八]，絕交遊，不仕，十餘年。裕聞華賢，欲用之，乃發懿喪，使華制服，服闋[一〇九]，辟為徐州主簿㉘。

【今註】㊀凡二十二州：胡三省曰：「二十二州謂徐、南徐、豫、南豫、兗、南兗、青、冀、幽、幷、司、郢、荊、江、湘、雍、梁、益、寧、交、廣、南秦。」㊁秦王興使魯宗之將兵寇襄陽，未至而卒，其子軌引兵入寇：按〈安帝紀〉義熙十二年文作：「正月，姚泓使其將魯軌寇襄陽。」查姚興崩於此年二月，（具見於通鑑考異）則二月以前之事，自係姚興之所措置，故《通鑑》不從〈安帝紀〉文，而改姚泓作姚興，洵為得之。㊂西秦王熾磐攻秦洮陽公彭利和於漒川……遂與熾磐結和親：按此段乃錄自〈乞伏熾磐載記〉，字句大致相同。㊃入居西宮：太子居東宮，西宮乃秦王所居。㊄疾篤：疾重。㊅宮臣：凡東宮官屬，皆曰宮臣。㊆姦臣：謂尹沖等。㊇不測之禍：不可測量之禍，亦即大禍也。㊈端居：猶安居。㊉乘輿：指君上。⑪來集：來合。⑫已陷名逆節：名已列於姦逆徒中。⑬容：容身。⑭杖：恃依。⑮雪：雪洗。⑯典兵禁中：掌兵於宮禁之中。⑰防制內外：防止控制宮禁內外。⑱殿中上將軍：使統殿中諸主帥。⑲不應：不回答。⑳愔：音陰。㉑端門：即宮殿之正南門。㉒緣屋：循屋。㉓馬道：宮中之道名。㉔東宮兵：太子宮之兵。㉕爭進赴賊：謂爭進赴擊賊。㉖尹沖及弟泓來奔：謂來奔晉也。㉗秦王興如華陰……明日興卒：按此段乃錄自〈姚興載記〉下，字句大致相同。㉘三十國晉春秋：按卷一百十三元興三年蕭方等曰下胡注：「蕭方等撰三十國春秋。」是此書名乃為三十國春秋。考異或欲標指其某一國，以便讀者易於檢閱，而遂多加一晉字，殊不知攔加此一晉字，則反使讀者於書名轉滋疑惑，而認其另係一書。為保存原有名稱及指明係書中某部計，宜云三十國春秋晉國之部，則上述缺陷，庶可全免矣。㉙未可量也：未可度量。㉚殿下：稱姚宣之辭。㉛歸罪：猶服罪。㉜泓祕不發喪……宣詣紹歸罪，紹殺之。按此段乃錄自《姚泓載記》，字句大致相同。㉝請啟行戎路：《詩》：「元戎十乘，以先啟行。」謂以戎車在前開路。㉞脩敬山陵：謂脩敬禮於晉帝在洛陽之山陵。㉟領北雍州刺史：晉初置雍州於長安，永嘉之亂，沒於劉石。苻秦之亂，雍州流民南出樊沔，孝武始於襄陽僑立雍州，今裕欲取長安，故領北雍州刺史，以別於襄陽之雍州。㊱幷州胡數萬落叛秦……徙其豪右萬五千落於雍州：按此段乃錄自《姚泓載記》，字句大致相同。㊲竹嶺：《水經注》：「籍水歷當亭川，又東南流，與竹嶺水合，水出南山竹嶺，東北入籍水。籍水東北入上卦縣。」㊳陰密：《括地志》：「陰密故城在涇州鶉觚縣西，其東接縣城，即古密國。」㊴委鎮：放棄所鎮守之地。㊵南侵泄陽：按姚泓載記泄陽作池陽，當從之。㊶氐王楊盛攻秦祁山拔之……姚裕等擊却之。按此段乃用《姚泓載記》及《赫連勃勃載記》二文而成，字句大致相同。㊷孤：君王自稱之謙辭。㊸直唱大言：只唱大言。㊹小豎：詈人之辭。㊺肆諸市朝：肆，謂處死刑陳尸；市朝，猶市井，市廛。蓋一物而異名也。㊻秋七月，魏主嗣大獵於牛川，臨殷繁水而還，戊戌至平城：按《通鑑》既錄其還至平城之日，則其始獵之日亦宜錄之，其始獵之日，《魏書·太宗紀》云為甲申。㊼琥珀：《廣雅》：「琥珀生地中，其上及旁不生草，深者八九尺，大如斛，削去皮尖，琥珀如斗，初時如桃膠，凝堅乃成。」㊽碎擣：擣之粉碎。

(四九)領監軍中軍二府軍司：監軍，謂義符監太尉留府軍也。軍司，晉官職，說已見上，與司馬之職位相同。(五〇)東府：《宋書・劉穆之傳》作東城，雖指同一處所，而東府則較常見，故《通鑑》因而改之。(五一)外供軍旅：外供軍旅之需。(五二)如流：如流水然，喻甚快速。(五三)擁滯：擁積遲滯。(五四)求訴百端：索求訴告百種，喻其眾多。(五五)內外諮稟，盈階滿室：胡三省曰：「盈階滿室，謂諮稟之文書。」按此當指人吏言，不當云為文書。由盈階滿室之係指人言，可以知之。(五六)辭訟：與上之求訴，約略相同。(五七)牋書：謂表牋書札。(五八)口並酬應：謂口亦同時酬答應對。文意乃狀穆之之精力過人，目耳手口能同時操作也。(五九)不相參涉：謂不須參稽涉獵有關資料。(六〇)悉皆贍舉：謂盡皆圓滿。行辦。(六一)賞笑：賞玩戲笑。(六二)裁有：剛有。(六三)尋覽校定：《宋書・劉穆之傳》作：「尋覽篇章，校定墳籍。」篇章墳籍即其尋覽校定之對象也。(六四)奢豪：奢侈豪華。(六五)食必方丈：《孟子・盡心》：「食前方丈。」意謂陳列之菜肴，極為夥多。(六六)旦輒為十人饌：每日晨起，便令膳夫具備十人之饌。(六七)贍生：猶養生。(六八)多闕：多有空闕。(六九)叨忝以來：叨亦忝，音滔。意謂自忝蒙委任以來。(七〇)約損：節約損減。(七一)自此外：劉穆之傳作自此以外，文較充暢。(七二)一毫不以負公：無一毫之事，有負於公。(七三)劉穆之內摠朝政……一毫不以負公。按此段乃錄自《宋書・劉穆之傳》，字句幾全相同。(七四)人生危脆：謂人命危促脆薄。(七五)邂逅：不期而遇。(七六)不幸：謂死。(七七)尊業：尊為稱人之稱。此指劉裕已成之功業。(七八)不諱：亦謂死。(七九)處分云何：云何即如何，說已見上，全意謂如何處理。(八〇)中軍諮議參軍張邵言於裕曰……此自委穆之及卿耳：按此段乃錄自《宋書・張邵傳》，字句完全相同。

(八二)許洛：許昌、洛陽。(八三)陽城：今河南省登封縣東南之告成鎮。(八四)武關：在今陝西省商縣東。(八五)出石門，自汴入河：胡三省曰：「河水首受濟，東南與淮通，漢書地理志所謂：『狼湯渠』是也。昔大禹塞滎澤，開此渠，以通淮泗。禹貢所謂：『導沇水，東流為濟，入於河，溢為滎，東出於陶丘北。』者也。漢修河堤，始立石門，以遏水，水盛則通於河，水耗則輟流。」(八六)開鉅野入河：《水經》：「濟水北至東燕縣，與河合。」酈道元註曰：「濟水自乘氏縣兩分，東北入於鉅野，濟之故瀆，又北右合洪水。洪水上承鉅野薛訓渚，自渚迄於北口一百二十里，名曰洪水。桓溫以太和四年，率眾北入，掘渠通濟。義熙十三年，劉武帝西入長安，又廣其功。自洪口以上，又謂桓公瀆，濟自是北注也。」(八六)誓不復濟江：按《宋書．王鎮惡傳》作：「誓不復濟江而還也。」語意益為明顯。(八七)劉穆之謂王鎮惡曰……誓不復濟江：按此段乃錄自《宋書．王鎮惡傳》，而字句多有刪易。(八八)檀祗自廣陵輒率眾至涂中：按宋書檀祗傳作涂中，而《宋書．張邵傳》則作滁州，《通鑑》係從《檀祗傳》之文。(八九)今詔據中流：江州處長江中部，故云中流。(九〇)道濟為軍首：謂為伐秦諸軍之首。(九一)大府立危：大府，謂太尉留府，其實乃指建康。(九二)逆遣慰勞：謂迎逆而遣使慰勞之。(九三)青州刺史檀祗自廣陵……穆之乃止：按此段乃錄自《宋書．張邵傳》，字句大致相同。(九四)相聞：謂互相知聞。(九五)魏主嗣使公孫表討白亞栗斯……士卒死傷甚眾：按此乃錄自《魏書．公孫表傳》，字句大致相同。(九六)妨民農務：謂妨農收。(九七)無健將御之：謂無能將駕御之。(九八)處分：處置。(九九)攝：持領。(一〇〇)為胡魏所畏服：按此魏乃指拓跋氏之魏而言，謂為胡及其本國人之所畏服。(一〇一)嗣謀於羣臣曰……諸將莫及，可遣也：按此段乃錄自《魏書・崔玄伯傳》，字句大致相同。㉒嗣從之以建為中領軍……俘其眾十萬餘口：按此段乃用《魏書・太宗紀》及〈叔孫建傳〉之文，字句大致相同。㉓王廞之敗：事見卷一百九隆安元年。㉔使提衣襆自隨：胡三省曰：「襆、帊也，以裹衣物。魏舒襆被而出，韓文襆被入直，皆此義也。」㉕津邏：津渡巡邏之卒。㉖奴子：猶虜子，為詈人語。㉗以其父存亡不測：不測謂不可測知。㉘蔬食：《爾雅・釋天》注：「凡草菜可食者，通名為蔬。」是蔬食者以草菜為食。㉙服闋：服除。㉚初王廞之敗也……辟為徐州主簿：按此段乃錄自《宋書・王華傳》，字句大致相同。

㈠王鎮惡、檀道濟入秦境，所向皆捷，秦將王苟生以漆丘降鎮惡，徐州刺史姚掌以項城降道濟，諸屯守皆望風款附㈡；惟新蔡太守董遵不下，道濟攻拔其城，執遵殺之。進克許昌，獲秦潁川太守姚垣㈢及大將楊業。沈林子自汴入河，襄邑人董神虎聚眾千餘人來降，太尉裕板為參軍。林子與神虎共攻倉垣，克之。秦兗州刺史韋華降，神虎擅還襄邑，林子殺之。秦東平公紹言於秦主泓曰：「晉兵已過許昌，安定孤遠，難以救衛，宜遷其鎮戶㈢，內實京畿，可得精兵十萬，雖晉夏交侵㈣，猶不亡國；不然，晉攻豫州，夏攻安定，將若之何？事機已至，宜在速決。」左僕射梁喜曰：「齊公恢有威名，為嶺北所憚，鎮人已與勃勃深仇㉕，理應守死無貳㉖，勃勃終不能越安定，遠寇京畿，若無安定，虜馬必至於郿。今關中兵足以拒晉，無為豫自損削也㉗。」泓從之。吏部郎懿橫密言於泓曰：「恢於廣平之難，有忠勳於陛下，自陛下龍飛紹統㉘，未有殊賞㉙，以答其意㉚。今外則置之死地，內則不豫朝權，安定人自以孤危逼寇，思南遷者，十室而九。若恢擁精兵數萬鼓行而向京師，得不為社稷之累乎㉛！宜徵還朝廷，以慰其心。」泓曰：「恢若懷不逞之心㉜，徵之適所以速禍㉝耳。」又不從㉞。

王仲德水軍入河，將逼滑臺㉟，魏兗州刺史尉建畏懦㊱，帥眾棄城北渡河，仲德入滑臺，宣言曰：「晉本欲以布帛七萬匹，假道㊲於魏，不謂㊳魏之守將棄城遽去㊴。」魏主嗣聞之，遣叔孫建、公孫表自河內向枋頭㊵，因引兵濟河，斬尉建於城下，投尸於河，呼仲德軍人，問以侵寇之狀㊶。仲德使司馬竺和之對曰：「劉太尉使王征虜自河入洛，清掃山陵，非敢為寇於魏也。魏之守將至棄滑臺去，王征虜借空城以息兵，行當西引㉜，於智魏之好無廢也，何必揚旗鳴鼓，以曜威乎㉝！」嗣使建以問太尉裕，裕遜辭㉞謝之曰：「洛陽晉之舊都，而羌據之㉟，晉欲脩復山陵久矣。諸桓宗族、司馬休之、國璠兄弟、魯宗之父子，皆晉之蠹也，而羌收之，以為晉患㊱。今晉將伐之，欲假道於魏，非敢為不利也㊲。」魏河內鎮將于栗磾有勇名，築壘於河上，以備侵軼㊳，裕以書與之，題曰：「黑矟㊴公麾下。」栗磾好操黑矟以自標㊵，故裕以此目之㊶，魏因拜栗磾為黑矟將軍。

㈡冬，十月，壬戌，魏主嗣如豺山宮。

㈢初，燕將軍傉官斌降魏㊷，既而復叛歸燕，魏主嗣遣驍騎將軍延普渡濡水㊸擊斌，斬之，遂攻燕幽州刺史庫傉官昌、征北將軍庫傉官提，皆斬之㊹。

㈣秦陽城、滎陽二城皆降，晉兵進至成皐，秦征南將軍陳留公洸鎮洛陽，遣使求救於長安。秦主泓遣越騎校尉閻生帥騎三千救之，武衛將軍姚益男將步卒一萬助守洛陽，又遣并州牧姚懿南屯陝津〔四五〕，為之聲援〔四六〕。寧朔將軍趙玄言於洸〔四七〕曰：「今晉寇益深，人情駭動，眾寡不敵，若出戰不捷，則大事去矣。宜攝諸戍之兵〔四八〕，固守金墉，以待西師之救。金墉不下，晉必不敢越我而西。是我不戰而坐收其弊〔四九〕也。」司馬姚禹陰與檀道濟通，主簿閻恢、楊虔，皆禹之黨也，共嫉玄，言於洸曰：「殿下以英武之略，受任方面〔五〇〕。今嬰城〔五一〕示弱，得無為朝廷所責乎！」洸以為然，乃遣趙玄將兵千餘南守柏谷塢〔五二〕，廣武將軍石無諱東戍鞏城〔五三〕。玄泣謂洸曰：「玄受三帝重恩，所守正有死耳〔五四〕。但明公不用忠臣之言，為姦人所誤，後必悔之。」既而成皋、虎牢皆來降，檀道濟等長驅而進，無諱至右關〔五五〕犇還，龍驤司馬滎陽毛德祖與玄戰於柏谷，玄兵敗，被十餘創，據地大呼，玄司馬蹇鑒冒刃抱玄而泣，玄曰：「吾創已重，君宜速去。」鑒曰：「將軍不濟〔五六〕，鑒去安之〔五七〕？與之皆死。」姚禹踰城犇道濟。

甲子，道濟進逼洛陽，丙寅，洸出降〔五八〕，道濟獲秦人四千餘人，議者欲盡阬之，以為京觀〔五九〕。道濟曰：「伐罪弔民，正在今日〔六〇〕。」

皆釋而遣之。於是夷夏感悅，歸之者甚眾(六一)。闍生、姚益男未至，聞洛陽已沒，不敢進。己丑，詔遣兼司空高密王恢之(六二)脩謁五陵(六三)置守衞。太尉裕以冠軍將軍毛脩之為河南、河內二郡太守，行司州事，戍洛陽(六四)。

(五)西秦王熾磐使秦州刺史王松壽鎮馬頭，以逼秦之上邽。

(六)十一月，甲戌，魏主嗣還平城。

(七)太尉裕遣左長史王弘還建康，諷朝廷求九錫。時劉穆之掌留任，而旨從北來，穆之由是愧懼，發病。弘，珣之子也(六五)。十二月，壬申，詔以裕為相國，摠百揆(六六)、揚州牧，封十郡為宋公，備九錫之禮，位在諸侯王上，領征西將軍、司、豫、北徐、雍四州刺史如故。裕辭不受(六七)。

(八)西秦王熾磐遣使詣太尉裕，求擊秦以自効，裕拜熾磐平西將軍、河南公。

(九)秦姚懿司馬孫暢說懿，使襲長安，誅東平公紹，廢秦主泓而代之。懿以為然，乃散穀以賜河北夷夏(六八)，欲樹私恩。左常侍張敞、侍郎左雅諫曰：「殿下以母弟居方面(六九)，安危休戚(七〇)，與國同之。今吳寇內侵，四州傾沒(七一)，西虜擾邊，秦涼覆敗(七二)，朝廷之危，有如累卵。穀者，國之本也，而殿下無故散之，虛損國儲，將若之何？」懿怒，笞殺之。泓聞之，召東平公紹，密與之謀，紹曰：「懿性識鄙淺(七三)，從物推移(七四)，造此謀者，必孫暢也，但馳使徵暢，遣撫軍將軍讚據陝城，臣向潼關，為諸軍節度(七五)，若暢奉詔而至，臣當遣懿帥河東見兵，共御晉師，若不受詔命，便當聲其罪(七六)而討之。」泓曰：「叔父之言，社稷之計也。」乃遣姚讚及冠軍將軍司馬國璠、建義將軍蛇玄屯陝津，武衛將軍姚驢屯潼關。懿遂舉兵稱帝，傳檄州郡，欲運匈奴堡穀以給鎮人(七七)，寧東將軍姚成都拒之，懿卑辭誘之(七八)，送佩刀為誓，成都不從。懿遣驍騎將軍王國帥甲士數百攻成都，成都擊禽之，遣使讓懿曰：「明公以至親當重任，國危不能救，而更圖非望(七九)；三祖之靈(八〇)，其肯佑明公乎！成都將糾合(八一)義兵，往見明公於河上(八二)耳。」於是傳檄諸城，諭以逆順(八三)，徵兵調食(八四)以討懿；懿亦發諸城兵，莫有應者，惟臨晉數千戶應懿。成都引兵濟河，擊臨晉叛者，破之，鎮人安定郭純等起兵圍懿，東平公紹入蒲阪，執懿，誅孫暢等(八五)。

(十)是歲，魏衛將軍、安城孝元王叔孫俊卒，魏主嗣甚惜之，謂其妻桓氏曰：「生同其榮，能沒同其戚乎(八六)！」桓氏乃縊而祔(八七)焉(八八)。

(十一)丁零翟猛雀驅掠吏民，入白㵎山(八九)為亂，魏內都大官、河內張蒲與冀州刺史長孫道生討之，道生，嵩之從子也，道生欲進兵擊猛雀，蒲曰：「吏民非樂為亂，為猛雀所迫脅耳(九〇)。今不分別并擊之(九一)，雖欲返善其道(九二)無由，必同心協力(九三)，據險以拒官軍(九四)，未易猝平(九五)也。不如先遣使諭之，以不與猛雀同謀者皆不坐(九六)，則必喜而離散矣。」道生從之，降者數千家，使復舊業(九七)。猛雀與其黨百餘人出走，蒲等追斬猛雀首(九八)，左部尚書周幾窮討餘黨，悉誅之。

【今註】(二一)望風款附：望風塵而歸誠降服。(二二)獲秦潁川太守姚垣：按《宋書・檀道濟傳》，姚垣作姚坦。(二三)遷其鎮戶：姚氏以安定為重鎮，徙民以實之，謂之鎮戶。(二四)交侵：猶並侵。(二五)鎮人已與勃勃深仇：謂鎮兵常與勃勃血戰，有父兄子弟之仇。(二六)無貳：無貳心。(二七)無為豫自損削也：謂不要豫先自己損削己之實力。⑱龍飛紹統：龍飛謂為天子，紹統謂繼位。⑲殊賞：異賞。⑳以答其意：謂以答其意願。㉑得不為社稷之累乎：豈得不為國家之患累乎。㉒不逞之心：謂不快之意。㉓速禍：召禍。㉔王鎮惡檀道濟入秦境……徵之適所以速禍耳，又不從：按此段乃用〈姚泓載記〉及《宋書・檀道濟傳》之文，字句大致相同。㉕滑臺：今河南省滑縣治。㉖畏懦：畏懼怯懦。㉗假道：借道。㉘不謂：不料。㉙遽去：驟去。㉚枋頭：在今河南省濬縣西南。音方。㉛問以侵寇之狀：按《魏書・叔孫建傳》作詰其侵境之意。意字較佳。㉜行當西引：謂將當率兵而西。㉝以曜威乎：以誇曜威武乎。㉞遜辭：謙遜其辭。㉟而羌據之：羌指姚泓，以其為羌種也。㊱諸桓宗族、司馬休之、國璠兄弟，魯宗之父子，皆晉之蠹也，而羌收之，以為晉患：義熙元年桓謙等奔秦，六年入寇。十一年司馬休之、魯宗之等奔秦，秦使將兵擾襄陽。六年司馬國璠等奔秦，數帥眾擾邊。㊲王仲德水軍入河……非敢為不利也：按此段乃錄自《魏書・叔孫建傳》，字句大致相同。㊳侵軼：侵犯軼突。㊴稍：矛長丈八者，音朔。㊵以自標：以自標誌。㊶目之：稱之。㊷初燕將軍傉官斌降魏：按下文有庫傉官昌、庫傉官提，是皆以庫傉官為氏，又《魏書・太宗紀》泰常元年文即作庫傉官斌，當從添庫字。㊸濡水：《水經》：「濡水從塞外來，過遼西令支縣北，又東南過海陽縣西南，入於海。」㊹初燕將軍傉官斌降魏……征北將軍庫傉官提，皆斬之：按此段乃錄自《魏書・太宗紀》泰常元年文，字句大致相同。㊺陝津：胡三省曰：「陝縣在大河之南，考之水經，則陝縣故城在大河之北，二城之間，謂之陝津。」㊻聲援：形聲之援。㊼洸：音光。㊽攝諸戍之兵：謂收聚諸戍之兵。(四九)坐收其弊：坐而收獲其困弊之效。(五〇)受任方面：謂獨任一方一面。(五一)嬰城：繞城憑守。(五二)栢谷塢：《水經注》：「洛水東逕偃師縣南，又東逕百谷塢北。戴延之西征記曰：『塢在川南，因高為塢，高一十餘丈。』」(五三)鞏城：今河南省鞏縣。(五四)所守正有死耳：所操守者惟一死耳。(五五)右關：按〈姚泓載記〉作石關。(五六)將軍不濟：謂將軍若不能生存。(五七)安之：何至。(五八)秦陽城滎陽二城皆降……丙寅洸出降：按此段乃錄自〈姚泓載記〉，字句大致相同。(五九)京觀：《左傳》杜預注：「積尸封土其上，謂之京觀。」(六〇)正在今日：謂正在今日，宜實施之。(六一)道濟獲秦人四千餘人……歸之者甚眾：按此段乃錄自《宋書・檀道濟傳》，字句幾全相同。(六二)高密王恢之：彭城王紘之子俊嗣高密王略國，恢之其孫也。(六三)五陵：宣帝陵在河陰曰高原，景帝陵曰峻平，文帝陵曰崇陽，武帝陵曰峻陽，惠帝陵曰太陽。(六四)以冠軍將軍毛脩之行司州事，戍洛陽：按《宋書・毛脩之傳》，司州作西州，然西州係泛指西部諸州，非有專指之地。《通鑑》見此頗有不當，且以洛陽在兩漢時俱統於司隸校尉，遂而《宋書・州郡志》二，則列於司州，遂改西州而作司州。此一改正，可稱甚為恰當。(六五)太尉裕遣左長史王弘還建康……弘，珣之子也：按此段乃錄自《宋書・王弘傳》，字句大致相同。(六六)摠百揆：總百官。(六七)詔以裕為相國……裕辭不受：按此段乃錄自《宋書・武帝紀》中，字句大致相同。(六八)乃散穀以賜河北夷夏：胡三省曰：「河北縣自漢以來屬河東郡，在蒲阪東，時夷夏之民錯居之，懿至陝津，因散穀以賜焉。」(六九)居方面：居方面之任。(七〇)休戚：喜哀。(七一)四州傾沒：秦徐州鎮項城，兗州鎮倉垣，豫州鎮洛陽，荊州鎮上洛，時悉為晉所取。(七二)秦涼覆敗：秦，秦州；謂赫連勃勃克上邽；涼，涼州；謂沮渠蒙遜入姑臧。(七三)性識鄙淺：性質卑鄙，知識淺陋。(七四)從物推移：隨從他人之意見而移轉。(七五)為諸軍節度：猶統率節度諸軍。(七六)聲其罪：宣揚其罪。(七七)欲運匈奴堡穀以給鎮人：匈奴堡在平陽，鎮人，懿鎮蒲阪所領之庶眾。(七八)卑辭誘之：卑遜其言辭，以引誘之。(七九)更圖非望：謂又企圖不可冀望者。(八〇)三祖之靈：姚弋仲廟號始祖，萇廟號太祖，興廟號高祖，所謂三祖也。(八一)糾合：結合。(八二)河上：蒲阪臨河，故曰河上。(八三)諭以逆順：曉以逆順之道。(八四)調食：調運糧食。(八五)秦姚懿司馬孫暢說懿……執懿，誅孫暢等：按此段乃錄自〈姚泓載記〉，字句大致相同。(八六)能沒同其戚乎：謂能於其死而同其哀乎。(八七)祔：合葬。(八八)魏衛將軍安城孝元王叔孫俊卒……桓氏乃縊而祔焉：按此段乃錄自《魏書．叔孫建附俊傳》，而字句多有改易。(八九)白嵋山：《水經注》：「濩澤水出濩澤城西白澗嶺，東逕濩澤。」(九〇)迫脅：逼迫威脅。(九一)今不分別並擊之：按並上當添一而字，文意方為顯明，意謂若不分別善惡而盡擊之。(九二)其道：其路。(九三)協力：合力。(九四)官軍：指朝廷之軍旅言，為魏代常用之名稱，錄於魏書各列傳者甚多，可參看不備舉。(九五)猝平：驟平。(九六)不坐：不坐其罪。(九七)舊業：舊日之生計。(九八)丁零翟猛雀驅掠吏民……蒲等追斬猛雀首：按此段乃錄自《魏書．張蒲傳》，字句大致相同。

卷一百一十八　晉紀四十

起強圉大荒落，盡屠維協洽，凡三年。（丁巳至己未，西元四一七年至四一九年）

司馬光編集
曲守約註

安皇帝癸

義熙十三年（西元四一七年）

㈠春，正月，甲戌朔，日有食之。

㈡秦主泓朝會百官於前殿，以內外危迫㈠，君臣相泣。征北將軍齊公恢帥安定鎮戶三萬八千，焚廬舍，自北雍州㈡趨長安，自稱大都督、建義大將軍，移檄州郡，欲除君側之惡㈢；揚威將軍姜紀帥眾歸之。建節將軍彭完都棄陰密，犇還長安。恢至新支，姜紀說恢曰：「國家重將大兵，皆在東方，京師空虛，公亟引輕兵襲之，必克。」恢不從，南攻郿城，鎮西將軍姚諶為恢所敗，長安大震㈣。泓馳使徵東平公紹，遣姚裕及輔國將軍胡翼度屯灃西，扶風太守姚儁等皆降於恢。東平公紹引諸軍西還，與恢相持於靈臺㈤。姚讚留寧朔將軍尹雅為弘農太守，守潼關，亦引兵還。恢眾㊅見諸軍四集，皆有懼心，其將齊黃等詣大軍降，恢進兵逼紹，讚自後擊之，恢兵大敗，殺恢及其三弟，泓哭之慟，葬以公禮㊆。

㈢太尉裕引水軍發彭城，留其子彭城公義隆鎮彭城，詔以義隆為監徐、兗、青、冀四州諸軍事、徐州刺史。

㈣涼公暠寢疾㊇，遺命長史宋繇曰：「吾死之後，世子猶卿子㊈也，善訓導㊉之。」二月，暠卒，官屬奉世子歆為大都督、大將軍、涼公、領涼州牧，大赦，改元嘉興，尊歆母天水尹氏為太后，以宋繇錄三府事⑪，謚暠曰武昭王，廟號太祖⑫。

㈤西秦安東將軍木弈干擊吐谷渾、樹洛干，破其弟阿柴於堯杆川，俘五千餘口而還。樹洛干走保白蘭山，慙憤發疾，將卒，謂阿柴曰：「吾子拾虔幼弱，今以大事付汝。」樹洛干卒，阿柴立，自稱驃騎將軍、沙州刺史⑬，謚樹洛干曰武王。阿柴稍用兵侵併其傍小種⑭，地方數千里，遂為彊國。

㈥河西王蒙遜遣其將襲烏啼部，大破之，又擊卑和部，降之。

㈦王鎮惡進軍澠池，遣毛德祖襲尹雅於蠡吾城，禽之，雅殺守者而逃，鎮惡引兵徑前，抵潼關；檀道濟、沈林子自陝北渡河，拔襄邑堡。秦河北太守薛帛犇河東㈤，又攻秦幷州刺史尹昭於蒲阪，不克；別將攻匈奴堡，為姚成都所敗。辛酉，滎陽守將傅洪以虎牢降魏，秦主泓以東平公紹為太宰、大將軍、都督中外諸軍事㈥，假黃鉞，改封魯公，使督武衞將軍姚鸞等步騎五萬守潼關；又遣別將姚驢救蒲阪㈦。沈林子謂檀道濟曰：「蒲阪城堅兵多，不可倅拔㈧，攻之傷眾，守之引日㈨。王鎮惡在潼關，埶孤力弱，不如與鎮惡合埶幷力，以爭潼關，若得之，尹昭不攻自潰矣。」道濟從之㈩。

三月，道濟、林子至潼關，秦魯公紹引兵出戰，道濟、林子奮擊，大破之，斬獲以千數。紹退屯定城㈡，據險拒守，謂諸將曰：「道濟等兵力不多，懸軍㈢深入，不過堅壁以待繼援，吾分軍絕其糧道，可坐禽也。」乃遣姚鸞屯大路㈢，以絕道濟糧道。鸞遣尹雅將兵與晉戰於關南㈣，為晉兵所獲，將殺之，雅曰：「雅前日已當死，幸得脫，至今死固甘心，然夷夏雖殊㉕，君臣之義，一也㉖。晉以大義㉗行師，獨不使秦有守節之臣乎！」乃免之。丙子夜，沈林子將銳卒襲鸞營，斬鸞，殺其士卒數千人。紹又遣東平公讚屯河上，以斷水道，沈林子擊之，讚敗走，還定城，薛帛據河曲來降㉘。

太尉裕將水軍自淮泗入清河，將泝河西上，先遣使假道於魏，秦主泓亦遣使請救於魏。魏主嗣使羣臣議之，皆曰：「潼關天險，劉裕以水軍攻之，甚難，若登岸北侵，其埶便易㉙。裕聲言伐秦，其志難測㉚；且秦婚姻之國㉛，不可不救也。宜發兵斷河上流，勿使得西。」博士祭酒崔浩曰：「裕圖秦久矣，今姚興死，子泓懦劣，國多內難，裕乘其危而伐之，其志必取；若遏其上流，裕心忿戾㉜，必上岸北侵，是我代秦受敵也。今柔然寇邊，民食又乏，若復與裕為敵，發兵南赴，則北寇愈深，救北，則南州復危㉝，非良計也。不若假之水道，聽裕西上，然後屯兵以塞其東。使裕克捷，必德我之假道，不捷，吾不失救秦之名，此策之得者也。且南北異俗，借使國家棄恒山以南㉞，裕必不能以吳越之兵，與吾爭守河北之地，安能為吾患乎！夫為國計者，惟社稷是利㉟，豈顧一女子乎。」議者猶曰：「裕西入關，則恐吾斷其後，腹背受敵，北上，則姚氏必不出關助我，其勢必聲西而實北也㊱。」嗣乃以司徒長孫嵩督山東諸軍事，又遣振威將軍娥清、冀州刺史阿薄干，將步騎十萬，屯河北岸。

庚辰，裕引軍入河，以左將軍向彌為北青州刺史，留戍碻磝㊲。

初，裕命王鎮惡等若克洛陽，須大軍到，俱進，鎮惡等乘利，徑趨潼關，為秦兵所拒，不得前，久之，乏食，眾心疑懼㊳，欲棄輜重還赴大軍。沈林子按劍怒曰：「相公㊴志清六合㊵，今許洛已定，關右將平，事之濟否㊶，繫於前鋒。柰何沮㊷乘勝之氣，棄垂成之功乎！且大軍尚遠，賊眾方盛，雖欲求還，豈可得乎！下官㊸授命不顧㊹，今日之事，當自為將軍辦之。未知二三君子，將何面以見相公之旗鼓邪㊺！」鎮惡等遣使馳告裕求遣糧援，裕呼使者開舫北戶，指河上魏軍以示之曰：「我語令勿進，今輕佻㊻深入，岸上如此，何由得遣軍！」鎮惡乃親至弘農，說諭百姓，百姓競送義租(47)，軍食復振(48)。魏人以數千騎緣河隨裕軍西行，軍人於南岸牽百丈(49)，風水迅急，有漂渡北岸者，輒為魏人所殺略(50)，裕遣軍擊之，裁登岸，則走，退則復來。夏，四月，裕遣白直隊主(51)丁旿帥仗士(52)七百人，車百乘，渡北岸，去水百餘步，為却月陣(53)，兩端抱河，車置七仗士，事畢，使豎一白毦(54)。魏人不解其意，皆未動。裕先命寧朔將軍朱超石戒嚴(55)，白毦既舉，超石帥二千馳往赴之，齎(56)大弩百張，一車益二十人，設彭排(57)於轅上，魏人見營陣既立，乃進圍之，長孫嵩帥三萬騎助之，四面肉薄(58)攻營，弩不能制。時超石別齎大鎚及矟千餘張，乃斷矟長三四尺，以鎚鎚之，一矟輒洞貫三四人，魏兵不能當，一時犇潰，死者相積，臨陳，斬阿薄干，魏人退還畔城(59)(60)。超石帥寧朔將軍胡藩、寧遠將軍劉榮祖追擊，又破之，殺獲千計。魏主嗣聞之，乃恨不用崔浩之言。

秦魯公紹遣長史姚洽(61)、寧朔將軍安鸞、護軍姚墨蠡(62)、河東太守唐小方，帥眾三千屯河北之九原(63)，阻河為固，欲以絕檀道濟糧援，沈林子邀擊，破之，斬洽、墨蠡、小方，殺獲殆盡。林子因啟太尉裕曰：「紹氣蓋關中㊅㊃，今兵屈於外，國危於內，恐其凶命㊅㊄先盡，不得以膏齊斧㊅㊅耳。」紹聞洽等敗死，憤恚，發病嘔血，以兵屬㊅㊆東平公讚，而卒。讚既代紹，眾力猶盛，引兵襲林子，林子復擊破之㊅㊇。太尉裕至洛陽，行視城塹㊅㊈，嘉毛脩之完葺㊆○之功，賜衣服玩好㊆㊀，直㊆㊁二千萬㊆㊂。

㈧丁巳，魏主嗣如高柳，壬戌，還平城。

㈨河西王蒙遜大赦，遣張掖太守沮渠廣宗詐降，以誘涼公歆，歆發兵應之，蒙遜將兵三萬伏於蓼泉㊆㊃，歆覺之，引兵還，蒙遜追之，歆與戰於解支澗，大破之，斬首七千餘級。蒙遜城建康，置戍而還㊆㊄。

㈩五月，乙未，齊郡太守王懿降於魏，上書言：「劉裕在洛，宜發兵絕其歸路，可不戰而克。」魏主嗣善之，崔浩侍講在前，嗣問之曰：「劉裕伐姚泓，果能克乎？」對曰：「克之。」嗣曰：「何故？」對曰：「昔姚興好事虛名㊆㊅，而少實用，子泓懦而多病，兄弟乖爭(七七)，裕乘其危，兵精將勇，何故不克？」嗣曰：「裕才何如慕容垂？」對曰：「勝之。垂藉父兄之資，修復舊業，國人歸之，若夜蟲之就火(七八)，少加倚仗，易以立功。劉裕奮起寒微(七九)，不階尺土(八〇)，討滅桓玄，興復晉室，北禽慕容超，南梟(八一)盧循，所向無前(八二)，非其才之過人，安能如是乎！」嗣曰：「裕既入關，不能進退(八三)，我以精騎直擣彭城、壽春，裕將若之何？」對曰：「今西有屈丐(八四)，北有柔然，窺伺國隙(八五)，陛下既不可親御六師(八六)，雖有精兵，未睹良將(八七)。長孫嵩長於治國，短於用兵，非劉裕敵也(八八)。興兵遠攻，未見其利，不如且安靜以待之。裕克秦而歸，必篡其主，關中華戎雜錯(八九)，風俗勁悍，裕欲以荊揚之化(九〇)，施之函秦(九一)，此無異解衣包火，張羅捕虎(九二)，雖留兵守之，人情未洽，趨尚不同，適足為寇敵之資耳(九三)。願陛下按兵息民，以觀其變，秦地終為國家之有，可坐而守也(九四)。」嗣笑曰：「卿料之審矣(九五)。」

浩曰：「臣嘗私論近世將相之臣，若王猛之治國，苻堅之管仲也；慕容恪之輔幼主(九六)，慕容暐之霍光也；劉裕之平禍亂，司馬德宗之曹操也。」嗣曰：「屈丐何如？」浩曰：「屈丐國破家覆（九七），孤子（九八）一身，寄食姚氏，受其封殖（九九），不思疇恩報義，而乘時徼利（一〇〇），盜有（一〇一）一方，結怨四鄰（一〇二），撅豎（一〇三）小人，雖能縱暴（一〇四）一時，終當為人所吞食耳。」嗣大悅，語至夜半，賜浩御縹醪十觚（一〇五），水精鹽（一〇六）一兩，曰：「朕味卿言（一〇七），如此鹽酒，故欲與卿共饗其美（一〇八）。」然猶命長孫嵩、叔孫建各簡精兵，伺裕西過，自成皐濟河，南侵彭沛（一〇九），若不時過（一一〇），則引兵隨之。

【今註】（一）以內外危迫：以內則兄弟構難，外為晉夏所迫。（二）北雍州：秦分嶺北五郡為北雍州，鎮安定。（三）除君側之惡：除君側之姦邪。（四）大震：大震駭。（五）靈臺：《水經注》：「漢靈臺在秦阿房宮南，鎬水逕其北。」（六）恢眾：謂恢軍。（七）秦主泓朝會百官於前殿……泓哭之慟，葬以公禮：按此段乃錄自〈姚泓載記〉，字句大致相同。（八）寢疾：臥病。（九）世子猶卿子：世子如卿之子。（一〇）訓導：教訓誘導。（一一）錄三府事：錄，總領。三府：大都督大將軍府，涼公府，州牧府也。（一二）涼公暠寢疾……廟號太祖：按此段乃錄自〈涼武昭王及子士業傳〉，次序稍有顛倒，而字句則大致相同。（一三）西秦安東將軍木弈干擊吐谷渾……自稱驃騎將軍，沙州刺史：按此段乃參用〈乞伏熾磐載記〉及《宋書．吐谷渾傳》之文，字句大致相同。（一四）其傍小種：其傍之小種族。（一五）拔襄邑堡，秦河北太守薛帛犇河

東：胡三省曰：「襄邑堡在河北郡河北縣，漢晉屬河東郡，秦分立河北郡。」⑯泓以東平公紹為太
宰、大將軍、都督中外諸軍事：按〈姚泓載記〉大將軍下尚有大都督三字，以上文涼世子歆為大都
督、大將軍衡之，此亦當有大都督一銜，當添此三字。⑰王鎮惡進軍澠池……又遣別將姚驢救蒲阪：
按此段乃錄自〈姚泓載記〉，字句間有不同。⑱倅拔：按倅拔當係猝拔之訛。⑲引日：猶延日。
⑳沈林子謂檀道濟曰……尹昭不攻自潰矣，道濟從之：按此段乃錄自《宋書・自序》，字句大致相
同。㉑定城：郭緣生《述征記》：「定城去潼關三十里，夾道各一城，渭水逕其北。」㉒懸軍：絕
軍。㉓乃遣姚鸞屯大路：胡三省曰：「自澠池西入關有兩路，南路由回谿阪，自漢以前皆由之；曹
公惡南路之險，更開北路，遂以北路為大路。」㉔關南：潼關之南。㉕夷夏雖殊：謂夷夏種族雖
殊。㉖君臣之義一也：君臣之義，則相同一。㉗大義：大道義。㉘道濟林子至潼關……薛帛據河
曲來降：按此段乃錄自〈姚泓載記〉，字句間有不同。㉙其勢便易：其形勢方便容易。㉚其志難
測：《魏書・崔浩傳》，志作意，蓋志與意之意相同。㉛且秦婚姻之國：秦女歸魏，見上卷十一年。
㉜裕心忿戾：謂裕懷忿怒暴戾。㉝南州：謂魏之南境，相州瀕河諸郡。㉞借使國家棄恒山以南：
〈崔浩傳〉借使作假令，二辭皆係假設語，而借使又為假令之直接翻譯。㉟惟社稷是利：謂惟在利
社稷。㊱太尉裕將水軍自淮泗入清河……其勢必聲西而實北也：按此段乃錄自《魏書・崔浩傳》，
而許多改易處，較原書佳勝甚多，《魏書》繁蕪之弊較鮮，而此段不意於兩相對比下，竟如此拖累，
亦出人意表者也。㊲以左將軍向彌為北青州刺史，留戍碻磝：胡三省曰：「晉氏南渡，僑置青州於

江北，裕平廣固，置北青州於東陽，而江北之青州如故。今向彌以北青州刺史戍碻磝，東陽之青州亦如故。」㊳初裕命王鎮惡等……久之乏食，眾心疑懼：按此段乃錄自《宋書・王鎮惡傳》，字句大致相同。㊴相公：指劉裕言，以裕為太尉，位同宰相，故稱曰相公。又此稱《晉書・諸葛長民傳》已有之，證為：「穆之曰：『相公（劉裕）西征，老母弱弟，委之將軍。』」㊵志清六合：謂志欲澄清六合，亦即平定天下。㊶事之濟否：謂事之成與不成。㊷沮：喪。㊸下官：自稱之謙辭，與卑職意同。㊹授命不顧：謂效命而不顧身家。㊺或欲棄輜重，還赴大軍……將何面以見相公之旗鼓邪：按此段乃錄自《宋書・自序》，而字句間有改易。㊻輕佻：佻亦輕，意謂輕躁。㊼義租：此乃《宋書・王鎮惡傳》所用之語，蓋以己為王師，凡助王師之粟，即謂之為義租也。㊽鎮惡等遣使馳告裕……軍食復振：按此段乃錄自《宋書・王鎮惡傳》，字句大致相同。㊾牽百丈：胡三省曰：「百丈者所以挽船，今南人用麻繩，北人以竹為之。陸游云：『蜀人百丈，以巨竹四破為之，大如人臂。』」㊿殺略：殺害掠奪。(51)白直隊主：裕選白丁之壯勇者，入直左右，使旿領之。(52)帥仗士：帥甲仗之士。(53)却月陣：謂似月牙形之陣，而兩端抱河。(54)白毦：毦，績羽為之。音餌。(55)戒嚴：戒備。(56)齎：隨帶，音咨。(57)彭排：武器。《釋名》：「彭，旁也；在旁排敵禦攻也。」(58)肉薄：以身迫營血戰。(59)畔城：《魏書・地形志》，平原郡聊城縣有畔城。(60)魏人以數千騎緣河隨裕軍西行……魏人退還畔城：按此段乃錄自《宋書・朱齡石附超石傳》，字句大致相同。(61)紹遣長史姚洽：按《宋書・自序》作：「紹又遣長史領軍將軍姚伯子。」二者當係一人，伯子或其小字。(62)護軍姚墨蠡：按《宋書・自序》作護軍姚默騾。豈以其名不雅而〈姚泓載記〉改作墨蠡，《通鑑》因從之歟。然驢騾命名，實夷狄之常習，由之更足知姚默騾之為其原有之名氏焉。(六三)帥眾三千屯河北之九原：按《宋書・自序》九原作九泉，此則從〈姚泓載記〉之文，而作九原。(六四)紹氣蓋關中：謂姚紹氣度蓋於關中，亦即為關中之首。(六五)凶命：凶惡之生命。(六六)以膏齊斧：按齊斧之義，說者不一。《漢書・王莽傳》注應劭曰：「齊，利也；亡無利斧，言無以復斷斬也。」又同書敘傳注張晏曰：「齊斧，越斧也；以整齊天下也。」核齊斧筆者以為乃係合於六齊之斧。而六齊乃指銅與錫配合之比例。其配合比例具見於《周禮・考工記》，文云：「金有六齊；六分其金而錫居一，謂之鍾鼎之齊；五分其金而錫居一，謂之斧斤之齊；四分其金而錫居一，謂之戈戟之齊；參分其金而錫居一，謂之大刃之齊；五分其金而錫居二，謂之削殺矢之齊；金錫半，謂之鑒燧之齊。」齊乃謂按金錫規定比例而配冶者，夫既按規定比例而配冶者，豈非鋒利之斧乎。齊無利意，而應劭釋齊為利者，殆或本於此。又膏齊斧，《宋書・自序》作釁齊斧，二文命意相同，蓋皆指以肉血塗齊斧而言。(六七)以兵屬：以兵卒屬交。(六八)秦魯公紹遣長史姚洽……林子復擊破之：按此段乃錄自《宋書・自敍》，字句大致相同。(六九)城塹：塹謂城濠。(七〇)完葺：完治修葺。(七一)玩好：所戲玩所嗜好者。(七二)直：同值。(七三)太尉裕至洛陽……賜衣服玩好，直二千萬。按此段乃錄自《宋書・毛脩之傳》，字句大致相同。(七四)蓼泉：《新唐書・地理志》：「甘州張掖郡西北百九十里，有祁連山，山北有建康軍，軍西百二十里有蓼泉守捉城。」(七五)河西王蒙遜大赦……蒙遜城建康，置戍而還：按此段乃用〈涼武昭王附士業傳〉及〈沮渠蒙遜載記〉而成，字句大致相同。⑯好事虛名：謂好營求虛名。⑰兄弟乖爭：謂弼、懿、恢皆與泓爭國。⑱國人歸之，若夜蟲之就火：《魏書・崔浩傳》作：「同類歸之，若夜蛾之赴火。」用夜蛾二字，較為具體，應改從。⑲劉裕奮起寒微：寒微，謂貧賤也。按晉宋以深重閥閱，於是於階層之命稱，甚為繁夥，尤以低下階層為烈，今略臚列於下：1.寒素。〈李重傳〉：「時燕國中正劉沈舉霍原為寒素，司徒府不從。沈又抗詣中書奏原，而中書復下司徒參論。司徒左長史荀組以為：『寒素者，當謂門寒身素，無世祚之資。原為列侯，顯佩金紫，先為人間流通之事，晚乃務學，少長異業，年踰始立，草野之譽未洽，德禮無聞，不應寒素之目。』重奏曰：『案如癸酉詔書，廉讓宜崇，浮競宜黜，其有履謙寒素，靖恭求己者，應有以先之。如詔書之旨，以二品繫資，或失廉退之士，故開寒素，以明尚德之舉』。」〈外戚王蘊傳〉：「累遷尚書吏部郎，性平和，不抑寒素。」《文選・任昉為范尚書讓表》：「臣本自諸生，家承素業，門無富貴，易農而仕。」是晉代傳記之所以盛用寒素者，乃以晉代有寒素科之故。2.寒門。〈劉毅傳〉：「上品無寒門，下品無勢族。」〈閻纘傳〉：「置游談文學，皆選寒門孤宦，以學行自立者……皆可擇寒門篤行，學問素士，更歷險易，節義足稱者，以備羣臣。」3.寒家。《世說・賢媛》：「王經少貧苦，仕至二千石，母語之曰，『汝本寒家子』」《南史・到溉傳》：「溉所生母魏本寒家。」4.寒族。〈華譚傳〉：「又舉寒族周訪為孝廉，訪果立功名。」5.寒人。《宋書・朱百年傳》：「時山陰有寒人姚吟，亦有高趣，為衣冠所重。」6.寒乞。《宋書・明恭皇后傳》：「外舍家寒乞，今共為笑樂。」7.寒士。〈高密文獻王泰傳〉：「泰性廉靜，雖為宰輔，服飾肴饍如布衣寒士。」8.寒微。〈鄭沖傳〉：「起自寒微，卓爾立操。」又《魏書》諸列傳中，盛用寒微一辭，例多不具舉。是與寒微意同而字不同，而皆為指低下階層者，計有八辭，亦足見其眾多，及心血之所在矣。(80)不階尺土：不階，謂不憑借；尺土乃尺寸土之省。全句謂不憑借尺土之資。(81)梟：謂斬其首而懸之。(82)所向無前：謂所向之處，無敢在前阻之者。(83)不能進退：前為姚泓所拒，後為魏軍所遏，故云然。(84)西有屈丐：《北史》曰：「明元改赫連勃勃名曰屈丐，北方言：『屈丐者，卑下也。』」(85)窺伺國隙：窺伺國家釁隙。(86)親御六師：猶親率六軍。(87)未睹良將：睹，見；此謂未見有良將。(88)非劉裕敵也：非劉裕之敵。(89)華戎雜錯：謂夷華雜處。(90)荊揚之化：謂以江左之教化。(91)函秦：按此辭乃由函夏脫胎而來。《漢書・揚雄傳》：「以函夏之大漢兮。」服虔注：「函夏，函諸夏也。」〈崔浩傳〉函秦作三秦，正係指全秦而言。(92)此無異解衣包火，張羅捕虎：解衣以包火，則衣必焚，張網以捕虎，則網必破，以喻其徒自斃耳。〈崔浩傳〉作：「譬無翼而欲飛，無足而欲走，不可得也。」《通鑑》見其命譬欠恰，遂改作上文云。(93)適足為寇敵之資耳：謂恰足為寇敵之所資藉。〈崔浩傳〉作：「必資於寇，」文雖殊而意則同。(94)可坐而守也：謂可坐而待也。(95)料之審矣：所料度者，甚為精確。(96)慕容恪之輔幼主：幼主謂慕容暐。(97)國破家覆：國破亡，家傾覆。(98)孤子：孤單。(99)封殖：猶今言栽培。《左傳》昭公二年注：「封，厚也；殖，長也。」(100)徼利：要利。(101)盜有：竊有。(102)結怨四鄰：謂與魏秦涼構怨。(103)擨豎：胡三省曰：「言擨起自豎立也。」(104)縱暴：縱肆暴虐。(105)賜浩御縹醪十觚：青白色曰縹，醅酒曰醪，觚飲器，受三升。此魏主所自御者，故曰御縹醪。㉖水精鹽：鹽透明如水精，故謂之水精鹽。㉗朕味卿言：謂朕體味卿言。㉘齊郡太守王懿降於魏……欲與卿共饗其美：按此段乃錄自《魏書・崔浩傳》，而間有改易，甚有助綴文，可參看。㉙彭沛：彭城、沛郡。㉚若不時過：謂若不按計算之時而過。

㈠魏主嗣西巡至雲中，遂濟河，畋㉛於大漠。

魏置天地、四方、六部大人，以諸公為之㉜。

㈡秋，七月，太尉裕至陝，沈田子、傅弘之入武關，秦戍將皆委城㉝走，田子等進屯青泥，秦主泓使給事黃門侍郎姚和都屯嶢柳，以拒之㉞㉟。

㈢西秦相國翟勍卒。八月，以尚書令曇達為左丞相，左僕射元基為右丞相，御史大夫麴景為尚書令，侍中翟紹為左僕射㊱。

㈣太尉裕至閿鄉，沈田子等將攻嶢柳，秦主泓欲自將以禦裕軍，恐田子等襲其後，欲先擊滅田子等，然後傾國東出㊲；乃帥步騎數萬，奄至青泥。田子本為疑兵，所領裁千餘人，聞泓至，欲擊之，傅弘之以眾寡不敵止之。田子曰：「兵貴用奇，不必在眾，且今眾寡相懸㉘，勢不兩立，若彼結圍㉙既固，則我無所逃矣。不如乘其始至，營陳未立，先薄之㉚，可以有功。」遂帥所領先進，弘之繼之，秦兵合圍數重，田子撫慰士卒曰：「諸君冒險遠來，正求今日之戰，死生一決㉛，封侯之業，於此在矣。」士卒皆踴躍鼓譟，執短兵㉜奮擊，秦兵大敗，斬馘㉝萬餘級，得其乘輿㉞服御物㉟。秦主泓犇還灞上㊱。初，裕以田子等眾少，遣沈林子將兵，自秦嶺㊲往助之，至則秦兵已敗，乃相與追之，關中郡縣多潛送款㊳於田子㊴。

辛丑，太尉裕至潼關，以朱超石為河東太守，使與振武將軍徐猗之㊵，會薛帛於河北，共攻蒲阪。秦平原公璞與姚和都共擊之，猗之敗死，超石犇還潼關，東平公讚遣司馬國璠引魏兵以躡裕後㊶。王鎮惡請帥水軍，自河入渭㊷，以趨長安。裕許之。秦恢武將軍姚難自香城㊸引兵而西，鎮惡追之，秦主泓自灞上引兵還屯石橋㊹，以為之援，鎮北將軍姚彊與難合兵，屯涇上，以拒鎮惡。鎮惡使毛德祖進擊，破之，彊死，難犇長安。東平公讚退屯鄭城。太尉裕進軍逼之，泓使姚丕守渭橋，胡翼度屯石積，東平公讚屯灞東，泓屯逍遙園(35)(36)。鎮惡泝渭而上，乘蒙衝(37)小艦，行船者(38)皆在艦內，秦人見艦進而無行船者，皆驚以為神。

壬戌旦，鎮惡至渭橋，令軍士食畢，皆持仗登岸，後登者斬，眾既登，渭水迅急，艦皆隨流(39)，倏忽不知所在。時泓所將尚數萬人，鎮惡諭士卒曰：「吾屬並家在江南，此為長安北門，去家萬里，舟楫衣糧，皆已隨流，今進戰而勝，則功名俱顯，不勝，則骸骨不返(40)，無他歧矣。卿等勉之！」乃身先士卒，眾騰踊爭進(41)，大破姚丕於渭橋，泓引兵救之，為丕敗卒所蹂踐，不戰而潰，姚諶等皆死。泓單馬還宮，鎮惡入自平朔門(42)，泓與姚裕等數百騎逃犇石橋，東平公讚聞泓敗，引兵赴之，眾皆潰去，胡翼度降於太尉裕。泓將出降，其子佛念年十一(43)言於泓曰：「晉人將逞其欲，雖降，必不免，不如引決(44)。」泓憮然(45)不應，佛念登宮牆，自投而死(46)。癸亥，泓將妻子羣臣詣鎮惡壘門(47)請降(48)，鎮惡以屬吏，城中夷晉(49)六萬餘戶，鎮惡以國恩撫慰，號令嚴肅，百姓安堵。

九月，太尉裕至長安，鎮惡迎於灞上，裕勞之曰：「成吾霸業者，卿也。」鎮惡再拜謝曰：「明公之威，諸將之力，鎮惡何功之有！」裕笑曰：「卿欲學馮異邪(五〇)！」鎮惡性貪，秦府庫盈積，鎮惡盜取，不可勝紀(五一)。裕以其功大，不問。或譖諸裕曰：「鎮惡藏姚泓偽輦，將有異志。」裕使人覘(五二)之，鎮惡剔取(五三)其金銀，棄輦於垣側，裕意乃安(五四)。裕收秦彝器(五五)、渾儀(五六)、土圭(五七)、記里鼓(五八)、指南車(五九)，送詣建康。其餘金玉、繒(六〇)帛、珍寶，皆以頒賜將士。秦平原公璞、并州刺史尹昭以蒲阪降，東平公讚帥宗族百餘人詣裕降，裕皆殺之。送姚泓至建康，斬於市。裕以薛辯為平陽太守，使鎮捍北道(六一)。

裕議遷都洛陽，諮議參軍王仲德曰：「非常之事，固非常人所及(六二)，必致駭動，今暴師(六三)日久，士卒思歸，遷都之計，未可議也。」裕乃止。羌眾十餘萬口，西犇隴上，沈林子追擊至槐里，俘虜萬計(六四)。河西王蒙遜聞太尉裕滅秦，怒甚。門下校郎劉祥入言事，蒙遜曰：「汝聞劉裕入關，敢研研然(六五)也！」遂斬之(六六)。初，夏王勃勃聞太尉裕伐秦，謂羣臣曰：「姚泓非裕敵也，且其兄弟內叛(六七)，安能拒人？裕取關中必矣。然裕不能久留，必將南歸，留子弟及諸將守之。吾取之如拾芥(六八)耳。」乃秣馬礪兵，訓養士卒，進據安定，秦嶺北郡縣鎮戍皆降之。裕遣使遺勃勃書，約為兄弟，勃勃使中書侍郎皇甫徽為報書，而陰誦之，對裕使者口授舍人，使書之，裕讀其文，歎曰：「吾不如也(六九)。」

㈤廣州刺史謝欣卒，東海人徐道期聚眾攻陷州城，進攻始興，始興相彭城劉謙之討誅之，詔以謙之為廣州刺史。

㈥癸酉，司馬休之、司馬文思、司馬國璠、司馬道賜、魯軌、韓延之、刁雍、王慧龍、及桓溫之孫道度、道子、族人桓謐、桓璲、陳郡袁式等，皆詣魏長孫嵩降。秦匈奴鎮將姚成都及弟和都，舉鎮降魏，魏主嗣詔民間得姚氏子弟送平城者，賞之(七〇)。冬，十月，己酉，嗣召長孫嵩等還，司馬休之尋卒於魏。魏賜國璠爵淮南公，道賜爵池陽子，魯軌爵襄陽公，刁雍表求南鄙(七一)自效(七二)，嗣以雍為建義將軍，雍聚眾於河濟之間，擾動徐、兗，太尉裕遣兵討之，不克，雍進屯固山，眾至二萬(七三)(七四)。

㈦詔進宋公爵為王，增封十郡，辭不受。

㈧西秦王熾磐遣左丞相曇達等擊秦故將姚艾，艾遣使稱藩，熾磐以艾為征東大將軍、秦州牧，徵王松壽為尚書左僕射。

㈨十一月，魏叔孫建等討西山丁零[75]、翟蜀、洛支等，平之。

㈩辛未，劉穆之卒。太尉裕聞之，驚慟哀惋者累日。始，裕欲留長安，經略西北，而諸將佐皆久役[76]思歸，多不欲留，會穆之卒，裕以根本無託[77]，遂決意東還[78]。穆之之卒也，朝廷恇[79]懼，欲發詔，以太尉左司馬徐羨之代之。中軍諮議參軍張邵曰：「今誠急病[80]，任終在徐[81]，然世子無專命[82]，宜須諮之[83][84]。」裕欲以王弘代穆之，從事中郎謝晦曰：「休元輕易，不若羨之。」乃以羨之為吏部尚書、建威將軍、丹楊尹，代管留任，於是朝廷大事常決於穆之者，竝悉北諮。裕以次子桂陽公義真為都督雍、梁、秦三州諸軍事、安西將軍，領雍、東秦二州刺史。義真時年十二，以太尉諮議參軍、京兆王修為長史，王鎮惡為司馬，領馮翊太守，沈田子、毛德祖皆為中兵參軍，仍以田子領始平太守，德祖領秦州刺史，天水太守傅弘之為雍州治中從事史。

先是，隴上流戶寓關中者，望因兵威，得復本土，及置東秦州，知裕無復西略之意[八五]，皆歎息失望[八六][八七]。關中人素重王猛，裕之克長安，王鎮惡功為多，由是南人皆忌之[八八]。沈田子自以嶢柳之捷，與鎮惡爭功不平[八九]，裕將還，田子及傅弘之屢言於裕曰：「鎮惡家在關中，不可保信[九〇]。」裕曰：「今留卿文武將士精兵萬人，彼若欲為不善，正足自滅耳，勿復多言[九一]。」裕私謂田子曰：「鍾會不得遂其亂者，以有衞瓘故也[九二]。語曰：『猛獸不如羣狐[九三]，』卿等十餘人，何懼王鎮惡。」

臣光曰：「古人有言：『疑則勿任，任則勿疑。』裕既委鎮惡以關中，而復與田子有後言，是鬭之使為亂也[九四]。惜乎！百年之寇[九五]，千里之土，得之艱難，失之造次[九六]，使豐鄗之都[九七]，復輸[九八]寇手。荀子曰：『兼并，易能也[九九]，堅凝之，難[一〇〇]。』信哉！」

(十一)三秦父老聞裕將還，詣門[一〇一]流涕訴曰：「殘民[一〇二]不霑[一〇三]王化[一〇四]，於今百年，始覩衣冠[一〇五]，人人相賀，長安十陵[一〇六]，是公家墳墓，咸陽宮殿，是公家(二七)室宅，捨此欲何之乎？」裕為之愍(二八)然，慰諭之(二九)曰：「受命朝廷(三〇)，不得擅留(三一)，誠多(三二)諸君懷本之志(三三)，今以次息(三四)與文武賢才，共鎮此境，勉與之居(三五)(三六)。」十二月，庚子，裕發長安，自洛入河，開汴渠(三七)而歸。

(十二)氐豪徐駭奴(三八)、齊元子等擁部落三萬在雍，遣使請降於魏，魏主嗣遣將軍王洛生、河內太守楊聲等，西行以應之。

(十三)閏月，壬申，魏主嗣如大寧長川(三九)。秦雍人(四〇)千餘家推襄邑令、上谷寇讚為主，以降於魏，魏主嗣拜讚魏郡太守。久之，秦雍人流入魏之河南、滎陽、河內者，戶以萬數，嗣乃置南雍州，以讚為刺史，封河南公，治洛陽，立雍州郡縣以撫之。讚善於招懷(四一)，流民歸之者，三倍其初(四二)。

(十四)夏王勃勃聞太尉裕東還，大喜，問於王買德曰：「朕欲取關中，卿試言其方略。」買德曰：「關中形勝之地，而裕以幼子守之，狼狽而歸(四三)，正欲急成篡事耳。不暇復以中原為意，此天以關中賜我，不可失也。青泥、上洛，南北之險要，宜先遣遊軍斷之，東塞潼關，絕其水陸之路；然後傳檄三輔㉔，施以威德，則義真在網罟之中，不足取也㉕。」勃勃乃以其子撫軍大將軍璝，都督前鋒諸軍事，帥騎二萬，向長安，前將軍昌屯潼關，以買德為撫軍右長史屯青泥。勃勃將大軍為後繼㉖。

(十五)是歲，魏都坐大官章安侯封懿卒㉗。

【今註】㉑畋：獵。㉒魏置六部大人，以諸公為之：諸公，謂時居公位，及位從公者。按此節乃採自《魏書・官氏志》。㉓委城：棄城。㉔秦主泓使給事黃門侍郎姚和都屯嶢柳，以拒之：按〈姚泓載記〉作：「攻堯柳，泓使姚裕率步騎八千距之。」說不相同。㉕太尉裕至陜……姚和都屯嶢柳，以拒之：按此段乃錄自〈姚泓載記〉及《宋書・自序》，字句大致相同。㉖西秦以尚書令曇達為左丞相……翟紹為左僕射：按此段乃錄自〈乞伏熾磐載記〉，而官銜間有溢出。㉗傾國東出：傾其全國之兵東出。㉘眾寡相懸：謂眾寡懸殊。㉙結圍：所結成之包圍。㉚薄之：迫之。㉛死生一決：謂冒死一決戰之後。㉜短兵：短兵器，謂刀劍之屬。㉝馘：截格者之左耳，音幗。㉞乘輿：謂天子，此指姚泓言。㉟服御物：服著使用之物。㊱沈田子等將攻嶢柳……秦主泓犇還灞上：按此段乃錄自《宋書・自序》，字句大致相同。㊲秦嶺：胡三省曰：「秦嶺在長安南，自此出藍田關，裕蓋遣林子自陽華循山西南至秦嶺。」㊳潛送款：暗送誠款。㊴初裕以田子等眾少……多潛送款於田子：按此段乃錄自《宋書・自序》，字句大致相同。〔三〇〕以朱超石為河東太守，使與振武將軍徐猗之：按徐猗之，《姚泓載記》皆作徐倚之，而《宋書・朱齡石附超石傳》則作徐猗之，此從《宋書》之文。〔三一〕躡裕後：謂追蹤於裕之後，而伺機以擊之。〔三二〕自河入渭：《水經》：「河水歷船司空，與渭水會，春秋之渭汭，即其地也。」〔三三〕香城：胡三省曰：「香城在渭水之北，蒲津之口。」〔三四〕石橋：《水經注》：「石橋水南出馬嶺山，積石據其東，驪山距其西，其水北逕鄭城西，水上有橋，東去鄭城十里，故世以橋名水。」〔三五〕逍遙園：《水經注》：「沈水上承樊川皇子陂，北逕長安城西，與昆明池水合。其枝津東北流，逕鄧艾祠南，又東分為二水，一水入逍遙園。」〔三六〕太尉裕至潼關……泓屯逍遙園。按此段乃錄自《姚泓載記》，敍事間有溢出。〔三七〕蒙衝：蒙，冒；衝，突；此謂戰船。〔三八〕行船者：謂駕舟者。〔三九〕艦皆隨流：《宋書・王鎮惡傳》作：「渭水流急，倏忽間諸艦悉逐流去。」正係此句之詳釋。〔四〇〕骸骨不返：尸體不返。〔四一〕鎮惡泝渭而上……眾騰踊爭進：按此段乃錄自《宋書・王鎮惡傳》，字句大致相同。〔四二〕平朔門：胡三省曰：「漢無平朔門，蓋長安城北門也，後人改其名耳。」〔四三〕其子佛念年十一：按《姚泓載記》，十一作十二。〔四四〕不如引決：謂不如自裁。〔四五〕憮然：失意貌，音武。〔四六〕自投而死：自投地而死。〔四七〕壘門：營門。〔四八〕大破姚丕於渭橋……泓將妻子羣臣詣鎮惡壘門請降：按此段乃錄自《姚泓載記》，字句大致相同。〔四九〕夷晉：猶夷夏。〔五〇〕卿欲學馮異邪：馮異，漢光武功臣，謙退不伐，而能定關中。〔五一〕不可勝紀：不勝紀述。〔五二〕覘：窺視。〔五三〕剔取：起而取之。〔五四〕城中夷晉六萬餘戶……裕意乃安：按此段乃錄自《宋書・王鎮惡傳》，字句大致相同。

(五五)彝器：《左傳》定公四年：「祝佗曰：『成王分魯公以官司彝器。』」杜預注：「彝器，常用器。」疏：「常用器蓋罇、罍、俎豆之屬。」(五六)渾儀：《後漢書・張衡傳》：「再遷為太史令，遂乃研覈陰陽，妙盡璇璣之正，作渾天儀。」又同書〈明帝紀〉注：「渾儀以銅為之，置於靈臺，王者正天文之器也。」(五七)土圭：《周禮・大司徒》：「以土圭之法，測土深，正日景以求地中。」注：「土圭所以致四時日月之景也。」(五八)記里鼓：《晉書・輿服志》：「記里鼓車駕四馬，制如司南車。」崔豹《古今注》：「大章車所以識道里也，起於西京，亦曰記里車。車上為二層，皆有木人，行一里，下層擊鼓，行十里，上層擊鐲。尚方故事有作車法。」(五九)指南車：《晉書・輿服志》：「司南車一名指南車，駕四馬。其下制如樓，三級，四角金龍銜羽葆，刻木為仙人，衣羽衣，立車上，車雖回轉，而手常南指。大駕出行，為先啟之乘。」(六〇)繒：帛之總名，音增。(六一)鎮捍北道：鎮撫捍禦北部。(六二)固非常人所及：謂實非常人所及知。(六三)今暴師：今暴露師旅。(六四)萬計：以萬為單位而計數之。(六五)研研然：楊正衡曰：「研有其音而無其義。魏書沮渠傳作妍妍。華人服飾妍靡自喜，故蒙遜云然，研當從魏書作妍。」(六六)河西王蒙遜聞太尉裕滅秦……敢研研然也，遂斬之：按此段乃錄自〈沮渠蒙遜載記〉，字句幾全相同。(六七)內叛：在內叛變。(六八)如拾芥：如拾草芥，喻其易。(六九)初夏王勃勃聞太尉裕伐秦……歎曰吾不如也：按此段乃錄自〈赫連勃勃載記〉，字句大致相同。(七〇)癸酉司馬休之司馬文思……得姚氏子弟送平城者，賞之：按此段乃錄自《魏書・太宗紀》泰常二年文，字句大致相同。(七一)南鄙：南方邊境。(七二)自效：以自報效朝廷。(七三)雍聚眾於河濟之間，擾動徐兗，太尉裕遣兵討之，不克，雍進屯固山，眾至二萬：按此諸事，絕非刁雍於九月投魏後，十月一月間所克辦。特以諸事日期不明，遂不得不附於十月之中，讀者宜有以辨析之。(74)刁雍表求南鄙自效……進屯固山眾至二萬：按此段乃錄自《魏書・刁雍傳》，字句大致相同。(75)西山丁零：西山，魏安州之西山。(76)久役：久事征役。(77)以根本無託：謂以京邑無可寄託之人。(78)劉穆之卒……遂決意東還：按此段乃錄自《宋書・劉穆之傳》，而間有溢出。(79)恇：怯，音匡。(80)今誠急病：謂今誠焦急憂愁。(81)任終在徐：結果必委任於徐羨之。(82)然世子無專命：然太子無擅發命令之道。(83)宜須諮之：《宋書・張邵傳》作：「宜須北咨。」謂須咨於劉裕。(84)穆之之卒也，朝廷恇懼，……宜須諮之：按此段乃錄自《宋書・張邵傳》，字句大致相同。(85)知裕無復西略之意：按《宋書・武三王廬陵王義真傳》作：「父老知無復經略隴右之意。」是略即經略，然此應兼書經字，否則由略字甚難推知其為經略也。(86)歎息失望：慨歎失望。(87)先是隴上流戶寓關中者……皆歎息失望：按此段乃錄自《宋書・廬陵王義真傳》，字句大致相同。(88)忌之：嫉之。(89)爭功不平：以爭功而有不平之意。(90)不可保信：謂不可保證信任。(91)裕將還，田子及傅弘之屢言於裕曰……正足自滅耳，勿復多言：按此段乃錄自《宋書・自序》，字句大致相同。(92)鍾會不得遂其亂者，以有衞瓘故也：會瓘事見卷七十八魏元帝咸熙元年。(93)猛獸不如羣狐：此猛獸殆指虎言。(94)是鬭之使為亂也：謂此挑逗之使為變亂也。(95)百年之寇：指自西晉懷愍被虜，長安淪陷，占據關中之諸夷狄仇敵而言。(96)造次：倉卒。(97)豐鄗之都：西周建都之地，此指關中言。(98)輸：送歸。(99)兼幷易能也：兼幷敵人，容易作到。(100)堅凝之難：而使內部堅強團結，則甚難為。⑪詣門：詣軍門。⑫殘民：殘遺之民。⑬霑：霑蒙。⑭王化：王者之教化。⑮始覩衣冠：謂始覩中國衣冠。⑯長安十陵：胡三省曰：「漢高帝長陵、惠帝安陵、文帝霸陵、景帝陽陵、武帝茂陵、昭帝平陵、宣帝杜陵、元帝渭陵、成帝延陵、哀帝義陵、平帝康陵，皆在關中，凡十一陵，言十者舉大數也。」⑰公家：公為尊稱，此指裕言。⑱愍：傷念，音敏。⑲慰諭之：撫慰曉諭之。⑳受命朝廷：謂受命於天子。㉑擅留：專留。㉒多：讚美。㉓懷本之志：懷念宗本之意。㉔次息：第二子。㉕勉與之居：共同加勉，與之同處。㉖三秦父老聞裕將還……勉與之居：按此段乃錄自《宋書・廬陵王義真傳》，字句幾全相同。㉗開汴渠：謂鑿開汴渠。㉘氐豪徐駭奴：按《魏書・太宗紀》泰常二年文，徐駭奴作徐駭奴。㉙氐豪徐駭奴齊元子……魏主嗣如大寧長川：按此段乃錄自《魏書・太宗紀》泰常二年文，字句幾全相同。㉚秦雍人：秦州雍州人。㉛招懷：招集懷來。㉜秦雍人千餘家……三倍其初：按此段乃錄自《魏書・寇讚傳》，字句大致相同。㉝狼狽而歸：不整齊而歸。㉞三輔：《漢書・景帝紀》注：「京兆尹，左馮翊，右扶風，共治長安城中，是為三輔。」㉟不足取也：謂甚易取。㊱夏王勃勃聞太尉裕東還……勃勃將大軍為後繼：按此段乃錄自〈赫連勃勃載記〉，字句大致相同。㊲是歲魏都坐大官章安侯封懿卒。按此乃錄自《魏書・封懿傳》。〈封懿傳〉僅云：「泰常二年卒。」而《通鑑》遂編而錄之，亦足見其網羅之無遺矣。

十四年（西元四一八年）

㈠春，正月，丁酉朔，魏主嗣至平城，命護高車中郎將薛繁帥高車丁零北略，至弱水而還㊀。

㈡辛巳，大赦。

㈢夏赫連璝至渭陽，關中民降之者屬路㊁。龍驤將軍沈田子將兵拒之，畏其眾盛，退屯劉迴堡㊂，遣使還報王鎮惡。鎮惡謂王脩曰：「公以十歲兒付吾屬㊃，當共思竭力，而擁兵不進，虜何由得平？」使者還以告田子，田子與鎮惡素有相圖之志，由是益忿懼㊄。未幾，鎮惡與田子俱出北地，以拒夏兵，軍中訛言㊅鎮惡欲盡殺南人，以數十人送義真南還，因據關中反。辛亥，田子請鎮惡至傅弘之營計事㊆，田子求屏人語㊇，其宗人沈敬仁斬之幕下㊈，矯稱受太尉令㊉誅之。弘之犇告劉義真，義真與王脩假被甲登橫門⑪，以察其變；俄而，田子帥數十人來，言鎮惡反，脩執田子，數以專戮⑫，斬之⑬。以冠軍將軍毛脩之代鎮惡為安西司馬。傅弘之大破赫連璝於池陽，又破之於寡婦渡㊃，斬獲甚眾，夏兵乃退㊄。

壬戌，太尉裕至彭城，解嚴，琅邪王德文先歸建康。裕聞王鎮惡死，表言㊅：「沈田子忽發狂易㊆，奄害㊇忠勳。」追贈鎮惡左將軍、青州刺史，以彭城內史劉遵考為并州刺史，領河東太守，鎮蒲阪，徵荊州刺史劉道憐為徐、兗二州刺史。裕欲以世子義符鎮荊州，以徐州刺史劉義隆為司州刺史，鎮洛陽，中軍諮議㊈張邵諫曰：「儲貳㊉之重，四海所繫㊀，不宜處外㊁。」乃更以義隆為都督荊、益、寧、雍、梁、秦六州諸軍事、西中郎將、荊州刺史，以南郡太守到彥之為南蠻校尉，張邵為司馬，領南郡相，冠軍功曹王曇首為長史，北徐州㊃從事王華為西中郎主簿，沈林子為西中郎參軍。義隆尚幼，府事皆決於邵，曇首，弘之弟也。裕謂義隆曰：「王曇首沈毅有器度㊄，宰相才也，汝每事諮之㊅。」以南郡公劉義慶為豫州刺史，義慶，道憐之子也。裕解司州，領徐、冀二州刺史。

㈣秦王熾磐以乞伏木弈干為沙州刺史，鎮樂都。二月，乙弗烏地延帥戶二萬降秦。

㈤三月，遣使聘魏。

㈥夏，四月，己巳，魏徙冀定㉗幽三州徒河㉘於代都。

㈦初，和龍有赤氣，四塞蔽日，自寅至申，燕太史令張穆言於燕王跋曰：「此兵氣㉙也，今魏方彊盛，而執其使者㉚，好命不通㉛，臣竊懼焉。」跋曰：「吾方思之㉜㉝。」五月，魏主嗣東巡至濡源及甘松，遣征東將軍長孫道生、安東將軍李先、給事黃門侍郎奚觀，帥精騎二萬襲燕；又命驍騎將軍延普、幽州刺史尉諾自幽州引兵趨遼西，為之聲埶，嗣屯突門嶺以待之㉞。道生等拔乙連城，進攻和龍，與燕單于右輔㉟古泥戰，破之，殺其將皇甫軌。燕王跋嬰城自守，魏人攻之不克，掠其民萬餘家而還㊱。

㈧六月，太尉裕始受相國、宋公、九錫之命，赦國中殊死以下，崇繼母蘭陵蕭氏為太妃，以太尉軍諮祭酒孔靖為宋國尚書令，左長史王弘為僕射領選，從事中郎傅亮、蔡廓皆為侍中，謝晦為右衛將軍，右長史鄭鮮之為奉常，行參軍殷景仁為祕書郎，其餘百官，悉依天朝(三七)之制。靖辭不受，亮，咸之孫(三八)，廓，謨之曾孫(三九)，鮮之，渾之玄孫，景仁，融之曾孫也。景仁學不為文(四〇)，敏有思致(四一)，口不談義(四二)，深達理體(四三)，至於國典、朝儀(四四)、舊章記注(四五)，莫不撰錄(四六)，識者(四七)知其有當世(四八)之志(四九)。

(九)魏天部大人白馬文貞公崔宏疾篤(五〇)，魏主遣侍臣問病，一夜數返(五一)，及卒，詔羣臣及附國渠帥(五二)皆會葬(五三)。

秋，七月，戊午，魏主嗣至平城。

九月，甲寅，魏人命諸州調民租戶五十石，積於定、相、冀三州(五四)。

(十)河西王蒙遜復引兵伐涼，涼公歆將拒之，左長史張體順固諫乃止；蒙遜芟其秋稼(五五)而還。歆遣使來告襲位(五六)。冬，十月，以歆為都督七郡諸軍事、鎮西大將軍、酒泉公(五七)。

(十一)姚艾叛秦，降河西王蒙遜，蒙遜引兵迎之，艾叔父儁言於眾曰：「秦王寬仁有雅度(五八)，自可安居事之，何為從河西王西遷？」眾咸以為然，乃相與逐艾，推儁為主，復歸於秦，秦王熾磐徵儁為侍中、中書監，賜爵隴西公(五九)，以左丞相曇達為都督洮罕(六〇)以東諸軍事、征東大將軍、秦州牧，鎮南安。

(十一)劉義真年少，賜與左右無節(六一)，王脩每裁抑(六二)之，左右皆怨，譖脩於義真曰：「王鎮惡欲反，故沈田子殺之，脩殺田子，是亦欲反也。」義真信之，使左右劉乞等殺脩，脩既死，人情離駭，莫相統壹(六三)。義真悉召外軍(六四)入長安，閉門拒守，關中郡縣悉降於夏。赫連璝夜襲長安，不克。夏王勃勃進據咸陽，長安樵采路絕(六五)。宋公裕聞之，使輔國將軍蒯恩如長安，召義真東歸，以相國右司馬朱齡石為都督關中諸軍事、右將軍、雍州刺史，代鎮長安。裕謂齡石曰：「卿至，可敕(六六)義真輕裝(六七)速發，既出關，然可徐行(六八)。若關右(六九)必不可守，可與義真俱歸。」又命中書侍郎朱超石慰勞河洛(七〇)。

十一月，齡石至長安，義真將士貪縱(七一)，大掠而東，多載寶貨子女，方軌(七二)徐行。雍州別駕韋華犇夏，赫連璝帥眾三萬追義真，建威將軍傅弘之曰：「公處分亟進(七三)，今多將(七四)輜重，一日行不過十里，虜追騎且至，何以待之(七五)？宜棄車輕行(七六)，乃可以免。」義真不從，俄而夏兵大至，傅弘之、蒯恩斷後，力戰連日，至青泥，晉兵大敗，弘之、恩皆為王買德所禽，司馬毛脩之與義真相失，亦為夏兵所禽。義真行在前，會日暮(七七)，夏兵不窮追(七八)，故得免。左右盡散，獨逃草中，中兵參軍段宏單騎追尋，緣道(七九)呼之，義真識其聲，出就之，曰：「君非段中兵邪？身在此(八〇)，行矣。必不兩全(八一)，可刎身頭以南(八二)，使家公望絕(八三)。」宏泣曰：「死生共之，下官不忍(八四)。」乃束義真於背(八五)，單馬而歸。義真謂宏曰：「今日之事，誠無筭略(八六)，然丈夫不經此(八七)，何以知艱難(八八)(八九)！」夏王勃勃欲降傅弘之，弘之不屈，勃勃裸之，弘之叫罵而死(九〇)。勃勃積人頭為京觀，號曰髑髏臺。長安百姓逐朱齡石，齡石焚其宮殿，犇潼關。勃勃入長安，大饗將士，舉觴謂王買德：「卿往日之言，一朞(九一)而驗，可謂筭無遺策(九二)，此觴所集，非卿而誰(九三)？」以買德為都官尚書，封河陽侯(九四)。龍驤將軍王敬先戍曹公壘(九五)，齡石往從之，朱超石至蒲阪，聞齡石所在，亦往從之。赫連昌攻敬先壘，斷其水道，眾渴不能戰，城且陷，齡石謂超石曰：「弟兄俱死異域，使老親何以為心[96]！爾求間道亡歸[97]，我死此無恨矣。」超石持兄[98]泣曰：「人誰不死，寧忍[99]今日辭兄去乎！」遂與敬先及右軍參軍劉欽之皆被執送長安，勃勃殺之[100]。欽之弟秀之悲泣，不歡燕[101]者十年[102]，欽之，穆之之從兄子也。

宋公裕聞青泥敗，未知義真存亡，刻日[103]北伐。侍中謝晦諫以：「士卒疲弊，請俟他年。」不從。鄭鮮之上表[104]，以為：「虜聞殿下[105]親征，必併力[106]守潼關，徑往[107]攻之，恐未易可克。若輿駕頓洛[108]，則不足上勞聖躬[109]。且虜雖得志，不敢乘勝過陝者，猶攝服大威[110]，為將來之慮故也。若造洛[111]而反，虜必更有揣量之心[112]，或益生邊患。況大軍遠出，後患甚多，昔歲西征，劉鍾狼狽[113]，去年北討，廣州傾覆[114]，既往之效[115]，後來之鑒也。今諸州大水，民食寡乏，三吳羣盜攻沒諸縣，皆由困於征役[116]故也。江南士庶引領[117]顒顒[118]，以望殿下之返旆，聞更北出[119]，不測淺深之謀[120]，往還之期[121]，臣恐返顧之憂，更在腹心[122]也。若慮西虜更為河洛之患者，宜結好北虜㉝，北虜親，則河南安，河南安，則濟泗靜矣㉞。」會得段宏啟㉟知義真得免，裕乃止，但登城北望，慨然㊱流涕而已。降義真為建威將軍、司州刺史，以段宏為宋臺黃門郎，領太子右衛率。裕以天水太守毛德祖為河東太守，代劉遵考守蒲阪。

(十三)夏王勃勃築壇於灞上，即皇帝位，改元昌武。

(十四)西秦王熾磐東巡，十二月，徙上邽民五千餘戶於枹罕。

(十五)彗星出天津，入太微，經北斗，絡紫微㊲，八十餘日而滅。魏主嗣復召諸儒術士問之曰：「今四海分裂，災咎㊳之應，果在何國？朕甚畏之。卿輩盡言，勿有所隱。」眾推崔浩使對，浩曰：「夫災異之興，皆象人事㊴，人苟無釁㊵，又何畏焉？昔王莽將篡漢，彗星出入，正與今同㊶，國家主尊臣卑，民無異望，晉室陵夷，危亡不遠。彗之為異，其劉裕將篡之應㊷乎！」眾無以易其言㊸。

(十六)宋公裕以讖云：「昌明之後，尚有二帝㊹。」乃使中書侍郎王韶之與帝左右密謀酖帝，而立琅邪王德文，德文常在帝左右，飲食寢處，未嘗暫離㊺，韶之伺之經時㊻，不得間㊼。會德文有疾，出居於外，戊寅，詔之以散衣縊帝於東堂。詔之，廙之曾孫也。裕因稱遺詔，奉德文即皇帝位，大赦。

㈦是歲，河西王蒙遜奉表稱藩，拜涼州刺史。

㈧尚書右僕射袁湛卒。

【今註】㈠魏主嗣至平城……至弱水而還：按此段乃錄自《魏書・太宗紀》泰常三年文，字句幾全相同。㈡屬路：謂絡繹於途。㈢赫連璝至渭陽……退屯劉迴堡：按此段乃錄自〈赫連勃勃載記〉，字句大致相同。㈣吾屬：《宋書・王鎮惡傳》作吾等，即吾屬之的釋。㈤遣使還報王鎮惡……由是益忿懼：按此段乃錄自〈王鎮惡傳〉，字句大致相同。㈥訛言：猶謠言。㈦計事：計議事情。㈧屏人語：屏去左右而作秘語。㈨幕下：幕中。㈩矯稱受太尉令：假託言奉太尉之令。⑪橫門：按《宋書・自序》作稾倉門，疑稾倉門為當地俗稱，而橫門乃其正名。胡三省曰：「橫門長安城北出東頭第一門。」⑫專戮：擅專殺戮。⑬鎮惡與田子俱出北地……數以專戮斬之：按此段乃錄自《宋書・自序》，而大有刪節，較宋書簡鍊多多。⑭寡婦渡：按宋白《續通典》，今慶州北十五里有寡婦山，蓋水發源是山，其下流為寡婦渡。⑮傅弘之大破赫連璝於池陽……斬獲甚眾，夏兵乃退：按此段乃錄自《宋書・傅弘之傳》，字句大致相同。⑯表言：上表言。⑰狂易：《漢書・外戚傳》注：「謂病狂而變易常性。」《後漢書・陳忠傳》：「狂易殺人，得減重論。」故劉裕引此以減降之。⑱奄害：縣害。⑲中軍諮議：乃中軍諮議參軍之簡稱。⑳儲貳：謂儲備以為君王之二，即太子也。㉑所繫：所維繫。㉒不宜處外：不宜居於外鎮。㉓裕欲以世子義符鎮荊州……不宜處外：按此段乃錄自《宋書・張邵傳》，字句大致相同。㉔北徐州：晉置南徐州於京口，北徐州仍治彭城。㉕沈毅有器度：沈著、堅毅、器識、度量。㉖裕謂義隆曰……汝每事諮之：按此段乃錄自〈王曇首傳〉，字句大致相同。㉗定州：魏主珪皇始二年克中山置安州，又立行臺以鎮撫其民，天興三年，改曰定州。㉘徒何：《魏書・徒何慕容廆傳》：「涉歸以勳進拜鮮卑單于，遷邑遼東，涉歸死，廆代領部落，以遼東僻遠，徙於徒何之青山。」是徒何乃以地域而得名也，又魏人通名此部鮮卑為徒何。㉙兵氣：謂有兵事之氣。㉚而執其使者：謂留于什門也，事見卷一百十六義熙十年。㉛好命不通：通好之使命不相往來。㉜吾方思之：吾正思之。㉝初和龍有赤氣……跋曰吾方思之：按此段乃錄自〈馮跋載記〉，字句大致相同。㉞魏主嗣東巡至濡源及甘松……嗣屯突門嶺以待之：按此段乃錄自《魏書・太宗紀》泰常三年文，字句大致相同。㉟燕單于右輔：義熙七年，跋置單于四輔。㊱道生等拔乙連城……掠其民萬餘家而還：按此段乃錄自〈馮跋載記〉，字句大致相同。㊲天朝：按天為晉宋稱天子及朝廷習用之稱謂語。㊳〈愍懷太子傳〉：「遣妃書曰：『自道文病，中宮三遣左右來視，云天教呼汝。到二十八日暮有短函來，題言東宮發疏，云言天教欲見汝，即便作表求入。』……〈賈后表〉曰：『特乞天恩，賜以王禮。』」〈王廙傳〉：「上疏曰：『臣犬馬之年四十三矣，未能上報天施，而偪負釁彰。』」〈殷浩傳〉：「溫上疏罪浩曰：『出頓壽陽，頓甲彌年，傾天府之資，竭五州之力。』」〈孫綽傳〉：「上疏曰：『則貧者殖其財，怯者充其勇，人知天德，赴死如歸。……而臣區區必聞天聽者，竊以無諱之朝，狂瞽進說。』」〈張軌附祚傳〉：「下書曰：『待掃穢二京，蕩清周魏，然後迎帝舊都，謝罪天闕。』」皆其證也。天朝，此謂晉朝。㊳亮，咸之孫：傅咸仕於武惠之間，以直顯。㊴廓，謨之曾孫：蔡謨歷事成、康、穆三朝，出藩入輔，皆有聲績。㊵學不為文：所學非為從事屬文。㊶敏有思致：敏捷而有情思意致。㊷口不談義：口不常談義理。㊸深達理體：深澈明達理之本體。㊹國典朝儀：國家典章，朝廷禮儀。㊺舊章記注：為舊制作記注之篇牘。㊻撰錄：編撰迻錄。㊼識者：謂相識者。㊽當世：猶用世。㊾景仁學不為文……識者知其有當世之志：按此段乃錄自《宋書·殷景仁傳》，字句完全相同。㊿魏天部大人崔宏疾篤：去年魏置天地四方六部大人，以崔宏為天部大人，天部大人殆屬諸部大人之首。(51)一夜數返：謂使者一夜數次往返。(52)渠帥：大帥。(53)魏天部大人白馬文貞公崔宏疾篤……附國渠帥皆會葬：按此段乃錄自《魏書·崔玄伯傳》，字句幾全相同。(54)命諸州調民租戶五十石，積於定相冀三州：謂徵民租每戶五十石，而將此租賦儲積於定相冀三州之中。(55)芟其秋稼：刈其秋穀，音衫。(56)襲位：繼位。(57)河西王蒙遜復引兵伐涼……鎮西大將軍、酒泉公：按此段乃錄自〈涼武昭王附士業傳〉，字句大致相同。(58)雅度：猶大度。(59)姚艾叛秦降河西王蒙遜……徵雋為侍中、中書監，賜爵隴西公：按此段乃錄自〈乞伏熾磐載記〉，字句大致相同。(60)洮罕：臨洮枹罕。(61)無節：無節度。(62)裁抑：裁減抑制。(63)劉義真年少……人情離駭，莫相統壹：按此段乃錄自〈廬陵王義真傳〉，字句大致相同。(64)悉召外軍：外軍，謂屯蒲阪以捍魏，屯渭北以捍夏之軍。(六五)樵采路絕：打柴采薪之路斷絕。(六六)敕：敕令。(六七)輕裝：猶便裝。(六八)然可徐行：胡三省曰：「然下當有後字。」(六九)關右：指潼關以西諸地。(七〇)以相國右司馬朱齡石……朱超石慰勞河洛：按此段乃錄自《宋書．朱齡石傳》，而稍有溢出。(七一)貪縱：貪婪縱肆。(七二)方軌：並車而行，蓋並車則常因路狹而行不速。(七三)公處分亟進：謂公分付急行。(七四)多將：多帶。(七五)何以待之：猶何以應付之。(七六)輕行：謂速行，蓋輕則行可速。(七七)會日暮：適逢日暮。(七八)窮追：極力追趕。(七九)緣道：循道。(八〇)身在此：晉人多稱我為身。(八一)身在此行矣，必不兩全：按胡三省於行矣處斷句，而加注云：「晉人多自稱為身。」然《宋書．廬陵王義真傳》於此則作：「君非段中兵邪？身在此。宏大喜負之而歸。」依《宋書》之文，則身在此為句，行矣為一句，謂汝可去矣，若護余而行，必不得皆全。《通鑑》既係依據《宋書》，則自宜以《宋書》之斷句為準。(八二)可刎身頭以南：可割余頭而南行。(八三)家公望絕：晉宋時人子稱其父曰家公，他人稱之曰尊公。望絕，謂絕望。(八四)下官不忍：謂下官不忍為此。(八五)束義真於背：謂負之也，《宋書．義真傳》，作負之而歸。(八六)筭略：筭策謀略。(八七)不經此：謂不經此失。(八八)何以知艱難：何以知國事之艱難。(八九)義真將士貪縱，大掠而東……何以知艱難：按此段乃錄自《宋書．廬陵王義真傳》，除間有溢出外，其餘字句大致相同。(九〇)夏王勃勃欲降傅弘之……弘之叫罵而死：按此段乃錄自《宋書．傅弘之傳》，字句大致相同。(九一)一朞：一周年。(九二)筭無遺策：算無失策。(九三)此觴所集，非卿而誰：謂在此能合而舉觴相慶，非卿之功而誰耶。(九四)勃勃入長安，大饗將士……封河陽侯：按此段乃錄自〈赫連勃勃載記》，字句大致相同。(九五)曹公壘：胡三省曰：「曹公壘在潼關，曹操伐韓馬所築也。」(九六)何以為心：謂心中將如何悲痛。(九七)求間道亡歸：覓一小路逃亡而歸。(九八)持兄：謂抱兄。(九九)寧忍：豈忍。(一〇〇)龍驤將軍王敬先……執送長安，勃勃殺之：按此段乃錄自《宋書・朱齡石傳》，而間有溢出。(一〇一)歡燕：謂飲酒作樂。(一〇二)欽之弟秀之悲泣，不歡燕者十年：按所云十年，乃自此以後十年，而以後十年之事，竟附書於此。乃所謂破編年之例而連及者也。(一〇三)刻日：猶定期。(一〇四)鄭鮮之上表：按《宋書・鄭鮮之傳》：「十二年高祖北伐，以為右長史。」鄭鮮之上當添其官銜右長史三字，以符書官吏人名之通例。(一〇五)殿下：按表文中之殿下、輿駕、聖躬，皆指裕而言，撰者欲求文章之變化，故遂採用此許多意同而字異之稱謂語。(一〇六)併力：合力。(一〇七)徑往：直往。(一〇八)頓洛：頓止於洛陽。(一〇九)則不足上勞聖躬：則不值勞動聖躬為此。(一一〇)懾服大威：懾懼、畏服、大，尊敬辭。(一一一)造洛：至洛。(一一二)揣量之心：謂揣量其短長之心。(一一三)劉鍾狼狽：謂十一年盜襲冶亭。狼狽，謂為奸也。(一一四)廣州傾覆：謂徐道覆陷廣州。(一一五)既往之效：既往之驗。(一一六)征役：戰爭及徭役。(一一七)引領：謂引長頸領，以期速見，喻焦盼也。(一一八)顒顒：向慕之義。音ㄩㄥ。(一一九)聞更北出：聞又北伐。(一二〇)不測淺深之謀：謂不測計謀情形。(一二一)往還之期：謂在往還期內。(一二二)返顧之憂，更在腹心：謂後顧之憂，更在腹心之處。(一二三)北虜：謂魏。(一二四)鄭鮮之上表……則濟泗靜矣：按此乃《宋書》所錄表疏之原文，而《通鑑》大加更易刪改，幾面目全非，亦事之可奇異者。(一二五)段宏啟：段宏之啟事。(一二六)慨然：慨歎。(一二七)彗星出天津，入太微，經北斗，絡紫微：《晉書・天文志》：「箕四星，一曰天津，又曰天漢，經尾箕之間，謂之漢津。太徵天子庭也，在北斗南，紫微十五星在北斗北。」㉘災咎：災異咎徵。㉙皆象人事：皆取象於人事。㉚舋：按《魏書・崔浩傳》作釁，二字同，意謂閒隙。㉛昔王莽將簒漢，彗星出入，正與今同：《漢書・天文志》：「哀帝建平二年二月，彗星出牽牛七十餘日。傳曰：『彗所以除舊布新也，牽牛日月五星所從起，歷數之元三正之始，彗而出之，改更之象也。』其後卒有王莽簒國之禍。」㉜之應：之應驗。㉝眾無以易其言：謂贊同其言，而無以更改之。㉞以讖文云，昌明之後：昌明，孝武帝字。㉟未嘗暫離：謂雖暫時亦未分離。㊱經時：歷時。㊲不得間：不得空隙。

恭皇帝

元熙元年（西元四一九年）

㈠春，正月，壬辰朔，改元。立琅邪王妃褚氏為皇后，后，裒之曾孫也㊀。

㈡魏主嗣畋於犢渚㊁。

㈢甲午，徵宋公裕入朝，進爵為王，裕辭。

㈣癸卯，魏主嗣還平城。

㈤庚申，葬安皇帝於休平陵。

刺劉道憐司空出鎮京口㊂。

㈥夏將叱奴侯提帥步騎二萬，攻毛德祖於蒲阪，德祖不能禦，全軍歸彭城。二月，宋公裕以德祖為滎陽太守，戍虎牢。夏主勃勃徵隱士京兆韋祖思，祖思既至，恭懼過甚，勃勃怒曰：「我以國士徵汝，汝乃以非類遇我㊃。汝昔不拜姚興，今何獨拜我？我在，汝猶不以我為帝王㊄，我死，汝曹弄筆㊅，當置我於何地邪㊆！」遂殺之。羣臣請都長安，勃勃曰：「朕豈不知長安歷世帝王之都，沃饒㊇險固，然晉人僻遠㊈，終不能為吾患，魏與我風俗略同，土壤鄰接，自統萬距魏境，裁百餘里㊉，朕在長安，統萬必危，若在統萬，魏必不敢濟河而西，諸卿適未見此耳⑪。」皆曰：「非所及也。」乃於長安置南臺⑫，以赫連璝領大將軍、雍州牧、錄南臺尚書事。勃勃還統萬，大赦，改元真興。勃勃性驕虐，視民如草芥⑬，常居城上，置弓劍於側，有所嫌忿⑭，手自⑮殺之。羣臣迕視⑯者，鑿其目，笑者，決其脣⑰，諫者，先截其舌，而後斬之⑱。

㈦初，司馬楚之奉其父榮期之喪歸建康，會宋公裕誅翦宗室之有才望者，楚之叔父宣期、兄貞之皆死，楚之亡匿竟陵(一九)蠻中，及從祖休之(二〇)自江陵奔秦，楚之亡之汝潁間(二一)，聚眾以謀復讎。楚之少有英氣(二二)，能折節下士(二三)，有眾萬餘屯據長社，裕使刺客沐謙往刺之。楚之待謙甚厚，謙欲發，未得間，乃夜稱疾(二四)，知楚之必往問疾，因欲刺之。楚之果自齎湯藥，往視疾，情意勤篤(二五)，謙不忍發(二六)，乃出匕首於席下，以狀告之，曰：「將軍深為劉裕所忌(二七)，願勿輕率(二八)，以自保全。」遂委身事之(二九)，為之防衛(三〇)。

王鎮惡之死也，沈田子殺其兄弟七人，唯弟康得免，逃就宋公裕於彭城，裕以為相國行參軍(三一)。康求還洛陽視母，會長安不守，康糾合(三二)關中徙民得百許人，驅帥僑戶七百餘家，共保金墉城。時宗室多逃亡在河南，有司馬文榮者，帥乞活(三三)千餘戶屯金墉城南，又有司馬道恭，自東垣(三四)帥三千人屯城西，司馬順明帥五千人屯陵雲臺，司馬楚之屯栢谷塢。魏河內鎮將于栗磾遊騎在芒山上，攻逼交至，康堅守六旬，裕以康為河東太守(三五)，遣兵救之，平等皆散走(三六)，康勸課農桑，百姓甚親賴之。司馬順明、司馬道恭及平陽太守薛辯，皆降於魏(三七)；魏以辯為河東太守，以拒夏人。

(八)夏，四月，秦征西將軍孔子帥騎五千(三八)，討吐谷渾覔地於弱水(三九)南，大破之，覔地帥其眾六千降於秦，拜弱水護軍(四〇)。

(九)庚辰，魏主嗣有事於東廟(四一)，助祭者數百國，辛巳，南巡至鴈門。

五月，庚寅朔，魏主嗣觀漁於㶟水，己亥，還平城(四二)。

(十)涼公歆用刑過嚴，又好治宮室，從事中郎張顯上疏，以為：「涼土三分(四三)，埶不支久，兼幷之本，在於務農，懷遠之略，莫如寬簡(四四)。今入歲已來，陰陽失序(四五)，風雨乖和(四六)，是宜減膳徹懸(四七)，側身(四八)脩道；而更繁刑峻灋，繕築不止，殆非所以致興隆也。昔文王以百里而興，二世以四海而滅(四九)，前車之軌(五〇)，得失昭然。太祖(五一)以神聖之姿，為西夏所推，左取酒泉，右開西域。殿下不能奉承遺志，混壹涼土，侔蹤張后(五二)。將何以下見先王乎(五三)？沮渠蒙遜胡夷之傑，內脩政事，外禮英賢，攻戰之際，身均士卒，百姓懷之，樂為之用，臣謂殿下非但不能平殄(五四)蒙遜，亦懼蒙遜方為社稷之憂。」歆覽之，不悅(五五)。

主簿汎稱上疏諫曰：「天之子愛人主(五六)，殷勤至矣，故政之不脩，下災異(五七)以戒告之，改者雖危必昌，不改者雖安必亡。元年三月癸卯，敦煌謙德堂陷，八月效穀地裂，二年元日昏霧四塞，四月日赤無光，二旬乃復(五八)，十一月狐上南門，今茲春夏(五九)，地頻五震，六月隕星於建康，臣雖學不稽古(六〇)，行年五十有九，請為殿下略言耳目之所聞見，不復能遠論書傳(六一)之事也。乃者(六二)，咸安之初，西平地裂，狐入謙光殿前，俄而秦師奄至，都城不守(六三)。梁熙既為涼州，不撫百姓，專為聚斂，建元十九年(六四)，姑臧南門崩隕石於閑豫堂，明年為呂光所殺。段業稱制此方，三年之中，地震五十餘所，既而先王龍興於瓜州(六五)。蒙遜篡弒於張掖。此皆目前之成事(六六)，殿下所明知也。效穀，先王鴻漸之地(六七)，謙德，即尊之室(六八)，基陷地裂，大凶之徵也。日者太陽之精，中國之象，赤而無光，中國將衰，諺曰：『野獸入家，主人將去。』狐上南門，亦變異之大者也。今蠻夷益盛，中國益微，願殿下亟罷宮室之役(六九)，止遊畋之娛，延禮英俊，愛養百姓，以應天變，防未然。」歆不從(七〇)。

(十一)秋，七月，宋公裕始受進爵之命。八月，移鎮壽陽，以度支尚書(七一)劉懷慎為督淮北諸軍事、徐州刺史，鎮彭城。

(十二)辛未，魏主嗣東巡，甲申，還平城。

(十三)九月，宋王裕自解揚州牧。

(十四)秦左衞將軍匹達(七二)等將兵討彭利和於漒川，大破之，利和單騎奔仇池，獲其妻子，徙羌豪三千戶於枹罕，漒川羌三萬餘戶皆安堵如故(七三)。冬，十月，以尚書右僕射王松壽為益州刺史，鎮漒川。

(十五)宋王裕以河南蕭條，乙酉，徙司州刺史義真為揚州刺史，鎮石頭(七四)。蕭太妃謂裕曰：「道憐，汝布衣兄弟(七五)，宜用為揚州。」裕曰：「寄奴(七六)於道憐，豈有所惜！揚州根本所寄(七七)，事務至多，非道憐所了(七八)。」太妃曰：「道憐年出五十(七九)，豈不如汝十歲兒邪！」裕曰：「義真雖為刺史，事無大小，悉由寄奴(八〇)，道憐年長，不親其事，於聽望不足(八一)。」太妃乃無言。道憐性愚鄙而貪縱，故裕不肯用(八二)。

(十六)十一月，丁亥朔，日有食之。

(十七)十二月，癸亥，魏主嗣西巡，至雲中，從君子津西渡河，大獵於薛林山。

(十八)辛卯，宋王裕加殊禮，進王太妃為太后，世子為太子。

【今註】㈠后，裒之曾孫也：褚裒，崇德太后之父。㈡畋於犢渚：據《北史》，犢渚在祚山，西臨河。㈢刺劉道憐司空出鎮京口：胡三省曰：「刺者敕字之誤，司空上又當逸以字。」㈣汝乃以非類遇我：汝竟以非善類之君待我。㈤汝猶不以我為帝王：汝尚不以我為真命天子。㈥弄筆：謂舞弄筆墨。㈦當置我於何地邪：猶當置我於何等邪。㈧沃饒：肥沃庶饒。㈨僻遠：偏僻遙遠。㈩裁百餘里：〈赫連勃勃載記〉作裁數百餘里。⑪未見此耳：謂未見及此耳。⑫置南臺：係南尚書臺之簡稱。⑬草芥：不足貴之物。⑭嫌忿：嫌惡忿恨。⑮手自：親自。⑯迕視：逆視。⑰決其脣：謂裂其脣。⑱夏將叱奴侯提帥步騎二萬……先截其舌，而後斬之：按此段乃錄自〈赫連勃勃載記〉，字句大致相同。⑲竟陵：在今湖北省天門縣西北。⑳及從祖休之：胡三省曰：「休之宣帝弟魏中郎進之六世孫，楚之宣帝弟太常馗之八世孫，故休之於楚之為從祖。」㉑亡之汝潁間：逃亡至汝潁之間。㉒少有英氣：少年有英俊氣概。㉓折節下士：謂屈身居賢士之下。㉔稱疾：自言有疾病。㉕情意勤篤：情意殷勤篤厚。㉖不忍發：不忍行動。㉗忌：忌嫉。㉘輕率：輕易草率。㉙委身事之：

任身以事之。㉚初司馬楚之奉其父榮期之喪……為之防衞：按此段乃錄自《魏書・司馬楚之傳》，字句大致相同。㉛相國行參軍：胡三省曰：「晉制，諸公府置諸曹參軍，又有正參軍、行參軍、長兼行參軍等員。」㉜糾合：糾集招合。㉝乞活：胡三省曰：「惠帝時幷州饑荒，其吏民隨東燕王騰東下，號曰乞活。是後流徙逐糧者，亦曰乞活。」按乞活當係北方一部族之名。《晉書》諸傳常載之。〈裴秀附頠傳〉：「並為乞活賊陳午所害。」〈桓彝附石民傳〉：「時乞活黃淮，自稱幷州刺史，與翟遼共攻長社。」又〈桓溫傳〉：「朱瑾所侍養乞活數百人，悉坑之，以妻子為賞。」皆為係一部族名之證。㉞東垣：宋白曰：「宋武入洛，更置東垣西垣二縣。」㉟康堅守六旬，裕以康為河東太守：按此用《宋書・王鎮惡傳》之文，《魏書・于栗磾傳》則作：「栗磾別率所部攻德宗河南太守王涓之於金墉，涓之棄城遁走。」此涓之當係王康之字。河東太守則作河南太守，以康守金墉核之，河東應當作河南。㊱平等皆散走：胡三省曰：「詳考上文，未知平等為何人。」按此乃《通鑑》錄《宋書・王鎮惡傳》疏略所致，〈鎮惡傳〉云：「時有一人邵平率部曲及幷州乞活一千餘戶，屯城南，迎亡命司馬文榮為主。」《通鑑》於前文刪去邵平事跡不言，而下云平等皆散走，致平等為何人竟不可考知矣。㊲司馬順明、司馬道恭……皆降於魏：按此段乃錄自《魏書・太宗紀》泰常四年文，字句大致相同。㊳秦征西將軍孔子帥騎五千：按〈乞伏熾磐載記〉，孔子作他子。㊴弱水：胡三省曰：「禹貢：『導弱水至於合黎，餘波入於流沙。』地志云：『弱水去刪丹縣，亦謂之張掖河，合黎在酒泉會水縣東北，流沙張掖居延縣東北之居延澤是也。』」㊵秦征西將軍孔子帥騎五千……拜弱水護軍：按此段乃錄自〈乞伏熾磐載記〉，字句大致相同。㊶魏主嗣有事於東廟：古制，左宗廟，右社稷，魏建宗廟於平城宮之東，因曰東廟。杜佑曰：「明元永興四年，立太祖道武廟於白登山，歲一祭，無常月。又於白登西太祖舊遊之處，立昭成獻明太祖廟，常以九月十月之交，親祀焉。」則東廟者白登山廟也，以山西又有廟，故以此為東廟。㊷魏主嗣有事於東廟……己亥還平城：按此段乃用《魏書・太宗紀》泰常四年之文，字句幾全相同。㊸涼土三分：謂李氏、沮渠、乞伏。㊹寬簡：寬政簡刑。㊺陰陽失序：陰陽失其次序。㊻風雨乖和：風雨違於調和。㊼減膳徹懸：胡三省曰：「古者天子膳用六牲，具馬牛羊犬豕雞，諸侯膳用三牲，懸，樂懸也；天子宮懸，諸侯軒懸，大荒、大札、天地有烖，國有大故，則減膳撤樂。」《白虎通》曰：「一穀不升，徹鶉鷃，二穀不升，徹鳧鴈，三穀不升，徹雉兔，四穀不升，損囿獸，五穀不升，不備三牲。」㊽側身：謂虔敬。㊾以四海而滅：謂以天下而滅。㊿前車之軌：前車之軌跡。(五一)太祖：李暠廟號太祖。(五二)佯蹤張后：佯蹤，謂比蹤。張后，謂張軌及其子若孫。(五三)下見先王：於地下拜見先王。(五四)平殄：平定殄滅。(五五)從事中郎張顯上疏：按《通鑑》所引疏文，較〈涼武昭王附士業傳〉所載，多出甚多。(五六)子愛人主：謂愛人主如子。(五七)下災異：〈涼武昭王傳〉，作垂災譴，通鑑改垂作下，然不若仍作垂字之為愈。(五八)二旬乃復：二旬乃恢復光明。(五九)今茲春夏：今年春夏。(六〇)不稽古：不能稽考古籍。(六一)書傳：猶經傳及書籍。(六二)乃者：近者。(六三)咸安之初，西平地裂，狐入謙光殿前，俄而秦師奄至，都城不守：咸安、簡文帝年號。涼土以姑臧為都城。孝武太元元年秦入姑臧，蓋地裂狐入在咸安之初，而其應在太元元年也。(六四)建元十九年：秦主堅建元十九年，乃晉之太元八年。(六五)瓜州：胡三省曰：「瓜州，敦煌郡也。考之晉志，張氏置沙州於敦煌，未嘗置瓜州。又考之唐志，沙州敦煌郡，本瓜州，武德五年曰西沙州，貞觀七年曰沙州、瓜州、晉昌郡。武德五年析沙州之常樂置。蓋李暠興於敦煌，自稱秦涼二州牧，其後遷於酒泉，以敦煌為沙州，至唐復以敦煌為沙州，以晉昌為瓜州，而瓜州分為二州矣。」(六六)成事：已成之事。(六七)效穀，先王鴻漸之地：暠自效穀令，得敦煌，遂有七郡。易所謂鴻漸者，鴻，水鳥也，自水而漸於干，又漸於磐，又漸於陸，又漸於木，自下而進，漸升而上也。(六八)謙德，即尊之室：即尊，即尊位。(六九)罷宮室之役：罷停宮室之役作。(七〇)主簿汎稱上疏諫曰……以應天變，防未然，歆不從：按此段乃錄自〈涼武昭王附士業傳〉，字句多相同。(七一)以度支尚書：胡三省曰：「曹魏文帝置度支尚書，掌軍國支計，晉因之。」(七二)秦左衛將軍匹達：按〈乞伏熾磐載記〉，匹達作匹逵。(七三)秦左衛將軍匹達等……皆安堵如故：按此段乃錄自〈乞伏熾磐載記〉，字句大致相同。(七四)宋王裕以河南蕭條……為揚州刺史鎮石頭：按此段乃錄自《宋書・盧陵王義真傳》，字句大致相同。(七五)布衣兄弟：謂貧賤時之兄弟。(七六)寄奴：劉裕小字。(七七)所寄：所寄託。(七八)所了：所能辦。(七九)年出五十：謂年過五十。(八〇)悉由寄奴：謂悉由寄奴處分，義真特不過居其名義而已。(八一)於聽望不足：謂於觀聽不足。(八二)蕭太妃謂裕曰……故裕不肯用：按此段乃錄自《宋書・長沙景王道憐傳》，字句幾全相同。

資治通鑑今註十五冊出版進度表

冊　次	紀　年	出版時間
1	周紀　秦紀　漢紀	100 年 11 月
2	漢紀	100 年 11 月
3	漢紀	101 年 1 月
4	漢紀　魏紀	101 年 2 月
5	晉紀	101 年 3 月
6	晉紀	101 年 4 月
7	宋紀　齊紀	101 年 4 月
8	齊紀　梁紀	101 年 5 月
9	梁紀　陳紀	101 年 5 月
10	隋紀　唐紀	101 年 6 月
11	唐紀	101 年 7 月
12	唐紀	101 年 8 月
13	唐紀	101 年 9 月
14	後梁紀　後唐紀	101 年 10 月
15	後唐紀　後晉紀 後漢紀　後周紀	101 年 10 月

資治通鑑今註　第六冊
晉　紀

主編◆國立編譯館中華叢書編審委員會
校註者◆李宗侗　夏德儀等
發行人◆施嘉明
總編輯◆方鵬程
執行編輯◆葉幗英　徐平　王窈姿
校對◆趙蓓芬　趙偵宇
美術設計◆吳郁婷

出版發行：臺灣商務印書館股份有限公司
臺北市重慶南路一段三十七號
電話：（02）2371-3712
讀者服務專線：0800056196
郵撥：0000165-1
網路書店：www.cptw.com.tw
E-mail：ecptw@cptw.com.tw

局版北市業字第 993 號
初版一刷：1975 年 12 月
二版一刷：2012 年 4 月
定價：新台幣 1300 元

ISBN 978-957-05-2697-4（精裝）

資治通鑑今註．第六冊．晉紀／李宗侗，夏德儀等註譯；國立編譯館中華叢書編審委員會主編．--二版．-- 臺北市：臺灣商務，2012．04
面；　公分．

ISBN 978-957-05-2697-4(精裝)

1. 資治通鑑　2.注釋

610.23　　101002318

廣　告　回　信
臺灣北區郵政管理局登記證
台北廣字第6450號
免　貼　郵　票

100台北市重慶南路一段37號

臺灣商務印書館 收

對摺寄回，謝謝！

傳統現代　並翼而翔

Flying with the wings of tradtion and modernity.

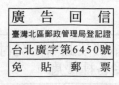

讀者回函卡

感謝您對本館的支持，為加強對您的服務，請填妥此卡，免付郵資寄回，可隨時收到本館最新出版訊息，及享受各種優惠。

姓名：______________________　性別：□ 男　□ 女

出生日期：________年________月________日

職業：□學生　□公務(含軍警)□家管　□服務　□金融　□製造

□資訊　□大眾傳播　□自由業　□農漁牧　□退休　□其他

學歷：□高中以下（含高中）□大專　□研究所（含以上）

地址：____

____

電話：(H) ______________________ (O) ______________________

E-mail：____

購買書名：____

您從何處得知本書？

□網路　□DM廣告　□報紙廣告　□報紙專欄　□傳單

□書店　□親友介紹　□電視廣播　□雜誌廣告　□其他

您喜歡閱讀哪一類別的書籍？

□哲學・宗教　□藝術・心靈　□人文・科普　□商業・投資

□社會・文化　□親子・學習　□生活・休閒　□醫學・養生

□文學・小說　□歷史・傳記

您對本書的意見？（A/滿意　B/尚可　C/須改進）

內容________編輯________校對________翻譯________

封面設計________價格________其他________

您的建議：____

____

※ 歡迎您隨時至本館網路書店發表書評及留下任何意見

臺灣商務印書館 The Commercial Press, Ltd.

台北市100重慶南路一段三十七號　電話：(02)23115538

讀者服務專線：0800056196　傳真：(02)23710274

郵撥：0000165-1號　E-mail：ecptw@cptw.com.tw

網路書店網址：http://www.cptw.com.tw　部落格：http://blog.yam.com/ecptw

臉書：http://facebook.com/ecptw